新疆博物館新獲文書研究

中國文化遺産研究院
新疆維吾爾自治區博物館 編

中華書局

新疆博物館新獲文書研究目録

非漢語文書釋讀與研究

于闐、梵、粟特語文书圖版

一 于闐語《僧伽吒經》殘葉
（Saṅghāta-sūtra）

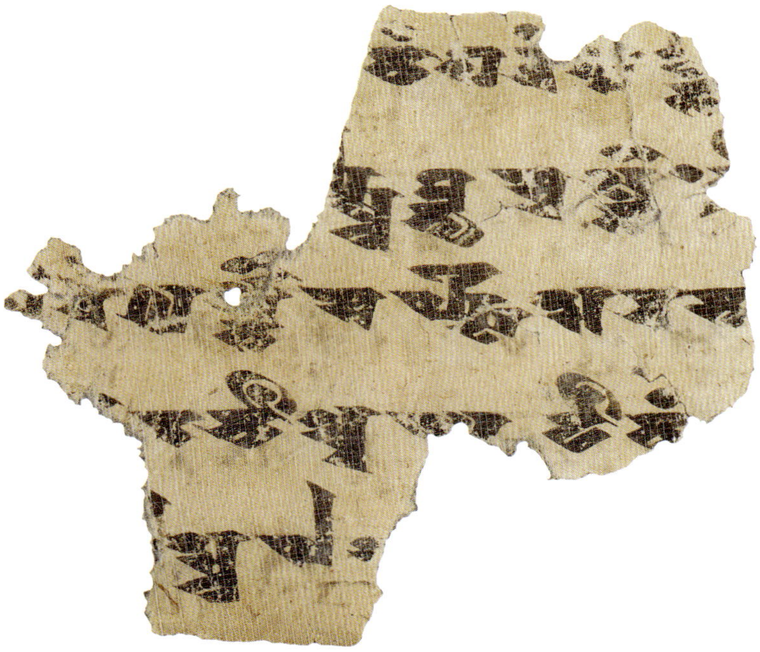

09ZJ0126（a）
縱 8.5cm × 横 10.0cm

09ZJ0126（b）
縱 8.5cm × 横 10.0cm

09ZJ0132（a）
縱 5.0cm× 橫 6.0cm

09ZJ0132（b）
縱 5.0cm× 橫 6.0cm

0 5cm

09ZJ0131（a）
縱 9.0cm× 橫 11.5cm

0 5cm

09ZJ0131（b）
縱 9.0cm× 橫 11.5cm

0 5cm

09ZJ0125（a）
縱 9.0cm× 橫 18.5cm
0 5cm

09ZJ0125（b）
縱 9.0cm× 橫 18.5cm
0 5cm

09ZJ0131（a）、09ZJ0125（a）拼接示意圖

縱 9.0cm × 橫 23.0cm

09ZJ0131（b）、09ZJ0125（b）拼接示意圖

縱 9.0cm × 橫 23.0cm

二 于闐語《佛説一切功德莊嚴王經》殘葉

（Sarvaguṇavyūharāja-nāma-mahāyānasūtra）

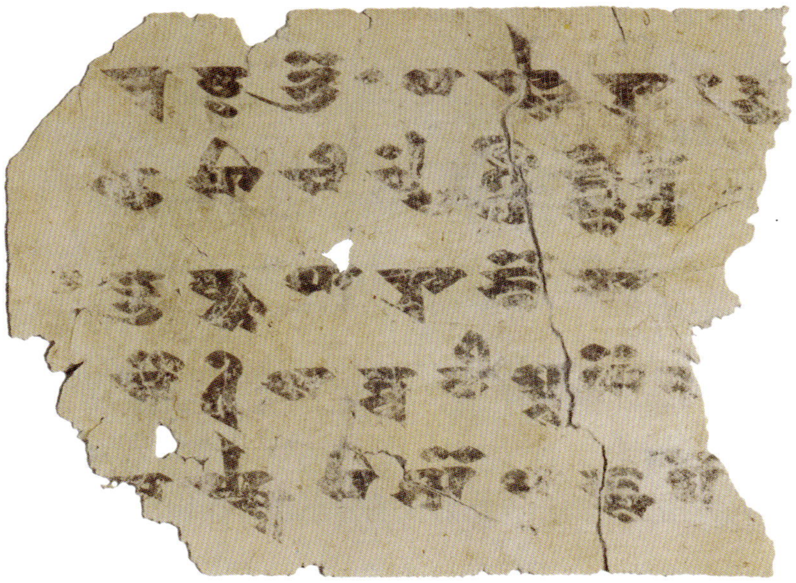

09ZJ0130（a）

縱 8.0cm× 橫 11.5cm

0 5cm

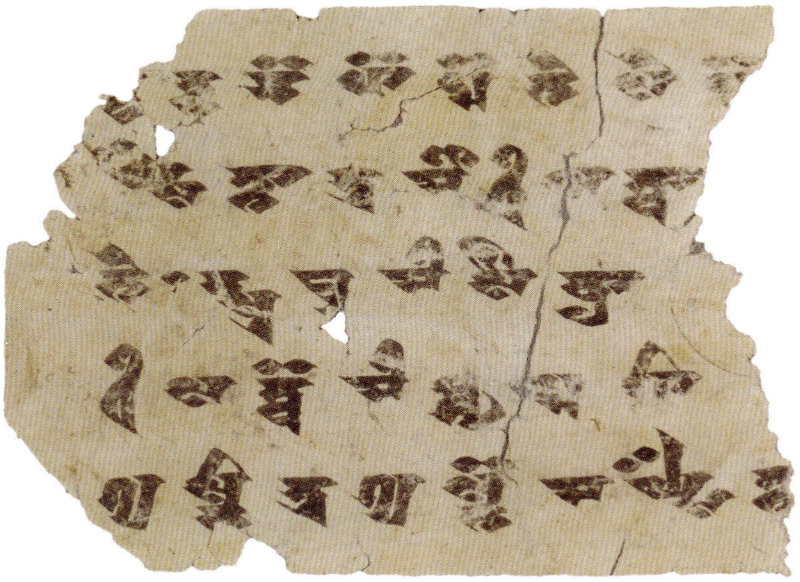

09ZJ0130（b）

縱 8.0cm× 橫 11.5cm

0 5cm

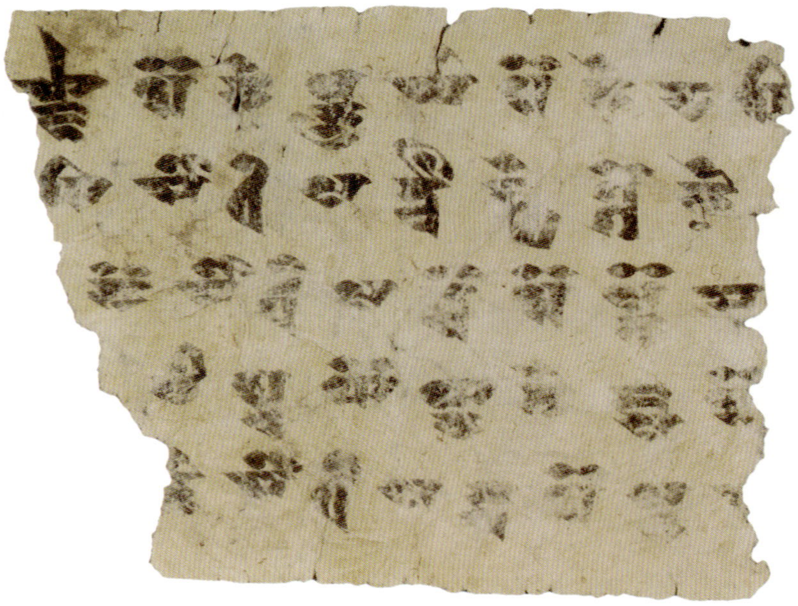

09ZJ0056（1a）
縱 8.0cm × 橫 4.5cm

0 5cm

09ZJ0127（a）
縱 8.0cm × 橫 10.5cm

09ZJ0056（1b）
縱 8.0cm × 橫 4.5cm

0 5cm

09ZJ0127（b）
縱 8.0cm × 橫 10.5cm

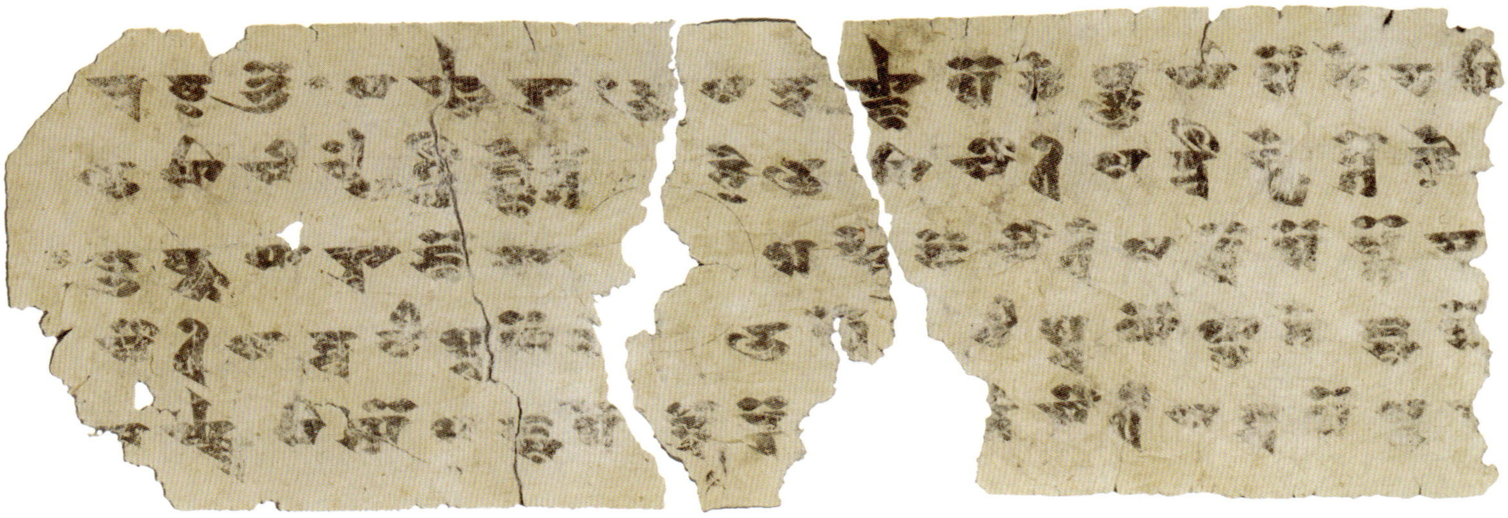

09ZJ0130（a）、09ZJ0056（1a）、09ZJ0127（a）拼接示意圖
縱 8.0cm× 橫 25.5cm

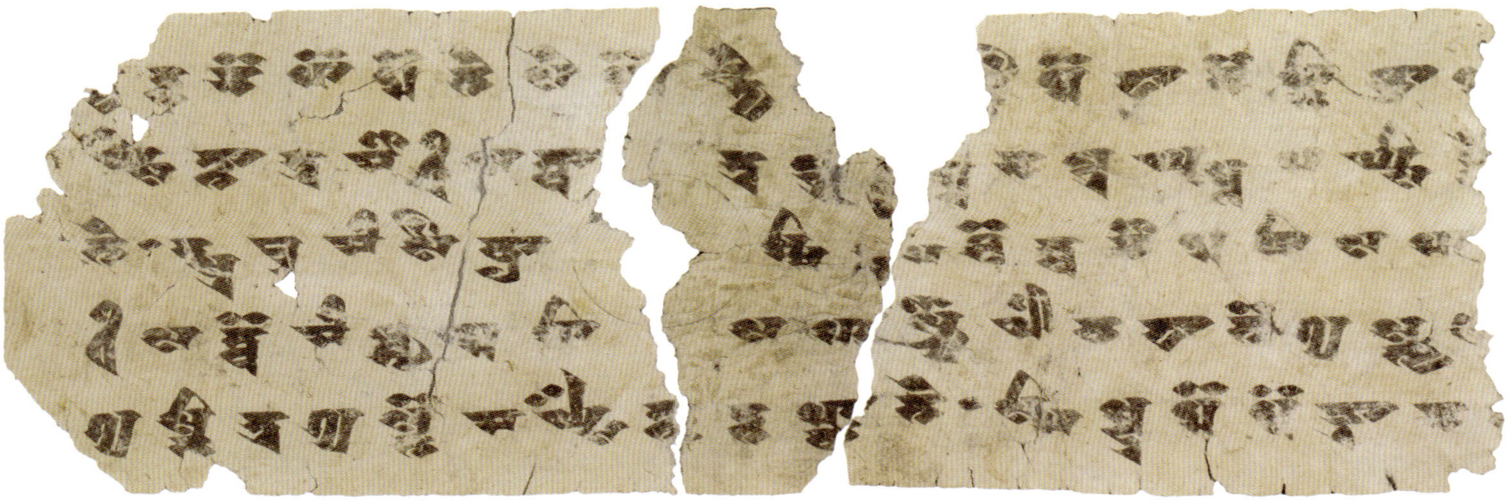

09ZJ0130（b）、09ZJ0056（1b）、09ZJ0127（b）拼接示意圖
縱 8.0cm× 橫 25.5cm

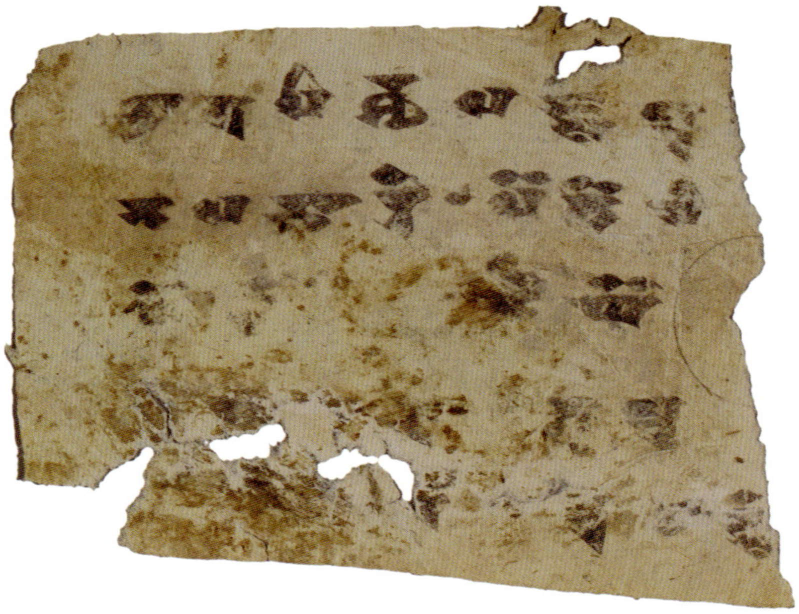

09ZJ0128（a）
縱 8.0cm × 橫 10.5cm

0　5cm

09ZJ0128（b）
縱 8.0cm × 橫 10.5cm

0　5cm

09ZJ0129（a）
縱 4.5cm × 橫 5.5cm

0　5cm

09ZJ0129（b）
縱 4.5cm × 橫 5.5cm

三　未知名于闐語、梵語佛經抄本殘卷

09ZJ0056（2a）
縱 3.5cm × 橫 8.0cm

0 5cm

09ZJ0056（2b）
縱 3.5cm × 橫 8.0cm

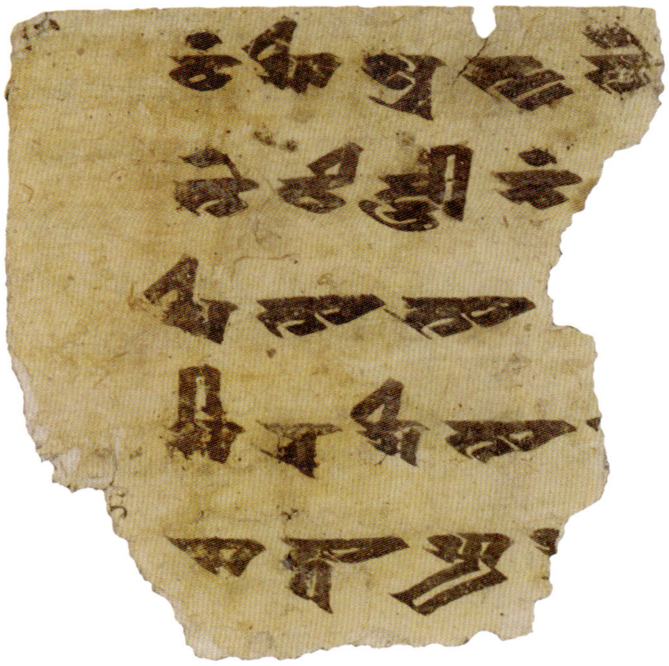

09ZJ0036（a）
縱 11.5cm × 橫 11.5cm

0 5cm

09ZJ0036（b）
縱 11.5cm × 橫 11.5cm

09ZJ0034（1a）
縱 3.5cm× 橫 2.0cm

09ZJ0034（1b）
縱 3.5cm× 橫 2.0cm

0 5cm

09ZJ0034（2a）
縱 2.5cm× 橫 3.5cm

09ZJ0034（2b）
縱 2.5cm× 橫 3.5cm

0 5cm

09ZJ0034（3a）
縱 2.5cm× 橫 1.5cm

09ZJ0034（3b）
縱 2.5cm× 橫 1.5cm

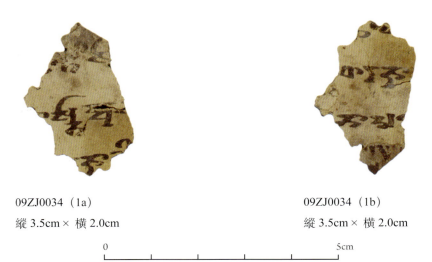

0 5cm

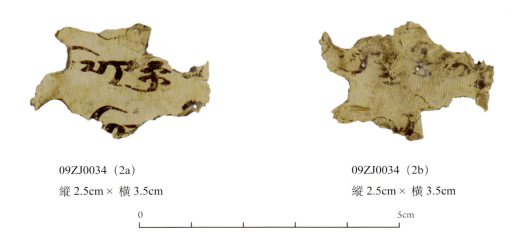

09ZJ0034（4a）
縱 1.2cm × 橫 1.5cm

09ZJ0034（4b）
縱 1.2cm × 橫 1.5cm

0 5cm

09ZJ0034（5a）
縱 2.0cm × 橫 2.0cm

09ZJ0034（5b）
縱 2.0cm × 橫 2.0cm

0 5cm

09ZJ0034（6a）
縱 2.3cm × 橫 1.5cm

09ZJ0034（6b）
縱 2.3cm × 橫 1.5cm

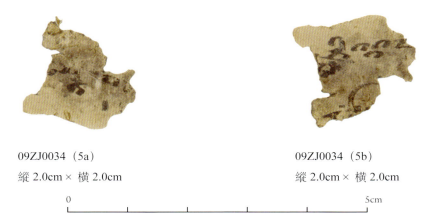

0 5cm

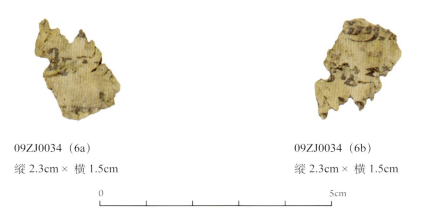

09ZJ0034（7a）
縱 2.5cm× 橫 1.3cm

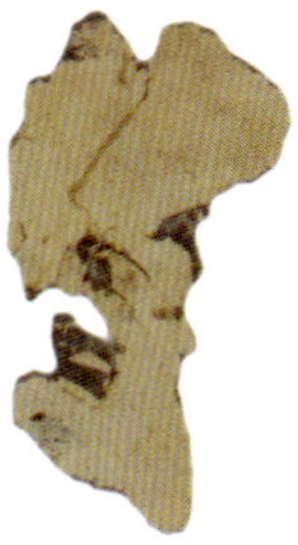

09ZJ0034（7b）
縱 2.5cm× 橫 1.3cm

0　5cm

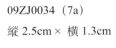

09ZJ0034（8a）
縱 1.7cm× 橫 1.1cm

09ZJ0034（8b）
縱 1.7cm× 橫 1.1cm

0　5cm

09ZJ0056（3a）
縱 2.3cm× 橫 3.3cm

09ZJ0056（3b）
縱 2.3cm× 橫 3.3cm

0　5cm

09ZJ0056（4a）
縱 6.5cm × 橫 1.7cm

09ZJ0056（4b）
縱 6.5cm × 橫 1.7cm

0 5cm

09ZJ0056（5a）
縱 2.3cm × 橫 2.3cm

09ZJ0056（5b）
縱 2.3cm × 橫 2.3cm

0 5cm

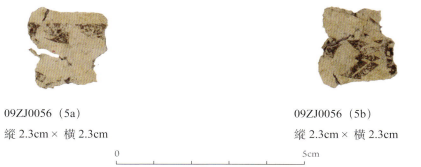

四　吐蕃時代薩波Vaisa之牒

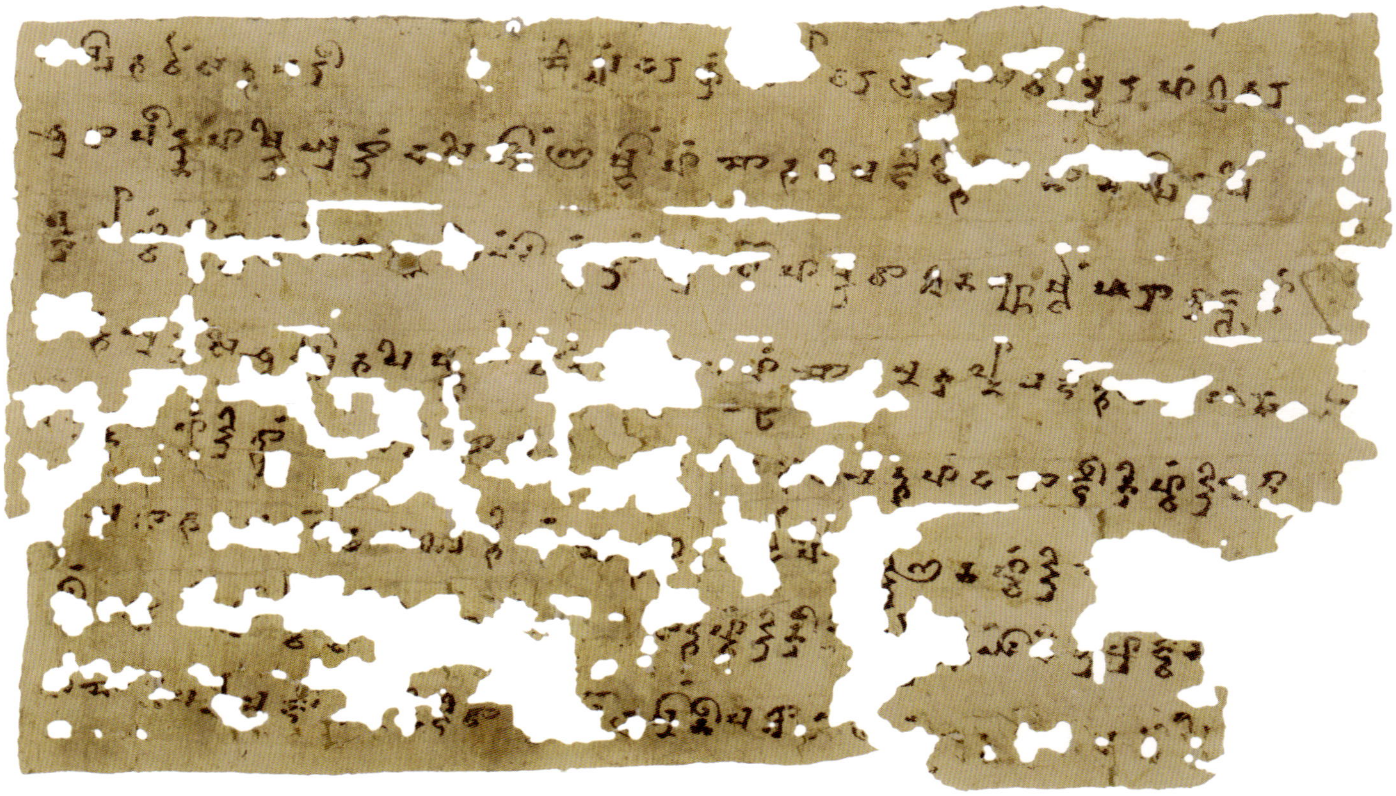

09ZJ0032（a）

縱 16.0cm × 橫 28.5cm

09ZJ0032（b）

縱 16.0cm × 橫 28.5cm

五　于闐語世俗文書殘片

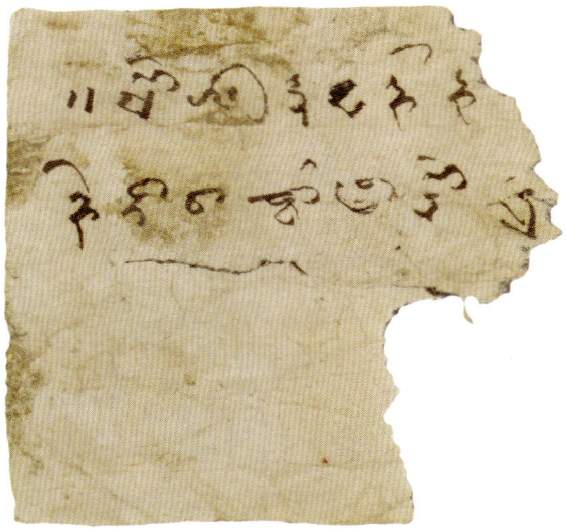

09ZJ0054（1）
縱 7.0cm × 橫 7.0cm
0　　5cm

09ZJ0054（2）
縱 3.5cm × 橫 10.5cm
0　　5cm

09ZJ0054（3）
縱 2.5cm × 橫 4.5cm
0　　5cm

09ZJ0054（4）
縱 5.0cm × 橫 4.5cm
0　　5cm

09ZJ0054（5）
縱 2.5cm × 橫 3.5cm
0　　5cm

09ZJ0054（6a）
縱 3.7cm × 橫 4.5cm
0　　5cm

09ZJ0123
縱 7.0cm × 橫 15.5cm

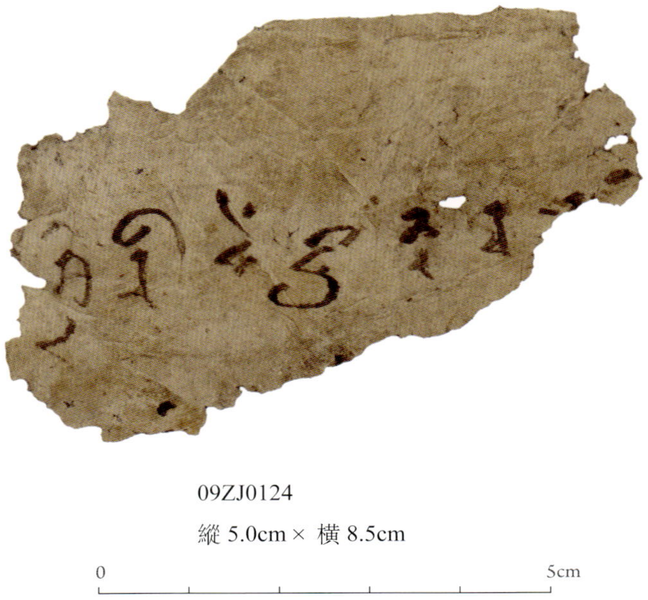

09ZJ0124
縱 5.0cm × 橫 8.5cm

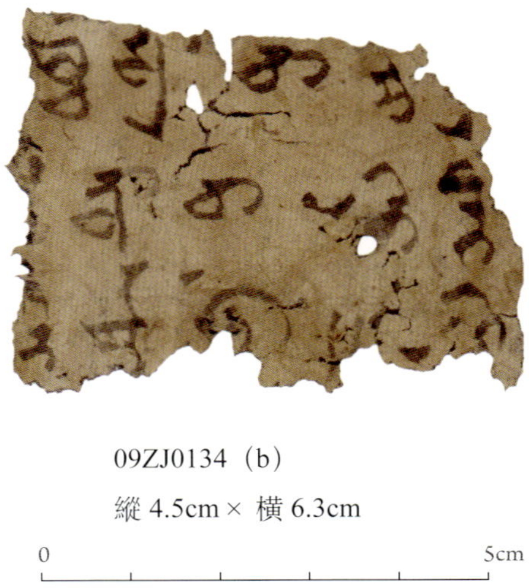

09ZJ0134（b）
縱 4.5cm × 橫 6.3cm

六　粟特語書信殘紙

09ZJ0133（a）

縱 9.0cm× 橫 5.5cm

0　5cm

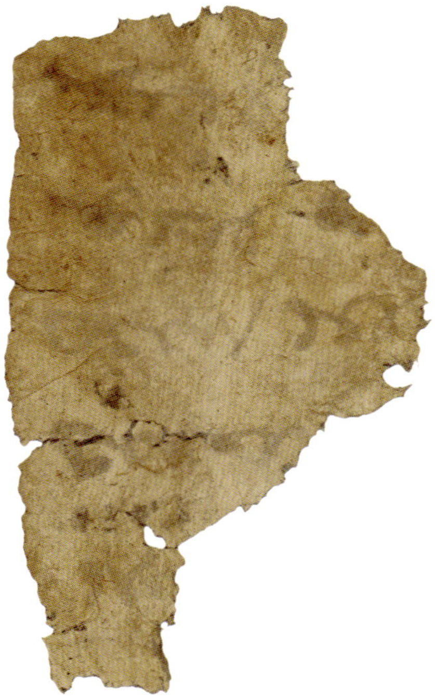

09ZJ0133（b）

縱 9.0cm× 橫 5.5cm

0　5cm

七　其他未釋讀殘紙

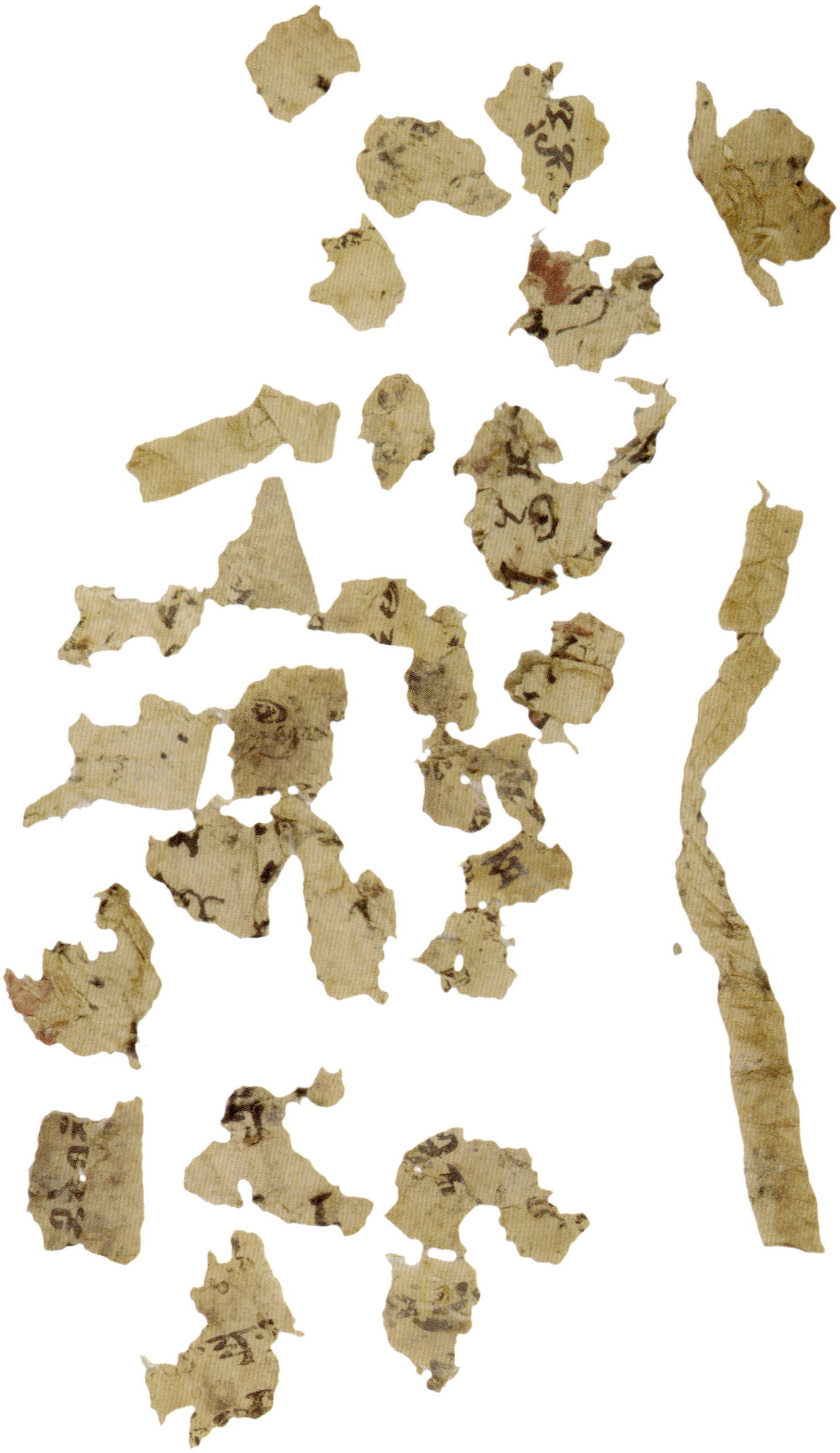

09ZJ0034（未釋）

09ZJ0052（1a）
縱 3.5cm × 橫 3.0cm
0 5cm

09ZJ0052（2a）
縱 2.5cm × 橫 3.0cm
0 5cm

09ZJ0052（2b）
縱 2.5cm × 橫 3.0cm
0 5cm

09ZJ0052（3a）
縱 2.0cm × 橫 4.0cm
0 5cm

09ZJ0052（3b）
縱 2.0cm × 橫 4.0cm
0 5cm

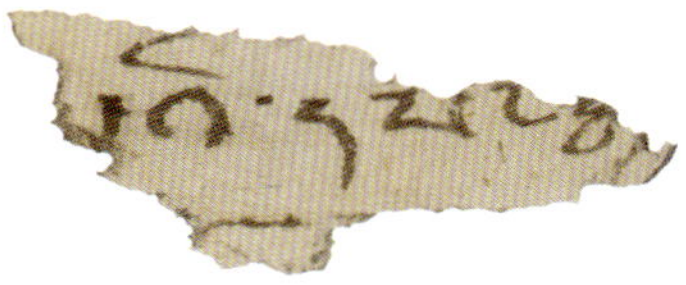

09ZJ0052（4）
縱 1.8cm × 橫 4.5cm
0 5cm

09ZJ0052（5a）
縱 4.1cm × 橫 2.0cm
0 5cm

09ZJ0052（6a）
縱 2.5cm × 橫 3.5cm
0 5cm

09ZJ0052（6b）
縱 2.5cm × 橫 3.5cm
0 5cm

09ZJ0052（7a）
縱 2.0cm × 橫 2.5cm
0 5cm

09ZJ0052（7b）
縱 2.0cm × 橫 2.5cm
0 5cm

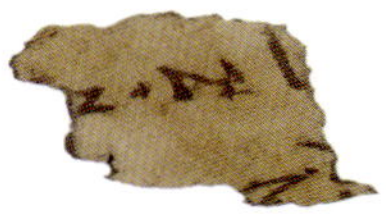

09ZJ0052（8）
縱 1.5cm × 橫 2.5cm
0 5cm

09ZJ0054（7）
縱 2.0cm × 橫 1.8cm
0 5cm

09ZJ0054（8）
縱 1.5cm × 橫 4.0cm
0 5cm

09ZJ0054（3b）
縱 2.5cm × 橫 4.5cm
0 5cm

09ZJ0054（5b）
縱 2.5cm × 橫 3.5cm
0 5cm

09ZJ0054（6b）
縱 3.7cm × 橫 4.5cm
0 5cm

09ZJ0052（1b）
縱 3.5cm × 橫 3.0cm
0 5cm

09ZJ0052（5b）
縱 4.1cm × 橫 2.0cm
0 5cm

民國時期維吾爾語文書圖版

一 色提等呈訴爲水渠阻塞事

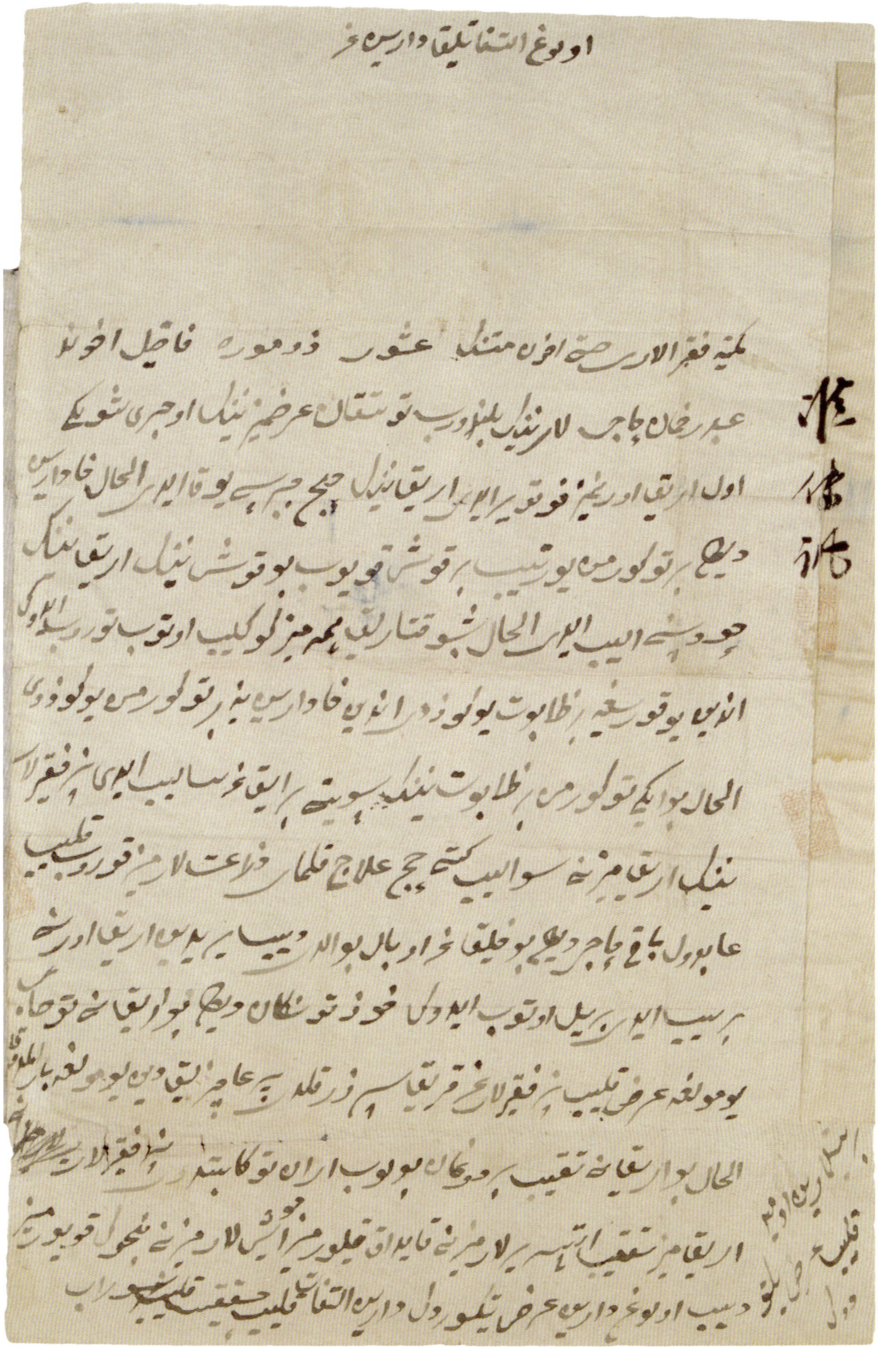

09ZJ0104（維吾爾語部分）

縱 35.3cm× 横 22.0cm

0 5cm

二　海未尔等呈控爲黑牙思偷佔公田民女事

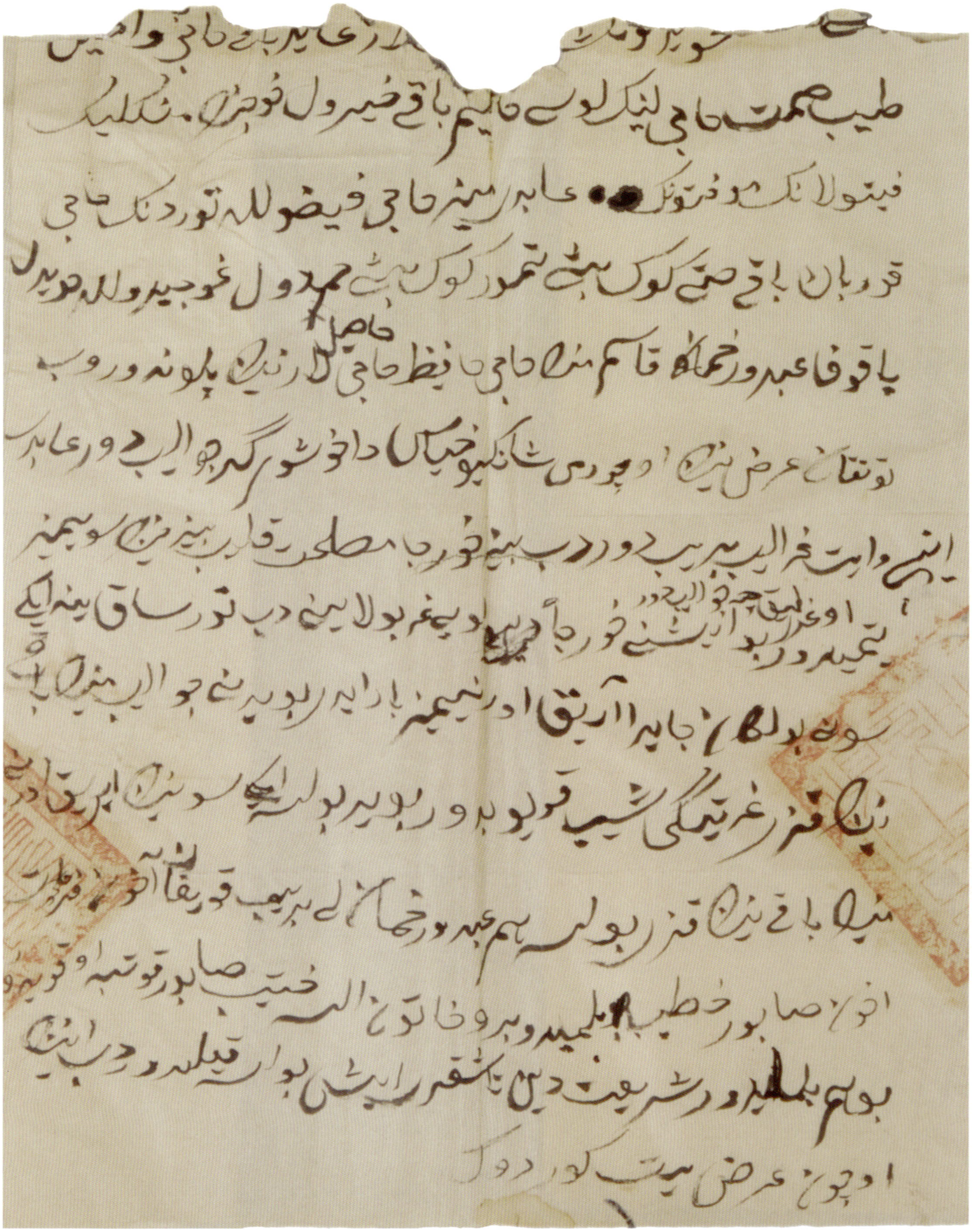

0　5cm

09ZJ0111-4（維吾爾語部分）

縱 28.0cm× 橫 21.3cm

三　他石賣地房契

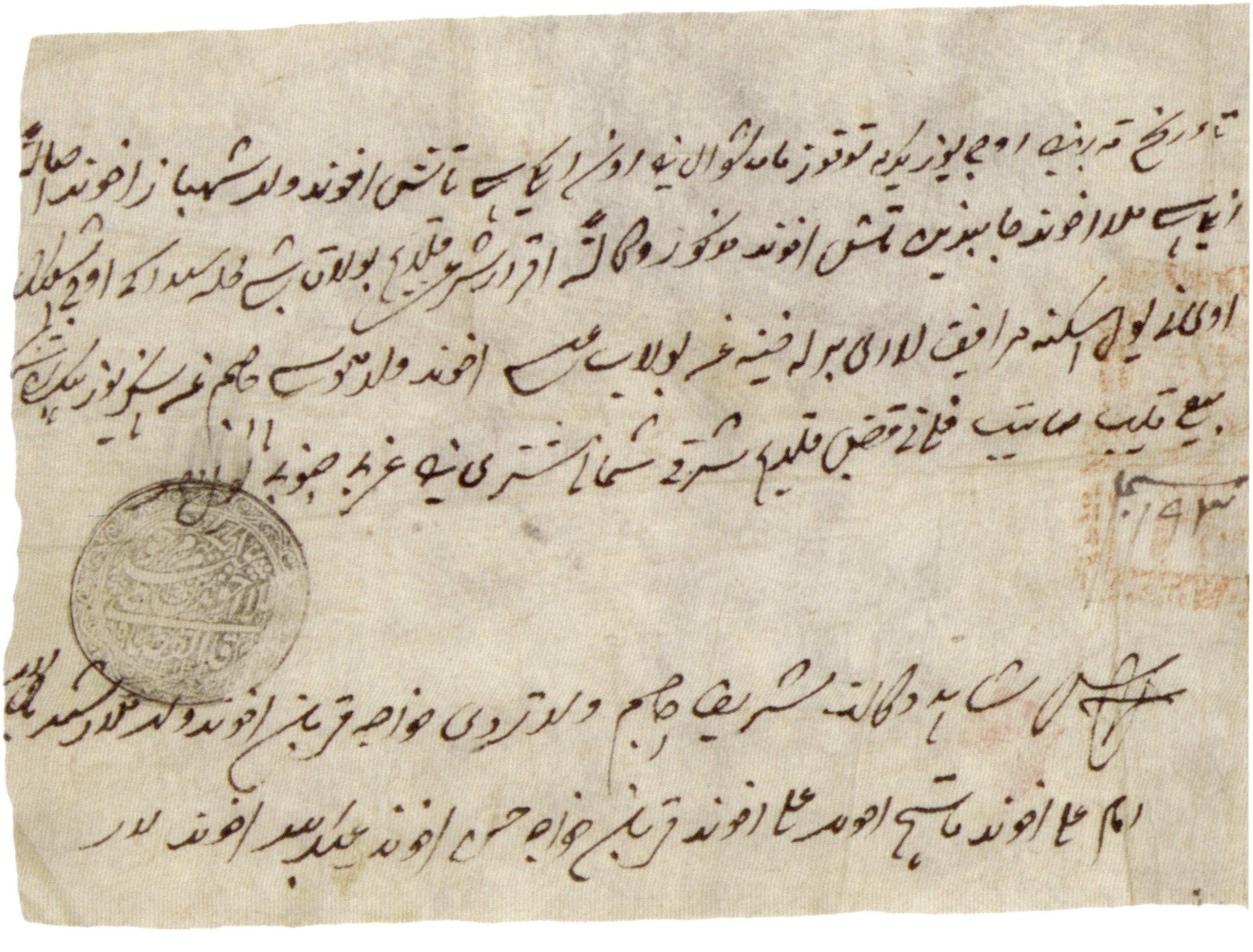

09ZJ0114（維吾爾語部分）

縱 16.6cm× 橫 25.2cm

0　5cm

四　尼沙比比賣地契

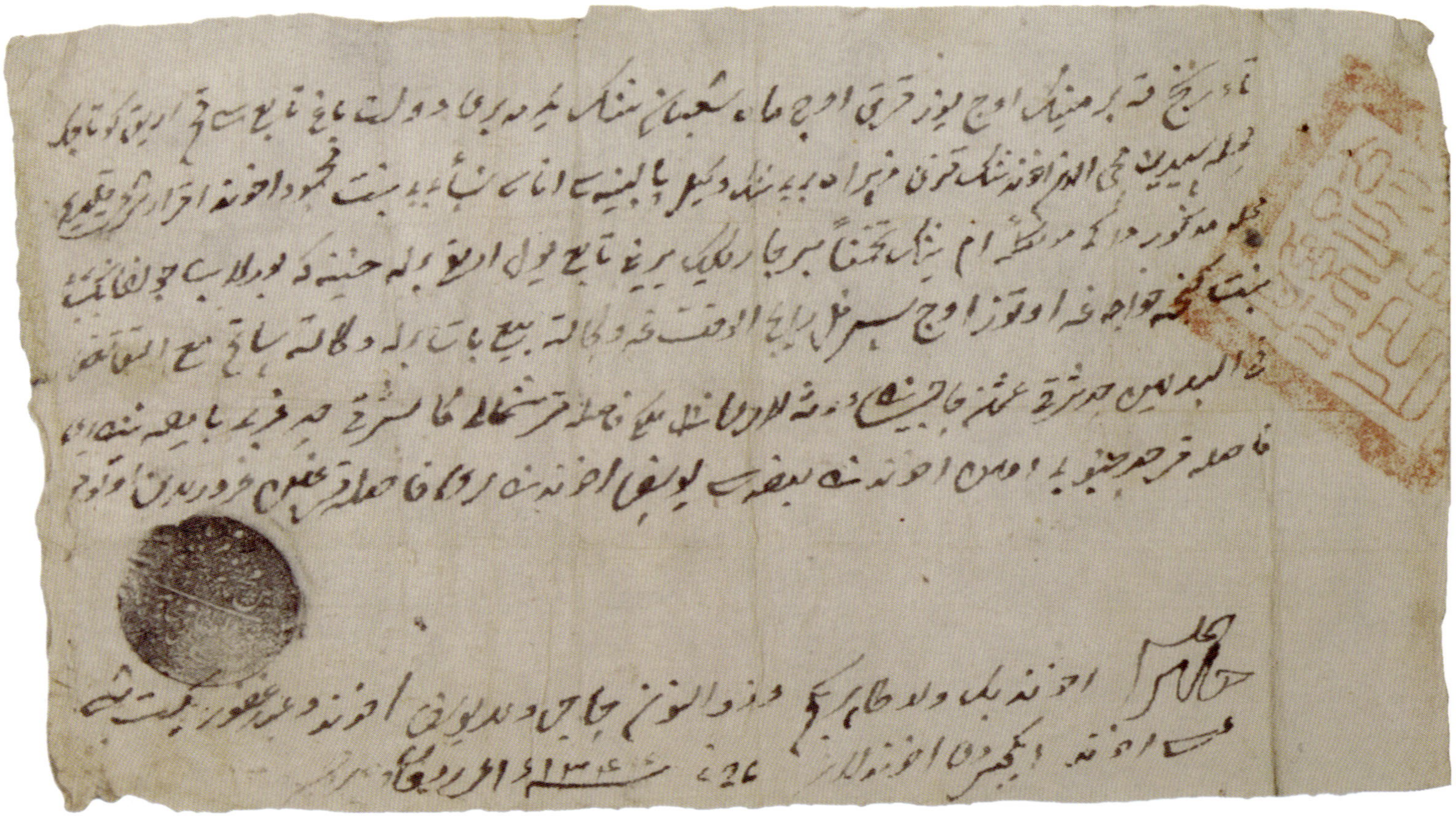

09ZJ0116（維吾爾語部分）

縱 17.0cm × 橫 29.5cm

0 5cm

五　買克素土轉讓田地契約

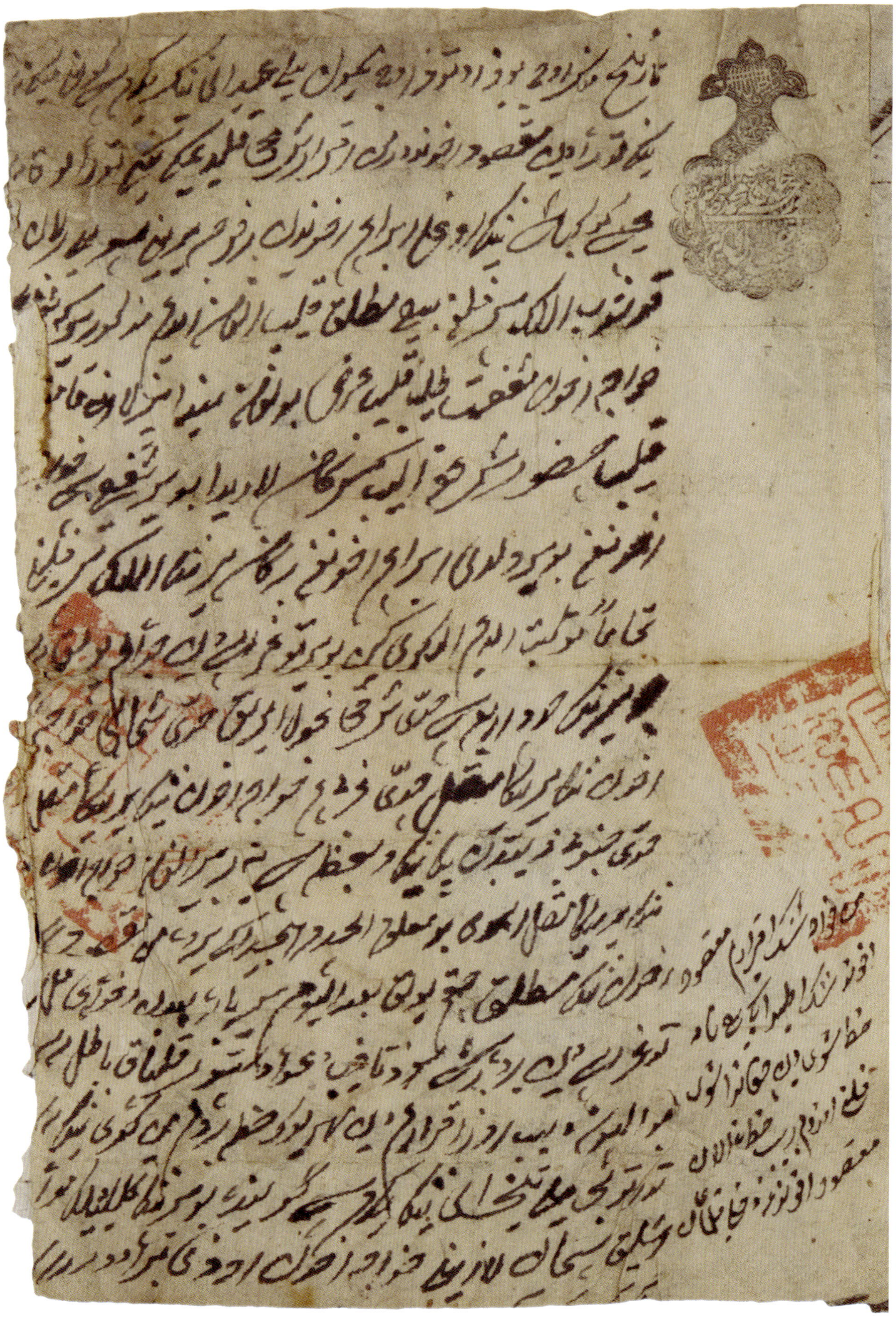

09ZJ0117（維吾爾語部分）

縱 33.9cm × 橫 21.8cm

0　5cm

六　祖木日汗賣地契

هوججەت

09ZJ0118（維吾爾語部分）

縱 12.8-22.0cm × 橫 22.2cm

0　　5cm

七　尼亞兹等爲訴奴爾賦役事甘結

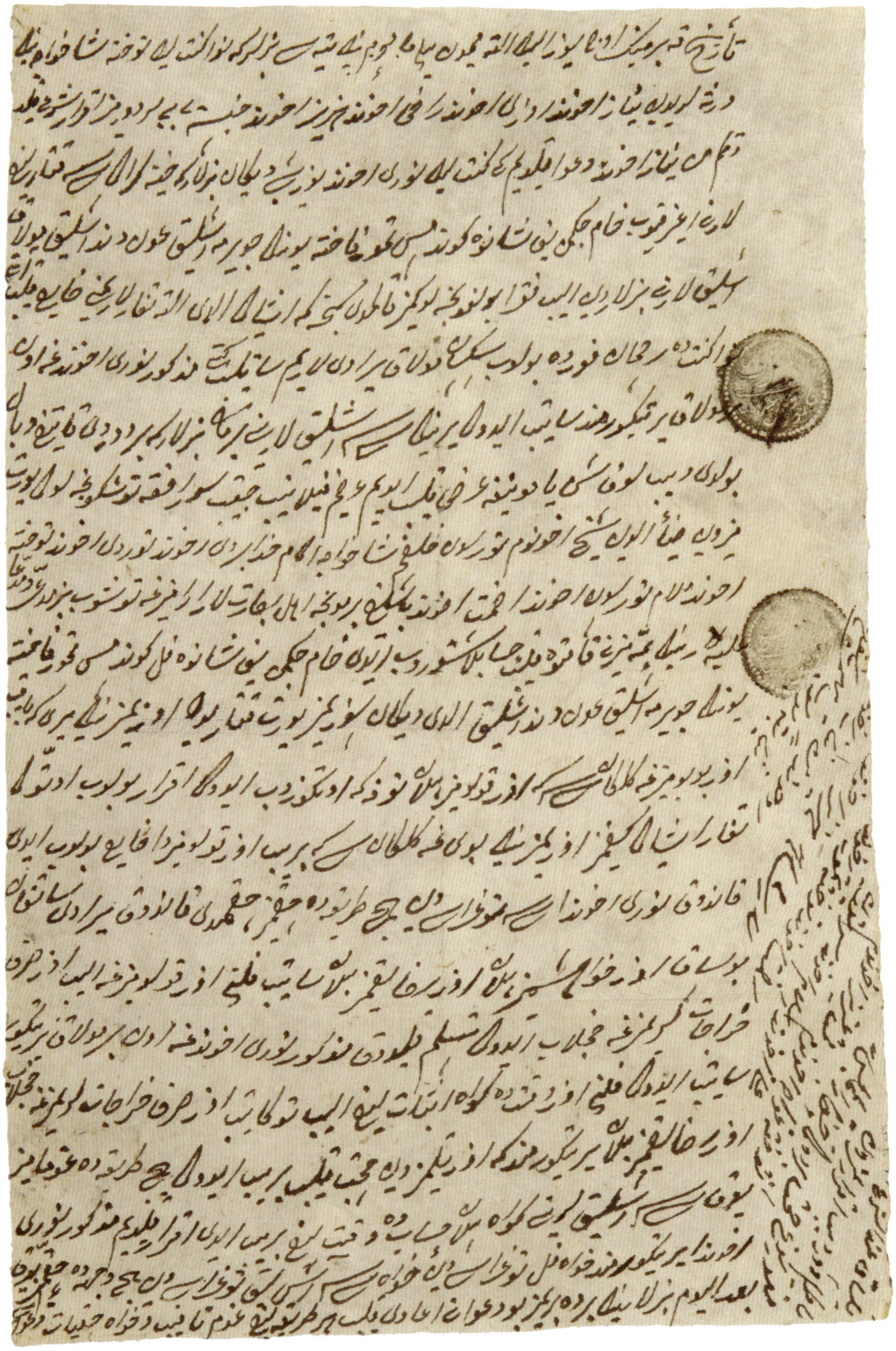

09ZJ0120（1）
縱 39.5cm× 橫 25.5cm

0　5cm

八　尼亞茲爲訴奴爾等地產事甘結

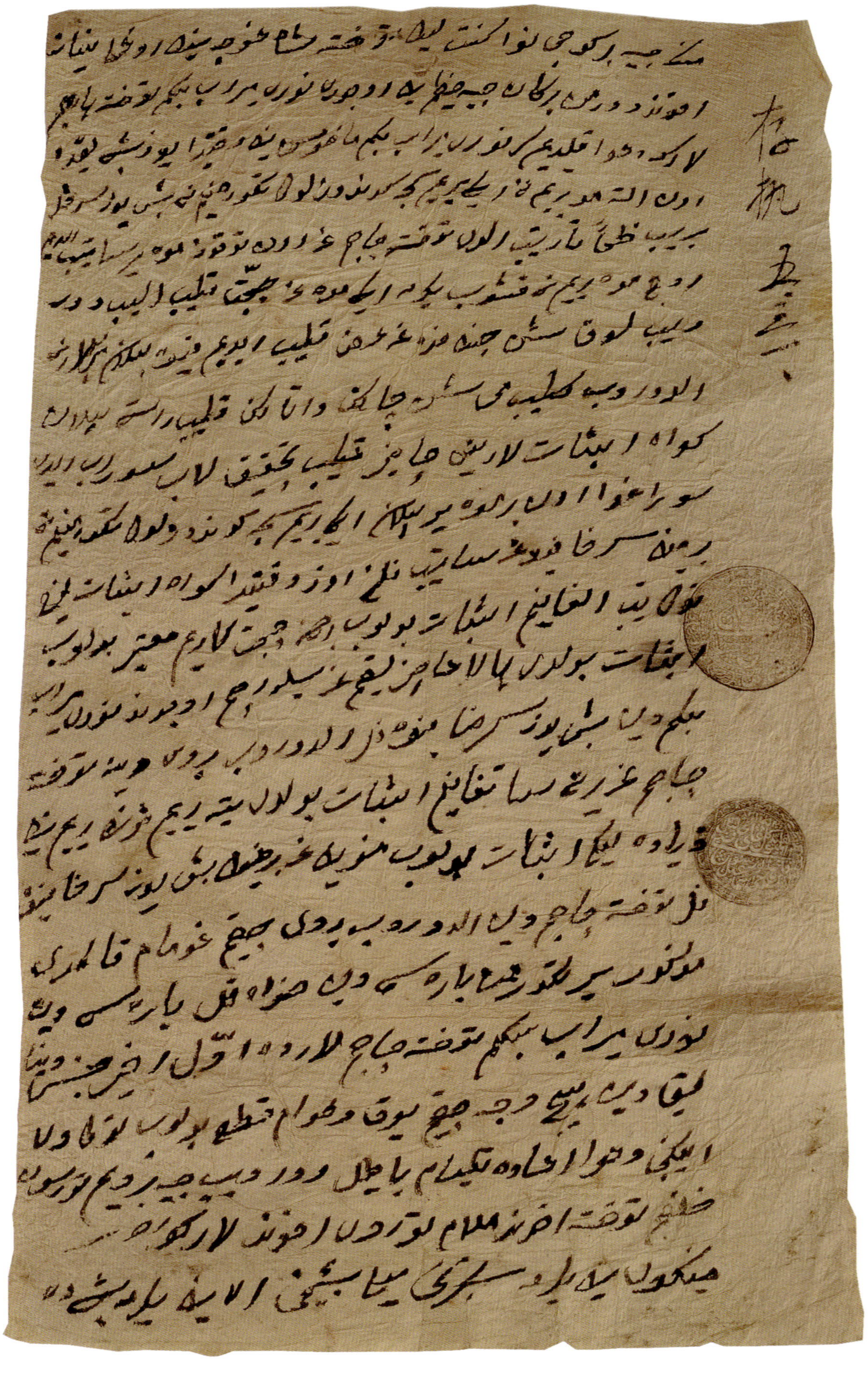

09ZJ0120（3）

縱 43.0cm × 橫 25.0cm

九　穆罕默德賣地契

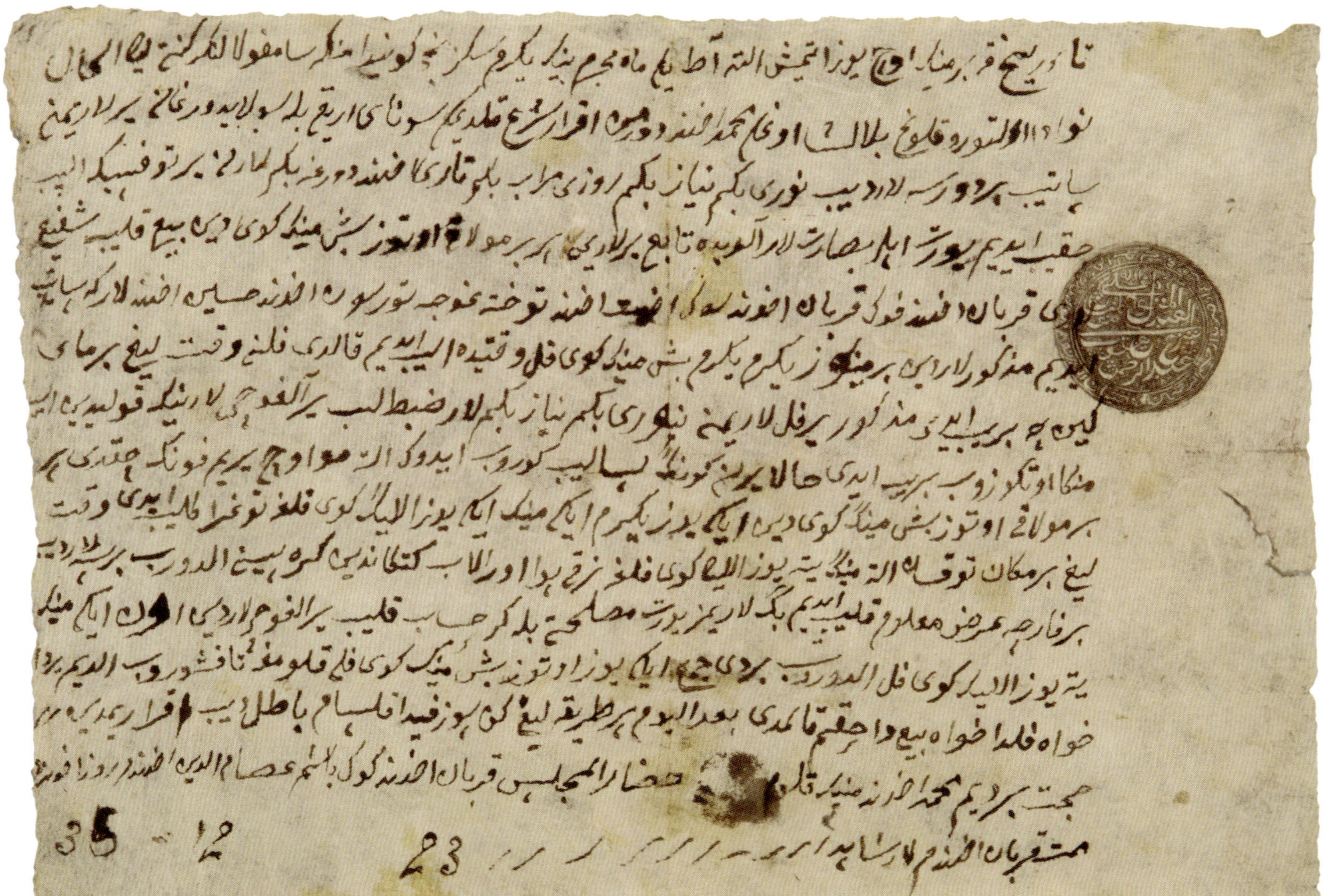

09ZJ0121（1）

縱 19.5cm × 橫 27.5cm

0 5cm

一〇　殘賣地契（一）

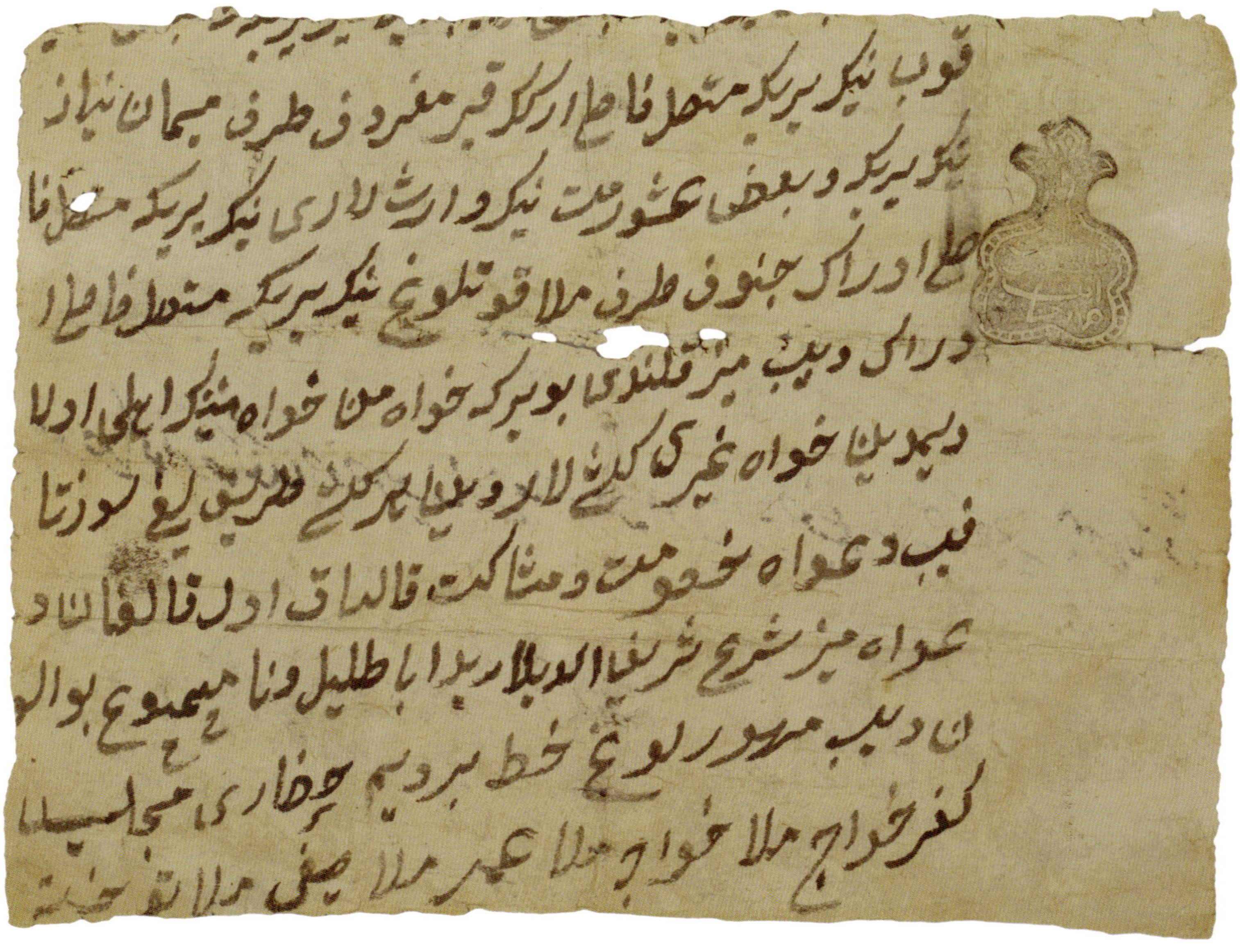

09ZJ0121（2）

縱 15.5cm × 橫 20.0cm

一一 尼亞茲賣地契

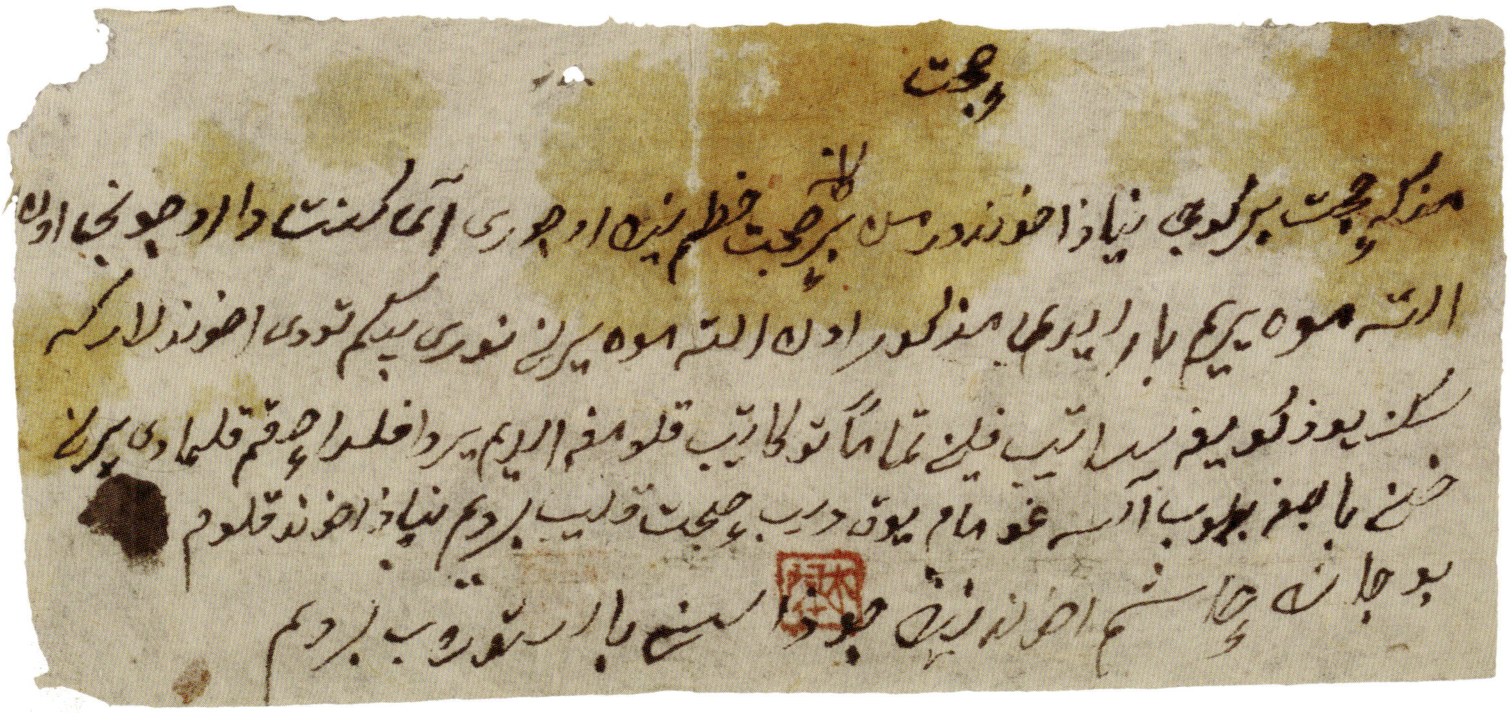

09ZJ0121（3）

縱 11.0cm × 橫 22.3cm

一二　殘賣地契（二）

09ZJ00121（4）

縱 7.5cm × 橫 17.5cm

0　5cm

一三　肉兹交小麥收據

09ZJ0121（5）

縱 2.5cm × 橫 11.5cm

0　5cm

一四　阿里夫賣地契

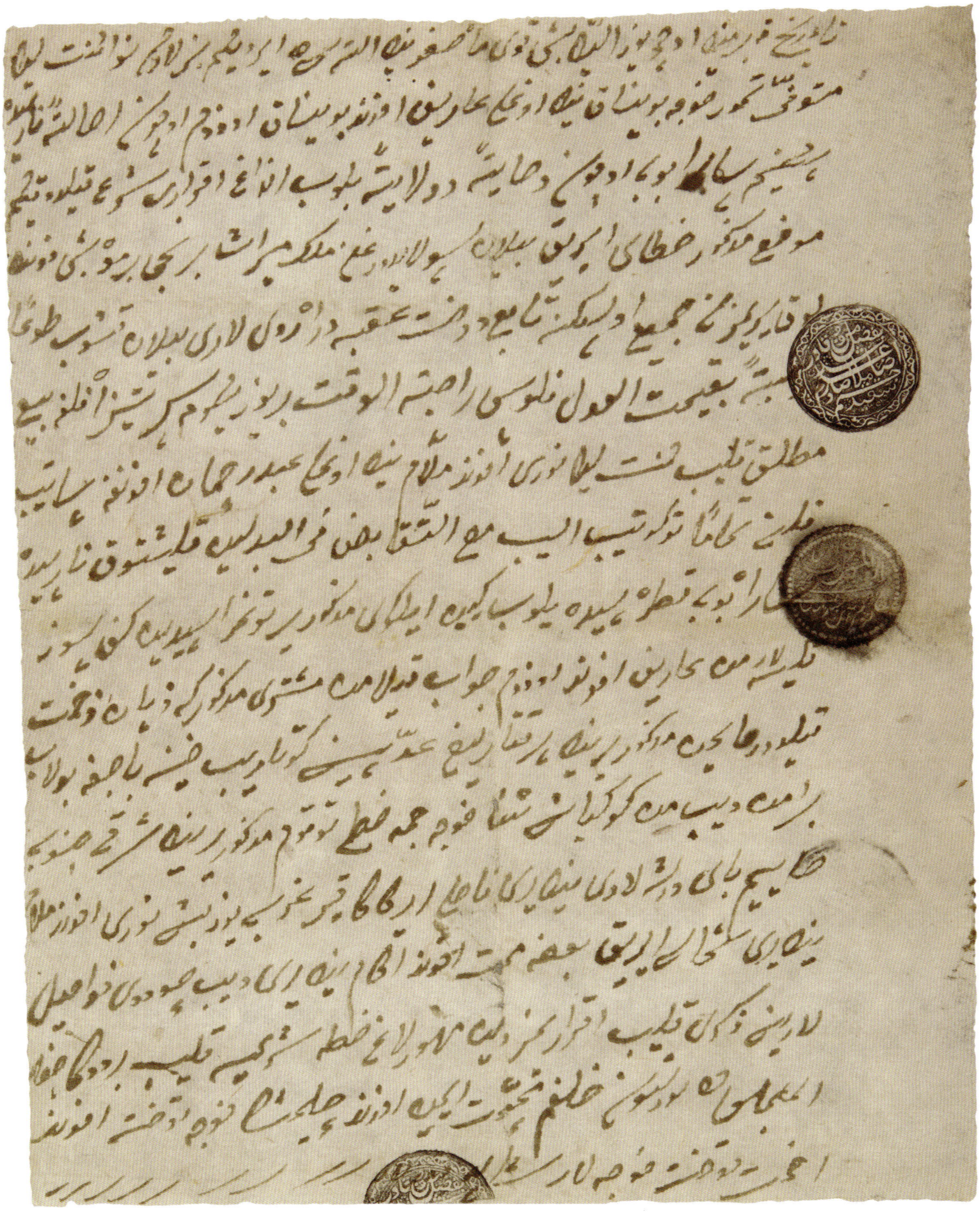

09ZJ0121（6）
縱 33.5cm × 橫 26.5cm

0　5cm

一五　拉兹爲訴奴爾强奪地産事甘結

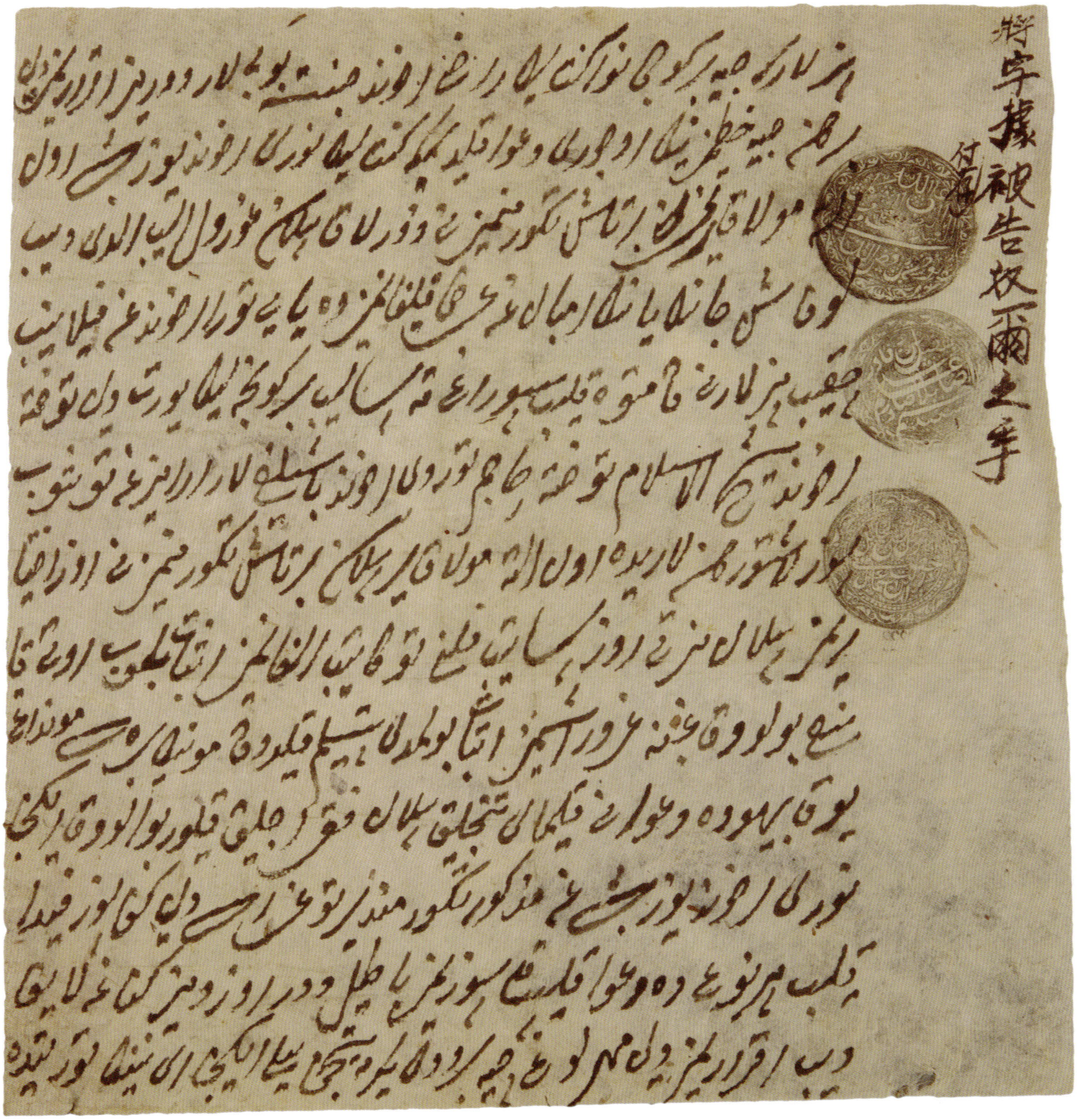
將字據付被告奴爾之手

09ZJ0121（7）
縱 27.3cm × 橫 25.0cm

0　5cm

一六　肉兹等賣地産契

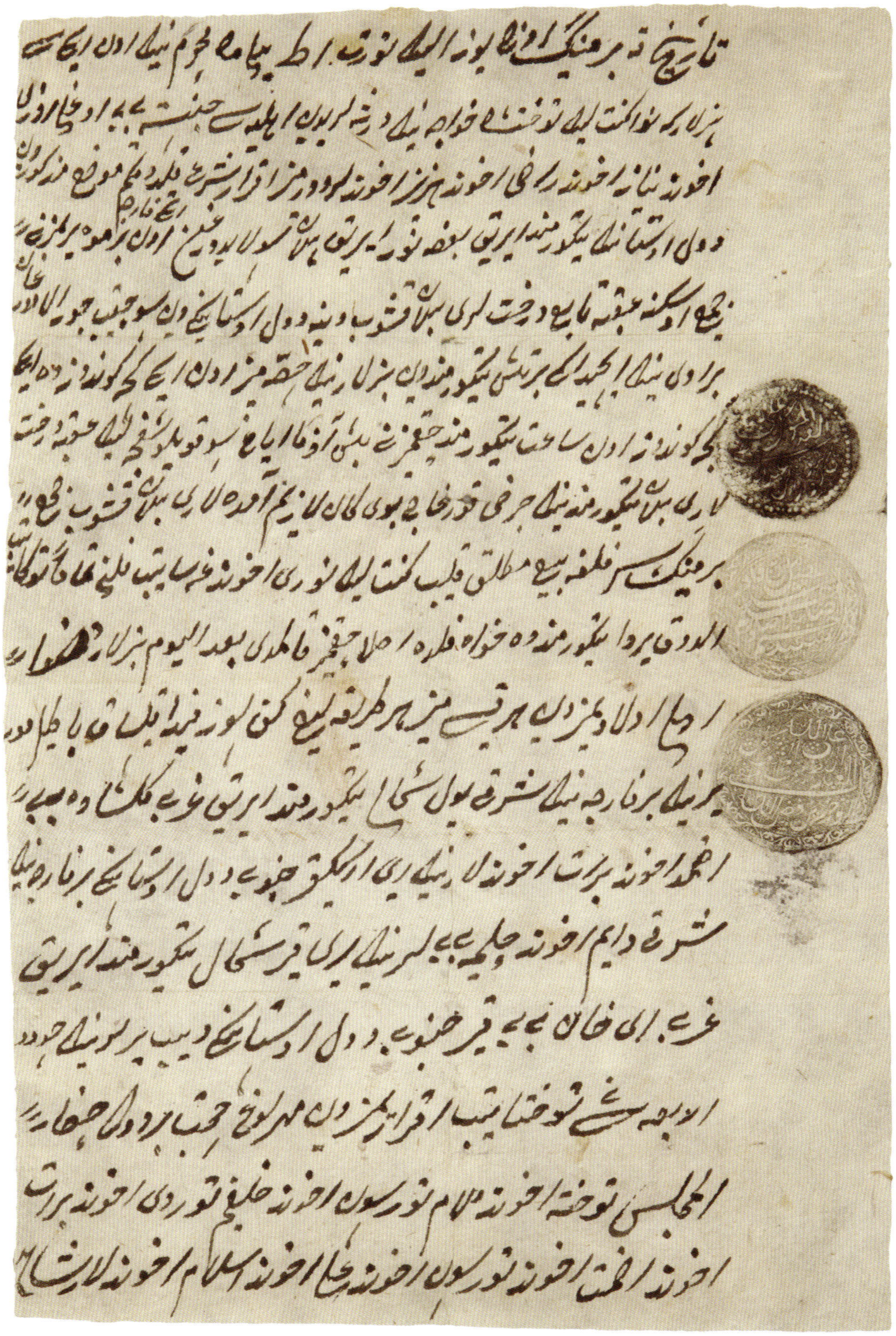

09ZJ0121（8）

縱 31.5cm × 横 20.5cm

0　　5cm

一七　穆罕默德等賣地契

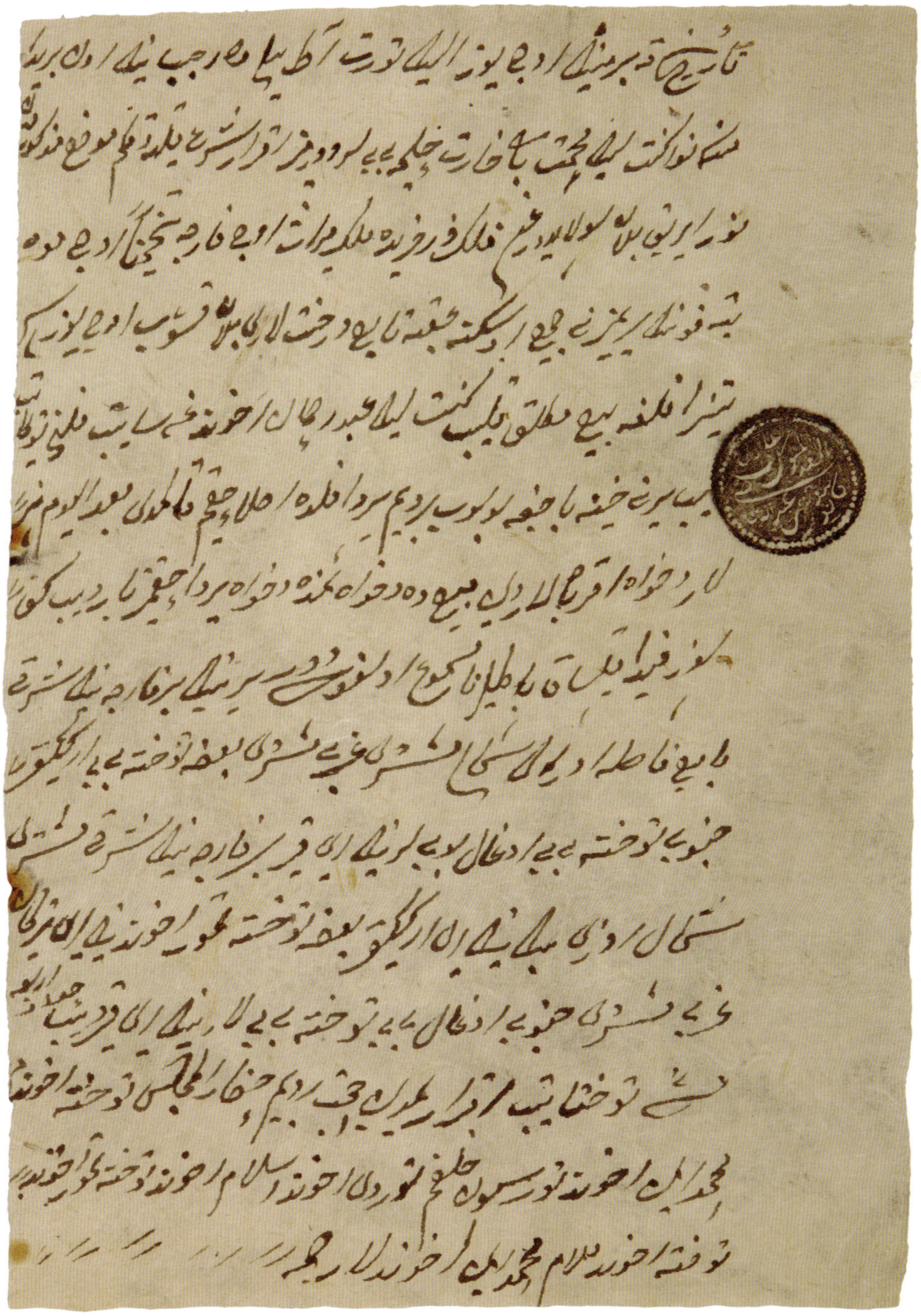

09ZJ0121（9）

縱 29.5cm × 橫 20.0cm

0　5cm

于闐、梵、粟特語文書釋讀與研究

于闐語等文獻釋讀及論述部分之引言及凡例

段 晴

引 言

2009年，新疆維吾爾自治區博物館入藏了數件古代非漢語寫卷，绝大多数書於紙上，唯獨見到一件佉盧字體的文書，是寫在一塊絹上的。凡書於紙上的寫卷，全部已經殘破，爲完全釋讀破解造成了障礙。

從可讀出的内容看，這批寫本的殘卷涉及四種語言，于闐語、藏語、梵語，以及粟特語。數量相對較多者，是于闐語殘寫卷，另有零星藏語文獻。書有梵語佛經的殘紙，僅存一片稍可釋讀，其餘皆是碎片，唯可讀出個別字母。這一期釋讀和論述，僅限於于闐語、部分梵語，以及唯一一件粟特語殘卷。佉盧文字的絹文書待完成釋讀後再刊佈。零星古藏文殘紙，未經处理而刊布。

于闐語文書在新疆博物館首批入藏的寫本中數量爲最多。于闐語文書依據内容以及文書所用材料的形制，大抵可分爲兩部分：其一，佛經抄本；其二，世俗文獻。表面上看，這些出於僧俗兩界的殘卷，無論從形制和内容，似毫無關聯。此外，又無考古發掘證實它們的出土地點。但實際上，還是可以證明這些殘紙遺墨，來自同一地區。

世俗文書當中，有一殘破紙文書，編號09ZJ0032，上寫有明確的地名，文書寫於一個叫做Birgaṃdara au的地方。在已經公佈於世的于闐語文獻中，Birgaṃdara是個熟悉的地名，漢譯“拔伽”[①]。中國國家圖書館善本部藏有一件尚未刊佈的于闐語案牘，涉及人口買賣，同樣寫於Birgaṃdara auva“拔伽鄉”。國圖的這件于闐語案牘，明確涉及于闐王族買妻事件[②]。據此可以印證，所謂“拔伽”，正是古代于闐王宫的所在地。據提供漢語、于闐語雙語木簡的人説，那些木簡發現於策勒縣老達瑪溝地區。而依據黄文弼，可知老達瑪溝地區，是個古代遺址非常豐富的地區[③]，曾經是于闐古王國的地域無疑。但究竟于闐王宫曾位於這些遺址的哪一處，還需期待考古的驗證。

新疆博物館此次入藏的佛籍抄本殘紙，基本上來自兩部于闐語佛教經籍之夾。至少有四片已經確定屬於《僧伽吒經》，五片屬於《佛説一切功德莊嚴王經》，另有一些梵語殘佛經，及于闐語佛經的零星碎片。以這些殘卷的格式，文字的書寫，可推而得之，這一批入藏新博的佛籍殘葉，基本上出自一個地方。而幾件可以明確是屬於《僧伽吒經》抄本殘葉，説明這些殘葉也應當來自老達瑪溝一帶。對此，後文《〈僧伽吒經〉殘葉》有詳述。

① 榮新江、文欣曾刊佈一組漢、于闐語雙語木簡，涉及税收，其中大部分出自拔伽地區。見他們撰寫的文章：《和田新出漢語—于闐語雙語木簡考釋》，《敦煌吐魯番研究》第十一卷，上海：上海古籍出版社，2009年，第45—69頁。

② 詳見段晴：《關於古代于闐的“村”》，《張廣達先生八十華誕祝壽論文集》，臺灣：新文豐出版公司，2010年，第581—604頁。

③ 參閱黄文弼：《塔里木盆地考古記》，北京：科學出版社，1958年，第48頁。

《新疆博物館新獲文書研究》一書的于闐語等文書釋讀及論述，分别針對佛籍抄本和世俗文書進行釋讀和分析，可分爲以下幾個部分：

于闐語《僧伽吒經》殘葉。約略介紹此部經在中亞的流行，以及所發現的梵本，把新疆博物館幾片屬於《僧伽吒經》的殘紙，歸總至一處，分别做分析釋讀，並與現存梵文本、漢文本相對照。新博的這幾片殘紙，爲于闐語《僧伽吒經》貢獻了新内容。

于闐語《佛説一切功德莊嚴王經》殘葉。這是迄今爲止，于闐佛教經籍未識之作，是首次發現。在略述及梵、藏、漢譯本之後，是釋讀和文本之間的比對，以及針對殘片中出現的于闐文字的注釋。

未知名佛經殘紙。一些梵語和零星的于闐語佛經碎片，因暫時無法找到其歸屬，故而放入這一部分。

薩波Vaisa之牒所隱括的社會變遷。着重對編號09ZJ0032的世俗文書進行剖析解讀。以文中出現的詞組爲緒，抽繹出背後隱括的于闐王國區域劃分以及歷史沿革的綫索。針對Hedin 24等幾件已刊佈、已被學者討論過的于闐語文書所遺留問題，提出了新的解讀方案。

之後是對幾件于闐語世俗文書及一件粟特語書信殘紙的西文轉寫，以及大致譯文。因爲這部分文物上的文字多不清晰，所以釋讀中難免有誤。愿讀者毋吝誨責。

在此《新疆博物館新獲文書研究》付印之際，我謹向新疆博物館侯世新館長、郭金龍先生，中國文化遺産研究院劉紹剛教授、楊小亮先生，申表感激之情。他們邀我參加文書鑒别和研究工作，爲我傳來非常清晰的文檔照片，以及有關文獻的一應資料。

在全文撰寫過程中，北京大學歷史系榮新江、朱麗雙，或糾謬疏，或錫智見。梵文貝葉經及佛教文獻研究所的薩爾吉、葉少勇，須臾間便爲我提供了所需的輔助文獻，令我真實感受到他們對學科建設的重要貢獻。德國慕尼黑大學Hartmann教授有求必應，把他多年前寫就的陳述《佛説一切功德莊嚴王經》梵文本發現過程的文章寄給我。Von Criegern博士更慷慨，將吉爾吉特梵文寫本《佛説一切功德莊嚴王經》原件照片和他辛苦完成、尚未發表的校訂本一併寄給我。若無他們相助，我不可能在短時間内搜集到必要的輔助文獻，並完成釋讀論説。在此，謹向這些好友同事申表真摯謝意。

2010年9月14日初稿

2011年2月28日終稿

凡　例

] 表示左側殘破。此符號之前文字由筆者補充。

[表示右側殘破。此符號之後文字由筆者補充。

x[破損處還有辨認不出的字跡。

[ ] 方括號内的字符在原卷上缺失，由筆者補充。

[...] 表示此處因原卷破損而有缺失的文字，不確定有多少字符。

[x] 表示缺失的字符，一個x代表一個字群（一或多輔音+元音，或者字首元音）。

[p]ā 表示原卷僅存-ā，而[p]缺失，由筆者恢復。

-a 表示与a相拼的-辅音字符無法識别。

-y- 表示一輔音字符群中，唯此字符可以辨認。

○ 表示原卷预留的穿绳孔。

· 表示原卷上的停頓符號。

斜體 西文轉寫部分出現的斜體，表示筆者對此字符的識别以及所恢復的詞組尚無確信。各級標題、正文論述部分出現的斜體不在此列。

黑體 梵語部分斜體黑體字，表示此文字與于闐殘語對應。

新博 新疆博物館簡稱。

[Sgh(C)]《僧伽吒經》所參照的梵文本：Giotto Canevascini，*The Khotanese Saṅghāṭasūtra*，Wiesbaden 1993。此梵文本，正是封辛白（von Hinüber）集吉爾吉特（Gilgit）地區出土所有梵文本而制定出的校勘本。

個別符號的説明，見隨文注釋。

于闐語《僧伽吒經》殘葉

段 晴

一 關於《僧伽吒經》的流布

在浩瀚的佛教文獻當中，《僧伽吒經》大約曾經是擁有最多語言文本的典籍。目前已知有多部梵文本、藏文本、兩部漢譯本、于闐文本，甚至發現了粟特語譯本的蹤跡[①]。

兩部漢譯《僧伽吒經》，一是元象元年（538）月婆首那譯的《僧伽吒經》，二是公元980年來華的譯經大師印度僧人施護譯出的《大集會正法經》。雖有兩部譯本，但是在漢地，此經似從未得到信衆的熱捧。在古代，惟有被佛教典籍的目録類作品所提及。在現代學界，華夏佛學專家學者對此幾乎没有關注。原因在於，這部經在佛教哲學思想的繼承與闡述方面，似不曾佔有舉足輕重的地位，不具備如里程碑的意義。

月婆首那的漢譯《僧伽吒經》，具有根據内容而規劃的章節，分爲四卷。前兩卷以一切勇菩薩向佛發問爲引，請求佛説法。聽法大衆中，有大比丘衆、大菩薩衆，以及天龍八部等。菩薩具有神力（*ṛddhi*）如此開篇，顯示典型的大乘作品的特徵。前兩卷主旨，用各種比喻説聽聞此經、抄寫此經所能獲得的功德。一切勇菩薩問道：

> 佛告一切勇菩提薩埵摩訶薩埵言：……一切勇，若有得聞如是法門經於耳者，八十劫中自識宿命，六十千劫作轉輪王，八千劫中作天帝釋，二十五千劫作淨居天，三十八千劫作大梵天，九十九千劫不墮惡道，百千劫中不墮餓鬼，二十八千劫不墮畜生，十三億百千劫不墮阿修羅中，刀劍不傷，二十五千劫不生愚癡中，七千劫中具足智慧，九千劫中生處端正，具足善色如如來身，十五千劫不作女人，十六千劫身無病惱，三十五千劫常具天眼，十九千劫不生龍中，六千劫中無瞋恚心，七千劫中不生貧賤家，八十千劫主二天下。[②]

可見此經之妙用。後兩卷以藥上菩薩發問爲引。三卷的幾則故事，爲争取信衆而説教。四卷着重對比行惡入地獄的可怖，以及信佛禁戒法而得生諸佛國的善行果報，並鼓勵五千少年，精進樂佛法，擺脱肉"身爲重擔"之"大可怖畏"，遠離生死之苦，所生之處得見佛身。

然而，有如此功效之妙經，却在漢地佛教界似從未得關注，結合《僧伽吒經》的譯經背景等，這背後實際上也有值得深思之處。不僅如此，透過漢譯，其實多少可以看出此經原著曾經頗受尊崇，因爲第一部漢譯完成於六世紀上半葉，距離第二次漢譯之舉，已時隔四百年。而這四百年之間，經的原著未發生亡佚。與之相比，爲數不少的梵文原著，就没有這樣的幸運，在被齎來漢地之後，也就不再流傳，例如著名的《造像功德經》等。

與《僧伽吒經》在漢地的波瀾不驚相比，是經在古代中亞地區曾經非常流行，抄本衆多。在古代于闐，它被翻譯成于闐語。而在已知于闐語佛教寫本中，惟《僧伽吒經》經的抄本數量最多。迄今爲止，收藏在

---

① Giotto Canevascini，*The Khotanese Saṅghāṭasūtra*，Wiesbaden: Dr. Ludwig Reichert Verlag，1993。（以下簡稱Canevascini 1993）p. xii.

② 《大正藏》第13册，第960頁上欄（CBETA，T13，no. 423，p. 960a）。

英、法、德、俄等國的于闐語《僧伽吒經》殘葉，多達145件。西方于闐語界前輩學者曾對這些殘葉做過分析，認爲這145件殘葉應分别屬於27部不同的手抄本①。這個數字的背後，是《僧伽吒經》曾經在古代于闐的盛行。這部經對於了解古代于闐的宗教信仰方式以及佛經的流傳，具有十分重要的意義。鑒於此，又鑒於中國學界對此經少有關注，而國外學者對此經的研究較爲充分，故在解讀新疆博物館藏《僧伽吒經》殘葉之前，首先對國外的研究做一簡單介紹。

巴基斯坦北部吉爾吉特城附近有個叫做Naupur的小鎮。1931年，有放牧的人尋找取暖用的柴禾，無意中發掘到一座古代的佛塔，掀開了好幾箱梵文寫本。寫本發現後不久，著名的斯坦因剛好結束了第四次在新疆一帶的考察而旅行到這裏，親眼看到了那些重見天日的梵語寫本。回到歐洲，他最早向歐洲學界報告了這一發現。當年克什米爾的大君王越來越感覺到此發現地的重要，於1938年開始對埋藏了大量寫本的Naupur遺址進行了發掘，並發掘出更多的梵文寫本、抄本殘卷，以及刻有銘文的銅制塑像。剛剛發掘出來的時候，一些經夾上下，還有保存完好的木頭封蓋。這其中不乏著名的寫本，例如梵文本《法華經》。在這衆多爲佛教領域所帶來的驚喜之中，便有《僧伽吒經》。在此之前，已知這部經有兩個漢譯本，一個藏譯本和闕損嚴重的于闐文本。Naupur發現的寫本，俗稱吉爾吉特（Gilgit）寫本，大部分保存在印度國家博物館，還有一部分保存在克什米爾斯里那加的中亞博物館。

恰恰是這部在内容和哲理方面並非令人稱道的佛籍，曾經在吉爾吉特地區享受特殊的尊崇。1931年，首次發現的寫本中，有四部《僧伽吒經》的抄本。1938年的發掘，又使三部抄本重見了天日。這後三件《僧伽吒經》的梵文寫本以及部分殘卷至今收藏在克什米爾斯里那加的中亞博物館。

德國學者封辛白（von Hinüber）對所有《僧伽吒經》的梵文寫本進行了研究。在對不同的寫本進行分析之後，他得出結論，認爲這些寫本完成於六至七世紀。他的結論其實可以從漢譯本得到驗證。第一部漢譯本完成於538年，恰好是在六世紀的初期。封辛白在一些寫本的題記上，發現了于闐貴族留下的姓名②，便由此而知，史稱小勃律地區曾有于闐人生活。甚至在從事抄寫經書的人當中，就有在于闐受過書寫訓練的抄經人。封辛白證明吉爾吉特和于闐故國之間至少在七世紀中曾有密切交往③。另外他發現，《僧伽吒經》在南亞次大陸的西北部以及在古代于闐國盛行，實際上反映的是當時佛教信仰的一種特色，即對經書的崇拜。

封辛白言之有據，言之有理。這裏可以補充説明的是，對經書的崇拜，在很長的一段時間内，曾經是于闐佛教信仰的一大特徵。無論在于闐故國，還是在史稱小勃律的吉爾吉特地區，那裏信奉佛教的教衆對經書形式的崇拜，實際上超過了對佛教義理的接受。一些吉爾吉特的《僧伽吒經》梵文寫本，出土時經夾封蓋尚存，上面繪有佛、菩薩和供養人的像，但是裏面的經書却並不完整，有缺頁的現象。這正是注重形式而不重内容的最好説明。《僧伽吒經》篇幅不多，也不十分短，以其長度恐比較適合貴族階層供養。除了《僧伽吒

---

① R.E. Emmerick，*A Guide to the Literature of Khotan*（*second edition*），Tokyo：The International Institute for Buddhist Studies，1992，p. 29.

② 例如在《寶星陀羅尼經》的題跋部分，書有“妻āysātikā，母aspinaśūlāyāṃ”，這些字中含有伊朗語的痕跡，尤其是śūlāyāṃ，甚至顯示了粟特人的身份。詳見Oskar von Hinüber，*Die Palola Ṣāhis—Ihre Steininschriften*，*Inschriften auf Bronzen*，*Handschriftenkolophone und Schutzzauber*，Mainz：Verlag Philipp von Zabern 2004，p. 21-22.

③ Oska von Hinüber，“Die Bedeutung des Handschritenfundes bei Gilgit”，*Kleine Schriften*，Wiesbaden：Harrassowitz Verlag，2009，Teil II，p. 679-680.

經》以外，于闐故地所發現的《智光明陀羅尼經》抄本也頗多，而後者的篇幅非常短小，這樣短小的經文大約更適合普通信衆供養。古時信衆對哪一部經書的供養多，哪一部經書就有更多的機會存在下去。《僧伽吒經》顯然屬於適合供養的經書。

封辛白對上世紀三十年代吉爾吉特附近發現的所有梵文寫本進行了校訂，並搜集了當時所有能夠搜集到的于闐語《僧伽吒經》的殘葉，作爲與梵文本的對照，並完成了德語的譯文。但是這部著作始終沒有問世。然而，他參考了所有梵文本而完成校訂的校勘本，却是後人對這部經進行繼續探索的基礎。

1993年，現在瑞士洛桑大學任教的Giotto Canesvascini出版了名爲*The Khotanese Saṅghāṭasūtra*（《于闐語的〈僧伽吒經〉》）之著作①。正如這部著作的標題所示，作者主要的功夫用在于闐語部分，他以封辛白的梵文校勘本爲主要參照版本，而重點放在多達145件的于闐語殘卷上面，把這些不同抄本，不同章節的殘卷，綴合在一起，多少複製出一部于闐語的《僧伽吒經》。正是Canesvascini根據對這些殘卷的分析，才推斷出這部經曾經至少擁有27部抄本。他依據各個抄本之間書寫方式以及語言文字特徵的不同，推斷出這些抄本形成於一個較長的歷史時期，最早的抄本大約完成於五世紀後半期，又有寫抄本大約書寫於公元七世紀初期，大多數寫本完成於八世紀初期。這位學者又對比了各個抄本之間的異同，他認爲，譯自梵文的于闐語《僧伽吒經》僅有過一個譯本，所有抄本都是基於這惟一譯本的複製本，不過隨着歲月的變遷，語言的變遷，新的語言現象也顯露在晚期的抄本中②。

Canesvascini著作的令人遺憾處之一，是沒有把那些具有時代劃分意義的殘葉附在書後，以備比較參考。但是，在涉及這些殘葉的出土地點時，作者針對部分來源清晰的殘葉出處，勾勒出了明晰的線條。這一部分殘葉，來自斯坦因對新疆和闐一帶的三次考察。斯坦因第一次考察（1900—1901），在丹丹烏里克發現了若干張《僧伽吒經》的印度書形紙葉，其中一張，根據字體學的分析，被認爲是在所有于闐語《僧伽吒經》的抄本殘葉中最爲古老者。斯坦因第二次涉足我國新疆和闐地區的考察完成於1906—1908年，這一次，他主要在哈達里克地區進行活動，所發現的文書中就有《僧伽吒經》的殘葉。第三次於1913—1916年，主要在Balawaste、Dumaqu、Kuduk Köl、以及Iledong地區進行了挖掘，也發現了《僧伽吒經》殘葉。以上這些地方，除外丹丹烏里克，其他地方其實都屬於策勒縣老達瑪溝的遺址範圍。當然，除了斯坦因發現的有明確來源的《僧伽吒經》之抄本殘葉以外，還有一系列流失於國外的藏品，其中也保存有這一部經的殘葉，雖然這些殘葉的具體來源不詳。但是，僅憑藉有發掘記録的殘葉，便可知此經曾經在老達瑪溝一帶十分流行。

二　新博的于闐語《僧伽吒經》

上文述及，于闐語《僧伽吒經》散落在國外藏品中的數量多達145件，而這些殘葉可能來自27部曾經存在的抄本，依據這些殘葉恢復出一部完整的于闐語《僧伽吒經》，似乎是可以期待的。然而，事與願違。儘管殘件的數量非常多，但是，這些曾經屬於27部抄本的殘葉不僅不足以拼湊出一部完整的于闐語版本，甚至相差的數量還很多。筆者參照梵文本、漢文本的規模，認爲于闐文本的缺失量至少有三分之一强。

① Giotto Canevascini，*The Khotanese Saṅghāṭasūtra*，Wiesbaden: Dr. Ludwig Reichert Verlag，1993。

② Canevascini 1993，p. xiii-xv.

新疆博物館的于闐文書藏品中，筆者目前比定出有四片殘紙屬於《僧伽吒經》，其中兩片原是同一張紙。如果按照内容先後重新排序，這四件在藏品中的編號依次是09ZJ0126，09ZJ0132，09ZJ0131+09ZJ0125，分別相當於梵文本的第133、156和160-1節。更爲僥倖的是，此四件殘卷上的内容，是尚未知曉的于闐文本的内容。如此一來，新博的藏品，不僅增加了于闐語《僧伽吒經》殘葉的數量，而且更豐富了此文獻的内容，因此是彌足珍貴的。

本章於開篇處曾介紹：新疆博物館2009年入藏的于闐語文獻，有部分是佛經抄本的殘葉。判斷一文書是否屬於佛教典籍，從文書的形制便可進行大致的劃分。世俗文書，隨内容的不同，在用材以及書寫格式上有不同。用材：或使用加工過的木板、木條，或使用紙，而紙張多見的是長方形、方形紙，大多用来書寫于闐婆羅謎字的草書。而佛經則不然。在和田地區出土的于闐語、梵語佛教文獻，皆採用印度書形。特點是，把紙裁剪成長方形，模仿阿富汗東北、南亞次大陸西北曾用來書寫佛經的樺樹皮的形狀，模仿印度的貝葉，上下配上與經文紙同等大小的木板夾住，用繩穿起，遂成爲書。這樣的書，在中國古代，稱作“經夾”①，又稱梵篋。凡是佛經，書寫一律使用婆羅謎正體。惟獨到了九世紀末，並延續到十一世紀初，于闐僧人駐紮在敦煌莫高窟一帶，這裏的僧人便使用敦煌紙來書寫經書，也不再嚴格遵守使用正體書寫經籍的傳統。

雖然使用的皆是經夾形紙，但是因時代、地域的不同，大抵一致的紙型，也還是會有差異，有的可以寫下五行字，有的甚至可以寫下十行字。新博這一批入藏的佛經抄本殘紙，皆是每頁面書有五行字。又將三件《僧伽吒經》的字體與俄羅斯聖彼得堡藏同一經的殘葉進行對比，發現這三件與同屬於抄本17的字體相近②，可以用Emmerick的術語Orthography I來標識。所謂Orthography I“正字一型”，用來標識含有如下書寫現象的抄本，即用*gg*來描述發音作/g/者，用*śś*來表示清齶絲音，用*ṣṣ*來表示清捲舌絲音③。一般認爲，有如此拼寫的抄本年代較晚④。新博三件《僧伽吒經》所餘文字不多，但是在09ZJ0125正面第五行，還是可以看到*śś*的蹤跡：一字符剩下的殘跡顯示它是雙*ś*的上半。如此一來，這幾件于闐語《僧伽吒經》抄本殘卷的書寫年代，大抵可知。其抄寫年代，不會早於七世紀初期。

開篇處，因同一批入藏的世俗文書上面出現了“拔伽”的字樣，筆者認爲這批文書應來自策勒縣老達瑪溝的某一處遺址。不僅世俗文書，這些包含了《僧伽吒經》殘片的佛經抄本散葉，也應來自同一地區。上文述及，斯坦因三次在新疆絲路南綫進行發掘，而兩次發掘的主要地域其實没有超出老達瑪溝的廣泛的遺址範圍，並且都斬獲了爲數不少的《僧伽吒經》殘葉。這已經證明，此部經籍曾在這一帶十分盛行。另有充分的證據説明，于闐的王宮遺址也應該在這一帶，如果因此而推斷説，供養抄經的人正是曾經生活在這裏的于闐貴族，這一推斷顯然没有違反合理的範疇。因爲同樣是來自于闐的貴族，曾經在古稱小勃律的吉爾吉特附近生存，也曾經在所供養的梵文寫本中留下了明顯的印跡。

---

① 例如：“叉與經夾同臻帝闕”，文中“叉”者，即實叉難陀，“經夾”即指印度傳統形狀的書。《宋高僧傳》，中華書局1987年，第31頁。

② 抄本17之概念，根據Canevascini 1993，p. 172. 照片則參照*Saka Documents VII*，ed. R. E. Emmerick & M. I. Vorob'ëva-Desjatovskaja，London 1993，圖版40等。

③ R. E. Emmerick & M. I. Vorob'ëva-Desjatovskaja，*Saka Documents Text Volume III*，London 1995，p. 17.

④ Canevascini 1993，p. xv.

三 西文轉寫，翻譯及注釋

09ZJ0126

編號09ZJ0126殘紙，雖不能與梵文本、兩漢譯本完全吻合，但通過參照已知于闐文本相應的表述方式，以及兩漢譯本，仍可證出，此紙碎片原是《僧伽吒經》抄本所遺。殘紙縱8.5cm，橫10.0cm。紙的上邊和下邊有完整之處，因此可知此頁面上，原書有五行文字。鑒於所遺文字與古代漢譯本差異較大，故在于闐文下增加筆者的漢譯，而將月婆首那的古譯附在梵文後面。

09ZJ0126（a）

09ZJ0126（b）

09ZJ0126（a）：

1. ...dī]vaṃgarä gyast[ä balysä············*kye biśśä klaiśa tvīṣṣe yäḍe*[一]*u*

2. *hastamo* ba]lysūśtu bustä · ttī[tä *ttu bāḍu ttu skyättu...*

3. ...dīvaṃ]garä gyastä balysa marata[

4. *...braṃmanaṣṣai*]na cī ay[su] dīvaṃ[gar*ä...*

5. ...kuśa]la-mūla x[

1. ……（有）燃燈佛（出世），……滅除一切煩惱，

2. 證得無上菩提。那時候，……

3. ……於燃燈佛世尊處……

4. ……作爲婆羅門學子。當我（見到）燃燈佛，……

5. ……善根……

09ZJ0126（b）：

1. *...harays*]īrru[二]ttu b[āḍu

2.]x na hämä [x] · tt[*ī...*

3. ...ustāṃ]jsyi bāḍä parrätānu a[*saṃkhäṣṭānu kalpānu*[三]...

4. ...sarvaśū]rä bodhisatvä[

5.]*bye*hätä·ttī[

1. 迴向（無上正等正覺）。此時，……
2. 沒有實現（？）……
3. 過去無數劫後，於未來世……
4. 一切勇菩薩……
5. 獲得……

相應梵文：

[Sgh(C)§133] 4. yadā sa **dīpaṃkaras tathāgato** loka utpannaḥ，tadāham api tasmin kāle tasmin samaye brahmacaryam acārṣaṃ māṇavakarūpeṇa.

5. **tato 'haṃ，bhagavantan dīpaṃkaran tathāgataṃ** dṛṣṭvā，prasādapratilabdhaḥ saptabhir utpalair avakīrṇavām，tac ca tathāgatāvaropitaṃ **kuśalamūlam** anuttarāyāṃ samyaksaṃbodhau pariṇāmitam.

6. sa ca mān dīpaṃkaras tathāgato vyākārṣīd：bhaviṣyasi tvaṃ māṇavak **ānāgate 'dhvany asaṃkhyeyaiḥ kalpaiḥ** śākyamunir nāma tathāgato，'rhan，samyaksaṃbuddha iti.

[Sgh(C)§134] 1. tato 'haṃ sarvaśūra，dvādaśatālamātraṃ vihāyasam antarīkṣe sthitvā，anutpattikadharmakṣāntiṃ **pratilabdhavān**.[①]

月婆漢譯：

有佛出世，號然燈如來應正遍知。我於爾時作摩那婆子，名曰彌伽，於然燈佛所作摩那婆，修清淨行。我見彼佛，以七莖青蓮花，供養然燈如來。以此善根，迴向阿耨多羅三藐三菩提。一切勇，我於爾時聞授記聲，踴身虛空高十二多羅，住虛空中得無生法忍。[②]

施護漢譯：

即時又過阿僧祇劫，然燈如來出現於世。我時於彼爲摩拏嚩迦名爲勝雲，修諸梵行得見彼佛。生大歡喜恭敬尊重發稀有心。即持優鉢羅華七莖，供養彼佛，作是願言：“願我以此善根，回向阿耨多羅三藐三菩提。”是時燃燈如來於大衆中與我授記，作如是言：“善男子，汝於未來世過阿僧祇劫當得成佛，名釋迦牟尼，十號具足。”我於爾時得授記已，於彼佛前踴身虛空，高十二多羅樹，却複於地，一心歡喜，即時證得無生法忍。[③]

① 梵文本中的黑體字，是與于闐語殘卷相應部分。漢譯本中下面加了虛綫的文字，例如“然燈如來”，則是與于闐語相應的文字。
② 《大正藏》第13册，第966頁上欄（CBETA，T13，no. 423，p. 966a-b）。引文經筆者重新加標點。
③ 《大正藏》第13册，第985頁上欄（CBETA，T13，no. 424，p. 985a-b）。引文經筆者重新加標點。

注釋：

這一段殘文，殘存文字不多，而現存文字，似又與梵文本和兩種漢譯本的差異較大，爲比定造成一些障礙。然而，經過分析，恰恰是幾處不一樣的地方，證明此殘紙當屬於《僧伽吒經》。

［一］*kye biśśä klaiśa tvīṣṣe yäḍe......*

這一行由筆者增添的文字，以及包括第二行殘卷中有的“證得無上菩提”之于闐文，不能在其他任何版本中找到對應，無論藏、漢，抑或經過校勘的梵文本。然而通讀于闐文的《僧伽吒經》，可以發現，于闐文本雖從梵文本譯出，但與現存梵文本之間，確實存在一些差異。最顯著的差異，即在首次提及某一佛號時，要在後面附上一句話“此佛滅除一切煩惱，證得無上菩提”。這裏爲了避免太多西文轉寫的出現，僅舉一例如下：

ttä mä gyasta balysa tta hvatāndä se padmagarbhä nāma gyastānu gyastä balysi kye biśśä klaiśa tvīṣṣe [yäḍe u hastamo balysūśtä bustä][①]

那些佛世尊如是對我説：“天中天佛名爲蓮華藏，已滅盡一切煩惱，證得無上菩提，……”

同樣的修飾句又出現在于闐文本的第87節第三句（§87[3]），作爲恒河沙數之佛的定語從句，又見於第125節（§125.1）、第126節（§126.1），以及第221節（§221.1）處，分別作爲淨光佛、九十五億釋迦牟尼佛以及月土佛的定語從句[②]。而類似以定語從句爲佛修飾的内容不見於其他各個文本，這就構成于闐文本《僧伽吒經》的特殊之處。依據這一特徵，又可從殘卷剩餘文字推測，此處在燃燈佛首次被提及時，也應有這一行定語從句。因此，不僅可據此定語從句判斷出此殘卷的歸屬，而且可用來對文字進行盡可能的修補。

［二］*harays]*īrru

斜體表示筆者對恢復出的這個詞没有把握。*haraysīrru*可以是非及物動詞*harays-*“延長，達到；伸展”的複數第三人稱祈願語態。施護在相對這一句的譯文中强調“作是願言”，在譯文中有“願我……”，似在强調原文中應存在的祈願語態。而于闐語此處，又顯示是個祈願語態的詞尾，故而恢復出一個帶了祈願語態的詞。選擇*harays-*“達到”，是因爲殘破處讀不出其他有可能表達“迴向”意義的辭彙，取“願那些善根擴展至無上正等正覺”之意。但無旁證，恐有誤，僅以此記述一則思緒。

［三］ustāṃ]jsyi bāḍä parrätānu a[*saṃkhäṣṭānu kalpānu*

*ustamāṃjsyi*來自*ustama*“未來”加形容詞詞綴*āṃjia-*構成[③]，*ustamāṃjsyi bāḍä*以屬爲格表示時間狀態，對譯梵語的*anāgate 'dhvani*“於未來世”。最初令人詫異的是*parrätānu*在文中的意義。*parrätānu*，複數屬格，來自*parräta-*，動詞*pars-*“解脱；度過（時間）”的過去時分詞語幹，通常對應梵語*atīta*“過去”，例如同樣來自于闐語《僧伽吒經》有：

paḍāṃjsyānu bāḍānu parrätānu anaṃkhäṣṭa kalpa[④]

對應梵語：

bhūtapūrvaṃ sarvaśūrātīte 'dhvany asaṃkhyeyaiḥ kalpaiḥ

① Canevascini 1993，p. 30，§68.3.

② 各節的順序完全依照Canevascini 1993的排序。

③ A. Degener，*Khotanische Suffixe*，Stuttgart：Franz Steiner Verlag，1989（以下簡稱A. Degener 1989），p. 76.

④ 于闐語和梵文引自Canevascini 1993，p. 10，§25.1，但是省略了用於校勘的特殊符號。

一切勇，乃往過去無數阿僧祇劫……（月婆）

我念往昔過阿僧祇劫……（施護）

例中bāḍānu parrätānu＝*atīte 'dhvany*“過去”。在梵語，当第三格用於時間的描述時，所强調的是已完結的狀態。因此，若是重新譯出上句梵語，應是“一切勇，從前，於無數劫之前的過去世……”

但是，此處于闐語的*ustamāṃjsyi bāḍä*表示未來時或未來世，而上文給出的相應梵語没有直接辭彙可令翻出“過往過去”的成分。還是施護的譯本提示了此處梵本的不同：“汝於未來世過阿僧祇劫當得成佛。”其中“過”字，有可能緣對他所見到的梵本，那裏出現了表現“度過”的辭彙，而現存梵文版本沒有這個詞。此推測真實從于闐文本獲得驗證。再觀于闐語，從屈折形態，*ustamāṃjsyi bāḍä*是單數屬爲格，用來表現時間狀語，則指某一“未來世”。而*parrätānu*是複數屬爲格，明顯是後文將出現的*asaṃkhäṣṭānu kalpānu*之修飾語，以明確表述“經過無數劫之後”，又作爲定語對“未來世”加以限定。由此，可以確定恢復出殘卷以外的文字。

這裏需要説明，粗略對比了月婆首那和施護的譯本，印象上是月婆首那的譯本更接近現存梵文本，而施護的譯本差異較大。但是，從上面兩例可以看出，施護對譯本在恢復于闐文本的過程中，還是起到作用的。

09ZJ0132

編號09ZJ0132所剩餘的，不及一人的手掌面積，呈菱形，縱5.0cm，横6.0cm。正面底邊有殘存，剛好與背面第一行的內容銜接。從其他三件《僧伽吒經》的殘卷上獲知，此寫本於一頁上書有五行字，故知此殘紙上，正面殘餘的是第三、四、五行的文字，而反面則有第一、二、三行的些許文字。

原紙書寫的內容，相當於梵文本第155的一行，第156整段，以及第157的第一行[①]。所餘文字皆爲于闐語《僧伽吒經》常見的，全部是熟字，因此不再針對詞、術語做注釋，僅翻譯文字，並附上梵文本的相應語句，以及與梵文本接近的月婆首那的漢譯。

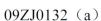

09ZJ0132（a）

09ZJ0132（b）

09ZJ0132（a）：

3. baly]suñavuysā[······························*ttītä vā gyastä balysä*]

4. sarvaśūrä bodhi]satvä gurṣṭe u[*ttai hvate se tso thu sarvaśūra*···]

5. p]ātc[u] vā [

① Canevascini 1993，p. 65.

1. ……菩薩大士…………………………………………此時天佛
2. 告訴一切勇菩薩說：“一切勇，你去……”
3. ……隨後……

09ZJ0132（b）：

3. rā]jagṛhä[*mästa kīṃtha dātu hvāñätä...*
4. tc]ārīmvo nama[*säta u haṃju dasta nāsyarä...*
5. ā]ysana panat[ä

1.（如來）將在王舍大城中說法……
2.（十方）世界恭敬雙手合十。……
3. ……從座起……

相應梵文本及月婆首那的漢譯[①]：

	...sarve ca te ***bodhisatvā*** anuttarāyāṃ samyaksaṃbodhau saṃprasthitāḥ.	諸菩提薩埵悉住十地，一切〔皆詣王舍大城至如來所，〕於阿耨多羅三藐三菩提得不退轉。
[Sgh(C)§156]	1. atha khalu bhagavān ***sarvaśūraṃ bodhisatvaṃ*** mahāsatvam ***āmantrayati sma***:	爾時世尊告一切勇菩提薩埵摩訶薩埵言：
	2. gaccha tvaṃ sarvaśūra daśasu dikṣu sarvalokadhātuṣu，bodhisatvānām evaṃ vada：	“善男子，汝詣十方諸佛世界，告諸菩提薩埵：
	3. adya tathāgato ***rājagṛhe*** mahānagare dharman deśayati. tad yūyaṃ sarve daśasu ***dikṣu lokadhātuṣu sthitā añjalīn*** praṇāmayatha.	今日如來於王舍城演說大法。汝等十方菩提薩埵，合掌恭敬。汝於須臾速還，及此衆會聽法。”
	4. anuśrāvya ca muhūrtamātreṇa ca punar eva nivartayasva dharmaśravaṇāya.	
[Sgh(C)§157]	atha khalu sarvaśūro bodhisatvo mahāsatva ***utthāyāsanād***	爾時一切勇菩提薩埵，從座而起，……

09ZJ0131+09ZJ0125

新疆博物館藏于闐語佛經抄本的殘紙，有兩片原是同一經夾的同一葉。編號09ZJ0131的，長11.5cm，高約9.0cm，是紙的前端。這一件的上下邊及左側邊基本保持完整，惟獨標有原始頁碼的一處發生殘破。編號09ZJ0125的一片，縱9.0cm，橫18.5cm，是經夾之葉的中段，殘破，惟有上下邊是完整的。綴合之後，這一

① 此對比中，漢文本之〔〕內的文字梵文本無。漢文本下劃虛綫部分，是與于闐文本相應的。或可參照上文筆者的漢譯。漢譯本録自《大正藏》第13册，第967頁上欄（CBETA，T13，no. 423，p.967a-b）。

葉相對完整，大部分内容是迄今爲止所知于闐語《僧伽吒經》所缺失的，惟反面從第三行起，内容與已知《僧伽吒經》于闐本有重合，説明此殘紙至少不屬於已知第9、10部抄本的範圍。這兩件殘紙，多少填補了空白，使于闐文本完整再現之工程向前邁進了一步。以下將兩件綴合後，給出西文轉寫並加以注釋。

09ZJ0131（a）+ 09ZJ0125（a）

1. rä bāḍe gyastūña[*spätainai bārä*] bāḍe gy[*astānu gyastä balysä bendä tteru kulāta*]-
2. rä cirä hämäte·[*ttīyä vā*] ttū bāḍu gyastā[n]u [gya]stä balysä pa[*täna śśakṛ vaśirna vistā*]-
3. *tä*]·ttī vā ttū bāḍu○[tca]h[au]ra diśe väte tcahaura bātānu ruṃ[*dä*··························
4. ka burī rājagṛ[h]*e* mäśta kīṃtha āhovävä o vā phānä o sya tt[e·····························
5. stāṃ u daśvo diśvo bi[śvo ba]l[ys]ānvo tcārīmvo buśś[ā]ñe ūce j[*sa daśvo diśvo biśvo*]

1.（下栴檀末香）雨，下天妙花雨。天中天佛頭上出現樓閣。
2. 此時帝釋持金剛杵立在天中天佛面前。
3. 此時四方有四風王，……
4. 王舍城大城之内的糞穢、髒土、沙土，盡悉……
5. 他們以香水雨，遍灑一切十方佛的世界

09ZJ0131（b）+ 09ZJ0125（b）

1. balysānvo tcārīmvo b[*iśvo upala-padma*]-kumuda-pu*ṇḍa*[rā]nu bā[*rä bāḍāṃdä bendä ttā*]-
2. nu uysnaurāṇu [t]teru [ttätä] spätainā kṣātra cira hämäta·gyast[*ānu gyastä balysä bendä*]
3. [tt]erä uska āgā○*śo* tcahorehaṣṭātä ysāre kulātara[*cira hämäta u ttävo' tcaho*]-
4. rehaṣṭetuo yservo[kulātaru]o tcahore haṣṭātä ysāre āysa[*na baṣṭarrda hämäta biśśä*]

5. haudyau ratanyau·u[ḍa u panye vā ttye ā]ysanä vätä [gyastä ba]lysä näta*'s*[*tä dātu hvāñäte*

1. 撒下藍蓮花、紅蓮花、黄蓮花、白蓮花之雨。
2. 在衆生頭上方，出現了這些花組成的傘蓋。在天中天佛的頭上，
3. 在上空，有八萬四千樓閣出現。
4. 在這些八萬四千樓閣中，安放着八萬四千座席，
5. 全部七寶所裝飾。每個座位上面，有天佛坐着説法。

相應梵文以及月婆首那的漢譯[①]：

[Sgh(C) § 160]	2. atha khalu daśasu dikṣu lokadhātuṣu divyaṃ candana-cūrṇaṃ pravarṣitaṃ;	時十方諸佛世界，雨栴檀末香，
	3. divyaṃ ca puṣpavarṣaṃ pravarṣitaṃ.	雨天妙華雨，
	4. tad bhagavato mūrdhasandhau kūṭāgāraḥ saṃsthitaḥ.	如來上成大華台。
	5. tena khalu punaḥ samayena tathāgatasya purataḥ śakro devānām indraḥ[一]sthito' bhūt. sa vajreṇa bhūmiṃ parāhanat.	金剛力士執金剛杵在如來前。
[Sgh(C) § 161]	1. atha khalu tasmin samaye caturdiśaṃ catvāro vātarājāna utthāya pravānti,	爾時四方有四風王。
	2. ye ca rājagṛhe mahānagare saṃkarā vā，pāṃsavo vā，bālikā vā，tat sarvaṃ nagarād bahiḥ prakṣipanti;	入王舍城悉吹城内糞穢土沙遠置城外。
	3. daśasu dikṣu lokadhātuṣu gandhodakavarṣaṃ pravarṣanti;	爾時十方世界雨衆香水。
	4. daśasu dikṣu lokadhātuṣūtpalapadmakumuda-puṇḍarīkāṇi pravarṣanti;	十方世界雨優缽羅華，拘物頭華，分陀利華。
	5. te ca puṣpās teṣāṃ satvānām upari murdhni puṣpacchatrāṇi tasthire，tathāgatasya copari murdhni[二].	在虚空中化成華蓋。
	6. upary antarīkṣe caturaśītiḥ kūṭāgārasahasrāṇi saṃsthitāni,	於虚空中
	7. teṣu ca caturaśītiṣu puṣpakūṭāgārasahasreṣu caturaśīti sahasrāṇy āsanānāṃ prajñaptāni saptaratnamayāni prādurbhūtāni[三],	有八萬四千億師子之座，七寶所成。
	8. sarvatra cāsane tathāgato niṣaṇṇo dharman deśayati.	一切座上皆有如來宣説妙法。

① 這一節于闐文、梵文和月婆首那的漢譯本之間差異不大，而施護的譯本與前三者齟齬顯著，故而不再選録施護的譯文，而僅將梵文和月婆首那的譯本對比録入，二者不同處後文附有説明。漢譯本録自《大正藏》第13册，第967頁中欄（CBETA，T13，no. 423，p. 967b）。

註釋：

[一] śakro devānām indraḥ“（帝）釋，天中天因陀羅”，月婆漢譯本中無。

[二] te ca puṣpās teṣāṃ satvānām upari murdhni puṣpacchatrāṇi tasthire，tathāgatasya copari murdhni“這些花在一切衆生頭上形成花傘蓋。又在如來頭上……”，月婆漢譯缺。

[三] 這一句與漢譯差别較大，月婆漢譯缺大多内容，重譯在梵語句後：

upary antarīkṣe caturaśītiḥ kūṭāgārasahasrāṇi saṃsthitāni，teṣu ca caturaśītiṣu puṣpakūṭāgārasahasreṣu caturaśīti sahasrāṇy āsanānāṃ prajñaptāni saptaratnamayāni prādurbhūtāni“於空中現八萬四千樓閣，在八萬四千花樓閣中，設置有八萬四千座，皆七寶所成。”

于闐語《佛説一切功德莊嚴王經》殘葉

段 晴

新疆博物館藏于闐語佛教寫本的殘紙中，發現了《佛説一切功德莊嚴王經》的殘紙葉[①]，共計五片。綴合之後，可以恢復出原抄本第六紙葉的大部分内容，第九紙葉的一部分，另有結尾部分的殘紙一片。如此一來，新博的藏品，不但爲《僧伽吒經》填補了新内容，更爲于闐佛教之藏增添了一部經籍。

《莊嚴王經》的内容大抵如下：一時天龍八部聚集在王舍城。有手持金剛杵的莊嚴王請求佛説一部新經，即《一切功德莊嚴王經》。然而佛没有應允，原因是，佛擔心於後惡世當有衆生不相信這部經是如來所説，將謗毁此經，並因此造成惡業，死後將墮八大地獄，受極苦。此時大衆之中有八萬人表白於佛，説我等深心信是經典，將尊重、供養、書寫、讀誦、廣爲他説此經典。然而這樣的請求並未奏效。隨後觀自在菩薩説："世尊，我不見有聞此經人墮惡趣者。"最終在觀自在菩薩的祈請之下，佛説出兩則勝妙陀羅尼咒。這咒語"能除一切罪障，能摧伏他軍，永無饑饉疾疫災難病苦之事。常能豐饒，倉廩盈溢，增益壽命。……父母妻子朋友眷屬悉皆安隱。所有願求無不遂意"[②]。縱覽全文，此經的目的不在於闡發佛教理論，而在於勸人浄信佛法，以佛宣説的咒語除病禳災。按照義浄的歸類，此篇經文適合歸入所謂《持明咒藏》之中[③]。從經文的旨趣出發，《莊嚴王經》應屬於護經類文獻。

一 梵文本

上一章在介紹《僧伽吒經》梵文寫本的狀況時，簡述了吉爾吉特寫本的發現過程。在吉爾吉特附近發現的大批梵文寫本中，也有《莊嚴王經》。然而這部經的認定，却不是一帆風順的。關於此經的認定過程，德國慕尼克大學Hartmann教授有專文陳述。鑒於國内讀者鮮有能讀到此文者，這裏依據原文做扼要介紹[④]。

吉爾吉特寫本的一個特點，皆用樺樹皮爲書寫材料。惟一不同者，正是《莊嚴王經》。這是惟一一部以棕櫚葉爲書寫材料的。這種書寫材料多見於現在的印度和尼泊爾地區。更爲奇異的現象是，這部寫本所用字體，明顯屬於吉爾吉特以及巴米揚地區所通行的梵文寫本字體。這就説明，《莊嚴王經》所用的書寫材料，是先輸入到吉爾吉特地區，然後當地人用來做抄寫。

在Hartmann的觀點之外，另可補充如下：這部寫本，完全可能是當地的和尚前往印度備有這部寫本的地方抄寫下來，然後帶回的。無論是輸入，還是前往取來，這部經在吉爾吉特地區的發現，具有不一般的意義。

① 以下簡稱《莊嚴王經》。

② 《大正藏》第21册，第892頁上欄（CBETA，T21，no. 1374，p. 892a）。

③ 義浄《大唐西域求法高僧傳》："夫明咒者，梵云毘睇陀羅必得家。毘睇譯爲明咒，陀羅是持，必得家是藏。應云持明咒藏。"《大正藏》第51册，第6頁下欄（CBETA，T51，no. 2066，p. 6c）。

④ Jens-Uwe Hartmann，"Studies on the Gilgit Texts：*the Sarvadharmaguṇavyūharājasūtra*" in：Dhammaratana Bhikkhu T & Pasadika Bihikkhu（editor），*Dharmadūta—Mélanges offerts au Vénérable Thich Huyên-Vi*，Paris，1997，p. 135-140.

《莊嚴王經》的梵文寫本最終發現於1938年的那次發掘。然而此後四十年，甚至没人讀出過這部經的名稱。直到1982年，一位來自柏林名叫Chandrabhal Tripathi的精通梵語的學者在訪問喀什米爾斯里那加（Srinaga）的中亞博物館時，最終在經的结束处，認讀出這部經的全稱。由此，這部古代的寫本，才真正重見天日。它的梵語名稱是：*sarvaguṇavyūharāja-nāma-mahāyānasūtram*。然而，因這位學者辭世，他的發現終未公佈於世。1996年，關於此寫本的照片以及初步研究的成果輾轉到Hartmann處，他繼而發現了這部經有相應漢、藏譯本的存在。儘管所發現的梵文寫本篇幅齊整，但是由於年代久遠，部分字跡漫漶，要釋讀出全部内容仍然意味着對學者的挑戰。目前，德國學者Von Criegern已經完成了對這部寫本的基礎研究，他的著作在待刊中。筆者文中所引用的梵語部分，全部來源於他的研究成果。

二　《莊嚴王經》的漢譯本

把義浄的漢譯与吉爾吉特地區所出梵文原典相對照，發現尤其是在經的開始部分，漢譯與梵文相差很大。這並非義浄的錯誤理解所造成，而是使用了不同版本所致。義浄譯本的意義，更應從歷史發展的層面去探討。

一部佛經，往往揭示歷史的真實。相對於梵文寫本的背景不明，是漢譯本所含歷史氣息的濃重。翻開漢譯《莊嚴王經》，發現這部經的末尾處，不單有明確的紀年，説明翻經的年代，而題記所陳述的方式，至今讓人感受到此經翻畢時曾得到的尊崇。歷史的隆重甚至喜氣，散發在其中。經末題記如下：

> 大唐神龍元年七月十五日，三藏法師義浄奉制於洛州大福先寺新譯並綴文正字，翻經沙門婆羅門大德盤度讀梵文，翻經沙門荆州大唐龍興寺大德弘景證文，翻經沙門大總持寺上座大宜證文，翻經沙門大薦福寺大德勝莊證義，翻經沙門相州禪河寺大德玄傘筆受，翻經沙門溜州大雲寺大德慧沼證義，翻經沙門大唐龍興寺大德智積證義，中大夫檢校兵部侍郎臣崔湜潤文，大中大夫行給事中上柱國臣盧燦潤文正字。

神龍元年，正是武則天還政於唐後第一年，但是勢力依然在。義浄返還洛陽，武則天曾親自迎接。而當義浄於神龍元年譯出《大孔雀咒王經》、《勝光天子》、《香王菩薩咒》以及《一切莊嚴王經》四部經後，唐中宗李顯特於洛陽西門向他的臣子展示義浄新譯出的經文。一部佛經，九人參與翻譯，官員參與潤文正字，這在譯經史上，是十分罕見的。對釋典的崇重，更多體現在形式上。若無興師動衆，何以體現皇家的用心？從中國史的角度，多少可以看出李顯對其母的逢迎。

漢譯本翻出的年代確鑿，構成推測此經成文年代最早的實證。這部經是義浄從印度齎得，與吉爾吉特發現的《莊嚴王經》來自外域不謀而合，兩廂證明梵文《莊嚴王經》代表了原産地的佛教發展傾向。與《莊嚴王經》一批譯出的四部經之一《大孔雀咒王經》，後來成爲尼泊爾地區十分流行的《五護經》之一[①]。在義浄翻譯佛經的時代，這樣的《五護經》顯然還没有形成。在印度，孔雀象徵蛇的剋星。所以《大

① 參閲段晴《明咒護身符》，載於《丹丹烏里克遺址》中日共同考察研究報告，北京：文物出版社，2009年，第268頁。

孔雀咒王經》在後來的五護經中，被認爲是主要降服蛇的咒語。第二部《勝光天子》是佛應憍薩羅國王請求所説，爲達到於現世恒受安樂，命終之後當生天上的目的。在簡單教授了爲王之道，即要像父母憐愛諸子般對待衆生，薄爲賦斂省其傜役之後，佛轉而推出一則咒語，此咒語能令炎火聚時得清涼，渴遇清泉，饑得美食，病遇良醫，死時有瑞相爲導引。這一則遇難呈祥的咒語，便是《勝光天子》的主旨所在。四部經之三《香王菩薩咒》，是一篇很短的經文，咒語配合嚴格的儀軌，自有人送來錢財。《莊嚴王經》與如上三經一併譯出，明顯展示出義浄的用意。毋庸説此處爲唐王服務的目的昭然，除此之外，更重要的線索在於，這四部經在義浄眼中是屬於同一類别的，多少反映了以那爛陀寺爲核心的印度佛教在那一時代的所興所倡。

這裏應簡略點出，從佛教的發展而言，由於受古代交通不便利的影響，絲路沿線緑洲所興佛教，與印度以那爛陀寺爲代表的佛教中心所宣佛教之間，存在着重大差異。于闐佛教與印度以那爛陀寺爲代表所興佛教之間的差異，具體到義浄的時代，體現在實叉難陀與義浄所譯出佛教經籍的不同[①]。當年義浄去與歸均走海路，與遠在崑崙之南的于闐無交往。義浄雖齎得四百部佛經，涉及經律論各部，然而在這些經書中，没有《華嚴經》。于闐僧人實叉難陀把大部《華嚴》帶到洛陽。這以後，義浄有四年時間不能從事對自己齎來佛經的翻譯，而是首先加入了翻譯《華嚴》的團隊，直待《華嚴》譯畢，才開始着手翻譯《金光明最勝王經》等。而後者通過實叉難陀，又可能對于闐《金光明經》的流傳，起到了推動作用。

三　藏譯本

憑藉漢文本，可推知于闐文本的大致抄寫年代。而依據藏文本，則可知此經的完整梵文名稱。這部經藏文名稱：*'Phags pa chos thams cad kyi yon tan bkod pa'i rgyal po zhes bya ba theg pa chen po'i mdo*。依據藏文本開頭用藏文字母類比的梵語詞彙，得到如下經名：

Ārya-sarvadharmaguṇavyūharāja-nāma-mahāyānasūtra《名尊者一切法功德莊嚴王之大乘經》

藏文本《莊嚴王經》由印度親教師Prajñāvarman以及 Surendrabodhi 並藏族翻譯師Ye shes sde共同譯出。一般認爲，這些譯師是生活在九世紀的人。

德格版藏經中，《莊嚴王經》見於兩處，其一在經部（第114號），其二在續部（第527號）[②]。藏文本與梵文本十分接近。粗略對比下來，藏文本基本上與吉爾吉特的梵文寫本屬於一脈。藏文本與于闐文本十分接近，但也有明顯差異。于闐文本的一些語句有獨自的特色。本文完稿之初，未知有梵文本《莊嚴王經》的存在，于闐文本的比定工作，是依賴藏譯本完成的。鑒於此，本文依然保留録入的藏文《莊嚴王經》的相關段落。

四　于闐語《莊嚴王經》

新博所藏于闐文本《莊嚴王經》，可以從碎紙片中恢復出三紙葉的部分内容。所餘文字，大部分清晰可

① 筆者已撰文，專門論述《義浄與實叉難陀》，文章將收入段晴《于闐・佛都・古卷》，上海：中西書局，2013年（待刊）。

② 德格版《西藏大藏經》（Derge Kanjur）第114號，JA卷，第181頁正1行—195反4行。另見第527號， NA卷，第54頁反4行—第68頁反7行。

辨。字體是絲路南道正體婆羅謎，可用Emmerick的術語Orthography I（正字 I）來標識。上文在介紹《僧伽吒經》時已經略述，所謂“正字I”，是指利用雙寫字母來區別輔音的特色，例如寫成*gg*以體現 /*g*/的發音，*śś*用來描述由舌部與齶部摩擦所發出的清音絲音，*ṣṣ*所代表的則是清音的捲舌絲音[①]。在恢復出來的紙葉六反面第三行有*bisīvrrāṣṣā*，第四行又見到有*biśśu*的雙輔音寫法。但似乎雙寫字符的應用並不嚴格，例如紙葉六反面第3行有*spāśät-ū*，没有寫作*spāśśät-ū*。《僧伽吒經》的研究者Canevascini在對27部寫本殘卷進行對比之後，曾得出結論，認爲用雙字母來表現發音的不同，體現了于闐正字領域的沿革。變革應出現在七世紀過程中。總體而言，于闐語《莊嚴王經》殘紙所體現的書寫風格，與同批發現的《僧伽吒經》没有多少差異，《莊嚴王經》與《僧伽吒經》一樣，皆爲每頁書五行字。鑒於用紙和字體的一致性，可以認爲這部經的抄寫年代與《僧伽吒經》同時。

德國學者Von Criegern寄來幾頁吉爾吉特寫本的照片，將照片上的貝葉，與恢復出來的第六頁相比較，可發現于闐語原紙葉與梵文原貝葉形制明顯一致。雖然剩餘文字不多，但依據這些許文字仍可見到，于闐文本與梵文本存有差異，這些差異似因對概念的不同理解而造成。儘管差異存在，但于闐文本對梵文本在形制上的刻意追求，還是一目了然。梵文原卷每頁書有五行字，于闐文本亦然，甚至每行所寫字符個數也相當。現查梵語寫本每行約有24個字符節。而從恢復出的第六頁大抵可數得18個，可知每行所缺字符節，約在6—8個之間。

體現在形式上的刻意追求，反映出于闐佛僧對來自印度一帶佛教文獻的尊崇。然而于闐佛教，已經與七至八世紀以那爛陀寺爲核心的印度佛教有了顯著的差異。當年義净的《莊嚴王經》譯本與其他三部咒語類經籍共出。這樣的氛圍，是于闐語本所不具備的。新博藏于闐語本《僧伽吒經》和《莊嚴王經》並出，以及二者在抄經形式上的一致，也顯示出于闐佛教的傾向。除了含有禳災祈福的陀羅尼咒語之外，這兩部經的一致性，其旨趣在於宣傳誦讀、抄寫經書所能産生的功德。在于闐佛教普通信衆的心目中，其實一部經的義理並没有那麼重要，供養人給錢抄經的形式才是信仰的核心。惟有通過這種形式，才能達到禳災祈福的目的。

以下分别對各個殘紙的内容做西文轉寫、翻譯，附上梵、藏、漢文本的相應段落，並針對一些文字做注釋。轉寫中所用符號標識，見引言部分所刊凡例。

紙葉六

于闐數字“六”在09ZJ0130號殘紙的左邊緣，申明這是原寫卷的第六張紙葉。第六紙葉殘餘部分破碎成三片，09ZJ0130、09ZJ0056（1），外加09ZJ0127之一片，綴合成第六紙葉，可恢復至少三分之二的内容。09ZJ0130：縱8.0cm，横10.5cm。09ZJ0056（1）：縱8.0cm，横4.5cm。09ZJ0127：縱8.0cm，横10.5cm。如此第六紙葉恢復出的長度可達約20cm。

① R. E. Emmerick & M. I. Vorob'ëva-Desjatovskaja，***Saka Documents Text Volume III***，*the St. Petersburg collection*，Corpus Inscriptionum Iranicarum，London：School of Oriental and African Studies，1995，p. 17.

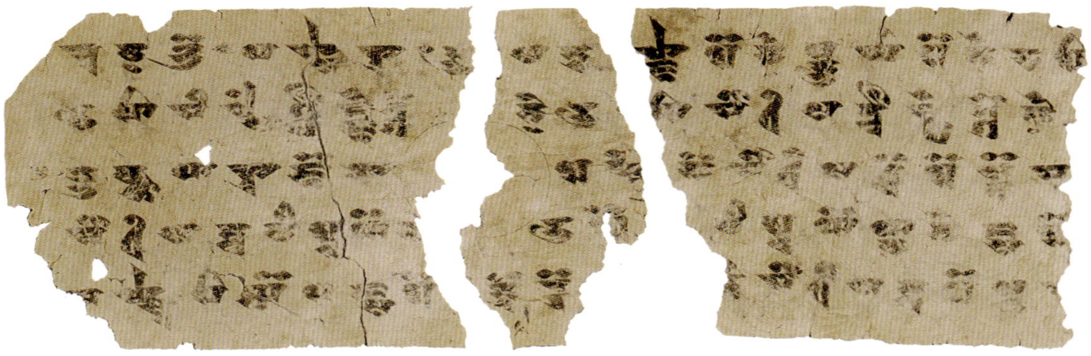

09ZJ0130（a）、09ZJ0056（1a）+ 09ZJ0127（a）

1. buva'ñä • palsārā kūsa-kaḷjāmäte ṣkuyāmäte damā[mäte[一]*jsa mäḍānä gyastu balysu*]

2. u hā bilsaṃggīṃje ggä○te' u hā bodhisatvījye ggäte'[*pārśä pajsamä yäḍe ttu bā*]-

3. ḍu vyūha-rājä nā○ma hv*ä*tä bodhisatvä mästä ba[*lysūñavūysai*·····························]

4. bodhisatva vimūhä jsa○ u mä[stä] vimūhä hvate jsa[二] mä[*stä spätainai bārä jsa gyastu*]

5. balysu pārśä pajsamä käḍä [yäḍe] bodhisatvä mästa ba[*lysūñavūysā mästä saṃnipātä*]

1.（各種）香、花環，以擊鼓、撫琴、吹樂，

2. ……向比丘僧團，向菩薩大衆（恭敬供養）。

3. 此時，名叫莊嚴王的菩薩大士……

4. 菩薩以解脱並以大解脱之威力……於天

5. 佛尊重供養。菩薩大士……

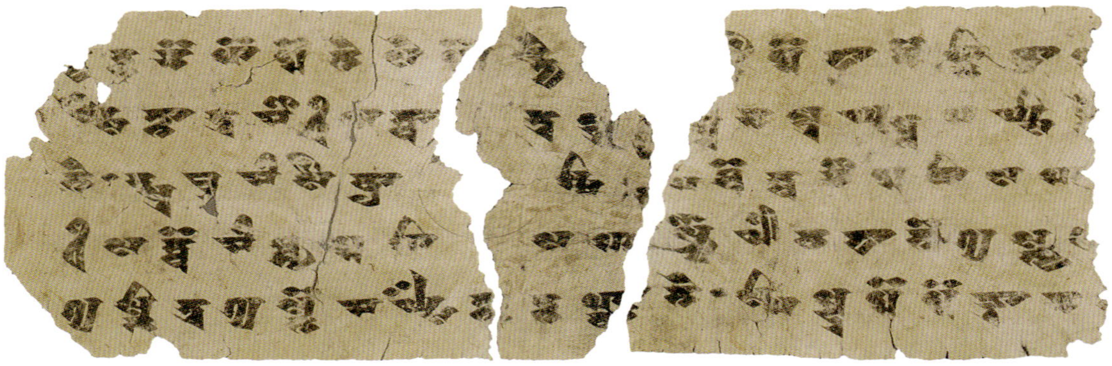

09ZJ0130（b）、09ZJ0056（1b）+ 09ZJ0127（b）

1. *dy*[e] tta-nä hämäte se mästye [x x x] īmä dātā hvāñā[*matä haṃjsaṣḍe*...gyastä ba]-

2. [l]ysä ttānu bodhisatvā○nu aysmūna aysmū[三] paysān*de*[·····························]

3. te·tsu th[u] bisīvrrā○ṣṣā spāśät-ū no[四] mahāsaha[s]r[·····························[bo]-

4. dhisatvä biśśu mahāsahasryau lovadātä gyastūñ[a··································]

5. gyastānu gyastä balysä tta tta hvate·spāṣṭumä[五] mäḍāna [gyasta balysa············]

1. 見（此大集會），作如是念：爲此大（集會）今日（必當）說法。天佛
2. 知曉這些菩薩心之念，……（說）：
3. 善家子，你去，讓諸大千（構成的世界）爲你展現吧！
4. 菩薩（觀察了）由諸大千（構成的）整個世界（後），天神的……，
5. 對天中天佛如是說："世尊天佛，我已觀察……"

相應梵文：6a4–7b2[①]

atha khalu vajrapāṇir bodhisatvo mahāsatvo 'nekabodhisatvaparivṛto 'nekadevakoṭiparivṛto 'nekavidyādharaśataparuskṛtaḥ，mahatā ṛdddhyanubhāvena mahatā vyūhena mahatā ***puṣpadhūpagandhamālyavilepanavādyatūryatāḍāvacareṇa tathāgatam abhipūjayāmāsa*，*sabhikṣusaṅghaṃ sabodhisatvagaṇañ ca*.**

atha tasmin samaye vyūharājo nāma bodhisatvo mahāsatvo divyena ***vyūhena*，*vyūhānubhāvena ca mahatā puṣpavarṣena tathāgatam abhipūjayāmāsa***. atha te sarve ***bodhisatvā mahāsatvāḥ taṃ mahāsaṃnipātaṃ dṛṣṭvā dharmasāṅkathyaṃ kartukāmāḥ***.

atha bhagavāṃs teṣāṃ bodhisatvānāṃ mahāsatvānāṃ cetasaiva cittam ājñāya vyūharājaṃ bhodhisatvaṃ mahāsatvam āmantrayata：

gaccha tvaṃ vyūharāja vyavalokayāyaṃ mahāpṛthivī.

***atha vyuharājo bodhisatvo mahāsatvo vyavalokayati pṛthvīṃ*，*vyavalokya bhagavantam etad avocat*：**

vyavalokitaṃ mayā bhagavann ayaṃ mahāpṛthivī kṛtā bhagavatā sarvasatvānāṃ sukhaṃ，mahāsannipātaṃ bhagavan paśyāmi.7b2

梵文譯文：

隨後，菩薩大士手持金剛，被無數菩薩簇擁，被億萬多天神所簇擁，百多持明者歡喜爲先，各以神通大威力以大莊嚴，用花、燒香、香、花環、塗香、彈琴奏樂，向如來並比丘僧團、菩薩眷屬，恭敬供養。

此時，菩薩莊嚴王，以天神之莊嚴，以莊嚴的威力，雨大花雨爲如來做大供養。於是，諸菩薩大士因目睹了此大聚會，欲（請佛）演說法。於是，世尊以心知諸菩薩之心思，便對那菩薩莊嚴王說：

"善家子，去觀察此大地吧！"

隨之菩薩莊嚴王即去觀察此大地。觀察之後，復又對世尊說："世尊，我確已觀察。世尊，我看到此大地已被世尊做成一切衆生的安樂大集會。"

相應藏譯：56a.1–6

de nas byang chub sems dpa' sems dpa' chen po lag na rdo rje byang chub sems dpa' bye ba phrag du mas bskor cing|lha bye ba phrag du mas bskor te |

① 這部分梵文是按照Von Criegern博士的轉寫，迻録於此，並省略了原作者的校訂符號。筆者僅根據他提供的照片核對過起始頁碼。

rig sngags'chang brgya phrag du mas mdun du bde ra bas rdzu' phrul dang mthu chen po dang | bkod pa chen po dang | me tog dang | ***spos dang*** | ***me tog phreng ba dang*** | bdug pa dang | rol mo'i sgra dang | ***sil snyan dang*** | ***pheg rdob pa chen pos*** de bzhin gshegs pa ***dge slong gi dge'dun dang*** | ***byang chub sems dpa'i tshogs dang*** bcas pa la mngon par mchod do ||

de nas ***de'i tshe byang chub sems dpa' bkod pa'i rgyal pos lha'i bkod pa dang*** | bkod pa'i mthu dang | me tog gi char chen pos de bzhin gshegs pa la ***mchod pa chen po byas so*** || de nas ***byang chub sems dpa' sems dpa' chen po*** de dag gis 'dus pa chen po de ***mthong nas*** | ***chos kyi 'bel ba'i gtam 'dod par gyur to*** ||

de nas ***bcom ldan 'das kyis byang chub sems dpa' de dag gi sems thugs kyis mkhyen nas*** | byang chub sems dpa' bkod pa'i rgyal po de la 'di skad ces bka' stsal to || ***rigs kyi bu song la sa chen po 'di ltos shig*** | de nas ***byang chub sems dpa' bkod pa'i rgyal pos sa chen po*** bltas so || bltas nas ***kyang bcom ldan 'das la 'di skad ces gsol to*** || ***bcom ldan 'das bdag gis sa chen po bltas lags*** te | bcom ldan 'das bcom ldan 'das kyis sems can thams cad la bde ba'i 'dus pa chen po mdzad pa mthong lags so ||

義浄譯《佛説一切功德莊嚴王經》相應片段：①

莊嚴王菩薩，並萬億諸天持咒神王，見大光明，各以威力，作妙莊嚴香華音樂。來至佛所，並諸眷屬皆遶三匝，虔誠合掌禮佛雙足，爲供養已，皆具威儀退坐一面。

爾時慈氏等諸大菩薩，見諸大衆皆雲集已，作如是念：我觀大衆咸至佛所，必當演説不可思議殊妙之法。咸皆寂慮，佇聽微言。是時世尊知諸菩薩一切大衆心之所念，即從定起，告莊嚴王菩薩言："善男子，汝今宜去觀此大地，何所見耶？"時莊嚴王菩薩承佛教已，從座而起，既遍觀已，還至佛所，禮佛雙足，在一面立。白佛言："世尊，我奉佛教觀此大地，所有人天一切大衆普皆雲集，惟願慈悲爲諸衆生作饒益事。"

注釋：

對比下來，可發現義浄的譯本與梵文本差異較大，藏譯與吉爾吉特寫本近乎一致，甚至可以幫助理解梵文本。以下主要關注于闐文本出現的特殊現象。

[一] kūsa-kaljāmäte ṣkuyāmäte damā[mäte

這一句相應梵語的*vādya-tūrya-tāḍāvacareṇa*，其中三個辭彙都是樂器的名詞。義浄以"作……音樂"而譯出。藏文本有*rol mo'i sgra dang*"帶着音樂"，繼而有*sil snyan*"彈琴"，*pheg rdob pa chen po*"擊大鼓"。而于闐語本，將古代構成音樂的元素排列組合，旨在表現此時音樂的熱鬧。

*kūsa-kaljāmäte*相當於藏語的*pheg rdob pa chen pos* "擊大鼓"。*kaljāmäte*從*kaljāmatā-*變化而來，即動詞*kalj-*"打擊，敲擊，撞擊"的動名詞形式，專用於"擊"鼓的表達。或可搭配"鼓"字出現，例如本節，又

① 《大正藏》第890頁下欄—891頁上欄。

例如《僧伽吒經》：*u īmu dātīnau kūsu kaljindä*，此句月婆首那翻作“今日當得擊大法鼓”①。“鼓”字或可不出現，由其他物品取而代之，例如《贊巴斯特之書》：

padama hīsīndä kye jālānu ggätā'ka

trāmu kaljändä kho bīnāñi väcätträ②

“風來吹動羅網垂帷的鈴鐺，猶如彈奏起各種弦琴。”

*ṣkuyāmäte*相當於藏文的*sil snyan*“彈琴”，從*ṣkuyāmatā-* 變化而來。這個詞形完整地出現，甚可慶幸。迄今爲止所發現的于闐語文獻中，未見過此動詞的原形，故而前輩學者推斷出**ṣkav-*③。詞前面的 * 表示，此原形尚未得到實際驗證。現在看來，至少在晚期于闐語階段，*ṣku-* 才是此動詞真正的詞根，詞義“彈奏”。構成動名詞時，在詞根*ṣku-* 以及詞綴 *-āmatā-* 之間加入了y，是在晚期于闐語較爲常見的現象④。如詞義顯示，這個動詞專門用於表達“彈奏”樂器、“撫弄”琴弦之意義。例如：

balysāñi hote jsa kīntha cīyä hā trāmäte balysi

cu vara bīnāña aṣkusta adaunda ṣṭāna akrīya⑤

“當佛以佛神力入城時，諸般樂器無彈、無吹、無人演奏（發出五種聲樂的曼妙純淨之樂曲）。”

其中*aṣkusta*正是*ṣku-* 的加了否定前置成分的過去時被動態分詞。其他例句顯示，這個詞僅出現在“彈奏”琴的搭配中。

damāmäte< *damāmatā-* < *dam-*“吹”，上一例句的*adaunda*正是*dam-*“吹”過去時被動態分詞，而冠以了否定詞綴。這一詞無論在梵文本以及藏文本中，都沒有對應詞。

[二] vimūhä jsa u mästä vimūhä hvate jsa

這一句，于闐語本與梵、漢、藏譯本之間齟齬不平。這一句本相對梵語的*vyūhena*，*vyūhānubhāvena ca*“以莊嚴，以莊嚴之威力”。然而在相應“莊嚴”的地方，于闐版本以“解脱”替代。一般認爲，于闐語*vimūha-* 借自印度西北方言，古典梵語寫作*vimokṣa-*“解脱”。例如《贊巴斯特之書》第10章第30頌：“擺脱八種顛倒，證得一切解脱”，其中“解脱”的于闐文，正是*vimūha*⑥。*hvate*<*hauvā-*，或者*hvātā-*“力量；神力”。這個詞常常被用來翻梵語的*rddhi-*“神力，神通，神變”。例如《僧伽吒經》：“一切勇白佛言：世尊，乘何神力，爲以自神力去，以佛神力去也。佛告一切勇：汝以自神力去，還時以佛神力而來。”⑦這裏的神力，在梵語皆爲*rddhi-*⑧。所謂“神力”，通常指超能力，在佛經中，最常見的超能力是在瞬間跨越遙遠的距離，例如“我有神力，乘虛而來”等。

① 于闐語見Canevascini 1993，p. 114，§256.17. 月婆首那譯文見《大正藏》，第13册，第976頁中欄。

② 于闐語引自R. E. Emmerick，*The Book of Zambasta*：*a Khotanese Poem on Buddhism*，London （Oxford University Press） 1968，p. 224（以下簡稱 Z）。

③ R. E. Emmerick，*Saka Grammatical Studies*，London（Oxford University Press） 1968，p. 128. 詞前面的 * 號表示，這個動詞的原形從未得到過證實。

④ A. Degener 1989，p. 87（縮略同前章，見第28頁注［1］）.

⑤ Z p. 202.

⑥ Z p. 150.

⑦ 《大正藏》第13册，第962頁上欄（CEBTA，T13，no. 423，p. 962a）。

⑧ Canevascini 1993，p. 25，§54.

藏文本最接近于闐文本，藏文本此處用了兩個組詞：*lha'i bkod pa dang | bkod pa'i mthu dang*“以天神的莊嚴，以莊嚴的威力”。所謂“莊嚴”在梵語一層意義作“陣”，大戰雙方對壘所使用的軍隊列陣。另一層意思是“安排，佈置”，藏語*bkod pa*實際上取這一層意思以緣對梵語。

筆者最初認爲，于闐本*vimūha*可能是誤讀。而真正梵語的“莊嚴”，寫作*vyūha-*。而這個詞，被借到于闐語後，有多種拼寫方式，例如*vyūbhā-*，*bhyūbha-*[①]。這兩種寫法，均見於屬於早期于闐語作品的《贊巴斯特之書》。目前在于闐語文獻中尚未發現*viyūha-*的拼寫方式，但如此拼寫的可能性是存在的。考慮到《莊嚴王經》本是從梵語翻成，誤讀應是發生在翻譯的過程中。在佛教梵文，*vyūha-* 確實可以寫作*viyūha-*[②]。基於此拼寫，第一想到的推測是，誤讀可能是梵語字體變化所造成。依據對印度碑銘的研究，自七世紀起南亞次大陸西北部地區的書寫文化發生了一則明顯的變化，首先體現在字母*ya*的寫法。七世紀之前，字母*ya*主要由三筆劃構成，寫作，自七世紀起，三筆構成的*ya*逐漸由兩筆劃構成的*ya*所取代，例如[③]。站立起來的（ya）確實容易與（ma）發生混淆。但經核對過吉爾吉特寫本，確認*ya*的新變體尚未發生。由此，又似可以擯闕是由誤讀而生謬的推斷。

以“解脱”代替“莊嚴”看來非誤讀所造成。然而，“解脱”本不屬於超能力的範疇，它是佛教信仰追求的目標。把解脱力變成一種可以駕馭的神力，在佛經中實爲稀有。經查，惟玄奘譯《説無垢稱經》有“不可思議解脱神力”的説法，再經過核對梵文本，知“解脱神力”在梵文本惟有*vimokṣa*[④]。梵、于闐文本之間的差異是否源於因對佛教名相理解的不同呢？這一點留待考察。但是，于闐本在翻譯過程中的獨立性，多少反映在這不一樣之中。

[三] aysmūna aysmū

此一詞組明顯在模仿源語言的表述形式。尤其在佛教梵文和巴利文中，常使用重複詞的方式作爲狀語詞組，例如巴利語：*kālena kālaṃ*“時時，經常”，*sabbena sabbaṃ*“全部”。*aysmūna aysmū*的第一個詞使用了具從格，第二個詞是賓格，直譯可作“從心思到心思”，意思是“全部心思”。義淨以“心之所念”準確地翻譯出這一詞組的意義。藏譯本的理解與漢譯不同，*sems thugs kyis mkhyen nas*，直譯作“以心知心後”。

[四] spāśät-ū no

spāśät-ū來自詞根spāś-（“1. 觀察；2. 顯示”）的命令語氣第三人稱單數，後附加有簡化形式的第二人稱代詞複數的-ū。此一形態是明確的。但是，後面no的詞形不甚明確。筆者傾向認爲，no來自介詞nuva“隨，跟隨，按照”，但是nuva變化成如此模樣，尚未得其他于闐文獻的證實。

[五] spāṣṭumä

spāṣṭumä（“我已觀察”）同樣來自詞根spāś-，完成時第一人稱單數。

---

① Ernst Leumann，*Das Norarische（sakische）Lehrgedicht*，Abhandlungen fuer die Kunde des Morgenlandes，Nenden，Liechtenstein Kraus Reprint Ltd.，1966，p. 502.

② Franklin Edgerton，*Buddhist Hybrid Sanskrit Dictionary*，New Haven，1953，p. 520.

③ 此例摘録自保存在拉薩西藏博物館的梵文《妙法蓮華經》寫本，該寫本書寫於1082年。寫本字母表發表在北京大學梵文貝葉經及佛教文獻研究所電子網站。地址：http：//www.rism.cn/resour.htm。

④ *Vimalakīrtinirdeśa*：*Transliterated Sanskrit Text Collated with Tibetan and Chinese Translations*，The Institute for Comprehensive Studies of Buddhism，Taisho University，Tokyo，37b5-6.

紙葉九

根據殘紙上所留内容，並且揣摸殘紙邊緣所遺留的數碼痕跡，可以判斷出，09ZJ0128是原寫本的第九張紙葉。新博藏于闐語佛教寫本殘卷中，《莊嚴王經》的第九紙葉僅存這一片殘紙。殘紙展開後，縱8.0cm，横10.5cm。正面僅存兩行清晰文字，反面的文字清晰。殘紙從經夾繩穿過的地方斷裂。字體特徵，同紙葉六，應是同一經夾的紙葉。

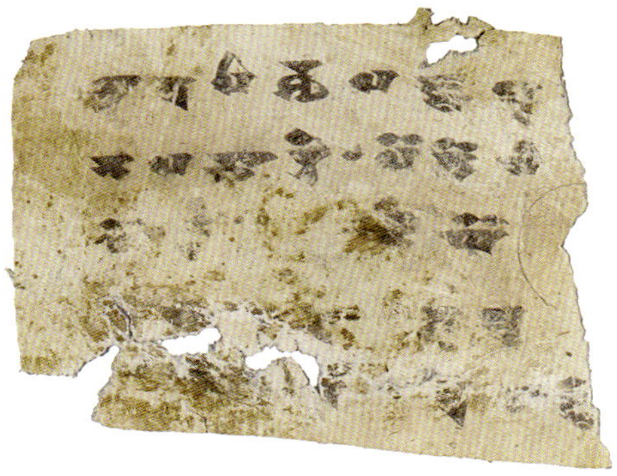

09ZJ0128（a）

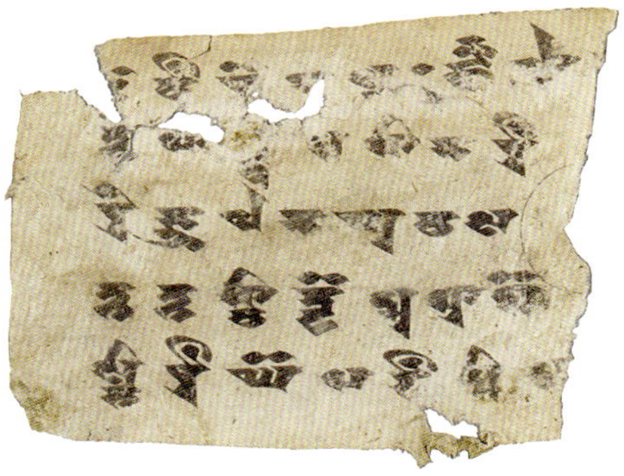

09ZJ0128（b）

09ZJ0128（a）：

1.（na dharma）bhānu pārśu pajsamu[

2. na pa*t*āre·pätä-mā○[*ta māñandä*[一]

3. hä [x x x x] yä○[

4. ...... ○[

5. ......jse[

1. 對……（不）恭敬供養。……

2. ……受煎熬。像父親那樣……

3. ……

4. ……

5. ……

09ZJ0128（b）：

1. -ä vīrä basta·jau-lā[stana[二]

2. tte ha[ṣṭ]v[o] mahānarī○[·······································*pha*]-

3. re kūla nayuva sa○[*tä ysāre*[三]

4. tta tta hvāndä muhu mä○[*ḍāna*·······································vi]-

5. stārīyä padīmāma[*ta*

1. 束縛於……。戰争、争鬥……
2. 十八大地獄……多
3. 百千億那由他……
4.（他們）如此說：“我們，仁慈的……”
5. 做廣說……。

相應梵文以及義浄的漢譯[①]：

9a1-2	atha bhagavān vajrapāṇiṃ bodhisatvaṃ mahāsatvam etad avocat：…	佛告執金剛菩薩言： “……
9a5	evañ ca vakṣyanti：	作如是語：
9b1	naiṣa tathāgatabhāṣitaḥ sūtrānto. na cātra kaścit sukṛta-duṣkṛtānāṃ karmaṇāṃ phalavipākaḥ.	“‘此經非是如來所說。亦非贊毀此經能招善惡二種之業然。’
	te lobhābhibhūtā na pūjābhisaṃskāraṃ kariṣyanti，na ca teṣān ***dharmabhāṇakānāṃ pūjāṃ kariṣyaṃti***	“彼衆生爲慳貪故，不能恭敬供養是經，於說法師亦不親近。
	teṣāṃ dṛṣṭa eva dharme bahavo ’pāyāḥ prādu bhaviṣyanti，paścān narakeṣu ***prapatiṣyanti.***	“〔謗毀是經，廣興不信，〕[②]於現世中造衆惡業，未來之世墮地獄中受燒然苦。
9b5	naiṣa kulaputra tathāgatānāṃ ***mātāpitṛbhūtasyāsya*** sarvaṃ karmakṣayaṅkarasya mahāsūtrarājasya kālaḥ śravaṇāya.	“善男子，如此經王，深可尊重猶如父母，複能滅除諸惡業障。〔然於五濁惡世，〕非是說時，亦非聽時。
10a1	tato ’nyatīrthikacarakaparivrājakanirgranthāḥ，anye ca bahavaḥ satvāpāyaṃ gamiṣyanti，	“〔何以故？〕勿當令彼一切外道及諸有情墮於地獄餓鬼傍生長受諸苦。
	na kulaputra śraddhāsyanti imaṃ mahāsūtrāntarājaṃ kāmāndhamanasaḥ，gṛhaparipālakā bhaviṣyanti，kṛṣiva-panava-ṇijya-***yuddha-kalahotsukā*** bhaviṣyanti; te tataś cavitvā ***aṣṭabhyo mahānarakebhyaḥ prapatiṣyanti.***	“然此衆生信心闕少，樂著諸欲，勤營俗務販賣諍訟，於此經典必起謗心。此等衆生命終之後，墮八大地獄當受極苦。”
10a5	tena khalu punaḥ samayena aśītiḥ prāṇisahasrāṇi utthāyāsanād	爾時衆中有八萬人俱從坐起，頂禮
10b1	bhagavataḥ padayor nipaty***aivam āhuḥ***：	佛足，白佛言：“世尊，我等深心信是
10b3	**vayam bhagavaṃ** cchraddhāsyāmaḥ abhipūjayiṣyāmaḥ ***vaistārikañ ca kariṣyāmaḥ*** likhanavācana saṃśrāvaṇapaṭhanotsukā bhaviṣyāmaḥ...	經典。尊重供養書寫讀誦廣爲他說。”

① 《大正藏》第21册，第891頁中欄（CBETA，T21，no.1374，p.891a-b）。

② 〔〕表示，其中之内容梵文中没有。

注釋：

[一] pätä-mā*[ta māñandä*

原紙從mā以後斷掉，所以並不確定後面一定是*māñandä*。藏文和漢文本此處皆有“父母”，父字在先，母字在後，似是忠實原著的譯法。如此，于闐文這一處或可恢復作：*pätä mā[ñandä*“猶如父”。

[二] *jau-lāstana*

于闐語*jau-lāstana*與梵文本中*yuddha-kalahotsukā*相對應，漢譯“勤營……諍訟”。

[三] kūla nayuva sa○*[tä ysāre*“百千億那由他”

*kūla*即梵語*koṭi*，古時或從意翻“億”，或從聲翻出“俱胝”等。*nayuva*即梵語*nayuta*，從意“十萬”或更多，從聲“那由他，那述”等。如此之套語在于闐文獻中常見。而此處于闐文本與藏、漢譯本差異較大。依梵文本，這裏的數位惟有“八萬人”，猶如藏、漢譯本。

09ZJ0129

09ZJ0129殘紙所剩面積甚少，縱4.5cm，橫5.5cm。所餘文字不多。然而這些殘餘文字所構成的語境，與《莊嚴王經》最後段落相吻合，故而斷定，此碎紙也屬於《莊嚴王經》。這一節僅把相應梵文本與義淨的譯文一併列出，以爲佐證。

09ZJ0129（a）

09ZJ0129（b）

1. nā]sāñ-[

2. na pamā]da yaṃde[

3.]vā āśärī ā[nandä

1. ……

2. …（他）能…

3. …長老阿難…

1.]däjse · ttäna[

2.]pariprchai[

3.]sīra [himāre

1. …持。因此…

2. …詢問…

3. …欢喜…

相應梵文：

…tasmān na kadācit pramādam āpattavyaṃ

atha khalv ***āyuṣmān ānando*** bhagavantam etad avocat：ko nāmāyam bhagavān dharmaparyāyaḥ kathaṃ cainan ***dhārayāmi***? bhagavān āha：tasmāt tvam ānandeman dharmaparyāyaḥ satvatrāṇakārīti nāma dhāraya; bodhisatva***paripṛccheti*** nāma dhāraya...

……

義浄譯相應片段：

是故汝等當善修行勿爲放逸是我要略之所教誡。

爾時具壽阿難陀白佛言："世尊，此經複有何名，云何受持？"佛言："此經凡有五名：一名救一切衆生苦厄。二名菩薩真實所問。三名神通莊嚴王。四名能成諸佛正覺。五名一切法功德莊嚴王。"佛説是經已，諸大菩薩及聲聞衆，天龍藥叉阿蘇羅幹闥婆人非人等，皆大歡喜信受奉行。[①]

① 《大正藏》第21册，第894頁中欄（CBETA，T21，no. 1374，p. 894b）。

未知名于闐語、梵語佛經抄本殘片

段　晴　葉少勇

09ZJ0056（2）

新博編號09ZJ0056之文件，是一組于闐語寫本的碎紙片。其中之一，已確定爲《佛說一切功德莊嚴王經》的碎片，並可以與另外兩件殘紙綴合。剩下的殘片，幾乎讀不出整詞。惟一可以看出些内容的一片，如下。這一片，縱約5.0cm，横8.0cm，上下左右皆已殘破，因此不可知原紙的大致模樣。雖勉强可分辨出四行，但能讀出意思的約莫有兩處，涉及“授記”，似涉及聽經的功德。具有此内容的經文不在少數，例如《僧伽吒經》，例如《莊嚴王經》。因此，尚不能確定此經的真正歸屬。僅就可讀出部分做西文轉寫，並針對可譯部分譯出。其餘三片（09ZJ0056C3,4,5）未做任何處理。

09ZJ0056（2a）

09ZJ0056（2b）

09ZJ0056（2a）:

1.][x················]x
2.]x x [·············]tu h*ä*[
3.]ḍä u vyāraṇo jsa h[
4.]x –ä p-[...........] x –ä[

1. ······
2. ······
3. ···並以授記相···
4. ······

09ZJ0056（2b）:

1.]*ya* sūtträ *pv*[*ā*]'x jsa x [
2.]tsa k[ṣ]īr-a paderāta[
3.] x x [·········] x x x va x[
4.] x x[

1. ···聽······經
2. ···維護···
3. ······
4. ······

09ZJ0136

新疆博物館2009年入藏的佛經梵語寫本殘卷，惟09ZJ0136號殘紙可看到經夾葉的左邊和上下邊，而右邊大部分紙葉已經丟失，所剩紙的尺寸：縱11.5cm，横11.5cm。在正面左下角空白處，約在第四行和第五行字之間靠前的位置，有原卷的頁碼，看似是個婆罗谜数字“二”，但因數字周邊有其他筆劃，所以不能確定這個字是婆罗谜數字“二”。

剩餘部分顯示，原抄本每一面書五行文字，字體是典型的絲路南道字體，與同一批入藏的其他于闐語佛經抄本的字體有異曲同工之影，也應該是抄寫於七或八世紀。此件抄本，雖是梵語的，却是于闐僧人抄寫的，應與于闐語《僧伽吒經》出自同一地區，即不超出策勒縣老達瑪溝的遺址群落範圍。

此抄本殘紙上的内容也是明確的，正面第一行便出現*subhūte*“須菩提”，下行還有“識”、“波羅蜜多”等字樣，皆般若類、中觀部類文獻中常見概念。然而，筆者在現有梵本般若類文獻中，未能找到基本一致的文句，尚未識别出此片段來自哪一部經。以下僅用西文轉寫出内容，附上筆者的漢譯。

09ZJ0136（a）

1. vaṃ hi subhūte[
2. te vijñānaṃ[
3. -pitā bhā[va-
4. pāramitā[
5. baddhā hya x[

1. 如是，須菩提，……
2. …識……
3. ……
4. 波羅蜜多……
5. 束縛……

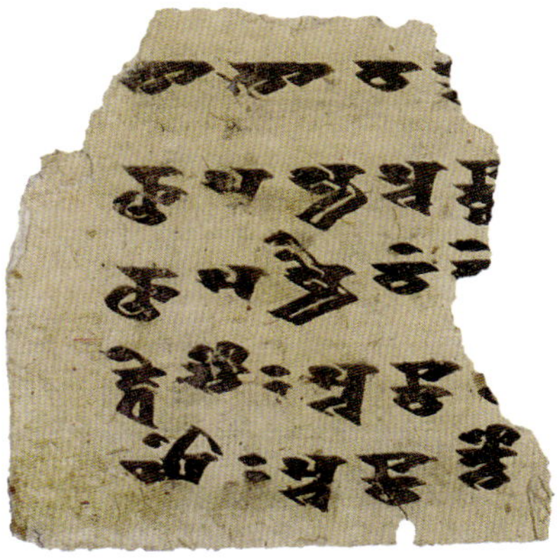

09ZJ0136（b）

1. tā bhāva-x[
2. rūpasya pūrvā[
3. rūpasyaivaṃ[··························kasmā]-
4. ddhetoḥ pūrvā[
5. yoḥ pūrvānto[

1. …有……
2. 色之先……
3. 色有……如是……何
4. 因先……
5. …先邊……

09ZJ0034

這個編號下，是一組碎紙，上面存有零星的梵語字母，由此可知是梵語佛經抄本的殘餘。因爲過於殘破，無法識别出碎紙所出之經文，自然也不知是何種經書。這一組，由北大外國語學院葉少勇博士整理，並給出相應的西文轉寫。

在對這一組梵語零星碎片的整理時，葉少勇博士采用了特殊符號，以方便描述殘片。他在西文轉寫中所使用的符號説明如下：

( )　　重構的字。

[ ]　　受損的字。

\+　　一個缺失的字。

..　　一個無法辨識的字。

.　　無法辨識的字的一部分。

///　　殘片斷裂處的字的起止。

09ZJ0034（1a）

1 /// + .. + .y. ///

2 /// .. tā sā + ///

3 /// .. stā a .. ///

4 /// + .. kā .i ///

09ZJ0034（1b）

1 /// .. .. + ///

2 /// dhārakā ///

3 /// nāma .. ///

09ZJ0034（2a）

1 /// .[ā] parākkra（m）. ///

2 /// +（h）ā .. + ///

09ZJ0034（2b）

1 /// .. .r. .[t]. vīhā[r]. ///

2 /// + ...[r]. + + ///

09ZJ0034（3a）

1 /// .. dvā s[a] + ///

2 /// .. bhaga[vā] .. ///

09ZJ0034（3b）

1 /// + ... + ///

2 /// .. .. .[ā] ///

3 /// .. rvvatā .. ///

4 /// + + .. + ///

09ZJ0034（4a）

1 /// + .y. ṣ[y]. + ///

2 /// .. .i .. .. .. ///

09ZJ0034（4b）

1 /// .[i] tā .. ///

2 // + + .. ///

09ZJ0034（5a）

1 /// .. .t. .. .. ///

2 /// + + ... ///

09ZJ0034（5b）

1 /// + [r]mabhi i .. ///

2 /// .. .. .ā + + ///

09ZJ0034（6a）

1 /// + + .. + + ///

2 /// .i .. .. .. ///

3 /// .. [sa] .[e] ///

09ZJ0034（6b）

1 /// + [y]a[ṃ] śrā .. ///

2 /// .. tvā [sa] + ///

3 /// .. .. .. + + ///

09ZJ0034（7a）

1 /// + .. + ///

2 /// .. .y. ///

3 /// .. .. ///

09ZJ0034（7b）

/// .. .. ///

09ZJ0034（8a）

1 /// [t]. .. ///

2 /// .. [ja] .. ///

09ZJ0034（8b）

1 /// [bh]. .. ///

2 /// .[r]. [ṣ]ā + ///

薩波Vaisa之牒所隱括的社會變遷

段 晴

衆所周知，現存于闐語文獻的藏品分散在多處，相比英國圖書館、法國博物館于闐語文獻的藏品，以及近期成立的中國國家圖書館善本部的收藏，新疆維吾爾自治區博物館的于闐語文獻目前略顯稀少，而且多是殘破的，或者字跡漫漶。然而，這些殘缺的世俗文獻，却具代表性，反映了于闐故地的特色。一方面可供舉一反三，例如從文獻結構的角度對已經刊佈的于闐語文獻略作收攝。另一方面，新博的于闐語世俗文獻也爲于闐語研究等領域，提供了從未見過的素材。更爲重要者，結合中國國家圖書館尚未刊佈的于闐語藏品，新博的09ZJ0032號文書揭示出于闐王宫的真正所在地。

每一件文書，即使殘破，也可將掩埋住于闐文化的黄沙稍稍拂去，令人一睹局部真容。本文主旨，以新博09ZJ0032號文書爲起点，抱殘守缺，抽繹文書的剩餘文字以爲緒，進而探討于闐古代社會、歷史的相關問題。依照釋讀規矩，先公布西文轉寫，次做翻譯，再分幾節論述相關問題。

新博09ZJ0032號文書，墨書於紙上。紙的顔色呈淺褐色。紙的上半部分保存基本完好，因此可大致分辨出原文書的前四行。文書後半部分殘破严重，無法讀出連貫的內容。

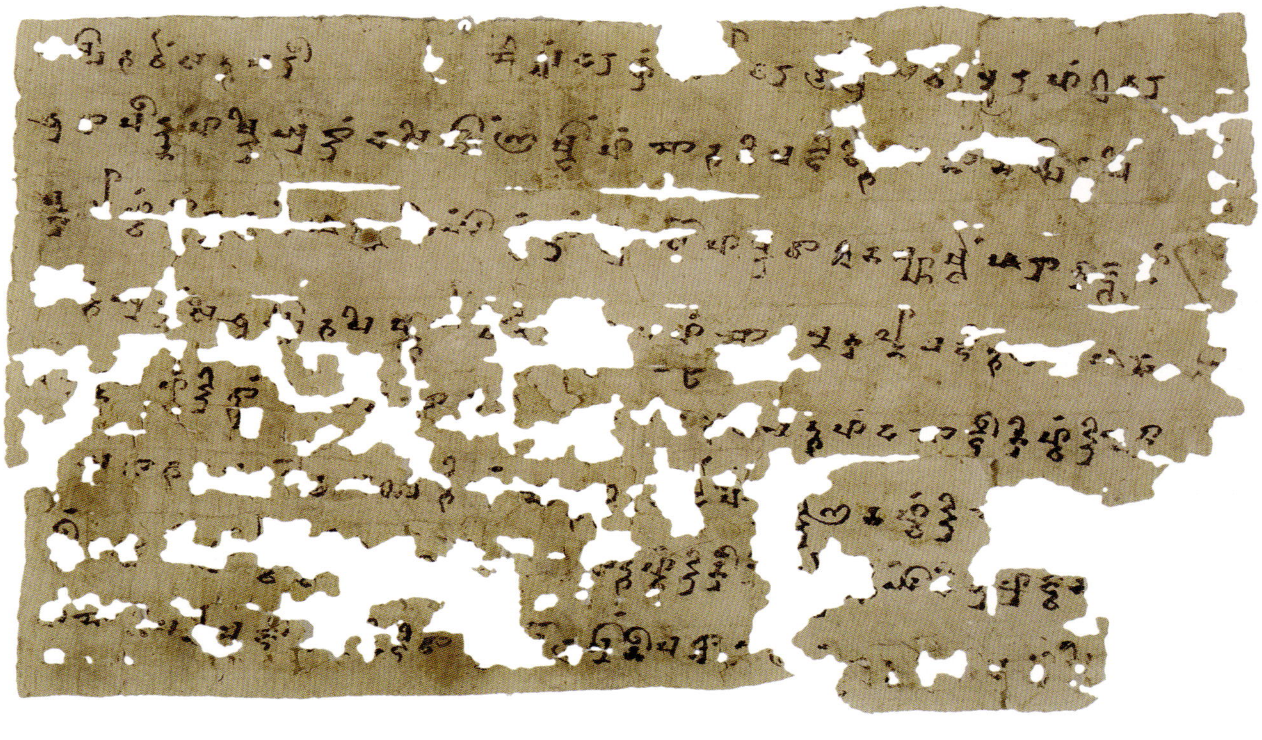

09ZJ0032（a）

09ZJ0032（a）：

1. spāta vaisa tta parī birgaṃdara rrūṃ[x au] vara -*ū* x x va mūra-haṃga vara

2. cu vā pīḍna haṣḍi yuḍāṃda si ysāṃña ṣṭāṃ haṃbāta vi pajistāṃ[da] nā x spā[ta] pi-

3. ṣkala hvaṃ*ḍi*[……]phar*ṣa*[……]yāṃ[……]sä haṣḍi vā*tc*i na pyūṣṭe pharāka jūnau

4. [x]ta yuḍe si cu spāta piṣkala [*hvaṃḍi*] haṃbā[ta] makalna pajī[*s*]t[*āṃda*……] pharṣa

5. [···]hvaṃḍi ttāṃ[……]tta haṃda bājīki hvaṃḍi x –ā

6. [x x] nāta [……] [x x] tti [ha]ṃbāta -i [……]ḍiña na hvaṃḍi x[

7. -īṃ [……va x[……]x tta hvaṃḍä kīr*a* [……] yāṃ x -u hudva na[

8. habāta mala pajī[x x] -iji vā[……] umāṃnī parī x x [……] [x x x] -ä -i

1. 薩波Vaisa如此命令：———— 致拔伽，國王之鄉……。斂錢人

2. 曾以書面狀告，他們已要求冬季的份錢，……薩波

3. 部人，……破沙…… 之請求却不曾聽到。他多次

4. 做了……説："薩波部人曾向Makalna 要求份錢。"破沙……

5. 衆人，他們…… 在納税的人中……

6. ……收了……份錢，衆人没有……

7. 衆人……差役……二者……

8. 向Mala（？） 要份錢。……你們的命令……（年月日，簽字）

一　簡述于闐文書的格式

上世紀初期，英、法等國的探險、考察隊，從新疆地區帶走了大批珍貴文物，英、法等國家的圖書館和博物館等，因此而建立起相關收藏。于闐語文獻在這些收藏中皆佔有較大份額。經過一個世紀的努力，保存在英、法、俄等國的于闐語文獻大部分已經刊佈。儘管目前新疆博物館所藏于闐語文書總數不多，但仍可以此爲依據，放眼已經刊佈的于闐語世俗文獻，對這類文獻的形制略作探討。

從現有的于闐世俗文獻觀察，于闐故地的居民對於書寫懷有敬畏的意識，體現在針對不同内容的文書，使用各異的形制和材料之運用上。這一觀點實際上可以構成一獨立題目來進行專門探討。而限於此篇，信手拈來，若將前兩篇于闐語《僧伽吒經》以及《莊嚴王經》所用經夾紙的形制，對比此09ZJ0032號文書，之間的差異，是顯而易見的。

限於世俗類文書，于闐寫卷的形制，又隨内容類别不同而有異，可大致歸納出這麽幾種：其一，小木匣類的文件。此類文檔，可以筆者近年討論的《高僧買奴契約》爲例①。目前這種類型已經發現十多件，分别收藏在中國國家圖書館以及英國圖書館。此種早期的形狀，大約是兩塊木板合在一起，上下都留有孔眼，爲穿繩所預留。文字書寫在上蓋和下底的内側。寫好後，兩塊木板合在一處，用麻繩從孔眼中穿過，繫住。在蓋板的表面，在繩子最終穿過的地方，還用刀刻出凹槽，繩子繫好後，用泥封住，在封泥上還要蓋上印

① 參閲筆者撰寫的《于闐語高僧買奴契約》，載於《敦煌吐魯番研究》第11卷，上海：上海古籍出版社，2009年，第11—27頁（以下簡稱"段晴2009"）。

章。隨家族的不同，印章也不同。各個寺院似乎也擁有自己的印章[①]。大約晚些時候，例如到了七世紀，此類所用的木板在形制上更爲複雜些：一般製成小木匣狀，底座有凹槽，上蓋可以嚴實地臥入其中。穿繩、封泥、加印，依然遵古制。依筆者所見，這些文書大都涉及人口收养買賣，或者人命官司。此類小木匣類的文書，爲于闐故地所特有，是古代于闐社會的特殊文物。在于闐語中，有陰性詞*pāḍā-* 特指這一形制的文書。例如《高僧買奴契約》開章便有：*ṣā pāḍa ttye pracaina cu iskhäli naḍau parāti*“此契約因此緣故：有Iskhäli賣人。”[②]在翻譯這一句時，筆者用了“契約”。但此處所謂“契約”，特指書於小木匣形制的文書。爲了將形制與内容結合而譯出，筆者將小木匣類的文獻稱爲“案牘”。

在于闐語中，泛指文檔的辭彙，是*pīḍaka-*，其概念所涵蓋的範圍比較廣泛，可以指租賃“合同”或“契約”[③]，也可指“公文”，或者套用古語並從漢人的視角出發，則爲“胡書”。總之，凡是落實在書面的，皆可稱爲*pīḍaka-*。以上我們看到，新博的09ZJ0032號有*cu vā pīḍna haṣḍi yuḍāṃda*。這裏的*pīḍna*是*pīḍaka-*的具/從格，表示“他們以書面形式報告”。

除了“胡書”，于闐文獻的書寫格式還有進出賬，以及“抄”（*kṣau*）等。雖然内容各異，但是于闐語“抄”、“公文”以及“案牘”類文書皆具備一個共同的特點，即在文的開端，標明生成的年、月、日。如此格式的文獻是大量的。這裏僅舉一“收據”爲例，此例見於英國圖書館藏文本Or.6396/1（G. 1）[④]，文書之初有：

> @ salī 20 māśtä rrāhaja haḍā 20 ṣi kṣau ttye pracaina cu spāta sīḍaki hāru suhadati hīvī kāṃjsa paphve
>
> 年20，rrāhaja月，天20。此抄由此緣故，有薩波思略徵收了商人Suhadati的芝麻。

上文述及的中國國家圖書館藏《高僧買奴契約》以及和田地區博物館藏桑樹租賃契約，無不是以寫明具體時間作爲文書的開頭。此種以注明時間爲文本之始的行文習慣，在于闐故地有長期的傳統，最早見於佉盧文寫的各種形制的木牘。

僅和田地區，尤其是僅針對從老達瑪溝以及丹丹烏里克出土的于闐文書而言[⑤]，在大量的“胡書”（*pīḍaka-*）以外，仍有爲數不菲的遺留下來的于闐語文書，呈統一的格式，此類文書，于闐語稱作*parau*，用現代漢語可以譯作“令”。從流傳於世的各種文書看，“令”的形制，也有時期的不同。但總體而言，“令”多由薩波（spāta）頒佈，也見有其他官員下達的，或者于闐王直接下達者，如英國編號

① 除了上文提到的文章外，同樣形制的還可參照段晴、王炳華《新疆出土于闐文木牘文書研究》，《敦煌吐魯番研究》第2卷，北京，1997年，第1-12頁。另見P. O. Skjærvø，“Legal Documents Concerning Ownership and Sale from Eighth-Century Khotan，” *in From Nisa to Niya. New Discoveries and Studies in Central and Inner Asian Art and Archaeology*（London：Saffron，forthcoming）.

② 段晴2009，第12頁。

③ 例如和田地區博物館藏有一件八世紀末期傑謝鄉頭思略與傑謝百姓簽署的租賃桑樹合同，即稱爲piḍaka-。參閱段晴、和田地區博物館《和田博物館藏于闐語租賃契約研究》，載於《敦煌吐魯番研究》第11卷，上海：上海古籍出版社，2009年，第30頁。

④ 此文書的西文轉寫及Skjærvø的英譯見P. Oktor Skjærvø，*Khotanese Manuscripts from Chinese Turkestan in the British Library：a Complete Catalogue with Texts and Translations*，London：British Library 2002（以下簡稱作*Catalogue*），p. 7-8.

⑤ 這裏應排除敦煌藏經洞發現的于闐文書。敦煌藏經洞的于闐文書與和田地區發現的，於形制等方面，有顯著差異。敦煌藏經洞出，由伯希和帶走的一件于闐語文書上，有于闐王頒發的parau，寫卷還有與此一詞相應的漢語：“勑”，例見P.4099，H. W. Bailey，*Indo-Scythian Studies：Khotanese Texts* II，Cambridge University Press 1980（reprinted），p. 129。本文此處概述的于闐語文獻僅限於和田地區所發現的。

Or. 11252之文書。但受令的下方，並非是軍隊的下級，而是負責某一項事務的地方小吏，在早期，甚至直接下到户主。

約莫是于闐八世紀中後期的“令”，以Hedin從和田地區帶走的一批文獻爲代表。Hedin，是瑞典人斯文·赫定藏品的標識。他於十九世紀末二十世紀初幾次來到絲路南道，從和田地區獲得部分于闐語文書。這批收藏遂以他的姓氏爲標識。在Hedin的收藏中，有45件文書是用墨筆書於木牌子上的。這些木牌子當中，有些模仿匕首的模樣，一頭削成手柄的樣子，一頭呈尖狀，例如Hedin 32號。有些木牌一端平行，另一端還保留有三角狀。如此形狀的木牌①，依據内容，發現其中29件皆是下達給一個名叫Vaśa'rasaṃgä的人。此人的具體身份，似曾是六城地區的一位户主。對他一家的徵税相當廣泛，涉及錢、牲口、糧食和布料等。這些徵税的指令，有一定的格式。簡單而完整者，例如Hedin 44：

Vimaladattä tta parī —— śude salā vaśa'rasaṃgä vara vaña ka'rävarāysai va haṃbā haraṣṭādä nva jsāra-haurai śe hvaḍye haṃbā himye 61 mūri tvī hvaḍä 6 mūri tta himārä 366.②

Vimaladattä如此命令：—— 明令致Vaśa'rasaṃgä。今日ka'rä所享份錢已下達。據此，每個納糧人分攤61文。你有6男丁，銅錢366文。

這種書於木牌子之上的令文，語句通常非常簡潔，有些不帶時間的標注。可以認爲，Hedin藏品當中的這些徵税令，代表了于闐“令”式文書的傳統。這些木牌子，實際上是令牌。但于闐傳統的“令牌”，不同於漢地傳統的“兵符”類文書，並非下達給軍隊，而是直接下達給于闐百姓，是徵税的命令。Hedin“令牌”類文書中，也有一些語句稍多，附帶上徵税的原因，或者標識上大致的日期。凡所標注的日期，也發生在文字的開始部分。例如Hedin 33號，同樣是發給Vaśa'rasaṃgä徵税令，在“今日”一語之後，又寫明，這是Ṣau 官 Puṃñadattä 之年③。

通過上文簡單梳理，可知于闐“胡書”，習慣將年、月、日書於文件的開端。傳統于闐的“令”文，因爲文字簡明，可以不標注時間，但簡單寫明的紀年，也習慣出現在文字的開始部分。

然而，于闐語文獻當中，另有一批 “命令”類文書，把年月日等標注在文末，例如俄羅斯聖彼得堡收藏的編號SI P 103.41之文書，是一件典型的。那是薩波Ṣṣanīrakä（瑟尼洛）下達給傑謝鄉思略以及負責斂錢的官吏的，文書結束處注明此“命令”發佈於卡吉（kaja）月的第六天，即相當於漢制曆法的二月。因爲這件文書提到人名“思略”，所以可知事件發生在八世紀末期。以下是SI P 103.41的第一、二以及末行：

1. SI spāta ṣṣanīrakä tta [pa]rī — gyasta sīḍakä va-

2. ⋯ ra u mūrahaṃgāṃ vara umānī tta pa'sīñä......

① 吐蕃統治于闐時期，似沿用木條書寫命令。但是吐蕃時代的木條似稍細，没有經過很好的加工。此項待考。

② 于闐語原文見H. W. Bailey，*Khotanese Texts* IV，Cambridge：Cambridge University Press，1961，p. 44（以下簡稱*KT* 4）。

③ 于闐語原文見*KT* 4，第41頁。另見，吉田豊（Y. Yoshida），コータン出土8—9世紀のコータン語世俗文書に關する覺え書き（Notes on the Khotanese Documents of the 8th to 9th Centuries Unearthed from Khotan），神户市（Kobe），2006年，第121—122頁。

......

5. ......ka[ji]

6. māśti kṣemye haḍai ttā parau tsve mūśājyä[签名]

薩波瑟尼洛如此命令：（留白處）致傑謝思略，致收錢人，致你們的百姓。……

卡吉月，第六天，此令發出自Mūśājyä。瑟（簽名）①

就形制而言，這件依然涉及徵收税錢的令文，與上文介紹的Hedin藏品的徵税令文有顯著的差異。差異在於，SI P 103.41書於紙張之上，因此不再是于闐傳統的令牌。從書寫格式，文書末尾有日期，另有發文者的簽字，也不同於令牌的格式。

SI P 103.41一類的于闐語文書格式，明顯受到唐朝文書格式的影響。和田地區出土的唐代官文書，以文後寫明日期的爲多。尤其是稱爲“牒”的公文格式，與于闐語“令”樣文書相埒。以下迻録《唐大曆三年三月典成銑牒》前兩行句和末行②，再現“牒”與于闐語“命令”式文書之間的一致關係。

《成铣牒》：

1 [ ]牒傑謝百姓並[ ]

2 傑謝百姓狀訴雜差科等

......

13 大曆三年三月廿三日典成銑牒

大曆三年，即公元768年，從時間上略早於思略的時代。然而以成銑之牒的格式，對比上文所引用的SI P 103.41于闐語文書，二者之間格式的一致性，一目了然。類似SI P 103.41的于闐語文書，雖然還保留了于闐傳統的“令”的格式，例如起始句，“令”方與受“令”方之間的留白等，但也受到“牒”格式的影響，僅就日期的書寫以及簽名，更像是“牒”類文書的翻版。

有充分的證據顯示，自公元674年伏闍雄打敗吐蕃，被授予毗沙都督，于闐設立毗沙都督府以降③，唐朝行政管理便滲透到于闐社會，唐朝的行政制度在于闐行之有效。唐朝對于闐故地的管理，至少延續到八世紀末。而“牒”是唐朝官吏使用最多的文書形式之一。于闐百姓的狀呈，需要翻譯成漢語，漢文官文書也要譯成于闐語。在這樣的交往中，代表了唐朝官樣文書的格式，也會對于闐語公文格式産生影響。上文列舉的SI P 103.4于闐文書，憑其格式，完全可以稱作《瑟尼洛牒》。推而及其他，于闐文書中符合這一行文格式者，

① 這一段于闐文字摘自R.E. Emmerick & Margarita I. Vorob'ëva-Desjatovskaja，*Saka Documents Text Volume III*：*The St. Petersburg Collection*，London：School of Oriental and African Studies 1995（=The St. Petersburg Collection），第152頁。其中，Mūśājyä似是地名，或者家族名，簽字的“瑟”字由筆者識出。

② 這件漢文書曾由張廣達、榮新江最終刊佈，本文引用的録文摘自張廣達、榮新江《〈唐大曆三年三月典成銑牒〉跋》，載於張廣達、榮新江《于闐史叢考》，北京：中國人民大學出版社，2008年，第107—108頁。

③ 《舊唐書》卷五《本紀第五・高宗下》。

其實都可以被稱爲“牒”。

以上針對于闐語文書的類别做了簡略描述，意圖在於探討新博09ZJ0032號文書的類型。儘管09ZJ0032號文書不完整，尤其是後半部分殘破嚴重，看不到年、月、日等的紀年標識，但是第一行文字已經表明，09ZJ0032號文書是一件“牒”，發牒者是薩波Vaisa。因此，可將新博的這件文書稱爲《薩波Vaisa之牒》。

二　09ZJ0032文書所涉及的人名、地名

關於地名Birgaṃdara（拔伽）

薩波Vaisa之牒，下達給Birgaṃdara的官吏。Birgaṃdara是于闐文獻中十分常見的地名，有從古代傳下來的漢譯名拔伽。在古代，拔伽地區曾經是于闐文化的中心地域。

薩波Vaisa之牒對拔伽的稱謂，尤其值得關注。現存于闐語文獻當中，Birgaṃdara或作爲地名單獨出現，或以*birgaṃdara auva*（拔伽鄉）之組合出現[①]，雖然Vaisa之牒第一行破損，對比其他文獻，仍可大致恢復出原字。

以下兩幅圖，上圖从09ZJ0032號文書截录下来，下圖是收藏在中國國家圖書館善本部的一件尚未发表的于闐“案牍”截圖，下圖爲了對比而經过处理，词与词之间的空隙原件上没有。。

上圖 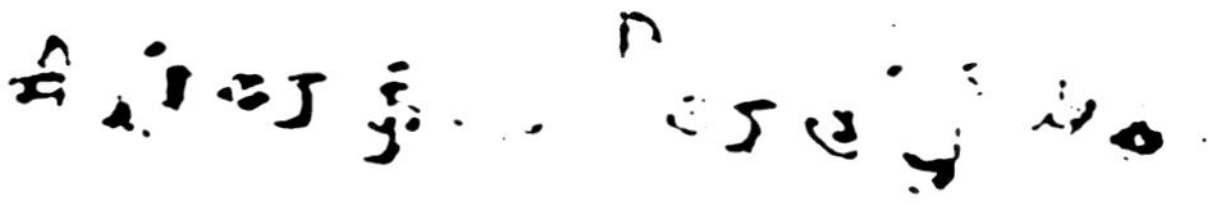

birgaṃdara rrūṃ[x au] vara [*u*] x x va

下圖 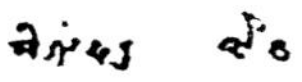

birgaṃdara auva

經過上下對比，首先可以恢復出“鄉”字。“鄉”字于闐語寫作*āguta-*，又寫作*āvuta-*，*āvua-*，*auva*。此薩波牒中寫作*au*，具有晚期于闐的特徵，即*auva*已經變成*au*[②]。“鄉”字確認後，又可發現Vaisa之牒的Birgaṃdara與“鄉”（auva）之間還有另外一個辭彙，而根據這個詞的第一個字符之形態，可以讀出*rrūṃ[da]*。這是晚期于闐語“國王”的屬/爲格，作爲之後的“鄉”字的定語。如此一來，這一词组便可以譯作“國王之鄉拔伽”，或者“拔伽王鄉”。

因爲原卷此處破損嚴重，所以不能確定我所恢復出的辭彙無誤，不便僅憑此據而定于闐王宮所在。但是，拔伽爲王鄉，真實有據可依[③]。拔伽應是于闐王宮的所在地，文獻方面提供的證據已確鑿無疑，更有待

① 例見已經多次發表的于闐文獻Or. 9268B，*Catalogue*，第68頁。

② 但不排除書寫者漏掉了va字符。

③ 中國國家圖書館藏有一件小木匣類契約，上面有“王宮”字樣。相關段落，筆者已發表於《關於古代于闐的“村”》一文中，見《張廣達先生八十華誕論文集》，臺北：新文豐出版公司，2010年，第587—588頁。這裏爲方便參照，特將相關段落，迻録下方。又爲了方便免除排版帶來的問題，僅將我的譯文附在此，如下：

9年4月18日。此是仁慈的天神于闐偉大的王中王尉遲Sīhya的紀年。此時於此拔伽鄉，有此案件：住Paunarāṃña的Pakāṃḍa這麼説：“我有姐（妹）生女，名叫Vidyakāṃnata，我現在將她售出，我的價格是2100年拉。”有皇族家男，馬官之子，名叫Māṃsa。他這麼説：“我買下他的這個外甥女，以自己專有錢幣的價格。所做之利，以爲尚未養、尚未…的兒子。”她一切行爲聽憑其掌控，任何時候只要他有需要。他人無權干涉。

筆者案：所謂“皇族家男”一句，實則應譯作“有王宮男，馬官之子，……”

考古的證實。

spāta Vaisa“薩波尾娑”

我未能在現有于闐文獻中，找到與此完全一致者。但是，俗稱Hedin 16號文書中，有一于闐語、漢語的雙語文書，其中提到的一人，或許正是新博的Vaisa薩波。按照Bailey的排列，Hedin 16第21件文書的漢文部分記載“六城薩波尾娑納進奉絺紬貳丈”。在相應的于闐語部分，“薩波尾娑”寫作*spāta vīsa*[①]，Vaisa或者Vīsa，二者的官稱一樣，似是同一人名的不同寫法。在于闐語辭彙中，確實可以見到中間母音-*ī*-變成-*ai*-的現象，例如*harabaiśa*（一切），又見寫成*harābīśe*。鑒於此種可能性，又基於官稱的一致，我傾向認爲，新博的spāta Vaisa正是Hedin 16/21的spāta Vīsa，即“薩波尾娑”。

Hedin 16系列，依照于闐語的紀年，書寫於某王的第35年。而這個王，已知是于闐王尉遲曜。尉遲曜的“曜”字，出現在Hedin 21號文書簽字處。Hedin 21也是一件于闐語的“牒”，由國王親自頒發。其牒的格式，與新博的薩波之牒如出一轍。根據史學家的考證，尉遲曜於767年即位[②]，Hedin 16等文書的書寫年代在801年。此時于闐，已經在吐蕃人的控制之下，薩波尾娑所交納的絺紬，是進奉給吐蕃統治者的[③]。Hedin 21，書寫於尉遲曜即位後的第32年，此時于闐也已陷落吐蕃。但是王所頒發的文檔，依然使用唐代西域的“牒”制，證明對唐朝行政體制的記憶尚未消失。

綜合薩波Vaisa與“薩波尾娑”的一致關係，以及新博《薩波之牒》與Hedin 21號王所頒佈之命令格式的一致，可以認爲09ZJ0032號文書，亦產生於九世紀初期。

Makala

這是個常見的于闐辭彙，原詞義“猴子”。猴子的形像以及猴王的故事，爲于闐所喜愛，所以不忌諱用作人名。這個詞作爲人名，十分常見。例如英藏Or. 11252.2，4，6，8，10，27，32等七件文書，都提到了叫做Makala-的人，相同的人名又出現在Or.11344/10號文書，以及Achma、Domoko A4、Domoko F以及OIOC Photo 392/57 T.O. 20等文書當中。英國圖書館編號的Or. 11252下含有42件于闐語文書，其中大部分產生於吐蕃統治于闐的初期。Or. 11252/2是于闐王的敕令，向Cira等六城，分派交納吐蕃人的糧食。Or. 11252/6於一塊長方形紙的正反面都書有文字。這件的B面是擔任薩波的Sudārrjuṃ所下命令。他正是吐蕃統治于闐初期的薩波。Hedin 1等涉及向吐蕃進奉紡織物的文獻都提到這個人，身份爲“刺史薩波”。依據這些文書所反映的歷史狀況，可知Makala是八世紀末、九世紀初期人，生活在吐蕃控制下的于闐。由此可準確判斷出09ZJ0032號文書的產生年代，這是一件書寫於九世紀初期的文案，當時于闐已在吐蕃的統治之下。

mūra-haṃga“斂錢者”

英國博物館汪海嵐曾對于闐故地通行的貨幣進行了專題研究。依據她的研究，于闐語文獻中常常出現的

① 于闐語部分，見*KT* 4，第30頁，漢語部分見該書第173頁。
② 張廣達、榮新江：《于闐史叢考》之《八世紀下半葉的于闐》，北京：中國人民大學出版社，2008年，第250頁。
③ 同上書，第252頁。

mūra一詞，指中國制式的銅錢[1]。二十世紀初期西方探險者從和田地區找到或購得的銅錢種類，呈多樣性。這裏有五銖錢，開元通寶（公元621年發行），乾元重寶（公元758年發行），大曆元寶（766—79）等。又依據黄文弼的《塔里木盆地考古記》，于闐也有“龜兹小銅錢”。如黄文弼所描述，此類錢幣“在塔里木盆地南部，如于闐哈拉敦、和闐達摩戈北沙磧中，均有廣泛散佈”[2]。于闐作爲中西商貿往來必經的重鎮長達數世紀，歷朝歷代以及外域商人所攜帶的貨幣都曾來到這裏，因此，古于闐人對貨幣兑换的見識必然不淺。有于闐文書顯示，在特定時期，于闐百姓買賣之間，有不同幣種的交流。我將對此撰文專論。

09ZJ0032號文書涉及吐蕃統治下的于闐，最近研究表明，在吐蕃統治于闐時代，于闐所使用的銅錢多者以緡爲記，千文爲一緡。錢不值錢，例如一尺于闐當地産的絲綢，值450文[3]。

mūra-haṃga直譯作“斂錢人”。“斂錢人”的身份，有待考察。目前見到使用這一概念的于闐語文獻，基本可歸入吐蕃統治時期。斯坦因第四次考察，在達瑪溝地區拍照下來的文檔之一，是薩波Sudārrjuṃ給于闐地方官吏下的催交錢令。令下發給負責曆法的pharṣa破沙。部分内容如下[4]：

> ||spāta sudārrjāṃ tta parī —— salya-bāyai pharṣa sāṃdari vara vaña mūra-haṃgāṃ vara vaña ma haṃbāji mūri pajistāṃdi bistä ysā'ca cu ṣi tta vāri ṣṭāri u cu ma'śūṃ[5] draya hvaṃḍi vistāṃdi tti mūri ysaṃthaḍi pastāṃdi {śa}jiśti haṣṭi mūri sa khu tta parau hīśtä ttū-ṃ vā hiri thyau haṃga'jari u ma ṣai vā hajseṃmyari …
>
> 薩波Sudārrjāṃ如此命令：致曆法破沙Sāṃdari。今有斂錢人，今向我索要份錢，20緡。這是欠交的。那三人定了限期，故而責令索要利錢，每百文八文（利）。此令到時，請迅速收集物品，並交納到我處……

從這件薩波Sudārrjuṃ的催錢令看，“斂錢人”負責索要分攤的份錢。于闐語文獻中有一批文獻都與給吐蕃進奉有關，例如Hedin1&13記載紡織品的交納過程。根據最新研究發現，于闐錦的價格在公元801年是450文一尺，三尺二寸錦相當於23尺絁紬。如此换算下來，一尺絁紬在當時值62.5文，一匹絁紬2500文，按照這個價格計算，這裏所欠的20緡相當於八匹絁紬。

總而言之，*mūra-haṃgāṃ*的身份，看來涉及吐蕃時代于闐的税收制度。這一課題目前未能展開，謹記如上。

三　“部人”

09ZJ0032號文書反復使用到*piṣkala hvaṃḍi*，經過在于闐語文書中尋覓，發現*piṣkala hvaṃḍi*所隱括的線

---

① Helen Wang, *Money on the Silk Road: the evidence from Eastern Central Asia to c. AD 800*, with a catalogue of the coins collected by Sir Aurel Stein. London: British Museum Press, 2004, p. 95.

② 黄文弼認爲，此錢在于闐等地流通的時代，“當在第五紀以後，亦是西域文化正達隆盛時期，直至第八世紀均在通用”。《塔里木盆地考古記》，北京：科學出版社，1958年，第106—107頁。

③ 比價依據Hedin 13等文獻。筆者對此有專論：參閱段晴《于闐絁紬，于阗锦》，2013年待刊。

④ 隨後的引文基本依據Skjærvø教授的轉寫迻録，但譯文有不同理解。于闐語原文以及英譯見*Catalogue*, p. 581.

⑤ Skjærvø轉寫作（na）ma'śūṃ。他的添加（na）是多餘的。

索，涉及古代于闐的區域劃分、區域管理。而于闐傳統的分區，在吐蕃統治時代，似又發生變更。因此，借助探讨此文書帶出契機，對于闐語文書所攝區域劃分問題試做論述。

提綱挈領，先要瞭解*piṣkala-*的基本詞義。

piṣkala- 本是于闐語常見詞，基本詞義如下：①“品”，“章節”；②分離；③（國土的）劃分，領域，部。這三層詞義，均可從于闐語本《金光明最勝王經》以例句得驗證：

例句1：Suvarṇabhāysūttamäna sūtrāṇu rrundäna āstanī päṣkalä näṣa'tä

金光明最勝經王之初品結束。

例句2：ttīyä ttāryau dvyau brātaryau ākṣutte päṣkalu kūśānä pasīno nä hvate se①

於是，他開始與那兩個兄長分離，托言道：……

例句3：adātī rre hämäte. o adātyānu pakṣä vaṣṭätä u gīte nä dṛhaṣkalī ysamaśśandau ṣä rre hasamīṭhätä u biśśä rro drai-päṣkala ju kṣīre ā'mate.

王作非法，袒護非法人，令三種世間受衰損，令一切三部的國土和聚落受衰損。②

例句4：biśśä ttä mäḍāna gyasta balysa śśandye päṣkala ūśäna hastara hämāre tcārbätarabiśānu uysnaurāṇu ttäṣo' śśandye päṣkaluvo' biśśūnya nānāvicitra śśaṃdya biśśä uvagāra hūrīttaru pätalyāre hämāre huṣṣīndä u bihīysāre mästaretu vätä tsīndä③

世尊，隨是衆生所住之處，其地具足豐壤肥濃過於餘地。凡是因地所生之物。悉得增長滋茂廣大。④

從佛經逐録至此的例句，彰顯*päṣkala-*的真實含義。例句3和4表明，*päṣkala-*所指代的“分部，部分”，針對的是地域的劃分，指大地之一隅。例4 相對有*päṣkala-*出現的地方，義浄譯出“所住之處”。佛經用語，雖是文學的語言，然而一些非佛教專有詞彙所映射的，却是真實的社會現象。*päṣkala-*“所住之處”之詞義，源自于闐王國的行政區域劃分。

英國圖書館收藏的編號爲Or.12637/14.1-2的兩件文書，原是駐喀什的英國副領事哈爾定（Hardinge）從和闐地區獲得，於1923年呈給著名的斯坦因⑤。在北京國圖善本館所藏《于闐高僧買奴契約》刊佈之前，這兩件

① P. O. Skjærvø，*This Most Excellent Shine of Gold*，*King of Kings of Sutras*，*the Khotanese Suvarṇabhāsottaramasūtra* [Cambridge，Mass.]：Dept. of Near Eastern Languages and Civilizations，Harvard University，2004，p. 336。義浄的相應譯文見《金光明最勝王經》卷十：“是時王子興大勇猛，發弘誓願，以大悲念增益其心，慮彼二兄情懷怖懼，共爲留難，不果所祈，即便白言：‘二兄前去，我且於後。’”《大正藏》第16册，第451頁下欄（CBETA，T16，no. 665，p. 451，c22-25）。

② 于闐文字轉寫部分同注[1]，第246頁。參閲義浄的譯文：“若王作非法，親近於惡人，令三種世間，因斯受衰損。”《大正藏》第16册，第443頁中欄（CBETA，T16，no. 665，p. 443b）。

③ 同注[1]，第217頁。

④ 現代譯文：“仁慈的天佛，一切大地之地域，以其（地）力，更好，更肥濃。在這些地域，地中各式各樣對一切衆生有利之物，悉得增長滋茂廣大。”

⑤ 這裏轉述Skjærvø的描寫。詳見其*Catalogue*，第lxiii頁。

文書在全部于闐語文獻中是惟一提到于闐王Viśya Vikrraṃ的。已知Viśya Vikrraṃ正是漢語史籍記載的伏闍璥，是于闐王伏闍雄之子。《舊唐書》有云："天授三年，伏闍雄卒，則天封其子璥爲于闐國王。"[①]據此可知，伏闍璥嗣位於公元692年。北京國圖的《于闐高僧買奴契約》簽約於伏闍璥的第四年，而Or.12637/14.1-2的兩件文書生成於這位王的第十四年，即公元705—706。兩件文書，同涉及一件公案，從中可看出于闐的區域劃分。玆將第二件相對完整的文書全文迻録如下。因無法核對原件，轉寫從Skjærvø[②]之作。

salī 10 4 ṣi' kṣuṇi miḍāṃ gyastä hvani mistä rruṃdänu rre viśya vikrraṃ

ṣā' saṃja ttye pracaina cu phema spāta pakaḍä piṣkala puñadatti ganaṃ usthīyä rruī birgaṃdara bisai kūsa 100 8 kha 4 hauḍādä ttū ganaṃ uspurrä nāṃdī pharṣa mahakä piṣkala kaṃdvaja uspurrä ni ne puḍa

ttī ra ṣā' saṃja pramāna himä khvī phaṣa mahakä pyaśdä

14年。此是仁慈的天神，于闐偉大的王中王伏闍璥的紀年。

此文檔爲此緣故，玆有媲摩薩波Pakaḍä之（轄）區的王族、家住拔伽的Puñadatti拿出小麥，108碩4斗。他們全部已交納。Kaṃdva之（轄）區的破沙Mahakä已全部收訖。再無賒欠。

破沙封印之時，此文檔隨即生效。

上文涉及兩個地區，第一地區，于闐語曰*Phema spāta pakaḍä piṣkala*，譯作"媲摩薩波Pakaḍä之（轄）區"。第二地區，于闐語曰*Pharṣa Mahakä piṣkala kaṃdvaja*，譯作"Kaṃdva之（轄）區的破沙Mahakä"。其中薩波"Pakaḍä之地"明確是在媲摩。實際上名曰"Kaṃdva"之地也是媲摩的一個區域。英國圖書館藏Or.11344/8號紙背面所書文檔，有關媲摩地區納糧事宜，可以證明Kaṃdva之地也在媲摩。這件文書原文如下：

kucalai rrusa vāra 2 KUSe paṃjsa ṣaṃga ttye bāja ā'ysaṃ hauḍi

// ṣi'vā phema bisai āysaṃ hatcaṃ cu phema kaṃdvāṣṭā buḍāṃdi paskāṣṭi phe[...]ñi 11 KUSe 3 ṣaṃga

ganaṃ paṃjsūsi KUSe haṣṭa ṣaṃga ṣi'cira haurāñi

Kucalai欠床2 碩5斗[③]。他代之以床交納。這是攤派給媲摩的床，這些已經運往媲摩Kaṃdva之地，應返回……11碩3斗。

小麥15碩8斗，這是質邏應交納的。

通過上列兩件于闐語文書，可知于闐有劃分區域的傳統。媲摩，顯然是一個更大地域的統稱，其下至少有一個名叫Kaṃdva的區域。略考媲摩的地域分區，必然需列出另一文書，這便是Hedin 24號。

Hedin 24是一件于闐語、漢語的雙語文書，在于闐語言以及歷史研究領域具有十分重要的性質。文書

① 《舊唐書》之《西戎·于闐國傳》，中華書局，2002年重印版，第05305頁。

② Skjærvø，*Catalogue*，p. 124.

③ 于闐語量詞與漢制的關係，參閱榮新江、文欣《和田新出漢語——于闐語雙語木簡考釋》，《敦煌吐魯番研究》第11卷，上海：上海古籍出版社，2009年，第64頁。

的漢語部分曾有多位著名學者校録刊佈，以張廣達、榮新江的重刊爲廣泛接納的版本[①]。正是這兩位中國學者，認出了文書後的漢字紀年當爲“貞元十四年”，並配合其他于闐語寫卷，考證出于闐王尉遲曜約在公元767年即位，從而使一系列于闐語文書成文年代，有了翔實的依據。這以後，又有日本學者吉田豐依據《喀喇巴爾嘎遜碑》以及其他于闐語文獻提供的背景，認爲Hedin 24的时代，于闐已經在吐蕃的控制之下。而這件文書中所記要防禦之敵，應是回鶻人。

儘管史學家於Hedin 24大體所映射之歷史，已做合理闡發，但仍有部分微細，未得正確闡釋。在本文語境之內，因09ZJ0032號文書而引出對媲摩所屬地域的探討，我首先針對Hedin 24漢語部分出現的一個俗字，一個迄今爲止被誤解的漢字，提出不同的解析。

Hedin 24原卷第二行，有“濡馬屈薩”字樣。其中“濡”，被最早釋讀這件文書的加拿大學者蒲立本認定是“濡”字的俗寫，而未能對“濡馬屈薩”給出合理的解釋[②]。後繼學者，對此文書的研究成果，雖已超越蒲立本，却依然因襲了他“濡”的讀法。

我認爲：“濡”，非“濡”，而是“需”字的俗寫。“濡馬屈薩”正是原件中位於左側的于闐字phẹmāṃña kīṃtha的漢字音譯。針對“屈薩”，蒲立本曾構擬出它們的唐代發音k'i̯uət-sât[③]，顯而易見，“屈薩”是對原卷于闐詞kīṃtha“城”的漢字寫音。“濡馬”則是對phẹma的漢字寫音。從音而判斷出，“濡”是“需”的俗字。

Hedin 24于闐語部分損毁嚴重，然而可以準確讀出的，有這樣一行字：

khu parau pva cve tta piṣkala hvaṃḍä u stūrä biśūṃ phẹmāṃña kīṃtha…

當聽到命令，凡（各）部人和牲畜，一切盡（收入）需馬屈薩。

依據于闐語提示，可知Hedin 24相對“需馬屈薩”的于闐詞組是*phẹmāṃña kiṃtha*。“需馬”實爲“媲摩”。然而，經上列幾番引證，已知“媲摩”的于闐字是爲Phema，與Hedin 24所用*phẹmāṃña*有差異。*phẹmāṃña*是*Phema*加*āṃña*-而構成的形容詞。詞綴*āṃña*-通常加在地名之後，具有“……之地，……地的”之意義[④]。按照位於依格的*phẹmāṃña kīṃtha*翻譯，其真正含義是“於媲摩地之城”，也就是説，這城位於Phema“媲摩”。“媲摩地之城”在Hedin 24的漢語部分，又被稱爲“坎城”。至少從于闐語構詞分析，“坎城”並不等於“媲摩”，而是媲摩地區的一座城池。Hedin 24 出現的*piṣkala hvaṃḍä*，是指歸屬媲摩地區的、分屬不同地域的居民。依據《大唐大慈恩寺三藏法師傳》，媲摩在于闐王城東三百餘里[⑤]。

首先是伏闍瑠14年的那件文書，顯示從于闐傳統，媲摩有區域的劃分。繼而又得Or.11344/8號紙背面文

① 張廣達、榮新江《八世紀下半葉至九世紀初的于闐》，載於《于闐史叢考》，北京：中國人民大學出版社，2008年，第241—246頁。

② 蒲立本的意見參閱*KT* 4，第137頁。

③ 同上注。

④ 我對這一詞的理解，與Degener略有不同。她認爲*phẹmāṃña*是*phẹmāna*-的單數依格形式。A. Degener，*Khotanische Suffixe*，Stuttgart：Franz Steiner Verlag 19899（以下簡稱A. Degener 1989），p. 72，§7.B.16.3.

⑤ 《大正藏》第50册，第252頁上欄：“法師奉勅已即進發。于闐王資餞甚厚。自發都三百餘里，東至媲摩城。”（CBETA，T50，no. 2053，p.252a）

書以及Hedin 24號，證明媲摩之地，不但有區域的劃分，還擁有坎城。然而，這三件文書，出自不同的年代。Hedin 24，有明確的紀年，時在公元798年。Or.11344/8與Or.11344編號下其他17件于闐語文書在書寫筆跡上没有明顯的差異，這些文書大部分可以明確是八世紀末九世紀初期的寫卷。如此看來，三件可爲憑據的文檔，却爲不同時代的人所書寫。第一件與後兩件文書之間，相距近百年。後二者生成的年代，已進入吐蕃統治于闐時期。

一般于闐史稱述，唐高宗上元二年，即公元674年，伏闍雄打敗吐蕃，被授予毗沙都督，于闐設立毗沙都督府[①]，這是唐朝制度進入于闐之始。唐朝管理模式下的于闐，税收的基層單位是“鄉”，例如著名的丹丹烏里克，昔名“傑謝鄉”，雖未達到唐朝“百户爲里，五里爲鄉”的標準，但作爲收税的基層，依然是“鄉”[②]。八世紀末期，于闐王國處在吐蕃的統治之下。于闐王通過進奉，被允許擁有王者威儀，然其身份地位，却低於統治于闐的銀告身吐蕃顯貴論之下[③]。吐蕃的社會特色，是部落制。有學者稱述，在吐蕃人攻佔了于闐之后，吐蕃的部落也在麻扎塔格等處安營扎寨[④]。在吐蕃統治下，于闐的社會制度，應與唐王朝時代有所變更。

直接證實吐蕃干預了于闐行政區劃的語句來自Hedin 3背面文書。相關文字如下：

> miḍāṃ jasti vara tta haṣḍi yanāmaṃ   kṣvā auvā [spāta] u tsīṣī āstaṃna hamīḍa hārva u hamīḍa pa'ki-sina jasta cu [ttāgutta] hacasta piṣkali vī nva himāmaṃ ttaṃdī jasti puñau jsa cvau ā vā biśi […] ma yinīdi ttye vaña vā jasti hīvī parau ā si kamalaji jsāri sa haṣṭa kusa kusa śau mara haṃdira prū haurāṃñi[⑤]
>
> ……
>
> 向仁慈的天神，我們請求：——六城薩波和刺史爲首，攜商人，攜百姓。天神，既然我們相應被劃分成爲吐蕃（各）部，承蒙天神的福德，僅爲所到者做……今日天神的命令到達，説應交納108碩糧食，應交納一碩供應内廷。
>
> ……

這則引文稱作“仁慈的天神”或“天神”者，是于闐人對吐蕃贊普的敬語。Hedin 3verso記載的話題，關乎納糧事宜。因爲缺乏原件的照片，無法核對Bailey的舊轉寫是否無誤，所以無法確切把握整個文書的詞語。大致意思是，刺史攜商人、百姓向吐蕃王提出請求，説既然已經實行了吐蕃式（ttāgutta）的區域劃分，又承蒙“天神”的福德似有減輕納糧的益處。但今日“天神”的命令到達，説還需交納108碩以上的糧食。百姓因此不堪重負。

于闐王國的納税，在吐蕃統治之前基本上實行人頭税。唐朝徵税的變更，也在于闐有所驗證，例如開元

① 《舊唐書》之《本紀第五·高宗下》，中華書局1975年版，第99頁。

② 參閲段晴《關於于闐的村》，載於《張廣達先生八十華誕祝壽論文集》，臺北：新文豐出版公司，2010年，見第601—602頁。

③ 轉引自楊銘著《吐蕃統治敦煌研究》，香港敦煌吐魯番研究中心叢刊之七，臺北：新文豐出版公司，1997年，第91頁。

④ 同上書，第85—86頁。

⑤ 由於文字處理的困難，個别字符與Bailey的轉寫有差異。于闐語原文見*KT4*，第23頁。Bailey的英譯見*KT4*，第71頁。

年間，唐朝在于闐的徵税以糧爲主。安史之亂後，藩鎮相對獨立，開始徵收供應軍隊的布匹等，這些都在于闐語文獻中有所反映[①]。從上列引文看，在吐蕃佔領于闐之後，雖于闐原有官僚體制未得瓦解，但吐蕃還是對于闐人口、地域進行了重新劃分，按照吐蕃模式推行部落制，税收制度也發生了變更。“我們相應被劃分成爲吐蕃（各）部”一句，足以顯示，吐蕃時代的于闐語文書中出現的piṣkala-，已經不同於約一百年前媲摩薩波的領地。猶如09ZJ0032號文書反復提到的piṣkala hvaṃḍi，實則代表了吐蕃在于闐推行的部落制。領地以及人口的劃分已昔非昔比。

英國圖書館藏編號Or. 11344/7的于闐語文書，是一件吐蕃時代的文件。吐蕃統治下于闐的制度於其中得到寫照。依據英國圖書館國際敦煌項目在網上刊佈的照片，它的内容如下[②]。

vaña vā miṣḍāṃ gyastina parau ā skarhveri māśti 15mye haḍai si vaña āṃ vā khyeṣa virṣṭhi dramaji kūsi ka'jīṃdä strihi vyaulä ṣṭe

spāta sudārrjuṃ tta parī pharṣa sāṃdari vara vaña p-[...] śdāṃ'va khu parau pvī'rau cu burau hva hva piṣkalaña auya hvaṃḍi īde bi[ś- …] khv-e tta śau hve vā tsī u stūri nva vyasthāṃ garkhi āri daṃḍi byehi skarihveri[

今仁慈的天神之令到，Skarhvāra月的（農曆11月）第15日，如下：今日有……人將擂響……鼓。噪擾甚烈。

薩波Sudārrjuṃ命令如下：致破沙Sāṃdari。今……当你聽到命令，凡是各部以及城民，全部……如有一人走脱，以及牲畜，你將酌情獲重罪杖罰。Skarihveri月……

“仁慈的天神”，已説是對吐蕃贊普的敬語。由此，無需引旁證便可知此件文書，確實屬於吐蕃時代。文書隱括的故事，不在本文的探討計劃中。本文重點關注的是如下詞組：*hva hva piṣkala u auya hvaṃḍi*，譯作“各個部人以及鄉民”。在此，需要先説什麼是*au*，以及由此派生的形容詞*auya*。關於*au*，已經在其他文章中有詳論。簡略説來，*au*是雜居的聚落，由多户構成，相對由單一家族構成的*bisā-*“村”。在唐朝漢人眼中，*au*是一方面是“鄉”，因爲按照唐制，“鄉”是負責徵税的基層單位[③]。監理税收的于闐地方官叫做“薩波”，即*spāvata-*，或者*spāta-*。如果脱離開税收的層面，*au*在唐代漢人眼中又是“城”，所謂“六城”之城，對應的正是*au*，早期于闐字寫作*āguta-*。例如09ZJ0032號文書證明，Birgaṃdara，古譯“拔伽”之地，正是于闐王宫所在地，即玄奘筆下的王城。

*auya*是在晚期于闐語形態的名詞*au*“鄉”抑或“城”之後，加表示“所屬”意義的詞綴*-ya*而構成的形容詞[④]，複數第一格，視文書的情節而可譯作“鄉的”，或者“城的”。

詞組*hva hva piṣkala u auya hvaṃḍi*明確告訴我們，居民或者是領地的，部制的，或者是城裏的居民。

---

① 參閲筆者的待刊文章《古代于闐所見錢帛兼行》。

② 轉寫與Skjærvø所刊佈的有少許不同。他的轉寫見Skjærvø，*Catalogue*，p. 111.

③ 李錦繡：《唐代財政史稿》（第一册），北京：社會科學文獻出版社，2007年，第79頁。

④ A. Degener 1989，p. 301—302.

piṣkala-“所住之處”制，“部”制，顯然在吐蕃時代已經在于闐全面推行開來。

綜上所述，09ZJ0032號文書是一件珍貴的文物。它點出了于闐王宮的所在。文中反復出現的*piṣkala hvaṃḍi*，反映了吐蕃時代的特色。文書雖殘破，但據此已可定論，這是一件吐蕃時代的于闐文書，書於九世紀初期。

于闐語世俗文書殘片

段　晴　郭金龍

新博新入藏的于闐語世俗文獻，惟有編號爲09ZJ0032的薩波Vaisa之牒略顯多些内容，對於解讀古代于闐的歷史脈絡，頗有貢獻。除此而外，其餘皆是殘破的碎片，書於泛黄的紙上。這一節對這些殘文的釋讀，僅限於西文轉寫，盡可能給出譯文，並提示相關于闐語文獻。

09ZJ0054（1）

09ZJ0054的編號下，包含一组殘破文字，其中個别顯示藏語文字。這裏僅對于闐文字的做出釋讀。

09ZJ0054（1），顯示原卷原有兩行文字。紙的左、上邊，部分存留。文書損失右側大部分。

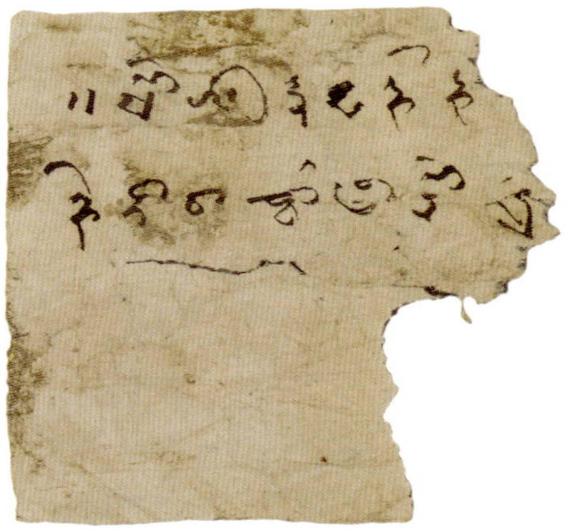

09ZJ0054（1）

1. ṣau ysāḍadatti[一] tta[
2. te nī vā bvāṃñīrau 30[

1. Ṣau官Ysāḍadatti如此（命令）
2. ……汝等須知，30……

注釋：

[一] ysāḍadatti是常見人名，例如見於英國圖書館藏編號的Or. 11252/4，10，31，以及Or.11344/2/10/12等文獻中，未能窮盡①。編號Or.11252以及Or.11344兩組文獻，基本上出於吐蕃統治于闐時代。由此可知，Ysāḍadatti應是生活在九世紀初期的人物。而書有此人姓名的這件殘紙，也已經有上千年的歷史了。

① 分别見於Skjærvø，*Catalogue*第87，91，99，107，112，113頁。本節縮略語的使用同《薩波Vaisa之牒所隱括的社會變遷》。

09ZJ0054（2）

09ZJ0054編號之下的第二件于闐語文書，是一片碎紙，上面書有殘缺不全的兩行文字，絲毫看不出原卷應有的規模。

09ZJ0054（2）

1.]nā [...] hauḍa si x [

2.]x ya gūno [x x]ti gīhai[…] ri puñaraṃ[

3.][...][

1. ……交納了

2. ……幫助……Puñaraṃ

3. ……

以下殘片依次釋出：

09ZJ0054（3a）

1. ⋯

2. x x kṣerabi[sta

1. ……

2. ……二十六……

09ZJ0054（4）

1.] ī ka x[

2.] kṣa ri viśarā...[

1. ……應

2. ……又六年……

09ZJ0054（5a）

09ZJ0054（6a）

1.]na x th[auna
2.]patsa hvaṃ[ḍa

1. ……絁紬（?）
2. ……五人……

1.]x jvati spāta[
2.]rśa va x[

1. ……薩波……
2. ……

09ZJ0123

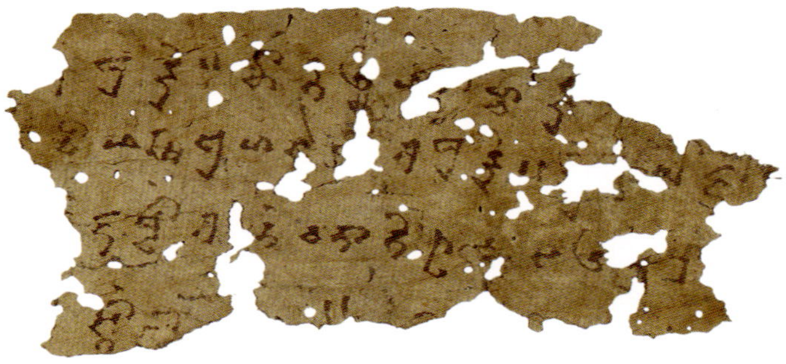

09ZJ0123

1.]buḍi || chā[一] tta 70 x x hvaṃḍ[i
2.]x vī pharṣa suhade[二] [x] śa buḍi || [x x] 50 jsā[ra
3.]ja ṣṭāṃ ganaṃ va nāti 50 kusa drra x hu[
4.]stāṃ x […] -ai x -ā […]

1. 已運往……尺70……人……
2. 已運往破沙Suhade……。……50糧食……
3. ……地的小麥收訖，50 Kusa，三……
4. ……

注釋：

[一] chā上方有一筆劃，但不能確定是否爲字的原有筆劃。故此未轉寫出。

[二] suhade也是于闐文獻中較爲常見的人名，例如出現在Or. 11252/3，32，以及Hedin 9。Hedin 9所列出人名中，也有Ysāḍadatti，即上面09ZJ0054（1）中出現的人名，表明此殘紙之墨書，也誕生於九世紀初期，在吐蕃統治于闐時期。

09ZJ0124

1. ā]śi'rī vaidrrākara x -e[

1. 阿闍利師Vaidrrākara……

09ZJ0134（b）[1]

1.]thvaṃ ā vāśir[i

2. sa]tvā vā pachiśt[e

3.]ni bve -īṃ || x -au[

1. 你將享受……

2. 被衆生視作……

3. ……覺……

[1] 本殘片正面是漢語文書，詳見本書高昌國、唐代文書部分。

殘餘的粟特語書信

张　湛

編號09ZJ0133殘紙，僅存原紙的左下角，縱9.0cm，橫5.5cm。上面書有粟特文字。其字體屬於草體粟特字母（cursive Sogdian），有别於書寫佛經所用的粟特字母（Buddhist Sogdian）。依據殘存文字判斷，這手稿或許原是一封粟特人寫的信。斯坦因和特靈克勒（Trinkler）都曾在新疆和闐地區[1]，特别是在麻扎塔格山一帶發現過粟特語文書。關於和闐地區的粟特人，曾有中國學者进行过探讨 。特别需要指出的是，本世纪初入藏中國國家圖書館善本部的一封猶太波斯語信札中也出現了粟特人一詞。可參閱張湛、時光在《一件新發現猶太波斯語信札的斷代與釋讀》一文對文書第11行swgdy的探討[2]。

09ZJ0133（a）

1 .……………（t）	1 .……………t	1. ……送去
2 .…………βryš	2 .…………fraiš	2. ……饥荒，如果
3 .……wγnh kδ	3 .…… waγna *kəδ*	3. ……的一個
4 .……xypδ 'yw	4 .……*xēpθ* ēw	4. ……信
5 .………δykh	5 .………*δek*	5. ……

① 榮新江：《西域粟特移民考》，載於《西域考察與研究》，新疆人民出版社，158—161頁。《西域粟特移民聚落補考》，載於《西域研究》2005年第2期，1—11頁。

② 張湛、時光：《一件新發現猶太波斯語信札的斷代與釋讀》，載於《敦煌吐魯番研究》第11卷，上海：上海古籍出版社，2008年，第71—99頁。

民國時期維吾爾語文書釋讀與研究

民國時期維吾爾語文書引言及凡例

伊斯拉非爾·玉蘇甫　艾力江·艾沙

2009年，新疆博物館徵集一批文物，其中包括漢文、于闐文、梵文與民國時期維吾爾語，即過渡期察合台維吾爾語文書。本文詳細介紹這次徵集的過渡期察合台維吾爾語文書之前，有必要略述本文的關鍵術語察合台文。

自10世紀中葉起，喀喇汗王朝統治區域内受伊斯蘭教文化影響的操突厥語諸族，逐漸開始使用阿拉伯字母書寫自己的語言①。成書於11世紀的《突厥語大詞典》、《福樂智慧》等著作是喀喇汗王朝時期的代表作。學者們根據麻赫默德·喀什噶里《突厥語大詞典》中的引文，"（突厥）語言中最標準的語言要數哈喀尼耶中央區居民的語言"②，將喀喇汗時期用阿拉伯文字書寫的突厥語文獻的語言亦稱爲哈卡尼亞語（又寫作哈喀尼耶語），當時書寫突厥語的阿拉伯文，也被當今學者稱爲哈卡尼亞文。

所謂的察合台文，是指察合台汗國境内的維吾爾族等突厥語諸族使用的在阿拉伯及波斯語言文字影響下的書面語言，通常認爲是由哈卡尼亞文發展演變而形成的。這種書面語的書寫採用阿拉伯文的28個字母以及一些輔助符號，加上從阿拉伯字母改進的4個波斯文字母，一共由32個字母組成。這種語言亦被當時的學者稱爲"突厥語"、"喀什噶爾突厥語"、"察合台突厥語"。1891年土耳其伊斯坦布爾出版的《QĀMUSUL-Ä'LĀM》(《綜合辭典——歷史地理名詞解釋辭典》)"察合台"詞條中對"察合台語"解釋如下："察合台汗統治時期，通行的維吾爾語從那時起以察合台語而著稱"③。我國操突厥語諸民族，爲了區分各自的察合台語歷史文獻，近來又産生了察合台維吾爾文、察合台哈薩克文、察合台柯爾克孜文等説法。

對於這種語言發展階段的理解，學術界尚無共識。目前學術界對這種語言分期的觀點主要有三種。第一種觀點認爲，察合台文形成時期爲14世紀到1465年，經典時期爲1465年至16世紀中葉，後經典時期爲17世紀，晚期則爲18—19世紀④。第二種觀點認爲，15世紀初到1465年是察合台文的先經典時期，經典時期爲1465年到16世紀中葉，後經典時期爲1600年—1921年⑤。第三種觀點認爲，察合台文形成於14世紀中葉到15世紀中葉，經典時期爲15世紀中葉到17世紀初，17世紀到20世紀初爲其晚期⑥。

上述三種分期觀點的共同點是，認爲察合台文主要指形成於14世紀之後，不同之處是認爲其終止時期不

---

① 參見1959年在巴楚縣脱庫兹薩萊古城出土的喀喇汗王朝時期哈喀尼耶文《請伯克賜財物書》。伊斯拉非爾·玉蘇甫主編：《新疆維吾爾自治區博物館》（圖録），香港金版文化出版社，2005年，第131頁。

② 麻赫默德·喀什噶里：《突厥語大辭典》第一卷（漢文版），何鋭、劉靜嘉等譯，北京：民族出版社，2002年，第33頁。

③ 夏姆斯丁·薩米編：《QĀMUSUL-Ä'LĀM》（《綜合辭典——歷史地理名詞解釋辭典》）第三卷，伊斯坦布爾MIHRAN印刷所，1891年，第1875—1876頁。

④ Türk AnsiklopedisiçMilli Eğitim Basimevi，2-cilt，Ankara，1968，p320.

⑤ Janos Eckmann，Chaghatay Manual，İndiana University，1966，p10.

⑥ 米爾蘇里唐·烏斯曼諾夫、哈米提·鐵木爾：《我們對察合台語的認識》，參見《哈米提·鐵木爾文集》，北京：民族出版社，2006年，第314—353頁。

同。儘管這種語言—文字的沿用時間遠遠超出察合台王朝的存在時間，但仍然有一些學者用“察合台文”來稱呼這種語言。察合台語運用幾個不同（阿拉伯）字母表達（突厥語）同一輔音（t\s\z\h），又用個別字母表達和輔助字母符號表達突厥語的母音。

民國時期的維吾爾語文書説明，維吾爾口語對書面語的影響顯著增强。雖然20世紀30年代的維吾爾語正字法剔除了幾個多餘的輔音字母，並增添了幾個元音符號，但當時的民間文書或宗教法庭文書將阿拉伯、波斯語借詞仍按其固有形式書寫。因此有學者將這一期的此種書面語稱作“過渡期察合台語”，以表明近代維吾爾語向現代維吾爾語的過渡。

2009年新疆博物館徵集這一批文書，其中有民國時期的維吾爾語文書，或稱“過渡期察合台維吾爾語”文書。這些契約書寫者水準與地域不同，都有維吾爾語口語的影響。如，用t代替ṭ，用ĥ代替ğ，用ş代替s，用ħ代替h，用n代替l，用q代替ĥ，h代替ä等。另外，還出現用字母f代替p，在察合台語文獻中常見。除了反映方言或口語化詞語外，對於其他字母替代現象，我們在原文轉寫中給予了糾正。文書中多餘的字母，轉寫中以[ ]表示，漏寫的字母則以（）表示，殘缺不清的字母以▱表示，譯文中漢字體例同轉寫部分。注釋通常在某辭彙首次出現的文書中作出；文書中未出現的長元音以及一些字母大寫形式未列入轉寫符號表内。

關於這批文書，按照其内容來説，關於買賣土地的契約與甘結佔絶大多數，此外有房屋買賣契約、集體訴訟、收費憑證。從地域上説，絶大多數是洛浦縣的地契[①]，此外有吐魯番、疏附縣、烏什、庫車等地的契約。文書09ZJ0118聯契上貼有票面價值一角（有英文“10 CENT”）的印花税票，其上有“國民政府印花税票”和黑體的“限新疆帖用”等字樣。就文書年代而言，契約最早的年代是1911年（09ZJ0114），最晚者爲1947年（09ZJ0121）。

這批文書中揭示的語言現象，對研究民國時期的新疆社會文化、伊斯蘭教法執行官喀孜的社會作用和少數民族文字的使用情況具有一定的意義。

① 編號09ZJ0120(1、3)和09ZJ0121(1-9)的文書共11件，相同的人名作爲契約簽訂者反復出現在不同文書上，8件文書中出現地名Nävā känt，並出現Lop（洛浦）、Sampula（三普拉）等地名。

察合台文字母和轉寫符號對照表

察合台維吾爾文字母	轉寫符號	察合台維吾爾文字母	轉寫符號
آ	A a Ā ā	ظ	Ź ź
ا	Ä ä	ع	`
ب	B b	غ	Ğ ğ
پ	P p	ف	F f
ت	T t	ق	Q q
ث	Ś ś	ک / گ	K k/G g
ج	J j	ء	’
چ	Č č	نک	ng
ح	Ħ ħ	ل	L l
خ	Ĥ ĥ	م	M m
د	D d	ن	N n
ذ	Z̳ z̳	و	V v
ر	R r	ه	H h
ز	Z z	ی	Y y
ژ	Ž ž	او و	O
س	S s	او و	U u Ū ū
ش	Š š	او و	Ö ö
ص	Ş ş	او و	Ü ü
ض	Ż ż	ای ی	E e
ط	Ţ ţ	ی ای	I i Ī ī

民國時期維吾爾語文書釋文

伊斯拉非爾·玉蘇甫　艾力江·艾沙

一　色提等呈訴爲水渠阻塞事[1]

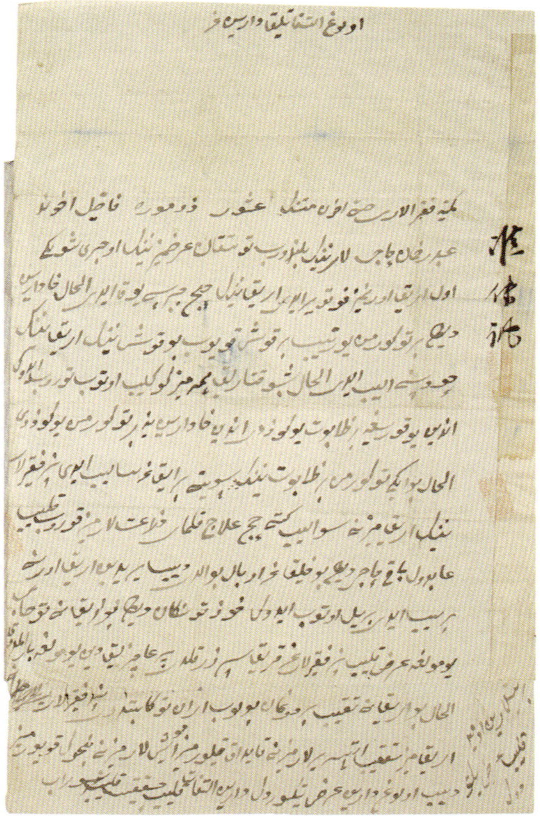

09ZJ0104（維吾爾語部分）

轉寫：

1. uluğ iltifātliq darin[2]-ğä

2. käminä fuqrālari Şeti Āĥund Mätäng `Ušur Zumurä Fāżil Āĥund

3. Äbduräĥman Ħājī-larning b(i)l(i)ndür(ü)p tut[i]qan `ärżmiz-ning uč(u)ri šulki

4. ol eriq ornimiz puto[3] yer idi āriq-ning hīč jäbrsi yoq idi älħāl Ĥadarin

5. digän b(i)r tägürmänd yür(i)tip b(i)r qoš qoyup bu qoš-ning äriq-ning

6. hudäsini alip idi älħāl š(u) bu q(a)tarliq hämmämiz kökläp ötüp[4]turup idük

---

① 本件爲民國漢語文書《色提等呈訴爲水渠阻塞事》之一部分，可相互參照。

② darin：漢語“大人”的音譯。

③ puto：漢文“葡萄”之音譯。

④ kökläp ötüp：原意爲“跳過”，此處可引申爲“逾越、繞道”。

7. andin yuqursiğä b(i)r żabut[①] yürgüzdi andin Ĥadarin yänä b(i)r tägürm(ä)n yürgüzdi

8. älħāl bu ikki tügürm(ä)n b(i)r żabut-ning s(ü)yini b(i)r e(r)iq ğa salip idi biz fāqirlär-

9. ning eriq(i)-mizni su alip k(ä)tti hīč `ilāj q(ila)lmay zirā`ät-lär(i)miz qurup q(e)lip

10. `Abdul Baqi Ħājī-din bu ĥälq-ğä ubal bo[a]ldi däp y(e)ridin äriq orni

11. b(e)rip idi b(i)r y(i)l ötüp idük Ĥuz(i) Tungan[②] digän bu ariq-ni tosap

12. yomulğä[③]`ärż qilip biz fāqirlärğä qirq sär zär[④] q(i)ldi pur `ajizliq-din yomulğä baralm(i)duq

13. älħāl bu äriq-ni t(i)qip b(e)r(i)duğan bolup aran tügätipdur biz fāqirlär

14. ariq(i)-miz t(i)qip ätsä yärlär(i)mizni qaydaq q(i)lurmiz bu iš-lar(i)mizni näčük qoyurmiz

15. däp uluğ darin(ğä) `ärż y(ä)tkürdük darin iltifāt qilip ħäqiqät q(i)lip sorap

16. b(e)riš-lärini ümīd q(i)lip `ärż y(i)ltüdük

譯文：

至聖仁大人：我等貧民色提阿洪、買唐、五受尔、祖姆熱、怕子里阿洪、阿布都熱合滿阿吉，禀告上呈之訴狀的内容是，那條水渠本在葡萄地上，水渠原本也没有任何問題。現在哈大人的一盤水磨運轉，設一洋車，哈大人受益于洋車與水渠，我等繞道而過。後來上游建起一座廠房，隨後哈大人又建起一盤水磨，現在這兩盤水磨、一座工廠共用一個水渠，使我等的水渠沖毀。没有任何辦法，我們的莊稼乾枯了。阿布都巴克阿吉（説），這有損於民衆（利益），從自己土地中劃撥一渠之地。過了一年，胡子東干封堵此渠，並向衙門告狀，使我等衆人化費40兩銀錢。我等羸弱，未能去衙門，現在這條水渠被填塞了事。我等水渠若被填平，田地將怎麽辦？這事該如何處置？有鑒於此，（向）聖明大人呈上訴狀，希冀大人能體恤民情，秉公審理。特此申訴。

---

① żabut：俄語“工廠”的意思，此處可能指磨面廠房。

② Ĥuz(i) Tungan：漢文“胡子東干”的音譯，此處指綽號“胡子”的回民。

③ yomul：漢文“衙門”的音譯。

④ zär：波斯語，本意爲“金、金錢”；該訴狀漢文譯文中作“銀”。

二　海未尔等呈控爲黑牙思偷佔公田民女事①

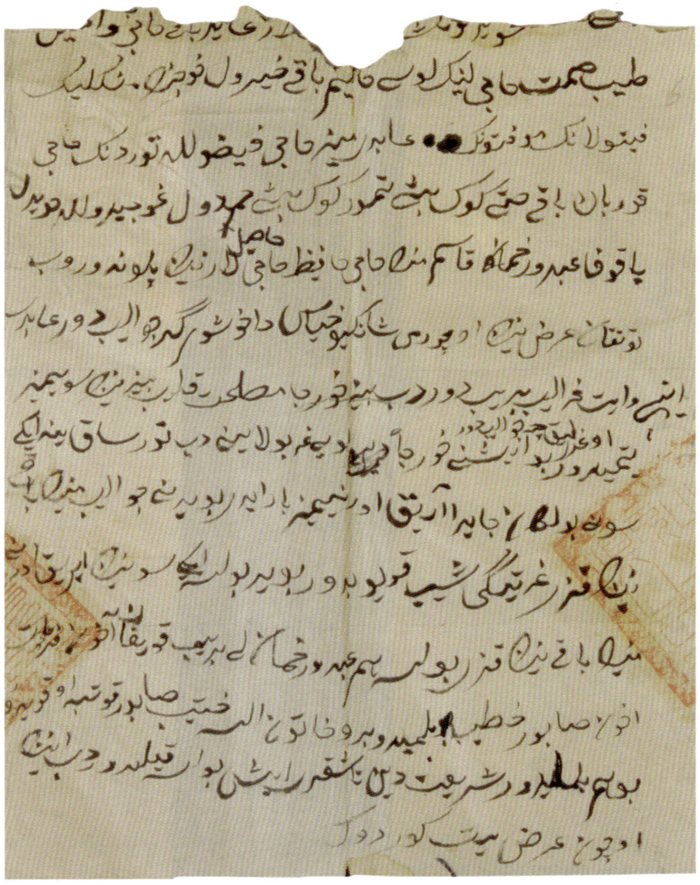

09ZJ0111（維吾爾語部分）

轉寫：

1. ⧄ Ĥävir ⧄ `Āyid Bāqī Ħājī vä ⧄

2. Ţäyib Şämät Ħājī Ling lo si② Ħälim Bāqī Ĥäyrul Ĥo j(u)ng③ Mänglik

3. Fäytulang Muĥtung `Ābidimiz④ Ħājī Fäyżullah Turd(a)ng Ħājī

4. Qurban Bāqī Şeti Kök Beši⑤ T(ö)mür Kök Beši Ħämdul Ğojidullah⑥ Ĥäyrul

5. Yaquf `Äbduräĥman Qasim Mäng Ħājī⑦ Ħäfiź Ħājī Ħaşil-lärning bilindürüp

---

① 本件爲民國漢語文書《阿不都等呈控黑牙思偷佔民女不務正幹等情卷》之一部分，可相互參照。

② Ling lo si：爲漢文林老四或林老師的音譯，此處的Linglosi可能指漢文訴狀中出現的林锺岳。此文書爲維漢雙語訴狀的維吾爾語部分，根據漢文訴狀，該文書的時代是洪憲元年二月十二日，地點是托克遜縣。我們在音譯人名時，通常采納了漢文文書中出現的形式。漢文文書中出現的人名顯示出音譯的隨意性。

③ Ĥo j(u)ng：人名，應爲漢文文書中出現的“合中”之音譯。

④ Ābidimiz：根據漢文文書中出現“阿不都馬斯”一名，故此處將其音譯爲“阿不都馬斯”。

⑤ Kök Beši：管水人；莊稼看管者。

⑥ Ğojidullah：爲Ĥoja `Äbdullah的維吾爾語口語化縮寫形式；Ĥäyrul在原文誤寫作حويرل；根據文書第二行，其正確的書寫形式是خيرول。

⑦ Mäng Ħājī：人名。Mäng可能是Mänglik的縮寫，或爲綽號。

6. tutqan ´ärż(i)ning učuri Šangyu Ĥiyas daĥu① šor(ä)gär jo② alipdur ´Ābidi

7. inisi Vāyit-ğä jo alip bäripdur däp biz ĥurja③ mäşlaĥat qilip bizning süyimiz

8. yätmäydur oğri-liq-čä jo alipdur bu išni ĥurja loyi-gä④ bulay[i]ni⑤däp tursaq yänä ikki

9. suni bölgän jayda ariq ornimiz bar idi bu y(ä)rni jo alip Mäng Baqi-

10. ning qizi-ğä tägi-šip qoyupdur bu yär bolsa ikki suning ayriq orni

11. Mäng Baqi-ning qizi bolsa häm `Äbduräĥman li⑥ berip qoyğan Āĥund Färhat

12. Āĥund Şabur Ĥäţīb⑦ bilmäydu biräv ĥatun alsä ĥäţib Şabur qutbä⑧ oquydu

13. bu häm bilmäydur šäri`ät-din tašqari iš bolsä qilidur däp aning

14. üčün ´ärż(i)-yät kördük

譯文：

□海未尔□阿伊德、巴克阿吉和□鉄以甫、晒買提阿吉、林老四、艾林八亥、海六里、合中、忙尼克、排頭浪、木乎土、阿不都馬斯阿吉、排阻拉、吐而當阿吉、乎浪八海、色提管水人、鉄木尔管水人、罕木都、合加布都、海六里、牙合甫、阿不都熱合滿、哈損、芒阿吉、哈菲兹阿吉、尕四尔（等）稟告訴狀，申訴内容是：鄉約黑牙思是大户鹽商，灌溉時（引水）給阿不都之弟尕以提。我們農民商議，我們（灌溉）之水原本緊缺，他卻私自盜用，將此事（稟告）農家老爺。另外，兩渠分流處本有水渠舊址，澆灌後他又調戲了芒巴克之女，此地爲兩渠分流處。芒巴克之女則又被阿不都熱合曼（家）送過聘禮。阿訇排哈特阿洪、薩布尔海推布並不知情，若有人結婚，海推布薩布尔將主持婚禮，他又不知（黑牙思）做（過）違背教法的事情。因此，提出申訴。

① Ĥiyas daĥu：來自阿拉伯語Ğiyas；dahu可能爲漢文“大户”或“大虎”。

② jo：根據訴狀内容，該詞應爲漢文“澆”之音譯。

③ ĥurja：爲漢文“伙兒家”之音譯，指農民。

④ loyi：爲漢文“老爺”的音譯。

⑤ bulay[i]ni：是維吾爾語bularni的誤寫，意爲把這些（事）。

⑥ li：即漢文“禮”之音譯，此處指“送禮結親”之意，即指嫁妝、聘禮。

⑦ ĥäţīb：原文有拼寫錯誤，其正確形式爲ĥäţīb，意爲説教者，訓誡者，漢文通常音譯爲“海推布”。

⑧ qutbä：爲阿拉伯語ĥutbä的維吾爾語口語化形式的寫法，本意爲佈道、講演，此處指在阿訇主持下的結婚儀式。

三　他石賣地房契[1]

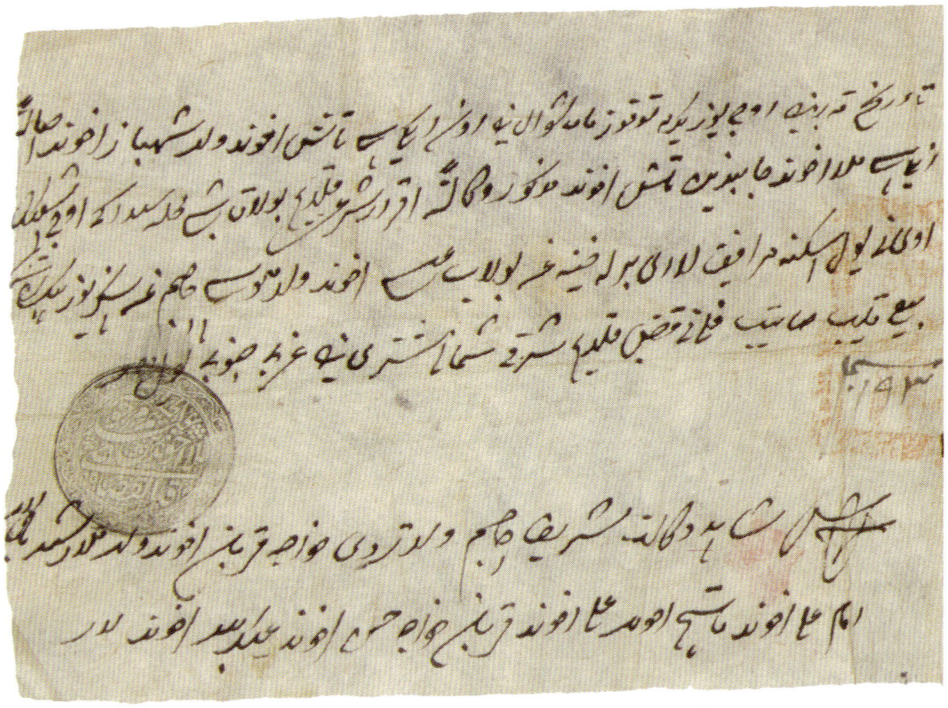

09ZJ0114（維吾爾語部分）

轉寫：

1. ta'riĥ-qä[2] bir ming üč yüz y(i)g(i)rmä toqquz māhi šävvāl-ning on ikki-si Taš Āĥund väläd Šähbāz Āĥund äsalätän

2. ini-si Molla Āĥund jānibidin Taš Āĥund mäzkur väkālätän iqrār šär`i qildim Bulaq B(e)ši mähäläsidäki[3] üč išiklik

3. öy-ni yol üskinä murāfiq-lari b(i)rlä ĥeniğä[4] boläp ´Īsā Āĥund väläd Musa Ħājīm-ğä säkkiz yüz säksän tän`gä

4. bäy` q(i)lip satip pul-ni qäbż q(i)ldim šärqi šimali muštäri-ning ğärbi jänūbi yoldur

5. mäjlis šāĥid väkālät Šärif Ħajīm väläd T(u)rdi Ĥājä Qurbān Āĥund väläd Mollā Räšidbäg-lär

6. Imām Äli Āĥund Qasim Āĥund `Äli Āĥund Qurbān Ĥājä Ħäsän Āĥund Abdulla Āĥund-lar

---

① 本件爲漢語文書《艾沙買田契尾暨他石賣地房契》之一部分，可相互參照。

② ta'riĥ-qä：本意指“歷史的”，此處指伊斯蘭曆法。伊斯蘭曆法通常被稱爲希吉拉曆（“希吉拉”即阿拉伯語“出走”的漢文音譯），國內也有人稱之爲“回曆”。這種曆法從穆罕默德出走麥地那的時間開始算起，即以公元622年爲元年；該曆爲陰曆，以月亮圓缺爲標準計算年份，每月29天，一年爲355天，因此約每隔33年與公曆相差一年。這批文書中的年月日與農曆和公曆並不一致，需要三種曆法進行對比换算；文書中出現的表示年份動物屬相，與農曆也不盡吻合。希吉拉曆1329年爲公元1911年。

③ Bulaq B(e)ši mähäläsi：此地名至今存在於喀什市。

④ ĥeni：在維吾爾語喀什方言中指苜蓿或麥草捐税。

譯文：

（希吉拉）曆1329年10月12日（公元1911年10月7日），夏巴茲阿洪之子他石阿洪，作爲夏巴茲親弟毛拉阿洪一方的代言人，在此陳述：布拉克貝西街區有三扇門之房屋，附帶道路設施等一次性折合成麥草稅，向伊薩阿洪之子穆薩哈吉以880天罡（銀幣）出售，領取錢款。（此屋）東北爲買主，西南爲道路。見證代表有：圖爾地阿吉之子謝里夫阿吉、熱西德伯克之子庫爾班阿洪毛拉（和）伊瑪目阿里阿洪、喀斯穆阿洪、阿里阿洪、庫爾班阿吉、哈桑阿洪、阿布都拉阿洪等。

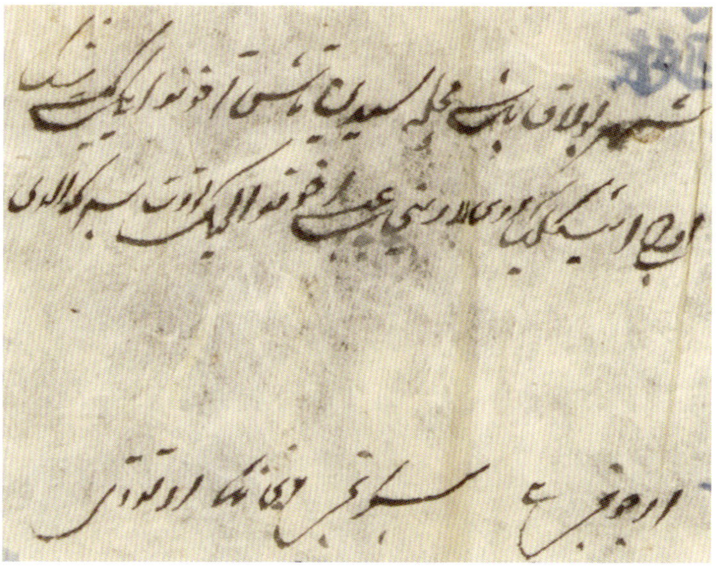

09ZJ0114（漢文契格上的維吾爾語部分）

轉寫：

1. šähri Bulaq Beši mäĥälläsidin Taš Āĥund iki kišining

2. üč išiklik öy-lärini ʹĪsā Āĥund älik tört särgä aldi

3. üčünči yi(l)i säkkizinči ay-ning ottuzi

譯文：

1. 城布拉克貝西街區他石阿洪二人的

2. 三間房屋（由）伊薩阿洪（用）五十四兩收購

3.（宣統）三年八月三十日

四 尼沙比比賣地契[1]

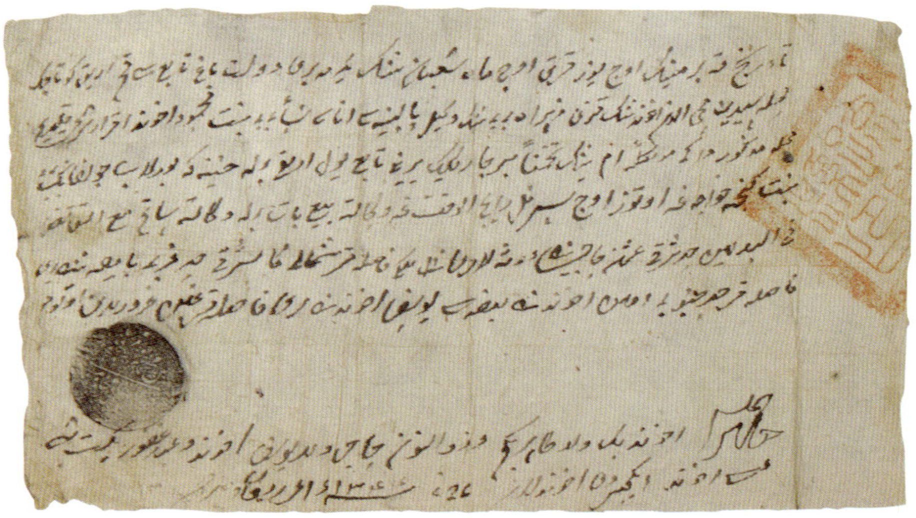

09ZJ0116（維吾爾語部分）

轉寫：

1. tā’riĥ-qä bir ming üč yüz qirq üč māhi šä`bān-ning y(i)g(i)rmä b(i)ri Dävlät Bāğ tābi`-si Q(u)m Eriq Kötäč(ä)k

2. mäħallä-sidin[2] Muħiddin Āĥundning qizi Zuhra(h) Bībīning väkil(i) pālbīnäsi anasi Nisā‘Bībī bänt-i Mähmūd Āĥund iqrār šär`i qildim

3. mäħallä mäzkūr mülkläräm-ning täĥminän b(i)r čaräklik[3] yerini tābi` yol äriqi b(i)rlä ĥeniğä bö[r]läp[4]Čolfang Bībī

4. bänti Känji Ĥājäğä ottuz üč sär pul rāyijul-väqt-gä väkālätän bäy` pāta[5] b(i)rlä väkālätän satt(i)m mä`ättifātğā (?)

5. fil-bädälin ħäddi šärqi `Osman Ĥāji-ning väräsäläri-ning mulki fāşilä q(i)r šimāli-gä [šärqi] ħäddi ğärbi bāyi`äning y(e)ri

6. fāşilä qir (jä)nūbi İmin Āĥundning bäyżäsi Yüsüp Āĥundning yeri fāsilä qir ğäbn ğurūridin öttüm

7. ħuźźārul-mäjlis Āĥund Bäg väläd Ţāhir B(e)g(i)m vä Zunun Ħājī väläv Yüsüp Āĥund vä Äbduğäfur y(i)g(i)t b(e)ši[6]

---

① 本件爲民國漢語文書《典賣田房契紙暨尼沙比比賣地契》之一部分，可相互參照。該維吾爾語部分有两份，内容一致，一件殘缺，一件完整。本文对完整并有官署印章的文書進行解讀。

② Dävlät Bāğ、Q(u)m Eriq、Kötäč(ä)k mäħallä：至今喀什市仍有Dävlät Bāğ鄉Q(u)m Eriq村Kötäč(ä)k街區；漢文文書中有“霍爾罕”地名，即“浩罕”之别稱，原爲疏附縣一個鄉名，現隸屬喀什市。

③ čaräk爲一種重量計量單位，本意應指“四分之一”， 漢文通常音譯爲“恰熱克”或“稱（子）”。當今喀什市區及附近鄉鎮的一恰熱克爲16或20斤，在這些文書中的意義爲16或20斤糧食種子可播種的土地面積。

④ bö[r]läp：böläp爲維吾爾語bölüp的口語化形式，有“分”、“分割”之意，r爲誤寫多加的字母。

⑤ pāta：爲阿拉伯語fatiħä（祈禱、祝福）在維吾爾語中的口語化形式。

⑥ y(i)g(i)t b(e)ši：主持婚禮或大型娛樂活動（如麥西萊甫）的年輕總管。

8. Isa (Āĥu)nd Igämb(ä)rdi Āĥundlar bajni sänä 1344 (yili) 9-ay rämäžān-dä[ ][1]bärgän

譯文：

（希吉拉）曆1343年8月21日（公元1925年3月16日），多萊提巴格（鄉）所轄庫姆艾日克（莊）的闊台切克街道的穆依丁阿洪之女左拉比比的代表，即卦母——瑪赫穆德阿洪之女尼沙比比陳詞：該街道的私有財産，大約一恰熱克的土地，所屬道路與水渠一併折算爲麥草税，向甘吉霍加之女橋方比比以當時流通的33兩（銀錢）出售，謹慎代表（她）出售。此地東界爲奧斯曼阿吉之繼承者土地的田埂北部，西界達賣主之田埂，南鄰伊瑪目阿洪姐夫玉素甫之地，互無欺詐。現場見證有阿洪伯克之子塔伊爾伯克、祖農阿吉之子玉素甫阿洪，阿布都噶甫爾總管、阿洪伊蓋穆拜迪阿洪。税費繳於1344年9月齋月間。

① 漢文契格爲民國十九年（1930年）；正文中的年代是希曆1343年10月（公元1924年），文書末又標注繳納契税的年代爲1344年齋月（1925年）。該文書可能寫于1924年，多年後由官署蓋章合法化並得以公證。

五　買克素土轉讓田地契約①

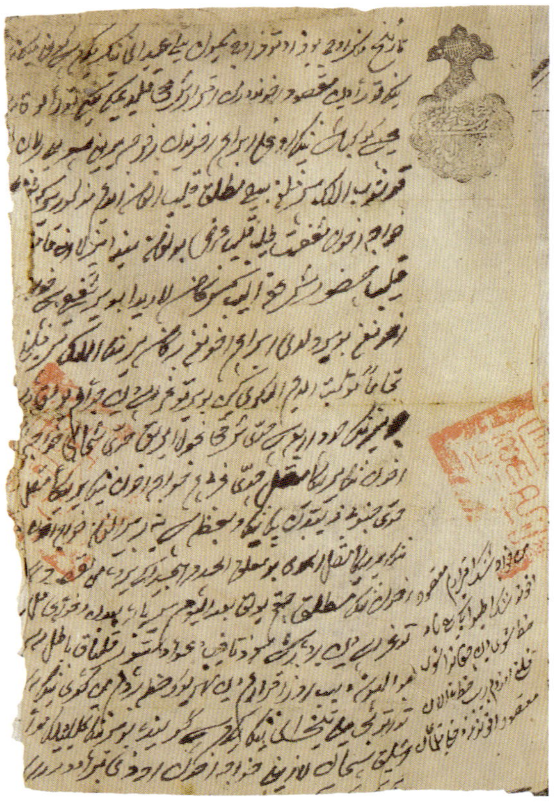

09ZJ0117（維吾爾語部分）

轉寫：

1. tā'riĥ m(i)ng üč yüz ottuz üč maymun yili② 'äyd ay-ning③ y(i)g(i)rmäsi küni mänki

2. Y(ä)ngi Turadin④ Mäqşud Āĥundurm(ä)n iqrār šär`i qildim Y(ä)ngi Tura-luq

3. Isā kök baši-ning oğli Ibrāh(ī)m Āĥundin b(i)r p(a)rčä y(ä)rni süyi b(i)rlän

4. qošup äll(i)k sär pulğä bäy` mutläq q(i)lip alğan idim mäzkur y(ä)rgä šäf`i-si

5. Ĥājä Āĥund šäfqät ṭäläb qilip ärż bolğan-[n]ida b(i)zlärni qamtu[h]⑤

6. qilip ḥużur šär`qä alip k(i)rgän-läridä bu yär šäf`i-si Ĥājä

7. Āĥundğä buyruldi Ibrāh(ī)m Āĥundğä bärgän y(ä)rningällik sär pulini

8. tämāmän tüg(ä)t(i)p aldim ilg(i)ri k(ä)yin bu yär toğrisi-din järrām yoq⑥

---

① 本件爲民國漢語文書《庫車縣買克素土賣地契》之一部分，可相互參照。

② maymun yili：“猴年”之意，希曆1333年相當於公元1915年（文書中亦有民國4年7月20日的紀年），但如果按照農曆計算，公元1915年有可能並非是“猴年”。

③ 'äyd ay：直譯爲“節月”，很可能指齋月之後的肉茲節，也有可能指古爾邦節。

④ Y(ä)ngi Tura：庫車的鄉村名稱；相應漢文文書上的官印有“庫車縣印”字樣。

⑤ qamtu[h]：此爲波斯—阿拉伯語辭彙därqämtä（意爲“面對面、當面、對質”）在和田方言中的略稱形式。

⑥ yoq：本文書中有兩次拼寫有誤，書寫不規範。

9. bu yärning ħaddi aričäsi ħäddi šärqi Ğol Eriq ħäddi šimali Ĥājä

10. Āĥund-n(i)ng y(e)ringä muttäşil ħäddi ğärbi häm Ĥājä Āĥund-ning y(e)ringä muttäşil

11. ħäddi jänūbi Zīb(ī)dän Bäg-ning vä bä`źä-si y(ä)nä bir yär alğan Ĥājä Āĥund-

12. n(i)ng y(e)ringä muttäşil ämdi bu mä`lumul ħädd(ä)m ičidäki y(ä)rdä m(ä)n Mäqşūd

13. Āĥund- n(i)ng mutläq ħäqq(i)m yoq bä`dul-yävm yär ba`i-sid(i)n ĥāh pul

14. toğr(i)si-din b(i)rdä b(i)räsi söz tapip dä`vā dästūr qilsaq bāţil

15. bo[a]ls(u)n däp öz iqrār(i)m-din muhr-lük ĥäţ b(ä)rd(i)m min guy-ning①

16. törtünči yili y(ä)tt(i)nči ay-ning y(i)g(i)rmäsi künidä bu y(ä)rn(i)ng kullilik mu[h]②

17. [a]šliq säman-larini Ĥājä Āĥund özi b(e)rädür

18. m(ä)n Ĥājä n(i)ng iqrārim Mäqşūd

19. Āĥundn(i)ng aţidaki bäy` nāmä

20. ĥäţ šüy-din③ čiqqanda šüy

21. pulni özüm b(ä)rip ĥäţ al(ğ)an

22. Mäqşūd Āĥund-gä däĥli qilmay-(mä)n

譯文：

（希吉拉）曆1333猴年節月2日（公元1915年×月×日），我是英爾土拉的買克素土阿洪。我在此供述，我以50兩銀錢自由收購英爾土拉的伊薩管水人之子以不拉引阿洪的一片含水土地。對該地有先買權的合加阿洪（爲此地）上訴，令我等對質，此地判歸有先買權的合加阿洪。以不拉引阿洪的50兩銀錢，我已全額收訖，從此這片土地再無糾紛。此地邊界東接郭勒水渠，北鄰合加阿洪之地，西邊亦與合加阿洪之地相接，南臨兹比旦伯克之地，又部分與合加阿洪所購之地相連。在這上述土地中，我買克素土阿洪已完全没有權利。從今往後，若（有）向買主索要錢款，或有人滋生言論提起申訴，均爲無效，特此供認，簽訂字據並加蓋印章。民國4年7月20日。此地所有莊稼、麥草（税）由合加阿洪支付。我合加供詞，買克素土阿洪名下的賣契，税據中的税錢，我自行繳付，不妨礙買克素土（之事）。

① min guy：漢文“民國”的音譯。

② mu[h]：漢文“畝”的音譯。

③ šüy：漢文“税”的音譯。

六　祖木日汗賣地契①

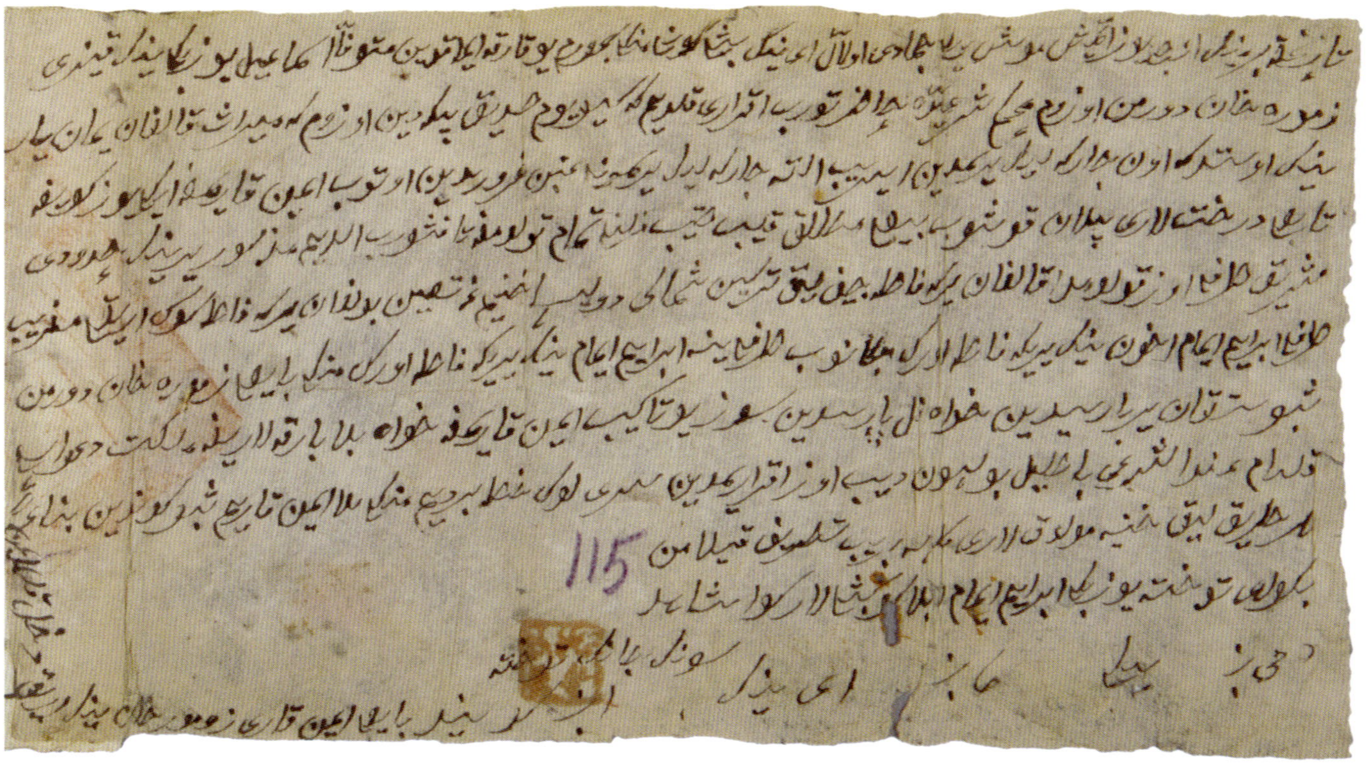

09ZJ0118（維吾爾語部分　一）

轉寫：

1. tā’rīĥ qä bir ming üč yüz atmiš muš yili jumādil-ävväl ay-ning bäši küni mänki jur(ū)m② yoqarqi aymaq③-din mutäväffa Isma`il yüz bägi-ning qizi

2. Zumurähan-dur män özüm mäħkimä šär`i-dä④ ħāzir turup iqrāri qildim-ki k(ü)yüyüm⑤ Şidiq Bäg-din özümgä mīrās qalğan Yaman Yar-

3. ning üstid(ä)ki on čaräk-lik yerimdin ayrip altä čaräk-lik yerimni ğabn ğurūridin ötüp Īmin Qārimğä ikki yüz koyğä

4. tābi däräht-läri bilän bay` mutläq qilip satip pul-ni tamam qolumğä tapšurup aldim mäzkur yärni(n)g ħudūdi

5. mäšriq täräfi öz qolumda qalğan yärğä fāsilä jin-liq t(e)r(ä)k⑥ šimali Doläysa hänim-gä tä`yin bolğan yärgä fāsilä kök äriqi mäğrib

① 本件爲民國漢語文書《烏什縣以明哈日買地契》之一部分，可相互參照。爲方便計，本件釋文分三個部分，其文字（一）爲民間手寫體，（二）、（三）是官方印刷體。

② jur(ū)m：可能是波斯語“罪、有罪”的複數形式的不規範寫法，爲一種謙辭。

③ aymaq：本有“地區、部落”之意，在此表“鄉村”之意。

④ mäħkämä šär`i：指“沙里亞法庭”，也有人譯作“宗教法庭”。原文拼寫錯誤，在轉寫時校正。

⑤ k(ü)yüyüm：該詞詞根爲küyü；本意指“女婿”，此處可能指“丈夫”。

⑥ jin-liq teräk：意爲“鬼樹”、“有鬼的楊樹”。

6. täräfi Ibrāyīm Īmām Āĥund-ning yeri-gä fāsilä or(ä)k jänūb täräfi yänä Ibrāyīm Īmām-ning yeri-gä fāsilä oräk mänki bāyi` Zämuräĥandurmän

7. šubu s(a)tqan yär barisidin ĥāh pul barisidin söz yöt[ä]käp① Īmin Qārimğä ĥāh bala barqi-lariğä mulkät dä`vāsi

8. qilsam ändä-šär`(i) bāṭil bolsun däp öz `iqrārimdin muhri-lük ĥäṭ bärdim mänki Mollā Īmin Qārim šubu kündin binā'än

9. här täriq-liq heni mu[h]luq-lari kälsä berip täšrif qilamän bäg väläd

10. Toĥti yüz begi Ībrāyīm Īmām Abla kök beši-lar guvāh šahid

11. sung jang Toĥti

12. 30 yili② 6 ay-ning 1künidä bay`Īmin Qāri Zumuräĥan-ning eriqi däĥl qilmaymän

譯文：

（希吉拉）曆1360鼠年5月5日（公元1941年6月2日），卑女係上艾瑪克已故伯克伊斯瑪儀之女祖木日汗，在教庭陳述：我夫司迪克伯克在亞滿亞上游留給我的遺地有10恰熱克，其中的6恰熱克以無任何欺詐的形式被以明哈日用200塊錢連同附屬樹木無條件收購，錢款全額收訖。該地之界東部與留在我手中的土地相鄰，以鬼樹爲界；北接德乃沙汗的庫克水渠；西邊鄰以不拉引伊瑪目阿訇的窪地，南邊又有一不拉引伊瑪目阿訇的窪地。我是賣主祖木日汗，我在此售出的土地或錢款方面，若滋生言論與以明哈日或其子孫發生財産糾紛，（我）承認所述無效，特此立據蓋章。從今往後，各種賦税由毛拉以明哈日本人親自承擔，特此立據。伯克之子托乎提百夫長、以不拉引伊瑪目、阿布拉管水人等見證。村長托乎提，民國30年6月1日，買主以明哈日，絶不侵犯祖木日汗界地的（權利）。

① söz yöt[ä]käp：本意爲“轉移話題”，在此引申爲“强詞奪理、狡辯”。

② 30 yili：在此指民國30年，與文書首行的希吉拉曆年代1360相符，均爲公元1941年。

09ZJ0118（維吾爾語部分二　政府頒發契格）

轉寫：

1. ħujjät

2. tärilğu yerimni beriškä ħujjät qilğuči mänki Īsma`il qizi Zumuräĥan① bu özümn(i)ng oltur-

3. ğan Ušṭurfan šändiki② `bäšinči yürüš rayondiki Ĥotän Hoylä yezadiki Yaman Yar üstidiki

4. altä mu yerimni salačilarning aldidä `ādil bähā

5. bilän yäni ikki yüz dollarğa③ öz iĥtiya-

6. rim (bilän) setip Kašqärlik④ Imin Qārim-largä

7. bašqur(i)diğan yärlärni vä uning tört ätrāfini

8. yänä bašqal(a)rini tapšurup berip hämmä tābi`-

9. larni b(e)rip bähāsini qolmu qol tapšurup a-

---

① 下劃線表示：這些文字是官署印刷體文書行文中手寫部分。

② šändiki：詞根šän爲漢文“縣”之音譯。

③ dollar：1939年新疆省財政廳進行改革，“廢兩改圓”。在錢幣面值上，漢文的“圓”在維吾爾語中寫作“dollar”。

④ Kašqärlik：文字模糊不清，可能爲“喀什人”。

10. lamän aldim bu yärgä mundin k(e)yin baj-

11. ni mušu yärni setip alğuči kiši töläydu

12. bu yär toğriluq ägärdä m(e)ning tuqqanl(a)rim vä bašqalär čataq čiqiridiğan

13. bolsa bu ħujjätni bärgüči kiši mäs`ūl bolumän. ulärn(i)ng bu yärni setip alğučilar bilän kari yoq. šun(i)ng üčün mašun(i)ng rast-liqiğa öz

14. qolumdin bu ħujjät qäğäz bärdim.

15. yerimning šärqi pāsili öz yerimgä čiğ tärgän ğärbi pāsili Ībrāyīm Īmām yerigä jänūbi pāsili Ībrāyīm yerigä oräk šimali pāsili Diläysäĥan yerigä eriq

16. hämmäsi mu[h] fung li

17. käfīl bolğučil(a)r:

18. rayon bašliği(čüyjang):① Ħamid Muħämmäd

19. y(e)za bašliği(sung jang):② Mollā Ĥudab(ä)rdi

20. ĥošnaläri:Imin Toĥti

21. jungĥa m(i)ngo yili ay küni

22. ħujjät b(ä)rğüči

譯文：

田地轉讓立契者本人伊斯馬儀之女祖木日汗，這是我自己居住的烏什第五轄區上（ ）鄉和田（聚落）村亞曼亞的6畝農田，在中間人面前以公正價格200元自願賣給喀什人以明哈日（辦）管理，田地周邊及其他所有附屬品移交，財物親手收取。此地今後之稅由買主支付。若有我的親戚或其他人在此土地問題上滋事，由此契約立定者（我）負責，他們與買主無關。爲證明此（事）真實，親手立下字據。田地東界與我自己播種的草地相接，南連一不拉引伊瑪目之窪地，西鄰以不拉引之窪地，北與德乃沙汗之水渠相接。

共 畝 分 厘

擔保人：

區長：哈米德·穆罕默德

村長：毛拉何大拜德

鄰居：以明 托乎提

中華民國 年 月 日立約

---

① rayon bašliği(čüyjang)：括弧中čüyjang爲漢文“區長”之音譯；rayon本係法語辭彙，通過俄羅斯語成爲維吾爾語借詞，與中國現代行政區劃中的“地區”概念不同。

② y(e)za bašliği(sung jang)：y(e)za一詞在現代維吾爾語中表示“鄉”，當時有可能指“村”，此文書行文中又有“村長”作爲譯音出現，Ĥotän Hoylä yeza在漢文文書中譯作“和田阿里村”，故在此將yeza翻譯爲“村”。現代維吾爾語中表示“村”的känt一詞，本意是指“城市”。這類詞的概念可能與現代維吾爾語略有差異，這種現象與翻譯或語言規範化等因素有關。如前注出現的“區長”，在當時表“鄉長”之意，與現在通行的“區長”概念有差異。

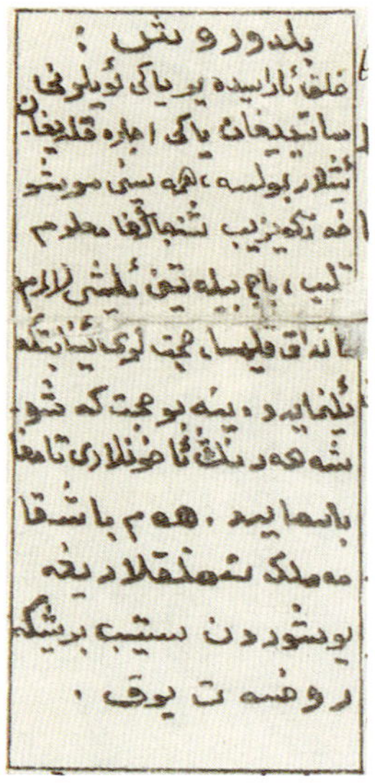

09ZJ0118（維吾爾語部分三　政府公告）

轉寫：

1. b(i)ldürüş

2. ĥälq arasi yär yaki öylärni

3. satidiğan yaki ijārä q(i)l(i)diğan

4. išlär bolsä hämmäsini mušu

5. ĥäṭkä y(ä)zip šänjangğa mä`lūm

6. q(i)l(i)p bāj bilätini äliši lāzim

7. andaq q(i)lmisa hujjät-l(ä)ri inābätkä

8. älinmaydu yänä bu hujjät-kä šu

9. šähär-ning Āĥundlari tamğa

10. basmaydu häm bašqa

11. mämläkät ĥälqläriğä

12. yošurun sätip b(ä)riškä

13. ruĥsät yoq

譯文：

公告：民間土地或房屋有出售或出租事宜，均需簽訂字據，稟告縣長，務必領取稅票，否則契約將不予承認。另外，在契約上不可蓋本城（縣）阿訇之印章，且不許向其他國家僑民秘密出售。

七　尼亞玆等爲訴奴爾賦役事甘結

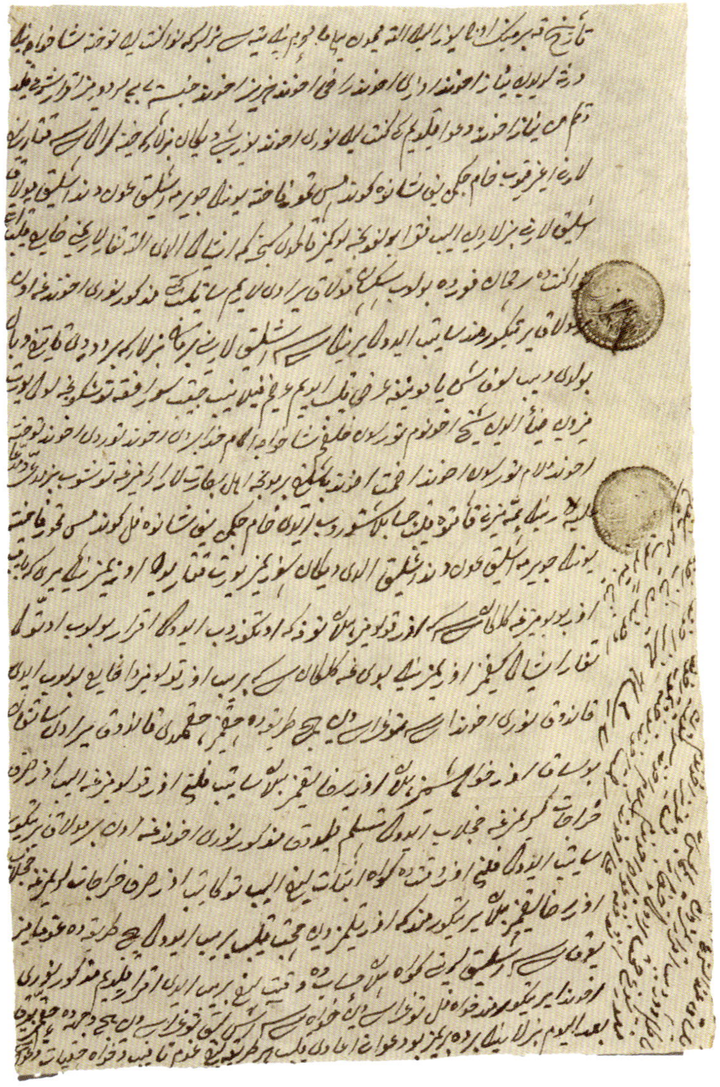

09ZJ0120（1）

轉寫：

1. tā’rīĥ qä b(i)r ming üč yüz ällik altä maymun yili mahi muĥärräm yättä-si b(i)zlärki Nävā känti-lik Toĥti Ša Ĥājä ning

2. värś-läridin Niyāz Āĥund，Rūzī Āĥund，Rāżi Āĥund，Häziz Āĥund，Jinästä Bibi-lärdurmiz iqrār šär` qild-

3. uqk(i)m m(ä)n Niyāz Āĥund dä’vā qildim-ki käntlik Nūrī Āĥund yüz b(e)ši digän b(i)zlärgä ĥeni k(e)räk säsi[①] q(a)tarliğ-

4. larni ağir q(o)yup ĥām čäkmän y(i)p šätävä[②] kön[d] mis t(ö)mür paĥtä yung čo y(a)rmä ašliq on dän[d] ašliq[③] mulaq

---

① säsi：爲漢文“差事”的音譯。

② šätävä：在文書第11行亦出現。原文寫作šänvä，其意不明，有可能是šätävä（方格花紋棉布）的誤寫。čo：爲漢文“綢”的音譯。

③ on dän[d] ašliq：原文中的-d-爲多餘，指十石糧食，dän爲漢文“石”的音譯。

5. ašliq-larni b(i)zlärdin alip fuqärā bolğunča-lük(i)miz qalm(i)di känji-gä[①] išäk aldi altä t(a)ğarlarimni żay` qilip ätti

6. Nävā känti-dä Räħman burdä bolup[②] seksen molaq yer öylerim setilip ketti mäzkūr Nūrī Āĥund ğä on

7. bir mulaq y(ä)r satip idük y(ä)rning säsi ašliq-larini b(ä)rmäy b(i)zlär gä b(ä)rdürdi qatiğ `väbāl

8. boldi däp LOP Šän yamuniğä ´ärz q(i)lip idim ´ärzim pilanip č(i)qip sorağqä tüškünče-lük yurt(i)-

9. mizdin Źiya`iddin Šäyĥ Āĥundum, Tursun Ĥälf(ä)m, Šā Ĥājä akam, Ĥudab(ä)rdi Āĥund, Turdi Āĥund, Toĥti

10. Āĥund Mollām, Tursun Āĥund, Äżmät Āĥund bašliğ b(i)rmunčä ähli bäşārät-lär aramizğä tüšüp b(i)z muddä-`ī vä muddä-`ā

11. äläyh-lärni(n)g hämmämizni qamtu[h] q(i)lip ħäpläštürüp[③] idi ĥäm čäkmän yip šātävä p(u)l mis könd t(ö)mür paĥtä

12. yung čo y(a)rmä ašliq on dän[d] ašliq aldi digän sözimiz yurt q(a)tāridin özimizni(n)ng y(e)riğä baqip

13. öz boyimizğä k(ä)lgän säsi-gä öz qolumiz bilän töpägä ötküzüp idük iqrār bolup öttük

14. t(a)ğar išäk k(ä)p(i)miz özim(i)ni(n)g boyğä k(ä)lgän säsi-gä b(e)rip öz qolumizda źay` bolup idi

15. qanduq Nūrī Āĥunda säsi toğrasi-din hič ţäriqädä ħäqq(i)miz č(i)qmidi qanduq y(ä)r öy satqan

16. bolsaq öz ĥāhiš(i)miz bilän öz riźāl(i)q(i)miz bilän satip p(u)lni öz qolumizğä alip öz şarf

17. ĥärājat-l(a)rimizğä ĥäjläp idük täslim qilduq mäzkūr Nūrī Āĥundğä on b(i)r mulaq y(ä)r tügür-(mänd)

18. satip idük p(u)lni öz väqt-dä guvāh iśbāt-liğ alip tügätip öz şarf ĥärājat-l(a)rimizğä ĥäjläp

19. öz riźāl(i)q(i)miz bilän y(ä)r tägürmänd-kä öz til(i)mizdin ħujjät q(i)lip b(e)rip idük hīč ţäriqädä ğumamiz

20. yoq säsi ašliq-l(a)rini guvāh bilän ħäsābdä väqt-liğ b(e)rip idi iqrār qildim mäzkūr Nūrī

21. Āĥunda y(ä)r tägürmänd ĥäh p(u)l toğrasi-din ĥäh säsi ašliq toğrasi-din hīč väjhädä ħäqq(i)miz yoq

22. bä`dul-yävm b(i)zlärni(n)g b(i)rdä b(i)rimiz bu dä`vāni i`ādä qilip här ţäriqäliğ ğum tapip vä ĥäh ħäqqiyät dä`vāsi

23. qilsaq ändäl-šär`

24. bāţil-dur däp iqrārimizdin

25. muhūrluğ ħujjät b(ä)rdük ħuźźārul-mäjlis

26. Toĥti Ĥājä Āĥundum Mämät `Äzīz Āĥundum

27. `Äli Āĥund Islām Āĥund Šärif(i)din[④]

28. `Äźmät Āĥund Toĥti T(ö)mür Āĥund-

29. lar šāhid Häzīz Āĥund

① känji：本意指"小、次"，在此指晚熟的莊稼。

② burdä bolup：指生氣、受氣。原文寫作furdä bolup，furdä爲burdä的誤寫。維吾爾語方言中有burdä bolmaq一詞，指"生氣"。

③ ħäpläštürüp：係維吾爾語äpläštürüp的方言形式，意爲調解、（使）和好。

④ Šärif(i)din：人名，原文誤寫作Säriqdin。

30. üčün[d] m(ä)n Niyāz Āĥund

31. niyābätän bolup muhr basqan

譯文：

（希吉拉）曆1356猴年1月7日（公元1937年3月20日），我等係納瓦村民托乎提夏霍加之繼承者尼亞茲阿洪、肉茲阿洪、拉茲阿洪、阿茲茲阿洪、金艾斯特比比等供詞陳述，我尼亞茲阿洪狀告奴兒阿洪百夫長，對我等賦税差役等過重，（徵有）棉紗、切克曼（棉布的一種）、（棉）綫、（方格紋）棉布、皮革、銅、鐵、棉花、羊毛、綢、糁糧、十石糧、田畝（税）等，小民不堪重負，（他）爲晚穀要去毛驢，有6口麻袋損失。納瓦村厚道者備受欺淩，我等80畝土地房産被購，（奴爾阿洪）收購11畝地和一盤水磨，地税未繳，逼（我等）繳納。我等認爲嚴重不公，故此向洛浦縣衙門提出申訴，申訴得到批示。開庭前，有茲亞伊丁謝赫阿洪、圖爾遜哈里發、夏霍加、我兄胡達拜地阿洪、圖爾地阿洪、托乎提阿洪毛拉、圖爾遜阿洪、艾茲買提阿洪等爲首的衆多有識之士出面，使原告與被告、諸多證人相互對質並勸和。我等被徵收的棉紗、切克曼布、（棉）綫、（方格紋）棉布、錢、皮革、銅、鐵、棉花、羊毛、綢、糁糧、十石糧等，乃是按例參照我等田畝所徵，税役已親自上繳，（在此）供認不諱。口袋、驢與小屋等，亦是乃在徭役中自行損耗，我等供認；奴兒阿洪的差使中我等没有損失任何權利，在此供認。無論怎樣出售房屋或土地，均屬自願出售，親手領取錢款，使用於自己所需，甘願服輸。曾賣給該奴兒阿洪的11畝地與水磨的錢款，當時業已全額領取並收取憑據，錢款也用於自己所需物品。自願對售出土地與水磨寫下字據交付（買主），没有任何（方式的）成見。差税糧食等賬目連同證據一起交付，我供認。該奴爾阿洪於地、於水磨或於錢款方面，或於徭役田賦方面，我等已無任何權利。從今往後，若我們當中任何人懷有成見，重新起訴有關（土地賦税）權利，我們供認所言無效，交付有印字據，現場見證有托乎提霍加阿洪、買買提·阿茲茲阿洪、阿里阿洪、伊斯拉姆阿洪、謝里夫丁、艾茲買特阿洪、托乎提鉄木爾阿洪等見證。我尼亞茲阿洪代表阿茲茲阿洪加蓋印章。

八　尼亞兹爲訴奴爾等地産事甘結

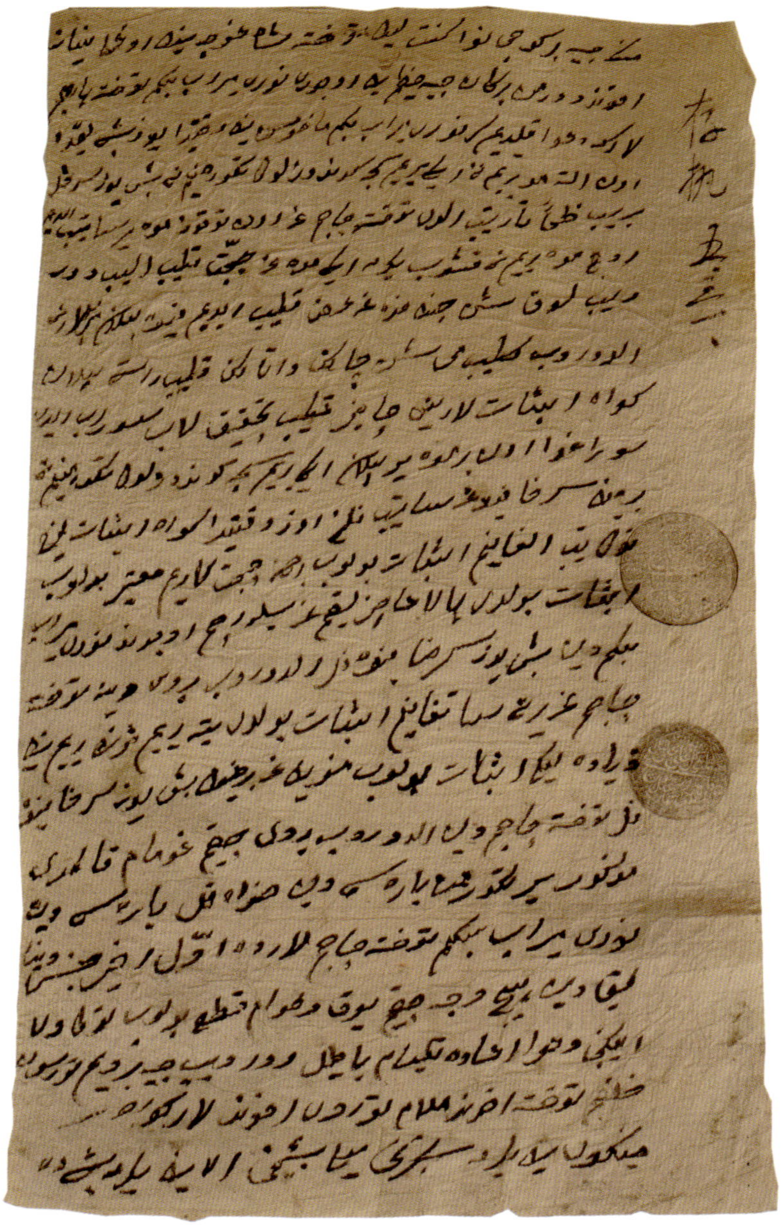

09ZJ0120（3）

轉寫：

1. mänki jyä[①] b(ä)rgüči Nävā känt-lik Toĥti Šah Ĥojä-ning oğli Niyāz

2. Āĥundur män bärgän jyä ĥäṭim-ning učuri Nūri Mīrāb-Bägim Toĥti–Ħājīm-

3. largä dä`vā qildim-ki Nūri Mīrāb Bägim Maĥusän[②] ning väqtidä yüz beši-liqda

4. on altä mu[h] yerim-ni ikki yerim keča kündüzlüg tägürmänim-ni bäš yüz sär pul

---

① jyä：是漢文“結”的音譯，指舊時保證負責的字據：保結，具結。

② Maĥusän：指“馬虎山”，甘肅回民，1933年春隨馬仲英入新疆，1934—1937年間統治和闐與葉城等地，1937年9月被盛世才打敗後逃亡印度。

5. berip żulmän① tartip aldi Toĥti Ħājīm-ğä on toqquz mu[h] yär satip idim

6. üč mu[h] yerim-ni qošup y(i)g(i)rmä ikki mu[h] gä ħujjät qïlïp alip-dur

7. däp Lop Šän Jingfu[h]② ğä `ärź qilip idim piyo[h] bilän mirāblarni

8. aldurup kelip Mäy Šän Jang③ da-tang④ qilip rāsti bilän

9. guvāh isbāt-larini ħāżir tähqiq-läp sorap idi

10. sorağda on b(i)r mu[h] yär bilän ikki yerim kečä kündüzlük tägürmänimni

11. bir ming sär ĥa pyo[h]⑤ ğä satip pulni öz väqtidä guvāh iśbāt-liğ

12. tügätip alğanim iśbāt bolup bärgän ħujjät-lärim mu'täbär bolup

13. iśbāt boldi ħāla⑥ 'ājizliqim-ğä silä räħm üčün[d] Nūri mīrāb

14. begim-din bäš yüz sär ĥa pyo[h] zi⑦ aldurup bärdi vä yänä Toĥti

15. Ħājīm gä y(ä)rni satğanim iśbāt boldi yättä y(e)rim fung y(e)rim-ning ziyadä⑧

16. liki iśbāt bolup muning- ğä bir ming bäš yüz sär ha piyo[h]

17. pul Toĥti Ħājim din aldurup bärdi häqqim ğumam qalm(i)di

18. mäzkūr yär t(ä)gürm(ä)n baräsi-din ĥāh pul baräsi-din

19. Nūri Mirāb Begim Toĥti Ħājim-lar vä jins-dunyā

20. liq-din hīč väjh ħäqqim yoq dä'vā(i)m qät'ī bolup tügädi

21. ikkinči dä'vā ijāvätl(i)yäm⑨ bāṭil-durur däp jyä b(ä)rdim Tursun

22. Ĥälfäm Toĥti Āĥund Mollām Turdi Āĥund-lar guvāh

23. Mingguy-ning y(i)g(i)rmä säkkizinči yili b(ä)šinči ay-ning y(i)g(i)rmä bäši-dä.

譯文：

我是立結者納瓦村民托乎提夏霍加之子尼亞兹，我立下結據的緣由：（向）奴爾水官、托乎提阿吉等提出申訴，奴爾水官在馬虎山時期任百夫長，（我的）16畝地和兩處晝夜（工作）的水磨（被）500兩（銀

① żulmän：强行，霸佔。

② Šän Jingfu：漢文“縣政府”的音譯。

③ Mäy Šän Jang：Mäy很可能爲縮寫，漢文多譯作“買”或“麥”，šän Jang應爲漢文“縣長”的音譯。

④ da-tang：應爲漢文“大堂”的音譯，此處指法庭。

⑤ ĥa pyo[h]：漢文“喀票”的音譯。民國時期，喀什與和闐地區沿用的清代“老龍票”被稱爲“喀票”，與“省票”相對應。早期一張喀票可以兑换兩張省票，後來省票逐漸貶值。由文中内容來看，“不公正”土地交易發生在馬虎山執政時期，縣政府審理此案時又判兩被告分别支付500兩喀票和1500兩喀票作爲賠償。1938年5月，和闐開始以回收“馬虎山票”，20兩馬虎山票兑换喀票1兩；1939年4月起，新疆全境開始收回所有省票、喀票。王永生：《新疆歷史貨幣》，中華書局，2007年，第454頁。

⑥ ħāla：阿拉伯語，意爲“現在”。

⑦ ĥa pyo[h] zi：漢文“喀票子”的音譯。

⑧ ziyadä：本文書中書寫錯誤，原文以字母ẓ代替字母z；該詞意爲“盈餘、多餘”。

⑨ ijāvätl(i)yäm：ijāvät源自阿拉伯語ijābät，爲“接受”或“滿足”之意；l(i)yäm係維吾爾語，是名詞複數詞綴加名詞第一人稱詞綴 -lärim/lirim的和田方言形式。

圓）强行交易。托乎提阿吉出售的19畝地，他（另）加3畝，立契並收取22畝地。（因此）向洛浦縣政府提出申訴，以（傳）票將水官傳喚來，買縣長備案並收集真實人證物據，在大堂開庭，所審11畝地中的兩分半地和晝夜（工作）水磨，以1000兩喀票出售，錢款當時全額收取得以證實，所立之契亦爲憑證。您念我羸弱，從奴爾水官取500兩喀票給我。另外，給托乎提阿吉所售土地中多餘的七分半也有證據，爲此，（又判）托乎提阿吉1500兩喀票給我。我於該地已無權利與成見， 所有土地、水磨或錢款，于奴爾水官、托乎提阿吉等，我今生已没有（收取）任何費用的權利，申訴完全結束，再次訴訟則視爲無效。因此，立下結據。哈里發托乎提阿洪、毛拉圖爾地阿洪等佐證。民國28年5月25日。

九　穆罕默德賣地契

09ZJ0121（1）

轉寫：

1. tā'rīĥ qä bir ming üč yüz atmiš altä at yili mahi muħärräm- ning yigirmä säkkizinči künidä mänki Sampula Längär känti-lik

2. älħāl Nävāda olturuqluğ Bilalša oğli Muħämmäd Āĥunddurmän iqrār šär` qildimki Sunay Äriq bilän sulaydurğan yärlärimizni

3. satip bärdürsälär däp Nūrī begim Niyāz begim Ruzi Mīrāb begim Qari Āĥund dorğa Bäkr-lärni yär töp(i)sigä alip

4. čiqip idim yurt ähli bäşārät-lär① aldidä tābi` yärlärimni här bir mu[h]laqi ottuz bäš ming koy-din② bäy` qilip šäfi`

5. Ruzi Qurban Āĥund Pūk③ Qurban Āĥund Sok Äżmät Āĥund Toĥtä Ğojä Tursun Āĥund Ħusayn Āĥundlar gä satip

6. idim mäzkurlärdin bir yüz yigirmä bäš ming koy pul väqtidä alip idim qaldi pulni väqit-liğ bärmäy

---

① ähli bäşārät-lär：意思是“有識之士”。

② koy：漢文“塊”的音譯，即錢幣量詞。

③ Pūk：原文寫作Fūk（字母F代替字母P），爲“空心、中空”之意。在此可能作爲Qurban Āĥund的綽號出現。

7. käyin-čä berip idi mäzkur yär pul-larimni Nūrī Begim Niyaz Begim-lär żäbt-läp① yär alğuči-lär ningki qolidin alip

8. manga ötküzüp bärip idi ĥāla yärni kürä gä salip② körüp idük altä mu[h] üč yärim fung čiqdi här

9. bir mu[h]laqi ottuz bäš ming koydin ikki yüz yigirmä ikki ming ikki yüz ällik koy pulgä toğra kälip idi väqt-

10. liğ bärmägän toqsän altä ming yättä yüz ällik koy pulgä närqi näva öräläp kätkändin kiräsini aldurup bärsälär däp

11. bir parčä ʹärź mä`lum qilip idim bäg-lärimiz yurt mäşläĥäti bilä kärrä③ ĥäsab qilip yär alğuči-lärdin on ikki ming

12. yättä yüz ällik koy pul aldurup bärdi jäm` ikki yüz ottuz bäš ming koy pulni qolumğä tafšurup aldim yärdä

13. ĥāh pulda ĥāh bäy`-dä ĥäqqim qalmadi bä`dul yävm här täriqä-liğ gäf söz fāydā qilsam bāṭil däp iqrārimdin

14. ĥujjät bärdim Muĥämmäd Āĥund mäning qolum ĥužżarul-mäjlis Qurban Āĥund Kök bäši `İsām-id-din Āĥund Ruzi Āĥund

15. Mämät Qurban Āĥund(u)m-lar šähid 23 12-35

譯文：

（希吉拉）曆1366馬年1月28日（公元1947年2月23日），我是山普拉（鄉）欄杆村村（民），是目前居住在納瓦的比拉勒夏之子穆罕默德阿洪，在教廷供述。以蘇奈水渠灌溉之地，助我出售。我請奴爾阿洪伯克、尼亞茲、肉茲水官、卡日阿訇、侍衛長巴克等到田地，他們在有識之士前將土地以每畝35000塊售出，買主肉茲庫爾班阿洪，普克庫爾班阿洪、托乎提霍加、圖遜阿洪、玉賽因阿洪等收購，收取 125000塊，餘款當時未付，待日後償還。該（餘）款被奴爾阿洪伯克等從買主手中獲取後轉交給我。我們重新丈量田地，有6畝3分半地，每一畝按35000塊（計算），合計等於222250塊， 暫未全付，將96750塊（作爲）價值增長費用扣除，伯克與有識之士相商，共同計算後向買主索取12750塊（給我）。土地或錢款或賣主方面，我已無權利。從今往後，我若以任何方式滋生言論，承認所言無效。契約由我穆罕默德阿洪親手簽訂，現場見證者有庫爾班阿洪管水人、伊薩穆丁阿洪、肉茲阿洪、買買提庫爾班阿洪等人。（民國）35（年）12（月）23（日）④。

① żäbt-läp：爲阿拉伯語詞彙żäbt（“扣留、没收”之意，）與維吾爾語由名詞構成動詞的詞綴-lä及副動詞詞綴-p構成，在此意爲“獲取”。

② kürä gä salip：即“將種子盛入罐中”， 在此引申爲丈量。種子均勻撒在田裏，按照種子的重量可以計算出土地的面積。

③ kärrä：原文寫作kär，很可能是阿拉伯語詞彙kärrä（“一次、一回”之意）的誤寫。

④ 123頁契約左下角只有三個數字：36（35？）（1）2 28，我們解讀爲民國35年12月23日，實際應該是（民國）36年2月23日，换算後恰好等於契約中的日期1366.1.28。

一〇 殘賣地契（一）

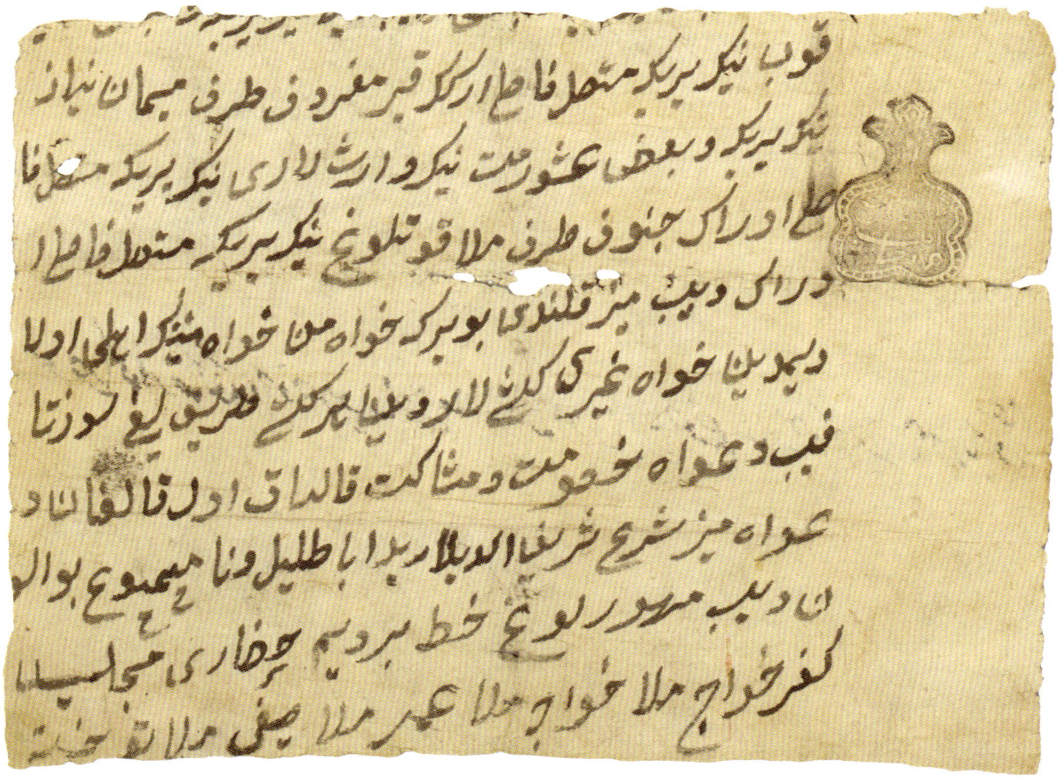

09ZJ0121（2）

轉寫：

1. ...... (Ya)

2. -qūb-ning yerigä muttäşil faşili ärkäk qir mäğrib① täräf Mimān Niyāz

3. ning yerigä vä bä`z ´Ušurmät-ning vāris-lari ning yerigä muttäşil fā-

4. şili oräk jänūb ţäräf Mollā Qutluğ-ning yerigä muttäşil fāşilli O-

5. räk däp mīz② qilindi bu yärgä ĥāh män ĥāh m(e)ning ähli ävlā

6. dimdin ĥāh ğayri kiši-lärdin här täriq (siz)-liğ söz dä-

7. `vā(h) ĥuşūmät mušā(ki)lät③ qilsaq④ ol qilğan⑤ dä-

8. `vā(h) miz šärīf aldilarida bāţ(l)il vä nā-mäsm[s]ū`⑥ bo[a]lsu-

9. n däp muhrluğ ĥäţ bärdim hužžāri mäjlis

---

① mäğrib：本意爲“西方”，原文口語化作mäğruf，此處糾正轉寫。

② mīz：本意爲（書）桌，此處引申爲字據。

③ mušā(ki)lät：類似、相似，原文誤寫作mušākät。

④ qilsaq：原文誤寫作qalsaq。

⑤ qilğan：原文誤寫作qalğan。

⑥ nā-mäsm[s]ū：是一個複合詞，正確寫法是nā-mäsmū，nā爲波斯語構詞首碼，表示“非”、“不”、“無”等否定的意義，mäsmū爲阿拉伯語，表示“有理”、“講得通”的意思。

10. kibär[①] Ĥājä Mollā Ĥājä Mollā Umär Mollā Säyfi Mollā Toĥti

譯文：

（與）牙合甫之地的田埂相連；西臨密曼尼亞茲之地，另有一部分與烏術爾買提之後人的窪地連接；南邊與毛拉庫特魯克之窪地相鄰。簽訂字據，關於此地，我或家族成員或他人，若以任何方式言論（提起）申訴，記私仇，其所訴狀在教法前無效、無理且不可接受。特此立約，加蓋印章。現場見證者有年邁的霍加、毛拉霍加、毛拉烏邁爾、毛拉薩非、毛拉托乎提。

① kibär：原文寫作kufr（無信仰），今作“年邁”。此處根據文書中字母f代替字母b、p的現象，將其還原轉寫。

一一　尼亞兹賣地契

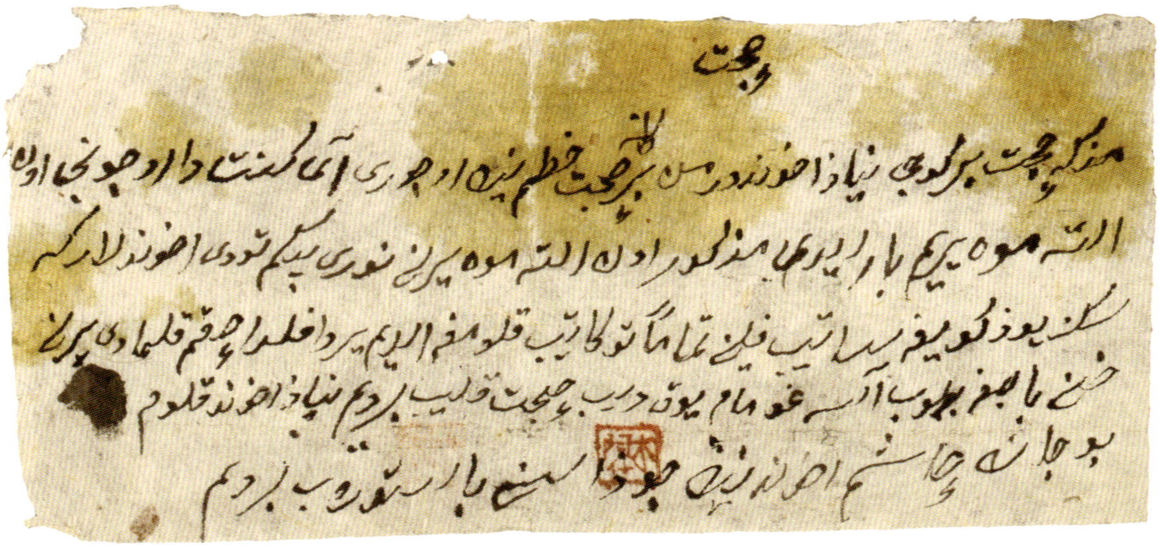

09ZJ0121（3）

轉寫：

1. ħujjät

2. mänki ħujjät bärgüči Niyāz Āĥundurmän bärgän ħujjät ĥāṭimiz-ning učuri Ay känt -dä üčünči on

3 altä mu[h] y(e)rim bar idi mäzkūr on altä mu[h] yärni Nūrī Begim Turdi Āĥundlargä

4. säkkiz yüz köyğa satip pulini tamāmän tügätip qolumğä aldim yärdä puldä ĥäqqim qalmadi yärni

5. ĥeni bajğä bölüp alsä ğuman yoq däp ħujjät qilip bärdim Niyāz Āĥund qolum

6. bo jang① Ħašim Āĥundning čozasini② basturup bärdim

譯文：

契　約

我是立契者尼亞兹阿洪，所立契約字據内容：我在阿依肯特（村）第三塊地共16畝，該地向奴爾伯克、圖爾地阿洪等以800塊出售，錢款全數收訖。於錢於地，我已没有權利。地款納入麥草税中，我已無意見，因此立契。這是我尼亞兹阿洪的手印，加蓋阿什木阿洪的戳子。

① bo jang：即漢文“保長”之音譯。

② čoza：即漢文“戳子”之音譯。

一二　殘賣地契（二）

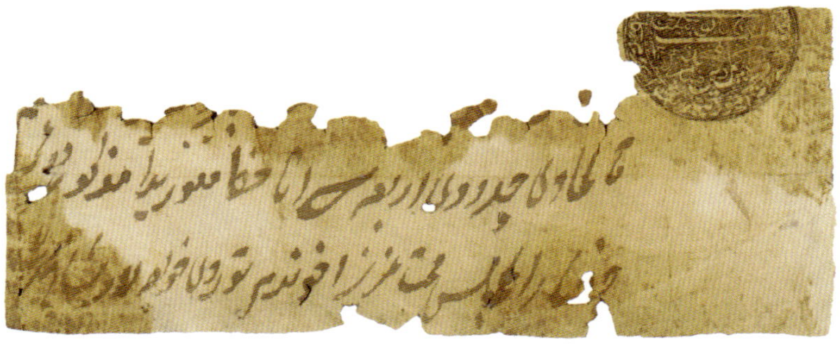

09ZJ0121（4）

轉寫：

……

1. qalmadi ħudūdi aričäsi ana ĥäṭ① mufävväzidä② mäzkūrdur

2. ħużżārul-mäjlis Mämät `Äziz Āĥund(u)m Turdi Ĥājä-lär šāhid

譯文：

……

無遺。地界在（契約）原件中已說明。現場見證者有買買提・阿茲茲阿洪、圖爾地・霍加等。

---

① ana ĥäṭ：在此可能爲“原件”或“正本”之意。

② mufävväzidä：原意爲“被託付的”，此處指“已說明”。

一三　肉兹交小麥收據

09ZJ0121（5）

轉寫：

1. Ruzi Āĥundin yättä jing kök beši-liq buğ(d)ay elindi

2. 9、2、①

譯文：

肉兹阿洪處收訖7斤麥子作爲管莊稼費用。

9、2、

① 這個數字可能是民國9年2月或9月2日的縮寫。

一四　阿里夫賣地契

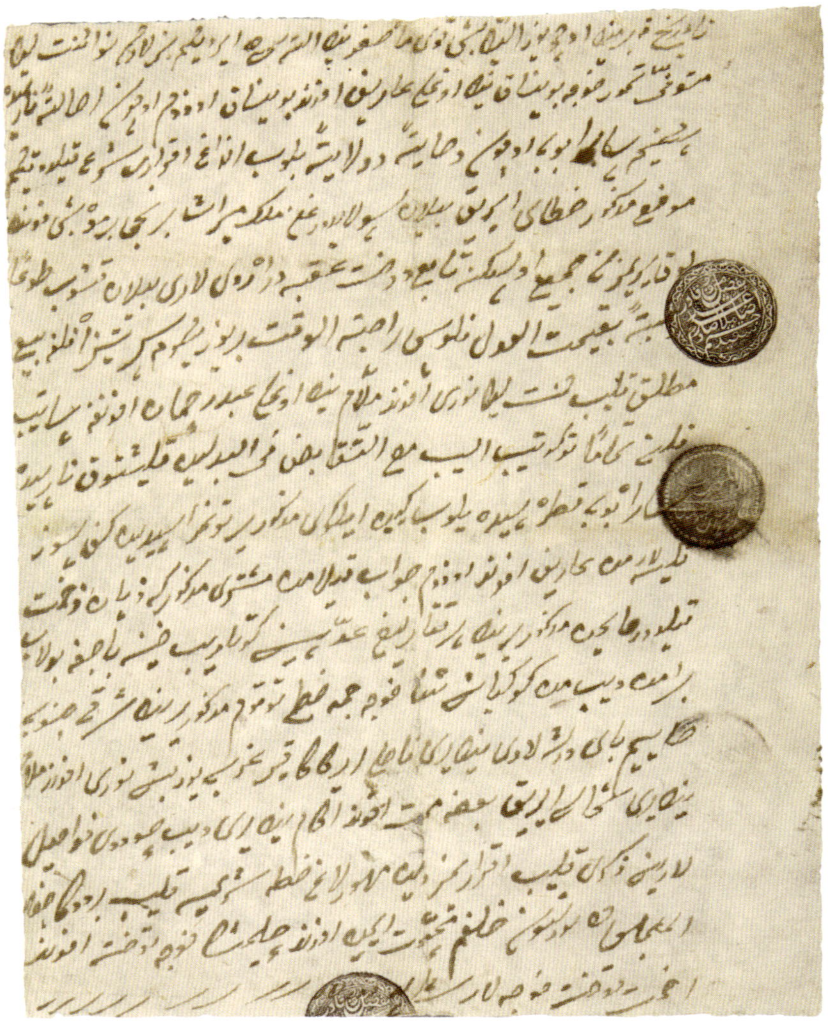

09ZJ0121（6）

轉寫：

1. tā’riĥ-qä b(i)r ming üč yüz ällik b(ä)š qoy (yili) māhi ṣäfärning altä-si ärdik(i)m b(i)zlärki Nävā känt-lik

2. mutäväffā T(ö)mür Ĥājä Boynaq-ning oğli `Ārif Āĥund Boynaq özüm üčün äṣālätän nā-räsidä

3. singn(i)m Sārā Bībī väṣāyätän [d]välā-yätän b(o)lup andağ iqrār šar` qilduqkim

4. mävżi` mäzkūr Ĥitay Äriq bilän sulaydurğ(a)n mulk(i) mirās b(i)r(i)nči b(i)r mu[h] b(ä)š fung-

5. luq y(e)rim(i)zni jäm` usk(i)nä tābi` däräht äqäbä [d]rāhrävi-läri① bilän q(o)šup ṭäv`än

6. ▱ bätän② bä-qiymätul-ädl fulus rāĥätul-väqt b(i)r yüz y(i)g(i)rmä sär tiza③ pulğä bäy`

---

① [d]rāhrävi：d爲多餘的字母。

② ▱ bätän：該詞前一部分字母被印記覆蓋，不清楚。

③ tiza：爲漢文“貼子”的音譯，指“油布貼子”，一種面值40文（合一兩）的輔幣。1934年至1937年新疆處於軍閥混戰與割據狀態。此文書産生時期（1936年）的洛浦正是在馬虎山統治下，他發行的“和闐行政長公署鈔票”中仍帶有“兩”字，紙幣上有“兩”的維吾爾語譯文“sär”。馬虎山票的維吾爾文字上有“tiza”一詞，民國末期成爲錢幣的泛稱。此文書與文書09ZJ0121（9）中出現的tiza，均指“馬虎山票”。

7. mutläq q(i)lip Nävā känt-lik Nūrī Āĥund Mollāmning oğli Äbdurāħmān Āĥundğä satip

8. pulni tämāmän tügütip alip mä`ät-tiqa bä(`)ż[①] filbädälin q(i)l(i)štuq nā-räsidä

9. Sārā Bībī quṭuräsidä b(o)lup[②] k(e)yin ilg(i)ri mäzkūr yär toğrasidin gäp söz

10. q(i)lsalar m(ä)n Ārif Āĥund özüm jävāb qilam(ä)n muštäri mäzkūrgä ziyān zäĥmät

11. qildurmaym(ä)n mäzkūr y(ä)rning här q(a)tarliğ `äddsini kötärip ĥeni bajğä böläp

12. b(e)räm(ä)n däp m(ä)n Kök-Beši Ša Ĥājä ħujjät ĥäṭi tuttum mäzkūr y(ä)rning šärqi jänūbi

13. Ṣāyim Bay värs-läri-ning y(e)ri pāsili ärkäk qir ğärbi yüz b(e)ši Nūrī Āĥund Mollāmning y(e)ri šimāli eriq bä`żi Mämät Āĥund akam-ning y(e)ri däp ħudūdi pāsil-

14. lärini zikri q(i)lip iqrārim(i)din muhrlağ ĥäṭ šär`iyyä q(i)lip b(ä)rdük ħużżār-ul-mäjlis-dä Tursun Ĥälf(ä)m Mäħmūt Īmin Āĥund Ħälimäšāh Ħojä Toĥti Āĥund

15. Äĥmät Toĥti Ħojälär šāhidurlär

譯文：

（希吉拉）曆1355羊年4月6日（公元1936年6月27日），我等係納瓦村已故鉄木爾霍加・波伊納克之子阿里夫阿洪・波伊納克，我代表未成年妹妹薩拉比比一方作爲監護人提請申訴，在教廷供述。斯有以和泰（指“漢人”）渠灌溉的第一片遺田一畝五分地，整體附帶設施、附屬樹木後的過道，甘願以公平價錢，在方便時間以120兩貼子的銀錢，無條件出售給納瓦村奴爾阿洪毛拉之子阿布都熱合曼阿洪，錢款全額獲取，交易嚴謹。若有人作爲薩拉比比一方，滋生關於該地的言論，由我阿里夫阿洪本人負責，不讓買主受到損失。該地各項費用分攤到草料税中，由我莊稼看管者夏霍加立據負責。該地東部和北部與薩伊穆巴依後人之田埂相連，西臨百夫長奴爾阿洪毛拉之地，北爲水渠，與買買提阿洪兄長之地部分相鄰。地界論定，所述加蓋印章以合法化。現場商議、見證者有圖遜哈里法木、 瑪赫穆提・伊敏阿洪、海利木夏霍加、托乎提阿洪、艾合買提・托乎提霍加等。

---

① bä(`)ż：本意爲“一些、部分”，原文誤寫。

② quṭuräsidä b(o)lup：意爲“作爲…一方，在…之行列”，是由詞彙qāṭār（行列）的複數形式qutur與名詞第三人稱附加成分-si及名詞位格詞綴-dä變格的形式和助動詞bol-構成的動詞。-up爲付動詞附加成分。

一五 拉兹爲訴奴爾强奪地産事甘結

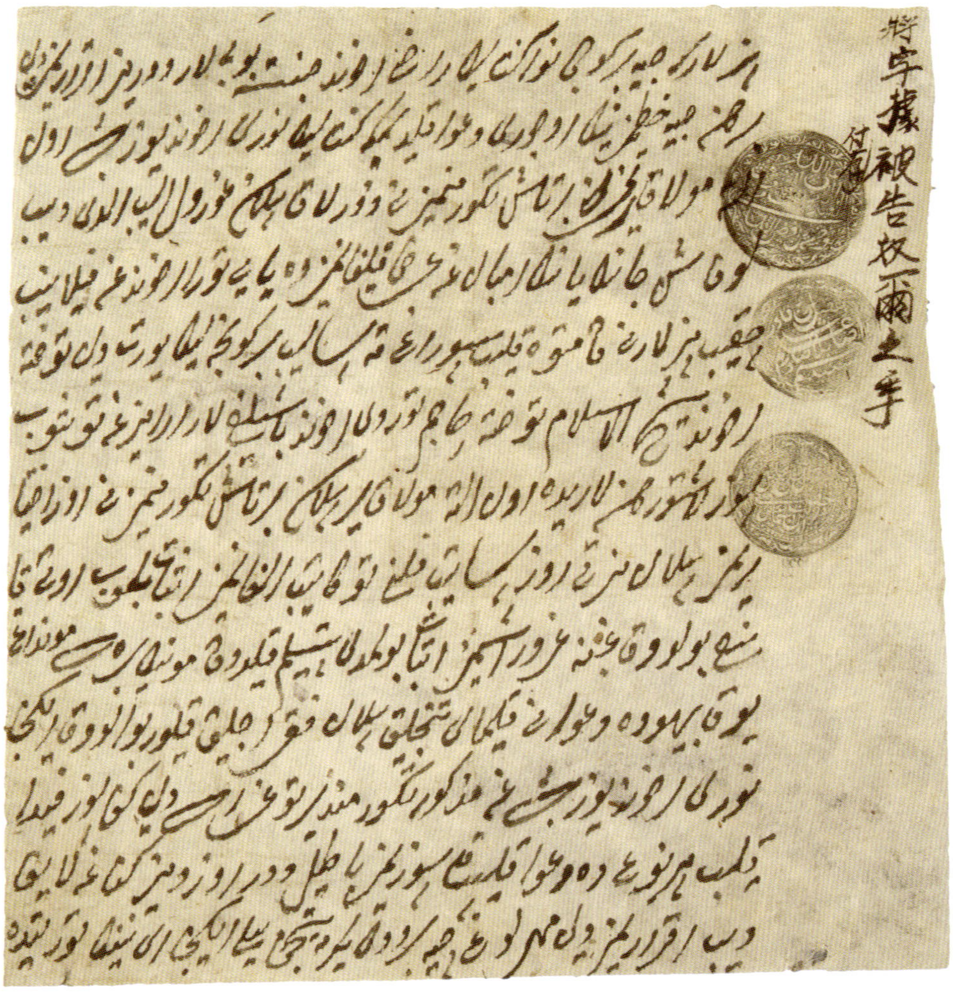

09ZJ0121（7）

轉寫：

1. bizlärki jyä bärgüči Nävā känt-lik Rāżī Āĥund Jinästä Bībī-lärdurmiz iqrārimizdin

2. bärgän jyä ĥāṭimiz-ning učuri dä´vā qildimki (Nävā) käntlik Nūrī Āĥund yüz beši on

3. altä mu[h]-laq yerimizni bir taš t(ä)gürm(ä)n(i)mizni zorluq bilän `uzul alip aldi① däp

4. Lop šän Jang Yang amban② ğä ärz qilğanim(i)z-dä yayi③ Tura Āĥund- [ğä] paylanip

5. čiqip bizlärni qamtu[h] qilip soraği-qä salip bir künčälik yurt-din Toĥti

6. Āĥund Šäyĥ-ul-Islām Toĥti Ħāj(i)m Turdi Āĥund baš[i]liğ-lar aramizğa tüšüp

7. sözläštürgän-läridä on altä mu[h]-laq yär bilän bir taš tägürmänimizni öz ihtiya-

---

① `uzul alip aldi：`uzul意思不明，可能是阿拉伯語äzl（“解雇、辭退”之意）的當地口語化形式，在此與助動詞al-構成動詞，意思是“强奪，豪取”。

② Šän Jang Yang amban：均爲漢文音譯。šän Jang是“縣長”之音譯，amban 是“案辦、諳班”之音譯，Yang應爲姓氏“楊”。

③ yayi：爲漢文“衙役”之音譯。

8. rim(i)z bilän närqi rūz satip pulni tügätip alğanimiz isbāt bolup ötti qā-

9. ni' bolduq ğäbnä ğurūr išimiz iśbāt bolm(i)di täslim qilduq muning beräsi mundag

10. yoq bīhūdä dä'vāni qilmay tinčliq bilän fuqrāčiliq qilur bo[a]lduq ikkinči

11. Nūri Āĥund yüz beši-gä mäzkūr t(ä)gürm(ä)nd y(ä)r toğrasi-din gäp söz päyda

12. qilip här näv' dä[a]'vā qilsaq sözim(i)z baṭil-dur özümiz gunā-gä lāyiq

13. däp iqrārim(i)zdin muhrluğ jyä bärduq y(i)g(i)rmä bäšinči yili ikkinči ay-ning törti dä

譯文：

我們是簽訂結據者納瓦村的拉兹阿洪、吉乃斯提比比等，我們供詞中所呈結據的内容，申告納瓦村的奴爾阿洪百夫長，强奪我們的6畝地和一盤水磨，向洛浦縣長楊案辦提出申訴，衙役圖拉阿洪被派遣將我等履行對質。我村托乎提阿訇最高宗教法官、托乎提阿吉、圖爾地阿洪等爲首，從一日之遙（趕來）調解，使（我們）商議，16畝地與一盤水磨自願按時價出售，錢已全數收訖。特此證明，雙方滿意。（所謂）上當受欺未得證實，我等服判，日後不再打不必要的官司，安分做人；其二，（與）奴爾阿洪百夫長（立約），（如果）滋生有關該水磨和土地的言論，（提請）任何種類申訴，所言無效，承擔責任並供認，立契蓋章。（民國）25年2月4日。

一六 肉兹等賣地産契

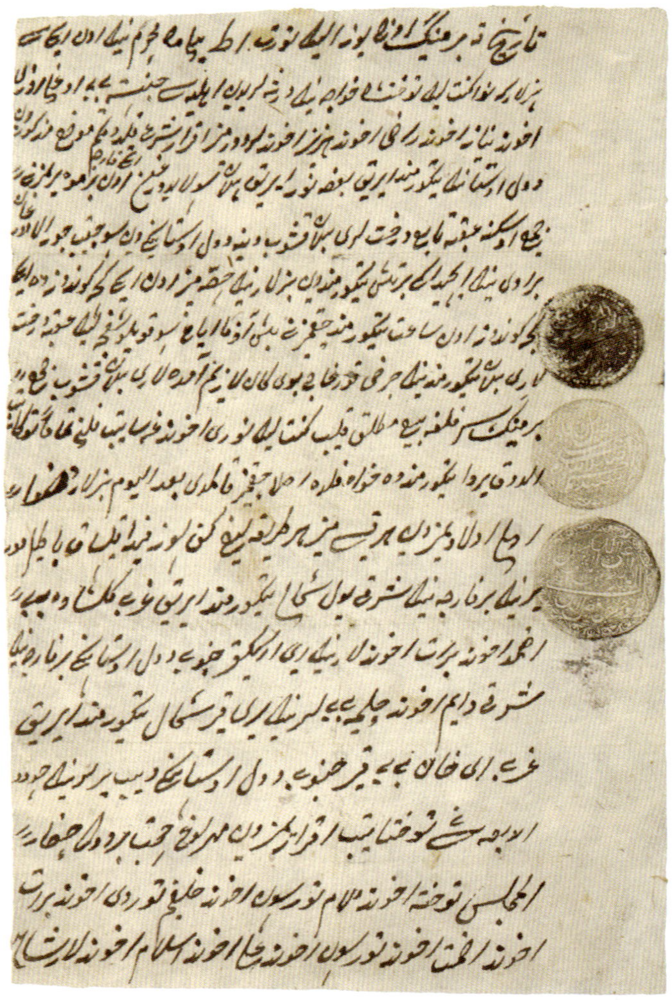

09ZJ0121（8）

轉寫：

1. tāriĥ qä b(i)r ming üč yüz ällik tört aṭ yili māhi muhärräm-ning on ikki-si

2. bizlärki Nävā känt-lik Toĥti Šah Ĥājä-ning värśä-läridin ähliyäsi Jinästä Bībī oğli Rūzī

3. Āĥund Niyāz Āĥund Rāzī Āĥund Ĥäzīz Āĥundlardurmiz iqrār šar` qilduqkim mävżi`-i mäzkūrdin

4. Dul Östäng tägürmänd eriq bä`żi Nūr Eriq bilän sulaydurğan ikki pārčä on bir mu[h] y(e)rim(i)zni

5. jämi` üskinä äqābä tābi` däräĥt-läri bilän qošup vä yänä Dul östängi-din su čiqip čöräläduřğan

6. b(i)r öy-ning ičidäki bir taš tägürmän[d]-din bizlärning ħässämiz on ikki käčä kündüzdä ikki

7. kečä kündüz on sā`ät tägürmänd ĥäqqimizni bäš aznä ayağ su quylušğičä-lik äqābä däräĥt

8. läri b(i)län tägürmän[d] ning čärĥi turğači boygan[①] lāzim ām(ā)däläri bilän qošup jämi`

9. b(i)r ming sär pulğä bäy` mutläq qilip känt-lik Nūrī Āĥundğä satip pulni tämāmän tügätip

① boygan：boy是維吾爾語，有“高度、長度”之意，gan可能爲漢文“杆”的音譯，在此指似指（木制）磨軸。

10. alduq y(ä)rdä tägürmän[d]dä ĥāh puldä äslā ħäqqimiz qalm(i)di bä`dul-yävm b(i)zlär ĥāh

11. ähli ävlādimizdin här q(a)ysi-miz här täriqäliğ gäp söz päydā qilsaq bāṭildur

12. y(ä)rning bir parčä(si)ning šärqi yol šimali tägürmänd äriq，ğärbī Gulšādä Bībī

13. Äżmäd [①] Āĥund Bärāt Āĥundlarning y(e)ri ärkäk qir jänūbi Dul östängi b(i)r pārčä (yär)ning

14. šärqi Dāyim Āĥund Ħälimä Bībīl(ä)rning y(e)ri qir šimal(i) tägürmän[d] eriq

15. ğärbi Ayĥan Bībī qir jänūbi Dul östängi däp y(ä)rl(ä)rning ħudūd

16. aričäsi-ni toĥtatip iqrārimizdin muhrluğ ħujjät bärdük ħużżār-

17. ul-mäjlis Toĥti Āĥund Mollām，Turdi Ĥälfäm，Bärāt

18. Āĥund，Äżmät Āĥund，Tursun Āĥund，Äli Āĥund，Islām Āĥundlar šāh(id)

譯文：

（希吉拉）曆1354 馬年1月12日（公元1935年4月16日），我們是納瓦鄉人托乎提夏霍加的繼承人（家屬）金艾斯特比比之子肉茲阿洪、尼亞茲阿洪、拉茲阿洪、阿茲茲阿洪等在此陳述：該獨勒渠、水磨（支）渠，以諸爾（支）渠灌溉的兩塊地共11畝，附帶所有設施及樹木，從獨勒渠引水運轉的磨房中，一盤水磨有我們的份額，即12晝夜中的兩晝夜10小時水磨的費用，以5周灌溉時間（水費），樹木、磨盤和水輪所需磨軸等設施，與帳目一起合計1000兩錢，無條件出售給奴爾阿洪，錢款全額收訖。土地、水磨或錢款，（我）已無權利。從今往後，我們或家族後人，任何人以任何方式滋生言論，均視無效。（該地）其一以東爲道路，北（有）水磨支渠，西（有）古麗夏德比比、阿茲買提阿洪、巴拉提阿洪等人土地，南（是）獨勒渠；一片（地）東達達伊木阿洪、海利木比比等人田埂，北抵水磨（支）渠，西臨阿依汗比比田埂，南（接）獨勒渠。以上爲土地界線，我們公認，立契蓋章。當場見證者有托乎提阿洪毛拉姆、圖爾遜阿洪哈里發姆、圖爾地阿洪、巴拉提阿洪、艾茲買提阿洪、圖爾遜阿洪、阿里阿洪、伊斯蘭姆阿洪等。

① 在這批文書中常有阿拉伯語人名書寫形式不規範的現象，每件文書中都存在這種現象。在此以人名Äżmät爲例，在該文書第13行句首的阿拉伯語借詞，在原文中寫作Äżmäd，但其準確而規範的寫法是Äżmät。同樣的人名在此文書最後一行又被寫作Äżmät。

一七 穆罕默德等賣地契

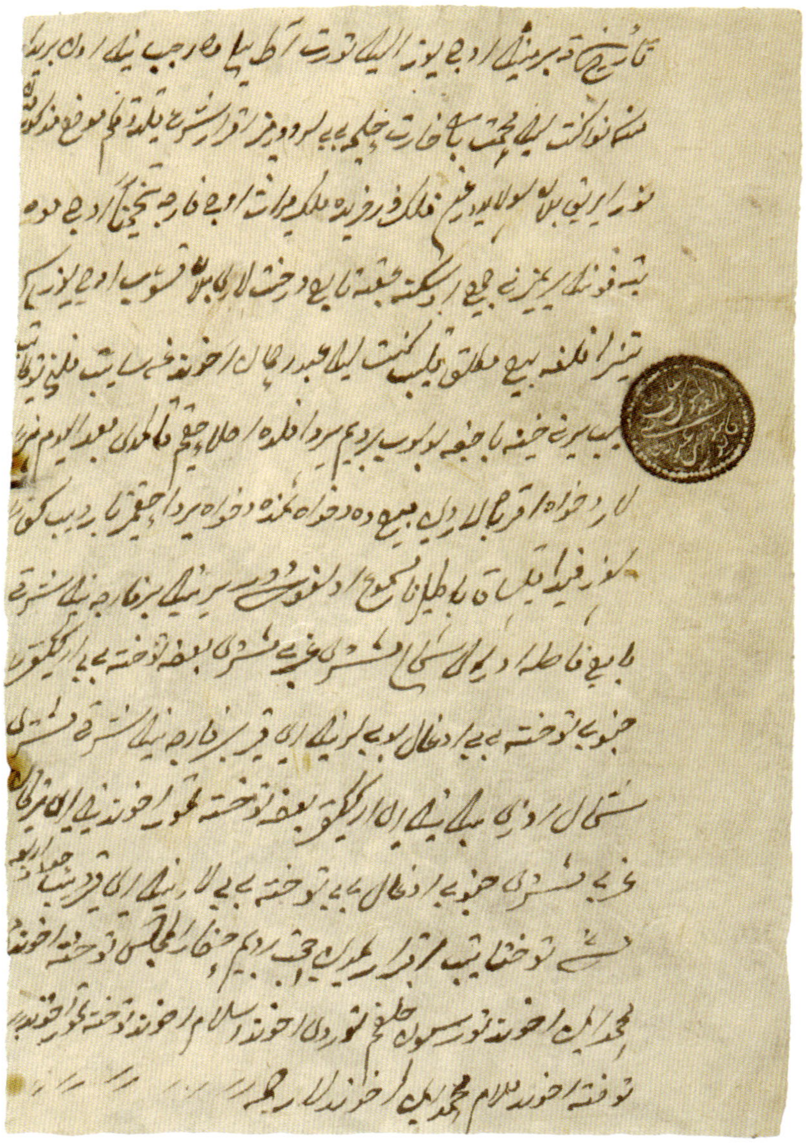

09ZJ0121（9）

轉寫：

1. tā’rīĥ- qä bir ming üč yüz ällik tört at yili māhi räjäb-ning on biridä

2. mänki Nävā känt-lik Muħämmät Bay ĥārät，Hälimä Bībī lärdurmiz iqrār šär`ī qilduqkim mävzi`-i mäzkūrdin

3. Nūr eriq bilän sulaydurğ(a)n mulk zärr ĥärīdä mulk-i mirās üč parčä täĥminän üč mu[h]

4. y(ä)ttä fung y(e)rim(i)zni jämi` üskinä äqäbä tābi` däräĥt-läri bilän q(o)šup üč yüz sär

5. tiza pulğä bäy` mutläq qilip känt-lik Äbduräħmān Āĥundğä satip pulni tügätip

6. alip yärni yänä ĥeni bājğä bölüp bärdim yärdä puldä äslā ħäqqim qalmidi bä`dul-yävm biz-

7. lär vä ĥāh äqräbā`lardin bäy`dä vä ĥāh n(ä)m(ä)dä vä ĥāh yärdä ħäqqimiz bar däp gäp

8. söz päyda qilsaq bāṭil nā-mäsmū` bolğusi-dur y(ä)rning bir parčä-(si)ning šärqi

9. bäy` fāsilä oräk šimali muštärī ğärbi muštärī ba`żi Toĥti Bībī ärkäk qir

10. jänūbi Toĥti Bībī Oğal Bībī-l(ä)rning y(e)ri qir bir parčä ning šärqi muštärī

11. šimāl(i) Rūzi Bäg-ning y(e)ri ärkäk qir bä`żi Toĥti T(ö)mür Āĥundning y(e)ri tärgän

12. ğärbi muštärī jänūbi oğal Bībī Toĥti Bībī-lärning y(e)ri qir däp ĥuddūd aričä-

13. si-ni toĥtatip iqrārimizdin ħujjät b(ä)rdim ħużżār ul-mäjlis Toĥti Āĥund(u)m

14. Muħämmäd Īmin Āĥund，Tursun Ĥälfäm，Turdi Āĥund，Islām Āĥund，Toĥti T(ö)mür Āĥund

15. Toĥti Āĥund Mollām Muħämmäd Īmin Āĥundlardur

譯文：

（希吉拉）曆1354馬年7月11日（公元1935年10月10日），我是納瓦村的穆罕默德拜木匠、海利木比比等，在此陳述，以奴爾渠灌溉的三塊（土地）遺產，小部分是購買的，多是遺產，總計三畝七分，所有設施加周圍附屬樹木，（以）三百兩提子（銀幣）無條件出售（給）村裏阿布都熱合滿阿洪，錢款全額收訖。土地分攤到麥草稅中。在土地或錢款方面，我已没有任何權利。從今往後，（如果）我們在交易、事宜或土地方面滋生言論，（當作）無效且不可接受。（該地）一片土地東部間隔賣主（之窪地），北爲買主（之地），西爲買主（之地），以托乎提比比的田埂爲界，南部是買主托乎提比比、歐噶里比比等人（之地）的田埂；（另）一片土地的東部爲買主（之地），北部（有）肉兹伯克的田埂，部分爲托乎提鉄木爾阿洪的已耕種的土地，西爲買主（之地），南部是歐噶里比比、托乎提比比等人的田埂。劃定地界，公認簽訂契約。當場見證者有托乎提阿洪、穆罕默德·伊敏阿洪、圖爾遜哈里發姆、圖爾地阿洪、伊斯拉姆阿洪、托乎提·鉄木爾阿洪、托乎提阿洪毛拉姆、穆罕默德·伊敏阿洪等。

對這批民國時期維吾爾語契約文書的認識

伊斯拉非爾・玉蘇甫　艾力江・艾沙

通過對新疆博物館2009年徵集的17件民國時期維吾爾語契約文書的内容解讀與分析，不難發現，雖然這批文書的時間與地點不同，但大多數契約敍述方法相同，即包含了時間、地點、人物、事件表述、訴求、證人等幾個方面的内容，絶大多數訴狀或甘結與土地相關，其中主要談到土地規模與價值、交易承諾、地界、見證人等問題。爲方便起見，下文涉及文書之編號均用簡稱，如09ZJ104，簡稱爲104。

一　文書主要内容

文書編號	年代①：希/民國（公元）	地　點	賣主/原告	買主/被告	地産規模	價　值	文書性質	證人數
104	洪憲元年（1916）	吐魯番	色提等	哈大人			水渠訴狀	
111	洪憲元年（1916）	吐魯番	海未尔等	黑牙思			訴霸佔田、女	
114	1329/（1911）	喀什噶爾城布拉克貝西	他石	穆薩	3間房屋	880騰格②	地契	8
116	1343（1924）	喀什噶爾城多萊提巴格	尼沙比比	橋方比比	1恰熱克	30兩普爾③	地契	4
117④	1333（1915）	庫車英爾土拉	買克素土	以布拉引		50兩普爾	轉讓地契	
118	1360（1941）	烏什上艾瑪克	祖木日汗	以明哈日	6稱	200塊⑤	地契	3

① 這批文書的年代需要將希吉拉曆法的年月日與中國民國紀年相互換算，有些三聯或二聯契約上標有兩個年代，相互换算也得不出一致結果。對於這種狀況，我們可以理解爲文書主體與契格形成時間不同，或最終合法化時間略晚的原因。中華民國曆法本身就是西方曆法（格里高利曆法）的採用，僅是紀年上未採用耶穌誕辰爲元年的方式，而是以1912年爲元年。

② 文書上房屋的交易價格是880騰格，但相聯契格上的漢文與察合台文均寫著交易價值爲54兩。按照清末記載，“一察喇克，准官秤十觔，一騰格，准制錢五十文，值銀一兩”。“察喇克”即“恰熱克”（徐松：《西域水道記》，朱玉麒整理，中華書局，2005年，第37頁）。清代的銀兩已成爲法定的本位幣，銀兩與制錢具有主輔關係，1933年廢兩改圓時被取消。清朝銀幣的名稱和形式，種類繁多，各地銀幣也有自己的名稱。按清末在喀什噶爾地區流通的銀圓面有宣統銀幣、宣統元寶（銅幣）、餉銀（5種面值）、銀圓等多種銀幣，亦有二錢、三錢小銀圓等，這些貨幣在流通中按個計數使用。這些大小價值不同的銀幣均被稱爲“騰格”。參見《新疆錢幣》，新疆美術攝影出版社、香港文化教育出版社，1991年，第73—107頁。1911年喀什噶爾房契中的880騰格，可以理解爲值銀54兩。

③ 從文書中ottuz üč sär pul的記載可知，1924年喀什噶爾的1恰熱克（秤）土地價值30兩（普爾錢）。18世紀中葉，一恰熱克等於“官秤十斤”，19世紀則等於“12.5斤”或“16斤”；計算糧食重量的度量衡中，現代喀什市人將16斤或20斤作爲一個“恰熱克”（李吟屏：《新疆歷代度量衡初探》，《喀什師院學報》，1991年第2期），播種一畝地一般需要兩個恰熱克的小麥種子（30—40斤），因此，此文書中的價值30兩的土地可能有半畝地。洛浦縣的1恰熱克大約爲18斤。

Pul本是中亞波斯語fulūs（fals），原本專稱銅幣dīnār-i fulūs。參見達維多維奇、勒特韋拉茲、莫斯維：《貨幣體系和價格》，［法］阿德爾、［法］哈比卜主編：《中亞文明史・對照鮮明的發展：16世紀至19世紀中葉》，第344—363頁。Pul在現代維吾爾語成爲對所有錢幣的統稱，可以指稱金、銀、銅及紙幣，此處指銀幣。

④ 該文書年代在契格上有“民國十年”字樣；在錢數50之後的單位是sär pul，同文書116。清末，阿古柏普爾和清朝新疆紅錢等值流通，50枚合五分小天罡1枚，普爾1枚與紅錢1文等值。普爾爲天罡之輔幣。本文書中的sär pul指銀幣。

⑤ 1941年的這件文書中貨幣單位是“塊”，可能是1939年“改圓爲塊”政策的結果。

續表

文書編號	年代:希/民國（公元）	地　點	賣主/原告	買主/被告	地産規模	價　值	文書性質	證人數
120（1）	1356（1938）	洛浦縣納瓦	尼亞兹	奴爾	賦役		甘結	7
120（3）	民國28年	洛浦縣納瓦	尼亞兹	奴爾/托乎提	16畝/7.5分	1000兩/1500兩	甘結	2
121（1）	1366（1947）	洛浦縣三普拉欄杆	穆罕默德	肉兹庫爾班等	6畝3分	35000塊/畝	地契	4
121（2）							地契	4
121（3）		洛浦縣阿依	尼亞兹	奴爾/圖爾地	16畝	800塊	地契	
121（4）							地契	2
121（5）							繳税收據	
121（6）	1355（1937）	洛浦納瓦	阿里夫（代）	阿布都熱合曼	1畝5分	120兩貼子①	地契	5
121（7）	民國25年	洛浦納瓦	拉兹等	奴爾	6畝地		甘結	
121（8）	1354（1936）	洛浦納瓦	肉兹等	奴爾	11畝	1000兩	地契	8
121（9）	1354（1935）	洛浦納瓦	穆罕默德	阿布都熱合曼	3畝7分	300兩	地契	8

從上述表格反映的契約主要内容可知，這批文書的紀年方式有兩種——即希吉拉曆法與中華民國曆法。這種現象一方面揭示當代使用的西方公元紀年的習慣在新疆地區不超過一個世紀，另一方面也説明民國時期的新疆地區存在著伊斯蘭曆法與中華民國紀年方法。當然，洛浦縣的兩件文書僅有中華民國紀年，其餘有紀年的文書大多標有希吉拉曆的年代。年代最早的文書是1911年喀什噶爾城房契，最晚者爲1947年洛浦縣三普拉地契。

從契約中出現的地名來看，這批文書中至少有8件屬於洛浦縣，民國時期的幾個鄉村的稱謂一直沿用至今。洛浦自光緒二十八年置縣，撥和闐直隸州。文書120（1）和120（3）中出現有“洛浦縣”一詞，民國時期的洛浦縣境内“多羅”、“三普拉”等地理名稱，兩個名稱現在均爲鄉名，三普拉（現稱“山普魯”）在民國時期爲洛浦縣“三明”之一，多羅則被稱爲“莊”②。在諸多文書中出現的“納瓦”地名，在民國時期亦爲鄉村名稱，當今的洛浦縣既有名爲“納瓦”的鄉，也有名爲“納瓦”的村子；更爲巧合的是，納瓦村就在納瓦鄉之内③。從文書内容來判斷，“阿依”村可能與納瓦村相鄰，因爲買主和賣主的名字都多次出現在

① 1934—1937年馬虎山割據和闐，自立政權，濫發紙幣。當時在和闐一帶除有省府發行的省票、喀票流通外，還有和闐桑皮紙及各種布幣等，俗稱“馬虎山票”，面值有“壹兩”、“三兩”和“一百文”三種。馬虎山在其防區内發行的桑皮紙鈔票超過六千萬兩。1938年4月後，和闐行政長通令各縣用喀票兑換“馬虎山票”，從此“馬虎山票”退出流通。文書121（6）與121（9）標注年代均爲馬虎山統治和闐時期。

② “明”是維吾爾語ming（一千）的音譯，此處即“千户”之意。1908年的“三普拉明”由23個莊組成，可能類似現代的“鄉”。民國時期的莊可能是現在的“村”。“多羅”現在多譯爲“多魯”，爲洛浦縣的鄉名。

③ 當代的納瓦鄉政府位於洛浦縣城西南11.6公里。納瓦曾於1950年設爲洛浦三區，1959年改稱紅旗公社，1981年改稱納瓦公社，1984年改稱納瓦鄉。2010年末，納瓦鄉下轄13個村委會；納瓦村位於納瓦鄉政府與山普魯鄉政府之間，屬納瓦村。納瓦一詞的意思是“新”，爲波斯語。

納瓦村土地買賣契約中。

在地名中，值得注意的是，文書114和116中均明確出現地名“喀什噶爾城”，而在官印中則是“疏附縣印”，這種對同一地點出現兩種語言不同稱謂（非音譯）的現象並不多見，畢竟“喀什噶爾”和“疏附”兩個詞彙的發音截然不同。這種現象與民國時期的行政設置有關。文書中的“喀什噶爾城”在官方漢語檔中被稱爲“疏附縣”①。文書117中出現的庫車縣轄區内的“英爾吐拉”一地名，在清代業已定名②。

從文書中的買主—賣主或原告—被告的名稱來看，兩份吐魯番文書主要内容是村民集體訴訟鄉約；在關於納瓦村的文書中，大多數契約都是尼亞玆（包括其兄弟拉玆等）家族與奴爾（包括其子阿布都熱合曼）家族、托乎提之間的地契或甘結，年代多集中在1935—1939年間，奴爾與托乎提曾任龍官或百夫長，在村中有一定權力，多以買主或被告身份出現在契約中。這些契約在一定程度上反映了民國時期南疆鄉村强制權力的存在，或村官濫用職權欺壓百姓現象的存在。

喀什噶爾城的地契顯示，買主與賣主均爲女性，賣主作爲監護人代未成年女子出售土地，監護人與土地主人之間没有血緣關係。這份文書説明，婦女在當時（或此前）擁有一定法律權力，包括監護和作證的權力等，這種權力在近一千年間可能一直存在於喀什社會之中的。

在這批文書中，關於度量土地的單位有兩種，第一是“恰熱克”（稱），其二是“畝”。喀什噶爾城的房契僅説明有“三扇門”（三間房之意）房屋的四至，未注明確切面積。文書中以“恰熱克”作爲度量衡的有兩件（114與118），分别屬於喀什噶爾城與烏什縣。

從契約分析表格中的價值來看，貨幣單位中出現了騰格（tängä）、兩（sär）、塊koy、圓（dollar）、貼子（tiza）等稱謂，其間可以相互换算。騰格本意是近代維吾爾語（察合台語）“銀幣”之意，舊譯“天罡”，在清代是“值銀一兩”，民國時期價值因時代變化而異。因此，“騰格”與“兩”可能主要是指銀幣，“塊”與“圓”則多指紙幣的價值。在與契約相聯的契格上，有察合台文的DOLLAR一詞出現，相應的漢文譯作“圓”。同樣是在洛浦縣三普拉，1947年每畝土地價值爲35000塊，1939年的11畝地的價值僅有1000兩。顯然，交易規模最大者並非價值最高者，但年代最晚的契約卻出現金額最高的數字，這可能在一定程度上反映出“通貨膨脹”的現象。然而，另一些文書則揭示了納瓦村的土地買賣價值，如在1935—1936年間，每畝田地價值大約在80—91兩之間。另外，在土地的位置與品質未知情況下，喀什噶爾城與烏什縣的文書顯示，1925—1941年間，每稱土地價值大約在30多兩（塊）。

涉及到證人數量，除了幾件文書簡單提到兩三個證人的名稱之外，大多數文書中都列出了4位證人的名稱——這是伊斯蘭教法對證人數量的最低限度。故此，一些文書中的證人數量達到8人。

---

① 1884年新疆建省，在喀什噶爾道之下設疏勒直隸州，轄疏附縣等地。喀什噶爾道署初設在疏附縣城，即現在的喀什市内。因此，同一地點在不同時期或語言的文獻中的名稱可能有所不同。

② 徐松：《西域水道記》，“渭干河經洞前南流八里，至山外，疏爲五渠……又東，經英格土喇莊北”，第97頁。此文書中的“英爾土拉”與《西域水道記》中的“英格土喇”均爲“YENGI TURA”的音譯。

二　文書中鄉村官職稱謂

名　稱	語　意	職　能	文　書
kök beşi	龍官	負責水源分配	121（1）、（5）、（6）/111/117/118/120（3）/120（1）
yüz begi	百夫長	治安	118
yüz beşi	百夫長	治安	121（7）
yigit beşi	總管/主持	組織活動	116
mīrāb	管水者/龍官	負責水源分配	121（1）
sungjang	村長	漢語“村長”的音譯	118
rayon başliği	區長[①]	類似現代“鄉長”	118
yeza başliği	村長	村長	118
dorğa	侍衛長/護城官	元代稱之“達魯花”/治安	121（1）
muftī	釋法人	法律闡釋者	
anban	案辦	縣級行政官員	121（7）
şän jang	縣長	漢語“縣長”的音譯	121（7）
qāzī	法官	法官	116
Şäyhul Islam	長老/高級法官		121（7）
Qāzī quẓẓāt	最高法官	城市中才有此職位	116

由上表可知，民國時期的南疆鄉村社會中也存在著多種職能不同的官員。

納瓦村的龍官和百夫長都有兩種表述形式，這些稱謂至遲在公元11世紀業已出現[②]；負責水源分配的官職稱謂出現在不同時期和不同地點的文書上，這個詞在所有官職中的出現頻率最高，一面凸顯龍官在南疆農村的重要性，另一方面也暗示著一些鄉村存在著擁有雄厚資産的龍官或百夫長（及其家族），他們或由於强行徵斂等問題而成爲“被告”。

① 金樹仁統治時期，新疆在省府以下設行8個政區外，還設有縣、區、村等基層政權。參見新疆社會科學院歷史研究所編著：《新疆簡史》第三册，新疆人民出版社，1980年，第95頁。

② [土耳其]熱夏提·干支：《從〈突厥語大辭典〉看喀喇汗王朝的社會狀況》（維吾爾文），圖爾遜納依沙克木譯，北京：民族出版社，2010年，第197—198頁。

印章釋讀及研究

伊斯拉非爾·玉蘇甫　艾力江·艾沙

一　印章形制

文書編號	契約數量	紅色方印/章/戳	漢　字	黑色圓印/榴花印
104	三聯契	長方形小章3處	陳繼善章[1]	1圓黑印
111	三聯契	正方大印：3處 長方形小章：4處	吐魯番縣印 陳繼善章	1圓黑印
114		正方大印：1處 正方中印：3處	似爲官署印 似爲管理機構公章	2圓黑印
116	三聯契	正方大印：5處	疏附縣印	1圓黑印
117	二聯契	正方大印：3處	庫車縣印	1榴花型
118	三聯契	正方大印：3處 正方小戳：1處	烏什縣印	
120（1）	1			2圓黑印
120（3）	1			2圓黑印
121（1）	1	1小方印		
121（2）	殘			1榴花印
121（3）	殘	正方小戳：1處	阿什木	1手印
121（4）	殘			1榴花印
121（5）	殘			1小方印
121（6）	1			2圓黑印 1殘圓印
121（7）	1			3圓黑印
121（8）	1			3圓黑印
121（9）	1			1圓黑印

官印分爲兩大類，官名印和官署印。官署印爲紅色正方形大印，官名印則多爲長方形或正方形小型印章。鑒於文書中出現了“章”與“戳”的劃分，因此，本文將官名印也分成“章”與“戳”兩類，“章”在本文中多指縣長私人印章，“戳”則指村長的私人印記。文書中的官署印有4枚，分別爲“吐魯番縣印”、“疏附縣印”、“庫車縣印”和“烏什縣印”。文書中數量最多且兩件提到“縣衙門”或“縣政府”的洛浦縣契約，卻沒有一件蓋有官署印。無論是印、章或戳，都是方形，並且使用紅色印泥。

[1] 1929年，中華民國政府委任陳繼善爲外交部駐新辦事處處長；次年，陳繼善被任命爲和闐縣長。

二 印章文字解讀

1. 114印章：

qāżī ul-qużżā Mollā āħund bin äbdul-häkīm...1314.

釋文：喀孜[①]庫扎特（最高法官）毛拉阿洪・本・阿布都艾克木，（希曆）1314年。

2. 116印章：

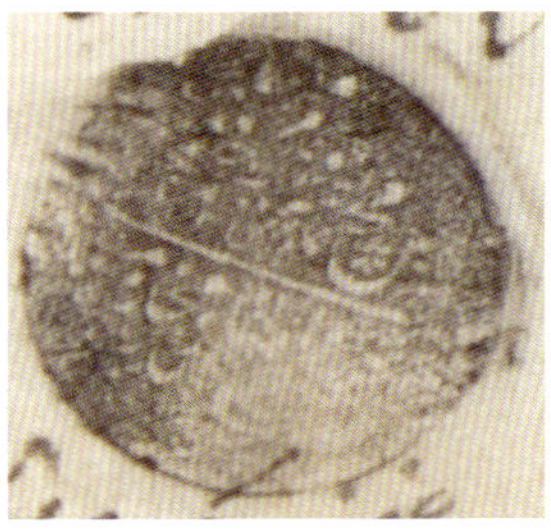

文字不清，似有“qāżī”（喀孜）字樣。

3. 117印章：

qāżī...kārīm...Muhämmäd ibrāhīm.

釋文：喀孜……克里木……穆罕默德・伊布拉音

4. 120（1）印章：

120（1）有兩枚一樣的印章

qāżī tur[sun?] bin Äbdullā...

喀孜圖爾［遜?］・本・阿布都拉

① 喀孜：舊譯“尕最”、“哈的”、“卡孜”，均係阿拉伯語qāżī音譯，意爲“教法執行官”，簡稱“法官”，即擔任各級沙里亞法庭的司法官。最高法官稱爲“喀孜・庫扎特”或“卡迪・庫達特”，統轄全國或全區的司法審判工作。喀孜不受地方行政長官約束，獨立行使司法和審判權。喀孜制度曾爲伊斯蘭地區的基本司法制度，依據伊斯蘭教法對穆斯林當事人之間的民事、商事、刑事等訴訟執行審判的官員。新疆學術界多用“喀孜”二字，内地伊斯蘭研究論著多譯作“卡迪”。

5. 121（1）印章：

Mufti Äbdul Rähmän shari? Bin Yä`iqūb

穆夫提阿布都熱合曼夏里・本・雅庫布

6. 121（2）印章：

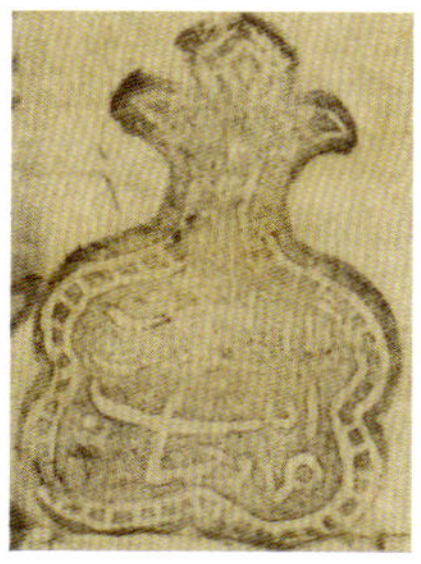

Molla Ħā(fiż) Āyät(?)……

毛拉哈菲兹・阿耶提（?）……

7. 121（4）印章：

Sä`īd Mollā Ṣādir Äläm

賽義德・毛拉・薩德爾・艾萊姆

8. 121（7）印章（3枚，由上至下）

alā-allāh matavakkul al-abd Mufti Toħti bin Fäyżullā

釋文：鄙人信主聽天由命 穆夫提托乎提・本・排祖拉

Sä`īd Mollā Ṣādir Äläm

釋文：賽義德・毛拉・薩德爾・艾萊姆

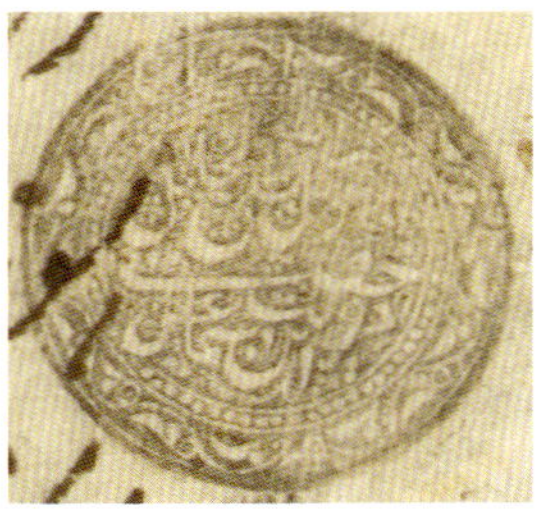

Dävlät bin Īsmā`īl

釋文：多莱提・本・伊斯瑪儀

9. 121（8）印章：

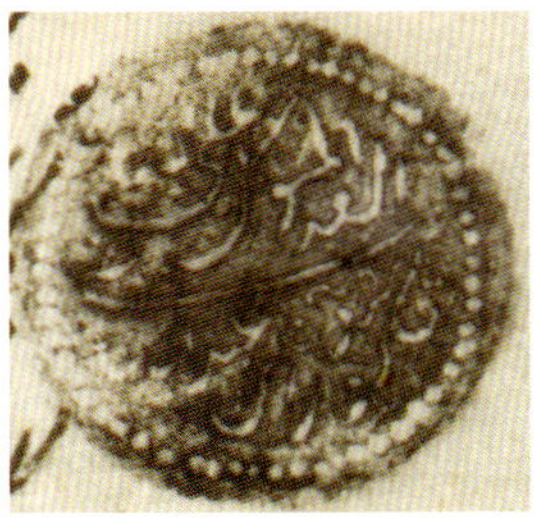

同120（1）：qāżī tur[sun?] bin Äbdullā...

釋文：喀孜圖爾[遜?]・本・阿布都拉

同121（4）：Sä`īd Mollā Ṣādir Äläm

釋文：賽義德・毛拉・薩德爾・艾萊姆

同121（7-1）：ala-allah Mutäväkkul al-äbd Muftī Toḣtī bin Fäyżullā

釋文：鄙人信主聽天由命 穆夫提托乎提・本・排祖拉

10. 121（9）印章：

同120（1）：qāżī tur[sun?] bin Äbdullā...

釋文：喀孜圖爾［遜?］・本・阿布都拉

從以上印章釋文可知，至少有7份契約上有喀孜之印，3份上有穆夫提之印，3份上有艾萊姆之印，文書114疏附縣（喀什噶爾城）的契約上則蓋有喀孜庫紮特（最高法官）之印。在文書121（8）上，同時蓋有喀孜、穆夫提和艾萊姆三人的印章。如果將喀孜、穆夫提和艾萊姆都視爲官職（法官），就相對容易理解爲什麼一份契約上會同時蓋有多個印章。鑒於宗教法院（庭）没有獨立的官署印章，因此，加蓋上述三類執法者的印章可能會起到强化契約法律效力的作用。一般來説，喀孜艾萊姆是第一喀孜[①]（文書中没有出現第二喀孜——喀孜卡蘭），喀孜穆夫提是第三喀孜。從印章可知，洛浦縣納瓦村解決法律糾紛的主要有三人：圖爾遜、賽義德·毛拉和托乎提。從喀什噶爾的最高法官毛拉阿洪之印章來看，該印可能製作於公元1897—1898年間，略早于該文書的年代（1911年）。

如前文所述，納瓦村文書中未見有官方的朱紅大印，雖然兩件文書中明確提到訴狀已達到"洛浦縣"政府或衙門，但所有納瓦村契約上僅有宗教法官喀孜的印章。買賣土地的契約表面上看起來似乎與宗教無關，事實上，喀孜或穆夫提這類教法執行與闡釋者在清末到民國期間的南疆一直擔任著仲裁者的角色，契約上加蓋喀孜或穆夫提印章自然是一種慣例，"一契多章"現象也從另外一個層面證實了民國新疆鄉村案例多由喀孜與穆夫提[②]"捧經決之"的記載。

從契約的法律效力的視角出發，契約中同時加蓋官印與宗教法官之印，從大多契約僅蓋宗教法官之印來判斷，民國時期的洛浦縣鄉村有兩種律治並存[③]。契約中出現的官印與喀孜印章並存的這種現象並非意味着國家法律的缺失，而是中國傳統政治結構直到民國時期都未發生根本性變化——"王權止於縣政"，國家政治層面的行政權只延伸到縣一級，鄉村在守法的情況下基本處於"半自治"狀態[④]。

楊增新將籠絡阿訇作爲統治新疆的重要政策之一，甚至宣稱"阿訇公舉"有利於"長治久安"，民事案件多交給阿訇辦理，"解疑伸屈，捧經決之"[⑤]。盛世才在1937年前亦認爲，"正宜利用宗教"，鄉約與阿訇處理民事案件有利於"維持現狀"[⑥]。這可能是納瓦契約直接由縣政府委託鄉村去解決，所以没有官印的原因。

從新疆社會科學院宗教研究所藏20世紀30—40年代的26件經濟糾紛契約來看，有14份是由縣政府轉交宗教法庭處理，12份則直接向宗教法庭投訴[⑦]。换句話説，宗教所收藏的這26件經濟糾紛都是由宗教法庭來處理的，教庭同時也具有公證機構的功能。

有人認爲，盛世才在1937年之前保留了南疆各地的宗教法庭（"買赫凱麥謝里"），教庭通常擁有教權、司法權和教育權等三大權力[⑧]。實際上，"沙里亞法"不僅涵蓋了歐洲法典意義上的刑法、商法、民法

---

① 例如19世紀上半葉擔任喀什噶爾最高法官的穆罕默德·薩迪克·喀什噶里，負責要案處理，其印章號稱通行於整個南疆。他的印章上没有"喀孜"一詞，刻有"毛拉·穆罕默德·薩迪克·艾萊姆·阿洪努姆"。阿布都克里木·熱合曼主編：《維吾爾文學史》，新疆大學出版社，1998年，第470頁。

② 穆夫提：伊斯蘭教教職稱謂，即教法説明官。穆夫提係阿拉伯語（المفتى Muftī）音譯，意爲"教法解説人"。穆夫提的職責爲諮詢與告誡，對各類新問題、新案件的訴訟提出正式的法律意見，作爲法官判決的依據。喀孜在審理案件程式中，每遇到情况複雜的重大案件，裁決前都要向穆夫提通報案情，徵詢意見。因此，穆夫提在社會生活中具有崇高的地位。

③ 陳慧生主編：《中國新疆地區伊斯蘭教史》：新疆人民出版社，2002年，第135頁。"沙里亞法"字面解作"温泉之道路"，引申爲"正道"，是由傳統伊斯蘭學術界所建立的伊斯蘭法律，大部分的穆斯林都堅守沙里亞法規。該法没有正式統一的成文法典，更多是對穆斯林行爲舉止的界定；該法認爲穆斯林行爲有五類：義務、嘉許的、允許的、受譴責的、被禁止與受懲罰的。

④ 于建嶸：《嶽村政治——轉型期中國鄉村政治結構的變遷》，商務印書館，2001年，《序言》第1—10頁。

⑤ 同上。

⑥ 陳慧生主編：《中國新疆地區伊斯蘭教史》，新疆人民出版社，2002年，第215—224頁。

⑦ 陳慧生主編：《中國新疆地區伊斯蘭教史》，第325頁。

⑧ 《中國新疆地區伊斯蘭教史》，第318—323頁。

和私法等領域，而且也包括了穆斯林在道德上的責任[①]。1937年後，盛世才的政策發生變化，因此，在1941年的文書118（三聯契）中出現“在契約上不可蓋本城阿訇之印章”的字句，並且該文書確實没有加蓋阿訇或喀孜的圓形黑色印章。

納瓦文書中有多件直接提到şäri`a（教法），表明伊斯蘭法作爲民法一直存在於民國時期的鄉村之中。如文書121（2）中表述道“訴狀（將）在教法前無效”，文書121（6）中提到“教法”，文書116印章上有“喀孜”和“最高法官”字樣，文書118直接提到“宗教法庭”，121（7）提到縣長和案辦的同時，也提到“伊斯蘭長老”協助解決糾紛，契約114上則有“最高法官”的印章。

始於烏瑪亞王朝時期的伊斯蘭教法法庭爲後代的伊斯蘭影響區域所沿用；新疆地區的教庭可能始於喀喇汗王朝時期，一定程度地延續到20世紀中葉。從律治的意義上來説，納瓦村等地的這批文書一方面證實了“王權止於縣政”的中國傳統政治結構，另一方面也證實了國家大法與地方民法之間有一定的相容空間。也就是説，民國時期的地方喀孜在遵守國家法及政府允許的範圍内，按照沙里亞法作爲仲裁者起著調解或處理經濟關係的作用，同時也在某種意義上爲官方提供輔證。

① ［英］法蘭西斯·魯賓遜主編：《劍橋伊斯蘭教史》，安維華、錢雪梅譯，世界知識出版社，2002年，第208頁。

科技保護

新疆紙質文物纖維素成分及老化程度分析

郭　宏　孫延忠　郭金龍　龔德才　楊　淼

1　紙張和木簡保存現狀

1.1　紙張保存現狀

本次共檢測紙張共24種，大部分保存較完整，少部分殘缺破碎較嚴重。具體信息如下。

表1-1　樣本編號及數量

序號	文物編號	數量
1	09ZJ0039	1
2	09ZJ0043	1
3	09ZJ0085	1
4	09ZJ0089	1
5	09ZJ0102	1
6	09ZJ0103	1
7	09ZJ0104	1
8	09ZJ0105	1
9	09ZJ0109	1
10	09ZJ0116	1
11	09ZJ0118	1
12	09ZJ0120	1
13	09ZJ0121	10
14	09ZJ0123	1
15	09ZJ0124	1
16	09ZJ0125	1
17	09ZJ0126	1
18	09ZJ0127	1
19	09ZJ0128	1
20	09ZJ0130	1
21	09ZJ0131	1
22	09ZJ0132	1
23	09ZJ0133	1
24	09ZJ0134	1

編號爲09ZJ0039的外觀如圖1-1所示，紙張呈棕褐色，雙面均有字迹，有的地方已經缺損、破裂，且有皺褶和油墨的污染，曾用絲網加固。

編號爲09ZJ0043的紙樣外觀如圖1-2所示。紙張呈棕褐色，兩面均有字迹，上有白色污染物，污染嚴重，有破損和起皺。

編號爲09ZJ0085的紙樣外觀如圖1-3所示。紙保存相對完好，接近白色，單面有字，由于長時間的折叠致使紙張有明顯的折痕，缺失一角，表面有污染。

編號爲09ZJ0089的紙樣外觀如圖1-4所示。紙張呈淡黄色，有明顯的皺褶和折痕，部分邊緣破損和卷曲。

編號爲09ZJ0102紙樣的外觀如圖1-5所示。文書由白色紙張和黄色紙張粘連在一起構成，單面有字。左邊白色紙張上邊緣已經缺失，右邊黄色紙張保存完整。整體講該文書除了有折叠的痕迹外，没有其他病害，保存完好。

編號爲09ZJ0103紙樣的外觀如圖1-6所示。單面文書，有很深的折痕，邊緣缺失、破損，有黄色污迹，局部出現皺褶。

編號爲09ZJ0104紙樣的外觀如圖1-7所示。文書由三張不同的紙粘結在一起組成。左邊是寫有紅色漢文文字的紙張，上有污迹；右側紙張寫有黑色漢字，上有藍色（疑爲墨水）和黄色的污漬，右邊緣有破損。三張紙都有明顯的折痕。

編號爲09ZJ0105紙樣的外觀如圖1-8所示。單面文書，有折痕，部分有皺褶，邊緣卷曲。

編號爲09ZJ0109紙樣的外觀如圖1-9—1-11所示。單面文書，由兩張紙粘在一起，左邊的紙張偏白。紙的中部有破損和污迹，文書有折痕。

編號爲09ZJ0116紙樣的外觀如圖1-12—1-14所示。單面文書，由三張紙粘在一起組成。有折痕、破損、皺褶現象，邊緣出現卷曲。藍色字迹已經變得模糊。

編號爲09ZJ0118紙樣的外觀如圖1-15所示。雙面文書，三張紙粘連在一起，中間及左邊紙比較厚，斷裂處用膠帶粘結，有折痕，邊緣卷曲，有的地方已經破損。

編號爲09ZJ0120紙樣的外觀如圖1-16所示。單面維吾爾語文書，有輕微的折痕和明顯的皺褶，邊緣卷曲。

編號爲09ZJ0121紙樣的外觀如圖1-17—1-20所示。維吾爾語文書，共十件，折叠較厚，有折痕、破損、污染。其中一件污染物特别嚴重（圖1-19），一件印有許多相同圖案的紙有破損，上有污染物（如圖1-20）。

編號爲09ZJ0123紙樣的外觀如圖1-21所示。單面文書，殘缺不全，表面有污染，有皺褶和蟲蛀的洞眼。

編號爲09ZJ0124紙樣的外觀如圖1-22所示。單面文書殘片，有皺褶，背面有污染物。

編號爲09ZJ0125紙樣的外觀如圖1-23所示。雙面文書殘片，表面有突起和白色的污染物，有破損、皺褶起毛現象。

編號爲09ZJ0126紙樣的外觀如圖1-24、1-25所示。雙面文書殘片，表面有突起和白色污染物，有破損，有皺褶和卷曲。

編號爲09ZJ0127紙樣的外觀如圖1-26所示。雙面文書殘片，字迹比較模糊，且有非常多的皺褶，邊緣卷曲、破損，表面有一層白色的污染物質。

編號爲09ZJ0128紙樣的外觀如圖1-27、1-28所示。雙面文書殘片，有破損，皺褶，反面粘有類似泥土狀的污染物。

編號爲09ZJ0130紙樣的外觀如圖1-29所示。雙面文書殘片，上有土和白色小突起、有皺褶、破損。

編號爲09ZJ0131紙樣的外觀如圖1-30所示。雙面文書殘片，整體比較平整，表面有小突起，邊緣破損。

編號爲09ZJ0132紙樣的外觀如圖1-31所示。雙面文書殘片，有皺褶、破損。

編號爲09ZJ0133紙樣的外觀如圖1-32所示。雙面文書，表面覆蓋一層污染物質，皺褶比較明顯，字迹已模糊不清。

編號爲09ZJ0134紙樣的外觀如圖1-33所示。雙面文書，紙張表面有白色污染物，有皺褶。

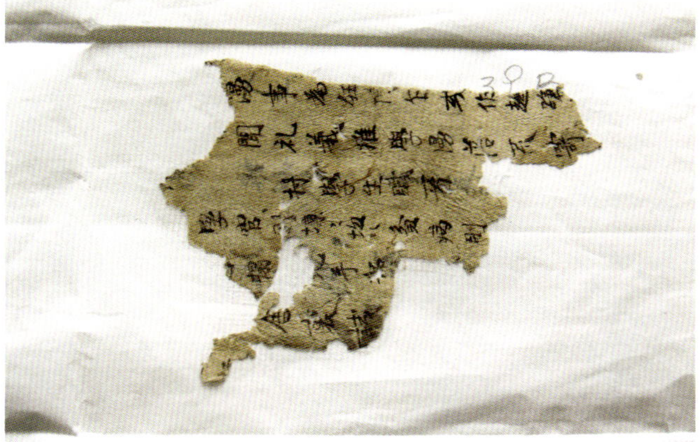

圖1-1　09ZJ0039

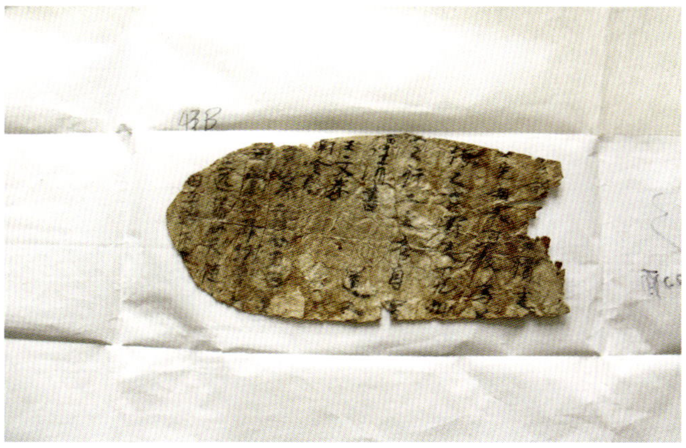

圖1-2　09ZJ0043

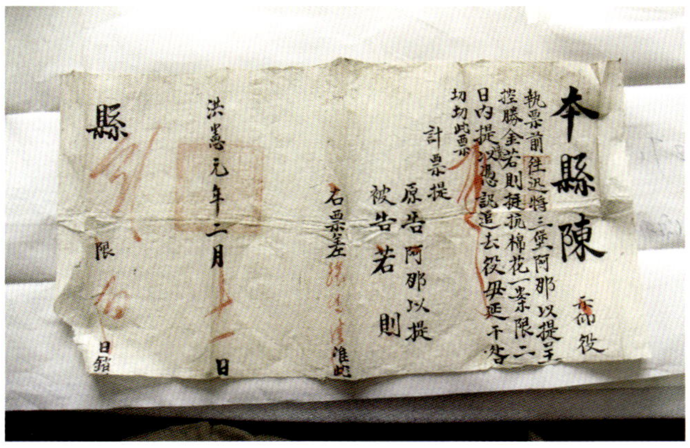

圖1-3　09ZJ0085

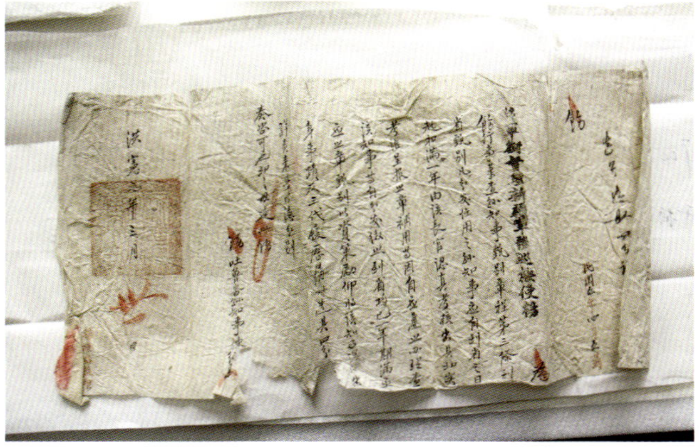

圖1-4　09ZJ0089

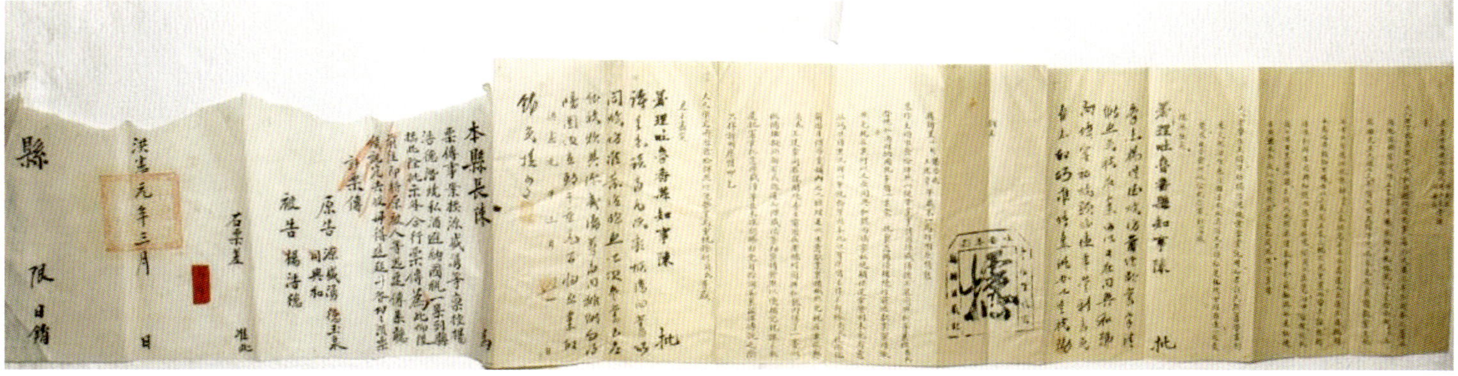

圖1-5　09ZJ0102

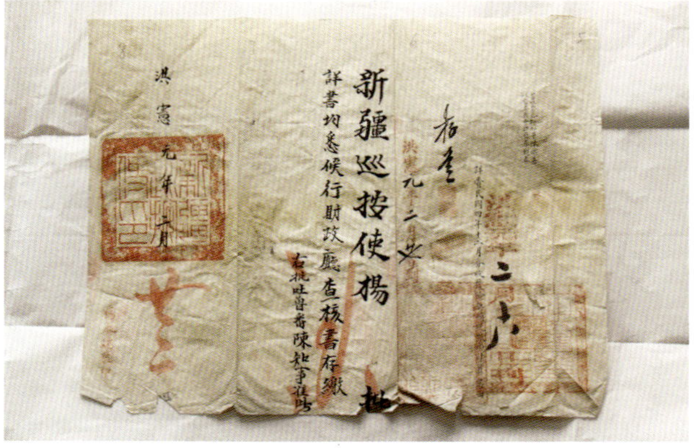

圖1-6 09ZJ0103

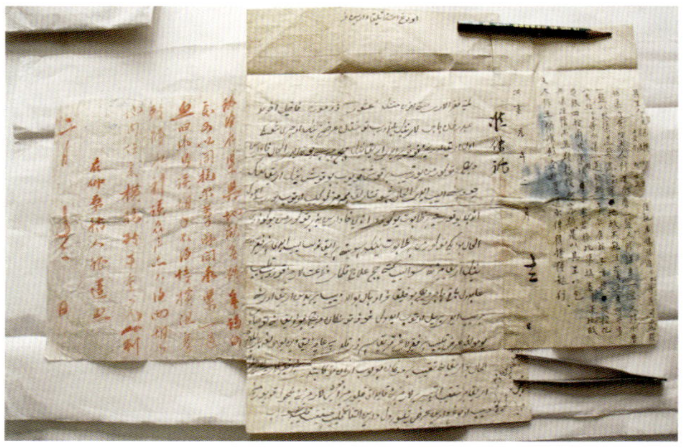

圖1-7 09ZJ0104

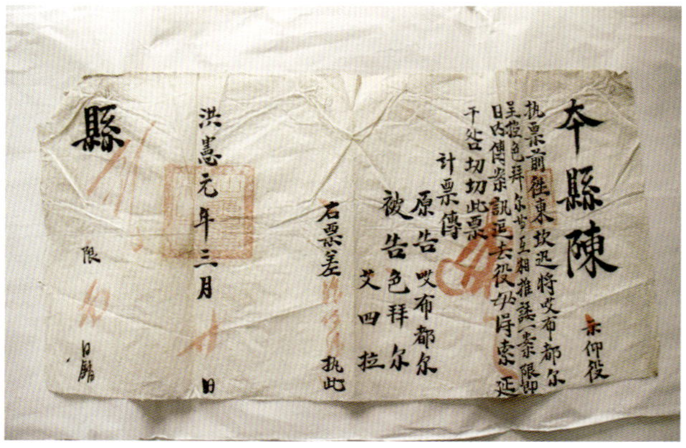

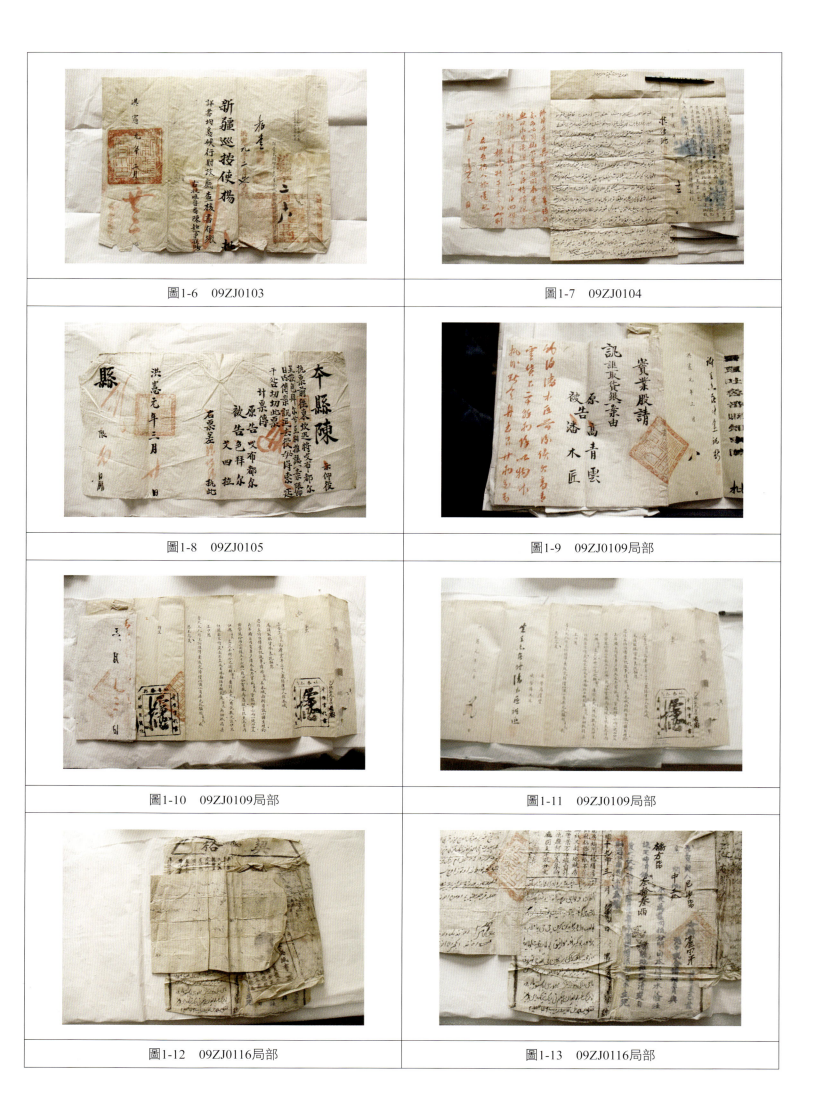

圖1-8 09ZJ0105

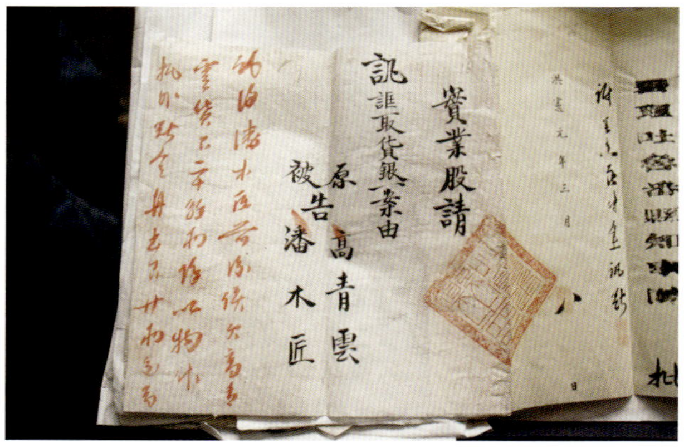

圖1-9 09ZJ0109局部

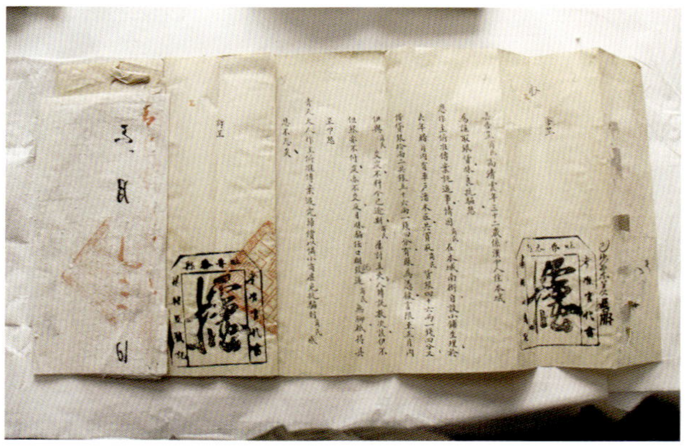

圖1-10 09ZJ0109局部

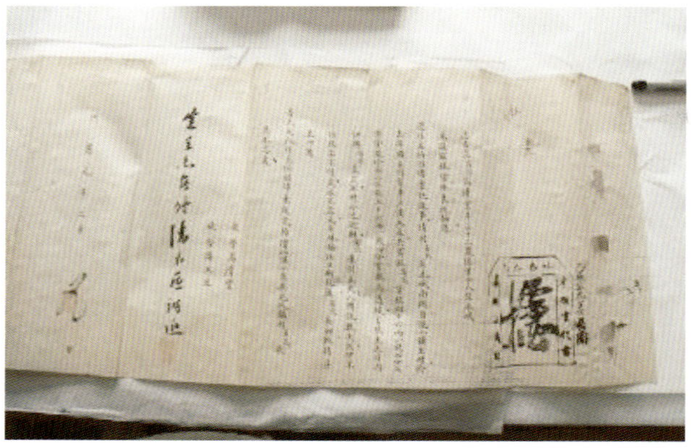

圖1-11 09ZJ0109局部

圖1-12 09ZJ0116局部

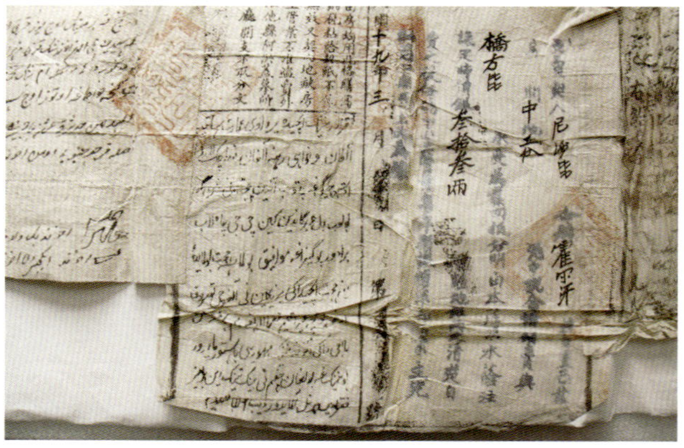

圖1-13 09ZJ0116局部

圖1-14　09ZJ0116整體

圖1-15　09ZJ0118

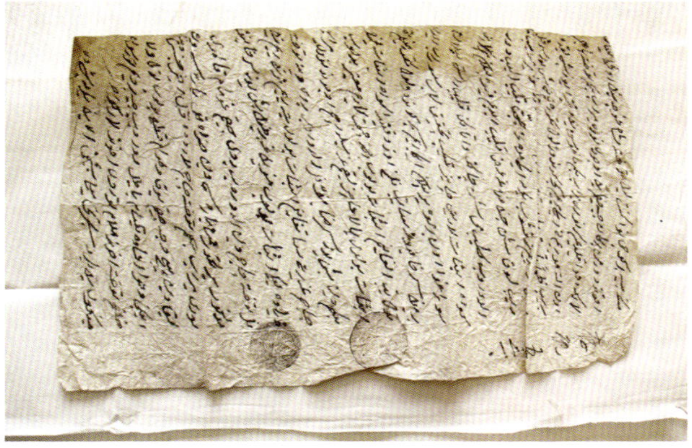
圖1-16　09ZJ0120局部

圖1-17　09ZJ0121折叠

圖1-18　09ZJ0121部分展開

圖1-19　09ZJ0121污染物嚴重的文書

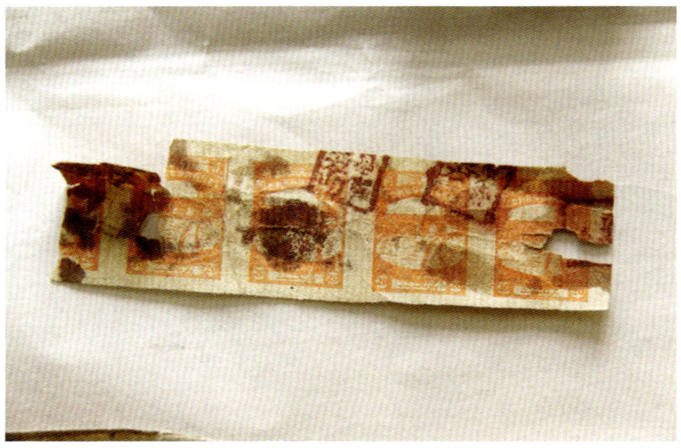
圖1-20　09ZJ0121印章

圖1-21　09ZJ0123

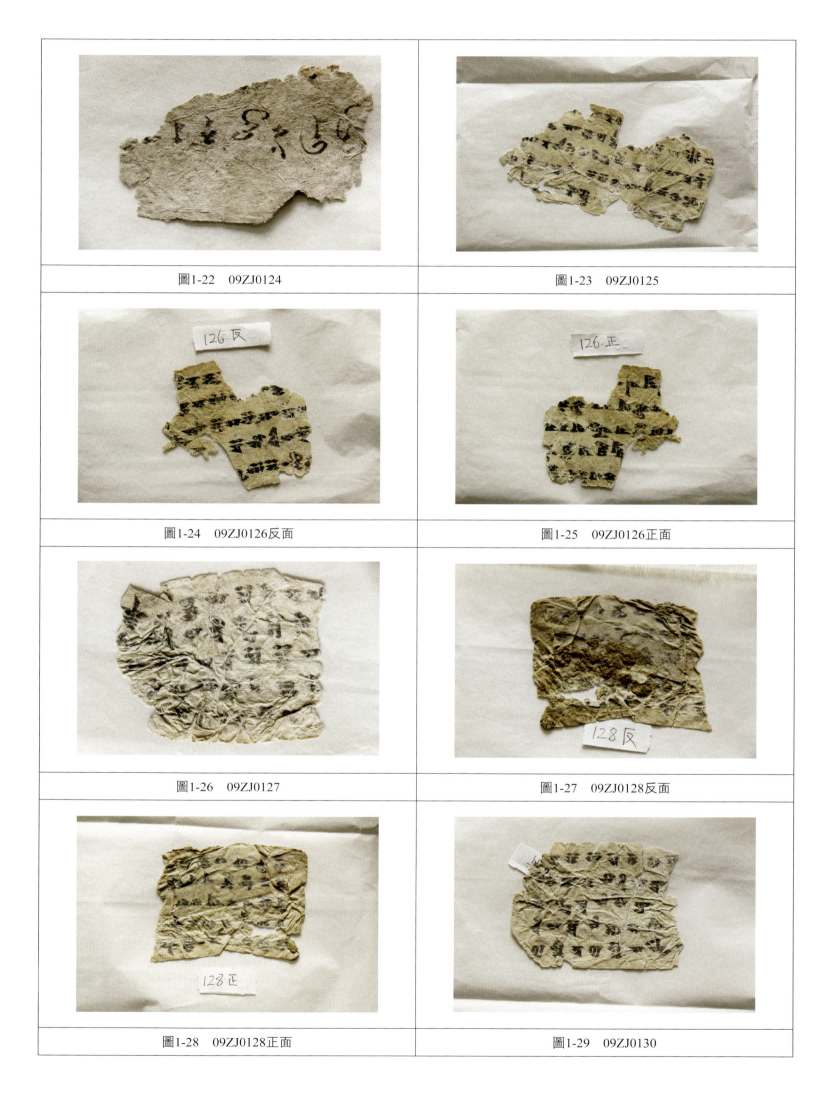

圖1-22 09ZJ0124

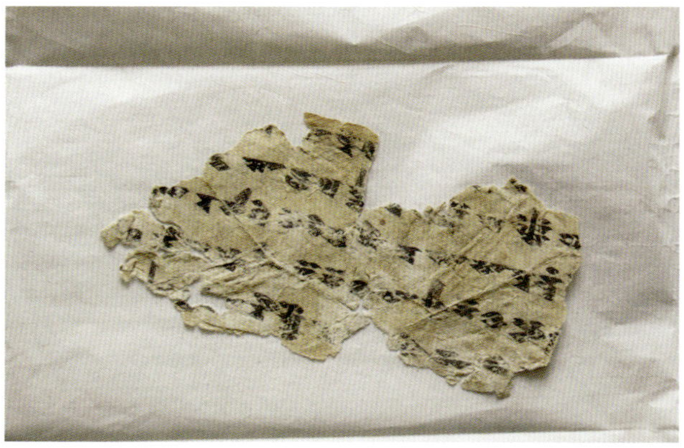

圖1-23 09ZJ0125

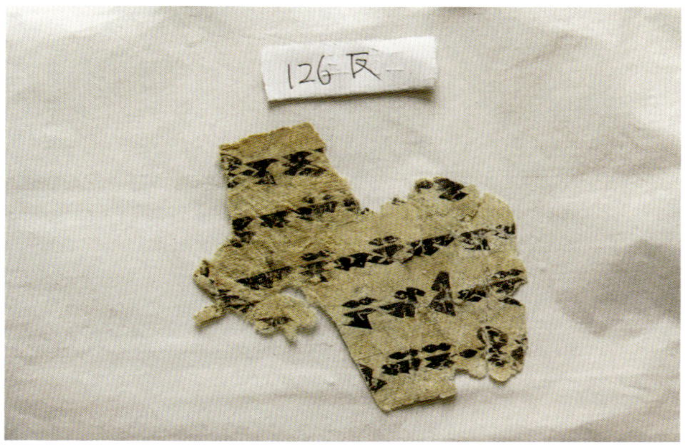
126反

圖1-24 09ZJ0126反面

126正

圖1-25 09ZJ0126正面

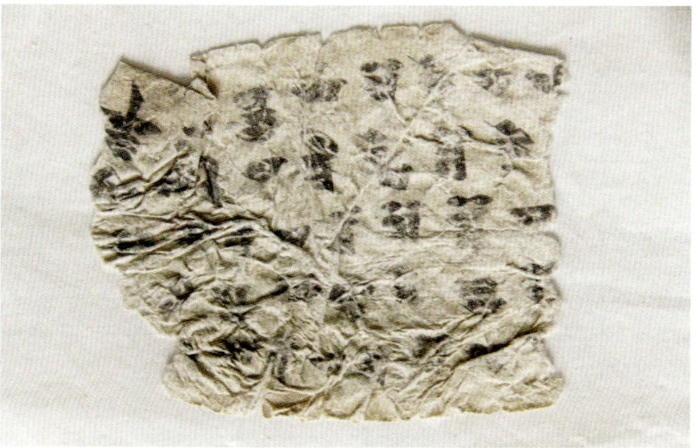

圖1-26 09ZJ0127

128反

圖1-27 09ZJ0128反面

128正

圖1-28 09ZJ0128正面

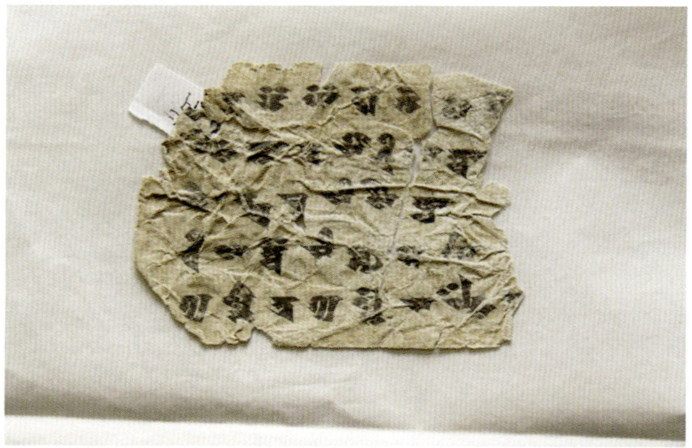

圖1-29 09ZJ0130

圖1-30　09ZJ0131

132正

圖1-31　09ZJ0132

圖1-32　09ZJ0133

圖1-33　09ZJ0134

1.2　木簡保存現狀

木簡已殘缺不全，開裂嚴重，表面有的覆蓋一層泥沙或表層脱落，導致字迹模糊不清，較幹燥，含水率較低，有的木簡表面有霉斑，保存狀况已經穩定，見圖1-34。

木簡-1-號正面

木簡-1-號背面

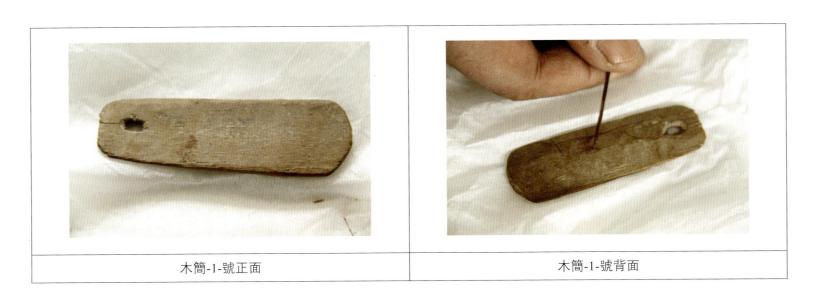

木簡-2-號正面

木簡-2-號背面

木簡-3-號正面

木簡-1-號背面

圖1-34　木簡保存現狀

2　紙張含水率測定

含水率的多少直接影響到紙質文物的保存，濕度過大會使紙張生霉，且潮濕的環境不僅會使紙張變潮而發生水解，而且會使耐水性差的字迹滲化褪色，模糊不清，還有利于微生物的生長繁殖，促使紙張霉爛、蟲蛀、變質等。另外還會加重其他有害物質如大氣中的酸性氣體CO_2、NO_2、SO_2等被潮濕紙張中的水分吸收，形成腐蝕性極强的無機酸，某些紙張中殘留的明矾更易水解生成酸，從而加速紙張的損壞。而濕度太小也會使紙質文物變脆，强力下降，産生變形、酥粉等病害。因此，紙張的保存需要適宜的濕度。

利用便携式含水率測定儀，對紙張的含水率進行無損分析測定，具體的測定結果如下表。

表2–1　紙張含水率表

文物編號	含水率（%）
09ZJ0039	0.9
09ZJ0043	1.0
09ZJ0085	1.3
09ZJ0089	1.0

续表

文物編號	含水率（%）
09ZJ0102	2.0
09ZJ0103	1.0
09ZJ0104	1.1
09ZJ0105	1.2
09ZJ0109	1.3
09ZJ0116	1.1
09ZJ0118	1.2
09ZJ0120	1.1
09ZJ0121	1.3
09ZJ0123	1.0
09ZJ0124	1.2
09ZJ0125	1.2
09ZJ0126	1.1
09ZJ0127	1.1
09ZJ0128	1.2
09ZJ0130	1.2
09ZJ0131	1.1
09ZJ0132	1.0
09ZJ0133	1.3
09ZJ0134	1.2

3　木簡樹種鑒定

爲了瞭解木簡樹種，采用顯微分析的方法，對編號爲木簡-2號和木簡-3號的樹種進行鑒定，可以研究當地的樹木種群。鑒定顯微照片見圖3-1。

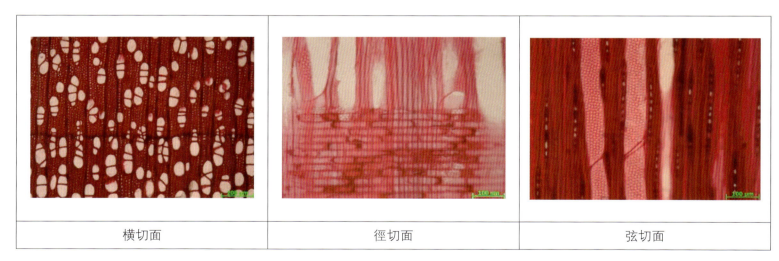

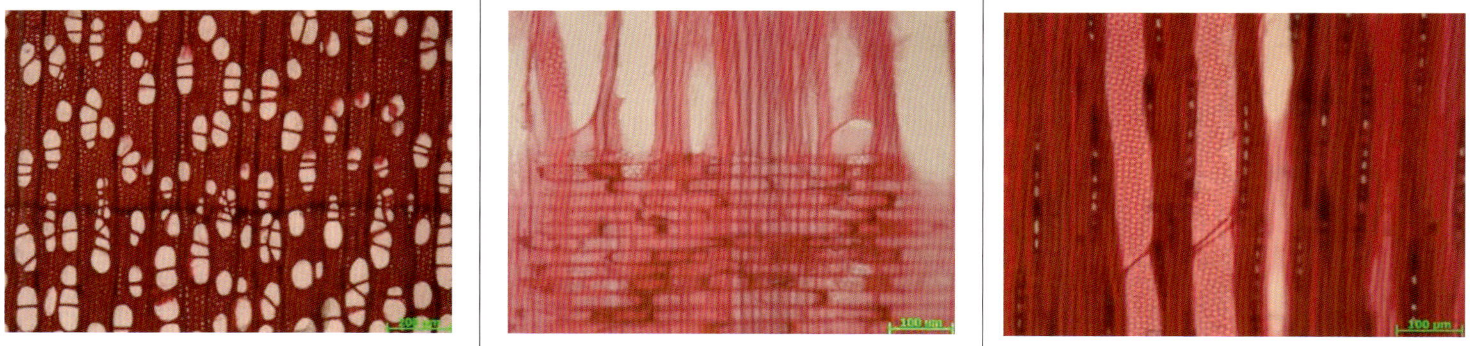

横切面	徑切面	弦切面

圖3-1　木簡-2號和木簡-3號剖面顯微照片

從剖面顯微照片可以看出，木材生長輪較明顯，散孔材。導管横切面爲卵圓及橢圓形；略具多角形輪廓；短徑列復管孔2—4個及單管孔，少數呈管孔團；徑列。單穿孔，卵圓及橢圓形；穿孔板略傾斜至傾斜。管間紋孔式互列，多角形。軸向薄壁組織量少，輪界及星散狀。木纖維壁薄，單紋孔。木射綫單列，高2-25細胞，多數8-18細胞。射綫組織同形單列。射綫與導管間紋孔式爲單紋孔，大小同管間紋式，多見于邊緣1-2列細胞内。無胞間道。根據以上顯微特徵鑒定爲*Populus sp.*楊木。

4　紙張纖維分析

利用纖維測量儀對紙張的纖維種類進行鑒定，用碘-氯化鋅染色劑對染色後，放在纖維測量儀下觀察，通過染色後纖維的顏色及形態判斷造紙的纖維種類。檢測到樣品的纖維形態圖如下所示。

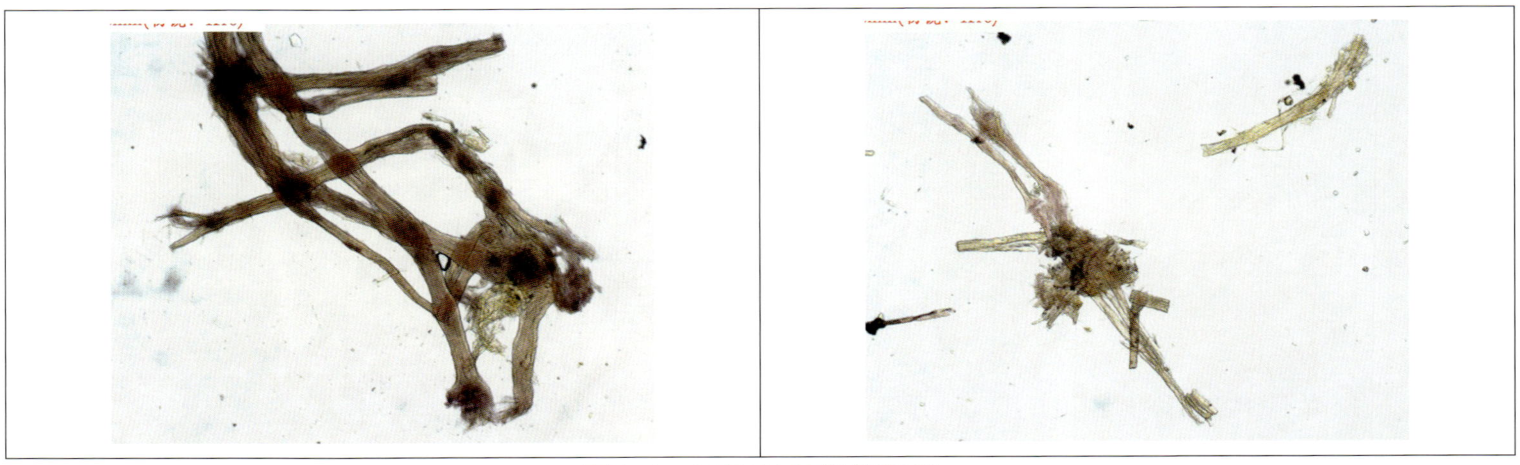

圖4–1　09ZJ0027纖維形態

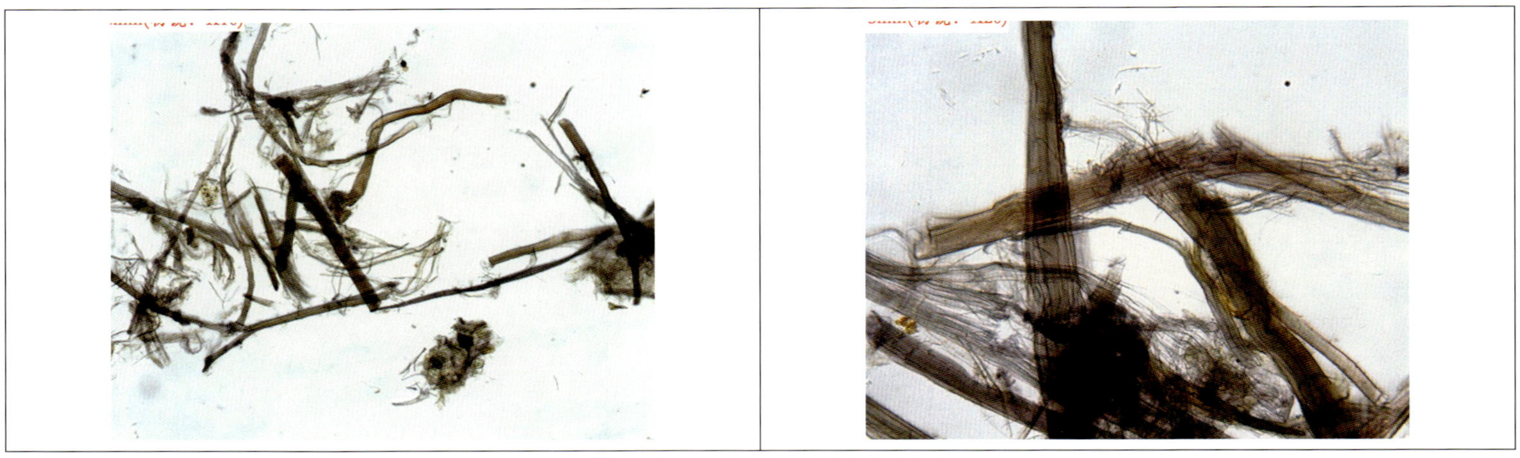

圖4–2　09ZJ0063纖維形態

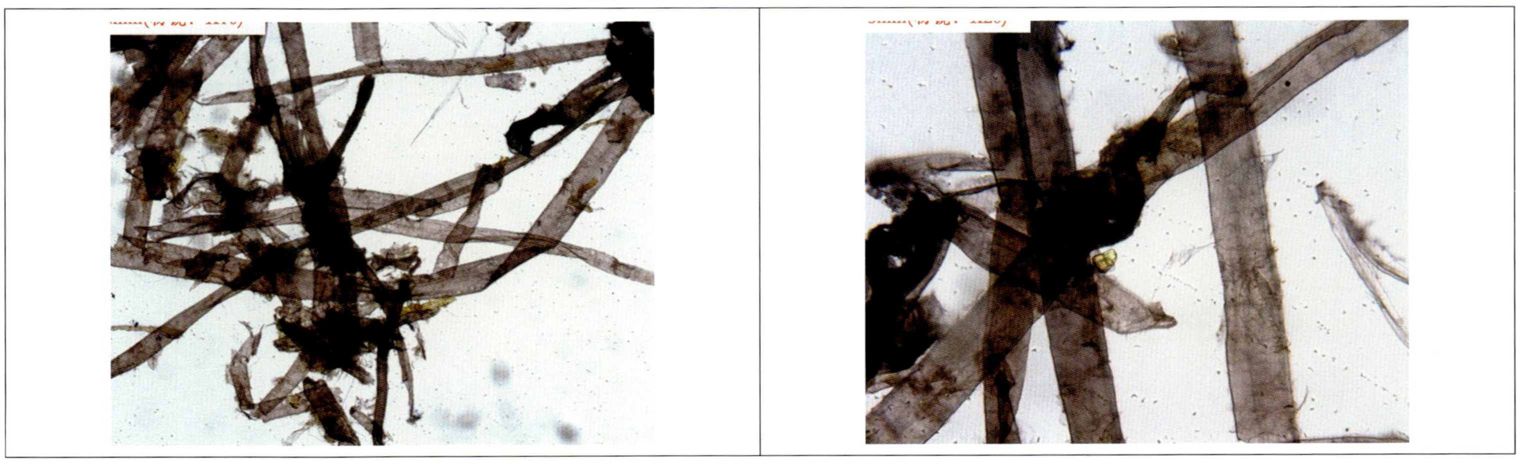

圖4–3　09ZJ0108纖維形態

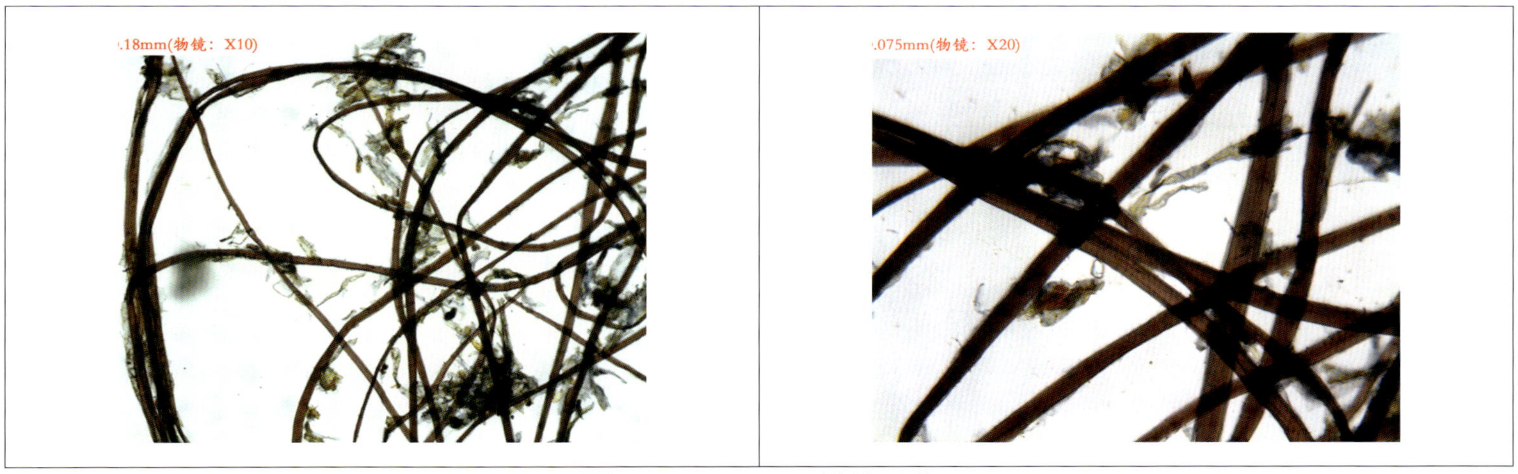
.18mm(物镜：X10)
.075mm(物镜：X20)

圖4-4　09ZJ0121纖維形態

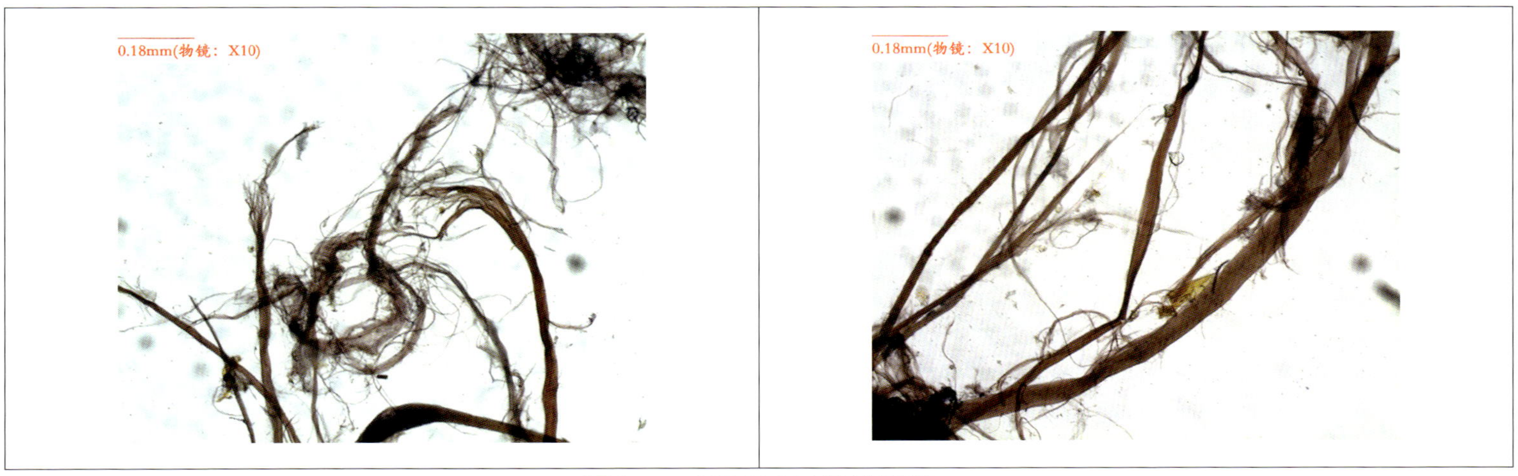
0.18mm(物镜：X10)
0.18mm(物镜：X10)

圖4-5　09ZJ0124纖維形態

0.18mm(物镜：X10)
0.075mm(物镜：X20)

圖4-6　09ZJ0130纖維形態

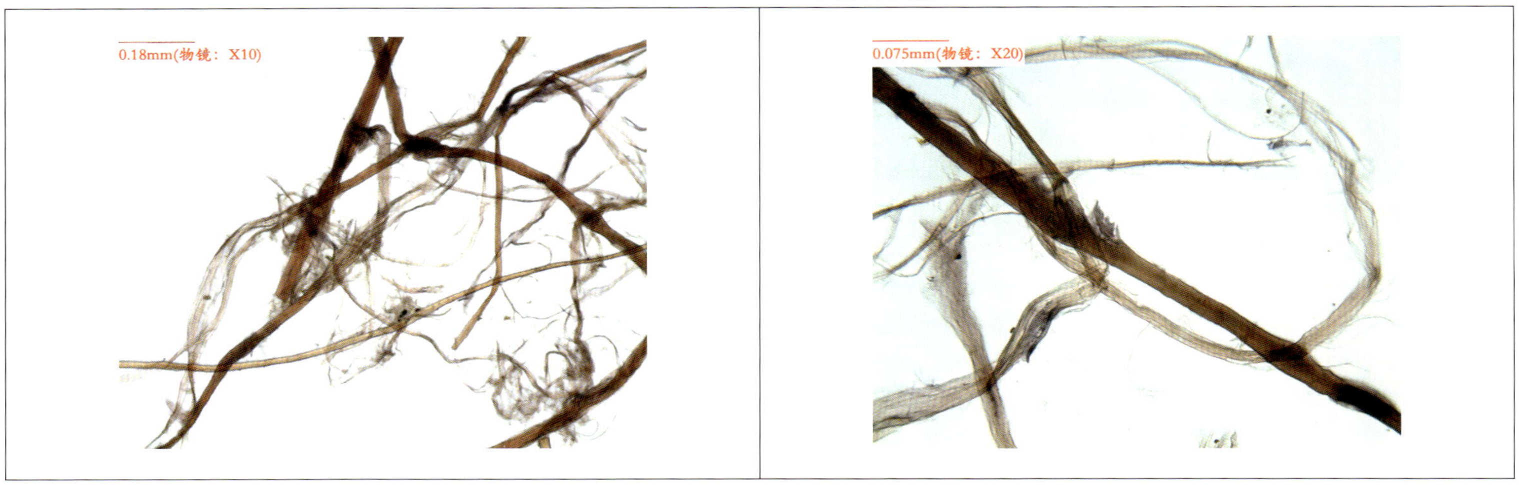
0.18mm(物镜：X10)
0.075mm(物镜：X20)

圖4-7　09ZJ0133纖維形態

從圖4-1、圖4-2知，09ZJ0027和09ZJ0063號樣品纖維多數已經斷裂成短的纖維段，幾乎很難見完整的纖維，且有成堆的絮狀物出現，由此可以看出紙張保存狀况不佳。這從紙張的外觀上也可以説明，紙呈棕褐色，有的已經破碎。其他紙樣都呈淺黄色，在顯微鏡下觀察纖維保存較爲完好，斷裂的纖維都是造紙時切斷的。

除了09ZJ0108、09ZJ0121樣品之外，其他所有樣品纖維經碘-氯化鋅染色後呈暗棕紅色，纖維表面呈現若幹縱向條紋且無透明膠衣，壁上有明顯的横節紋，纖維分絲帚化現象比較嚴重。結合文獻麻纖維的特徵是：纖維外壁無紋孔而有較明顯的横節紋，没有膠衣。碘-氯化鋅染色後多數呈酒紅色（黄麻爲黄色），經過打漿後比較容易分絲帚化。判斷該批樣品全部爲麻纖維。

從圖4-3我們可以看出，該紙的纖維呈扁平帶狀，寬且短，纖維壁上紋孔，推斷爲針葉木纖維。

從圖4-4中可見，樣品09ZJ0121經碘-氯化鋅染色劑染色後，纖維顯棕紅色，細且長，表面十分光滑，保存完好，無分絲帚化現象。纖維外壁有一層透明膠衣，在端部尤爲明顯，并且有横節紋。由此可判斷爲皮纖維。

5 制作工藝分析

爲了判斷造紙時所使用的填料種類，對樣品做了元素的分析，分析結果見表表5-1。

表5-1 紙樣元素成分分析結果

樣品名稱	分析結果（ω%）											
	C	O	Na	Mg	Al	Si	S	Cl	K	Ca	Fe	Cu
09ZJ0027	54.35	32.48		0.41	0.96	2.82	0.32		0.29	3.41	1.60	3.37
09ZJ0063	39.91	30.24	1.25	2.36	1.45	9.58	2.26	0.60	1.26	4.65	3.03	3.42
09ZJ00108	54.03	31.56	0.47	0.37	2.83	3.44	0.63	1.41	0.85	1.55	1.13	1.72
09ZJ00124	24.30	40.10	2.04	0.86	3.92	18.26	0.56		0.64	3.17	1.89	4.26
09ZJ00130	33.80	35.41		1.11	1.88	4.53	4.17	2.23	1.31	7.26	3.56	4.73
09ZJ00133	25.11	35.98	0.77	1.08	1.87	5.09	1.28	0.79	1.49	16.97	4.53	5.03

（由于空白膠帶是用銅做的，所以各樣品中銅的含量均較高。）

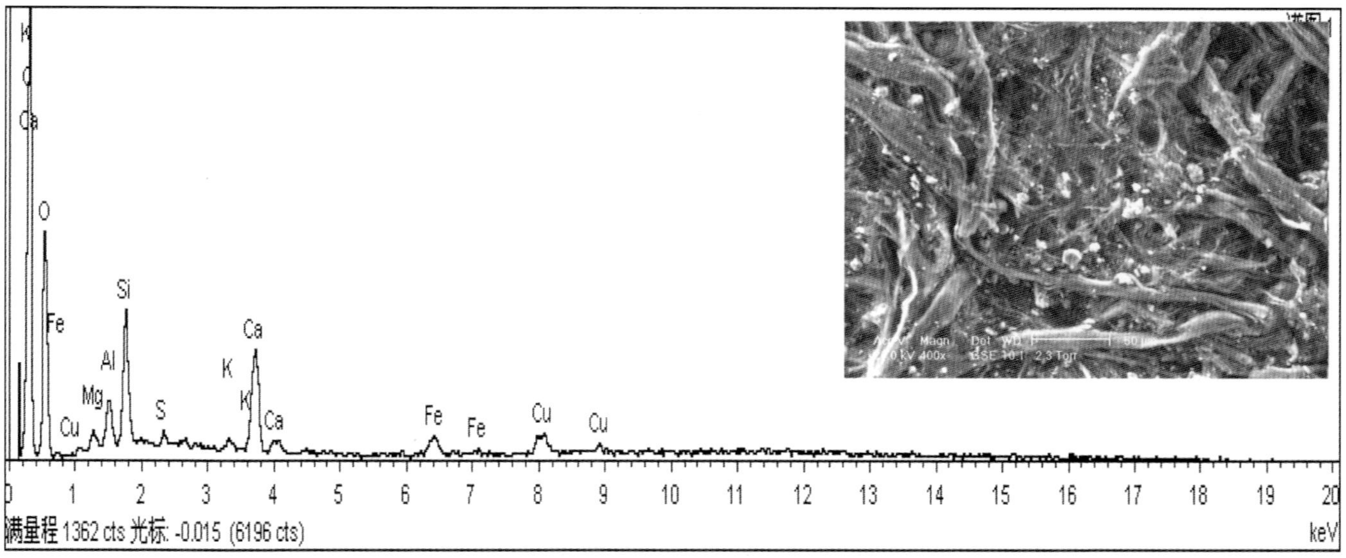
K
C
Ca
O
Fe
Si
Al
Mg
Cu
S
K
K
Ca
Ca
Fe
Fe
Cu
Cu
0
1
2
3
4
5
6
7
8
9
10
11
12
13
14
15
16
17
18
19
20
满量程 1362 cts 光标: -0.015 (6196 cts)
keV

圖5-1 09ZJ0027能譜圖

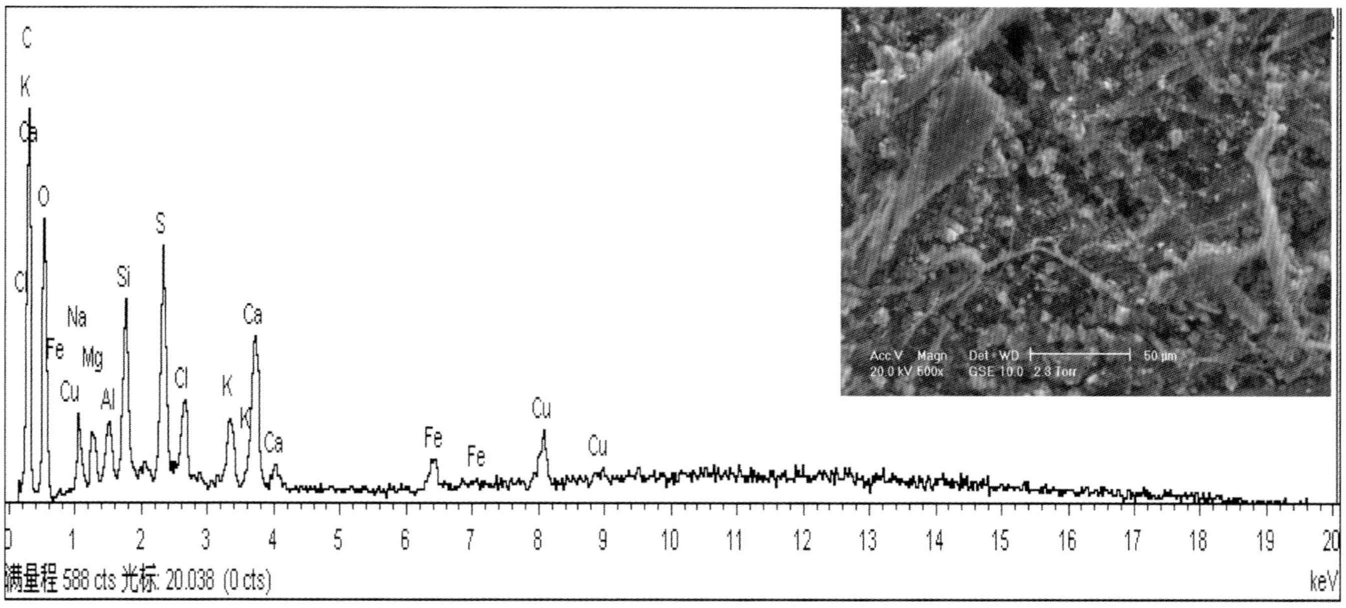

C K Ca O Cl Fe Na Mg Si S Cu Al Cl K K Ca Ca Fe Fe Cu Cu
0 1 2 3 4 5 6 7 8 9 10 11 12 13 14 15 16 17 18 19 20
满量程 588 cts 光标: 20.038 (0 cts)
keV

圖5-2 09ZJ0063能譜圖

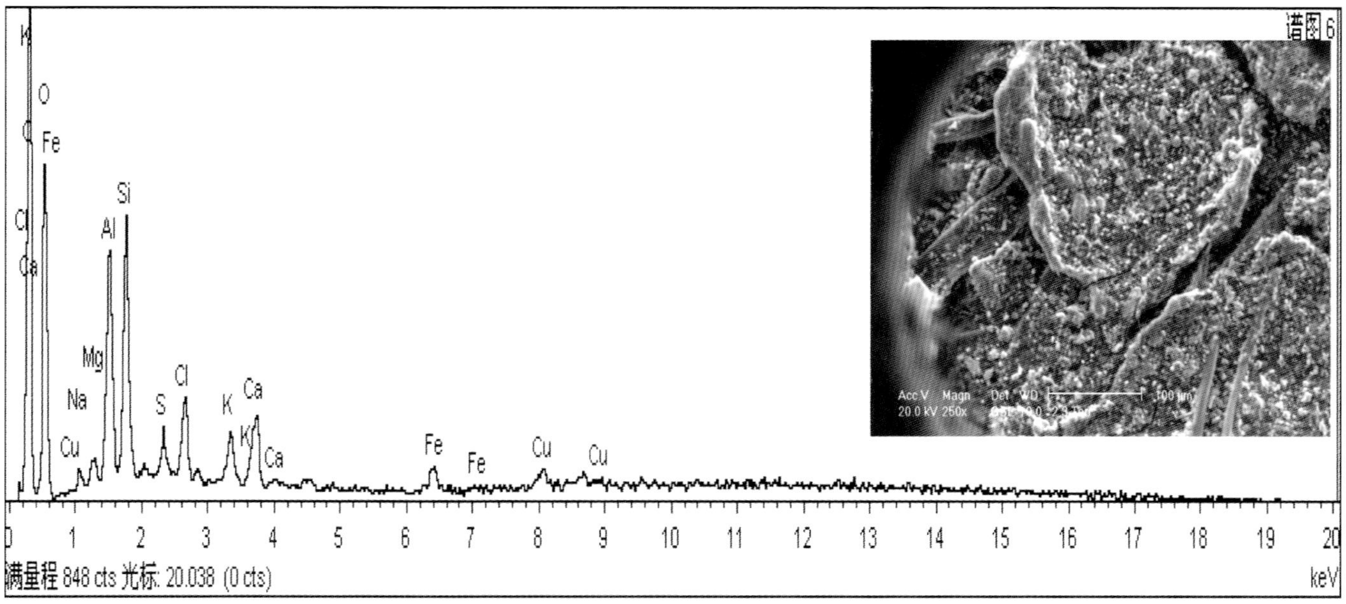

谱图6
K O C Fe Si Cl Al Ca Mg Na Cl S K Ca K Cu Ca Fe Fe Cu Cu
0 1 2 3 4 5 6 7 8 9 10 11 12 13 14 15 16 17 18 19 20
满量程 848 cts 光标: 20.038 (0 cts)
keV

圖5-3 09ZJ0108 能譜圖

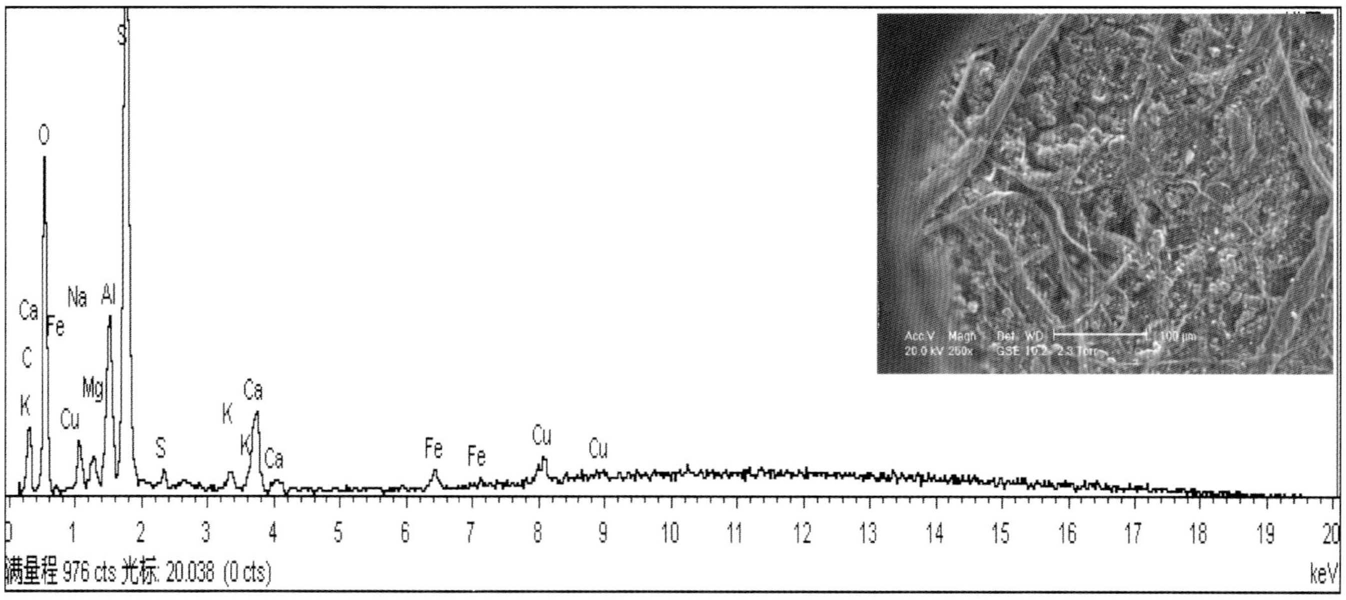

S O Na Al Ca Fe C Mg K Cu K Ca S K Ca Fe Fe Cu Cu
0 1 2 3 4 5 6 7 8 9 10 11 12 13 14 15 16 17 18 19 20
满量程 976 cts 光标: 20.038 (0 cts)
keV

圖5-4 09ZJ0124能譜圖

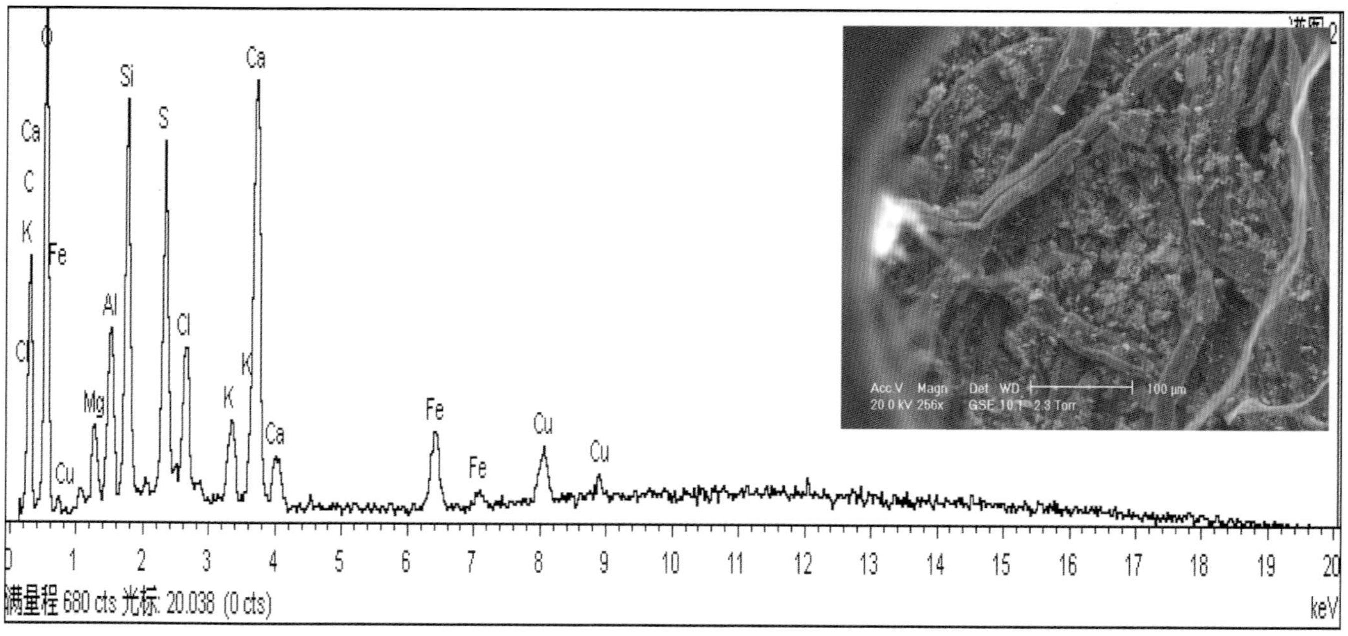
O
Ca
C
K
Cl
Fe
Cu
Mg
Al
Si
S
Cl
K
K
Ca
Ca
Fe
Fe
Cu
Cu
Acc.V Magn Det WD 100 μm
20.0 kV 256x GSE 10.1 2.3 Torr
0 1 2 3 4 5 6 7 8 9 10 11 12 13 14 15 16 17 18 19 20
满量程 680 cts 光标: 20.038 (0 cts)
keV

圖5–5　09ZJ0130能譜圖

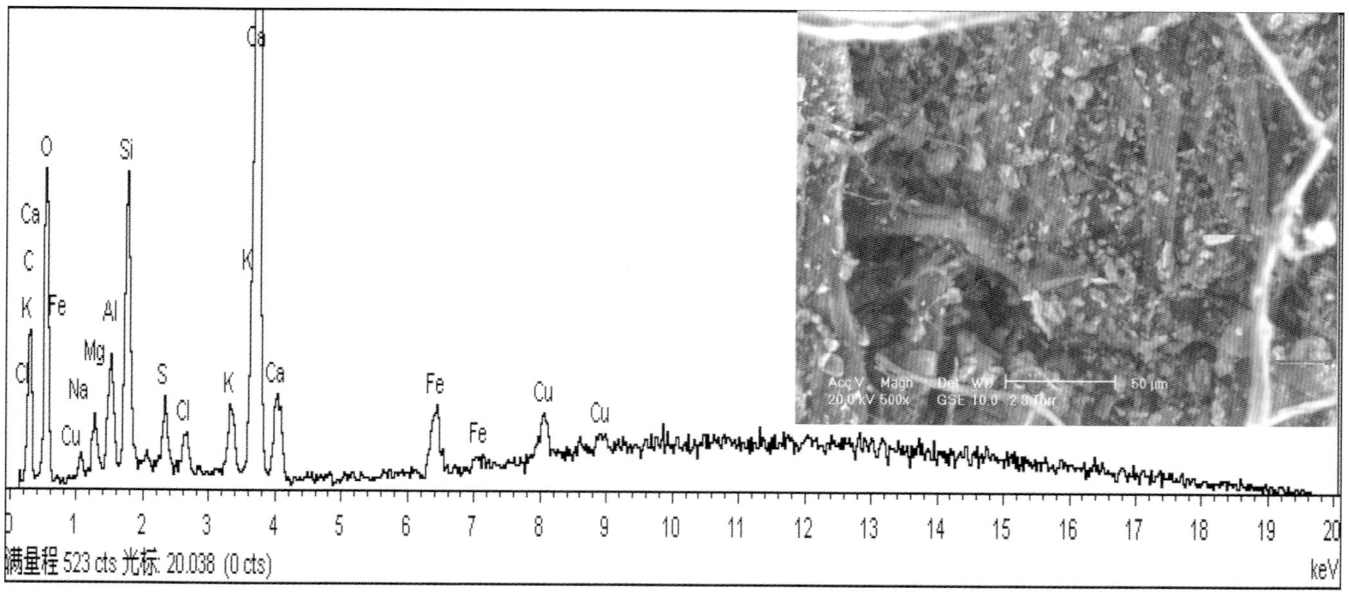
Ca
O
Si
Ca
C
K
Fe
Cl
Mg
Na
Al
Cu
S
Cl
K
K
Ca
Fe
Fe
Cu
Cu
Acc.V Magn Det WD 50 μm
20.0 kV 500x GSE 10.0 2.3 Torr
0 1 2 3 4 5 6 7 8 9 10 11 12 13 14 15 16 17 18 19 20
满量程 523 cts 光标: 20.038 (0 cts)
keV

圖5–6　09ZJ0133能譜圖

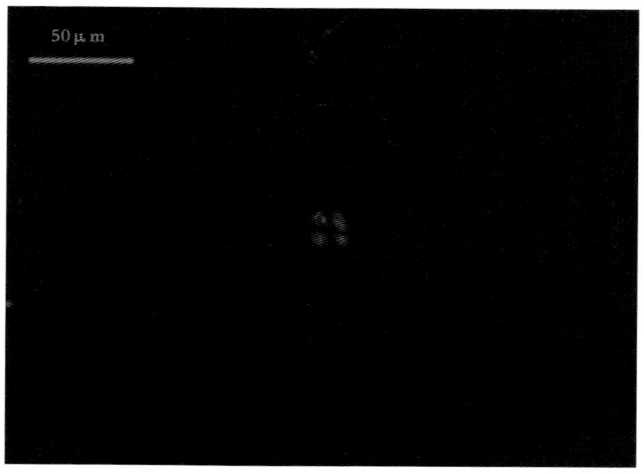
50 μ m

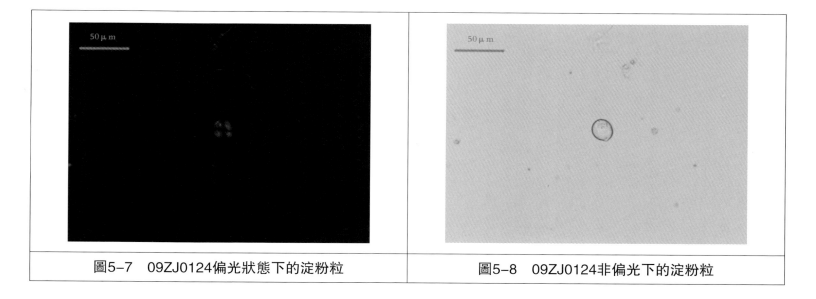

圖5–7　09ZJ0124偏光狀態下的淀粉粒

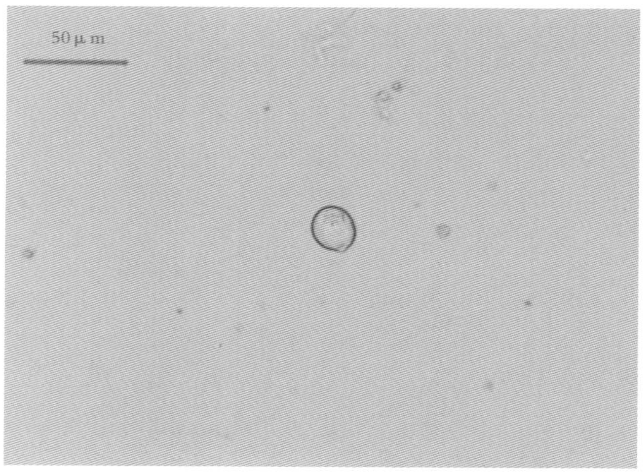
50 μ m

圖5–8　09ZJ0124非偏光下的淀粉粒

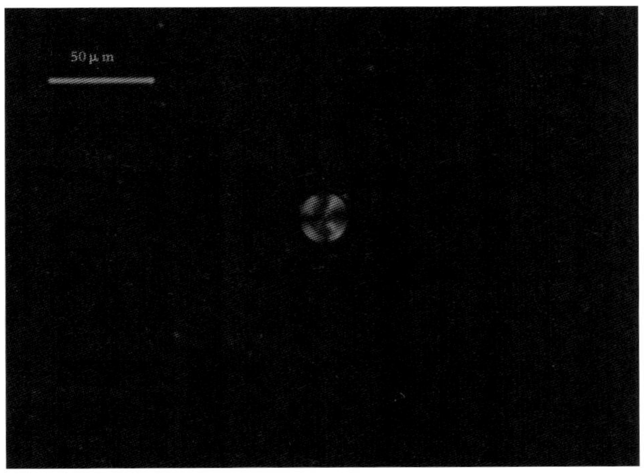
50μm

圖5–9　09ZJ0124偏光狀態下的淀粉粒

50μm

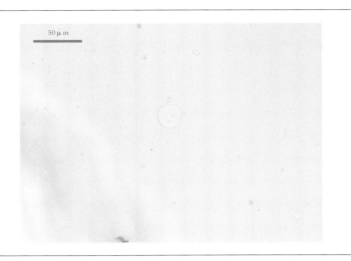

圖5–10　09ZJ0124 非偏光下的淀粉粒

樣品09ZJ0027分析結果表明，C、O、Si、 Ca和 A1的含量都比較高，其中C、O是纖維素的主要元素。查閱文獻可知，古代造紙所用的填料一般有高嶺土（$A1_2O_3{\cdot}2SiO_2{\cdot}2H_2O$）、滑石粉（$3MgO{\cdot}4SiO_2{\cdot}H_2O$）、白堊（$CaCO_3$）等細粉。Si、Ca和 A1的含量比較高，再結合掃描電鏡（圖5-1）説明造紙時加入了高嶺土（$A1_2O_3{\cdot}2SiO_2{\cdot}2H_2O$）、碳酸鈣（$CaCO_3$）作爲填料，以提高紙張的平滑度、白度、不透明度和均勻度，改善其吸墨性，降低其吸濕性。

通過掃描電鏡圖片（圖5-2、5-3、5-5、5-6）知，樣品09ZJ0063、09ZJ0108、09ZJ0130、09ZJ0133纖維之間被許多礦物性細小顆粒充填，由于有這層物質的掩蓋，致使在電鏡下拍照時，只能隱約看見纖維。由此判斷在造紙過程中加入了填料；除了Si和Ca的含量比較高之外，Mg的含量也很多，據此推斷填料可能爲高嶺土（$A1_2O_3{\cdot}2SiO_2{\cdot}2H_2O$）、碳酸鈣（$CaCO_3$）和滑石粉（$3MgO{\cdot}4SiO_2{\cdot}H_2O$）。此外，Al、S、K的含量相對比較高，此紙可能用膠矾水施過膠。膠矾水爲動植物膠和明矾的混合，其中明矾爲$KA1{\cdot}(SO_4)_2{\cdot}12H_2O$。目的是爲了堵死紙面纖維間存在的毛細管，避免下墨時發生暈染、走墨現象。

樣品09ZJ0124所測得的高含量的Al、Si以及Ca表明所加的填料也是高嶺土（$A1_2O_3{\cdot}2SiO_2{\cdot}2H_2O$）、碳酸鈣（$CaCO_3$）。在掃描電鏡下觀察到有許多球形的顆粒狀物質，結合偏光顯微鏡圖片（圖5-7—圖5-10）知此顆粒狀物質爲植物淀粉粒。由此推知該紙用植物淀粉作爲施膠劑。

6　紙張和木簡保護修復建議

以上是對紙張和木簡檢測的結果，通過分析得，唐代的文書老化情況比較嚴重，這也可以從外觀上體現出來，唐代的兩個樣品呈棕褐色，邊緣不見露出的纖維束。很多文書都有污染，并且由于長期折叠在一起，折痕比較嚴重，邊緣出現卷曲。針對以上病害，提出具體的保護修復建議。

6.1　控制庫房的温濕度

當濕度過大時，紙質文物特別易滋生病蟲害，霉菌和苔蘚等微生物也極易發展。因此，需要一定的設備裝置——自動恒温、恒濕的空氣調節裝置。如果條件還難以達到這種水平，缺乏此種設備，多采用普通的自然調節法。當温度太高時則放冰塊使之降温，而温度太低時用采暖系統加温。當濕度太大時，加强自通風；

濕度太小時，室内應放置浸水的鋸末或紙張，或者在室内暖氣片上放置盛水的鐵盤。有時需要采取降低温度以提高相對濕度的辦法。這樣，在冬天能使室内保持在12℃—18℃，夏天不超過25℃；相對濕度界于50℃—65℃之間，基本上符合了書庫的保存條件。但是，必須注意，每天温度的變化（即白天和夜間的温差變化）不應超過2℃—5℃，而濕度每天的變化不要超過3%—5%。

爲了穩定温度和濕度，特别要注意建築物本身的排水和防潮。下水道必須暢通無阻，當墻壁、天花板等發潮時，應及時查明原因，并迅速采取有效措施消除這些隱患。書庫内的架、櫃、箱等均不應緊貼墻壁擺放。要經常檢查墻面，保持庫内的空氣流暢。

爲了在室内經常保持一定的温度和濕度，必須注意經常性的觀察、測量和記録。每天應至少兩次，將所觀察到的温度和濕度記録下來，通常是早晨和工作結束之前記録下讀數，要形成制度。記録次數還可根據需要適當地增加。

6.2 清洗

對於紙張表面有灰塵分布或受到其他污染的，要根據情況選擇合適的清洗方法。對於一般的灰塵、水斑和泥斑，通常采用蒸餾水清洗；而當有些污迹用水難以清除時，選擇合適的去污劑清洗，如果用溶劑法清洗不掉時，可以用漂白消除。常用的漂白劑有過氧化氫、次氯酸鹽、高錳酸鉀等。

6.3 平整托裱

對有折痕和皺褶的單面文書，清洗後可采用傳統的托裱法，使其平整，經過托裱處理可以將污迹洗去，破損處修補完整，經上漿處理增加强度，起到很好的保護作用。

6.4 絲網加固

對有折痕和皺褶的雙面文書，建議先平整後采用蠶絲絲網加固法，該技術采用的絲網是用單根蠶絲織成，其上噴塗熱熔膠，使用時只需熨燙，使之與紙張粘連即可。加固後的紙質文物，絲毫不影響文字的視讀。

6.5 防腐防蟲

對於有蟲蛀和殘缺的文書，建議殺蟲後，采用紙漿修補法。即將需要修補的紙張平放在網板上，然後在殘缺、蛀洞的地方，注入預先配制好的呈懸浮狀的纖維素溶液。當溶液往下滲透時，溶液中的纖維素便堵住蛀孔，布滿殘缺，將紙修復。

中國文化遺産研究院
新疆維吾爾自治區博物館 編

主 編 劉紹剛 侯世新
副主編 楊小亮

新疆博物館新獲文書研究

中華書局

圖書在版編目（CIP）數據

新疆博物館新獲文書研究 / 中國文化遺産研究院，新疆維吾爾自治區博物館編. -- 北京：中華書局，2013.10
ISBN 978—7—101—08866—3

Ⅰ. 新… Ⅱ. ①中…②新… Ⅲ. 出土文物—文書—研究—新疆—古代 Ⅳ. K877.94

中國版本圖書館CIP數據核字(2012)第193612號

新疆博物館新獲文書研究

編　　者：中國文化遺産研究院
　　　　　新疆維吾爾自治區博物館
主　　編：劉紹剛　侯世新
副 主 編：楊小亮
封面題字：劉紹剛
責任編輯：朱振華　許旭虹
美術設計：劉　麗
出版發行：中華書局
　　　　　（北京市豐臺區太平橋西里38號　100073）
　　　　　http://www.zhbc.com.cn
　　　　　E-mail:zhbc@zhbc.com.cn
印　　刷：北京雅昌彩色印刷有限公司
版　　次：2013年10月北京第1版
　　　　　2013年10月北京第1次印刷
規　　格：開本787×1092　1/8
　　　　　印張68.5　字數250千字
國際書號：ISBN 978-7-101-08866-3
定　　價：1980.00元

本書爲「新疆出土文獻的保護與研究」（項目編號：1540040714005）項目成果之一，受財政部專項經費支持。

新疆博物館新獲文書研究目録

民國時期文書釋文

前　言

新疆博物館新獲文書研究，是對新疆維吾爾自治區博物館近年新獲多種文字和不同時期的新見文獻作出整理和研究、具有豐富的史料價值，同時也彙集了國內諸多專家學者研究成果的一本專著。

一、項目起因和整理經過

二〇〇九年五月，中國文化遺産研究院研究員劉紹剛和新疆博物館館長侯世新在北京見面時，談及新疆博物館新近徵集到一批紙質文獻和簡牘，而此時文研院古文獻研究室恰好有一筆二〇〇七年財政部的專項經費，需要一個合適的項目加以落實。於是，雙方便達成了初步的合作意向。後經文研院和國家文物局批準，決定以新疆博物館新近徵集的這批文獻爲工作内容，正式啓動「新疆出土文獻的保護與研究」課題，由文研院和新疆博物館合作，共同保護、整理、出版這批文獻資料。

新疆博物館二〇〇九年徵集的這批紙質文獻，含有高昌國和唐代的漢語文書、民國時期（大多爲袁世凱洪憲時期）的公私文書，還有相當於隋唐時期的于闐文、梵文、粟特文、藏文和近代維吾爾文等非漢語文書，共一百一十一組。其内容涉及宗教、法律、政治、民俗、工商等與當地居民生活密切相關的多個方面。由於這批資料種類繁多，在工作之前，首先確定了項目組的人員：劉紹剛和侯世新擔任項目組組長，負責全部文書保護、研究的組織協調工作；武漢大學陳國燦教授擔任項目組學術顧問。保護研究工作分爲五個部分：科學檢測和保護工作，由文研院郭宏研究員和新博保管部郭金龍主任負責；高昌國和唐代漢語文書，由陳國燦教授、文研院鄧文寬研究員和侯世新館長負責；民國時期的漢語文書由劉紹剛研究員和青年學者楊小亮負責；北京大學梵巴語中心主任段晴教授，負責于闐文、梵文、粟特文部分的整理研究；新博伊斯拉菲爾副館長和艾力江副研究員負責維吾爾語文書的整理研究。

項目組成員確定後，我們開始了對這批文書的綴合與釋文工作。首先是根據新博提供的彩色照片進行初步釋文。二〇〇九年十月，新疆「七・五事件」甫定，陳國燦、鄧文寬、劉紹剛、楊小亮一行第一次赴新疆，在烏魯木齊零下十五度的寒冷氣候下，和新博的侯世新、郭金龍、孫麗萍一道，對高昌國和唐代漢語文書、民國文書進行了第一次綴合與釋文。二〇〇九年十二月，文研院郭宏、孫延忠也赴新疆，對這批文書進行取樣分析，提出了保護工作的初步意

見。二〇一〇年四月，侯世新、劉紹剛和楊小亮奔赴武漢、長沙，分別在武漢大學簡帛研究中心和湖南大學嶽麓書院，對新博所藏部分文書及木簡，拍攝了紅外線照片，進行了紅外線掃描。六月，我們又二赴新疆。此行人員衆多，是整理組成員的一次聚會。武大陳國燦、北大段晴、薩爾吉、葉少勇，古文獻研究室胡平生、鄧文寬、劉紹剛、王昕、楊小亮，和新博侯世新、伊斯拉菲爾、郭金龍、孫麗萍等，共同對這批文書的綴合、釋文、定名進行了反復的討論和研究，爲文書的整理研究奠定了良好的基礎。胡平生先生又親自聯繫自治區檔案館，並幫助楊小亮共同查閱了該館收藏的「洪憲」時期相關法律文書。此後，非漢語文書部分的整理研究，也在段晴、伊斯拉菲爾各自主持下，有效地加以推進。其間陳國燦、段晴、郭宏又分別赴新疆，在侯世新、郭金龍的配合下，繼續進行文書的保護和研究工作。

經過大家不懈的努力，二〇一一年九月，文書的整理研究工作初步完成。十月，在文研院舉行了「新疆出土文獻的保護與研究」項目結項會，由沙知、李均明、榮新江、孟憲實、沈衛榮五位先生組成的專家評審組，對項目組的保護整理工作給予了充分肯定，同時也指出某些不足和值得改進之處。如榮新江教授就對文書的綴合提出了富有價值的意見。至此，「新疆出土文獻的保護與研究」項目正式結項。

項目結項，並不意味着工作的完成。結項會議之後，我們立即組織了由陳國燦、鄧文寬、劉紹剛、艾力江、楊小亮參加的校稿會：根據評審組專家的意見，對文書的綴合、定名及釋文進行了更加深入細緻的討論研究；針對民國文書中草書較多，我們還專門邀請了擅長草書的書法家朱永靈先生，幫助我們對個別疑難字加以會診，以確保釋文的準確性。爲了對依據照片做出的拼接綴合工作進行確認，二〇一二年四月，我們再次赴新疆，將全部文書原件從庫房調出，進行了最後綴合，並且取得了重大進展。高昌國和唐代漢語文書部分，原有五十六組編號，八十八件碎片經過整理綴合，通過整理，綴合爲三十五件文書，這也反映了整理組刻苦細緻與精益求精的研究態度。

二、文書的主要内容和意義

高昌國和唐代文書，是既往出土吐魯番文書的主要部分，同樣也是這批文書中最引人注目的部分。高昌國時期的契約文書爲和平元年（五五一）至建昌六年（五六〇）鄭鳳安買田券、出租田券、出貸麥券、買馬券、買舍券等，它給我們生動地展示出，一千五百年前，一個漢族民間地主在吐魯番如何經營、興起的發家史。從契券史的角度看，所出租田券，提供了中國早期租田券的樣本，反映出中國租田券契早期的模式及特點。三件高昌時期的上言文書也十分珍貴，反映了集權制的高昌王國行政運轉中的上言、聆聽制度，對研究王國行政體制極具價值。文書背面差役文書中的末胡營吏、地名無羅均爲首見，爲學術研究提出了新的課題。高昌立課誦經兄弟社社約由七片拼接而成，記載了社約對誦經、喪葬互助、受記十善、出物聚會等活動預設性的讁罰規定，比敦煌

所出社邑的「社約」早了三百多年，是目前所見最早的紙質「社約」，對研究社約演變具有重要價值。唐代文書有十五件，吐魯番出土的唐開元廿四年三月西州寄莊四品孫上柱國宋庭珍牒爲棄租户不澆溉事，對研究均田制下的逃户及官府督農制度具有重要意義。另有一件館藏的，上世紀七十年代出土於吐峪溝的漢文西州回鶻造舍利佛塔記，對研究十一世紀西州回鶻王國的歷史有着重要價值，填補了西州回鶻王世系的空白，表明到了十一世紀，西州回鶻的汗王以及貴族、官員，已將宗教信仰完全轉向了佛教。西州回鶻汗國不僅繼承了唐代統治機構「西州四府五縣」制及其文化制度，還延續着唐朝的一套政策。

除了吐魯番地區的文書以外，這批文書中還有和田地區出土的一批唐代文書，雖多斷殘，但也不失其史料價值。如唐于闐牒押牙楊晉卿文書，結合早出的楊晉卿文書中有「傑謝鎮知鎮官將軍楊晉卿」看，本件有可能是大曆十七年（七八二）于闐駐軍牒令押牙楊晉卿調集人員的牒文。唐于闐問案案卷、唐坎城百姓過所殘片、唐軍部署擊賊文書等，都是唐朝行政管理制度在今和田地區貫徹執行的實物證據。

民國的行政文書和法律訴訟文書，雖然時代較近，但也具有一定的學術價值。如洪憲時期的行政文書，對於研究袁世凱時期行政制度的沿革有許多幫助，而法律文書則對研究民國初期新疆邊地的訴訟制度、訴訟習慣，以及民間風情提供了鮮活的證據。二〇一〇年，新疆博物館新徵集的一件民國文書，即編號爲2010AZ01的「吐魯番縣上報爲置辦學校應用什物開支事暨新疆巡按使公署批覆」的文書，亦補入民國文書中。

這批文書中有一部分「老維語」文書，語言屬於「過渡時期」的維吾爾語，部分可與民國文書中的漢語文書内容相互參看，大致相當於漢語文書的「副本」。雖然時代較近，但對於研究少數民族地區民間宗教法庭審判及雙語契約制度卻很有幫助。文書所揭示的語言現象，對於研究民國時期的新疆社會文化和少數民族文字的使用情況，也具有一定的意義。

古代于闐文等非漢語文書，是這批文書中的一個重要組成部分。從已整理的結果來看，本批文書中有四件殘片屬於僧伽吒經的内容，其中最後兩片可拼爲一頁。這些殘片分别相當於梵文本經書的第133、156和160-1節。值得慶幸的是，這四片殘葉不同於以往的發現，是該經于闐文本尚未見過的内容，不僅增加了于闐語僧伽吒經殘葉的數量，而且更豐富了這一文獻的内容，因此彌足珍貴。在于闐文書中，還發現了佛説一切功德莊嚴王經的五個殘片，是目前世界上第一次發現的于闐文佛説一切功德莊嚴王經殘葉。這些文字大部分清晰可辨，字體是絲路南道正體婆羅謎字母。經過拼接綴合，可以恢復出原抄本第六紙葉的大部分内容、第九紙葉的一部分，以及結尾部分的一些内容。另外，世俗文書也有重要價值，如編號爲09ZJ0032的文書，對於解讀古代于闐的歷史脈絡頗有貢獻。名爲薩波Vaisa之牒的殘片，上半部分保存基本完好，因此可以大致分辨出原文書的前四行。下半部分則殘失嚴重，無法讀出連貫的内容。但從其殘餘資訊，並結合國家圖書館未刊佈的于闐語藏品，這件文書揭示出了于闐王宮的真正所在地。因此，這批文書的整理研究，必將爲吐魯番學和「胡語」研究帶來新的課題，並將之向更開闊更深入的方向推進。

三、本項目文書保護和研究的特色

在對新疆博物館新獲文書保護研究項目的執行中，可以大體總結出本項目在文書保護、整理、研究方面的幾個特色：

一　跨單位合作。在古文獻研究室時代（二十世紀七十—八十年代），出土文獻研究就是一個集中了國内衆多專家學者進行合作的研究領域。古文獻研究室創建之初，第一任主任就是由魏晉南北朝隋唐史專家、武漢大學唐長孺教授兼任的。當初，吐魯番出土文書的整理研究，就是由唐先生和武漢大學的學者、新疆博物館和考古所以及古文獻研究室的學者合作完成的。而這一次，在項目確定之後，我們首先聘請的學術顧問，就是在上世紀七八十年代伴隨唐長孺先生整理吐魯番出土文書、與我們有多年合作關係的吐魯番學研究專家、武漢大學陳國燦教授。北大梵巴語中心的段晴教授，是敦煌研究院樊錦詩院長推薦的古代于闐文、梵文研究專家，加上新疆博物館和中國文化遺産研究院，四家單位包括了國内一流的高校、博物館和研究院，這種跨越行政單位的合作，雖不屬創新，但在當今學者各自都有繁重科研、教學任務的情況下，也是非常難得的。

二　跨學科研究。這一批新疆博物館新獲文書，雖然數量不多，但文書年代跨度有一千四五百年，語種除了漢語文書，還有古代于闐文、梵文、粟特文和近代察合台維吾爾語文書；古代于闐語文書，還可以分爲佛經類文書和世俗文書兩大類。目前在國内乃至國際上，能對這些「死文字」進行研究和釋讀的專家如鳳毛麟角，段晴教授及北大梵文貝葉經及佛教文獻研究所的師生，在這個研究領域佔有極其重要的地位；新博的伊斯拉菲爾館長和艾力江副研究員，也都是長期從事新疆文物和維吾爾語研究的專家。他們的參加和通力合作，是這批文書能夠以高水準整理出版的保障。

跨學科研究，不僅僅是將不同學科的研究者聚集在一起，完成各自分工的部分，而是可以經常進行必要的交流與切磋。不同學科學者之間的交流、碰撞，互相都會有所啟發，並能彌補各自學科的不足。我們在新疆和北京召開了幾次各學科學者共同參加的研討會，就起到了很好的相互交流、相互促進的作用。例如，段晴教授所研究的古代「胡語」文書，其時代、内容與高昌國、唐代文書就有一些共同之處，她與陳國燦教授、鄧文寬研究員相互交流之後，對雙方的研究都有一些啟發。艾力江在維吾爾語文書研究上的成果，對同時期漢語文書的釋讀也起到了印證的作用。

三　保護與研究並重。文書的保護和研究，是密不可分的兩個方面。以往對於紙質文書的研究著作，往往偏重於文書内容的研究，忽略了科技保護的研究。這次遵照國家文物局和文研院領導指示，我們對文書的保護給予了充分的重視。對這批文書，我們進行了彩色攝影和紅外線攝影、紅外線掃描的資料保留工作，獲得普通數碼照片、紅外照片、紅外掃描影像等共計八百二十餘張；同時，由文研院郭宏擔綱，新博的郭金龍、文研院的孫延忠等參加，對這批紙質文書進行了科學檢測，撰寫了新疆紙質文物纖維素成分及老化程度分析報告，並有針對性地提出了合理的保護意見。這是文理科的交叉研究，也是文研院和博物館這樣的文物研究部門的優勢所在，只是在許多項目中，這種優勢没能得到應有的發揮。

四　爲博物館藏文物的保護、整理、研究和出版提供了一個新模式。博物館的館藏文物，有一些數量較多、内容相對比較集中，容易受到研究者的重視；但也有一些具有重要研究價值，數量卻相對較少的「零散」文物，往往得不到重視，遲遲難獲出版機會。新博收藏的這批文物，包含了不同時期、不同文字、不同内容的多種紙質文書，將它們彙集在一起加以出版，既爲不同領域的研究者提供了便利，同時，對不同學科的學術交流也大有裨益。

「新疆出土文獻的保護與研究」項目的開展，是與國家文物局和中國文化遺産研究院領導的指導分不開的，特别是顧玉才、朱曉東、劉曙光、柴曉明等幾任院領導和文物局專家組王丹華先生，在各方面都給予我們許多指導與幫助。國家文物局課題辦劉剛先生以及我院科研與綜合業務處、預算財務處的同事們，也給予了我們許多支持。在此，對各位領導、專家和同事們表示衷心的感謝。

這本書的整理研究，離不開陳國燦教授、段晴教授和項目組每一位學者的努力，對我們項目組的每一位學者來説，這是一次愉快並難忘的合作經歷。在此，再次對項目組的各位學者道一聲「謝謝」！希望我們能有再次合作的機會。同時，也要對項目專家評審組沙知教授、李均明研究員、榮新江教授、孟憲實教授、沈衛榮教授表示衷心的感謝。

在項目確定之初，我們就決定，成果將由同我們有長期合作關係的中華書局出版，並在二〇〇九年簽訂了圖書出版合同。由於文書的整理綴合工作不斷進展，多次修訂，在該書的排版、圖版拼接和校訂工作中，楊小亮先生付出了許多辛勤的勞動，其精益求精的工作態度，得到了項目組專家的一致讚揚。段晴教授在教學和科研任務非常繁重的條件下，也抽出時間親自爲非漢語文書部分進行排版和校訂。在此，謹向他們表示衷心的感謝。

爲了使本書能夠早日面世，中華書局責任編輯朱振華先生、許旭虹女士，放下手頭的其他工作，重點爲本書加班校稿。在此，也向他們表示衷心的感謝。由於整理綴合工作不斷發生改變，而且書中所包含的語言文字種類很多，所以排版工作量是一般圖書的數倍之多。謹此，我們也向爲本書製版的印製廠的朋友們表示感謝。

最後，我們仍要不憚其煩地向學術界的朋友們表示：雖然我們項目組在整理研究工作中致力於精益求精，但是，學無止境，書中肯定還有這樣或那樣的不足和問題，因此，任何有益於本書學術水準得以提高的意見和建議，我們都將熱情歡迎，並致敬謝。

中國文化遺産研究院　劉紹剛
新疆維吾爾自治區博物館　侯世新
二〇一二年八月

漢語文書釋讀與研究

凡例

本書所收爲二〇〇九年新疆博物館徵集的紙文書及一件館藏紙文書。從語言上分包括「漢語文書」和「非漢語文書」。非漢語文書採用西式開本，從左向右，繁體横排。漢語文書採用傳統中式開本，從右向左，繁體竪排。漢語文書凡例如下：

一　本書圖版分彩色圖版與黑白圖版，經整理後的每件文書都有彩色和黑白兩種圖版。彩色圖版位於卷首，於需綴合的文書，先悉數羅列其綴合前殘片，後列其綴合示意圖。黑白圖版隨釋文一一對應，經綴合的文書，僅列其綴合示意圖，上圖下文，圖文對照。民國文書中的漢語和維吾爾雙語文書，在彩色圖版部分展示其文書全貌；釋文處的黑白圖版，僅截取與釋文對應部分。

二　本書所録文書編號，爲文書原始檔案號。如09ZJ0001（1a）中，09指二〇〇九年；「ZJ」爲漢語「徵集」的中文拼音首字母；「0001」爲徵集單位賦予該件文書的順序號；「（1）」表示編號爲09ZJ0001的文書含有多個殘片，此爲該文書的第一個殘片，「a」表示正面，「b」表示背面。

三　文書的排列順序，依照整理結果，按年代先後順序排列。年代相近，殘損過多且字數較少、不可綴合的文書殘片，列爲一組，以（一）、（二）、（三）……標出，此序號不表示其時間先後順序。

四　高昌國及唐代文書，均據其内容予以擬題，其斷代、定性、綴合依據及文書特徵等均以「解題」形式予以説明，列於文書釋文之前。民國文書只擬題，不作解題説明。文書本身字句問題以「脚注」形式出注。

五　釋文大體保持原件格式，不連寫，每行加行號。原件中的墨色戳記、朱字、朱印等，在與圖版相應位置以原色字體釋出，字體與正文稍事區别。原件中有勾勒處照描，句讀符號照録。

六　文書中的異體、俗體、别體字，除人名、地名、度量衡外，釋文基本用現今通行的繁體字；一些能反映時代特色的特殊寫法的字如「十斗」、「百升」（斛）等照録；假借字照録，其下以括弧注出本字（民國文書不標明本字）；原文筆誤及筆劃增減者，逕行改正；存有疑問的釋文，其下以（？）標出。

七　文書有缺文時，依缺文位置標明（前缺）、（中缺）、（後缺）。不知字數的缺文，上缺用⊔，中缺用▯，下缺用⊓表示，長度據原缺文長短而定。殘筆無法辨識者視爲缺字，用□表示；原字形不全，根據殘筆和文意確定爲某字者，補全後外加□；字迹清楚但不識者照描。

八　原文點去或抹去的廢字一般依舊釋出，但仍依照原件於其字上加廢字標記；書於行外的補字，一般仍依原樣録於夾行；經貼紙修改的字，出注説明。

九　文書紙張粘連接縫用－－－－表示。

十　文書釋文均加標點。

整理綴合對照表

高昌國、唐代文書

整理號	原始號	綴合片數	文書擬題	備注
一	09ZJ0026（1） 09ZJ0027（1） 09ZJ0074	3	高昌和平元年（五五一）三月鄭鳳安買薄田券	
二	09ZJ0025（a） 09ZJ0026（2a） 09ZJ0049（a） 09ZJ0063（1a） 09ZJ0067（a） 09ZJ0079（a） 09ZJ0083（a）	7	高昌和平二年（五五二）四月王文孝從鄭鳳安邊舉麥券	與第五件爲正、背關係
三	09ZJ0028（a） 09ZJ0029（a） 09ZJ0051（a） 09ZJ0063（2a） 09ZJ0063（3a） 09ZJ0063（4a） 09ZJ0064（1a） 09ZJ0071（a）	8	高昌和平三年（五五三）鄭鳳安買田券暨出租田券	與第八件爲正、背關係
四	09ZJ0043（a） 09ZJ0053（a） 09ZJ0057（a） 09ZJ0059（a）	4	高昌建昌二年（五五六）閏八月劉玄庭從鄭鳳安邊夏田券	與第七件爲正、背關係
五	09ZJ0025（b） 09ZJ0026（2b） 09ZJ0049（b） 09ZJ0063（1b） 09ZJ0067（b） 09ZJ0079（b） 09ZJ0083（b）	7	高昌建昌四年（五五八）某人從鄭鳳安邊夏田券	與第二件爲正、背關係

續表

整理號	原始號	綴合片數	文書擬題	備注
六	09ZJ0046（a） 09ZJ0047（a） 09ZJ0062（a） 09ZJ0068（a） 09ZJ0069（a） 09ZJ0080（a） 09ZJ0081（a）	7	高昌建昌六年（五六〇）十一月某人租葡萄園券	與第十四件爲正、背關係
七	09ZJ0043（b） 09ZJ0053（b） 09ZJ0057（b） 09ZJ0059（b）	4	高昌劉公、僧文二人夏常、薄田券	與第四件爲正、背關係
八	09ZJ0028（b） 09ZJ0029（b） 09ZJ0051（b） 09ZJ0063（2b） 09ZJ0063（3b） 09ZJ0063（4b） 09ZJ0064（1b） 09ZJ0071（b）	8	高昌□寅歲六月蘇法□買馬券	與第三件爲正、背關係
九	09ZJ0027（2） 09ZJ0055 09ZJ0058 09ZJ0063（5） 09ZJ0063（6） 09ZJ0064（2） 09ZJ0065（1） 09ZJ0070	8	高昌鄭鳳安買田券	
一〇	09ZJ0030（a） 09ZJ0031（a） 09ZJ0040（a） 09ZJ0060（a） 09ZJ0061（a） 09ZJ0066（a） 09ZJ0082（1a）	7	高昌某歲三月買舍券	與十一爲正、倒書關係

續表

整理號	原始號	綴合片數	文書擬題	備注
一一	09ZJ0030（a） 09ZJ0031（a） 09ZJ0040（a） 09ZJ0060（a） 09ZJ0061（a） 09ZJ0066（a） 09ZJ0082（1a）	7	高昌張參從鄭鳳安邊舉麥券	與十爲正、倒書關係
一二	09ZJ0030（b） 09ZJ0031（b） 09ZJ0040（b） 09ZJ0060（b） 09ZJ0061（b） 09ZJ0066（b） 09ZJ0082（1b）	7	高昌某歲三月舉糧券	與十、十一爲正、背關係
一三	（一）09ZJ0072 （二）09ZJ0082（2a）	2	高昌賣田券殘片	
一四	09ZJ0046（b） 09ZJ0047（b） 09ZJ0062（b） 09ZJ0068（b） 09ZJ0069（b） 09ZJ0080（b） 09ZJ0081（b）	7	高昌立課誦經兄弟社社約	與第六件爲正、背關係
一五	09ZJ0073（a）	1	高昌國嚴悦上言爲應次課歸事	與一九爲正、背關係
一六	09ZJ0033（a） 09ZJ0035（a） 09ZJ0037（a）	3	高昌國張祐上言爲差脱懃疊祠垣事	與一八爲正、背關係
一七	09ZJ0038（a）	1	高昌國李並上言爲付曹市糴以供歲終事	與二〇爲正、背關係
一八	09ZJ0033（b） 09ZJ0035（b） 09ZJ0037（b）	3	高昌被符諸色差役名籍	與一六爲正、背關係

續表

整理號	原始號	綴合片數	文書擬題	備注
一九	09ZJ0073（b）	1	高昌名籍	與一五爲正、背關係
二〇	09ZJ0038（b）	1	高昌物品賬	與一七爲正、背關係
二一	09ZJ0135（a、b）	1	唐開元廿四年（七三六）三月西州寄莊四品孫上柱國宋庭珎牒爲棄租户不澆溉事	
二二	09ZJ0045 09ZJ0044	2	唐天寶年間習書	
二三	09ZJ0041	1	唐大曆（？）二年某人自書歷官狀	
二四	09ZJ0048	1	唐某澤上丈母家書	
二五	09ZJ0077	2	唐却驢文書	
二六	09ZJ0039（a）	1	唐詩賦抄	與二七爲正、背關係
二七	09ZJ0039（b）	1	唐殘名籍	與二六爲正、背關係
二八	09ZJ0050（1-5）	1	唐于闐牒押牙楊晉卿文書	
二九	09ZJ0076	1	唐副史衛□□文書	
三〇	09ZJ0078	1	唐坎城百姓過所殘片	
三一	09ZJ0075（a）	1	唐于闐問案案卷	與三二爲正、背關係
三二	09ZJ0075（b）	1	唐于闐百姓欠糧賬	與三一爲正、背關係
三三	09ZJ0042	1	唐軍部署擊賊文書	
三四	09ZJ0065（2）	1	唐于闐□雞村文書	
三五	（一）09ZJ0134（a） （二）09ZJ0138（1） （三）09ZJ0138（2）	3	文書殘片三件	
三六	09ZJ0063	17	文書碎片一組	未整理
三七	78S.T:1	1	西州回鶻造舍利佛塔記	

民國時期文書

整理號	原始號	綴合片數	文書擬題	備注
一	20107AZ01	1	吐魯番縣上報爲置辦學校應用什物開支事暨新疆巡按使公署批覆	
二	09ZJ0099	1	迪化道公署飭爲法國人梁守堅等來新傳教保護事	
三	09ZJ0100	1	迪化道公署飭爲推行平政院傳提人證簡要辦法事	
四	09ZJ0095	1	新疆巡按使回批爲吐魯番縣報雨雪陰晴統計表册事	
五	09ZJ0103	1	新疆巡按使回批爲吐魯番縣報收穫驗契補税銀兩計算書事	
六	09ZJ0084	1	迪化道公署飭爲初等學校改爲國民學校以府定制事	
七	09ZJ0097	1	迪化道公署飭爲遵辦中央解款時限事	
八	09ZJ0089	1	新疆巡按使飭爲造具甄別清册詳報核辦事	
九	09ZJ0092	1	呈報快班王元喜病故及遞遺事	
一〇	09ZJ0090	1	放馬鵬張勝祖接充快班總役副總役諭封	
一一	09ZJ0091	1	放馬鵬張勝祖接充快班總役副總役諭文	
一二	09ZJ0093	1	阿木都馬斯呈控托乎牙士七狼攔路行兇卷	
一三	09ZJ0094	1	艾金貴呈控田玉昆抗債不償卷	
一四	09ZJ0104	1	色提等呈訴爲水渠阻塞事	
一五	09ZJ0087	1	他利甫告呈爲恃約吊拷苛詐良民事	
一六	09ZJ0108 09ZJ0107	2	滿尼克呈控九麻尔抗債不還等情卷	
一七	09ZJ0109 09ZJ0110	2	高清雲呈控潘木匠誆取貨銀卷	
一八	09ZJ0101	1	買賣鉄里呈控艾子八亥誆朦地畝苛派不休卷	

續表

整理號	原始號	綴合片數	文書擬題	備注
一九	09ZJ0088	1	吐而松禀爲賞發執照以憑管業事	
二〇	09ZJ0102	1	源盛湧等禀控楊浩德潛燒私酒避納國税卷	
二一	09ZJ0096	1	忙尼夏告呈爲恃勢欺民偷下籽種事	
二二	09ZJ0106	1	哎布都尔呈控色拜尔互相推諉卷	
二三	09ZJ0105	1	哎布都尔呈控色拜尔互相推諉案傳票	
二四	09ZJ0119	1	他吉報呈爲私吞贓物又拉麥草事	
二五	09ZJ0111	1	阿不都等呈控黑牙思偷佔民女不務正幹等情卷	
二六	09ZJ0085	1	阿那以提呈控若則挺抗棉花案傳票	
二七	09ZJ0112	1	托提罕喊控大古提等霸佔不給等情傳票	
二八	09ZJ0086	1	鉄木尔等呈控馬占福偷截水源案傳票	
二九	09ZJ0098	1	托乎買提呈控大古提等拖欠義糧佔抗不交等情傳票	
三〇	09ZJ0113	1	哈得尔禀控梅吉甫偷收哈四木克交天興洋行棉花案傳票	
三一	09ZJ0114	1	艾沙買典田房契尾暨他石賣地房契	
三二	09ZJ0117	1	買克素土賣地契	
三三	09ZJ0116	1	典賣田房契紙暨尼沙比比賣地契	
三四	09ZJ0118	1	以明哈日買地契	
三五	09ZJ0115	1	一、二月交小麥賬	

高昌國、唐代文書圖版

一 高昌和平元年（五五一）三月鄭鳳安買薄田券

09ZJ0026(1)、09ZJ0027(1)、09ZJ0074 拼接示意圖 縱 25.0cm × 横 13.0cm

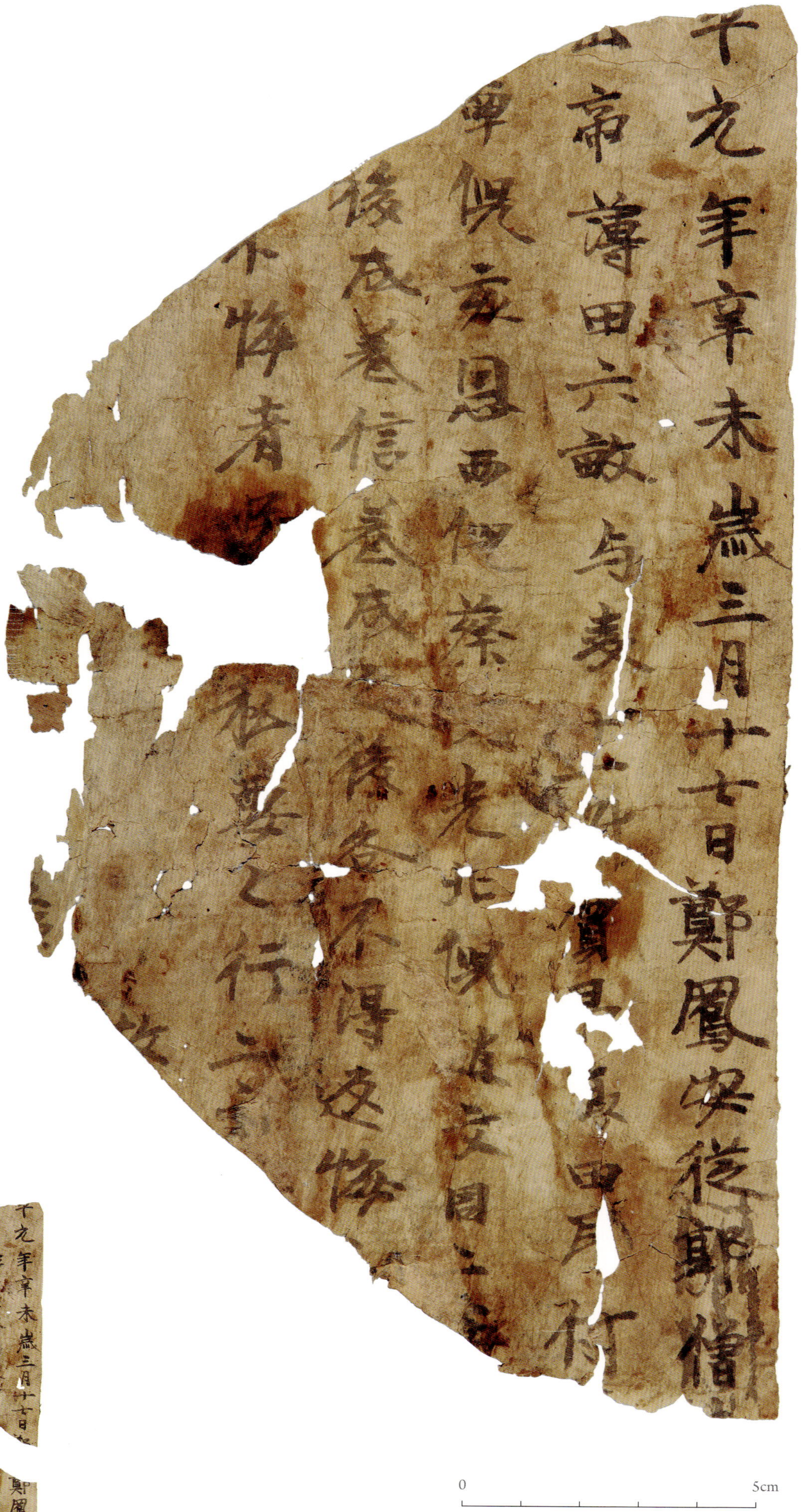
0
5cm

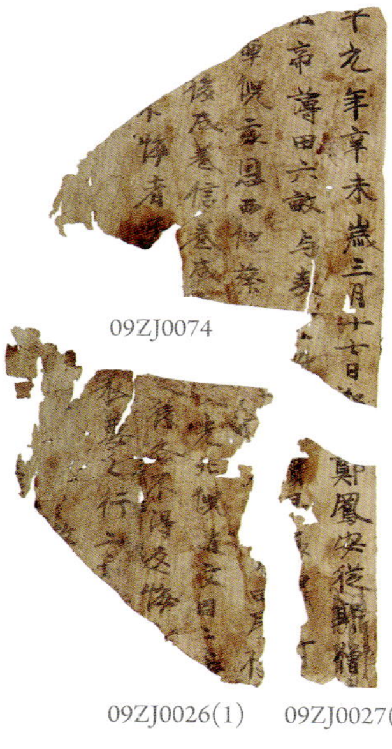
09ZJ0074
09ZJ0026(1)
09ZJ0027(1)

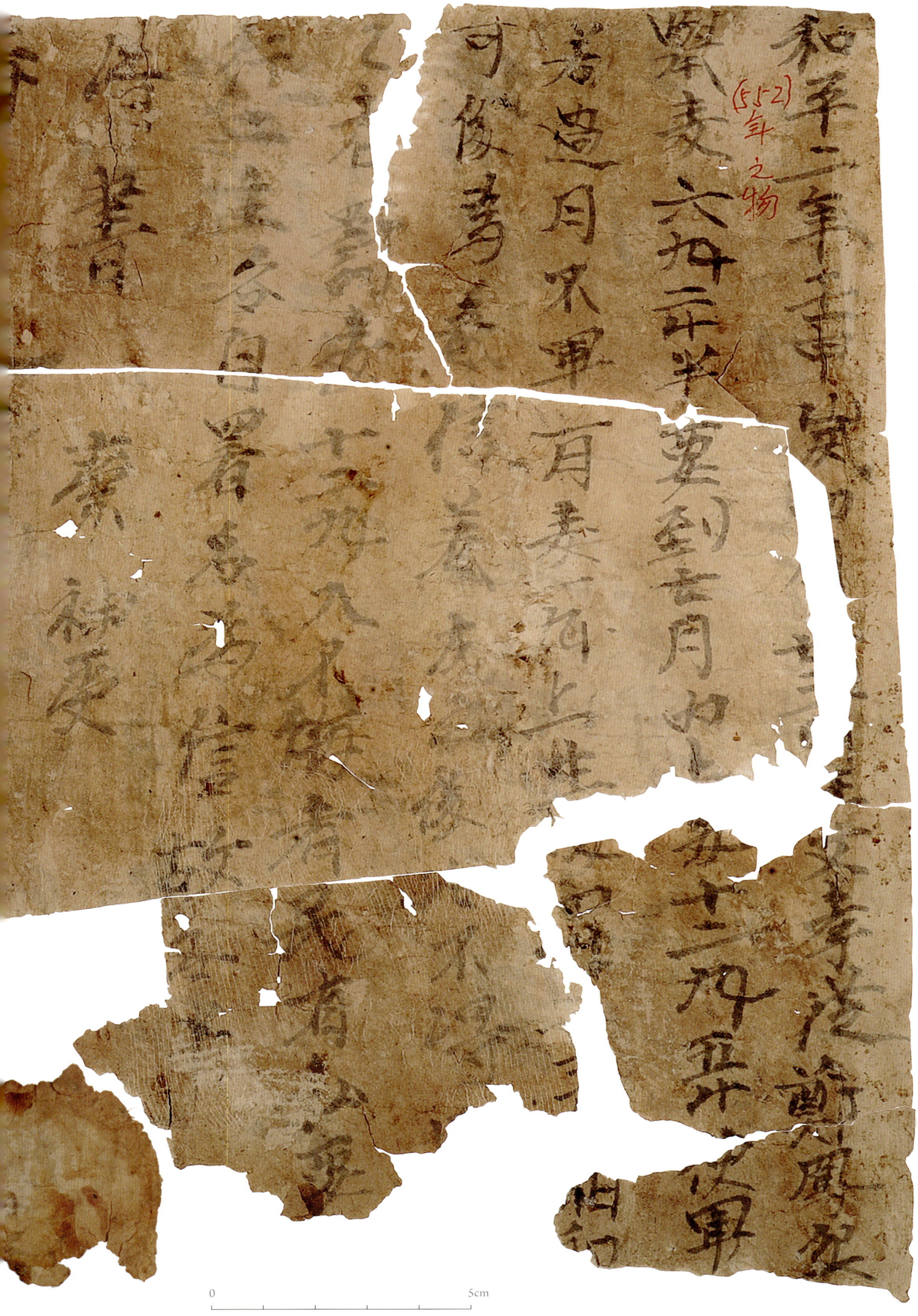
(552)
年之物
0
5cm

二　高昌和平二年（五五二）四月王文孝從鄭鳳安邊舉麥券

09ZJ0025(a)、09ZJ0026(2a)、09ZJ0049(a)、09ZJ0063(1a)、09ZJ0067(a)、09ZJ0079(a)、09ZJ0083(a)

拼接示意圖　縱25.0cm × 橫26.8cm

09ZJ0025(a)

09ZJ0067(a)

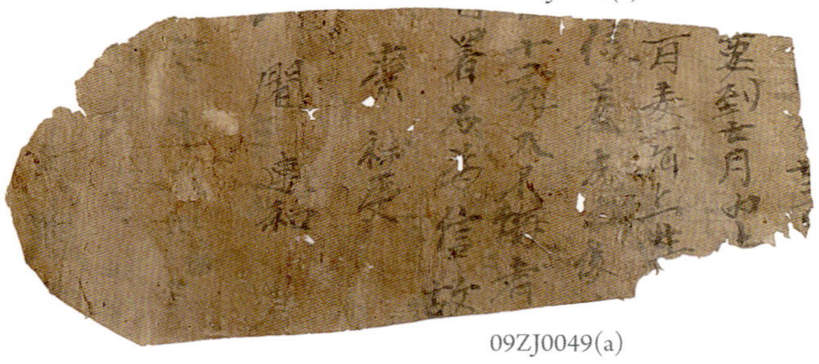

09ZJ0049(a)

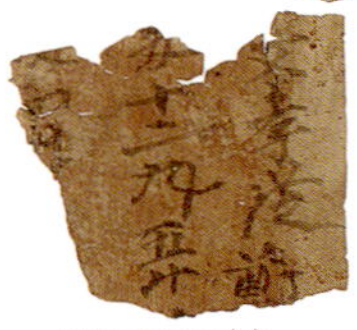

09ZJ0083(a)

09ZJ0063(1a)

09ZJ0079(a)

09ZJ0026(2a)

三 高昌和平三年（五五三）鄭鳳安買田券暨出租田券

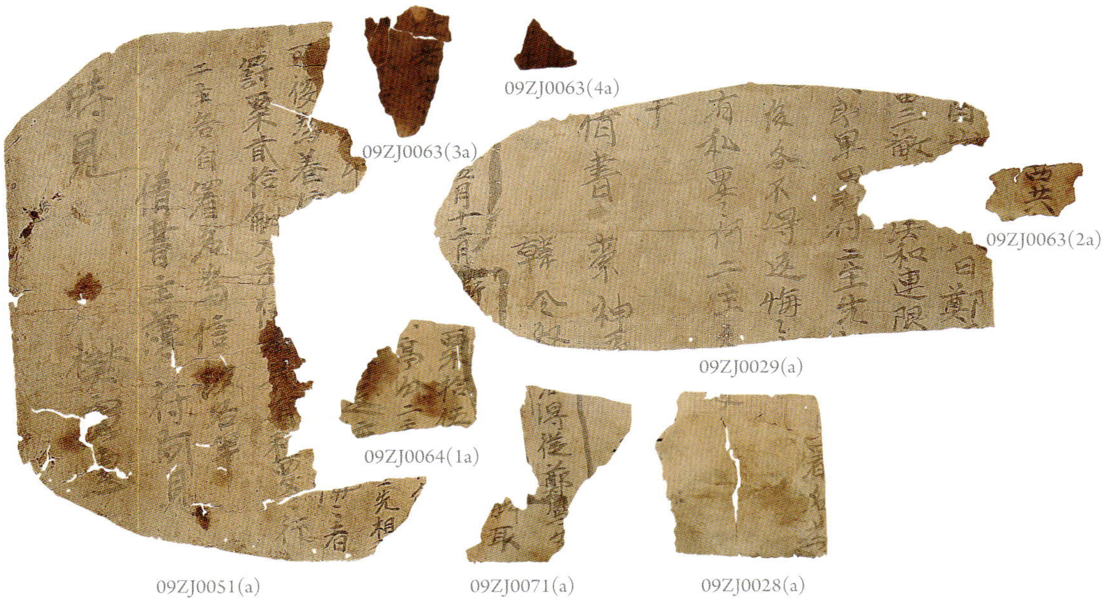
09ZJ0063(4a)
09ZJ0063(3a)
09ZJ0063(2a)
09ZJ0029(a)
09ZJ0064(1a)
09ZJ0051(a)
09ZJ0071(a)
09ZJ0028(a)

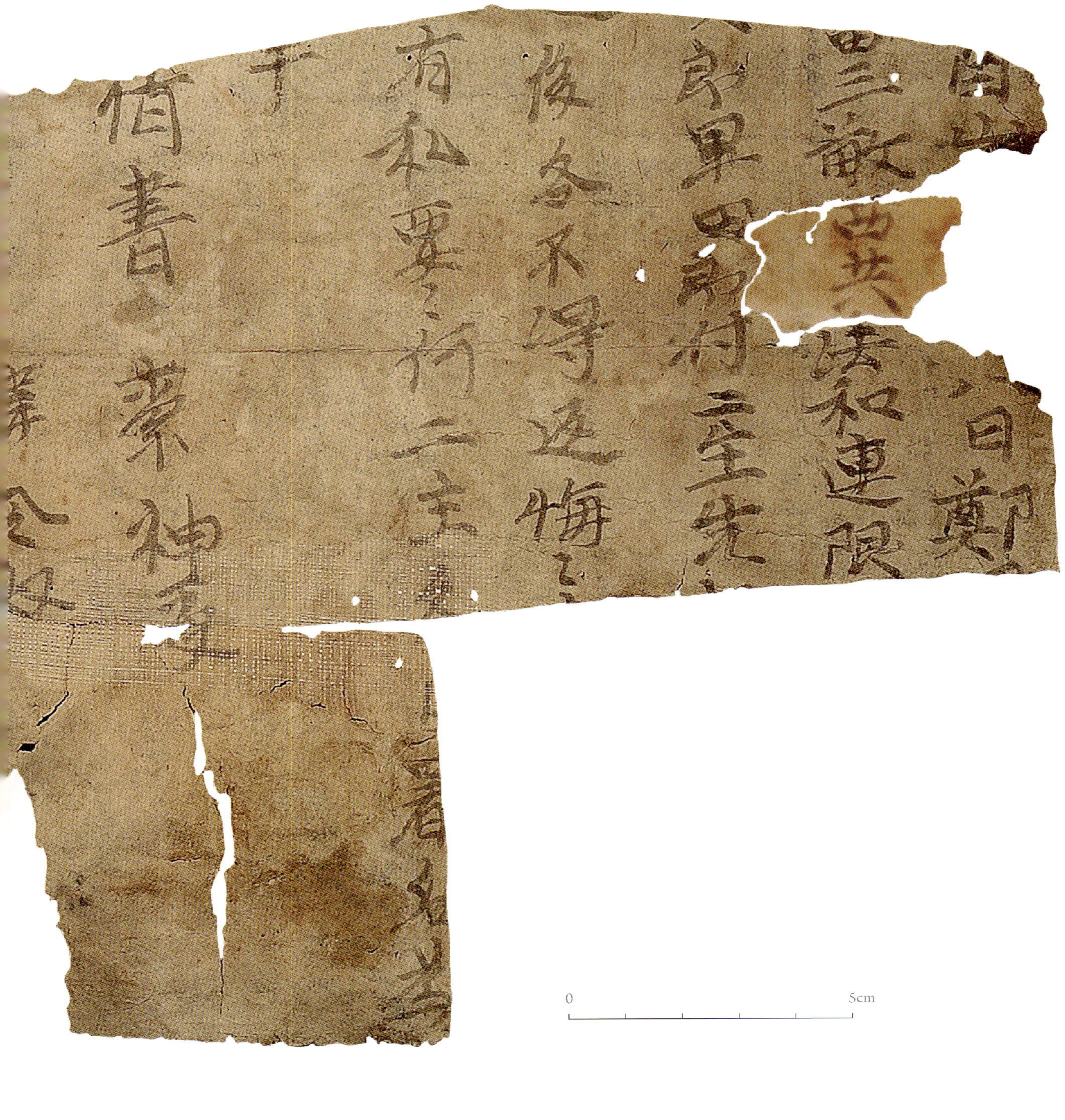
0
5cm

09ZJ0028(a)、09ZJ0029(a)、09ZJ0051(a)、09ZJ0063(2a)、09ZJ0063(3a)、09ZJ0063(4a)、09ZJ0064(1a)、09ZJ0071(a)拼接示意圖　縱25.0cm×横41.5cm

四　高昌建昌二年（五五六）閏八月劉玄庭從鄭鳳安邊夏田券

09ZJ0043(a)、09ZJ0053(a)、09ZJ0057(a)、09ZJ0059(a) 拼接示意圖

縱 29.0cm × 横 46.0cm

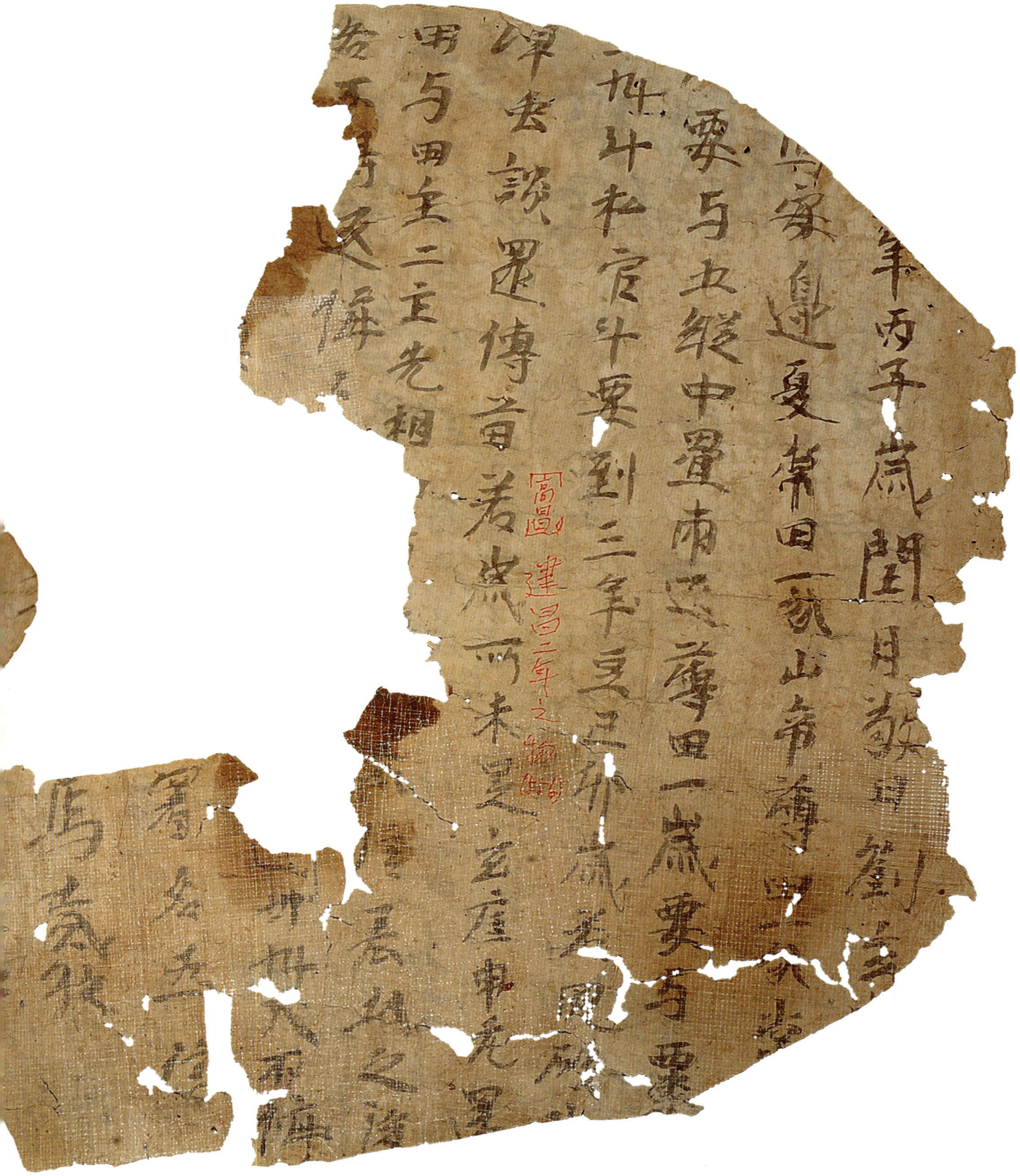

09ZJ0043(a)

09ZJ0057(a)

09ZJ0059(a)

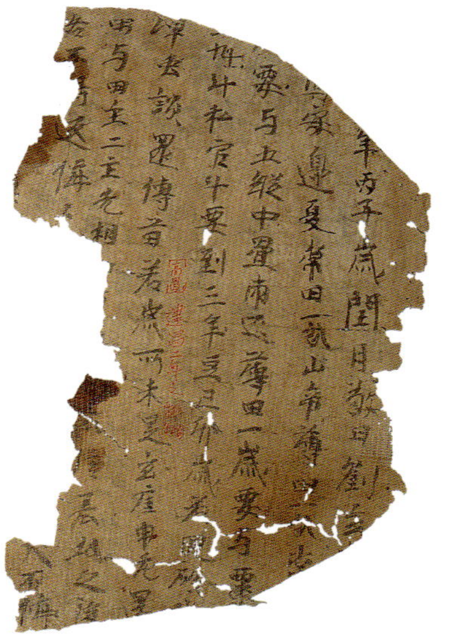

09ZJ0053(a)

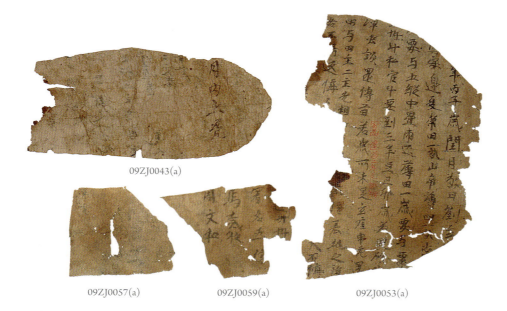

0 5cm

五　高昌建昌四年（五五八）某人從鄭鳳安邊夏田券

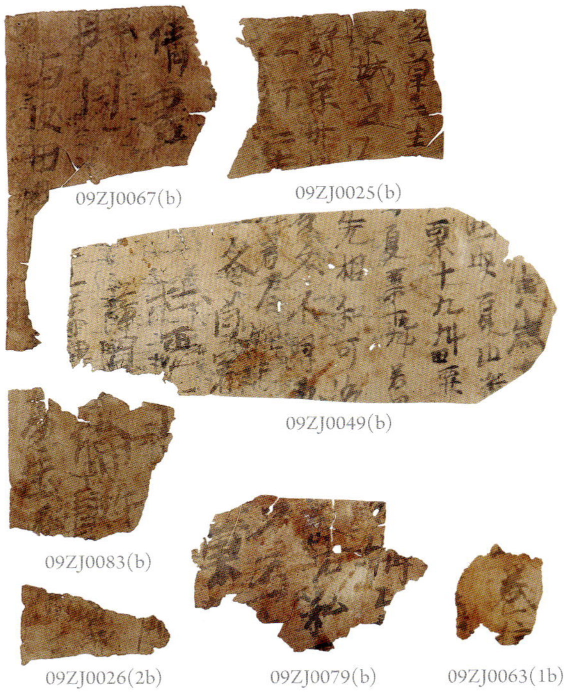
09ZJ0067(b)
09ZJ0025(b)
09ZJ0049(b)
09ZJ0083(b)
09ZJ0026(2b)
09ZJ0079(b)
09ZJ0063(1b)

09ZJ0025(b)、09ZJ0026(2b)、09ZJ0049(b)、09ZJ0063(1b)、09ZJ0067(b)、09ZJ0079(b)、09ZJ0083(b)拼接示意圖　縱25.0cm×橫26.8cm

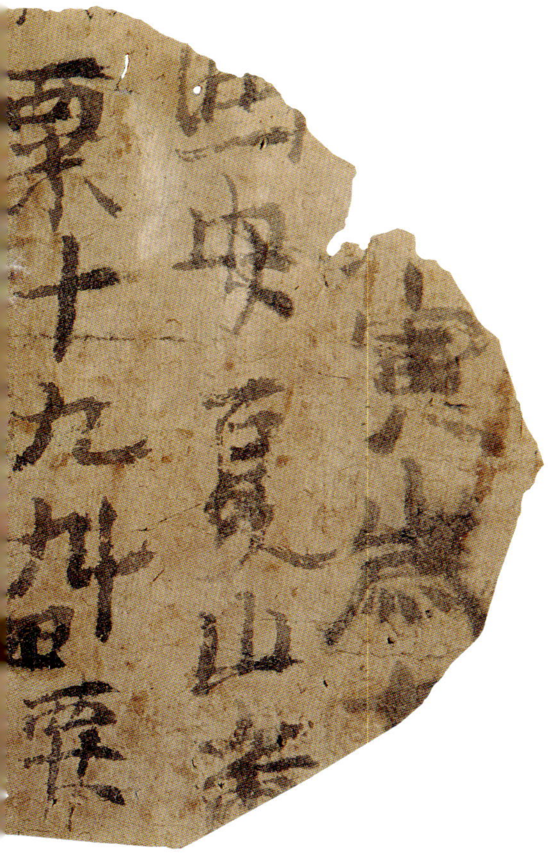

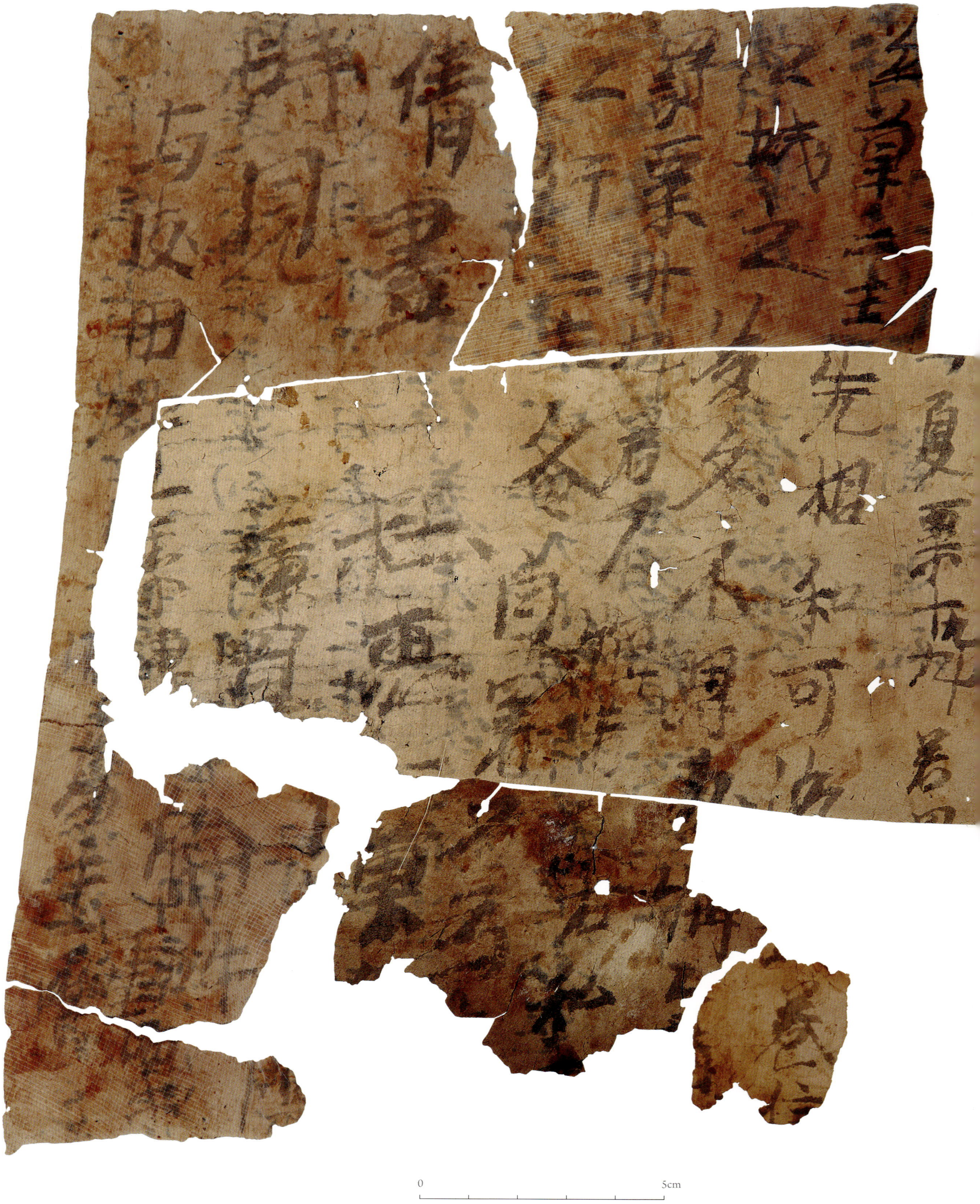

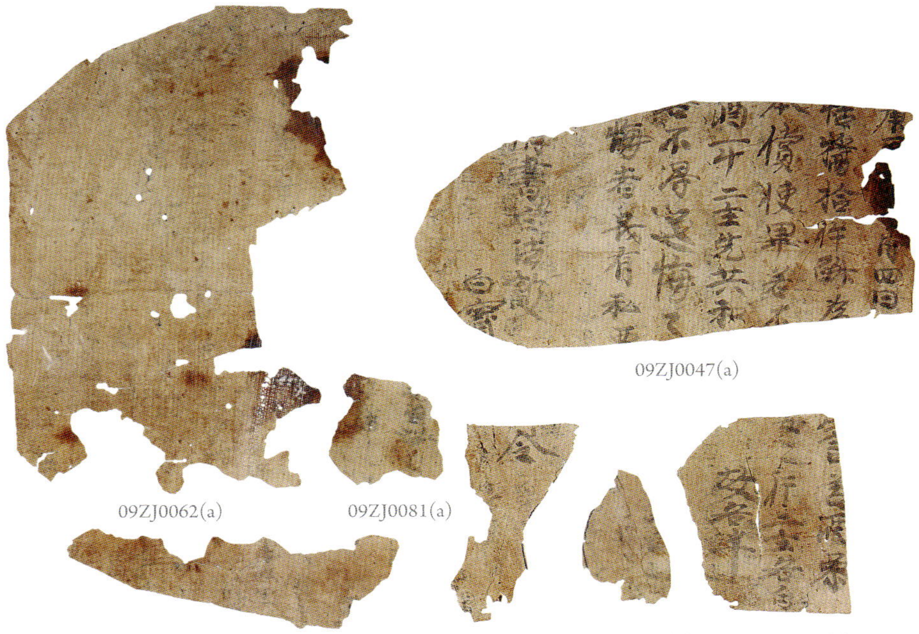

09ZJ0047(a)

09ZJ0062(a) 09ZJ0081(a)

09ZJ0068(a) 09ZJ0069(a) 09ZJ0080(a) 09ZJ0046(a)

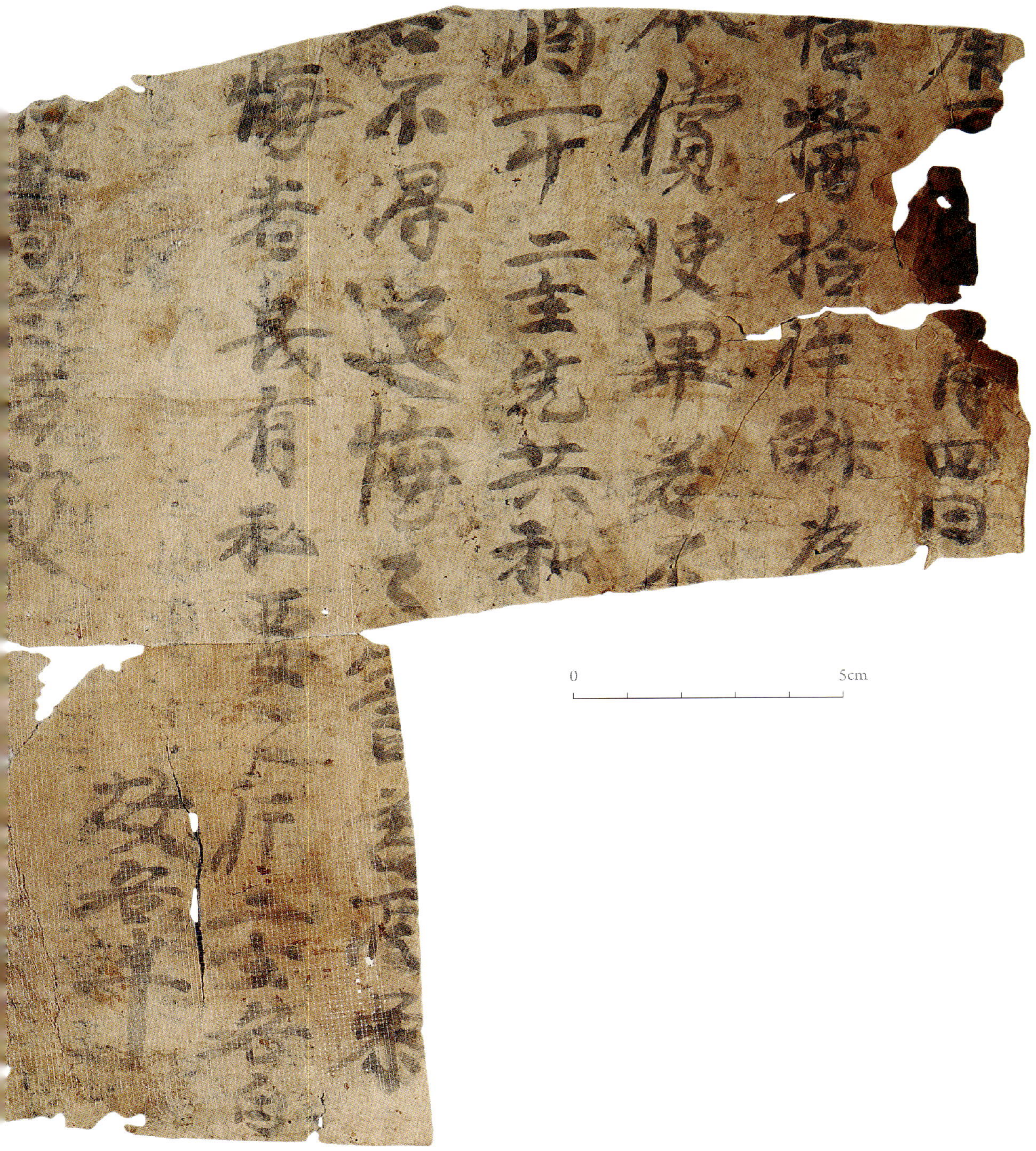
0
5cm

六 高昌建昌六年（五六〇）十一月某人租葡萄園券

09ZJ0046(a)、09ZJ0047(a)、09ZJ0062(a)、09ZJ0068(a)、09ZJ0069(a)、09ZJ0080(a)、09ZJ0081(a)拼接示意圖　縱28.8cm×横41.2cm

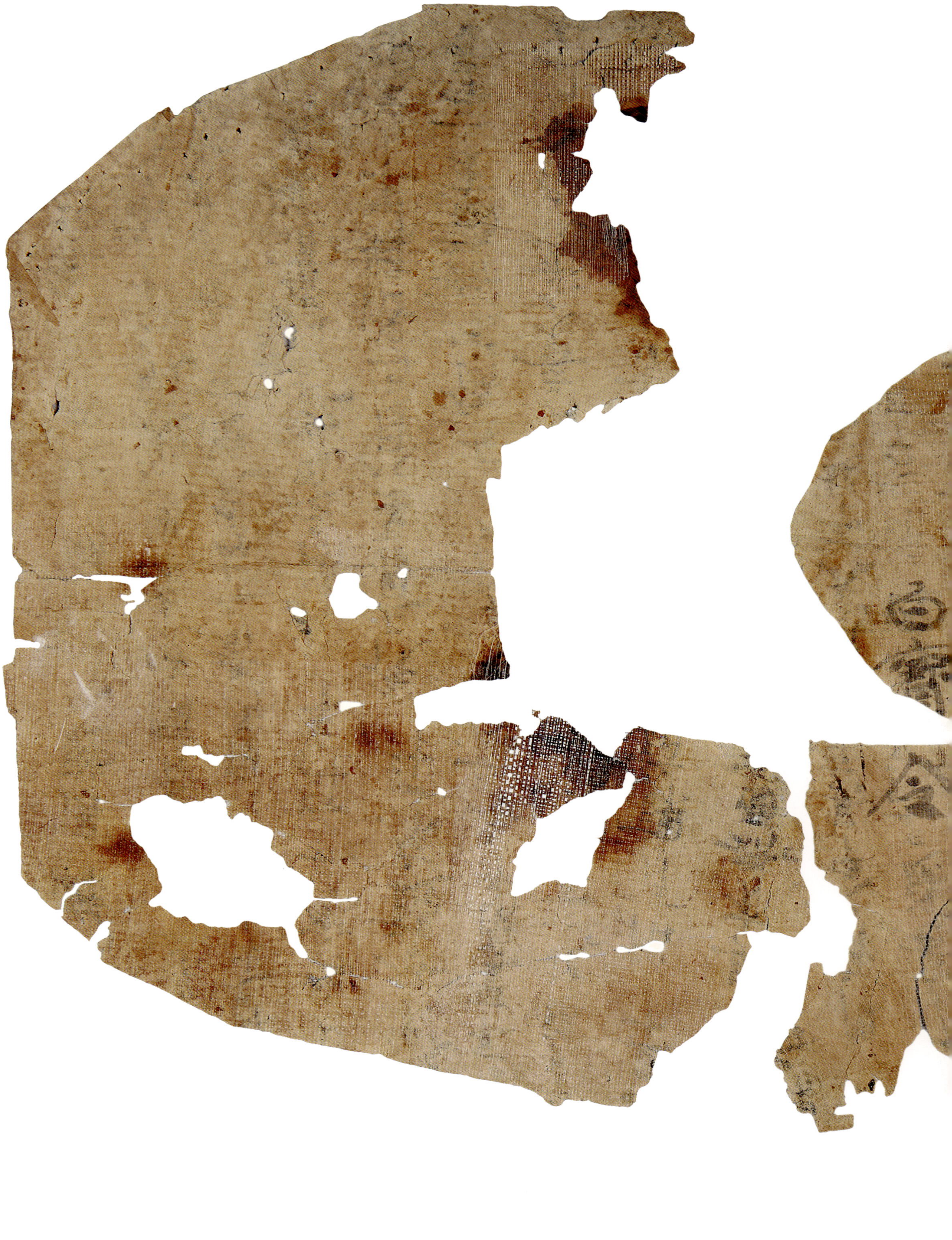

七　高昌劉公、僧文二人夏常、薄田券

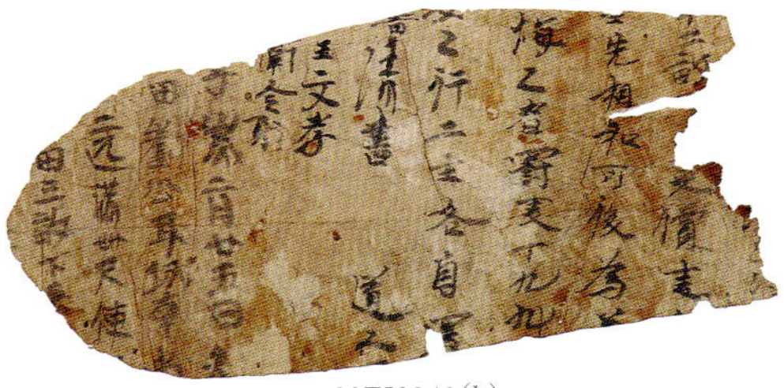

09ZJ0043(b)

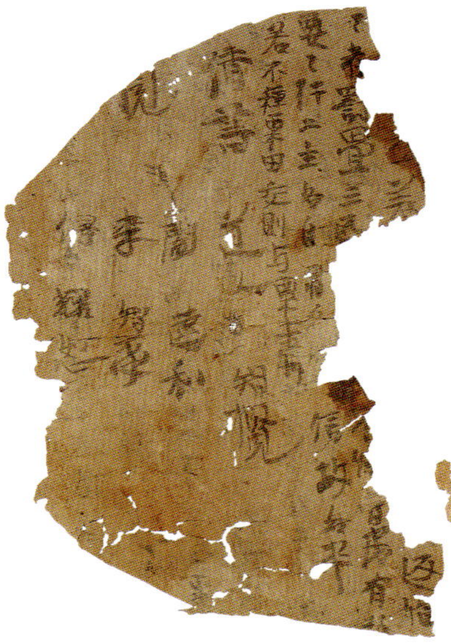

09ZJ0053(b)

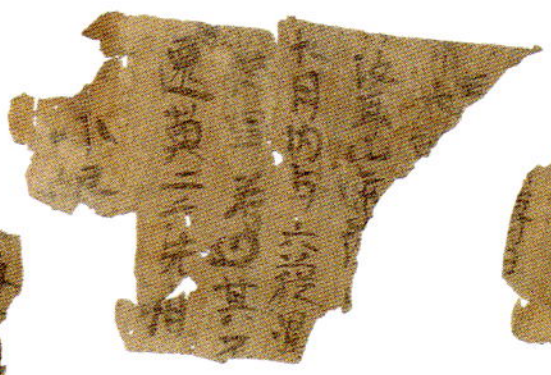

09ZJ0059(b)

09ZJ0057(b)

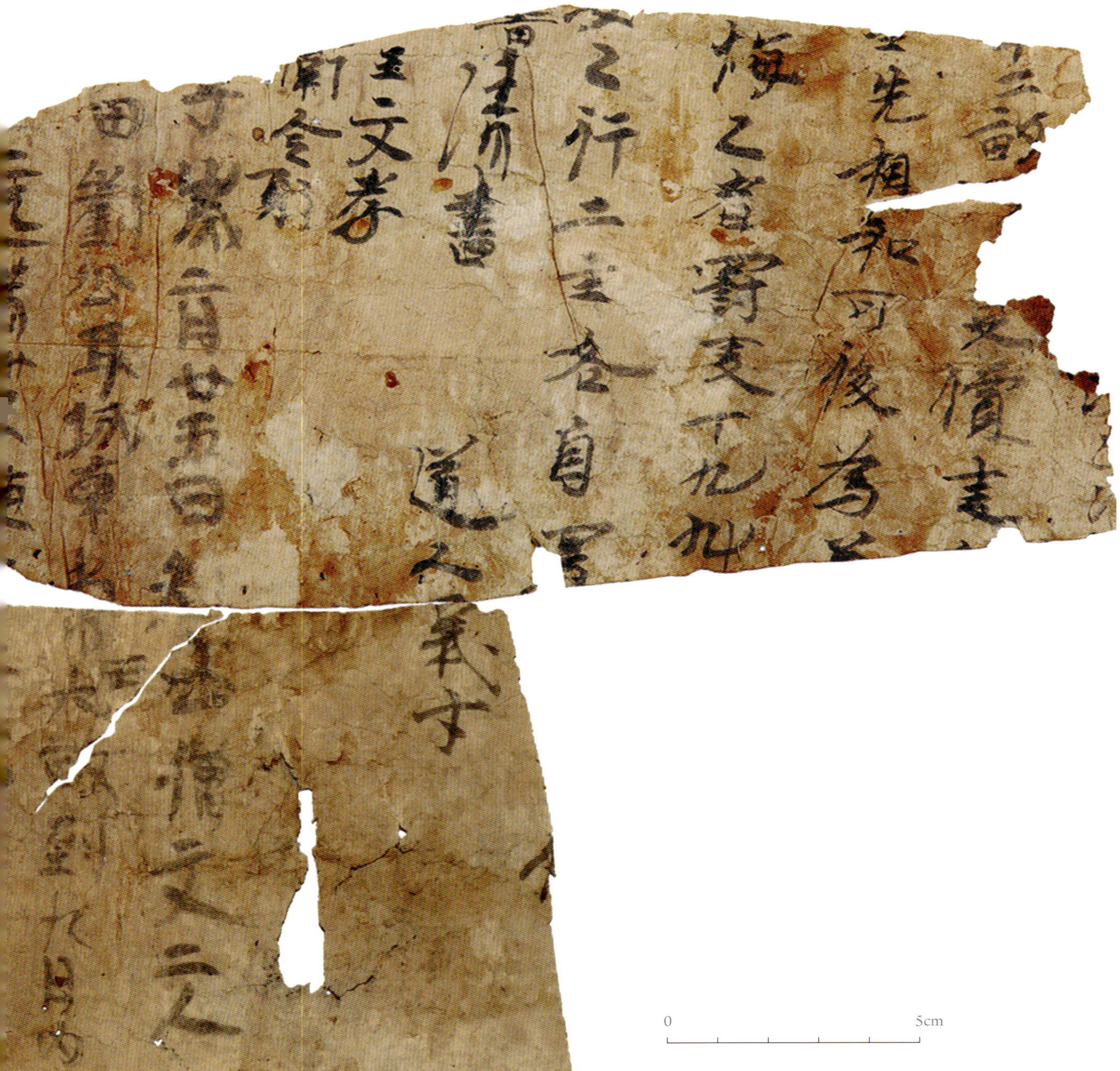

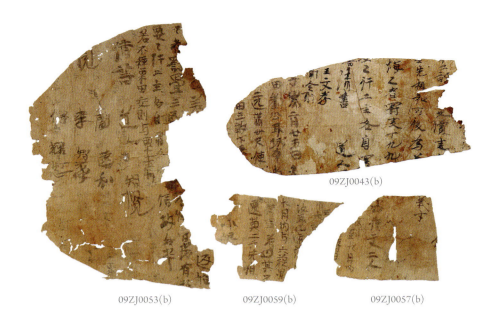

09ZJ0043(b)、09ZJ0053(b)、09ZJ0057(b)、09ZJ0059(b)拼接示意圖　縱29.0cm×橫46.0cm

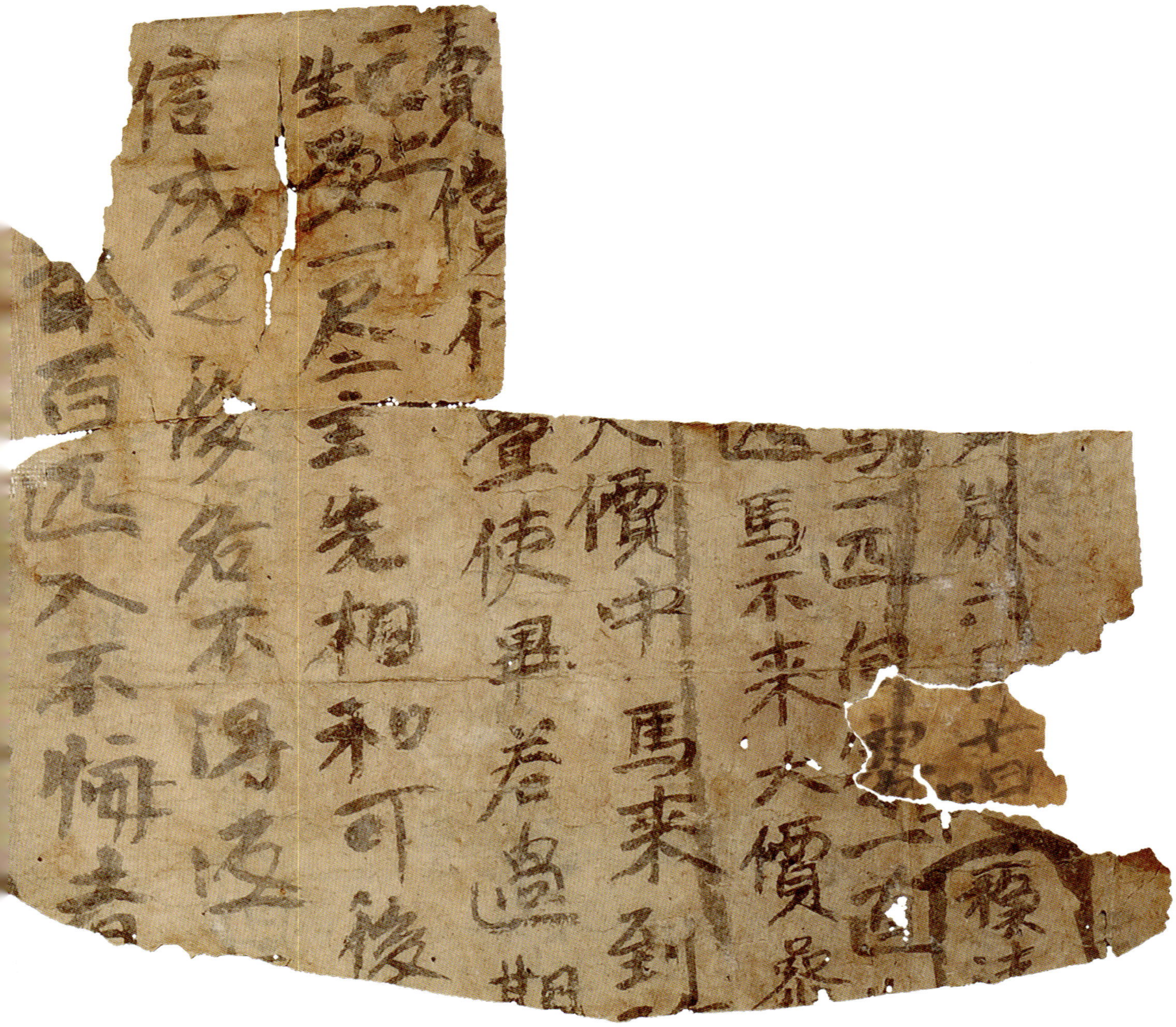

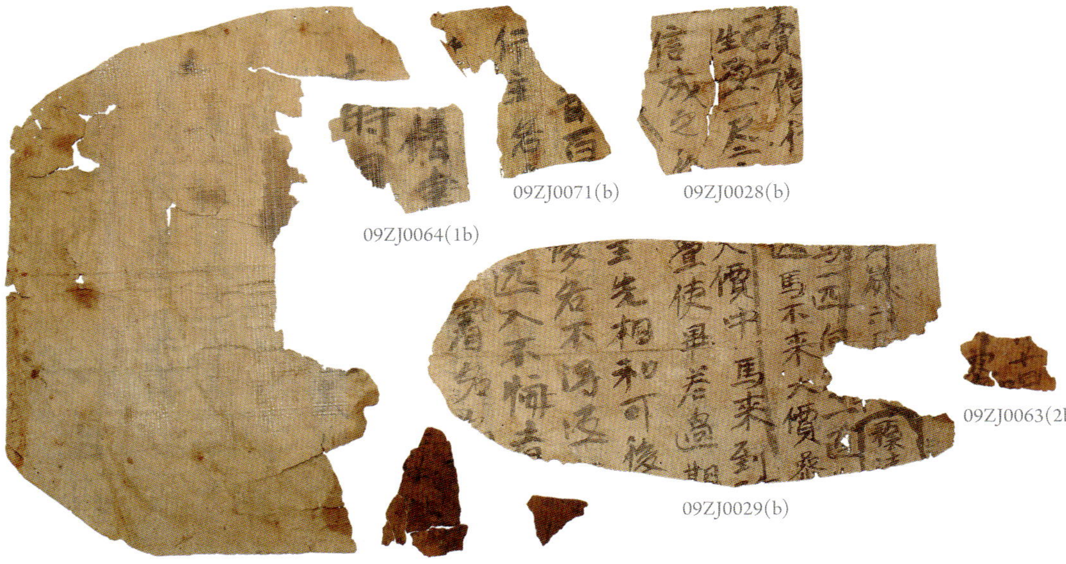

09ZJ0064(1b)　09ZJ0071(b)　09ZJ0028(b)

09ZJ0063(2b)

09ZJ0029(b)

09ZJ0051(b)　09ZJ0063(3b)　09ZJ0063(4b)

八

高昌□寅歲六月蘇法□買馬券

09ZJ0028(b)、09ZJ0029(b)、09ZJ0051(b)、09ZJ0063(2b)、09ZJ0063(3b)、09ZJ0063(4b)、09ZJ0064(1b)、09ZJ0071(b) 拼接示意圖　縱 25.0cm × 橫 41.5cm

0
5cm

九　高昌鄭鳳安買田券

09ZJ0070
09ZJ0027(2)
09ZJ0058
09ZJ0065(1)
09ZJ0063(6)
09ZJ0063(5)
09ZJ0064(2)
09ZJ0055

09ZJ0027(2)、09ZJ0055、09ZJ0058、09ZJ0063(5)、09ZJ0063(6)、09ZJ0064(2)、09ZJ0065(1)、09ZJ0070 拼接示意圖

縱 26.0cm × 横 30.5cm

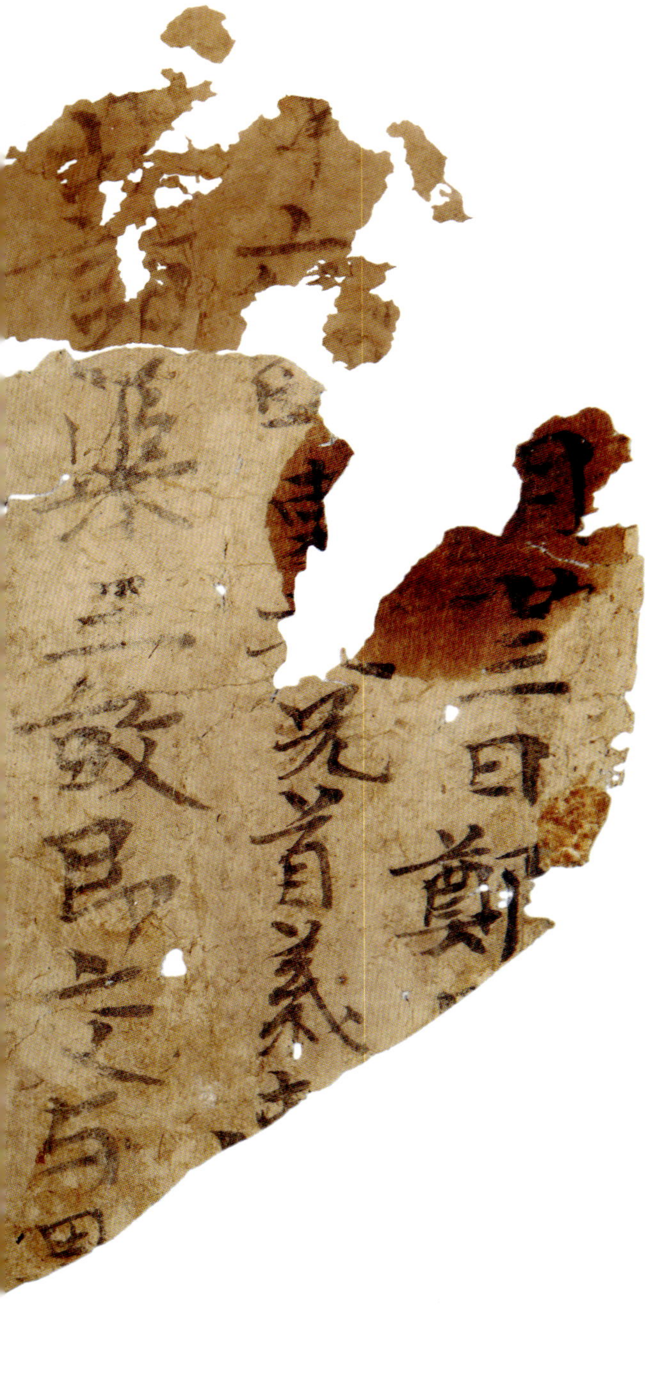

一〇　高昌某歲三月買舍券

09ZJ0030(a)、09ZJ0031(a)、09ZJ0040(a)、09ZJ0060(a)、09ZJ0061(a)、09ZJ0066(a)、09ZJ0082(1a) 拼接示意圖

縱 22.5cm × 横 38.0cm

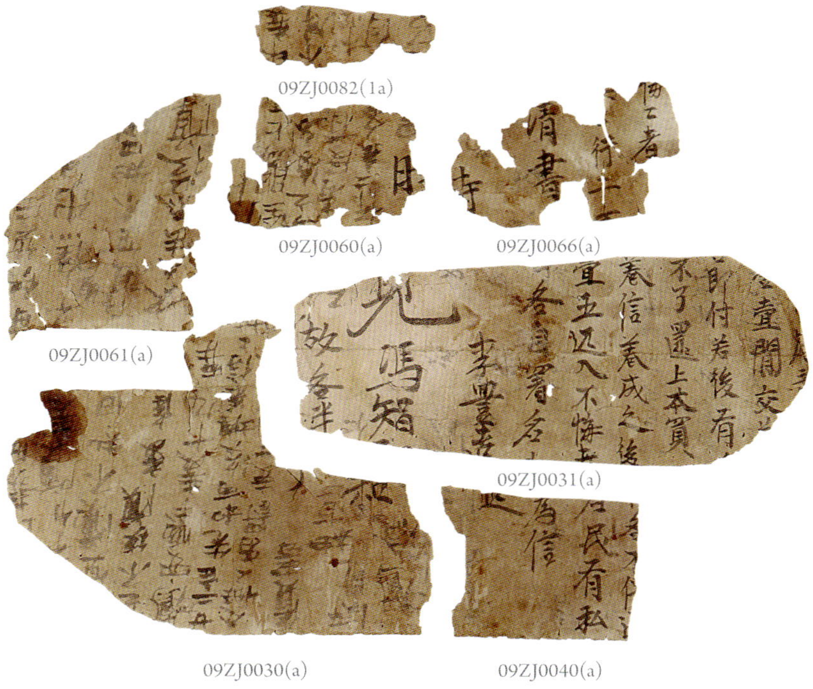
09ZJ0082(1a)
09ZJ0060(a)
09ZJ0066(a)
09ZJ0061(a)
09ZJ0031(a)
09ZJ0030(a)
09ZJ0040(a)

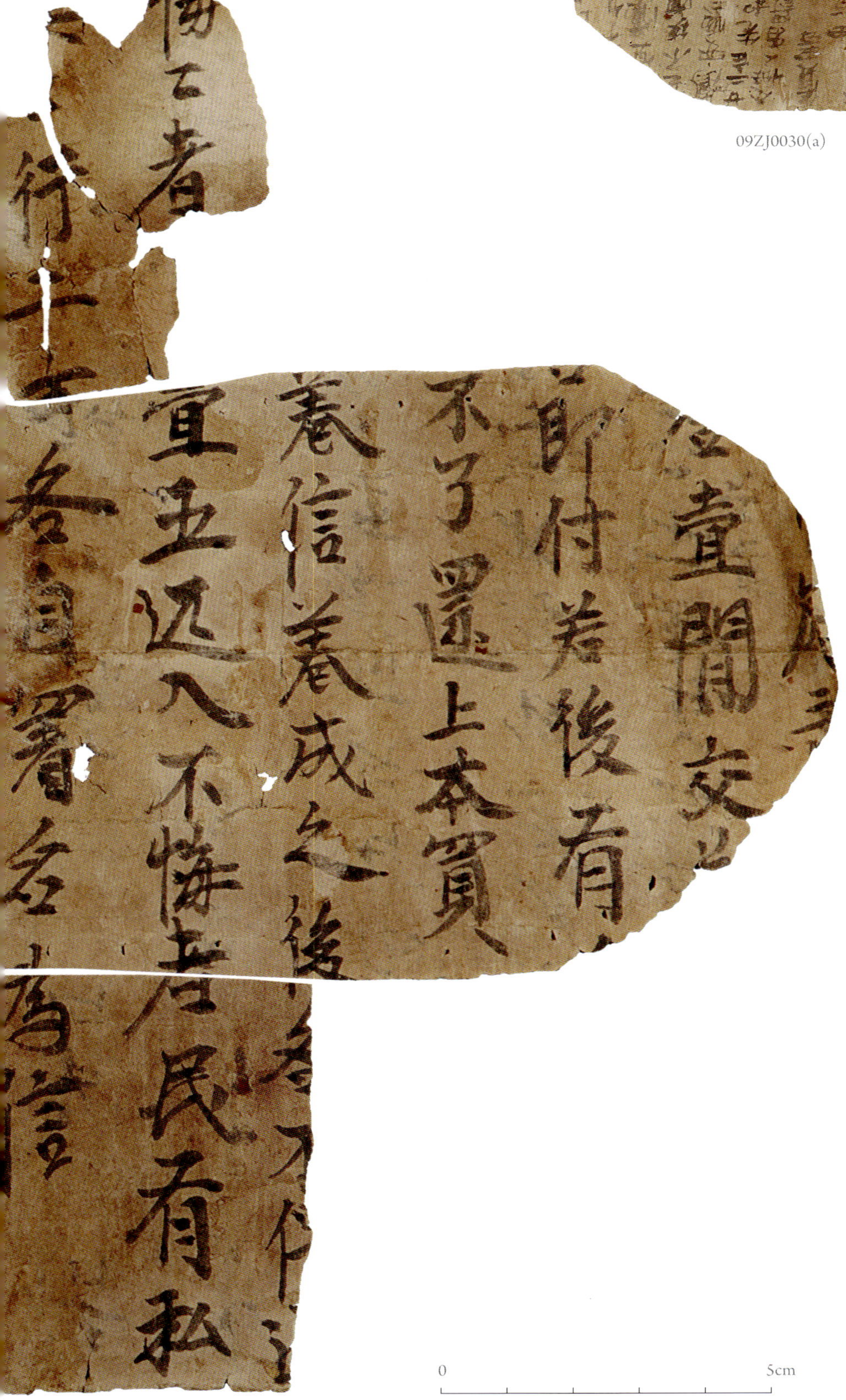

0　5cm

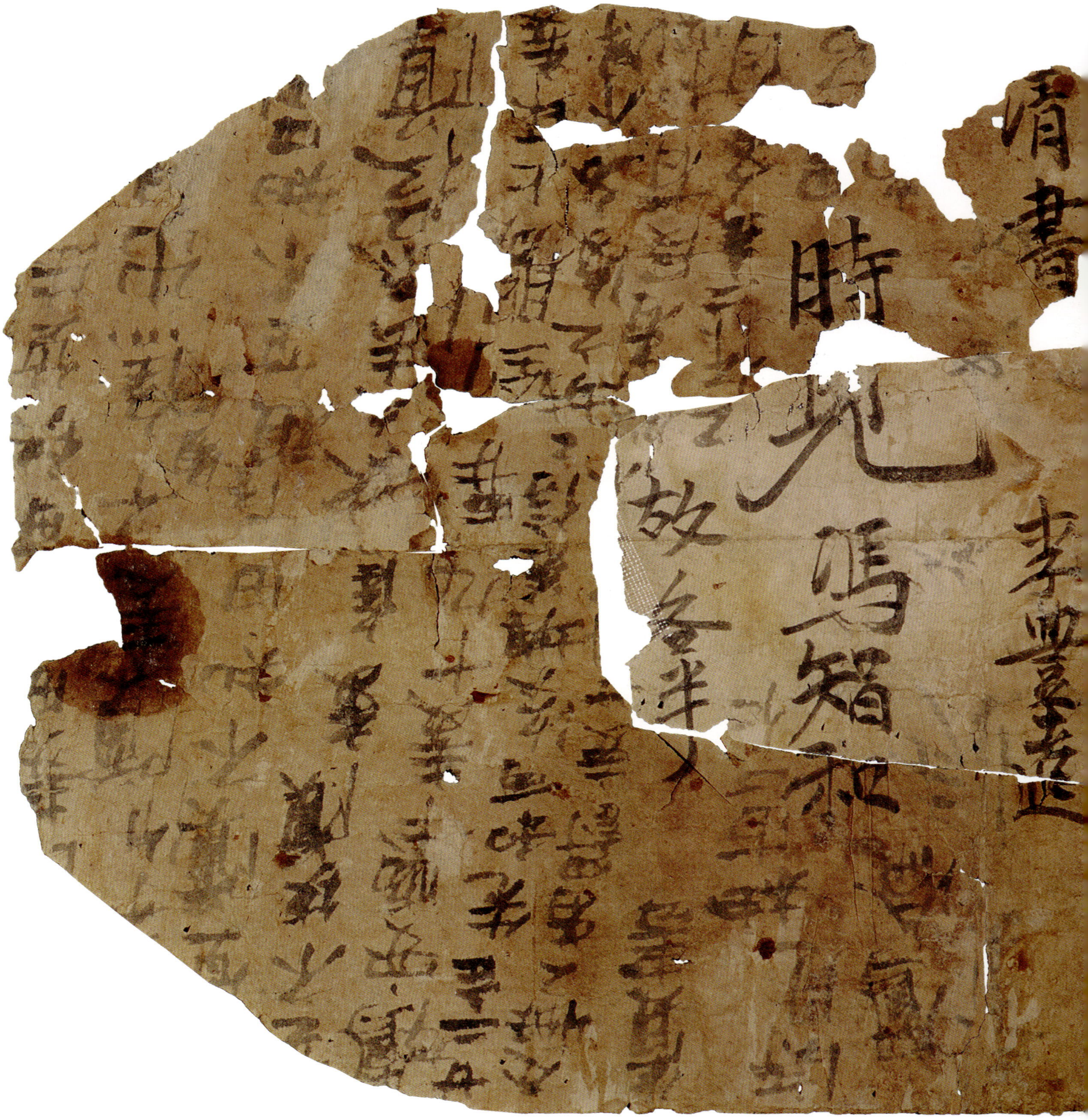

一一　高昌张参從鄭鳳安邊舉麦券

09ZJ0030(a)、09ZJ0031(a)、09ZJ0040(a)、09ZJ0060(a)、09ZJ0061(a)、09ZJ0066(a)、09ZJ0082(1a) 拼接示意圖　縱 22.5cm× 横 38.0cm

0
5cm

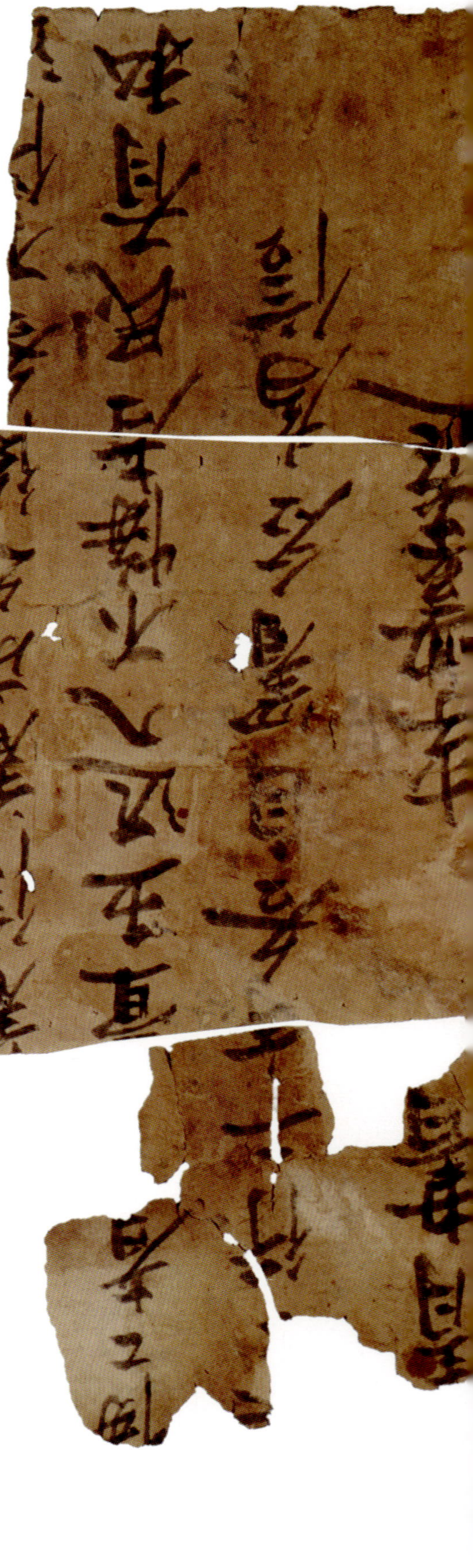

09ZJ0040(a)

09ZJ0030(a)

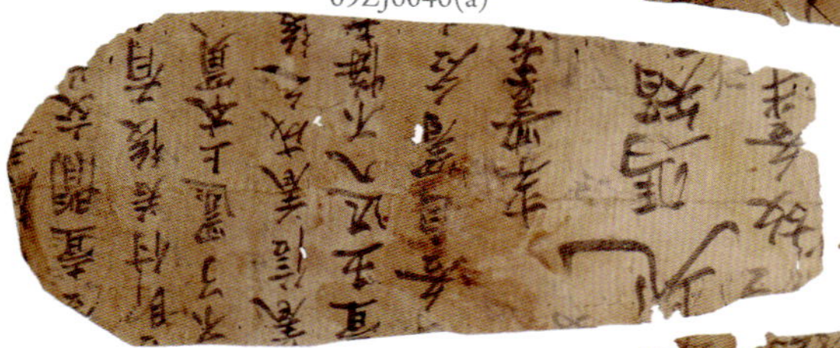

09ZJ0031(a)

09ZJ0060(a)

09ZJ0066(a)

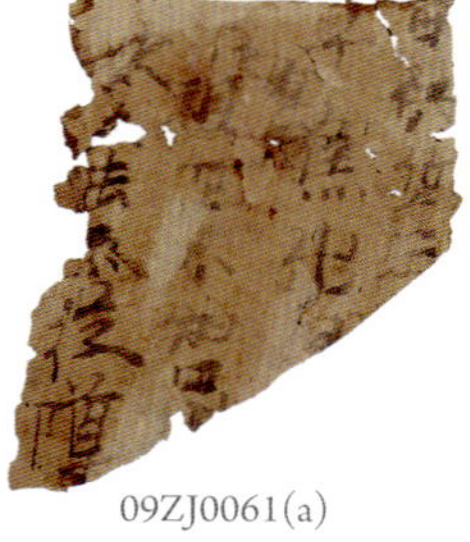

09ZJ0061(a)

09ZJ0082(1a)

一二　高昌某歲三月舉糧券

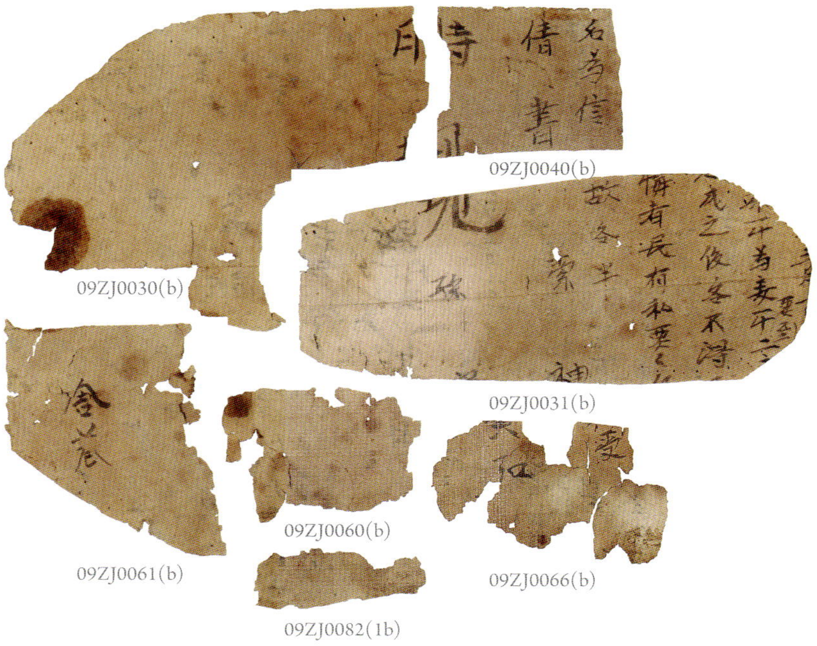

09ZJ0040(b)
09ZJ0030(b)
09ZJ0031(b)
09ZJ0060(b)
09ZJ0061(b)
09ZJ0066(b)
09ZJ0082(1b)

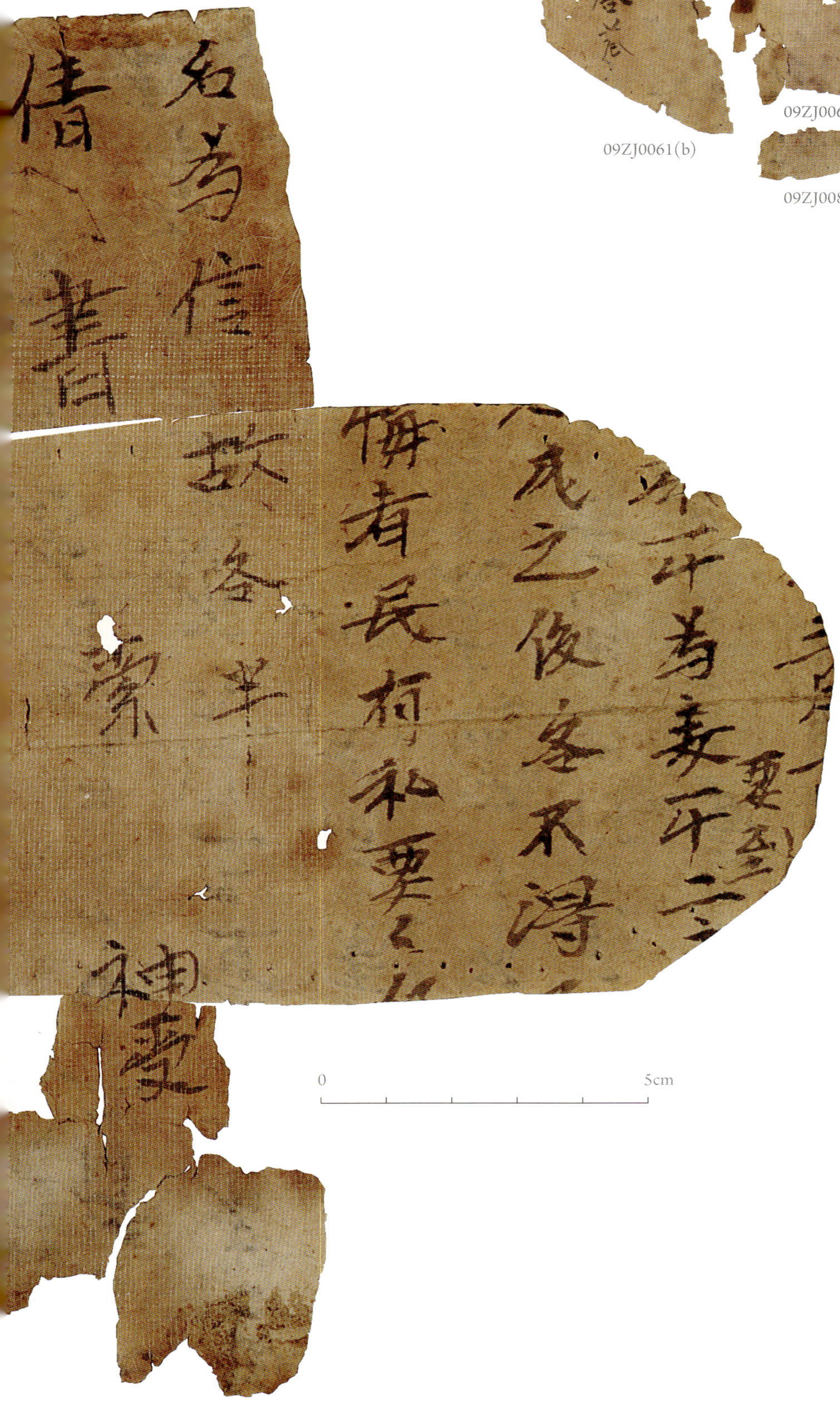

0
5cm

09ZJ0030(b)、09ZJ0031(b)、09ZJ0040(b)、09ZJ0060(b)、09ZJ0061(b)、09ZJ0066(b)、09ZJ0082(1b)拼接示意圖　縱22.5cm×橫38.0cm

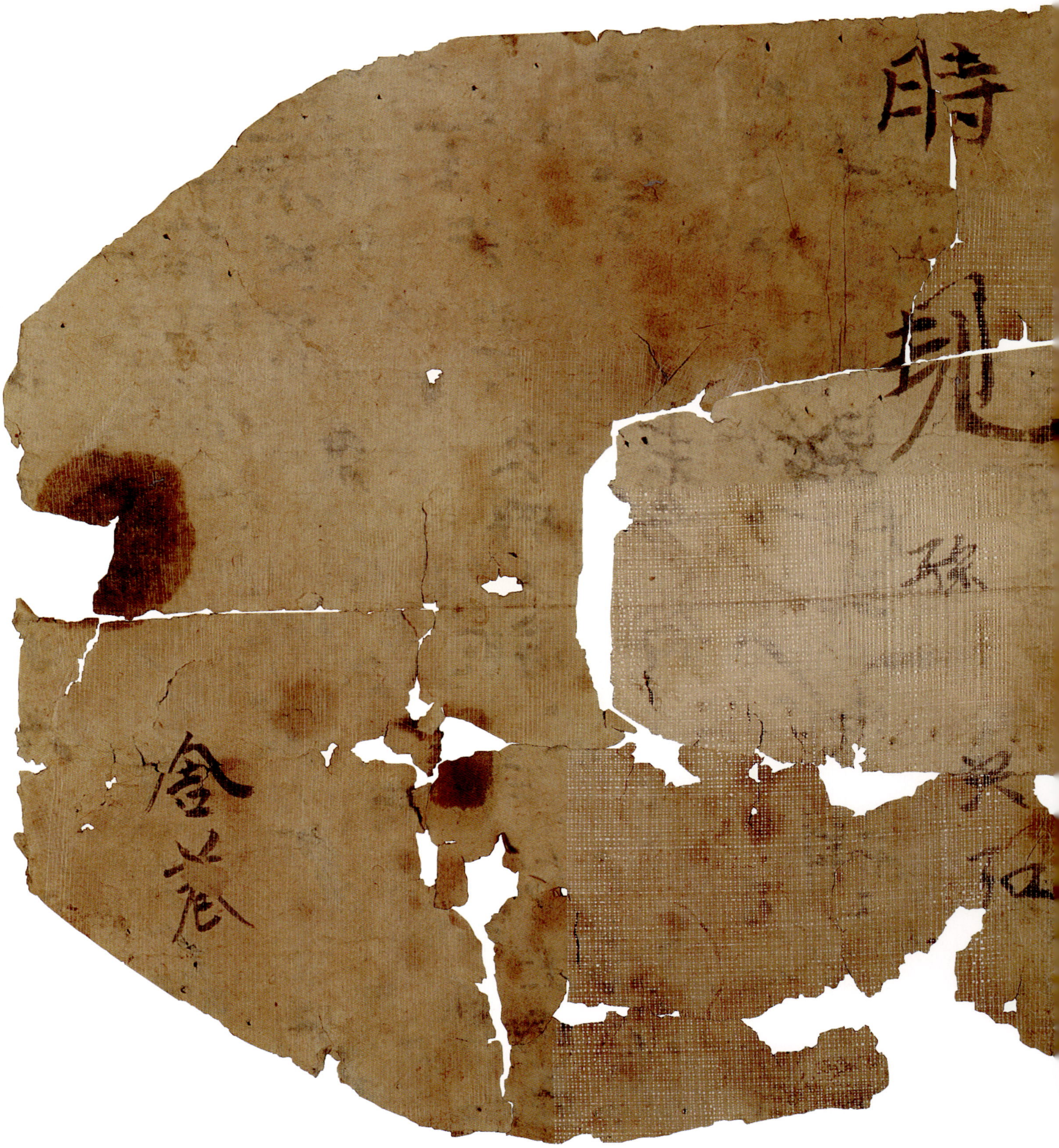
時

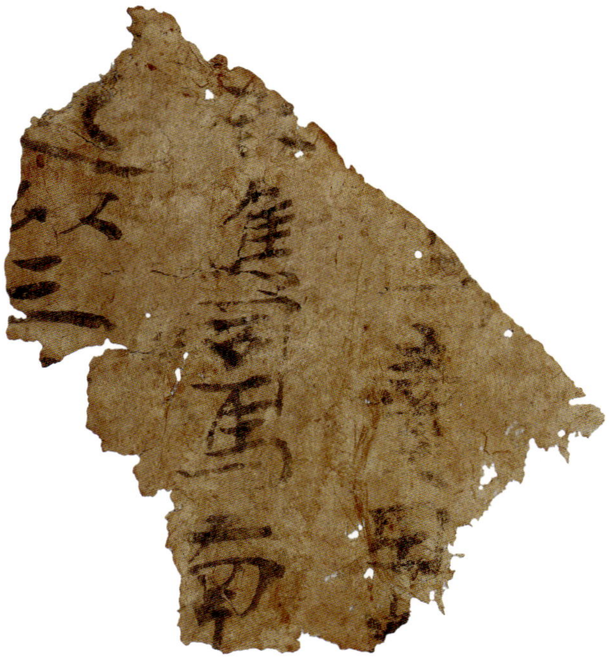

（一） 09ZJ0072

（二） 09ZJ0082(2a)

0 5cm

一三 高昌賣田券殘片

（一） 09ZJ0072

縱 9.0cm × 橫 8.0cm

（二） 09ZJ0082(2a)

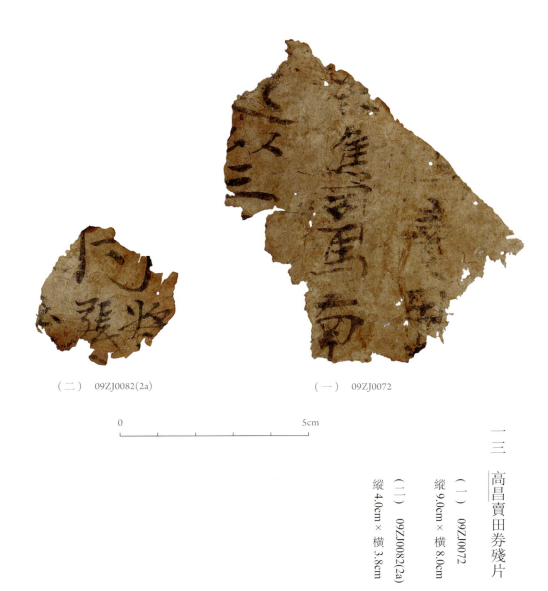

縱 4.0cm × 橫 3.8cm

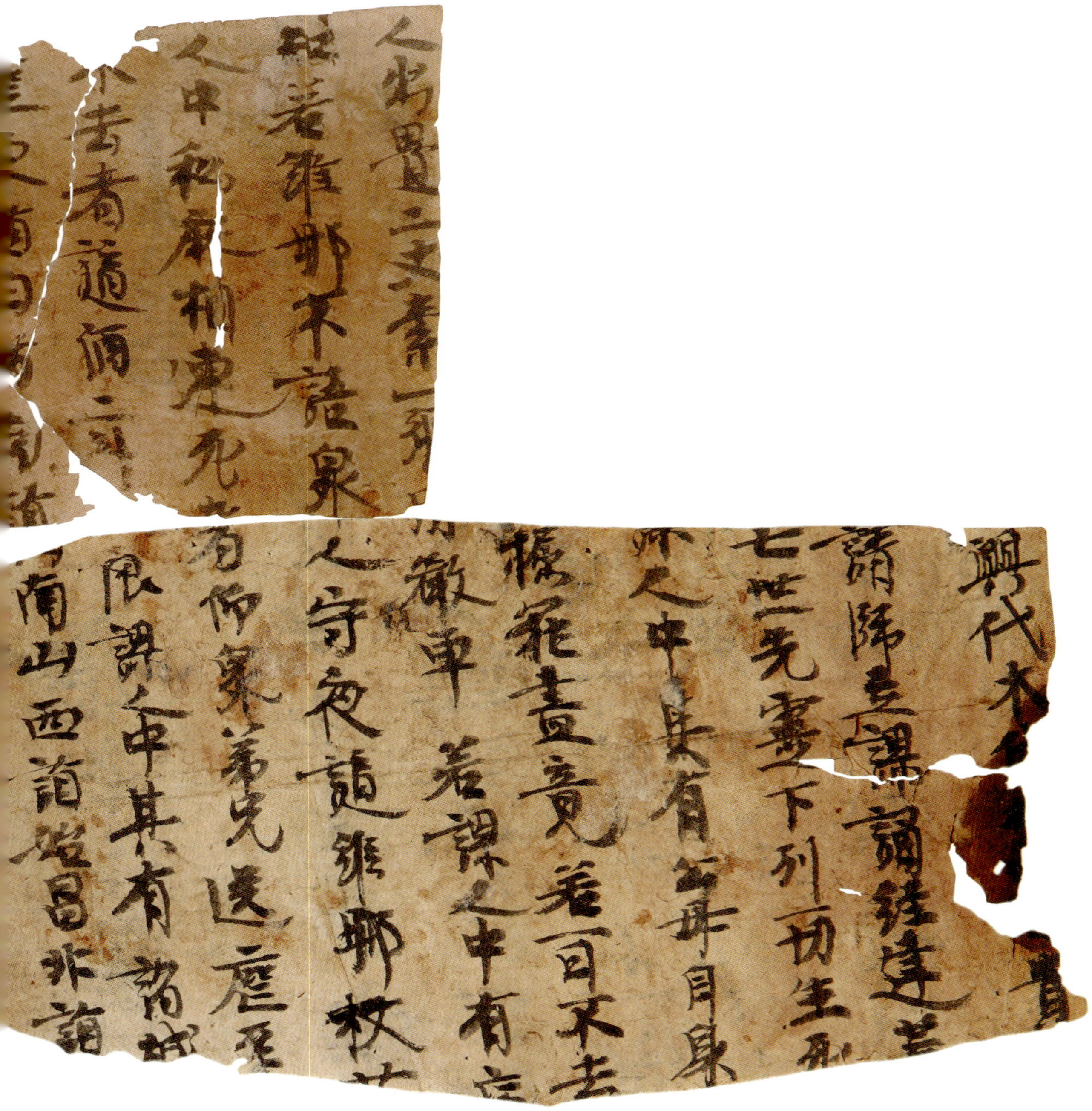

09ZJ0068(b)

09ZJ0069(b)

09ZJ0080(b)

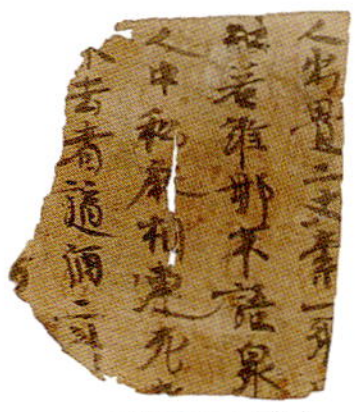
09ZJ0046(b)

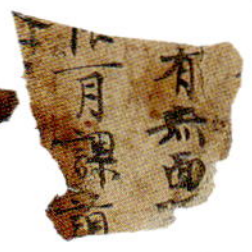
09ZJ0081(b)

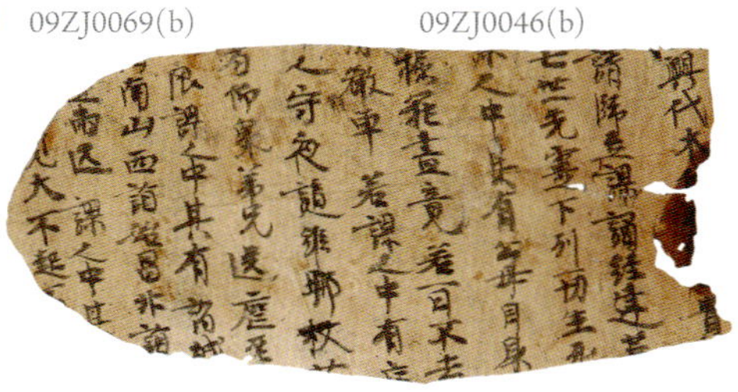
09ZJ0047(b)

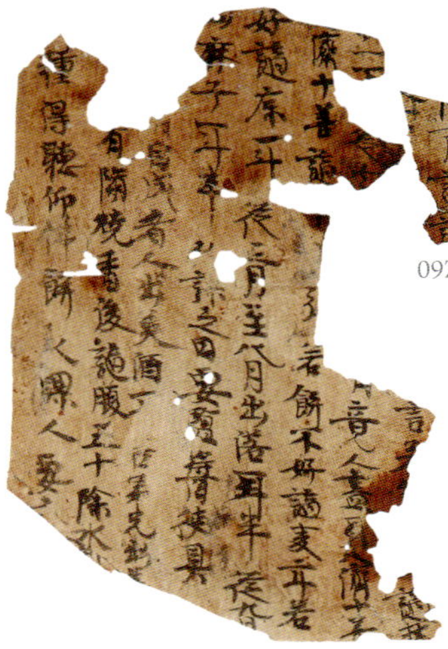
09ZJ0062(b)

一四　高昌立課誦經兄弟社社約

09ZJ0046(b)、09ZJ0047(b)、09ZJ0062(b)、09ZJ0068(b)、09ZJ0069(b)、09ZJ0080(b)、
09ZJ0081(b) 拼接示意圖　　縱 28.8cm × 橫 41.2cm

一六　高昌國張祐上言爲差脱懃壘祠垣事

09ZJ0033(a)、09ZJ0035(a)、09ZJ0037(a) 拼接示意圖

縱 23.7cm × 横 11.5cm、縱 23.7cm × 横 12.7cm、縱 23.7cm × 横 11.0cm

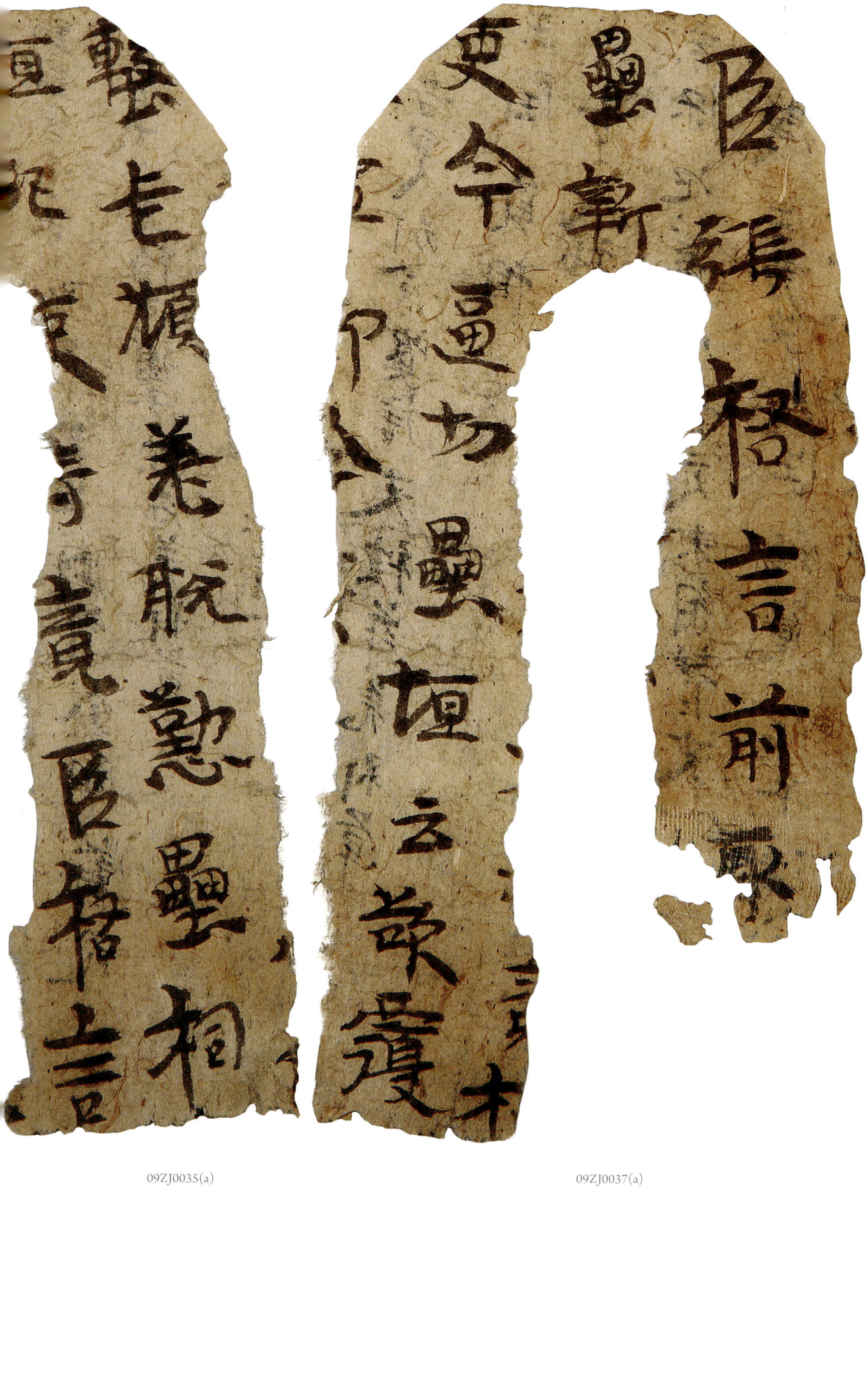

09ZJ0035(a)　09ZJ0037(a)

一五　高昌國嚴悦上言爲應次課歸事

縱 23.1cm × 橫 13.7cm

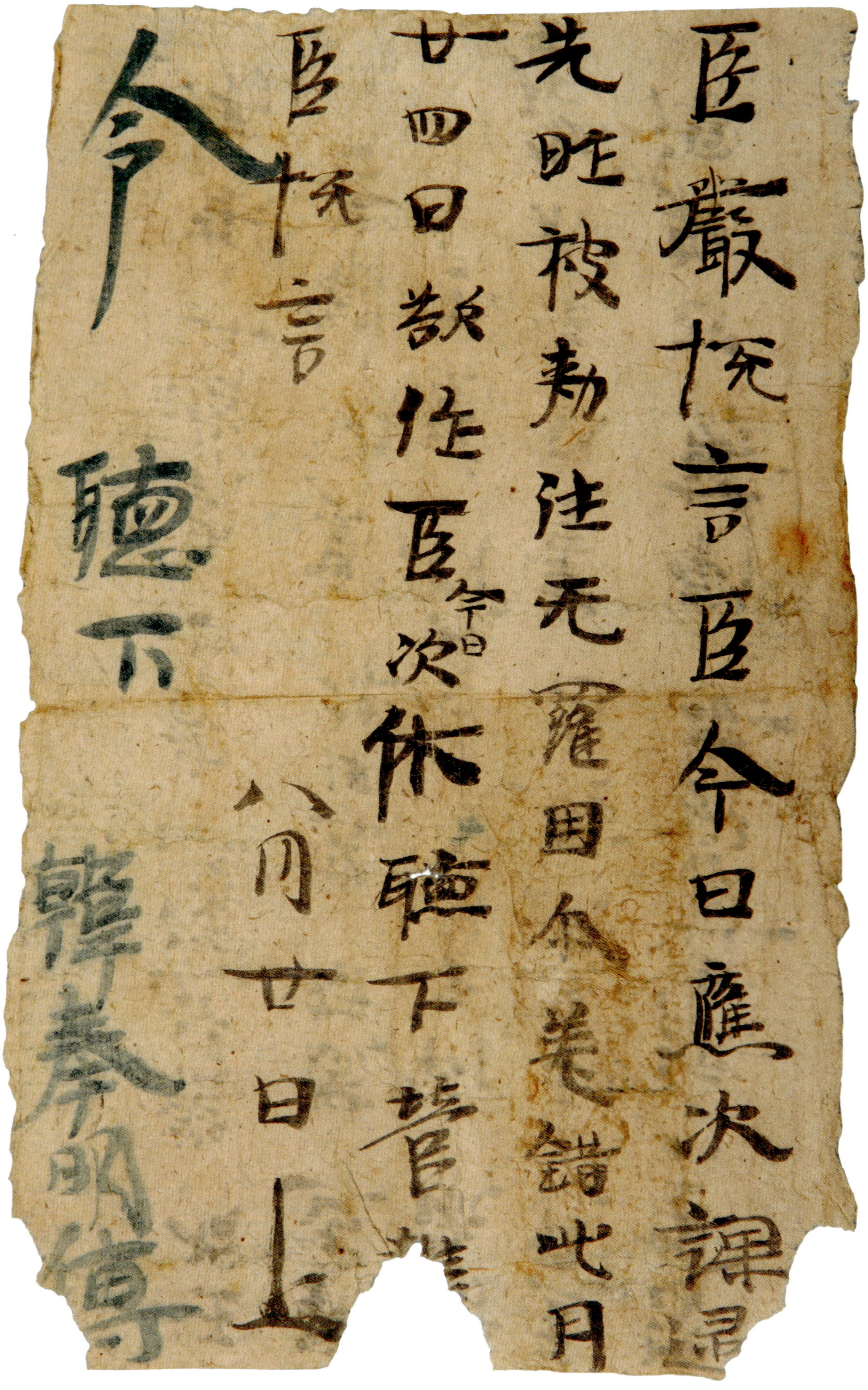

09ZJ0073(a)

0　5cm

一七　高昌國李並上言爲付曹市糴以供歲終事

縱 23.6cm × 横 15.6cm

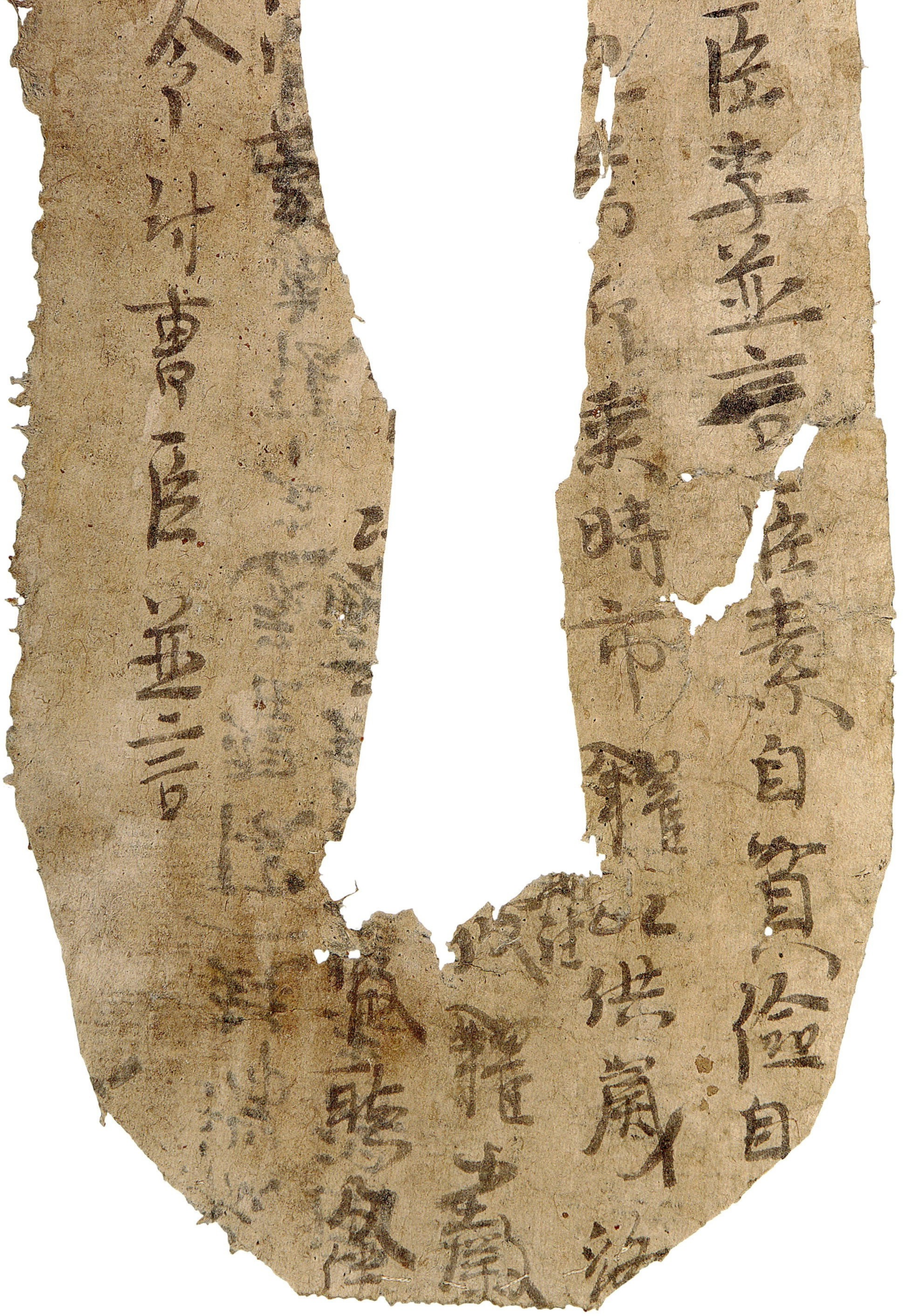

09ZJ0038(a)

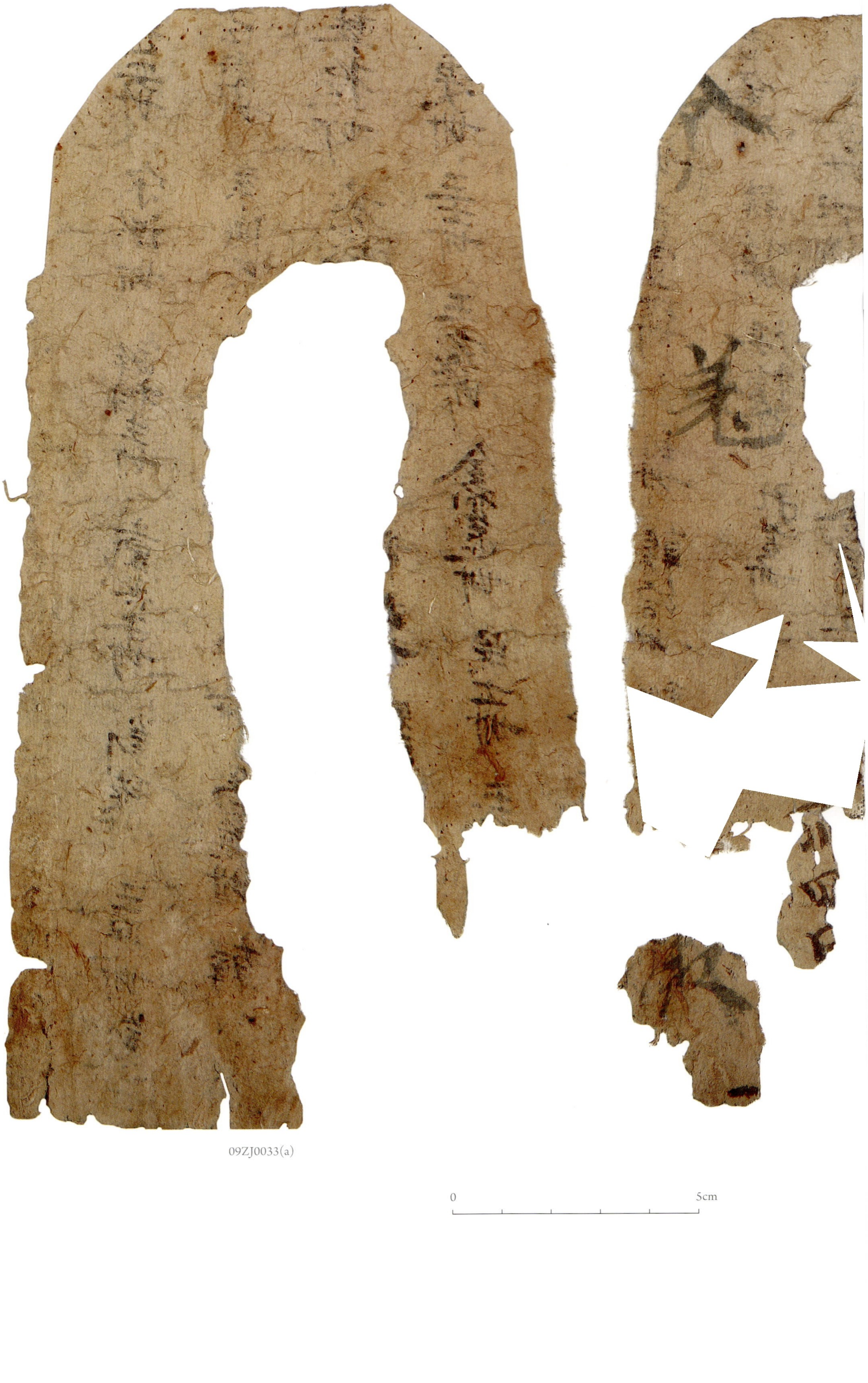

09ZJ0033(a)

一八　高昌被符諸色差役名籍

09ZJ0033(b)、09ZJ0035(b)、09ZJ0037(b) 拼接示意圖

縱 23.7cm × 橫 11.5cm、縱 23.7cm × 橫 12.7cm、縱 23.7cm × 橫 11.0cm

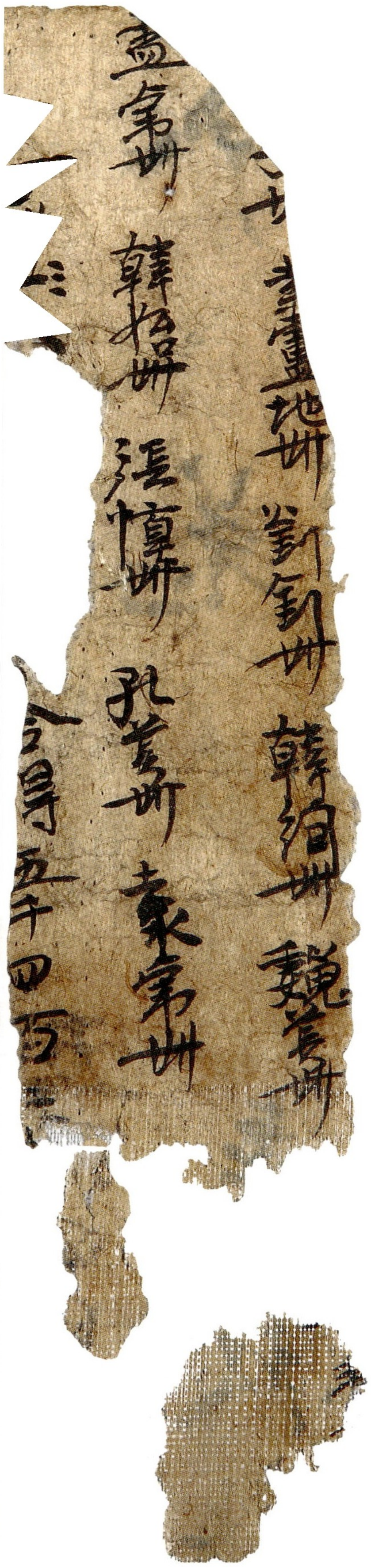

09ZJ0035(b)

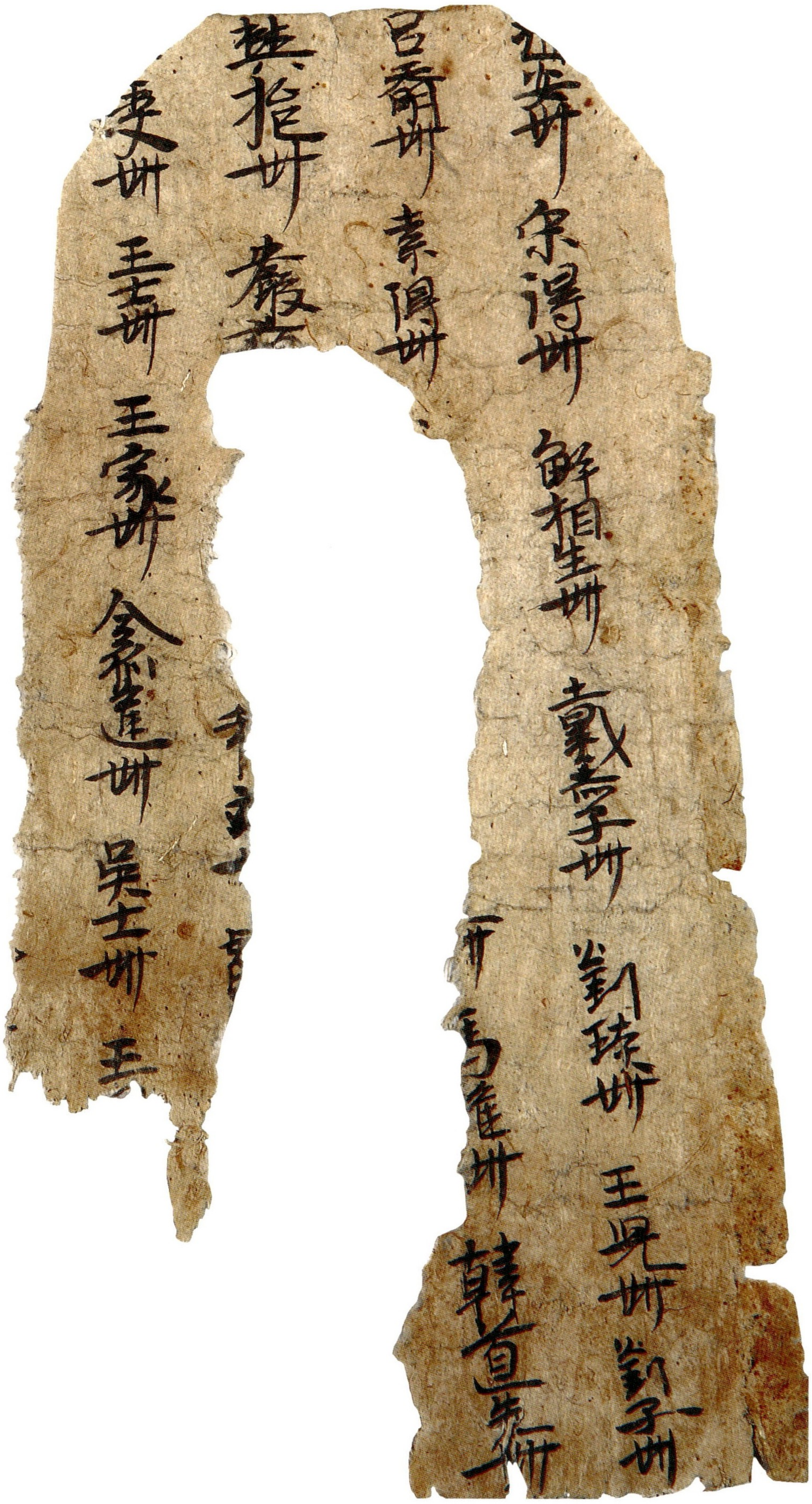

09ZJ0033(b)

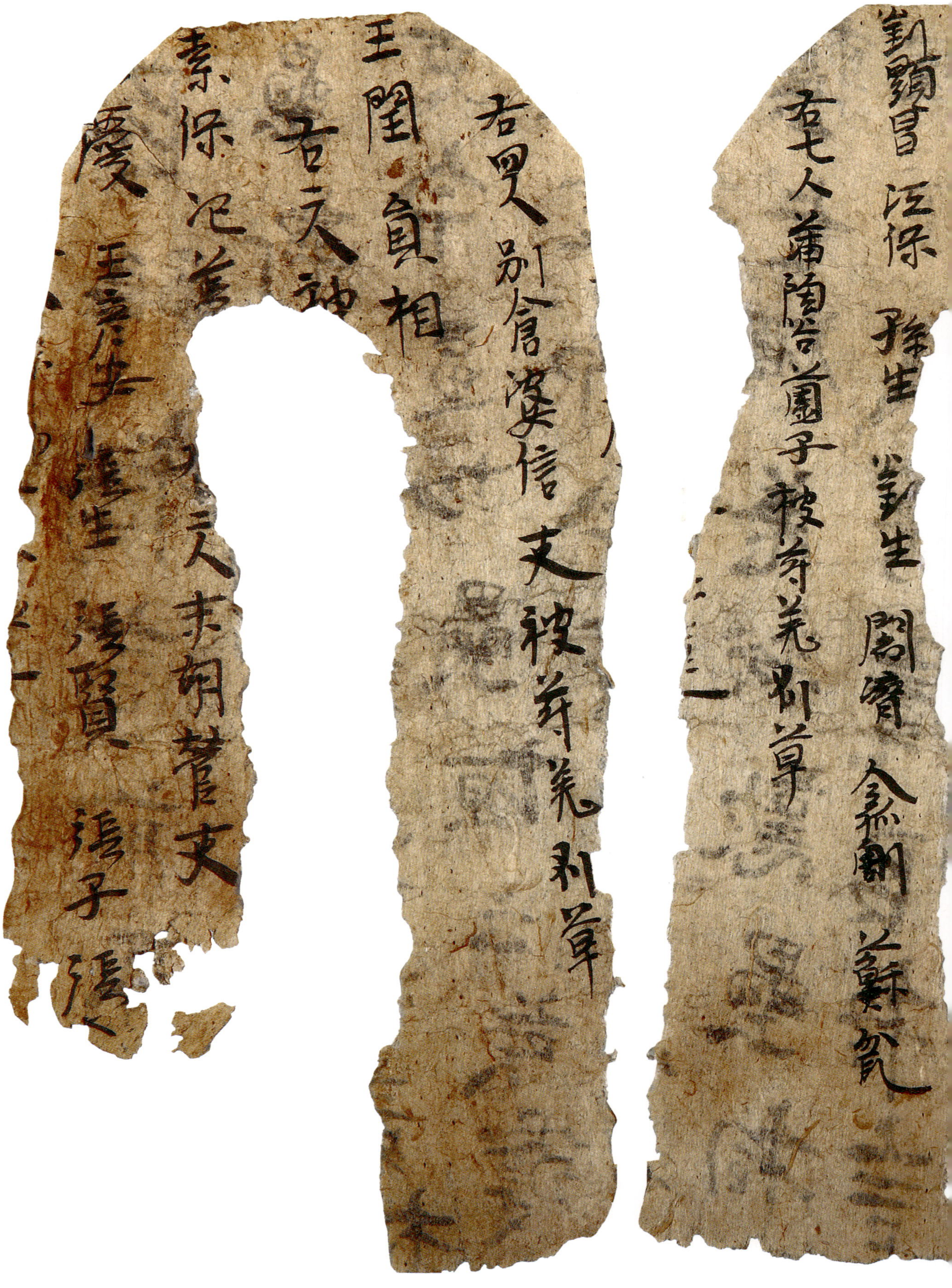

09ZJ0037(b)

一九　高昌名籍

縱23.1cm×橫13.7cm

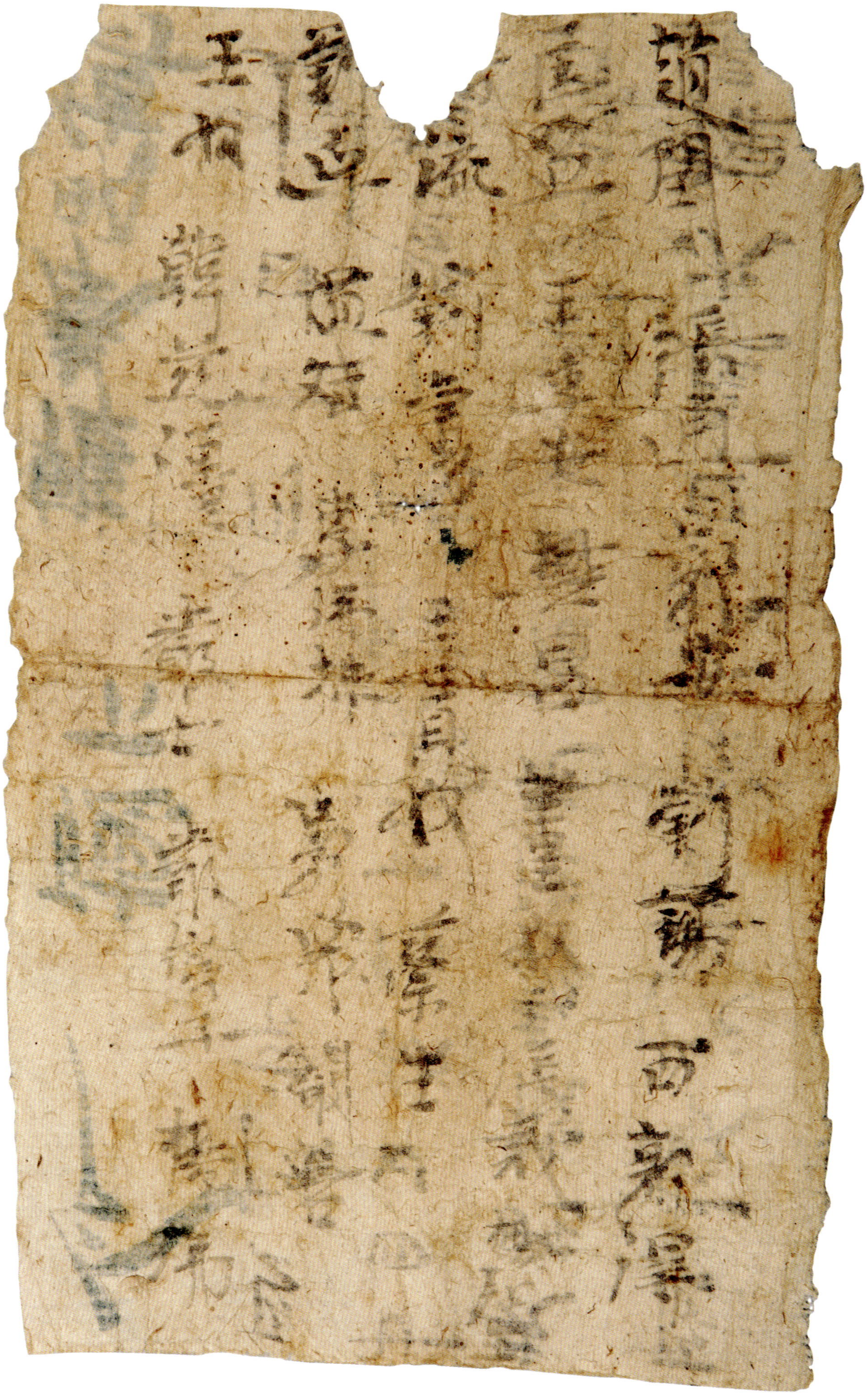

09ZJ0073(b)

0　5cm

二〇 高昌物品賬

縱 23.6cm × 横 15.6cm

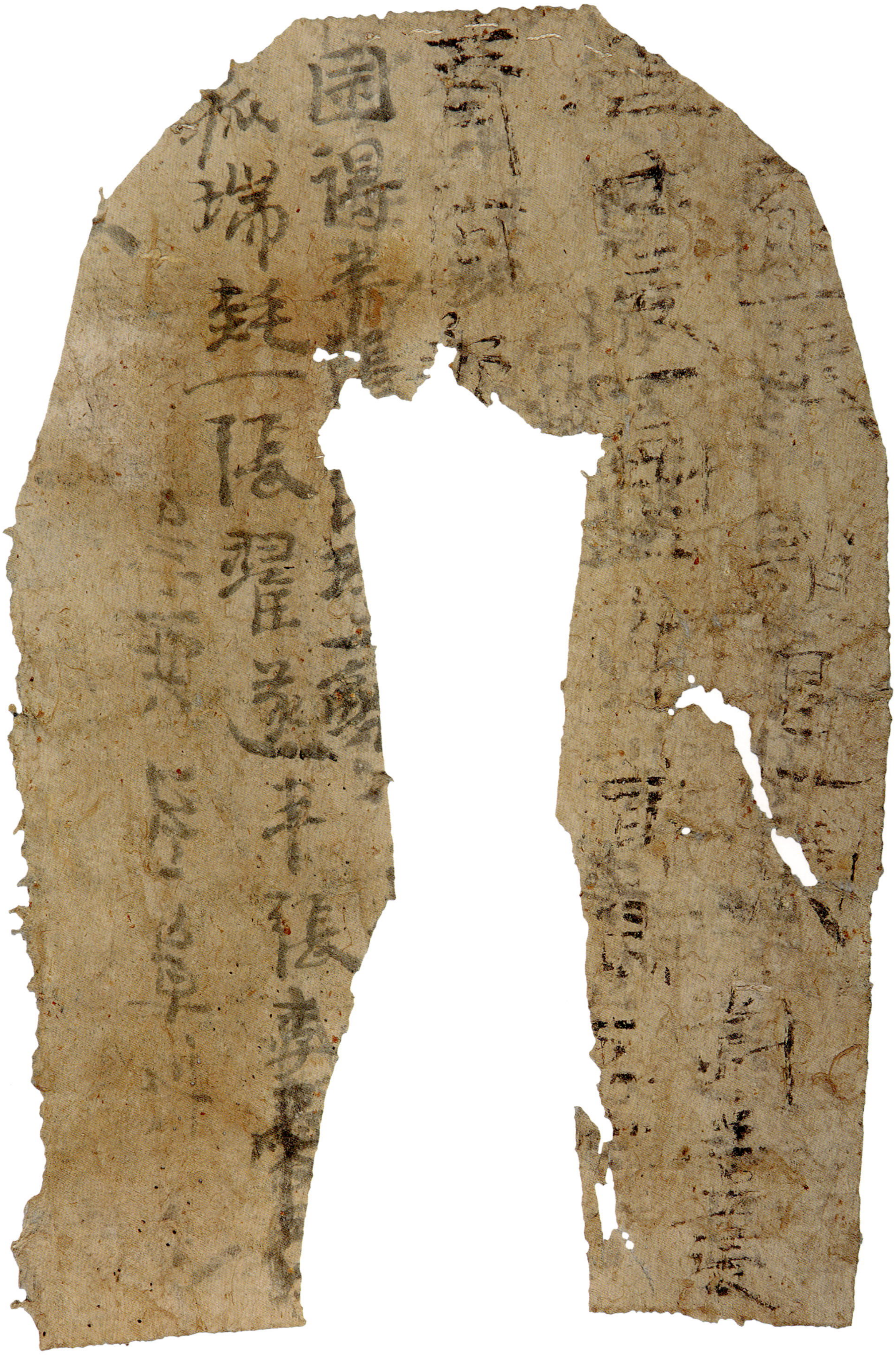

09ZJ0038(b)

0 5cm

09ZJ0135(a)

0 5cm

二一　唐開元廿四年（七三六）三月西州寄莊四品孫上柱國宋庭琢牒爲棄租户不澆溉事

09ZJ0135　縱 22.5cm × 横 24.5cm

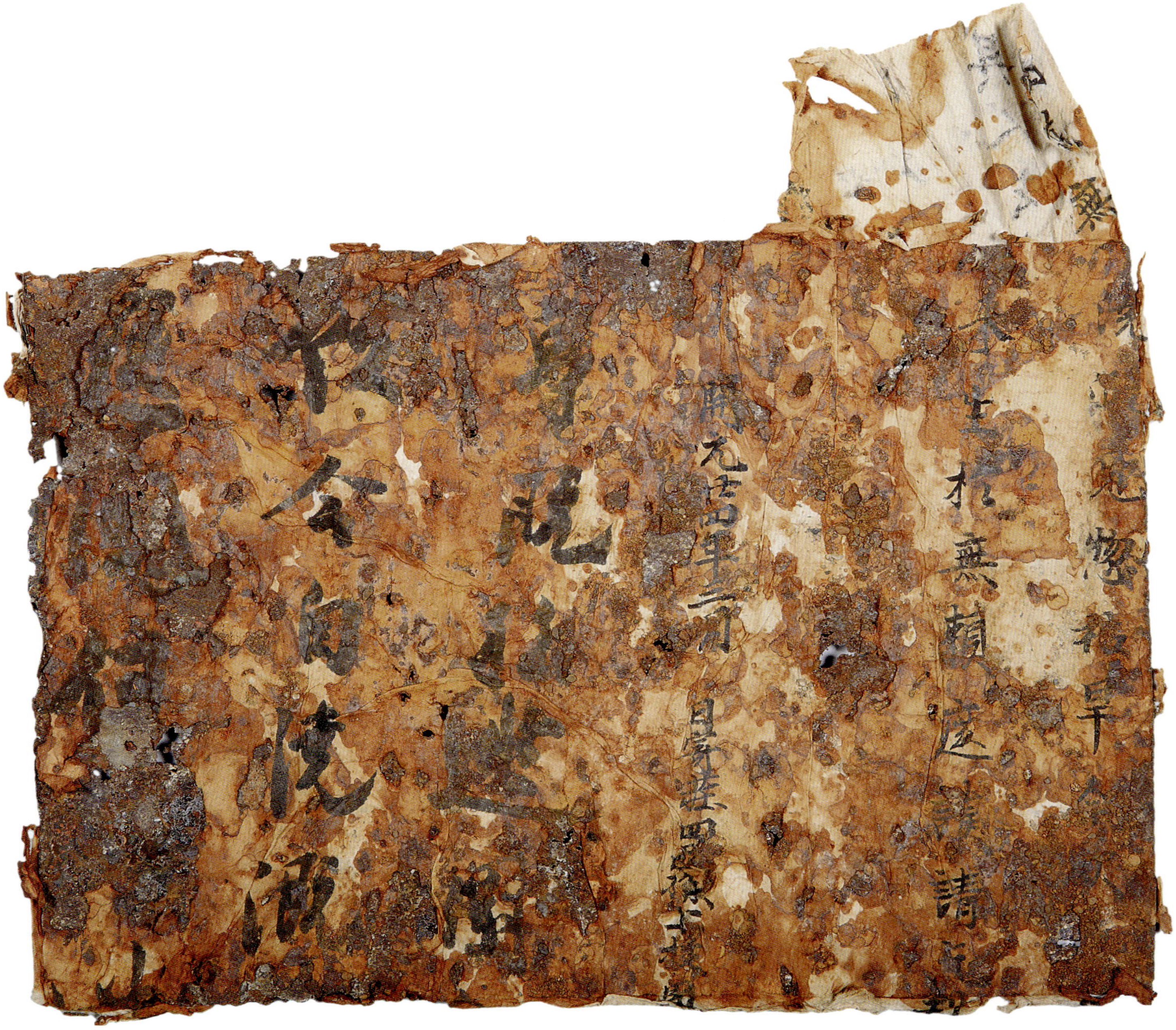

09ZJ0135(b)

0 5cm

二二　唐天寶年間習書

09ZJ0044
縱 14.0cm × 橫 3.8cm

09ZJ0045
縱 14.0cm × 橫 6.8cm

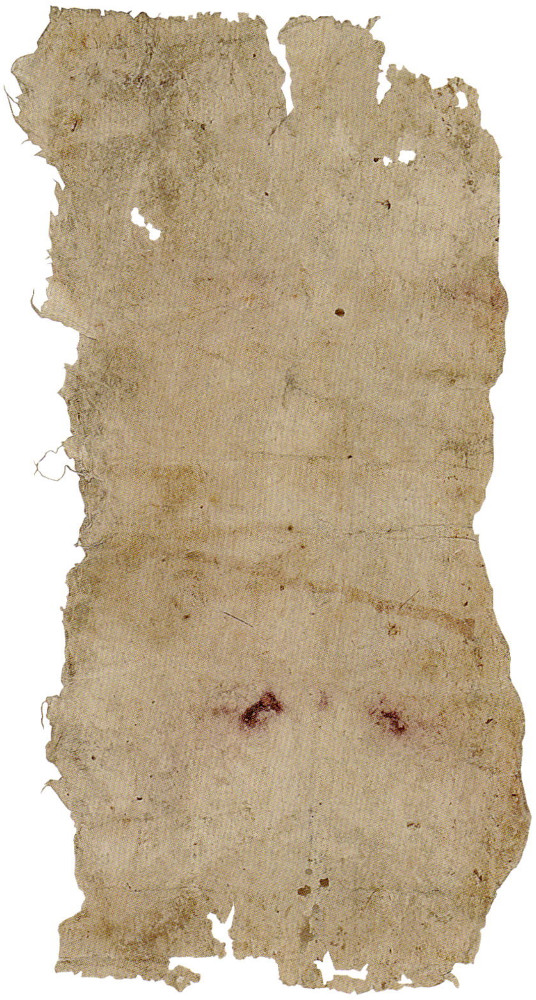

09ZJ0045(a)

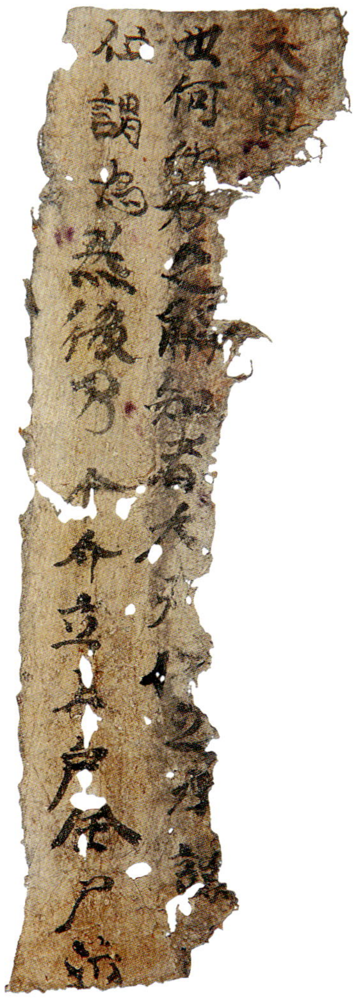

09ZJ0044(a)

0　5cm

09ZJ0045(b)

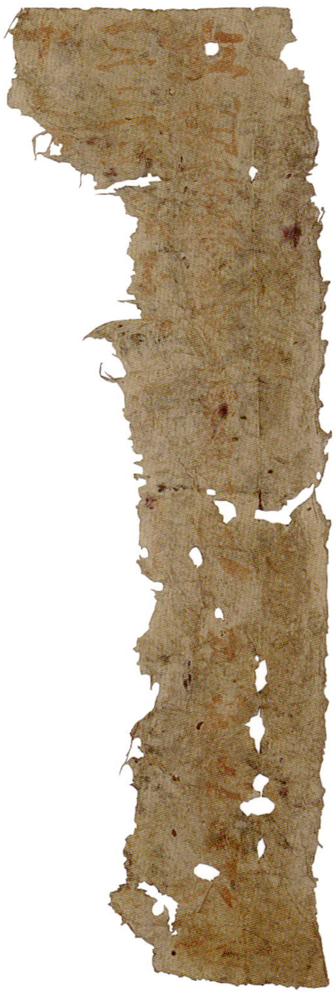

09ZJ0044(b)

0
5cm

二四　唐某澤上丈母家書

縱 28.5cm × 橫 9.8cm

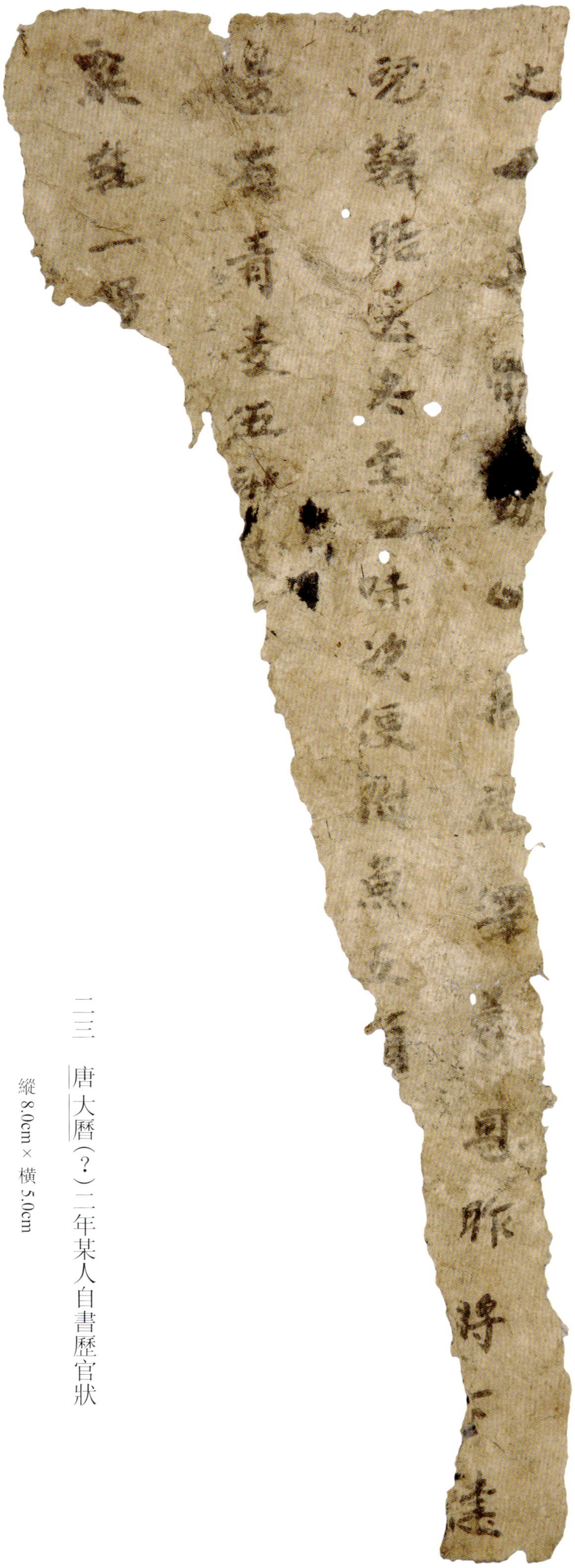

09ZJ0048

0　5cm

二三　唐大曆（？）二年某人自書歷官狀

縱 8.0cm × 橫 5.0cm

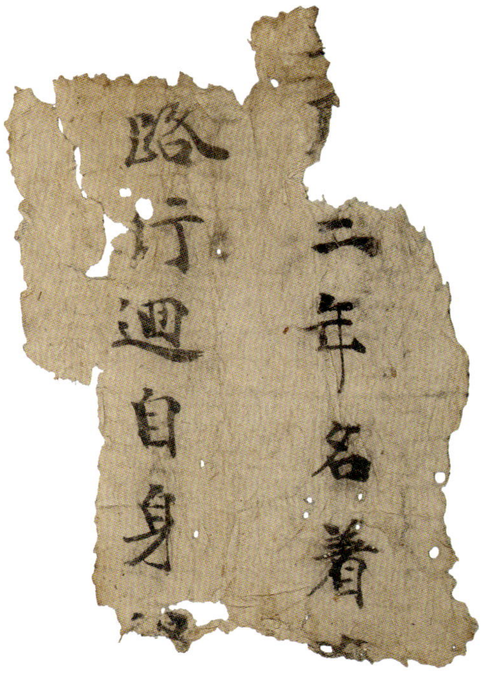

09ZJ0041

0　5cm

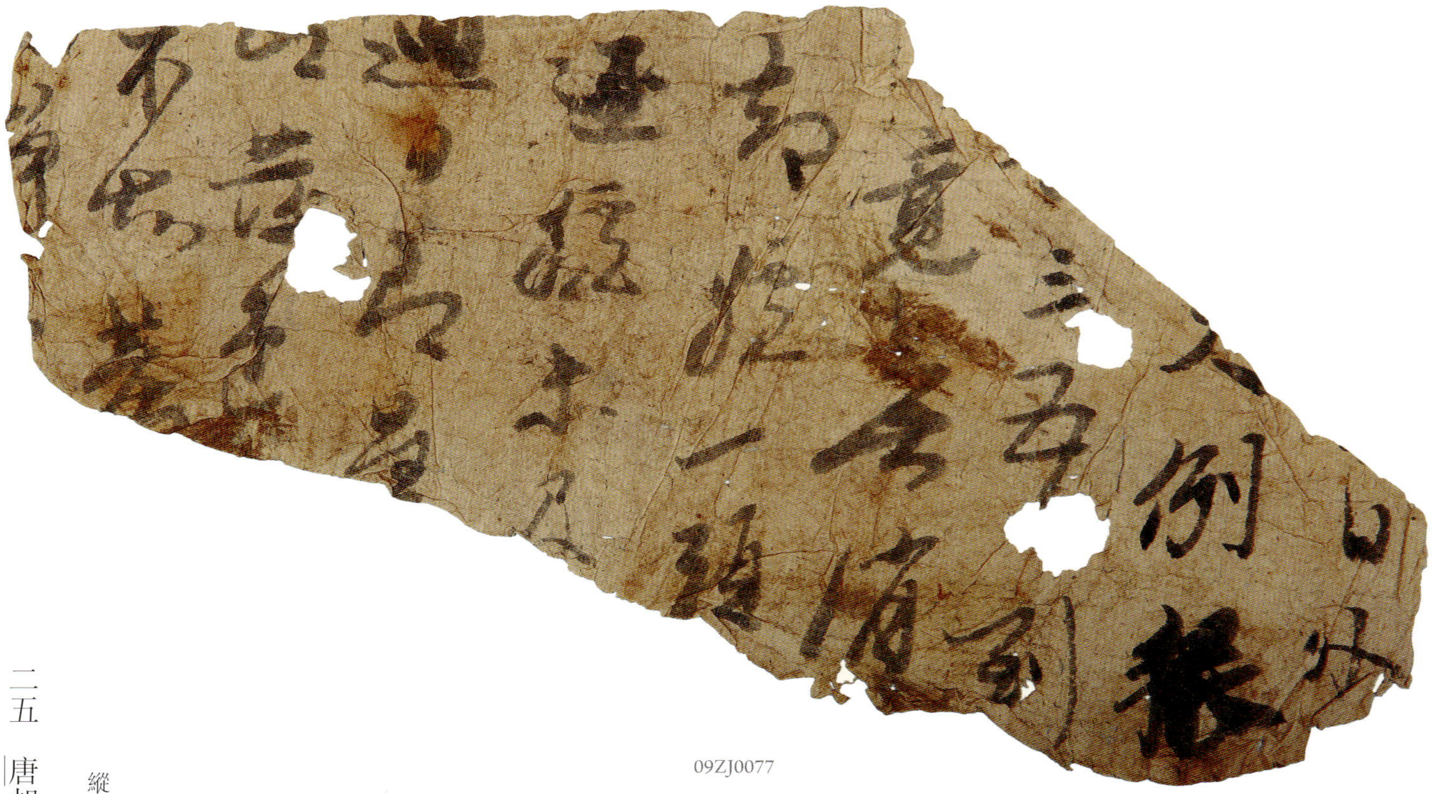

09ZJ0077

0 5cm

二五 唐却驢文書

縱 12.2cm × 横 21.3cm

二六 唐詩賦抄

縱16.0cm×橫11.0cm

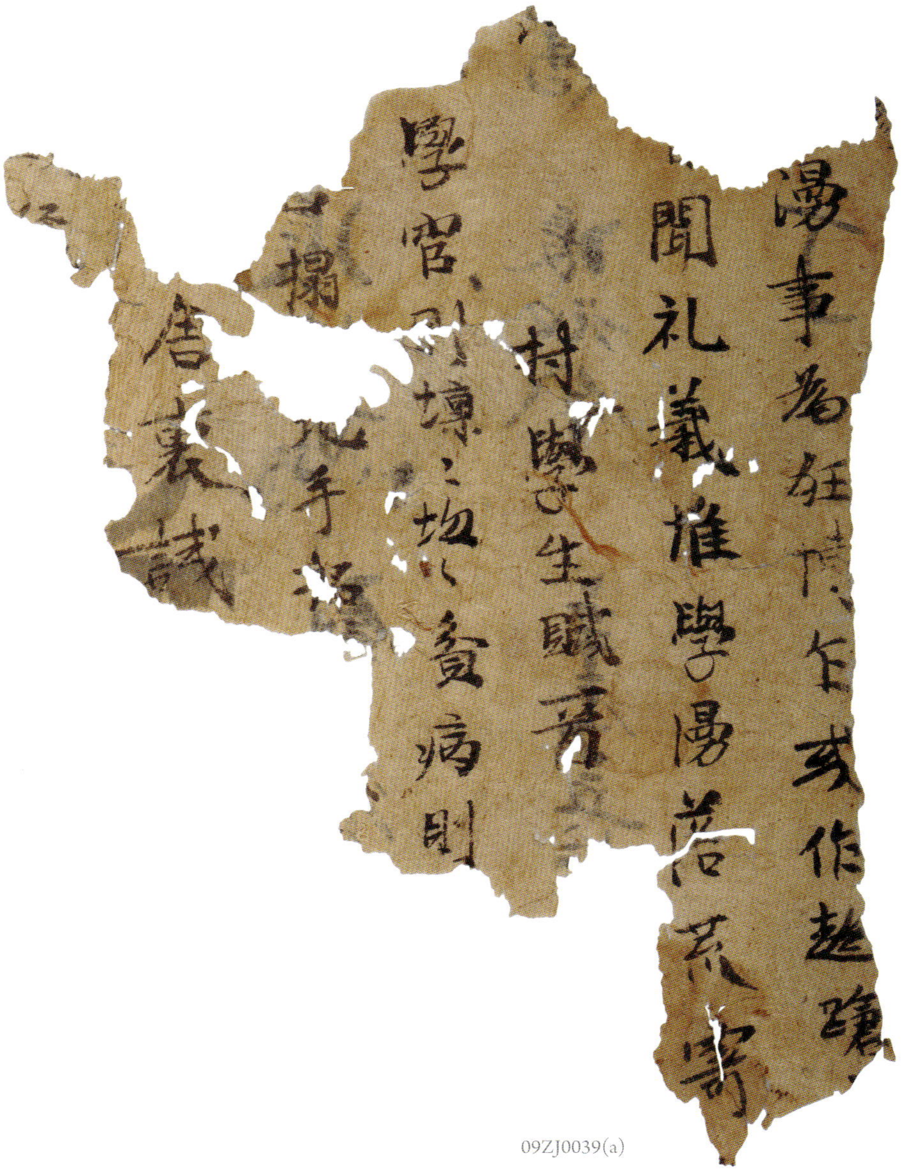
湯事為在傍乍或作越跳
聞礼議推學湯落荒寄
村學生賦爾
學宮到壞之地貧病則

09ZJ0039(a)

0 5cm

二七　唐殘名籍

縱16.0cm×横11.0cm

09ZJ0039(b)

0　5cm

二八　唐于闐牒押牙楊晉卿文書

09ZJ0050(1)、09ZJ0050(2)、09ZJ0050(3)、09ZJ0050(4)、09ZJ0050(5)拼接示意圖

縱17.5cm×橫12.5cm

0
5cm

09ZJ0050(1)

09ZJ0050(2)

09ZJ0050(5)

09ZJ0050(4)

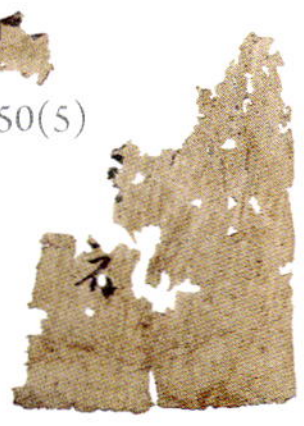
09ZJ0050(3)

三〇 唐坎城百姓過所殘片

縱21.1cm×橫9.0cm

09ZJ0078

0 5cm

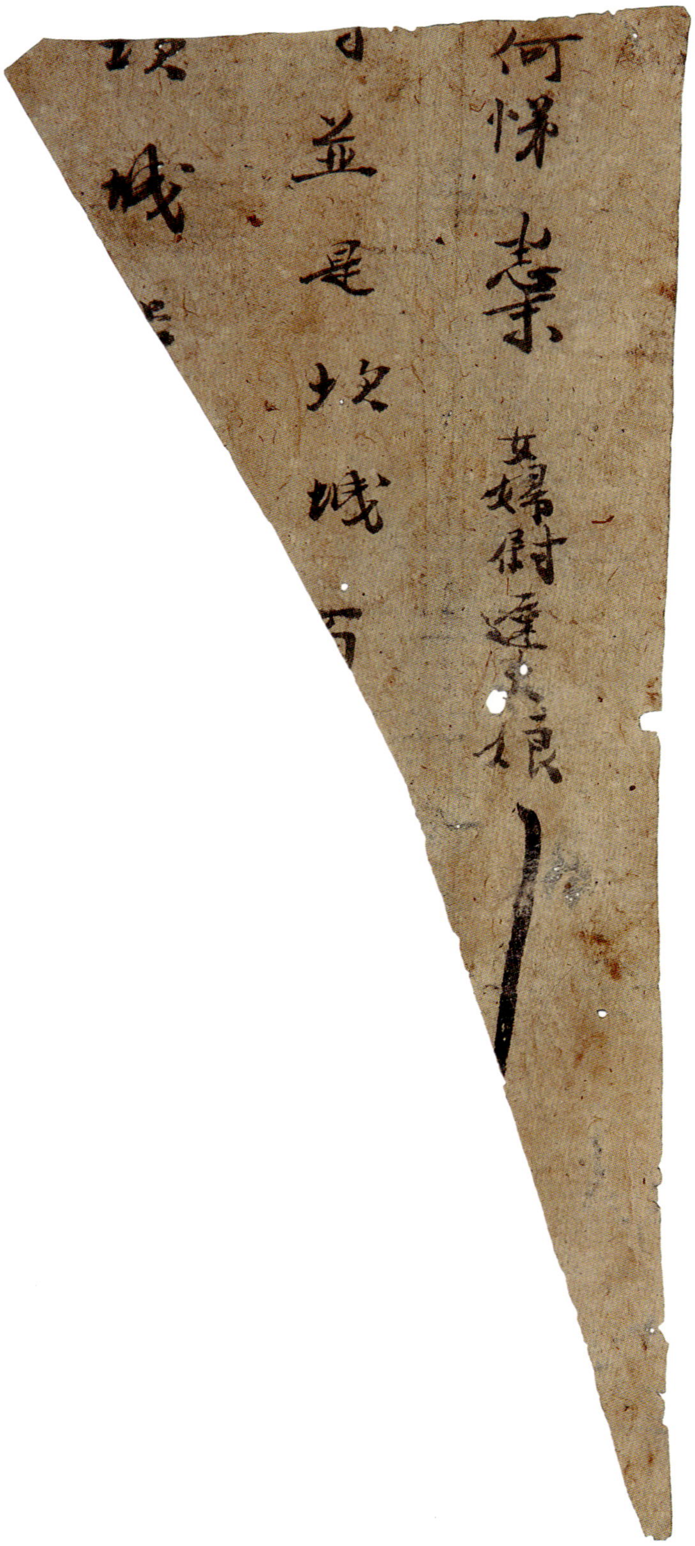

二九 唐副使衛□□文書

縱6.4cm×橫9.3cm

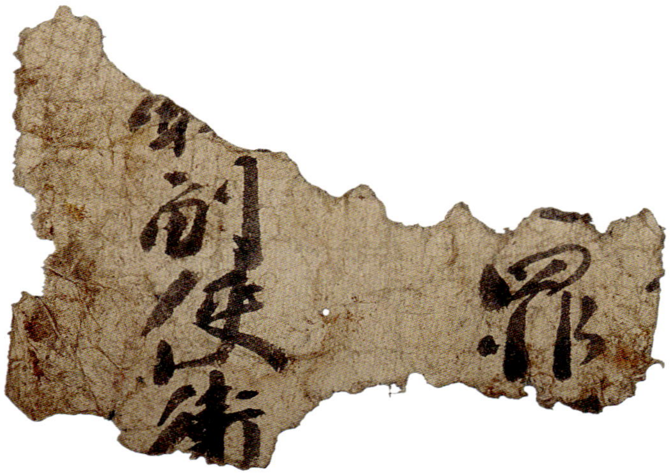

09ZJ0076

0 5cm

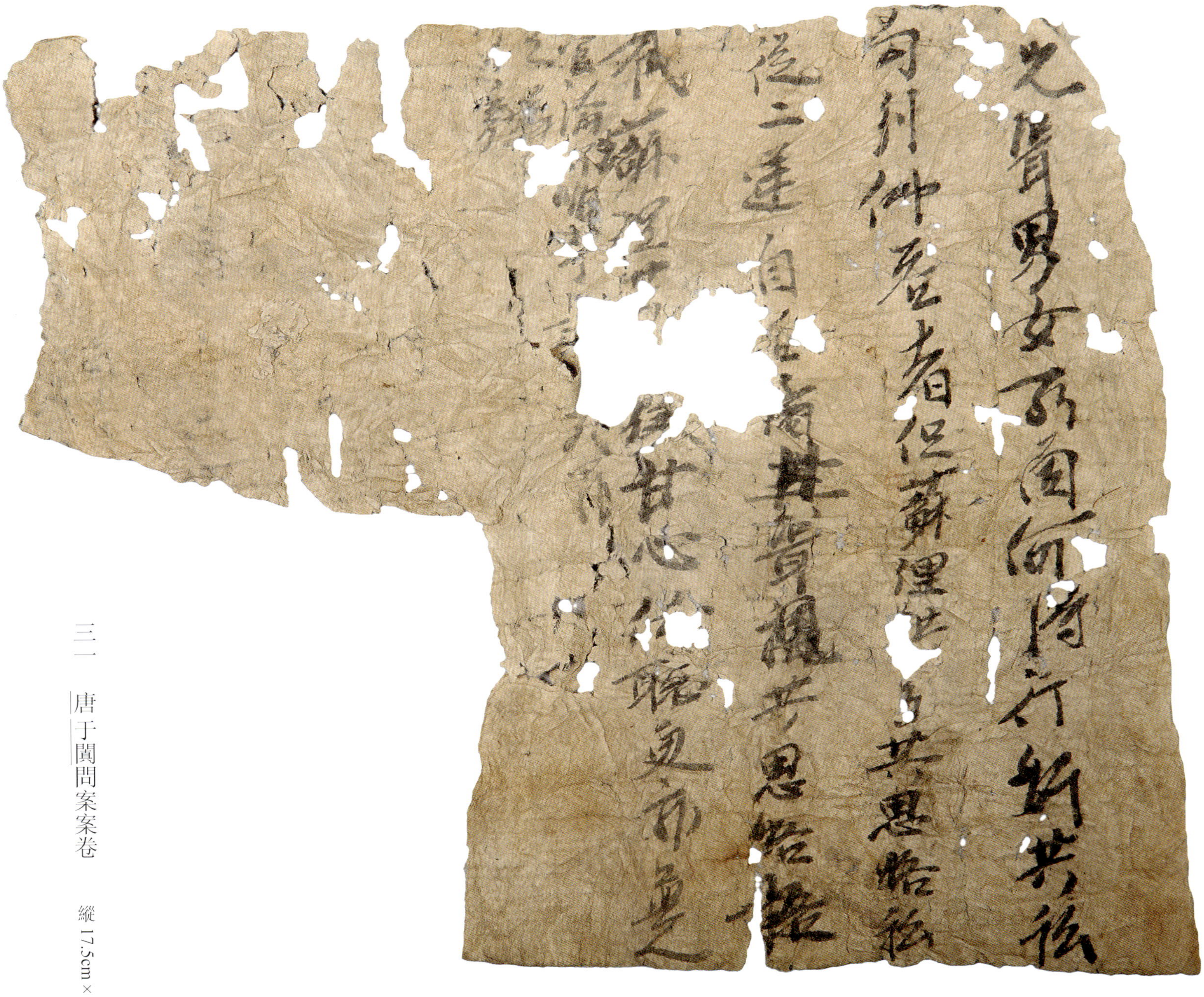

09ZJ0075(a)

0 5cm

三一 唐于闐問案案卷

縱 17.5cm × 橫 20.0cm

09ZJ0075(b)

0　5cm

三三一　唐于闐百姓欠糧賬

縱 17.5cm × 橫 20.0cm

三三 唐軍部署擊賊文書

縱 11.2cm × 横 20.2cm

09ZJ0042

三四 唐于闐□雞村文書

縱 8.5cm × 横 4.0cm

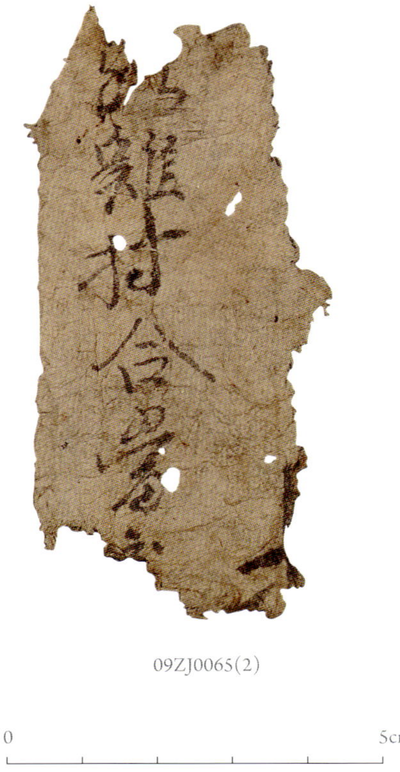

09ZJ0065(2)

三五　文書殘片三件

（一）　09ZJ0134(a)
縱 6.3cm × 横 4.5cm

（二）　09ZJ0138(1)
縱 7.5cm × 横 6.0cm

（三）　09ZJ0138(2)
縱 6.7cm × 横 8.5cm

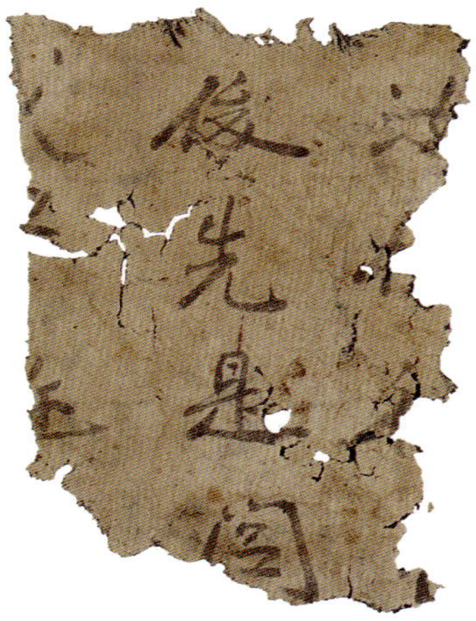

（一）　09ZJ0134(a)

（二）　09ZJ0138(1)

（三）　09ZJ0138(2)

三六　文書碎片一组（未整理）

09ZJ0063

三七　西州回鶻造舍利佛塔記

縱25.5cm×橫11.0cm

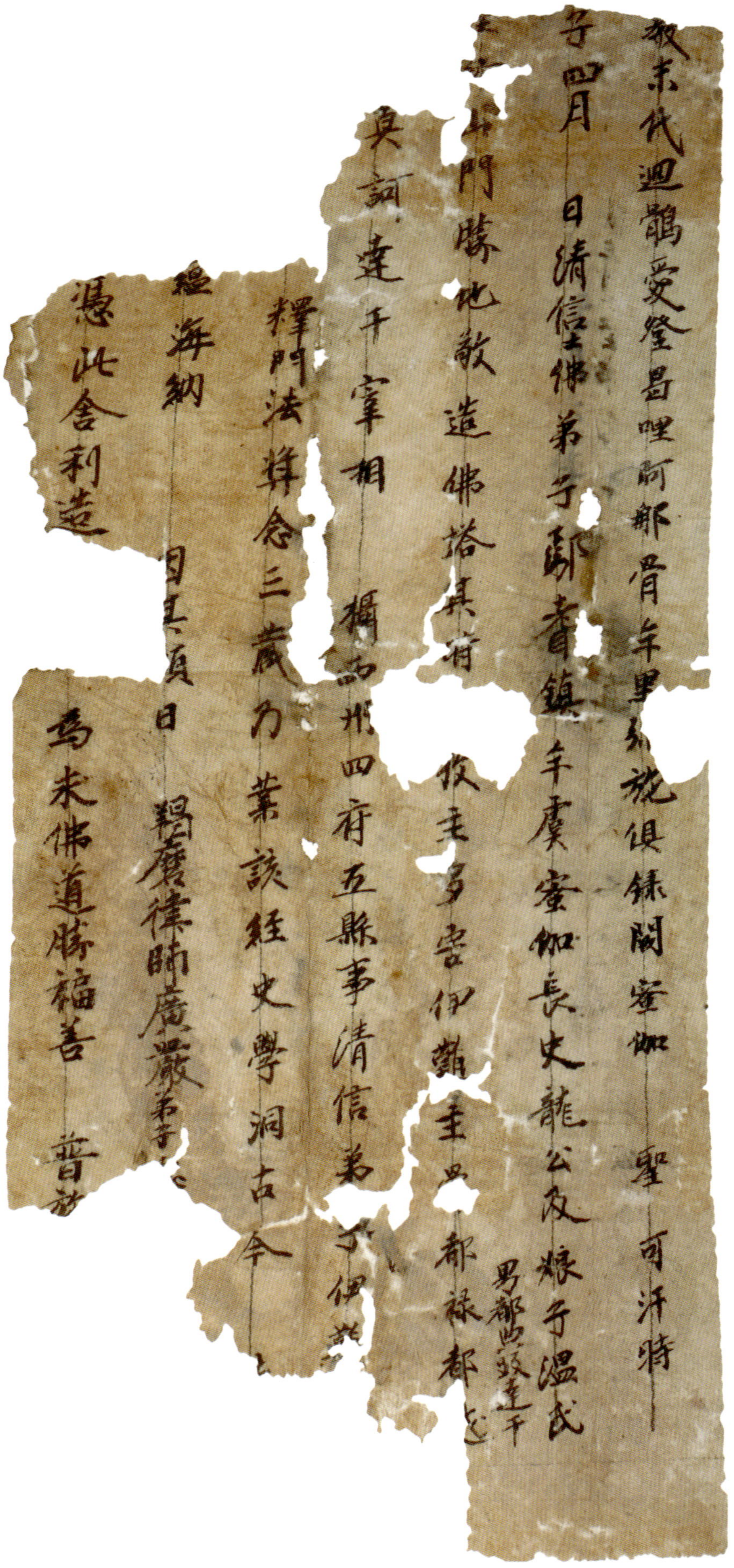

78S-T:1

0　5cm

民國時期文書圖版

一　吐魯番縣上報爲置辦學校應用什物開支事暨新疆巡按使公署批覆

縱 28.5cm × 横 16.0cm

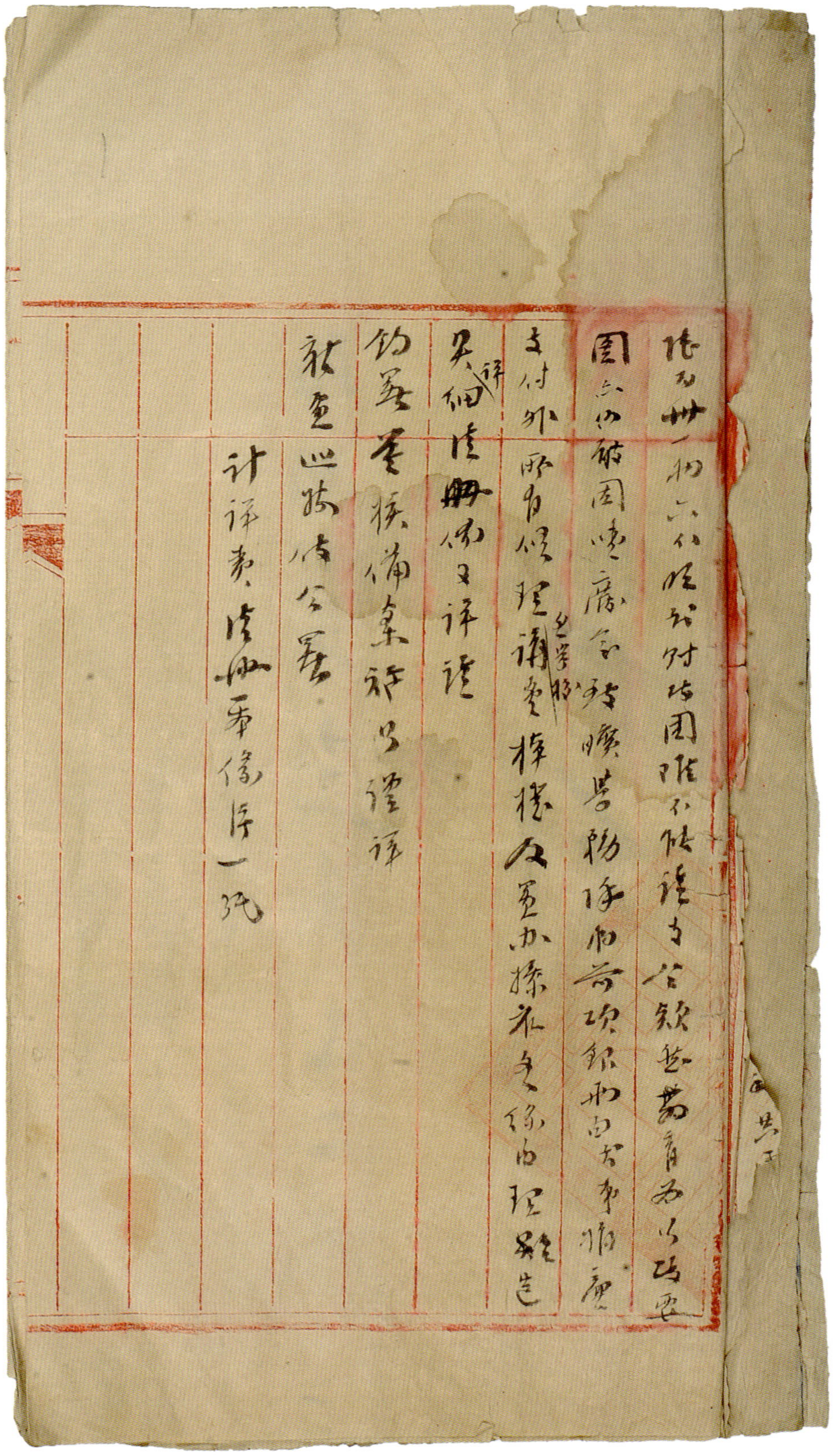

20107AZ01（第 1 頁）

0　5cm

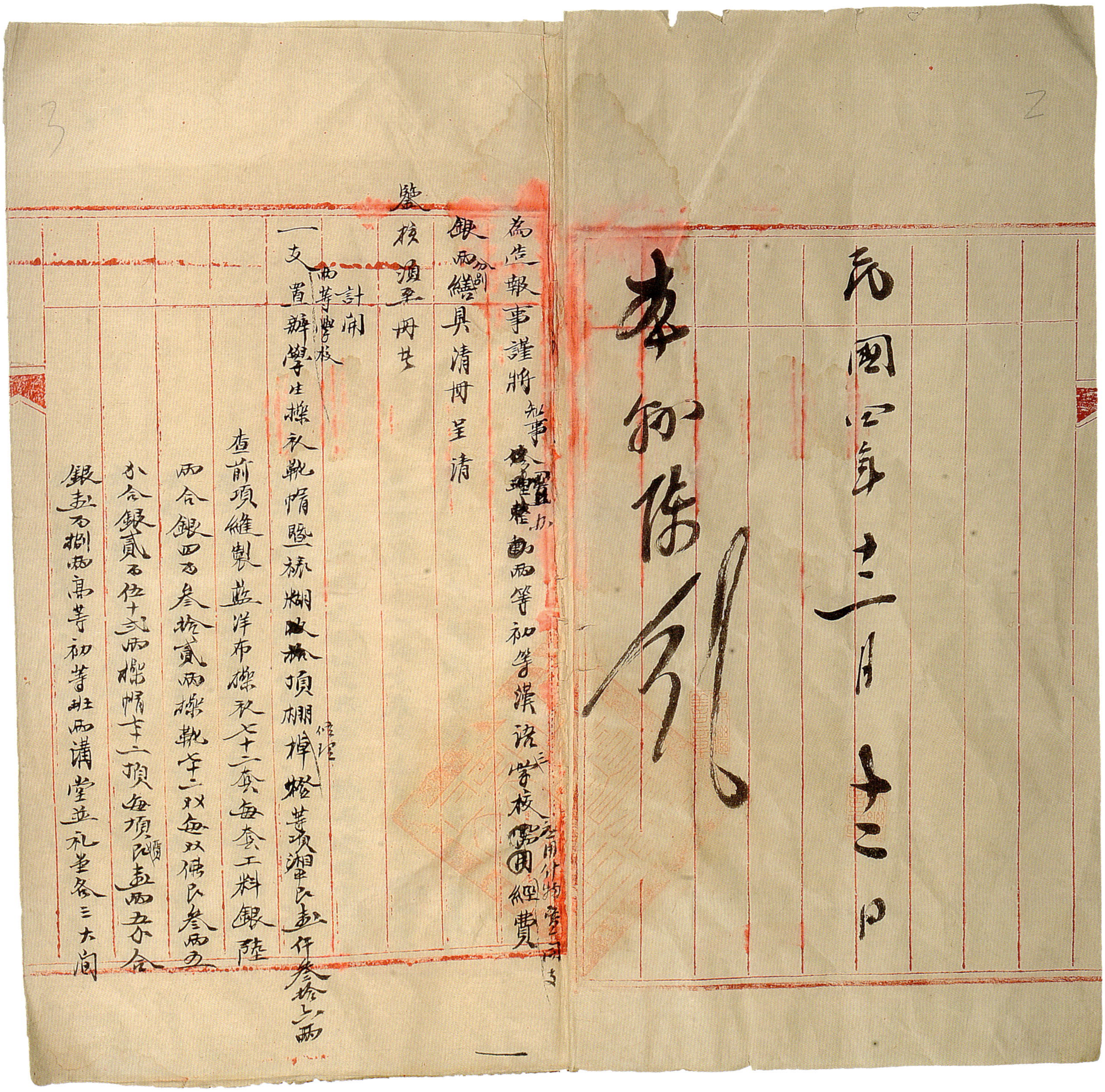
為造報事謹將[illegible]兩等初等漢語學校[illegible]經費
銀兩分別繕具清冊呈請
鑒核須至冊者
計開
一支置辦兩等學校學生操衣靴帽暨添糊改換頂棚桌橙等項湘平銀伍仟叁拾玖兩
查前項縫製藍洋布操衣七十二套每套工料銀陸
兩合銀四百叁拾貳兩操靴七十二雙每雙湘平銀叁兩五
分合銀貳百伍十式兩操帽七十二頂每頂湘平銀五兩五分合
銀五百捌兩高等初等班兩講堂並禮堂各三大間
民國六年十二月十二日

（第3頁）　　20107AZ01　　（第2頁）

0　5cm

4

每間裱糊頂棚工料銀六兩合銀五拾四兩門窗陸
拾五扇共需玻璃紙壹百八十五張每張價銀壹分
合銀壹拾八兩五分費工六個每個工銀壹兩弍分合
銀七兩弍分整治桌櫈七十二套牌扁大小十五塊
共需寸板叁拾塊加五板四塊寸板每塊價銀柒分
合銀貳拾壹兩加五板每塊價銀壹兩五分合銀
陸兩共費大小釘子叁斤每斤價銀壹兩五分
合銀四兩五分掛扁鐵練子二根價銀壹兩
六分共費木工二十個每個工銀壹兩叁分合

5

銀貳拾六兩又鋪講堂地磚共需方磚弍千
叁百塊每百價銀四兩合銀玖拾二兩共費
泥活大工六個小工十二個大工每個工銀壹兩弍
分合銀七兩弍分小工每個工銀五分合銀陸兩共計
銀兩合符上數

一支置辦（初等學校）學生操衣軟帽並改修講堂收拾桌櫈等項洋平銀伍百四十五兩七分

查前項維製藍洋布操衣卅套每套工料銀六兩
合銀壹百八十兩操靴卅雙每雙價銀叁兩五分合
銀壹百五兩操帽卅頂每頂價銀壹兩五分合銀四十

（第5頁）　20107AZ01　（第4頁）

0　5cm

五兩又改修講堂三大間棹凳卅套大小牌十塊
共需檁子一根價銀八兩四尺六方四根每根價銀貳兩五
分合銀拾兩椽子拾二根每根價銀壹兩五分合
銀拾八兩寸板十五塊每塊價銀七分合銀拾兩五分
掛扁鐵練子二條價銀壹兩六分共費釘子二斤
每斤價銀壹兩五分合銀叁兩共費木工廿五個每
個工銀壹兩三分合銀叁拾貳兩五分又需鋪講堂
地磚壹千三百塊每百價銀四兩合銀伍拾貳兩泥砌墻垣
並鋪地磚共費泥瓦工廿個每個工銀壹兩貳分合銀
廿四兩小工四拾三個每個工銀五分合銀貳拾壹兩
五分裱糊講堂頂棚三間每間工料銀六兩合
銀拾捌兩裱糊門窗十合需玻璃紙卅五
張每張價銀壹分合銀三兩五分費工三個每
個工銀壹兩貳分合銀三兩六分挖井一眼工銀
三兩買鐵釘子一個價銀貳兩井繩一條
價銀壹兩五分共計銀兩合符上數

漢語學校
一支裱糊頂棚門窗暨砌修門面鋪地磚等項五十貳兩九分

0 5cm

裏

查前項裱糊講堂二間每間工料銀六兩合銀壹拾

弍兩門窗四合需玻璃十三張每張價銀壹分合銀

壹兩三分費工一日銀壹兩弍分

但每日工銀壹兩弍分合銀二兩四分以工四日

每日工銀五和合銀二兩共計銀兩合符上

數

以上三共支銀壹仟陸百叁拾壹兩六分

吐魯番縣知事陳（畫押）

中華民國四年十二月十二日

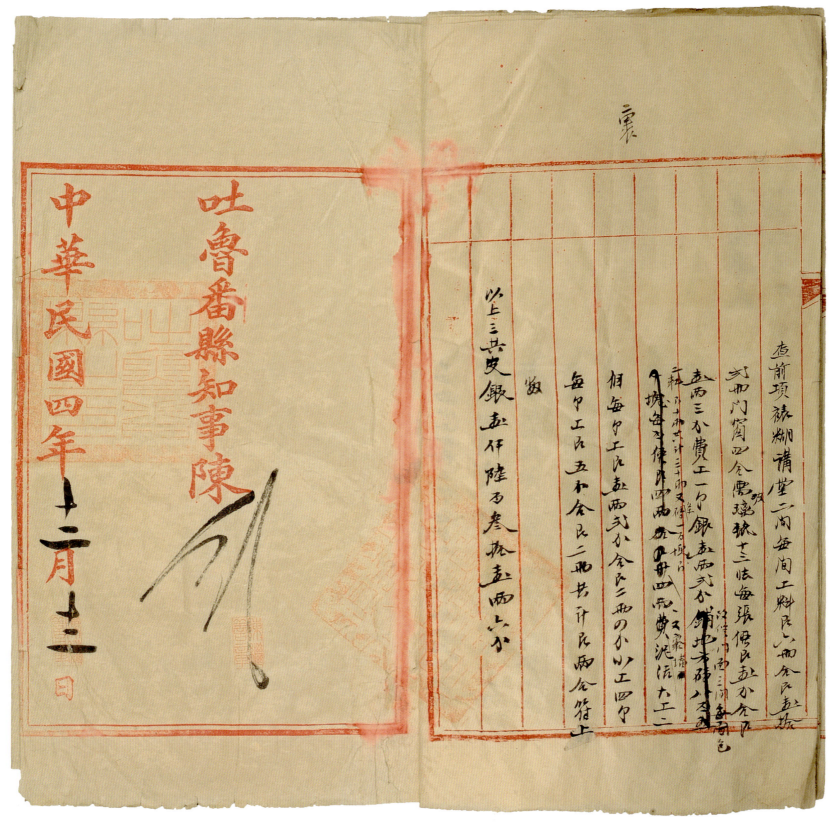

（第9頁）　20107AZ01　（第8頁）

20107AZ01（第10頁）

0　5cm

批文纸

縱26.2cm×横16.0cm

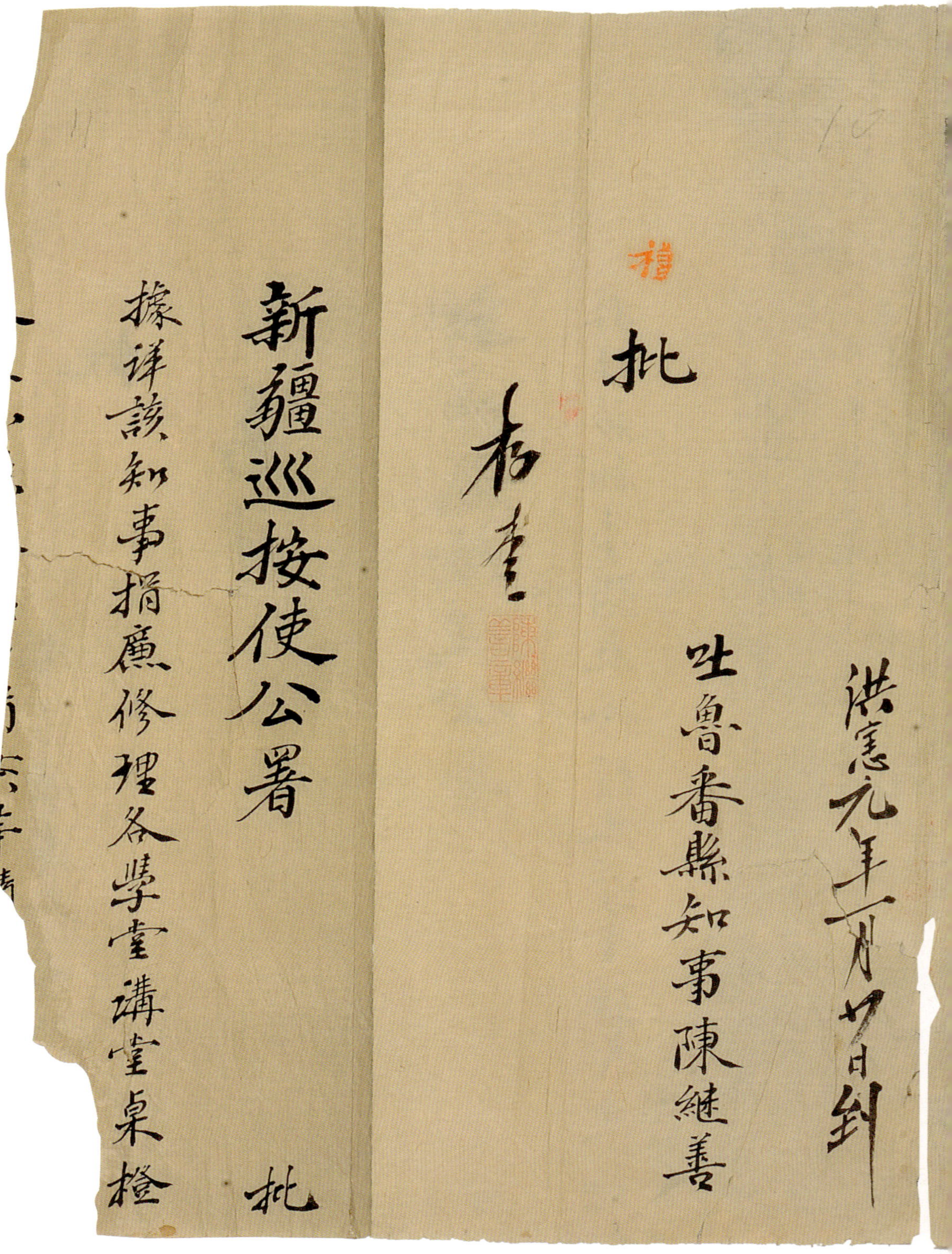

禎

批

右查

吐魯番縣知事陳繼善

洪憲元年一月廿日封

新疆巡按使公署

批

據詳該知事捐廉修理各學堂講堂桌櫈

20107AZ01（第11頁）

0 5cm

二　迪化道公署飭爲法國人梁守堅等來新傳教保護事

縱24.0cm×横53.0cm

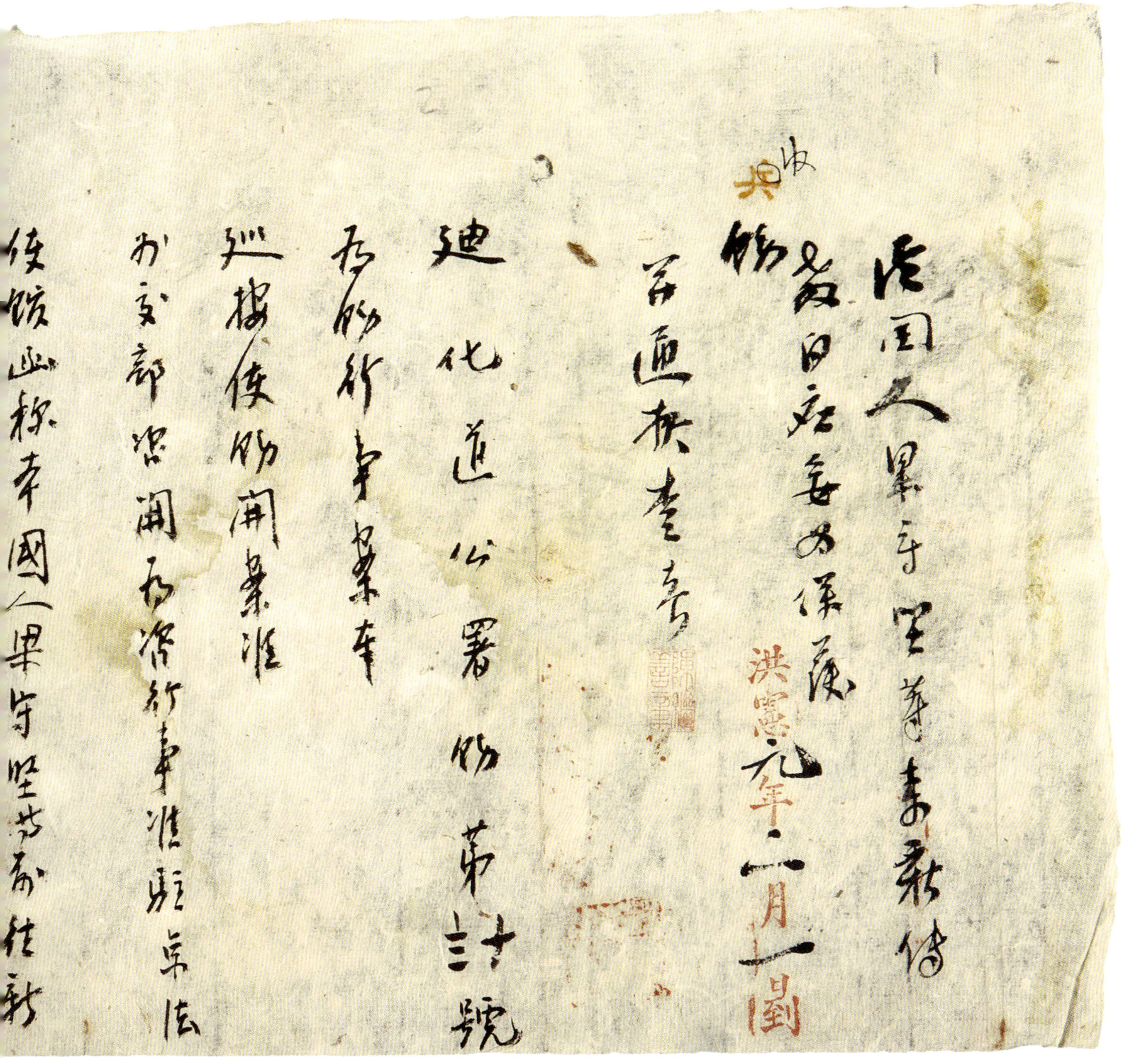
迪化道公署飭第三十號
爲飭行事。案奉
巡按使飭開：案准
外交部咨開：爲咨行事。准駐京法
使照會稱：本國人梁守堅等前往新
……
法國人梁守堅等來新傳
教，自應妥爲保護
飭
各道縣查照
洪憲元年二月一日　劉
收
共

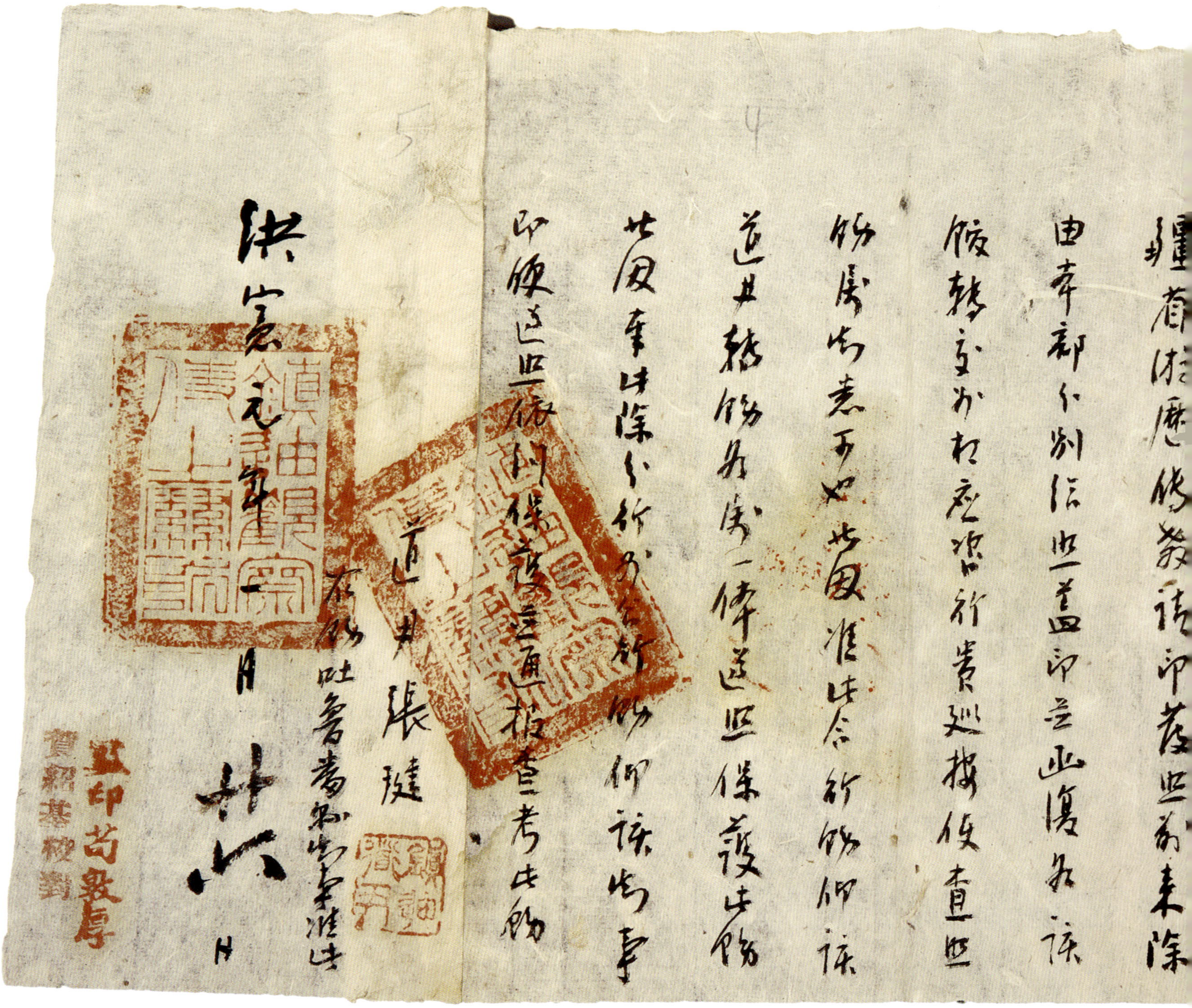

疆省將歷縣發給印花照前來除

由本部分別給照並蓋印章正復外該

領轄境外相應咨行貴巡按使查照

飭屬知悉可也此等因准此合行飭仰該

道尹轉飭各屬一體遵照保護此飭

此等因奉此除分行外合行飭仰該知事

即便遵照此飭保護遵照辦理報查考此飭

道尹 張健

右飭吐魯番知事準此

洪憲元年一月廿八日

監印苟毅厚

賀紹基校對

09ZJ0099

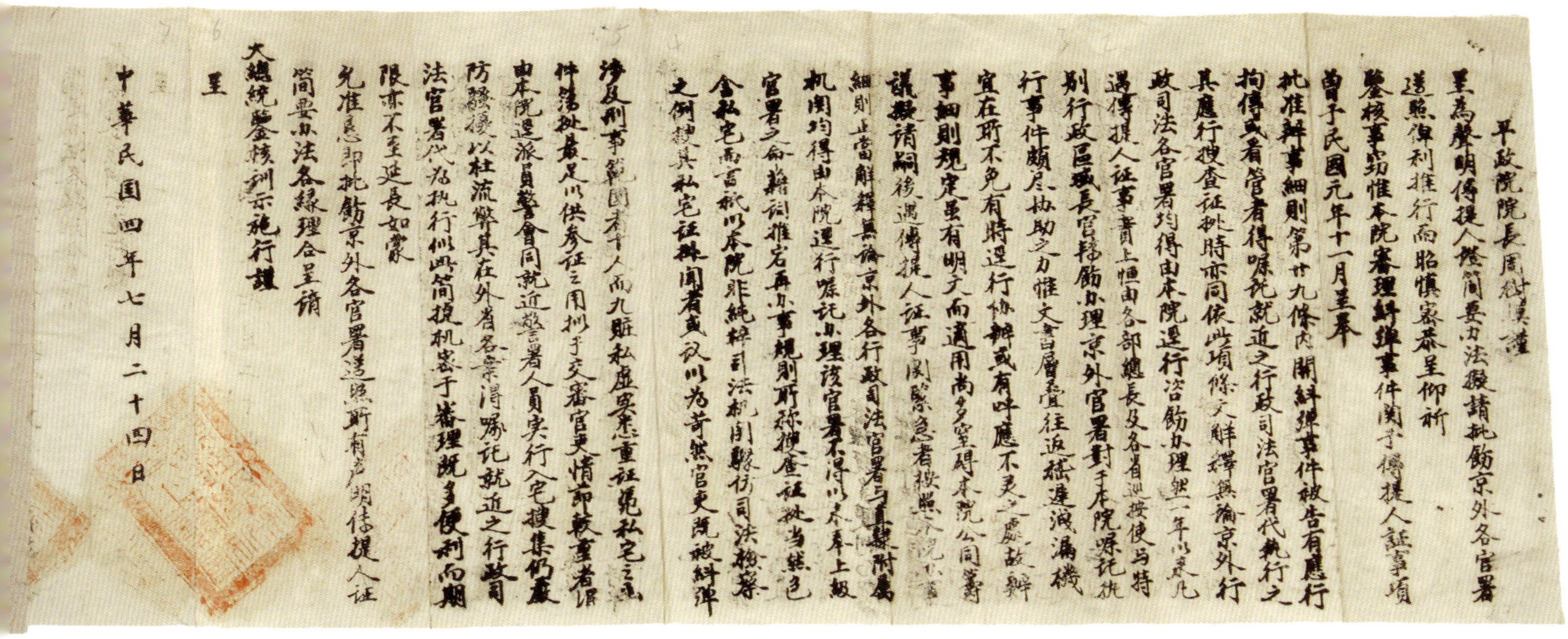

平政院院長周樹模謹
呈為擬明傳提人證簡要辦法擬請批飭京外各官署
遵照俾利推行而昭慎審恭呈仰祈
鑒核事竊惟本院審理糾彈事件關于傳提人証事項
曾于民國元年十一月呈奉
批准糾彈事細則第廿九條內開糾彈事件被告有應行
拘傳或看管者得嘱託就近之行政司法官署代執行之
其應行搜查証據時亦同依此項條文解釋無論京外行
政司法各官署均得由本院逕行咨飭辦理然一年以來凡
遇傳提人証事實上恒由各部總長及各省巡按使與特
別行政區域長官轉飭辦理京外官署對于本院囑託執
行事件頗盡協助之力惟文書層遞往返稽遲滋漏機
宜在所不免有時逕行協辦或有呼應不靈之處故辦
事細則規定雖有明文而適用尚多窒礙本院公同籌
議擬請嗣後遇傳提人証事関緊急者擬照本院代審
細則止當解釋無論京外各行政司法官署與直轄附屬
機関均得由本院逕行囑託辦理該官署不得以未奉上級
官署之命藉詞推宕再本事規則所稱搜查証據當然包
含私宅而言祇以本院非純粹司法機関縣份司法職務
之例搜其私宅証據関者貢以為苛然官吏既被糾彈
涉及刑事範圍者十人而九贓私虛實恒重証憑私宅之內
件隱秘最足以供參証之用拟于交審官吏情節較重者俱
由本院遴派員警會同就近警署人員實行入宅搜集仍嚴
防騷擾以杜流弊其在外省各案得囑託就近之行政司
法官署代為執行似此簡捷机密于審理既多便利而期
限亦不至延長如蒙
允准懇即批飭京外各官署遵照所有擬明傳提人証
簡要辦法各緣理合呈請
大總統鑒核訓示施行謹
呈
中華民国四年七月二十四日

三　迪化道公署飭爲推行平政院傳提人證簡要辦法事

縱 23.0-25.5cm × 横 129.5cm

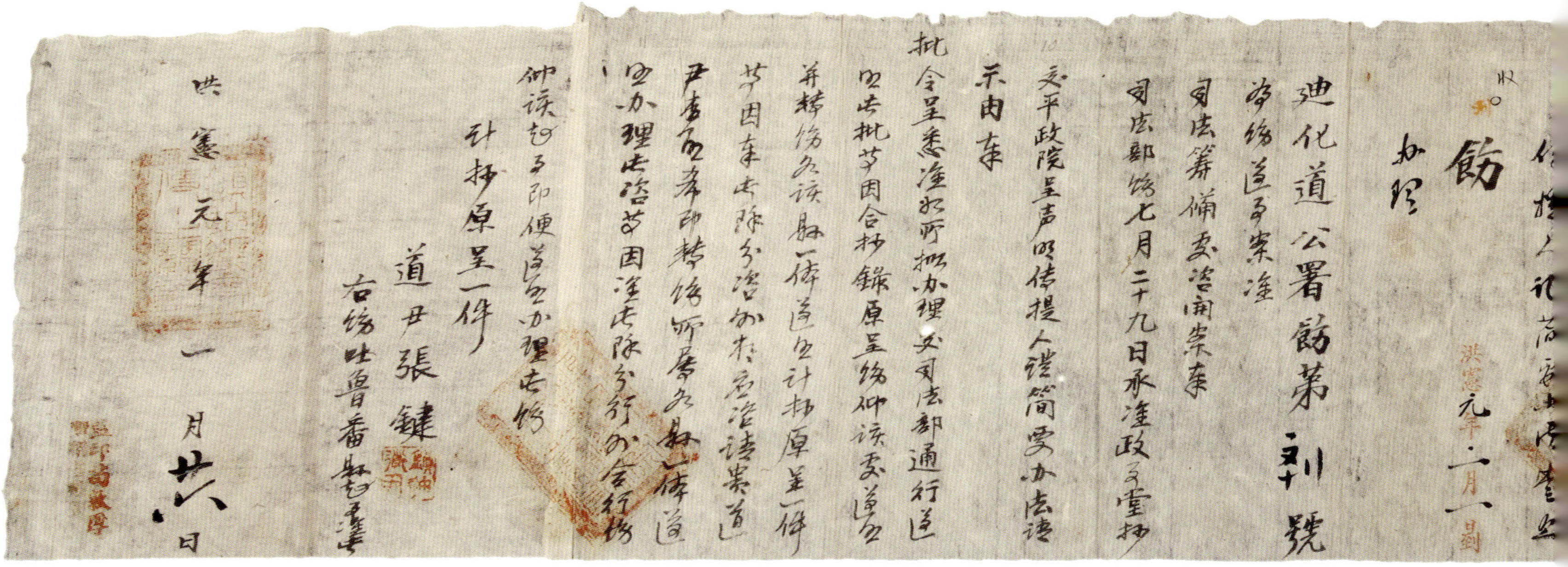

收

飭

辦理

洪憲元年一月一日到

迪化道公署飭第剩號

爲飭遵事案準

司法籌備處咨開案奉

司法部飭七月二十九日承準政事堂抄

交平政院呈聲明傳提人證簡要辦法請

示由奉

批令呈悉準如所擬辦理交司法部通行遵

照此批等因合抄錄原呈飭仰該處遵照

并轉飭各該縣一體遵照計抄原呈一件

等因奉此除分咨外相應咨請貴道

尹查照希即轉飭所屬各縣一體遵

照辦理此咨等因准此除分行外合行飭

仰該縣即便遵照辦理此飭

計抄原呈一件

道尹張鍵

右飭吐魯番縣知事

洪憲元年一月廿八日

09ZJ0100

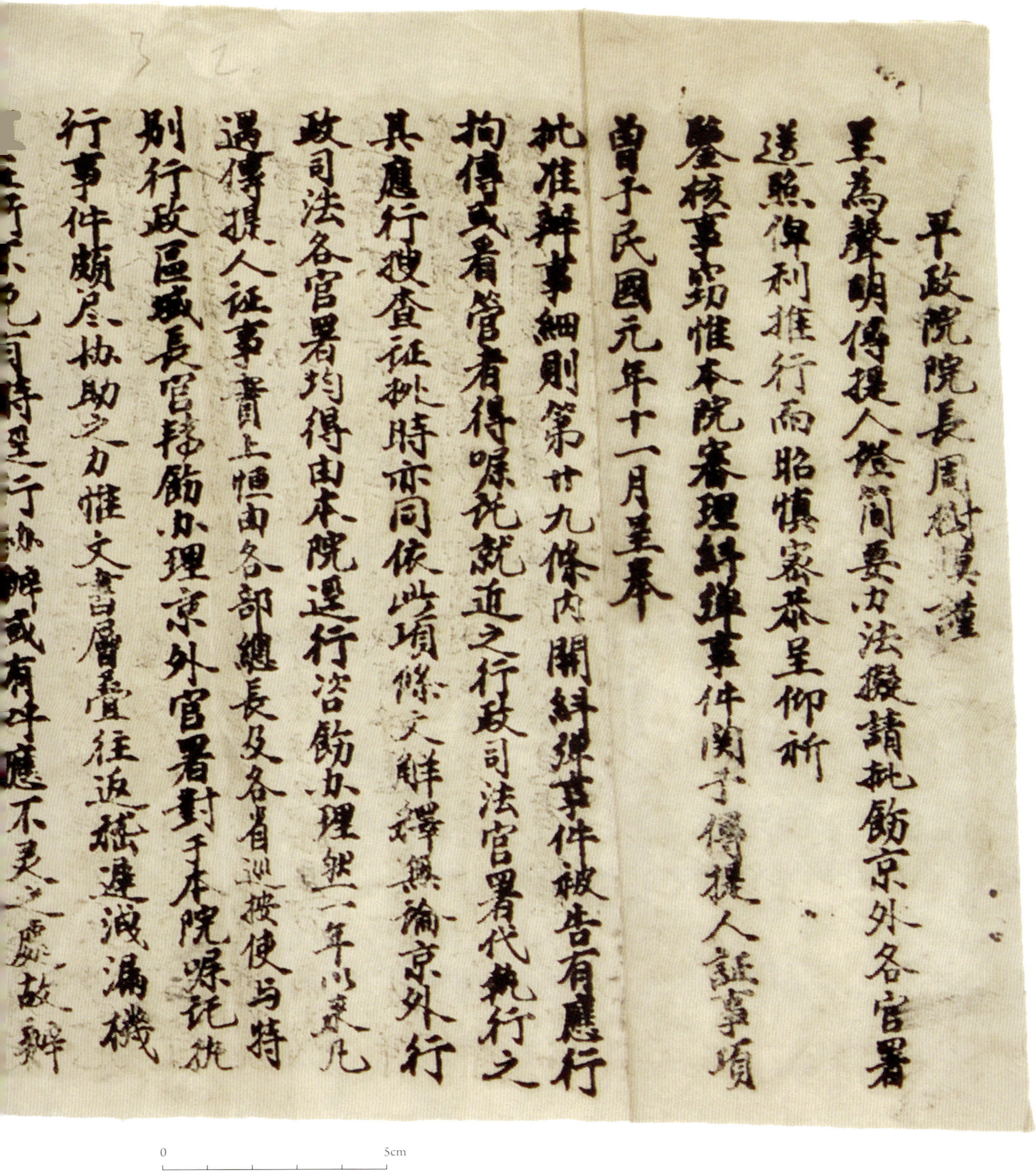
0
5cm

平政院院長周樹模謹
呈為聲明傳提人證簡要辦法擬請批飭京外各官署
遵照俾利推行而昭慎密恭呈仰祈
鑒核事竊惟本院審理糾彈事件關于傳提人證事項
曾于民國元年十一月呈奉
批准辦事細則第廿九條內關糾彈事件被告有應行
拘傳或看管者得囑託就近之行政司法官署代執行之
其應行搜查證據時亦同依此項條文辦理無論京外行
政司法各官署均得由本院逕行咨飭辦理就一年以來凡
遇傳提人證事實上恒由各部總長及各省巡按使與特
別行政區域長官轉飭辦理京外官署對于本院囑託執
行事件頗盡協助之力惟文書層疊往返稽遲滋漏機
[illegible]行不免有時遲延[illegible]辦或有呼應不靈之虞故擬

事細則規定要有明文而適用[illegible]

議擬請嗣後遇傳提人證事關緊急者擬照[illegible]

細則並當解釋其論京外各行政司法官署與其隸附屬

機關均得由本院逕行囑託就理該官署不得以本案上級

官署之命辭詞推宕再就事規則所稱搜查證據當然包

含私宅而言試以本院非純粹司法機關縣行司法檢察

之例搜其私宅證據聞者或議以為苛然官吏既被糾彈

涉及刑事範圍者十人而九贓私虛實悉重證憑私宅之為

件藏匿最足以供參證之用揆于交審官吏情節較重者偶

由本院遴派員警會同就近警署人員實行入宅搜集仍嚴

防發覆以杜流弊其在外省各案得囑託就近之行暨司

法官署代為執行似此簡捷機密于審理既多便利而期

09ZJ0100(3-1)

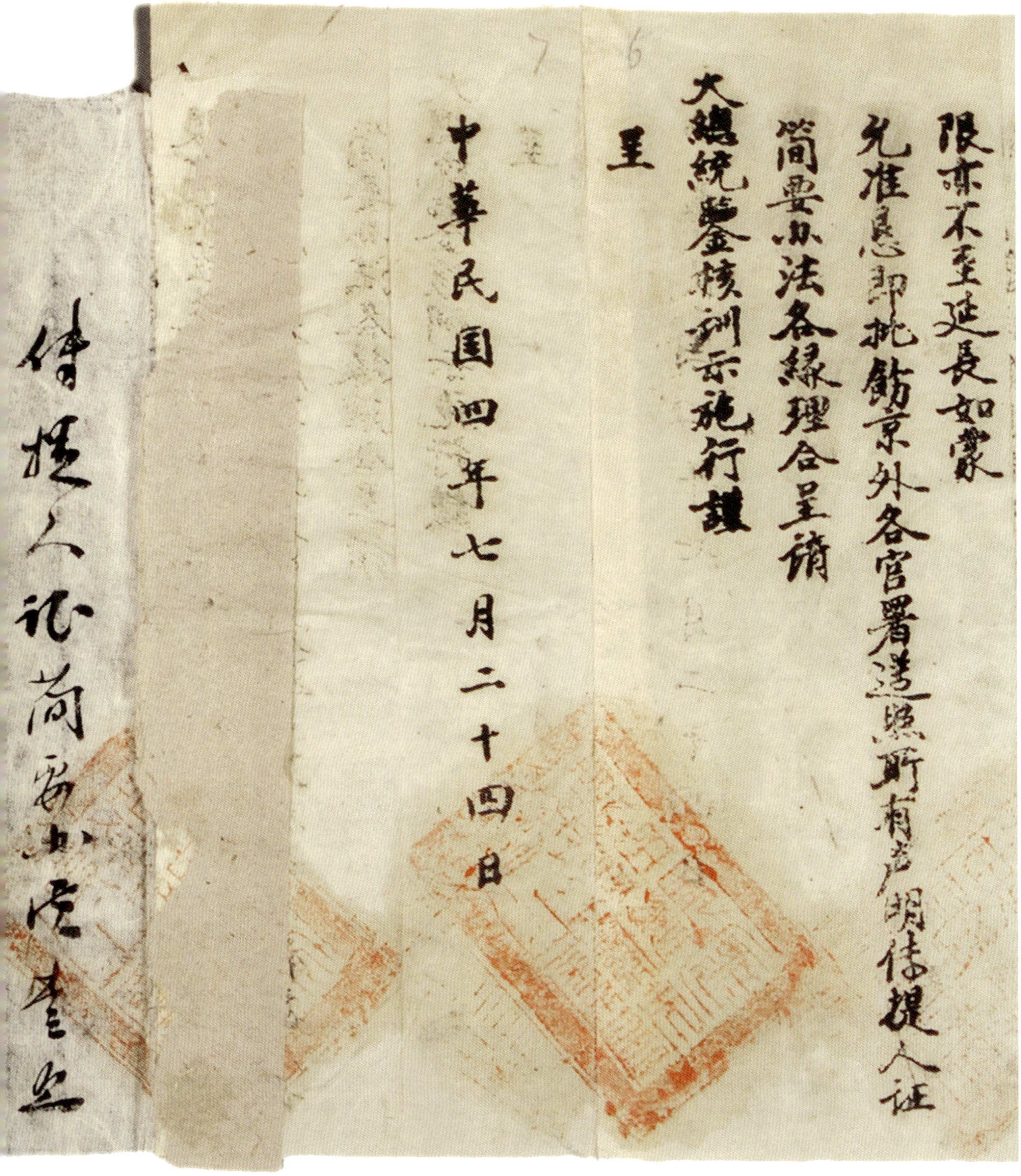

限亦不至延長如蒙
允准恳即批飭京外各官署遵照所有声明傳提人証
簡要办法各緣理合呈請
大總統鑒核訓示施行謹
呈
中華民国四年七月二十四日

傳提人証簡要办法奉照

飭

辦理

洪憲元年二月一

劉

迪化道公署飭第　刹號

為飭遵事案准

司法籌備處咨開案奉

司法部飭七月二十九日承准政事堂抄

交平政院呈聲明傳提人證簡單辦法請

示由奉

09ZJ0100(3-2)

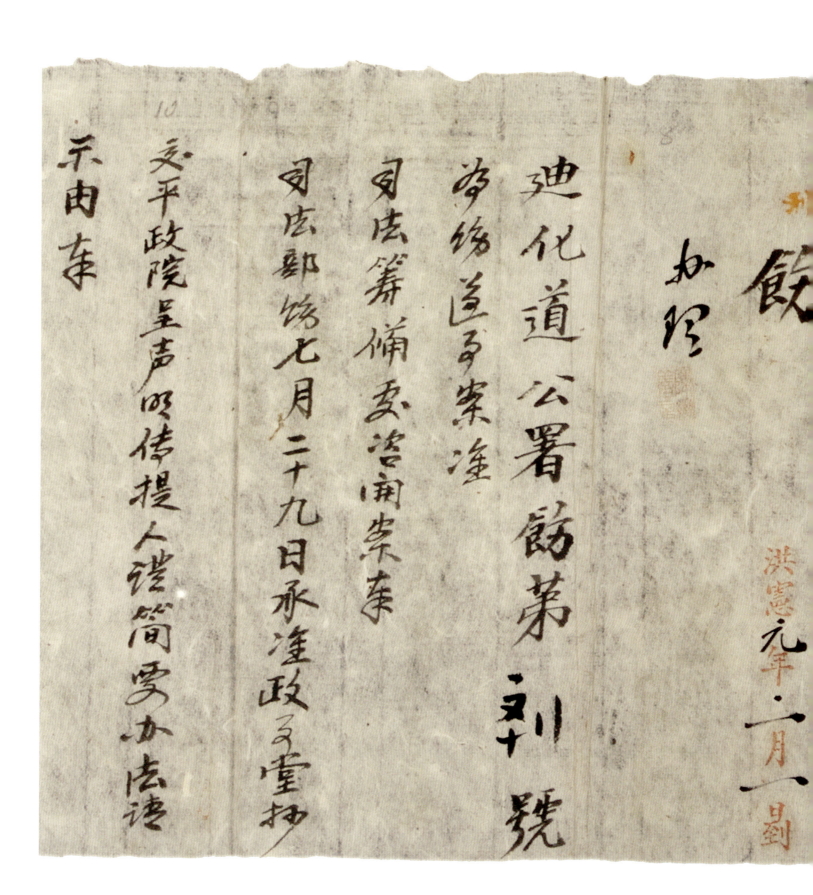

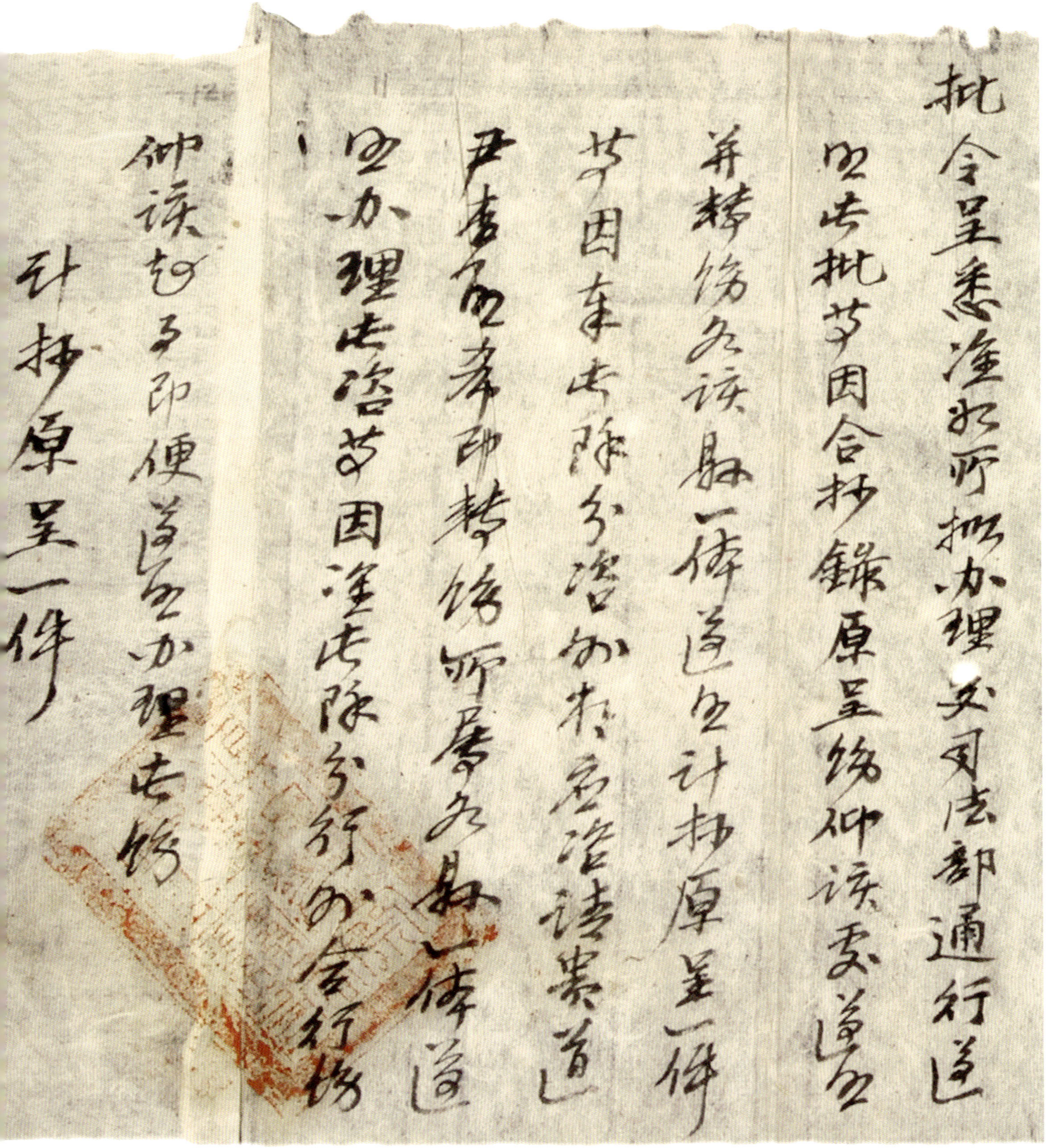
批
今呈悉准如所擬辦理交司法部通行遵
照去批等因合抄錄原呈飭仰該處遵照
並轉飭各該縣一體遵照計抄原呈一件
等因奉此除分咨外相應咨請貴道
尹查照希即轉飭所屬各縣一體遵
照辦理此咨等因准此除分行外合行飭
仰該知事即便遵照辦理此飭
計抄原呈一件

0　5cm

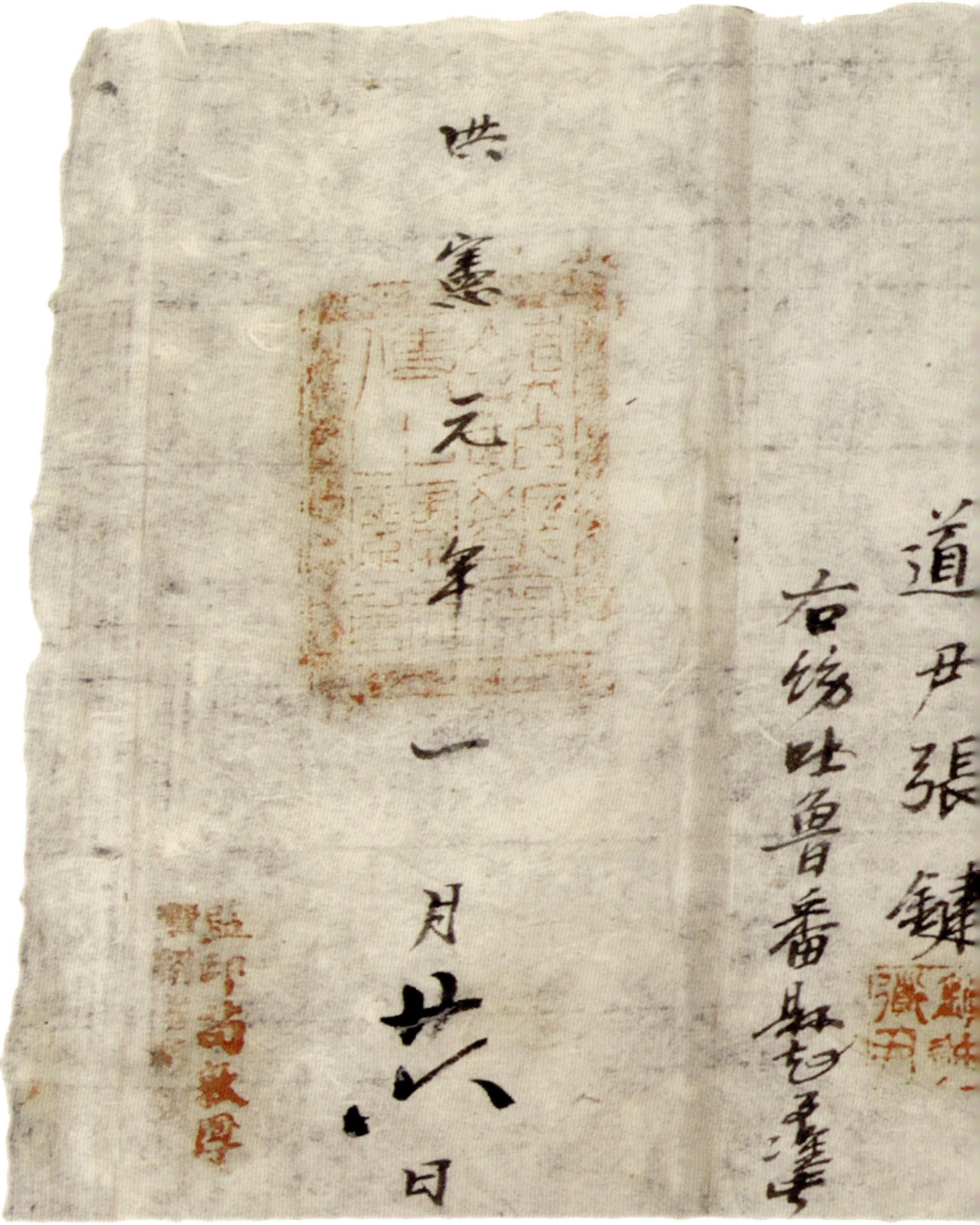
道尹張鍵
右飭吐魯番縣知事准此
洪憲元年一月廿八日
監印高毓學

09ZJ0100(3-3)

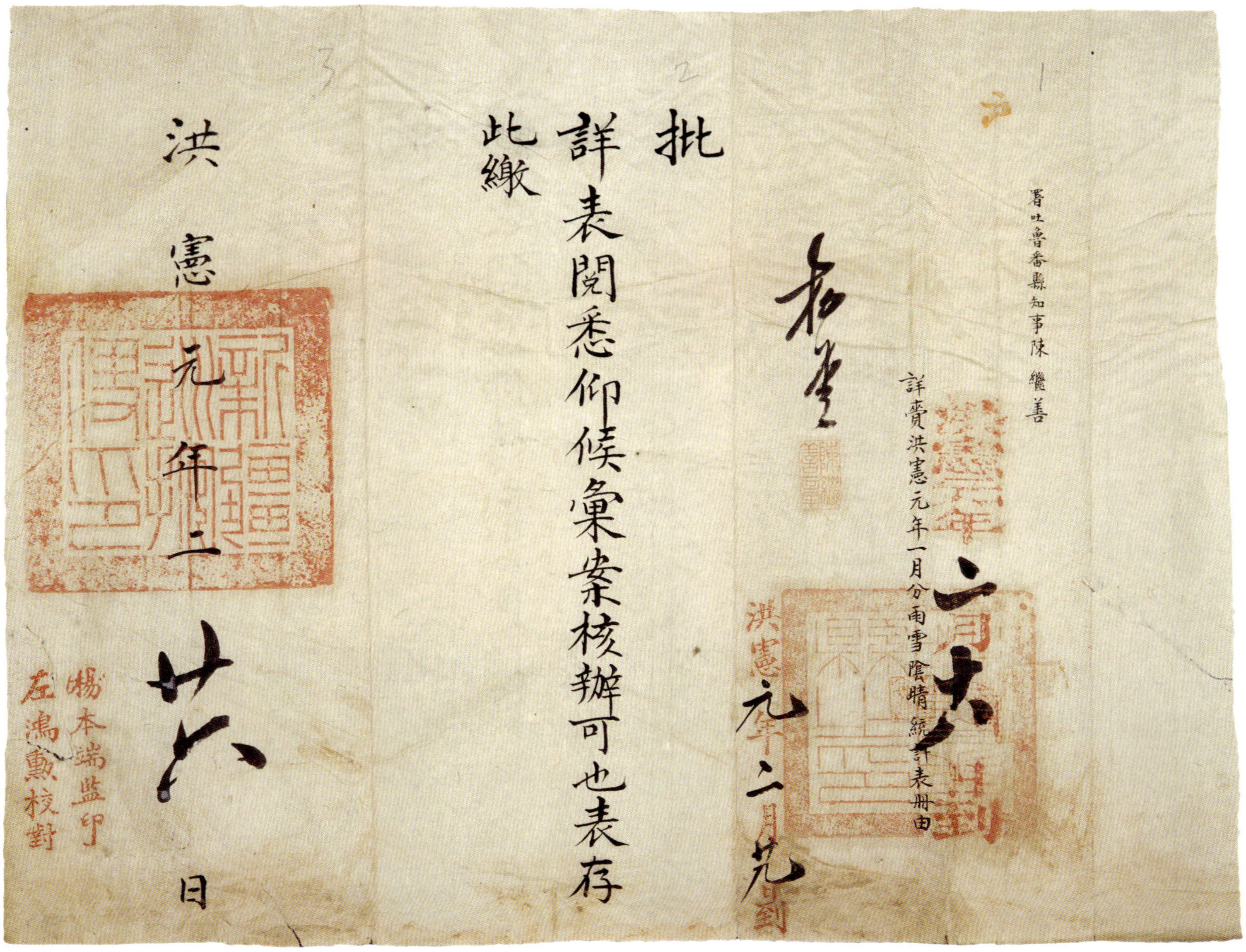

署吐魯番縣知事陳繼善

詳賫洪憲元年一月分雨雪陰晴統計表冊由

右呈

洪憲元年二月廿四到

批

詳表閱悉仰候彙案核辦可也表存

此繳

洪憲元年二月廿六日

楊本端監印

左鴻勳校對

0 5cm

09ZJ0095

四 新疆巡按使回批爲吐魯番縣報雨雪陰晴統計表冊事

縱 24.5cm × 橫 31.3cm

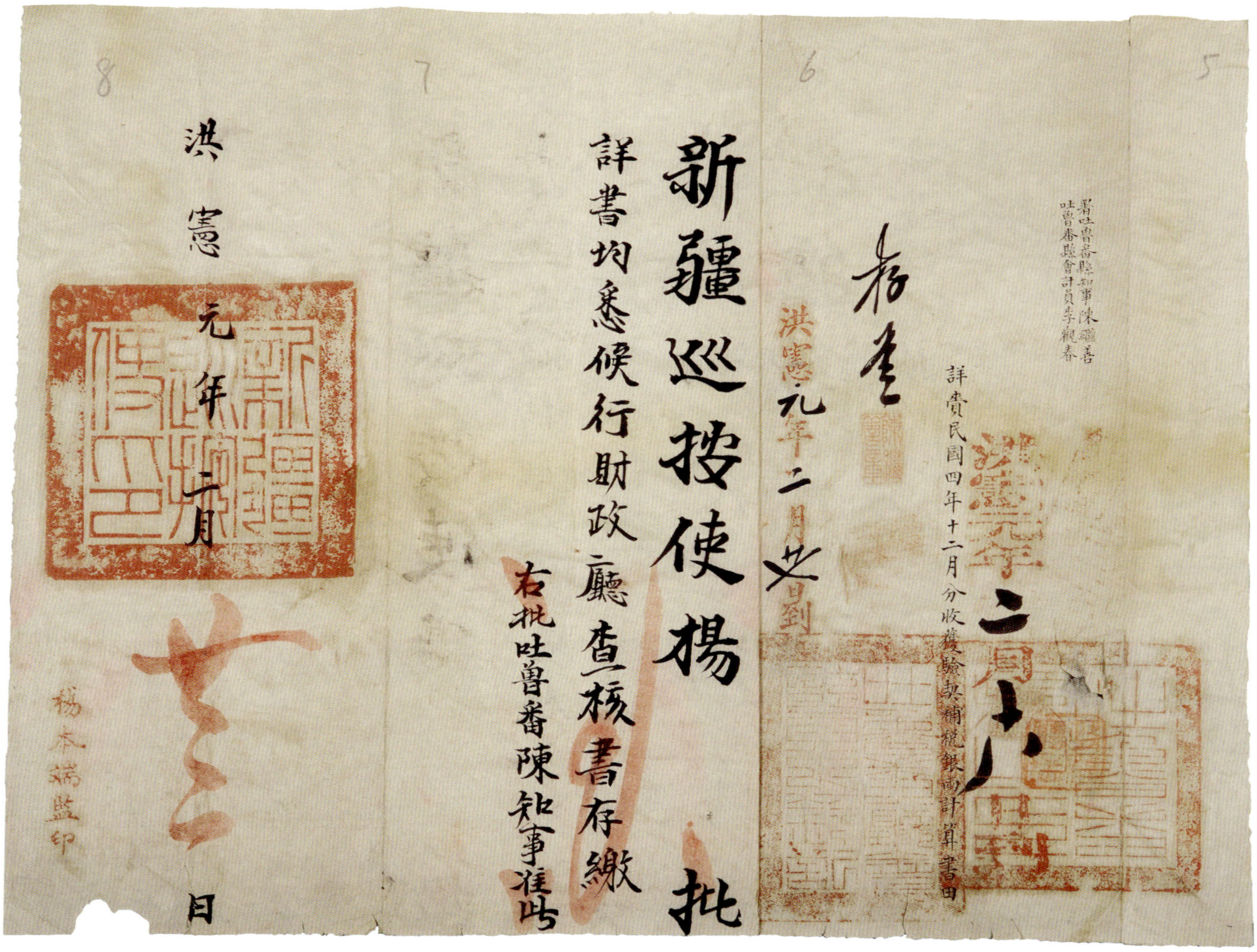

署吐魯番縣知事陳繼善
吐魯番縣會計員李觀春
詳賫民國四年十二月分收獲驗契補稅銀兩計算書由
洪憲元年二月廿八日
右差
洪憲元年二月廿日到
新疆巡按使楊　批
詳書均悉候行財政廳查核書存繳
右批吐魯番陳知事准此
洪憲元年二月　日
楊本端監印

0　5cm

09ZJ0103

五　新疆巡按使回批爲吐魯番縣報收穫驗契補稅銀兩計算書事

縱 25.0cm × 橫 31.5cm

六　迪化道公署飭爲初等學校改爲國民學校以府定制事

縱23.5cm×橫81.5cm

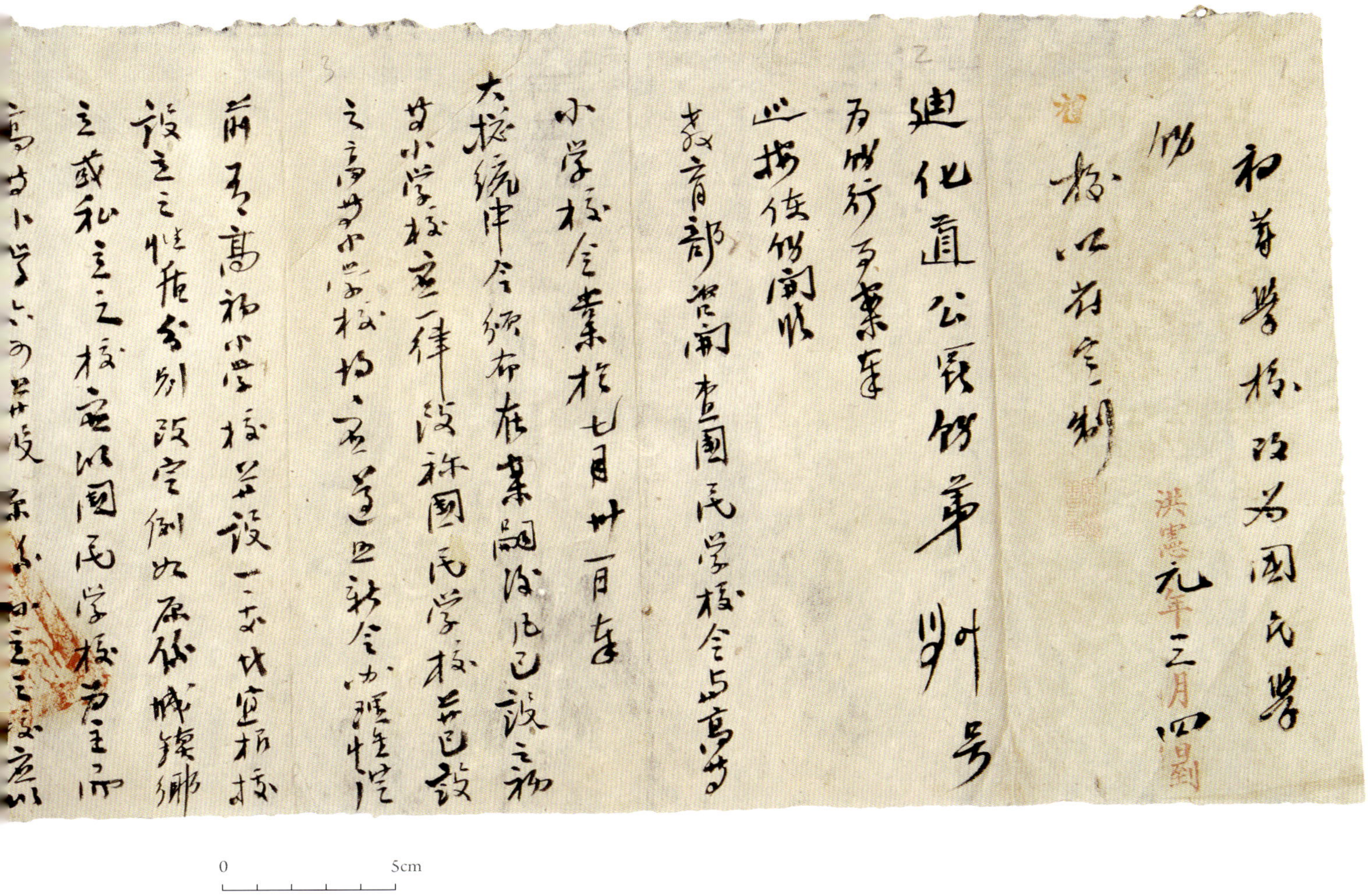
初等學校改爲國民學
校以府定制
洪憲元年三月四到
迪化道公署飭第　號
爲飭行事案
准巡按使咨開准
教育部咨開查國民學校令與高等
小學校令業於七月廿一日奉
大總統申令頒布在案嗣後凡已設之初
等小學校應一律改稱國民學校其已設
之高等小學校均應遵照新令辦理惟從
前高等小學校並設一處者宜於校
設立之性質分別改定例如原係城鎮鄉
立或私立之校應改國民學校而

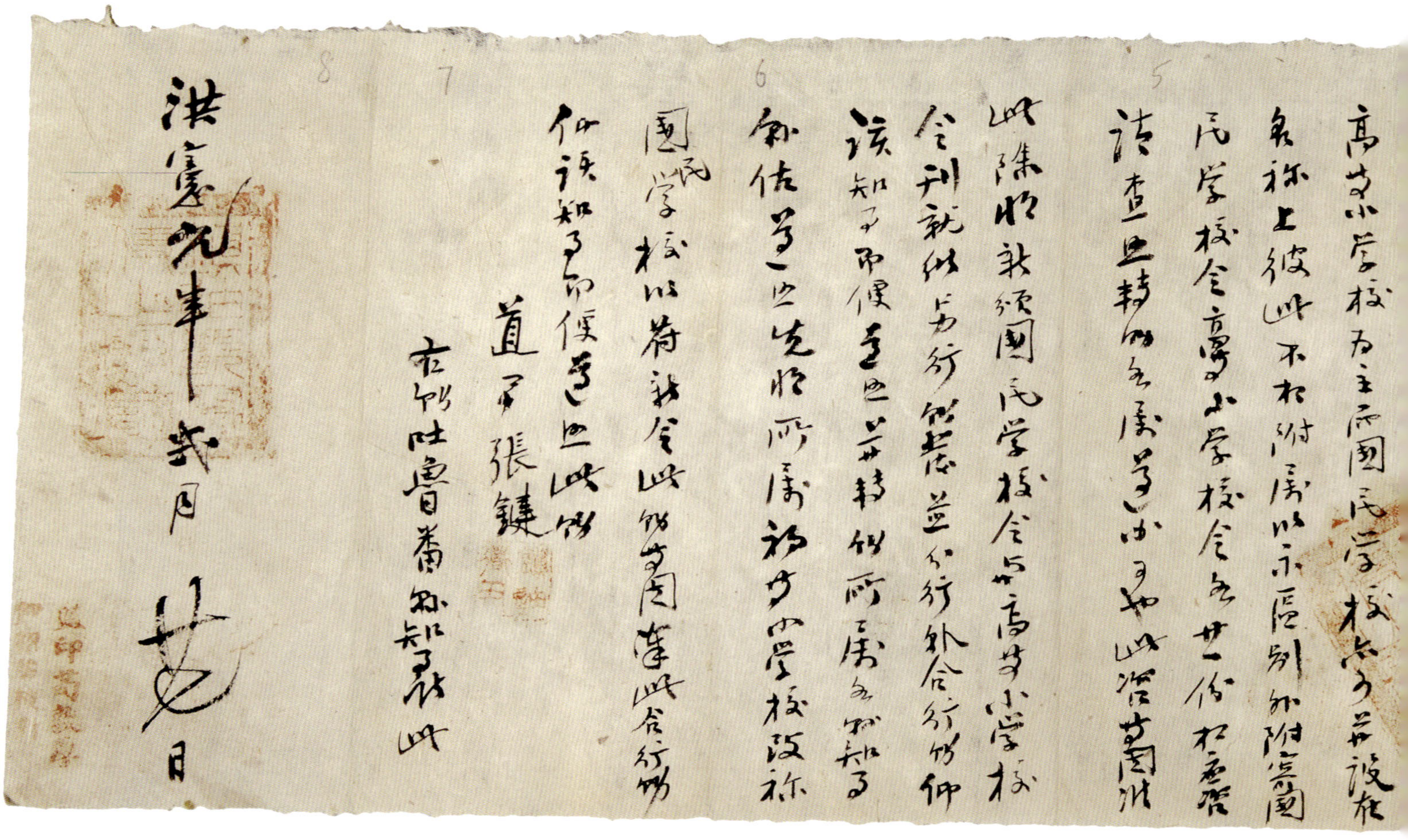
高等小學校爲主，而國民學校長乃并設於
名稱上彼此不相附屬，以示區別。外附高國
民學校令、高等小學校令各廿一份，相應
諮達，查照轉飭各屬遵照可也。此咨甘肅
等因。准此，除將新頒國民學校令、高等小學校
令刊就外，另行飭發并分行外，合行飭仰
該知事即便查照，并轉飭所屬各處知照
飭，仍遵照先將所屬初等小學校改稱
國民學校，以符新令。此飭。等因。准此，合行飭
仰該知事即便遵照。此飭。
道尹 張鏈
右飭吐魯番知事准此
洪憲元年叁月廿五日

09ZJ0084

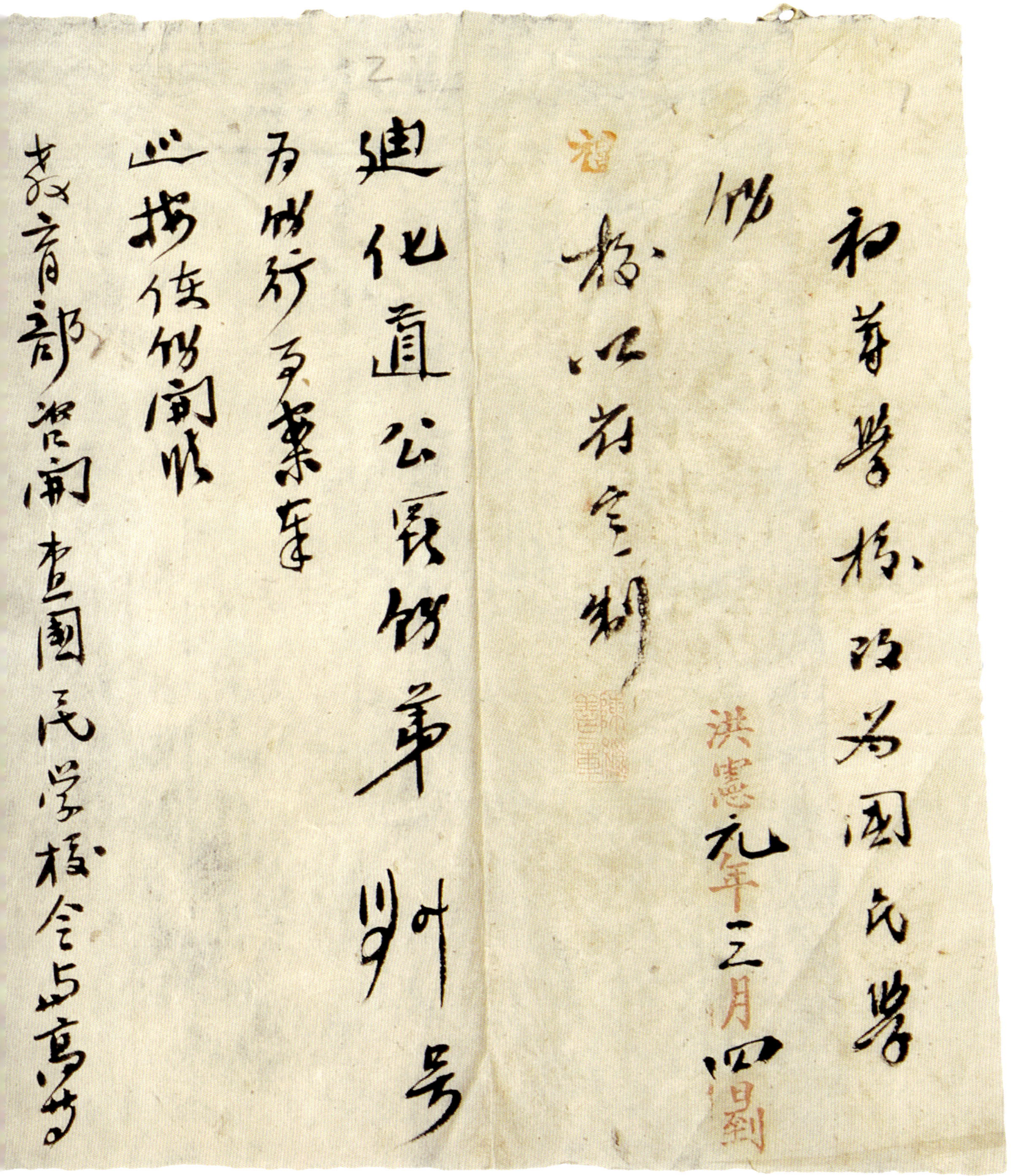
和華學校改爲國民學
仍
洪憲元年二月四日到
稽
校以符定制
迪化道公署飭第　　號
爲飭行事案准
巡按使飭開准
教育部咨開查國民學校令與高等

0　5cm

小學校令業於七月卅一日奉
大總統申令頒布在案關於已設之初
等小學校應一律改稱國民學校其已設
之高等小學校均應遵照新令切擬性質
前項高等小學校兼設一二女校宜按校
設立之性質分別改定例如原係城鎮鄉
立或私立之校應以國民學校為主而
高等小學亦可兼設原係私立之校應以

09ZJ0084(2-1)

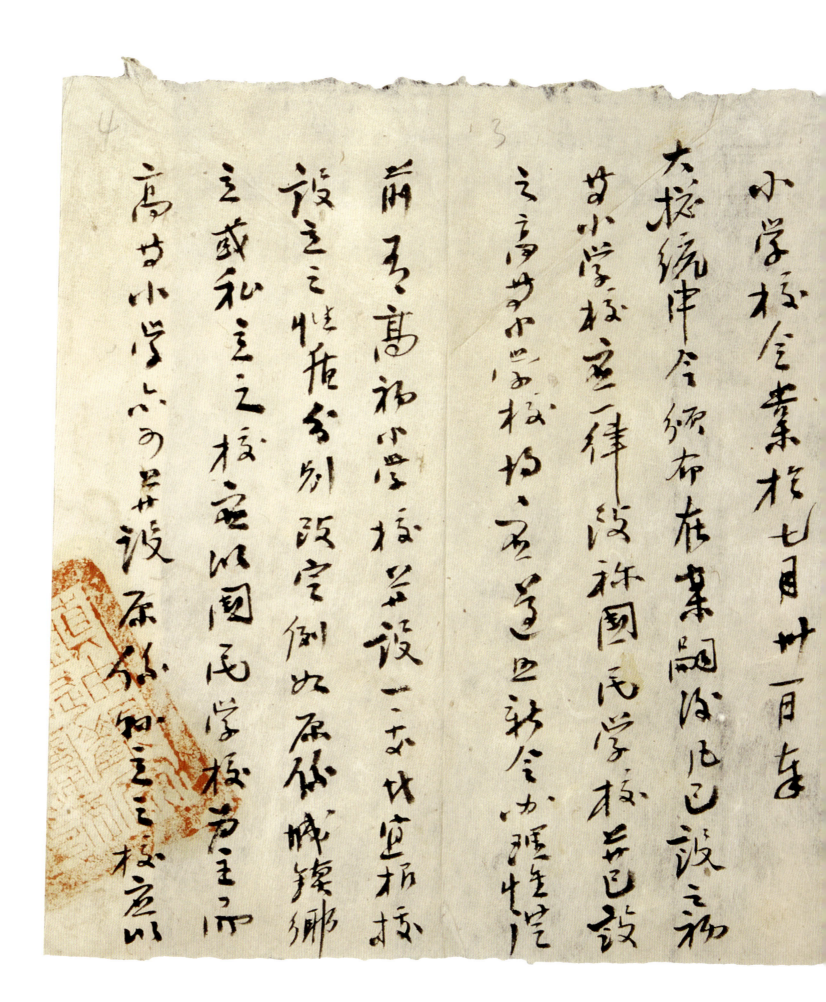

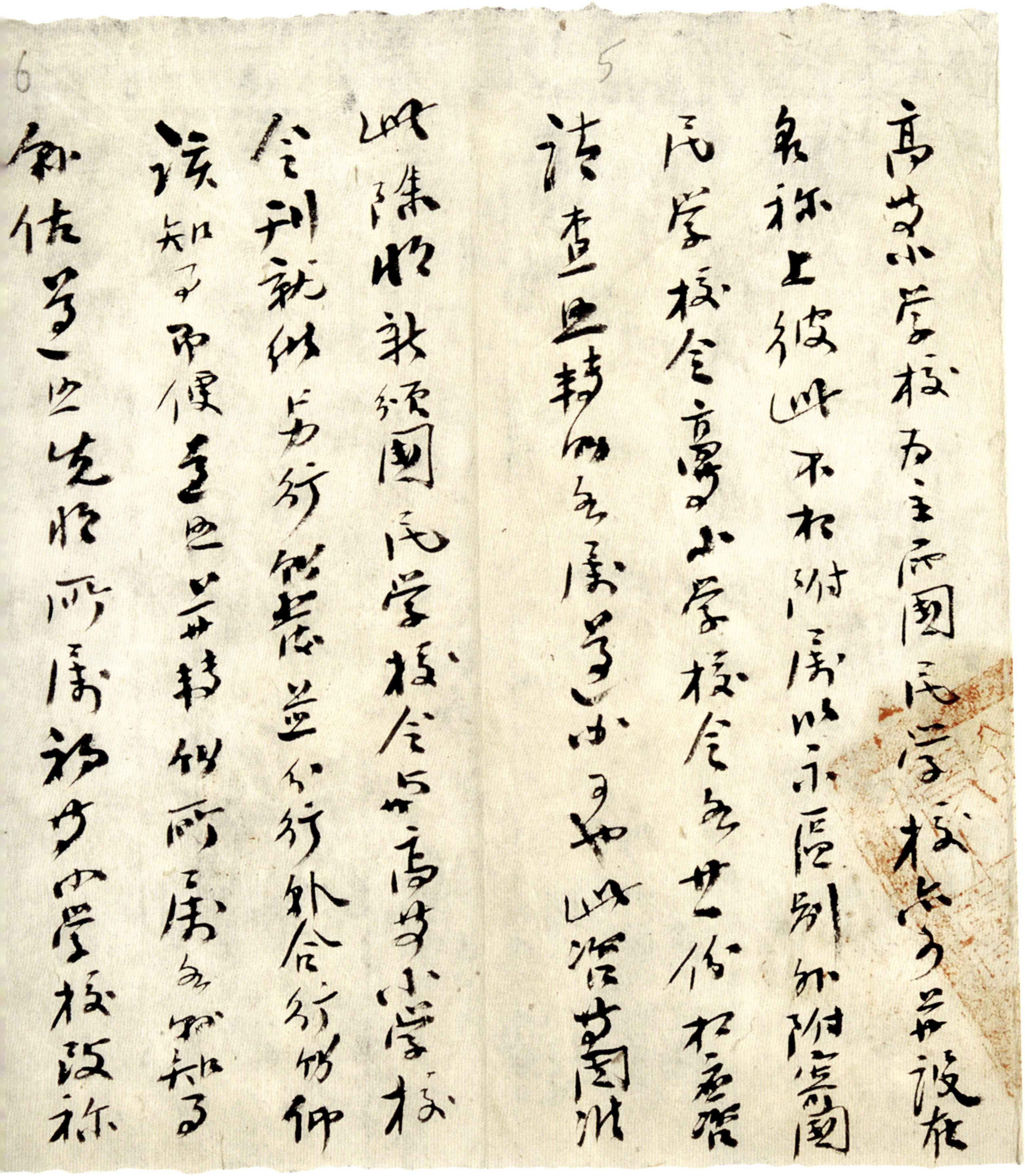
高等小學校為主國民學校亦可并設在
名稱上須此不相附屬以示區別如附屬國
民學校令高等小學校令無此條相應咨
請查照轉飭所屬遵照可也此咨甘肅巡
此除將新頒國民學校令高等小學校
令刊就俟另行飭發並分行外合行仰
該知事即便遵照並轉飭所屬一體知照
仰依遵照先將所屬初等小學校改稱

國民學校以符新令此外當同等此合行令
仰該知事即便遵照此令
道尹張鍵
右仰吐魯番縣知事准此

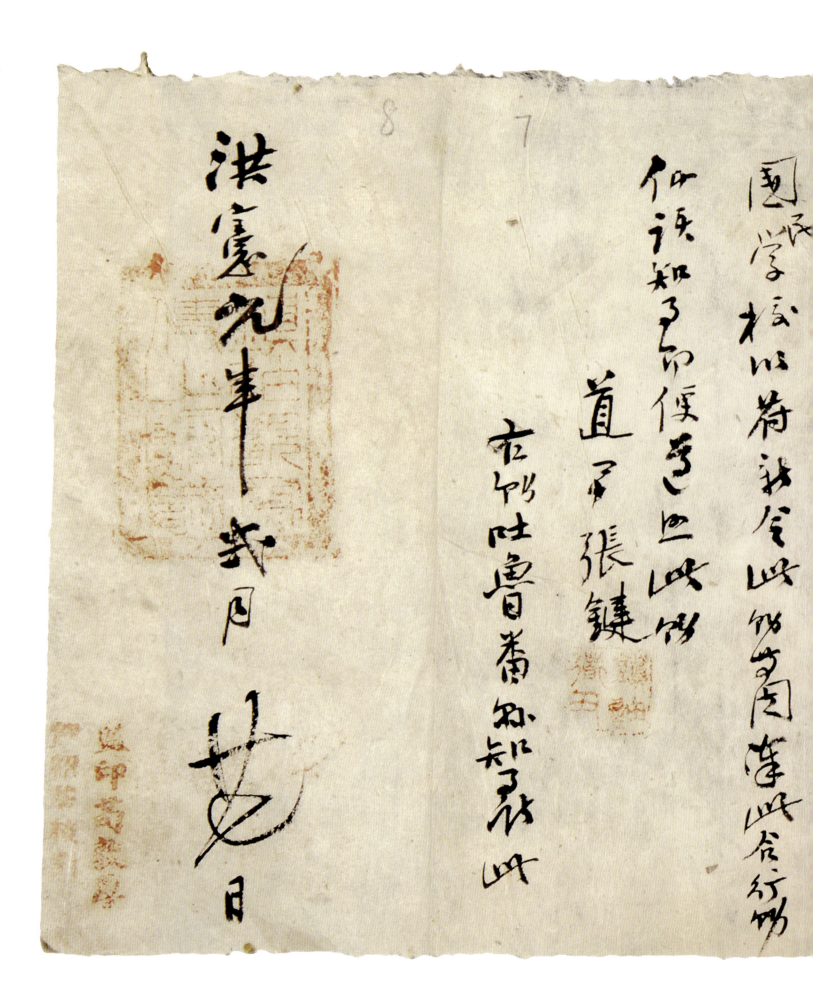

洪憲元年貳月廿 日

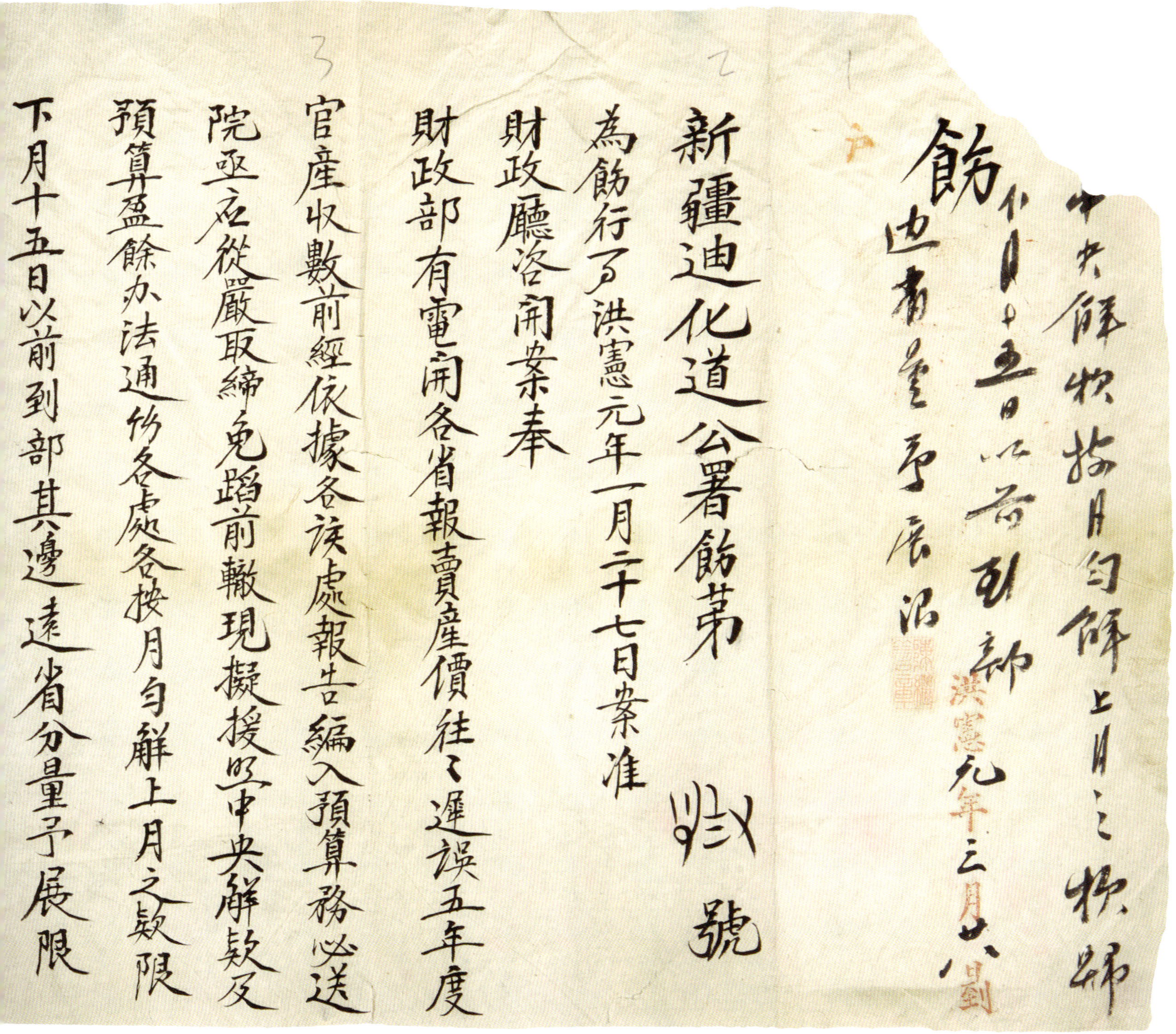
中央解款按月勻解上月之款歸
飭
下月十五日以前到部
邊省量予展限

洪憲元年三月廿八日到

新疆迪化道公署飭第　號

為飭行事。洪憲元年一月二十七日案准

財政廳咨開：案奉

財政部有電開：各省報賣產價往往遲誤，五年度

官產收數前經依據各該處報告編入預算，務必送

院，亟應從嚴取締，免蹈前轍。現擬援照中央解款及

預算盈餘辦法，通飭各處各按月勻解上月之款，限

下月十五日以前到部。其邊遠省分量予展限

七　迪化道公署飭爲遵辦中央解款時限事

縱 26.3cm × 橫 59.0cm

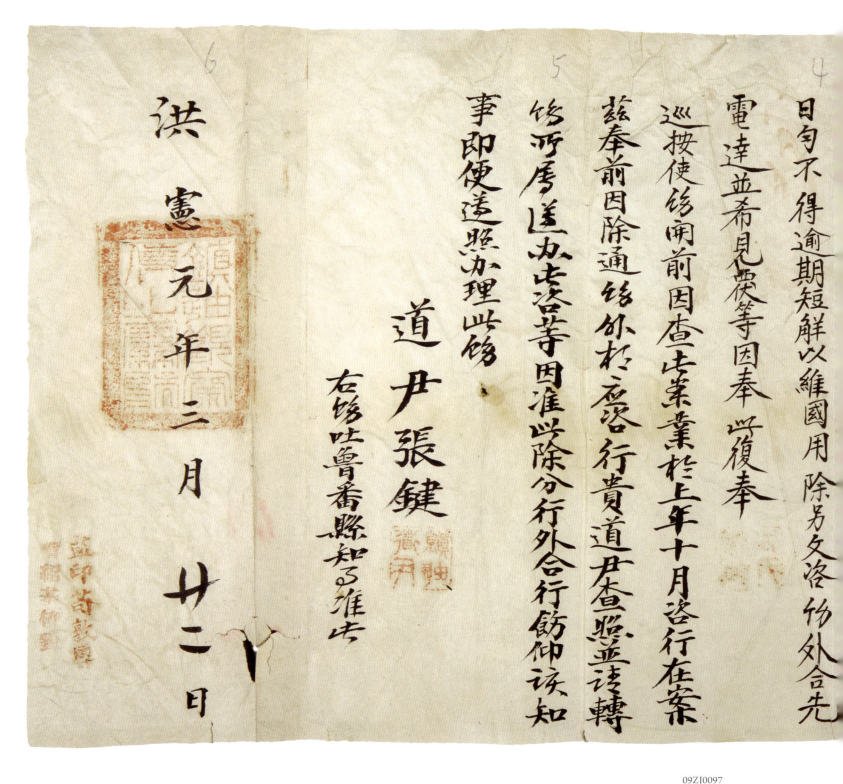

日旬不得逾期短解以維國用除另文咨行外合先
電達並希見覆等因奉此復奉
巡按使飭開前因查此案業於上年十月咨行在案
茲奉前因除通飭外於咨行貴道尹查照並請轉
飭所屬遵辦此咨等因准此除分行外合行飭仰該知
事即便遵照辦理此飭

道尹張鍵

右飭吐魯番縣知事准此

洪憲元年三月廿二日

監印許敦厚
曾紹裘繕寫

09ZJ0097

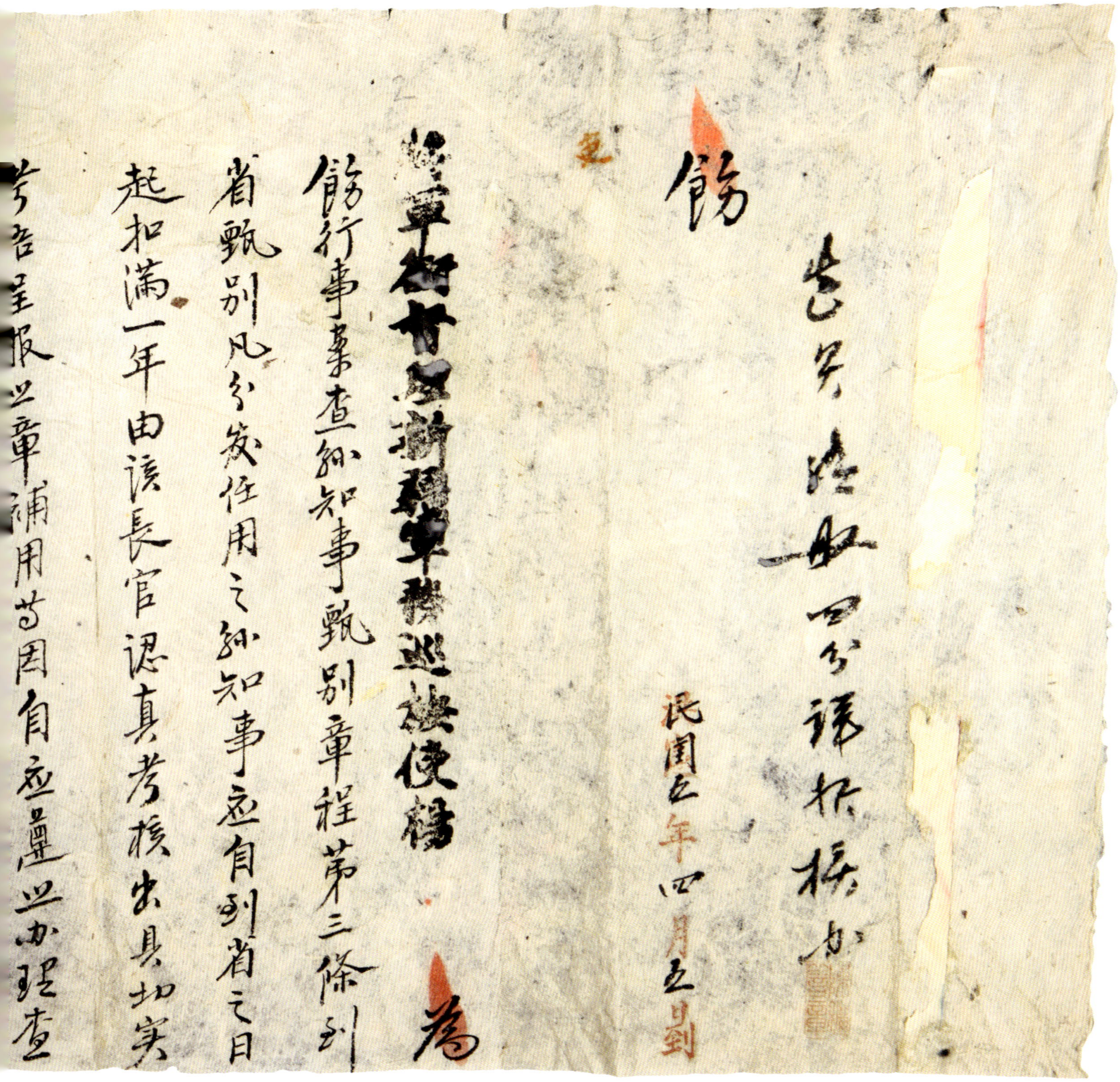

為
署理新疆巡按使楊
飭行事案查知事甄別章程第三條列
省甄別凡分發任用之知事應自到省之日
起扣滿一年由該長官認真考核出具切實
考語呈報照章補用等因自應遵照辦理查

飭

民國五年四月五日到

0 5cm

八 新疆巡按使飭爲造具甄別清冊詳報核辦事

縱 25.3cm × 橫 53.0cm

該知事茍自分發綏以到省計已一年其滿[illegible]
應以章甄別以資策勵仰將該知事詳細出
身事蹟及三代履歷清冊造具四分送
詳覈來署以憑分別
奏咨可也切切毋延此飭
飭吐魯番縣知事陳繼善
洪憲元年三月　日

09ZJ0089

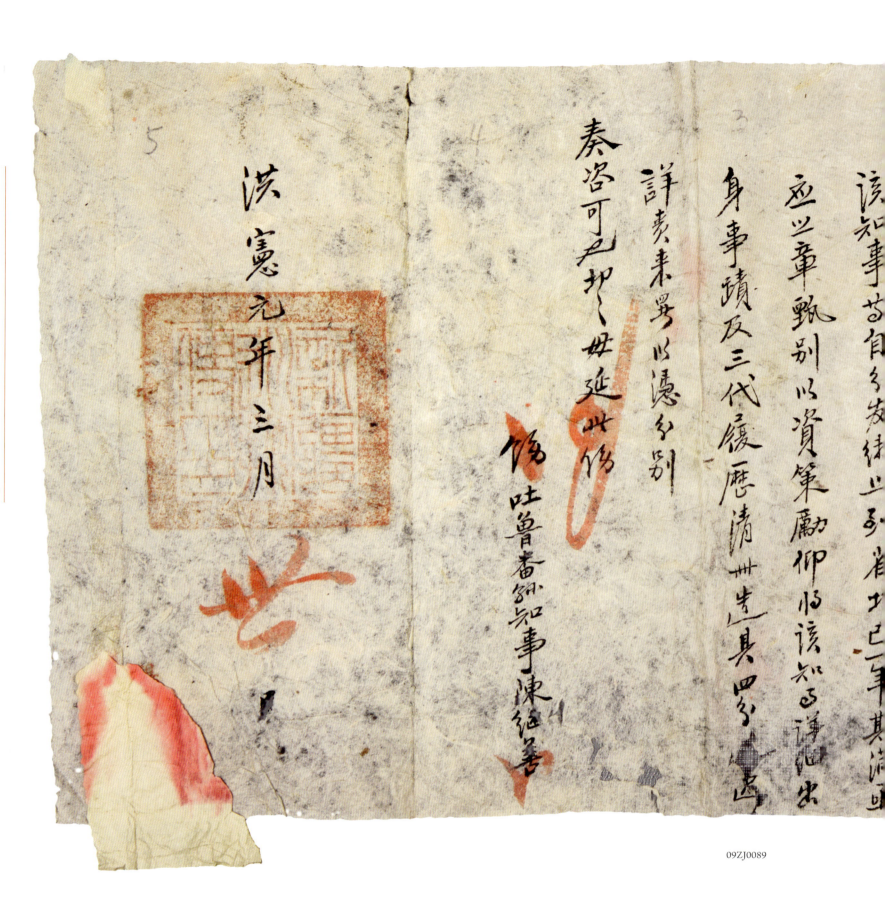

九　呈報快班王元喜病故及遞遺事

縱23.0-26.3cm×横20.0cm

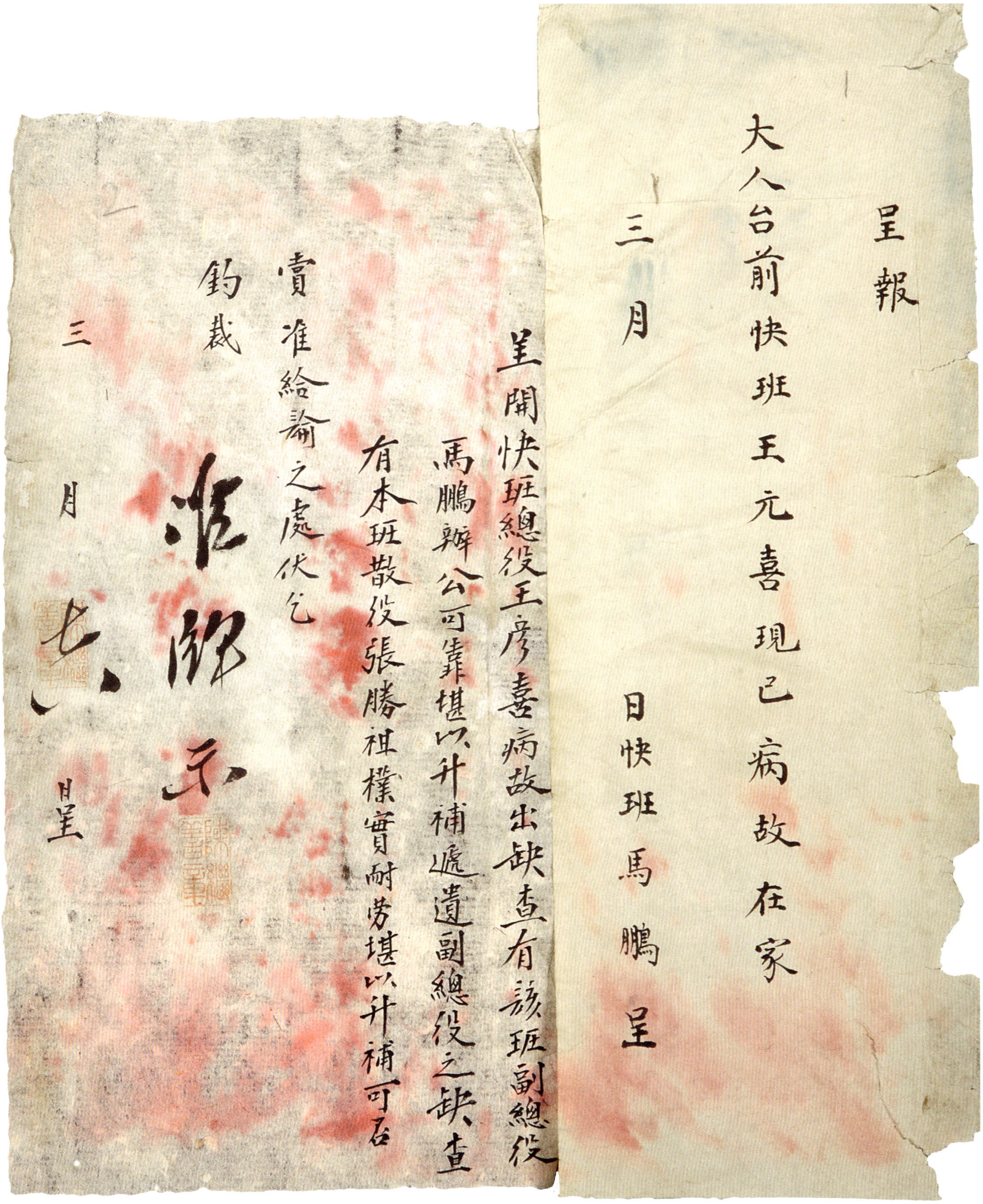
呈報

大人台前快班王元喜現已病故在家

三月　日快班馬鵬呈

呈聞快班總役王彥喜病故出缺查有該班副總役

馬鵬辦公可靠堪以升補遞遺副總役之缺查

有本班散役張勝祖樸實耐勞堪以升補可否

賞准給諭之處伏乞

鈞裁

准辦示

三月七日呈

0　5cm　09ZJ0092

一〇　放馬鵬張勝祖接充快班總役副總役諭封

縱26.0cm×横16.0cm

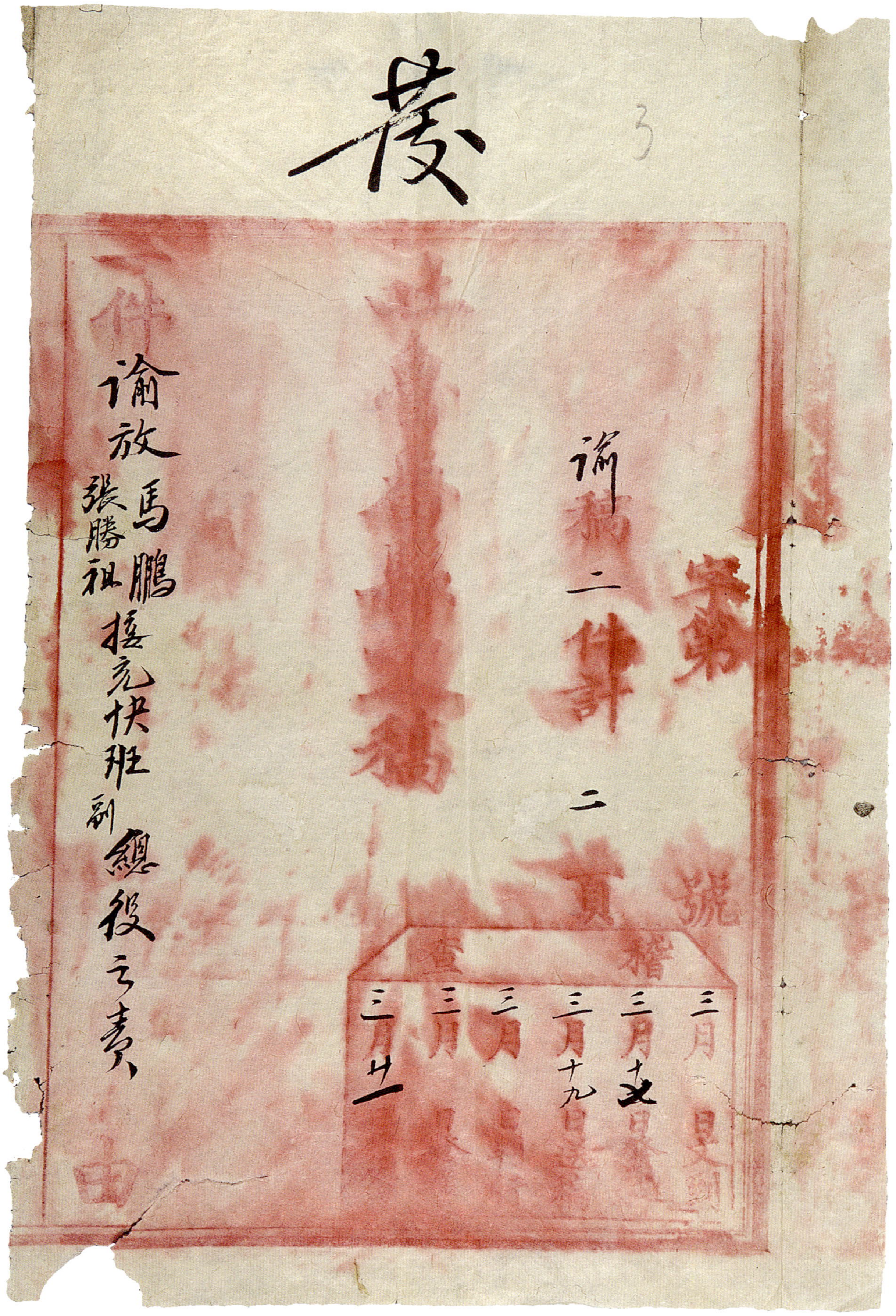

封

諭放馬鵬
張勝祖接充快班副總役之責

諭稿二件計二頁

三月　三月　三月　三月十九　三月　三月廿一

09ZJ0090

0　5cm

一一　放馬鵬張勝祖接充快班總役副總役諭文

縱 26.0cm × 橫 44.0cm

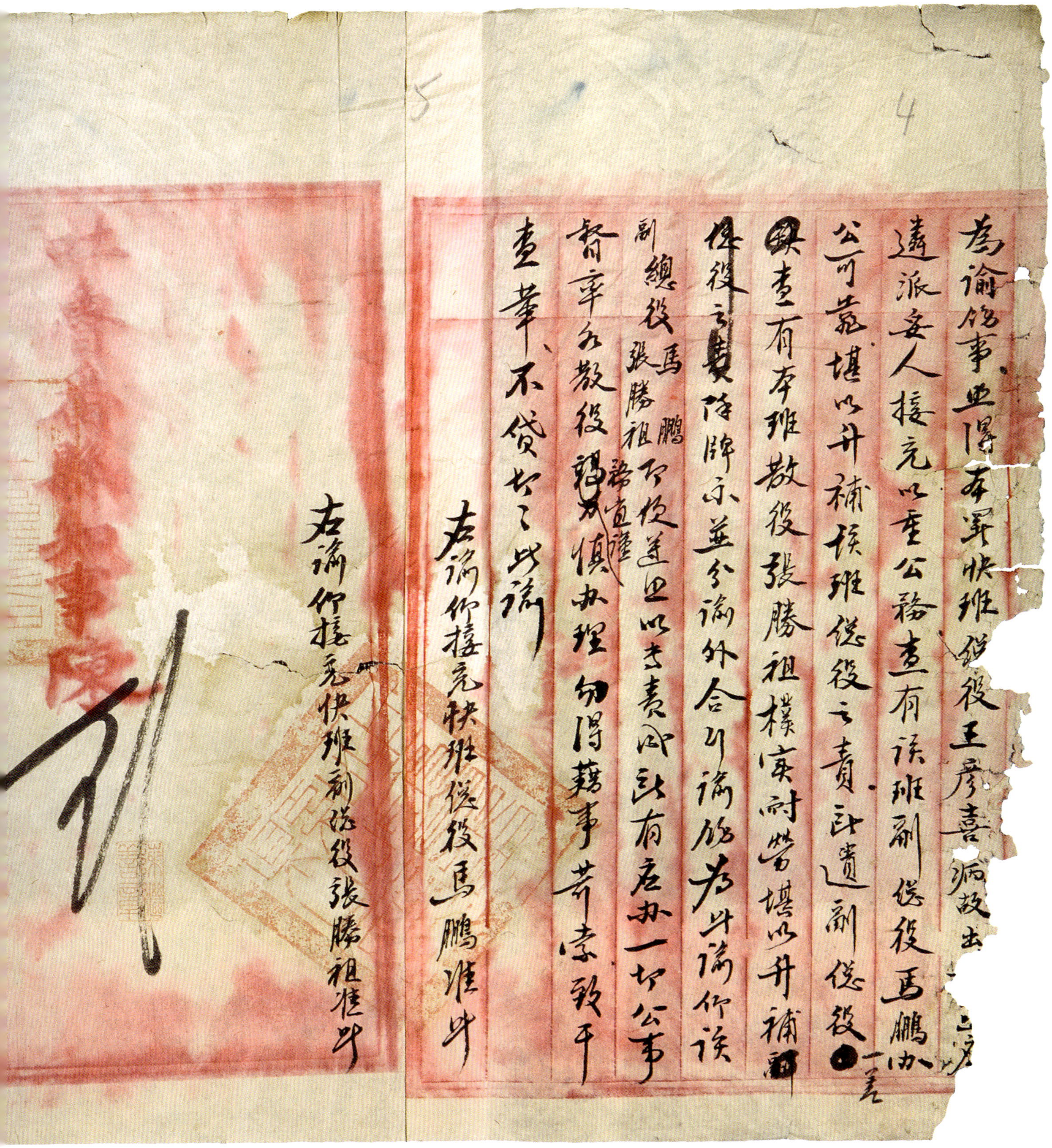
為諭飭事。照得本署快班總役王彥喜病故出缺，
遴派妥人接充，以重公務。查有該班副總役馬鵬，辦
公可靠，堪以升補該班總役之責。所遺副總役一缺，
又查有本班散役張勝祖樸實耐勞，堪以升補副
總役之責。除牌示並分諭外，合行諭飭。為此諭仰該
副總役馬鵬、張勝祖即便遵照，以專責成。嗣後有應辦一切公事，
督率各散役謹慎辦理，勿得藉事苛索，致干
查革，不貸。切切。此諭。
右諭仰接充快班總役馬鵬准此
右諭仰接充快班副總役張勝祖准此

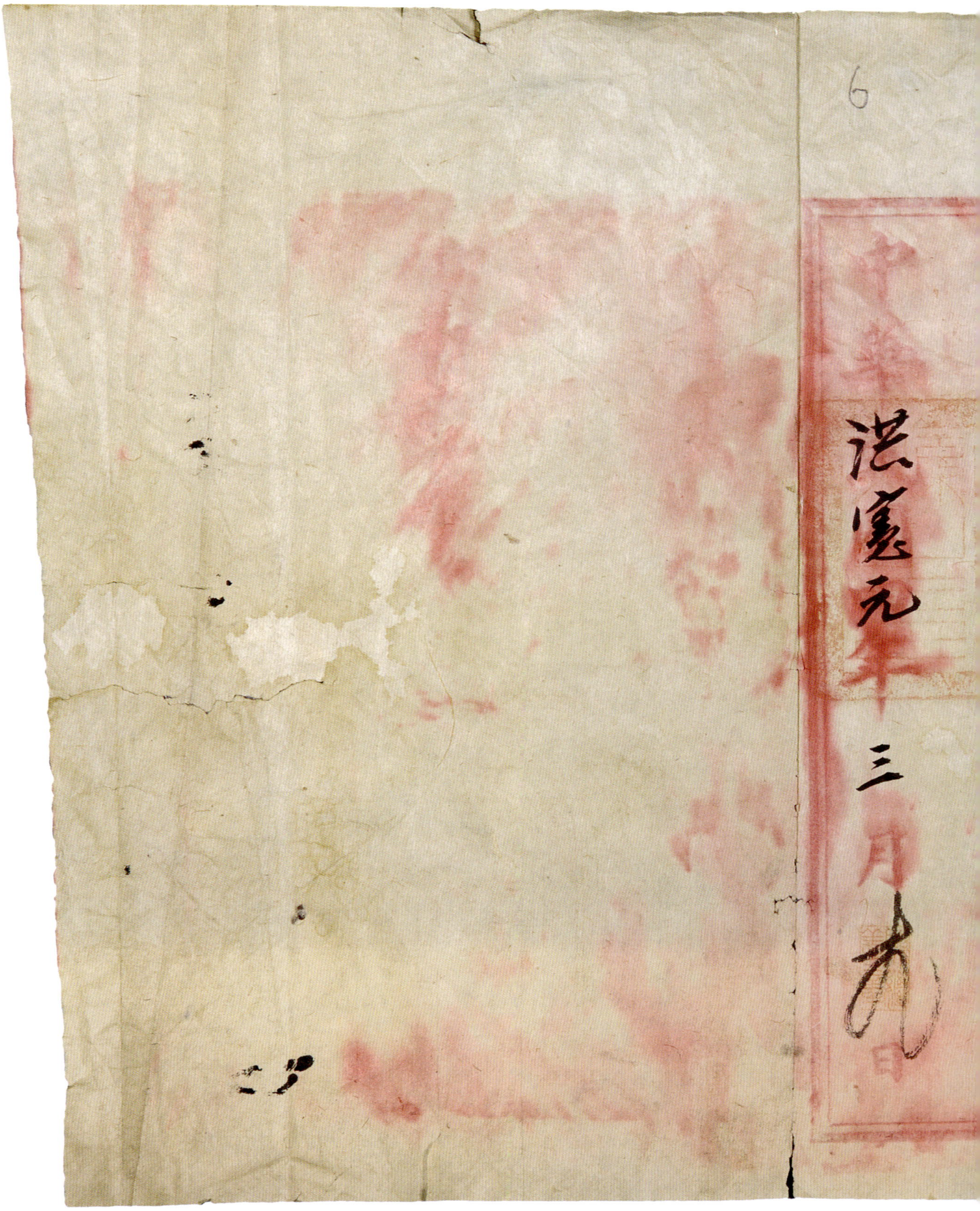
6

洪憲元年三月九

09ZJ0091

一二　阿不都馬斯呈控托乎牙士七狼攔路行兇卷

縱23.8-26.7cm×横84.0cm

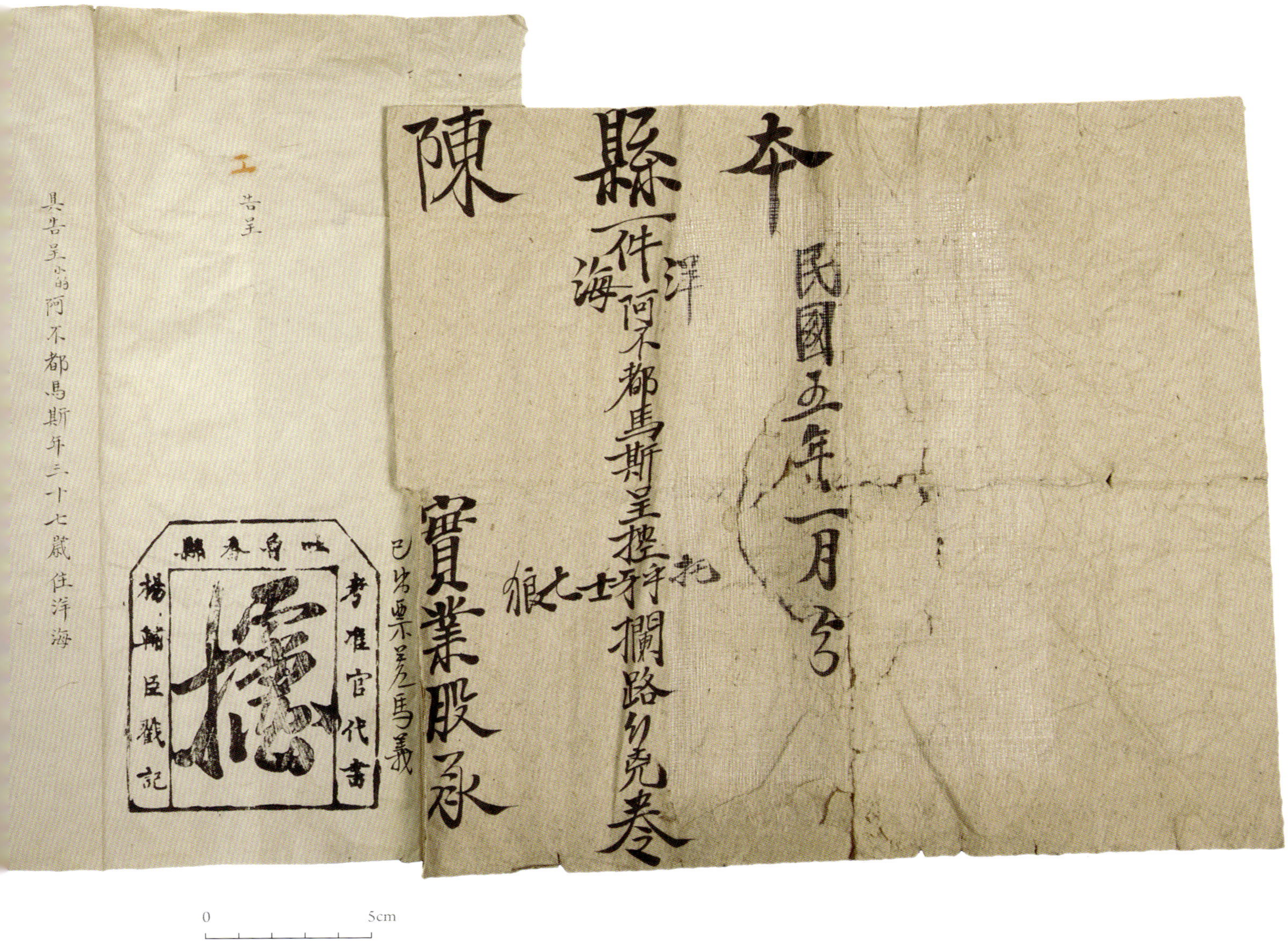

本縣陳
民國五年一月　日
洋海
一件阿不都馬斯呈控托乎牙士七狼攔路行兇卷
實業股承
具告呈人阿不都馬斯年三十七歲住洋海
告呈
考准官代書
楊輔臣戳記
已呈票呈人馬義

甲長去年王素甫鄉約不知如何價買托乎牙士七狼馬壹匹價
銀若干，小的並不知情，忽於去年六月內該托乎牙士七狼任性
逞刁，張冠李戴，將小的攔路行兇，估惡索去小的馬銀肆拾壹兩，有
買賣奴爾尕四爾等為証。後小的詢追王素甫鄉約，不認。小的當控
到案，蒙張前縣長正票傳問。小的忽過吐峪溝水案被押，再未
追究。茲小的詢問該伊等，仍是不理，又有洋海畢拉爾取欠小的貨
銀壹百肆拾壹兩叁錢五分，亦抗不還，委逼萬分，無奈，祇得具
呈叩懇
青天大人作主，俯准傳案訊追施行，則小的感
恩不盡矣

原　告　阿不都馬斯
被　告　托乎牙士七狼　王素甫　畢拉爾

署理吐魯番縣知事陳　批
呈悉。該托乎牙士七狼往向爾
你索馬價，殊屬可惡，准傳托乎
牙士七狼并該鄉約畢拉爾到案
一併訊究

洪憲元年一月　日

09ZJ0093

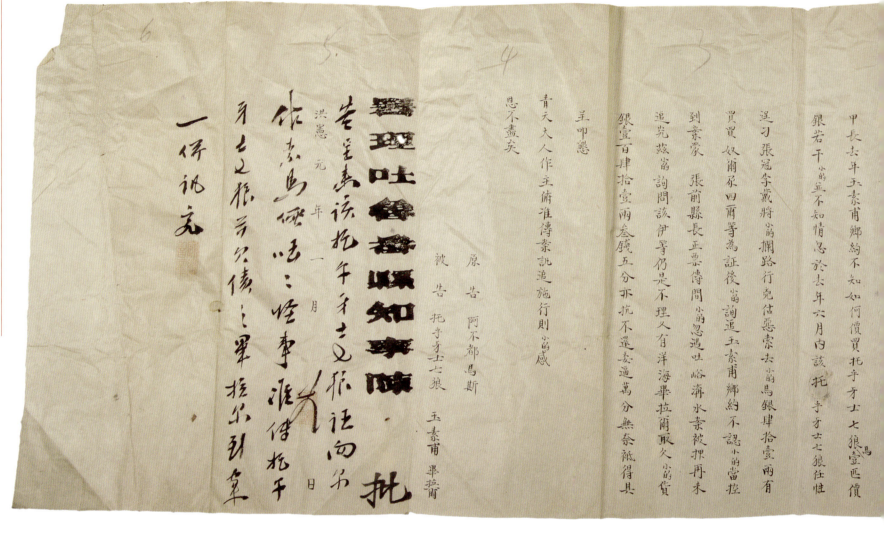

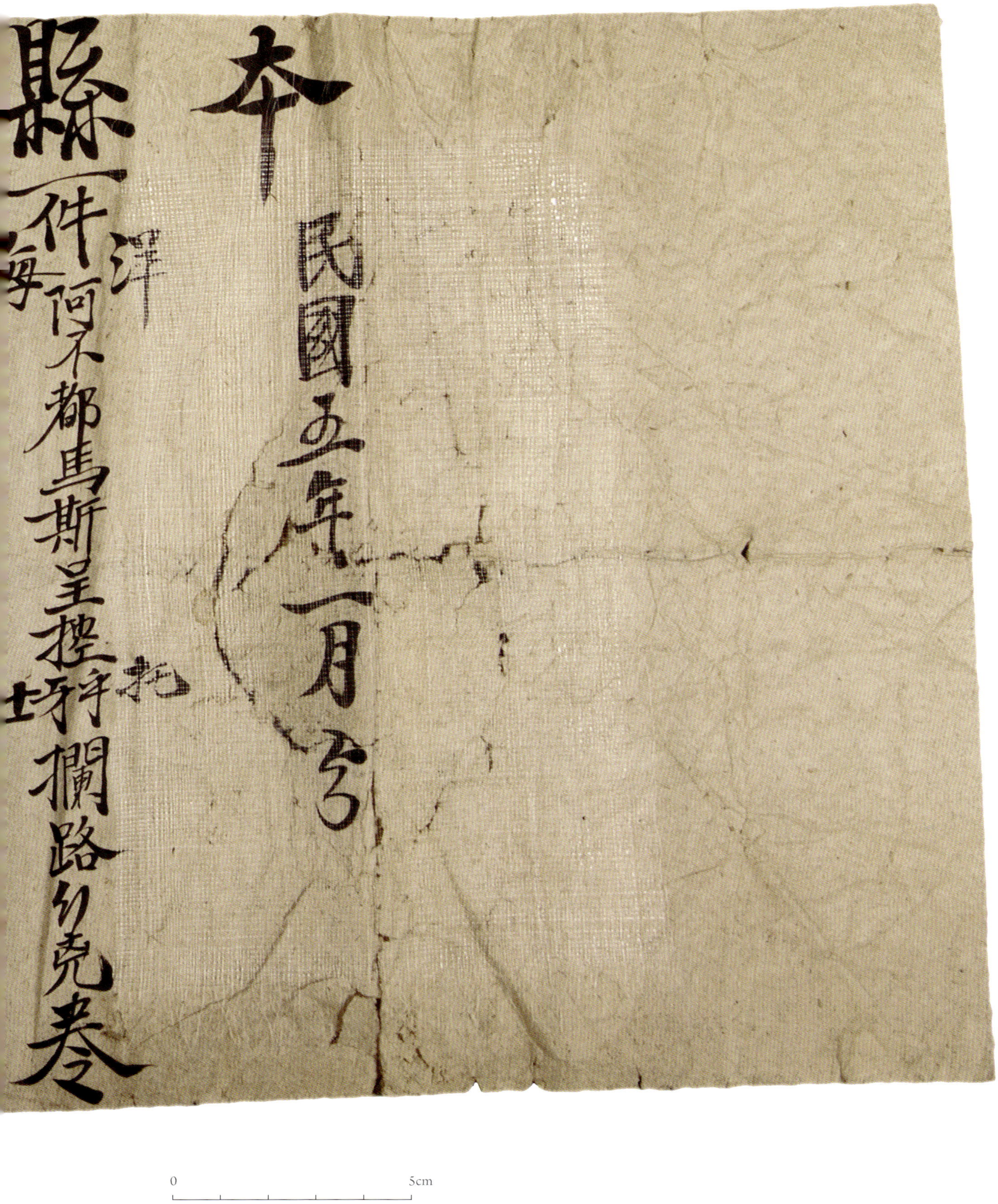
本縣
民國五年一月 日
一件阿不都馬斯呈控斯守攔路糾兇卷

陳

實業股承

狼

已出票差馬義

吐魯番縣

考准官代書

楊輔臣戳記

王

告呈

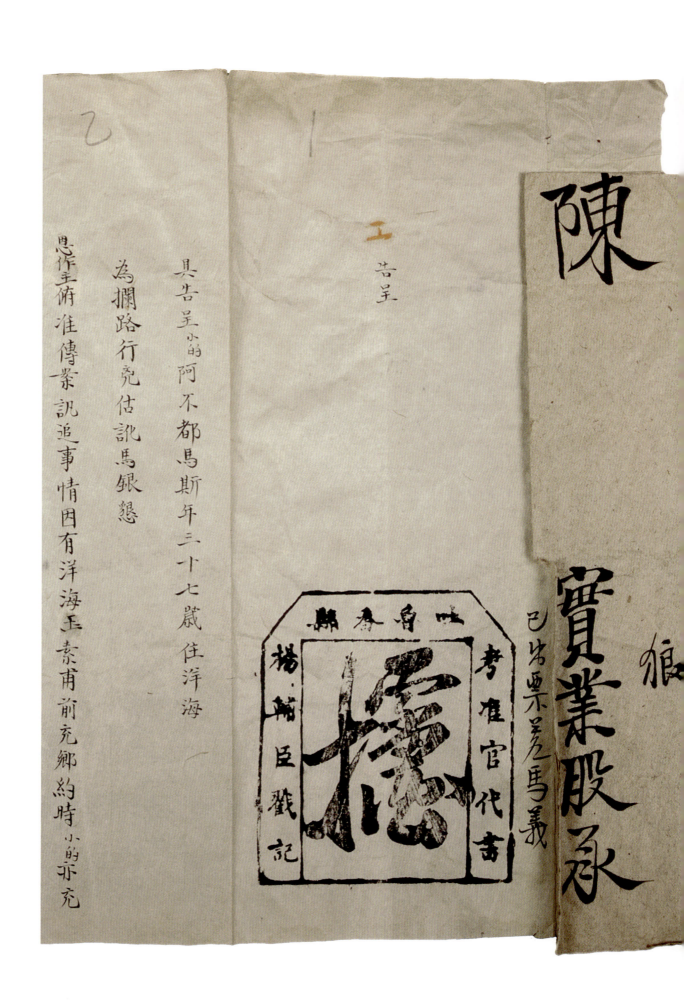

具告呈小的阿不都馬斯年三十七歲住洋海

為攔路行兇估訛馬銀懇

恩作主俯准傳案訊追事情因有洋海玉素甫前充鄉約時小的亦充

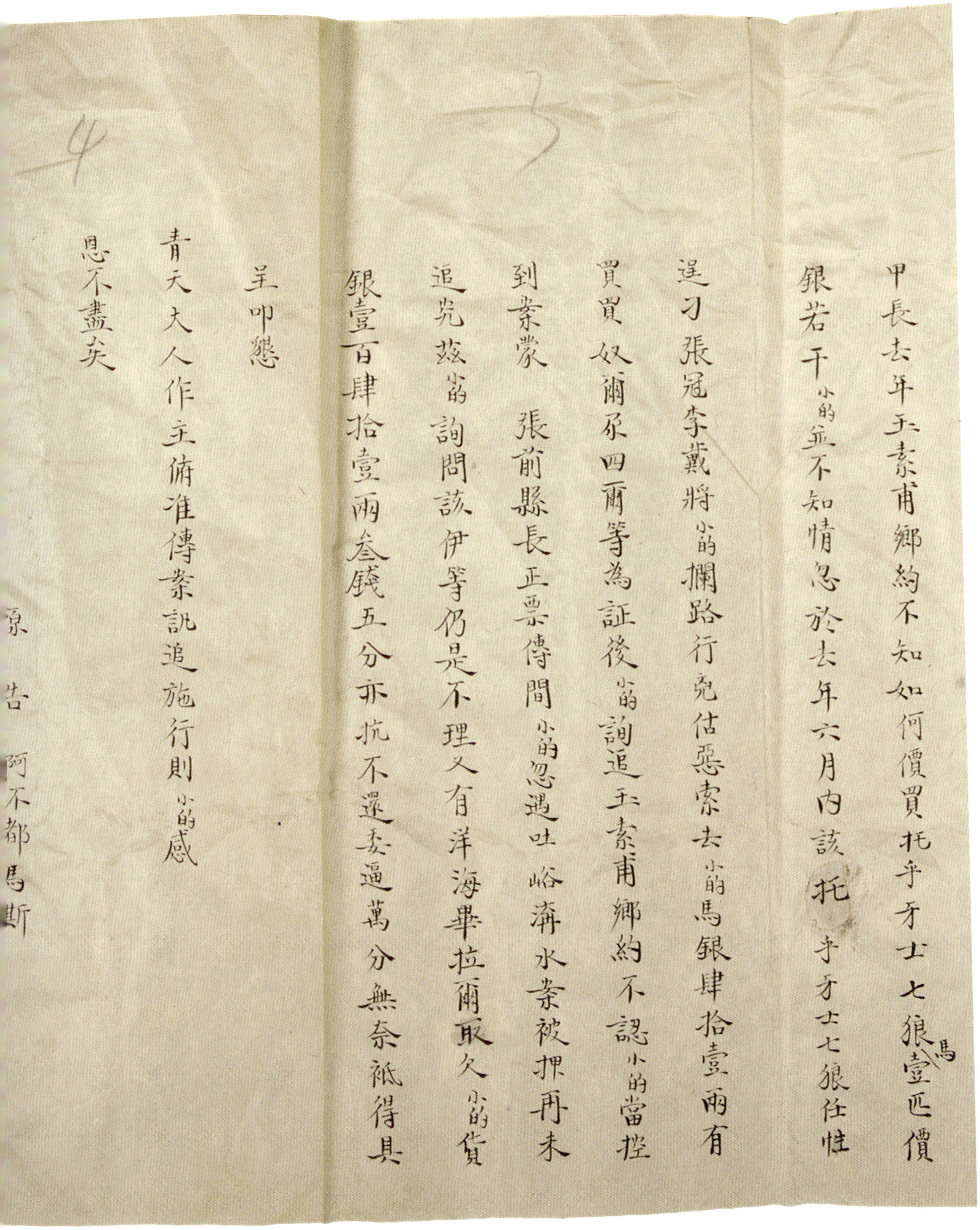

甲長去年王素甫鄉約不知如何價買托乎牙士七狼馬壹匹價
銀若干小的並不知情忽於去年六月內該托乎牙士七狼任性
逞刁張冠李戴將小的攔路行兇估惡索去小的馬銀肆拾壹兩有
買買奴爾尕四爾等為証後小的詢追王素甫鄉約不認小的當控
到案蒙　張前縣長正票傳問小的忽遇吐峪溝水案被押再未
追究茲當詢問該伊等仍是不理又有洋海畢拉爾取欠小的貨
銀壹百肆拾壹兩叁錢五分亦抗不還委逼萬分無奈祇得具
呈叩懇
青天大人作主俯准傳案訊追施行則小的感
恩不盡矣
原告　阿不都馬斯

0　5cm

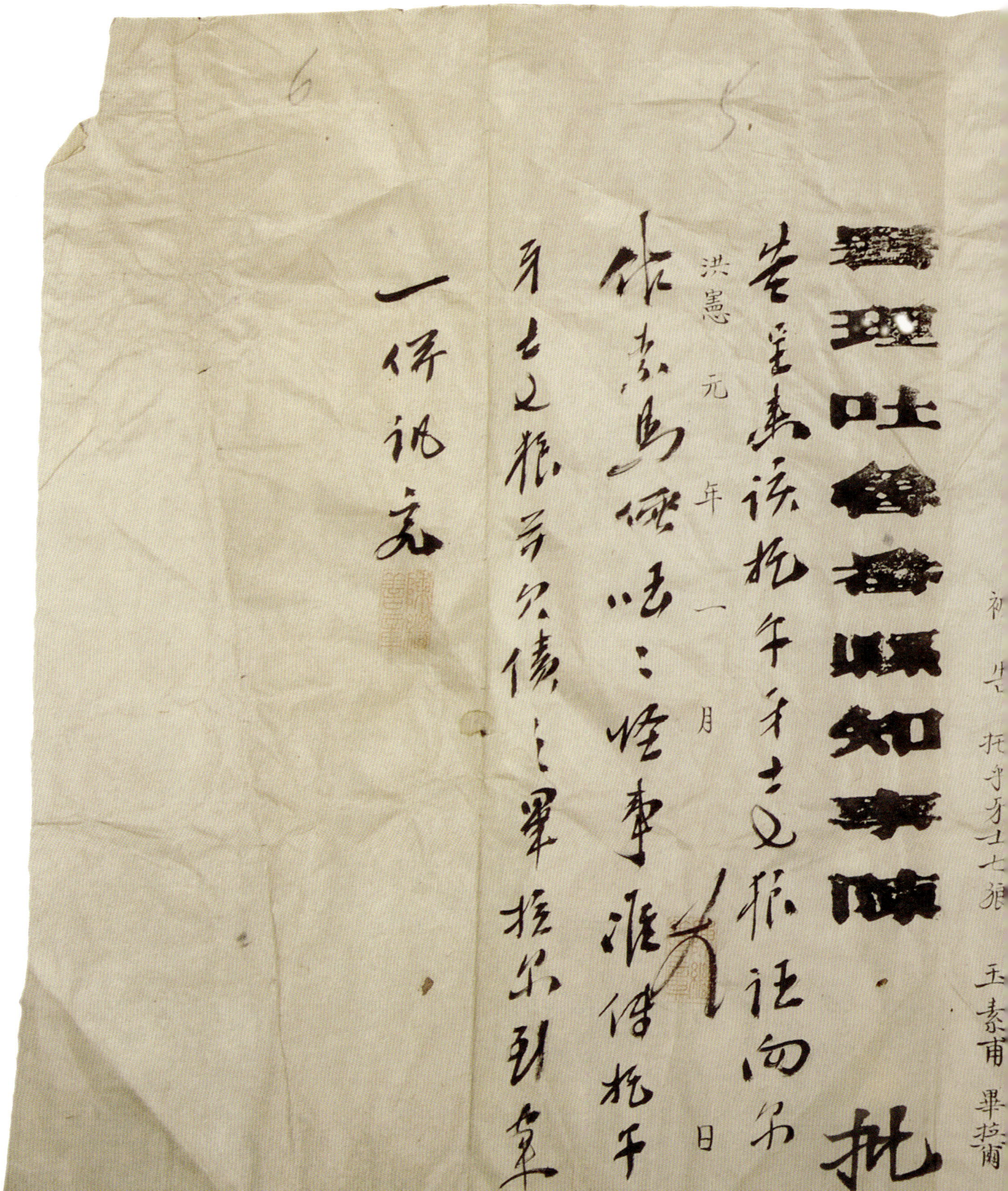

署理吐魯番縣知事陳　批

告呈悉。該托乎牙士之狼訴向尔依素馬依呢之怪事，准傳托乎牙士之狼并只債之畢拉尔到案，一併訊究。

洪憲元年一月　日

09ZJ0093(2-2)

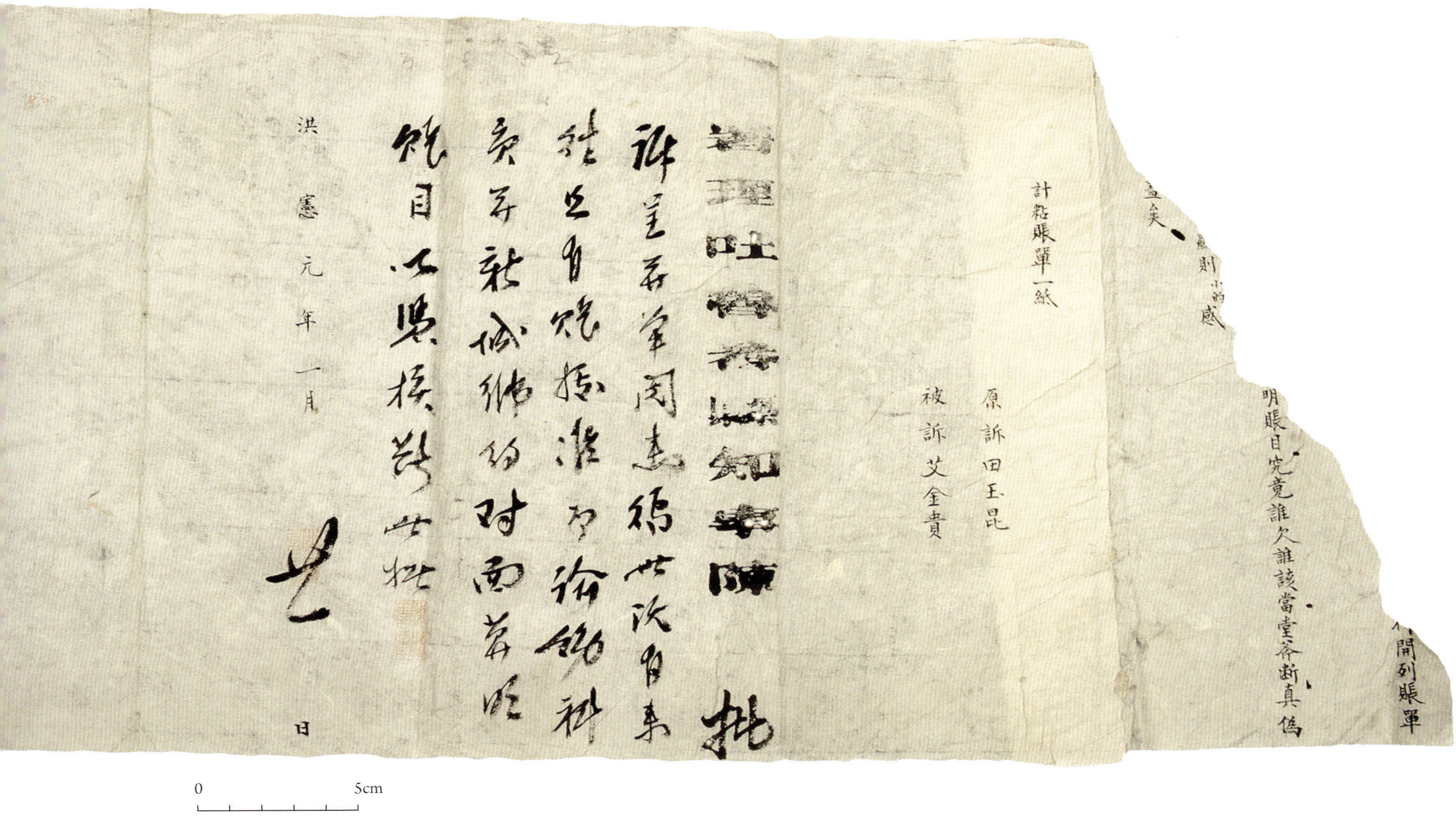
明賬目究竟誰欠誰該當堂斉斷真偽
開列賬單
計粘賬單一紙
原訴 田玉昆
被訴 艾金貴
洪憲元年 一月 日
0 5cm

一三 艾金貴呈控田玉昆抗債不償卷 縱24.0cm×橫91.0cm

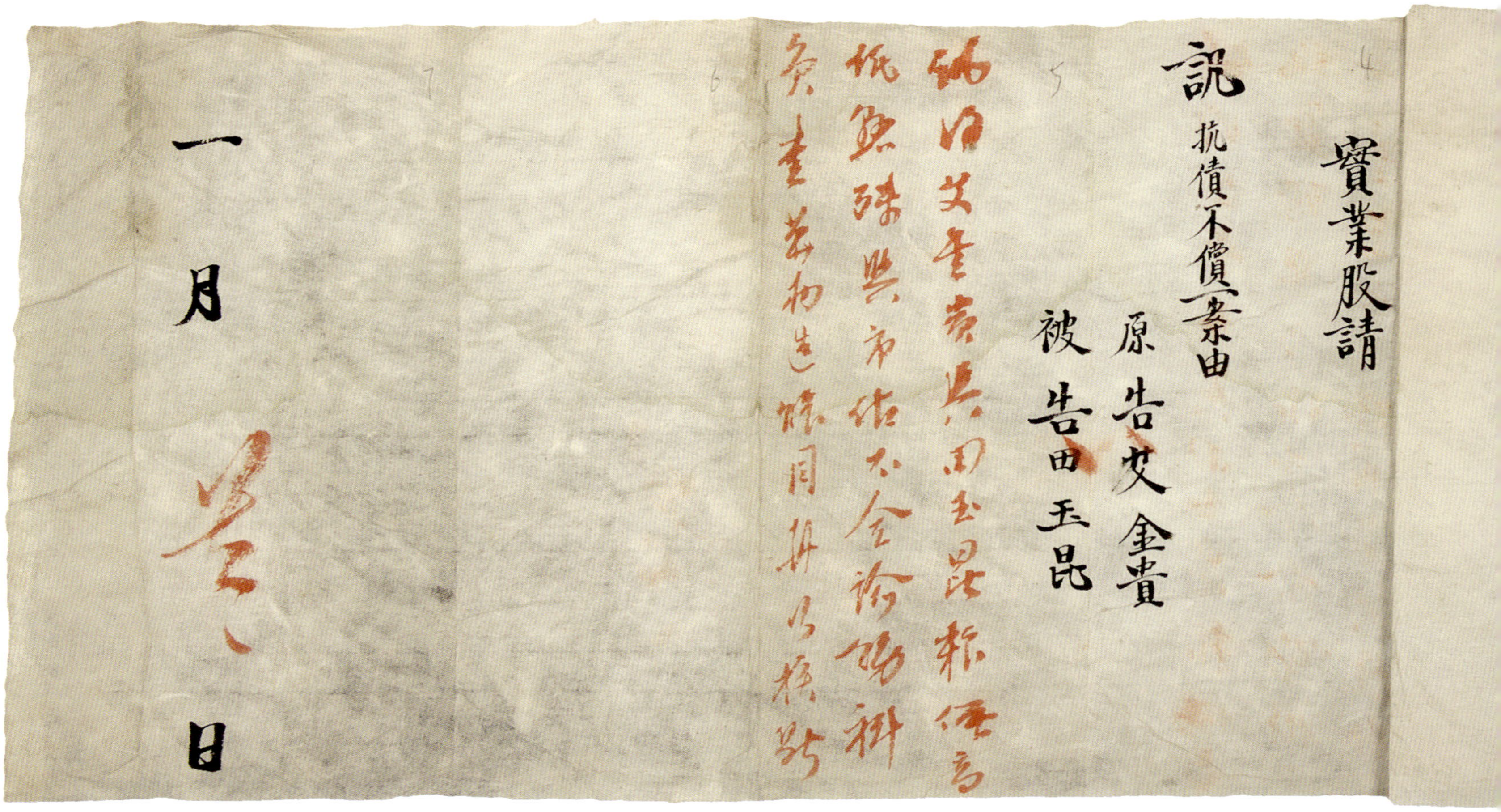
實業股請
訊
抗債不償一案由
原告艾金貴
被告田玉昆
飭傳艾金貴與田玉昆粘債言
帳簿證據與前借大全論錫科
會董蔡和生速傳同行核點
一月　　日

09ZJ0094

一四　色提等呈訴爲水渠阻塞事

縱 22.0-35.3cm × 橫 50.0cm

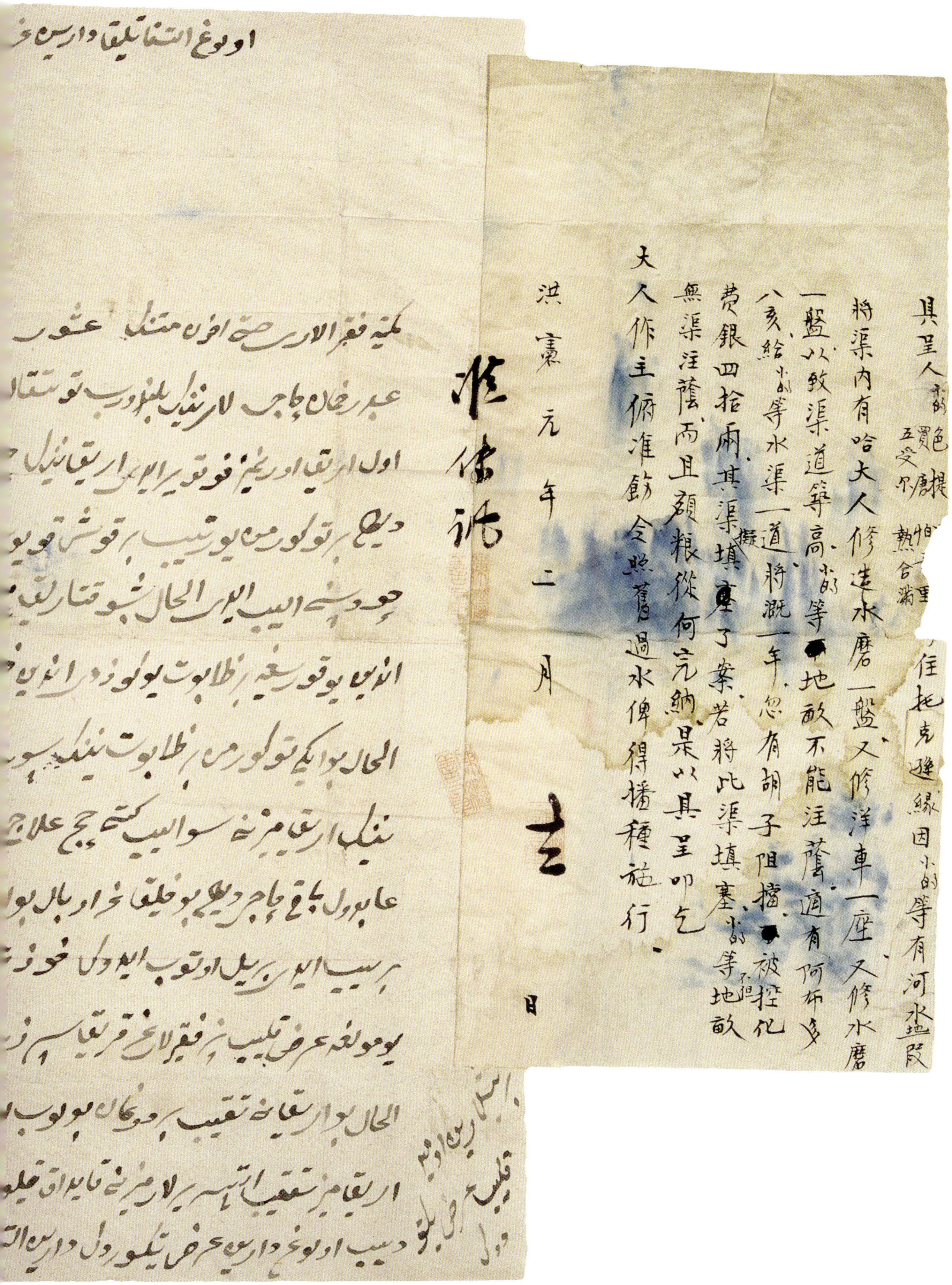
具呈人小的色提、買買提、五受不、唐怕、熱合滿、□里，住托克遜，緣因小的等有河水地段
將渠內有哈大人修造水磨一盤，又修洋車一座，又修水磨
一盤，以致渠道築高，小的等地畝不能注蔭，適有阿布多
八亥給小的等水渠一道，將溉一年，忽有胡子阻擋，被控化
費銀四拾兩，其渠擬填塞了案，若將此渠填塞，小的等不但地畝
無渠注蔭，而且額糧從何完納，是以具呈叩乞
大人作主，俯准飭令照舊過水，俾得播種施行。
准伸訴
洪福元年二月　日

0　5cm

據洛和卓與[illegible]地畝[illegible]
查兩造同控爾等兩[illegible]一造
出回庭以後相互不得恃橫阻塞
致[illegible]和村誤衆庄以不得[illegible]相[illegible]
地內任意橫控致干查究此判
右仰原被人等遵照

二月[illegible]日

[illegible]

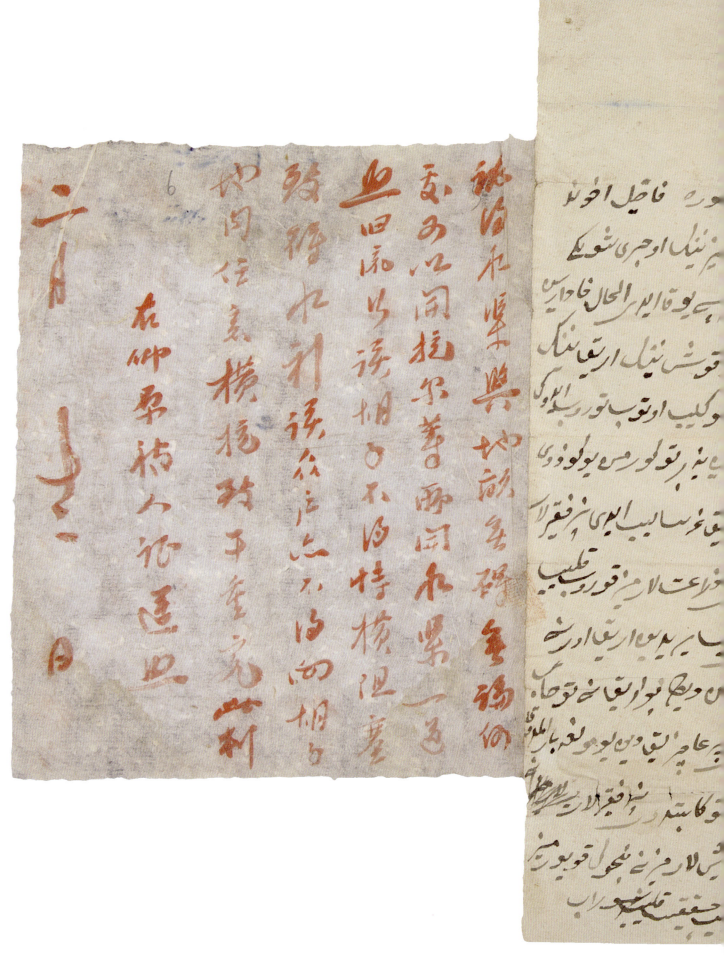

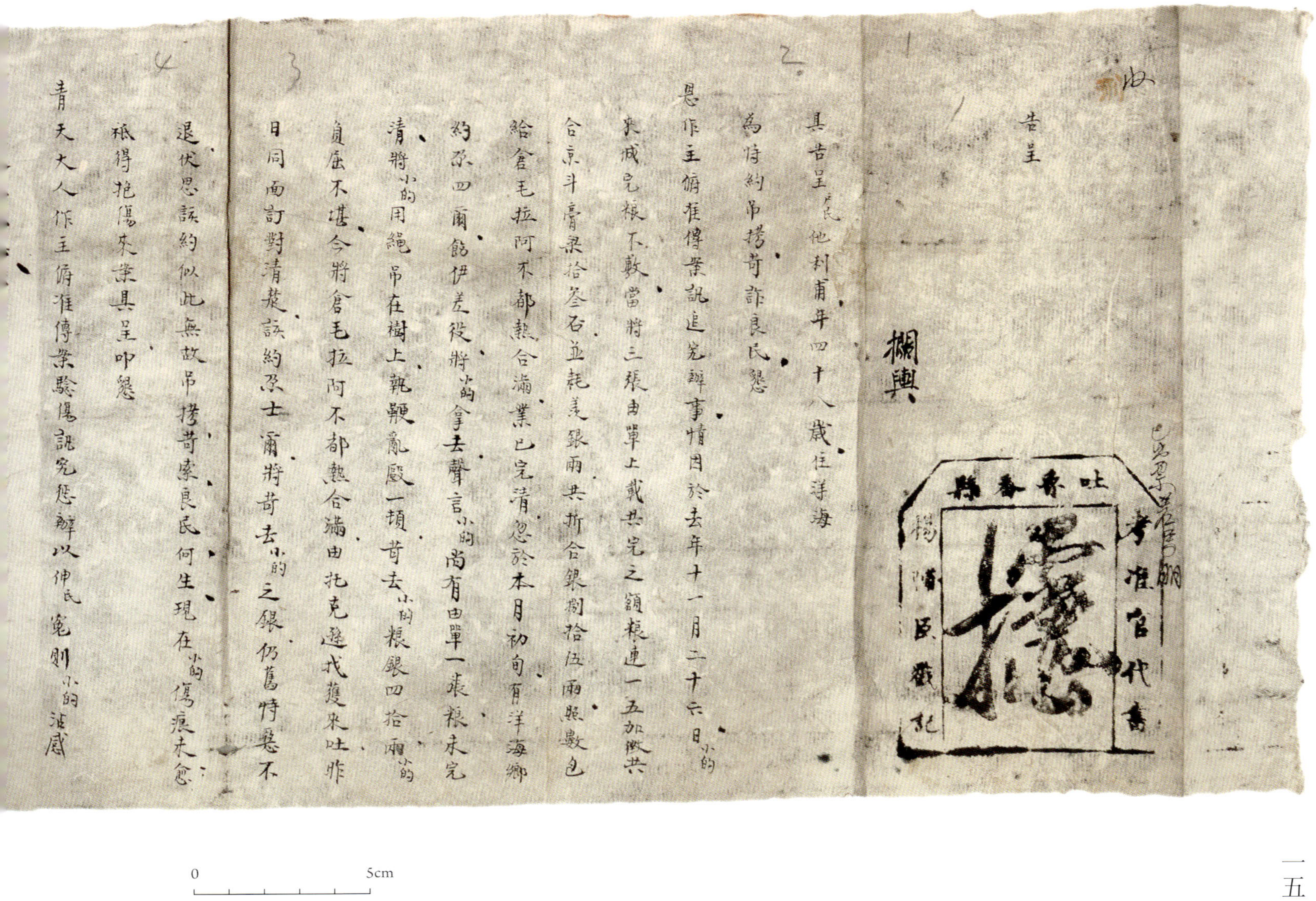
告呈
吐魯番縣
考准官代書
擱興
具告呈民他利甫年四十八歲住洋海
為恃約吊拷苛詐良民懇
恩作主俯准傳案訊追究辦事情因於去年十一月二十六日小的
來城完糧不敷當將三張由單上載共完之額糧連一五加徵共
合京斗膏米拾叁石並耗羨銀兩共折合銀捌拾伍兩照數包
給倉毛拉阿不都熱合滿業已完清忽於本月初旬有洋海鄉
約尕四爾飭伊差役將小的拿去聲言小的尚有由單一張糧未完
清將小的用繩吊在樹上執鞭亂毆一頓苛去小的糧銀四拾兩小的
負屈不堪今將倉毛拉阿不都熱合滿由托克遜找獲來吐非
日同面訂對清楚該約尕士爾將苛去小的之銀仍舊恃惡不
退伏思該約似此無故吊拷苛索良民何生現在小的傷痕未愈
祇得抱傷來案具呈叩懇
青天大人作主俯准傳案驗傷訊究懲辦以伸民冤則小的沾感
0
5cm

一五　他利甫告呈爲恃約吊拷苛詐良民事

縱 23.0cm × 橫 81.0cm

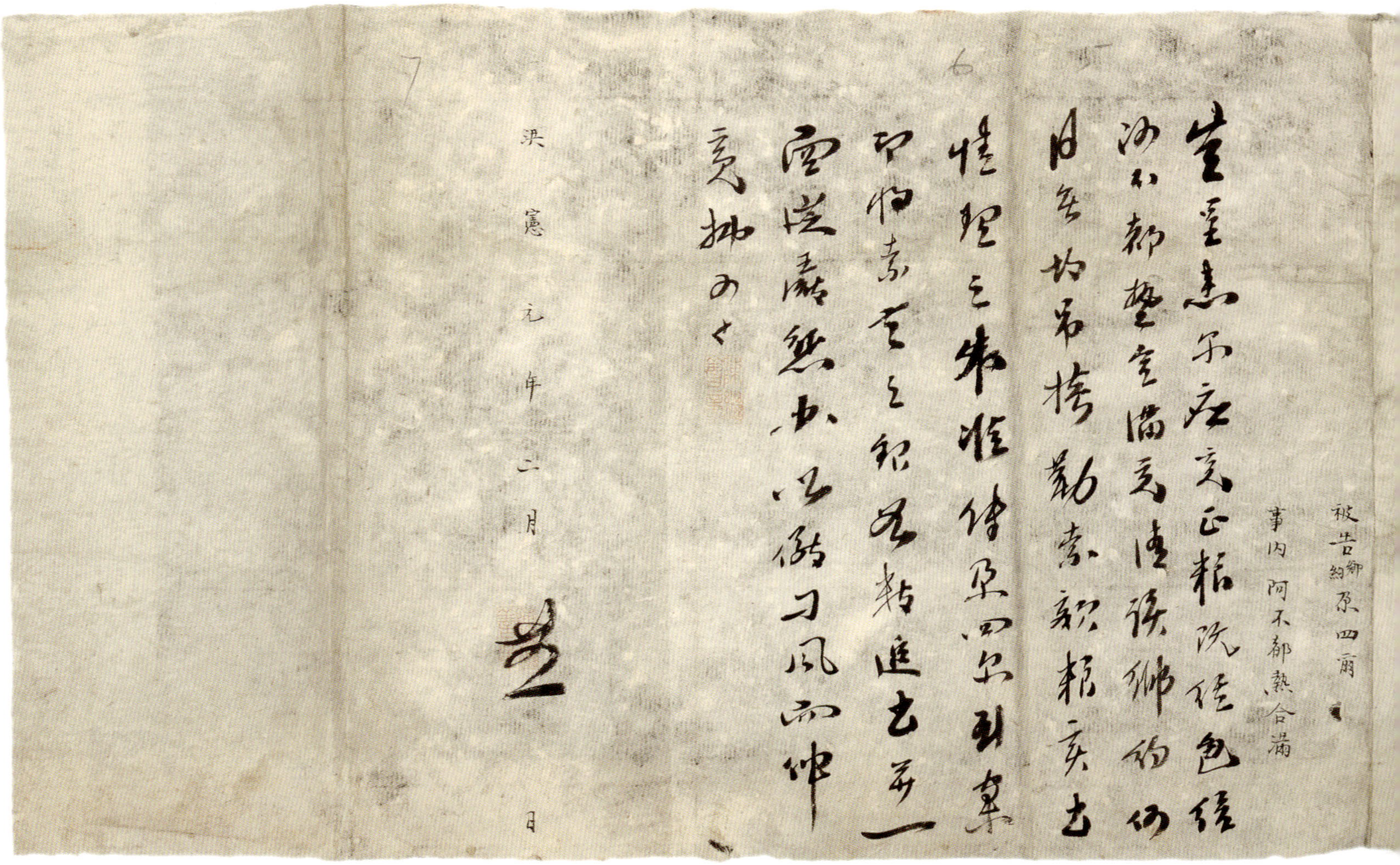

被告鄉約原四甫

事内 阿不都熱合滿

查罪惡不應完正粮況經色經

沙木都整會備完達該鄉約何

日無均吊擠勸索欵粮實去

情理之朱准傳原四甫到案

印物索查之釘召暫追去等一

面從嚴懲以儆刁風而伸

冤抑可也

洪憲元年二月　日

09ZJ0087

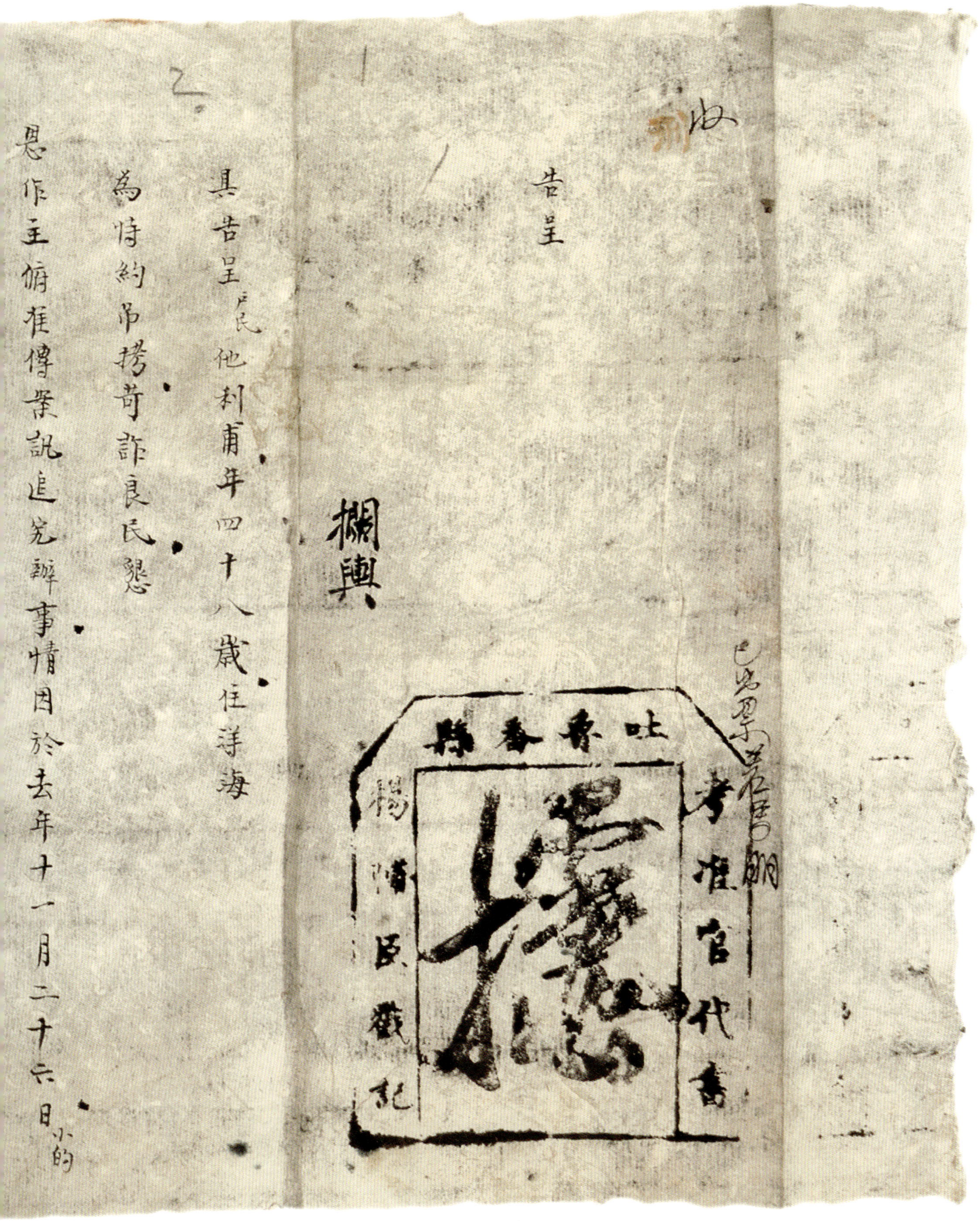
由

告呈

攔輿

吐魯番縣

考准官代書

楊增民戳記

具告呈户民他村甫年四十八歲住洋海

為恃約吊拷苛詐良民懇

恳作主俯准傳案訊追究辦事情因於去年十一月二十六日小的

乙

3

合京斗膏梁拾叁石並耗羡銀兩共折合銀捌拾伍兩與數包
給倉毛拉阿不都熱合滿業已完清忽於本月初旬有洋海鄉
約尕四爾飽伊差役將小的拿去聲言小的尚有田單一張糧未完
清將小的用繩吊在樹上執鞭亂毆一頓苛去小的糧銀四拾兩小的
負屈不堪今將倉毛拉阿不都熱合滿由托克遜找獲來吐非
日同面訂對清楚該約尕士爾將苛去小的之銀仍舊恃惡不

4

退伏思該約似此無故吊拷苛索良民何生現在小的傷痕未愈
祗得抱傷來案具呈叩懇
青天大人作主俯准傳案驗傷訊究懲辦以伸民冤則小的沾感
再造之恩不忘矣

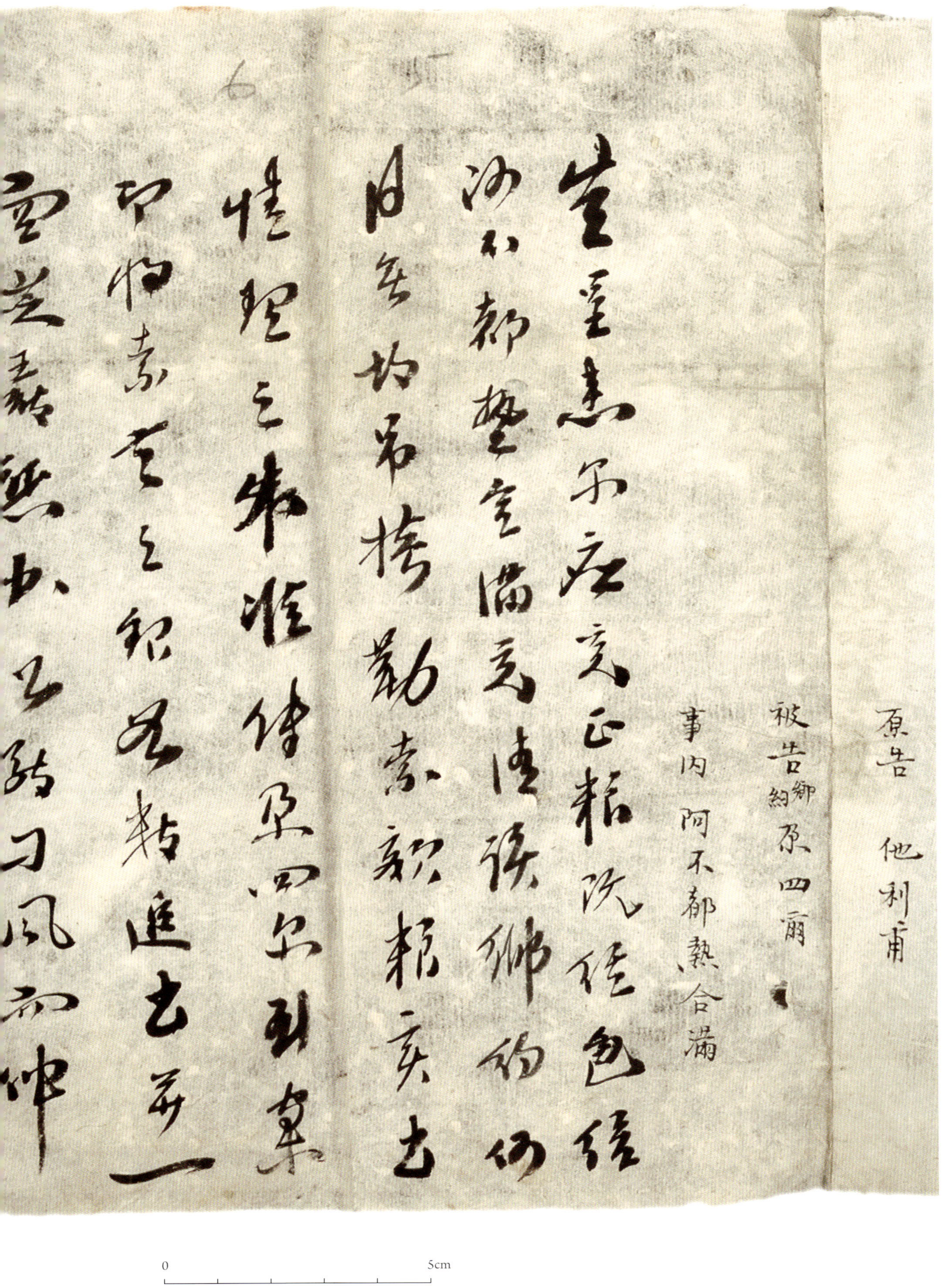
原告 他利甫
被告鄉約尕四爾
事內阿不都熱合滿

□批為據

洪憲元年二月　日

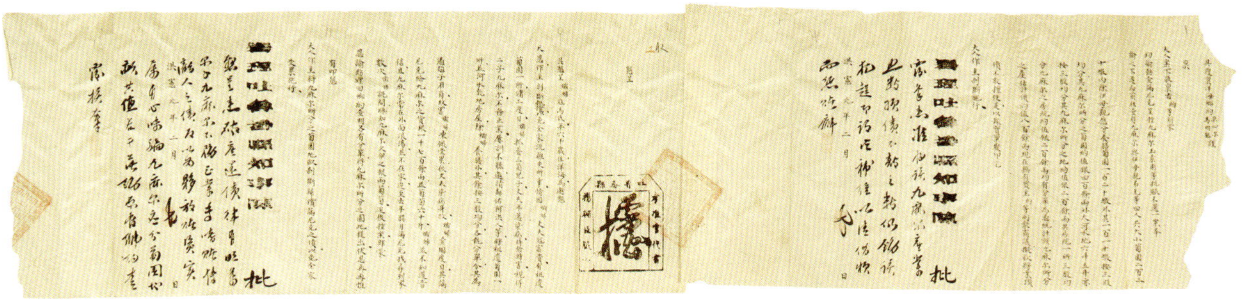

09ZJ0108

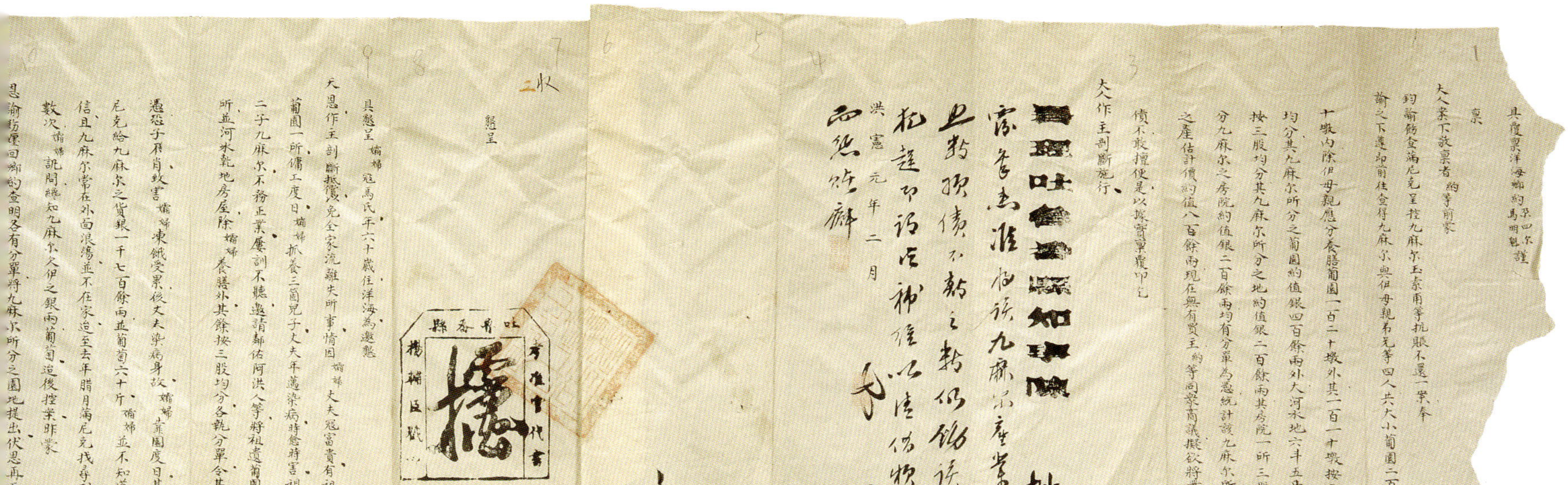
具覆稟洋海鄉約尕四尕馬明魁謹
稟
大人案下敬稟者，約等前蒙
鈞諭飭查蒲尼克呈控九麻尔玉素甫等抗賬不還一案，奉
諭之下，遵即前往查得九麻尔與伊母親弟兄等四人共大小葡園二百三
十墩，內除伊母親應分養膳葡園一百二十墩外，其一百一十墩按三股
均分，其九麻尔所分之葡園約值銀四百餘兩，外大河水地六斗五升，亦
按三股均分，其九麻尔所分之地約值銀二百餘兩，其房院一所，三股均
分，九麻尔之房院約值銀二百餘兩，均有分單為憑，統計該九麻尔所分
之產估計價約值八百餘兩，現在無有買主，約等同眾商議，擬欲將業頂
債，不敢擅便，是以據實稟覆，叩乞
大人作主剖斷施行。
吐魯番縣知事陳　批
洪憲元年二月　日

二收
懇呈
具懇呈孀婦寇馬氏，年六十歲，住洋海，為邀懇
大恩作主剖斷，抵償以免全家流離失所事。情因孀婦丈夫寇富貴有祖遺
葡園一所，傭工度日。孀婦抓養三個兒子，丈夫去年邁染病時，憂將害，視得
二子九麻尔不務正業，屢訓不聽，邀請鄰佑阿洪人等將祖遺葡園一
所並河水乾地房屋，除孀婦養膳外，其餘按三股均分，各執分單，令其為
遇恐子不肖，致害孀婦。東餓受累，後丈夫染病身故，孀婦靠園度日。其蒲
尼克給九麻尔之貨銀一千七百餘兩，並葡萄六十斤，孀婦並不知道。首
信且九麻尔常在外面浪蕩，並不在家，迨至去年臘月，蒲尼克找尋到家
數次，孀婦訊問，纔知九麻尔欠伊之銀兩葡萄，迨後控案非蒙
恩諭，飭鄉約查明各有分單，將九麻尔所分之園地提出，伏思再再雖
吐魯番縣
考准官代書
楊輔臣戳

一六 滿尼克呈控九麻尓抗債不還等情卷　09ZJ0108、09ZJ0107 拼接示意圖　縱 23.3-43.5cm × 橫 239.0cm

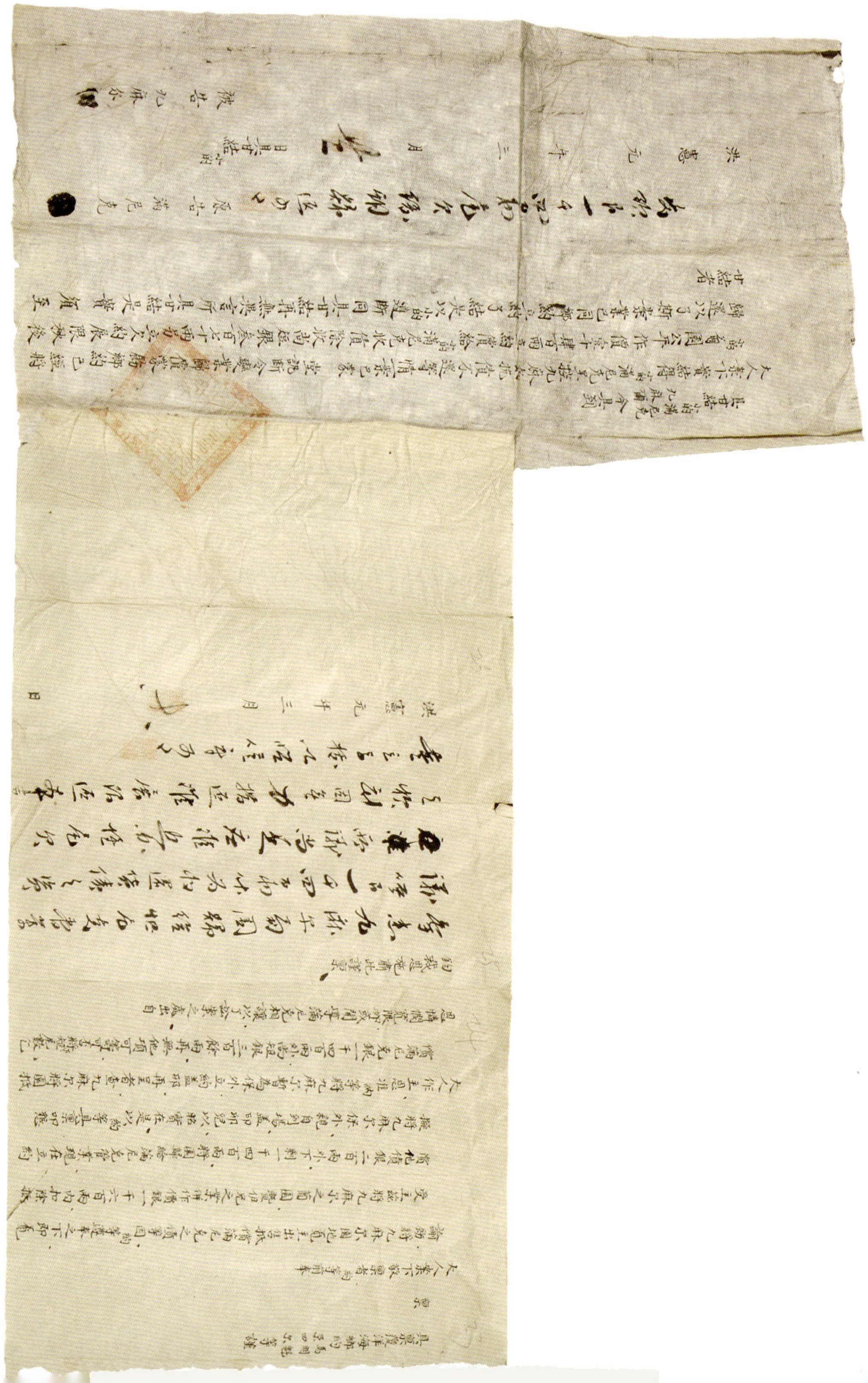

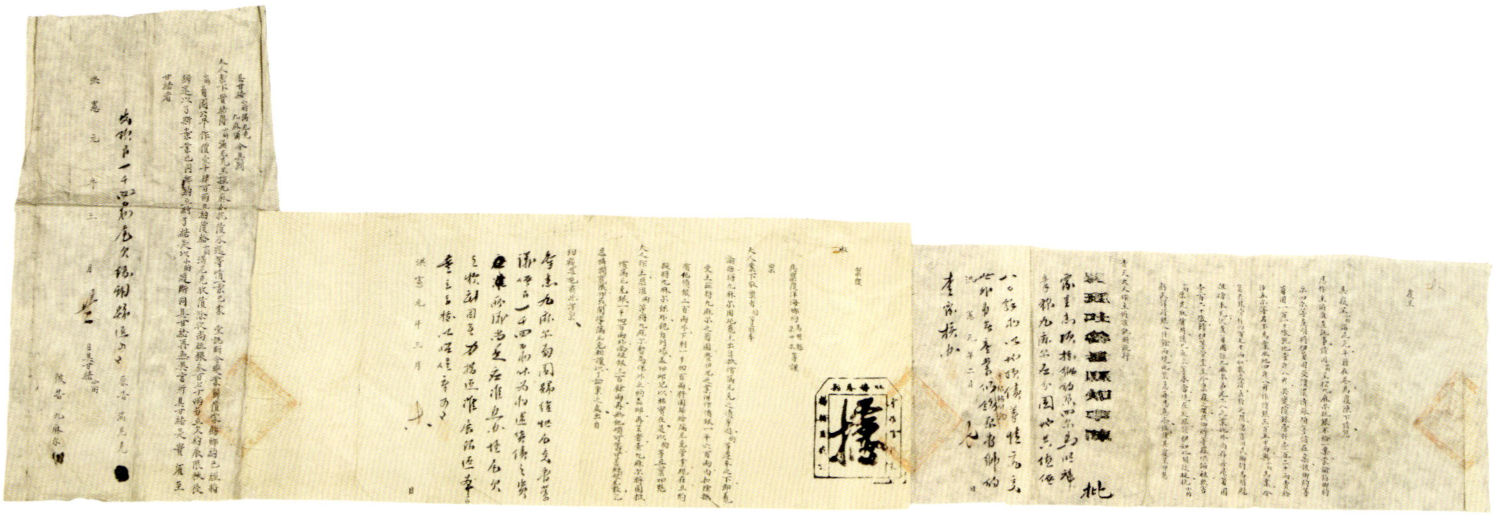

09ZJ0107

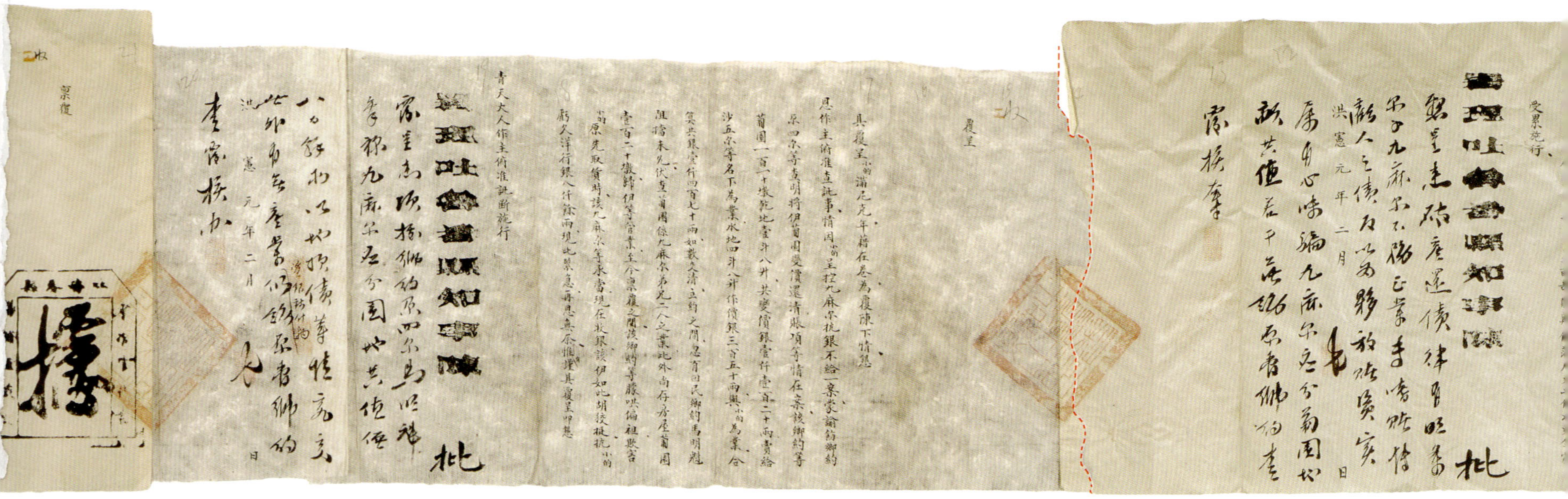

09ZJ0108 + 09ZJ0107

0 5cm

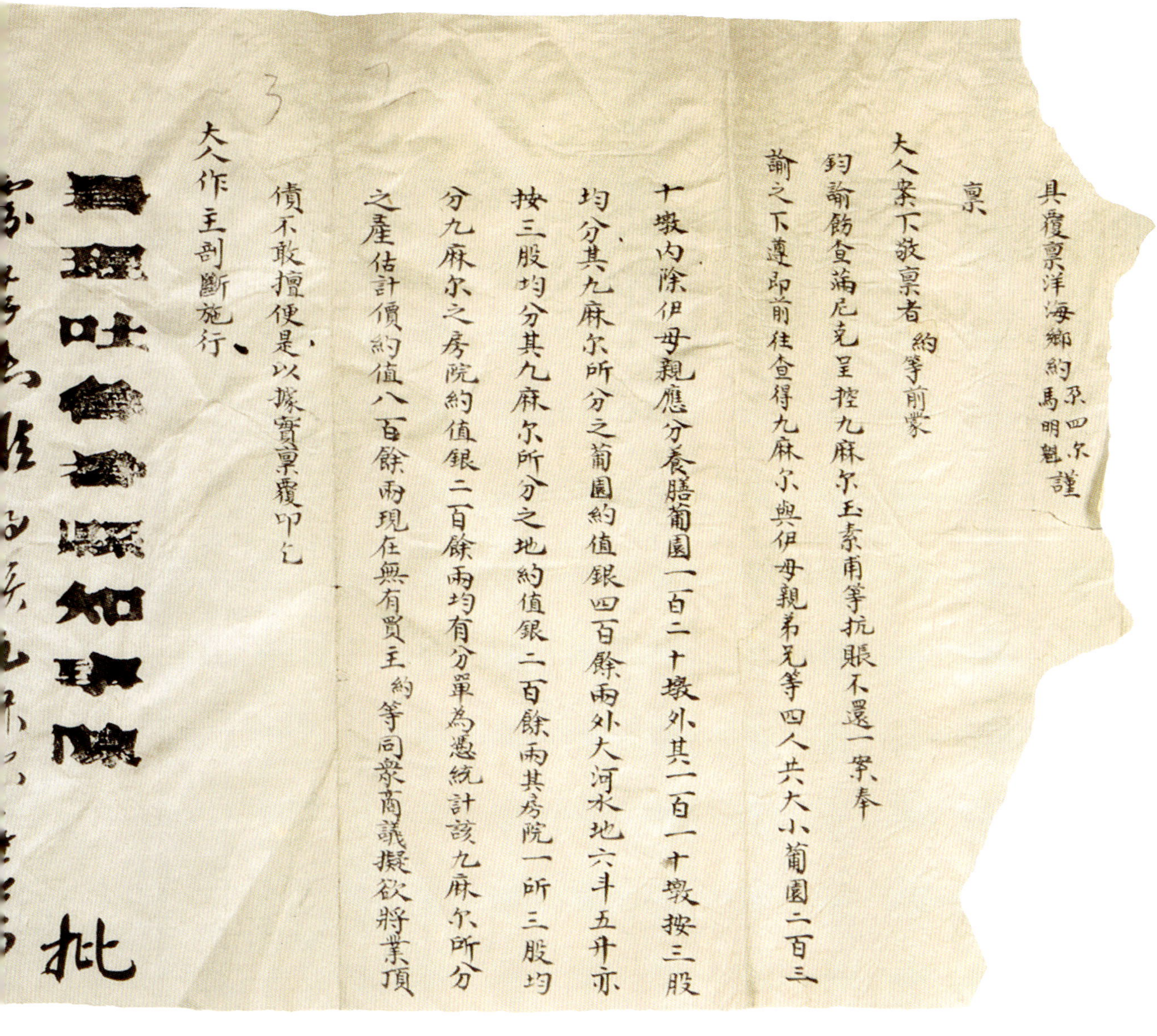

具覆禀洋海鄉約尕四尔馬明魁謹

禀

大人案下敬禀者約等前蒙

鈞諭飭查蒲尼克呈控九麻尔玉素甫等抗賬不還一案奉

諭之下遵即前往查得九麻尔與伊母親弟兄等四人共大小葡園二百三

十墩内除伊母親應分養膳葡園一百二十墩外其一百一十墩按三股

均分其九麻尔所分之葡園約值銀四百餘兩外大河水地六斗五升亦

按三股均分其九麻尔所分之地約值銀二百餘兩其房院一所三股均

分九麻尔之房院約值銀二百餘兩均有分單為憑統計該九麻尔所分

之產估計價約值八百餘兩現在無有買主約等同衆商議擬欲將業頂

債不敢擅便是以據實稟覆叩乞

大人作主剖斷施行

署理吐魯番縣知事陳　批

0　5cm

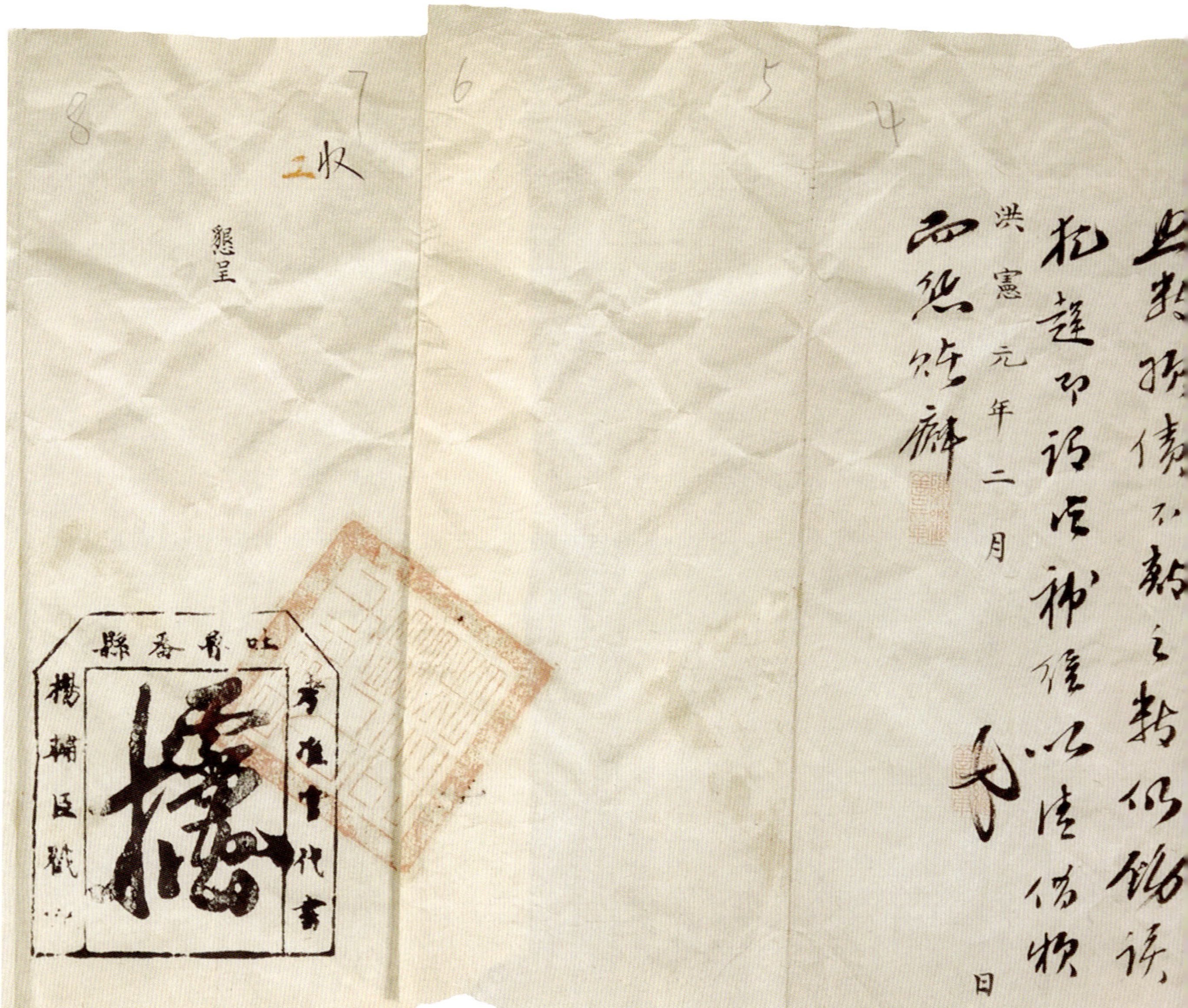

洪憲元年二月　日

收

懇呈

吐魯番縣

考准代書

楊輔臣戳

09ZJ0108 + 09ZJ0107(4-1)

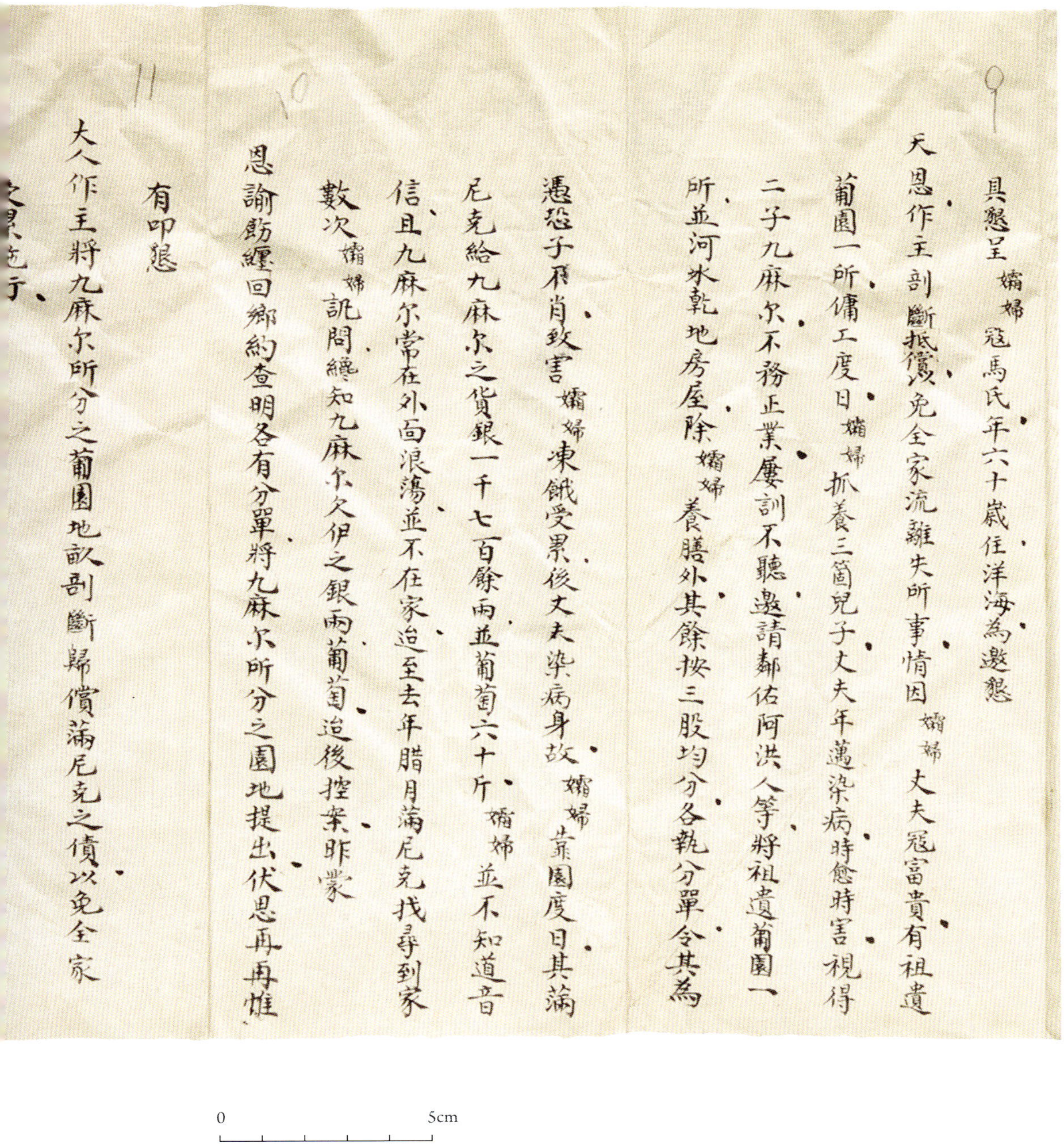

9

具懇呈孀婦寇馬氏年六十歲住洋海為邀懇

天恩作主剖斷抵償以免全家流離失所事情因孀婦丈夫寇富貴有祖遺

葡園一所傭工度日孀婦扶養三箇兒子丈夫年邁染病時愈時害視得

二子九麻尔不務正業屢訓不聽邀請鄰佑阿洪人等將祖遺葡園一

所並河水乾地房屋除孀婦養膳外其餘按三股均分各執分單令其為

憑詎子不肖致害孀婦凍餓受累後丈夫染病身故孀婦靠園度日其滿

尼克給九麻尔之貨銀一千七百餘兩並葡萄六十斤孀婦並不知道音

信且九麻尔常在外面浪蕩並不在家迨至去年臘月滿尼克找尋到家

10

數次孀婦訊問纔知九麻尔欠伊之銀兩葡萄迨後控案昨蒙

恩諭飭纏回鄉約查明各有分單將九麻尔所分之園地提出伏思再再惟

有叩懇

11

大人作主將九麻尔所分之葡園地畝剖斷歸償滿尼克之債以免全家

之累施行

0
5cm

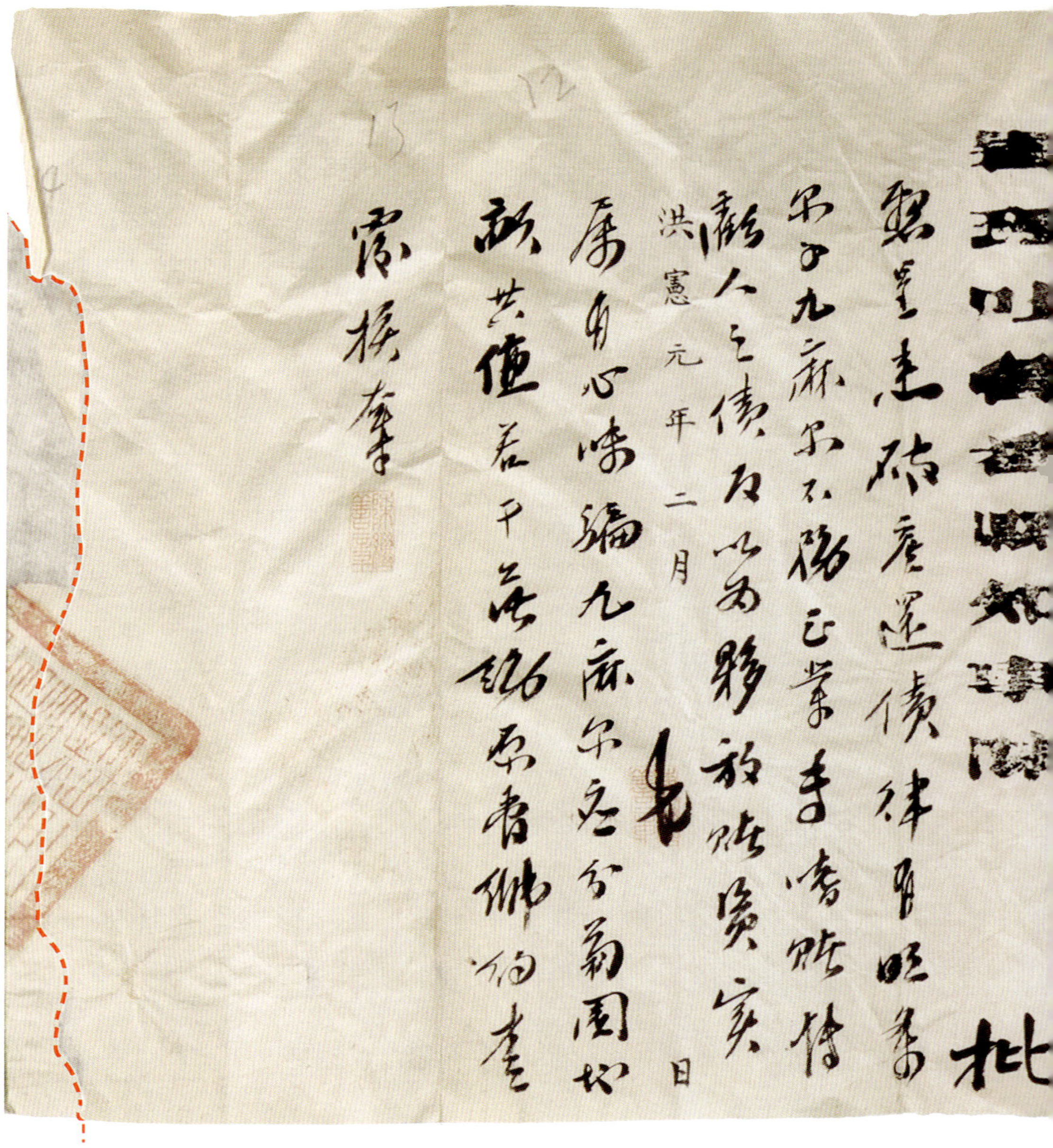
批
洪憲元年二月 日

09ZJ0108 + 09ZJ0107(4-2)

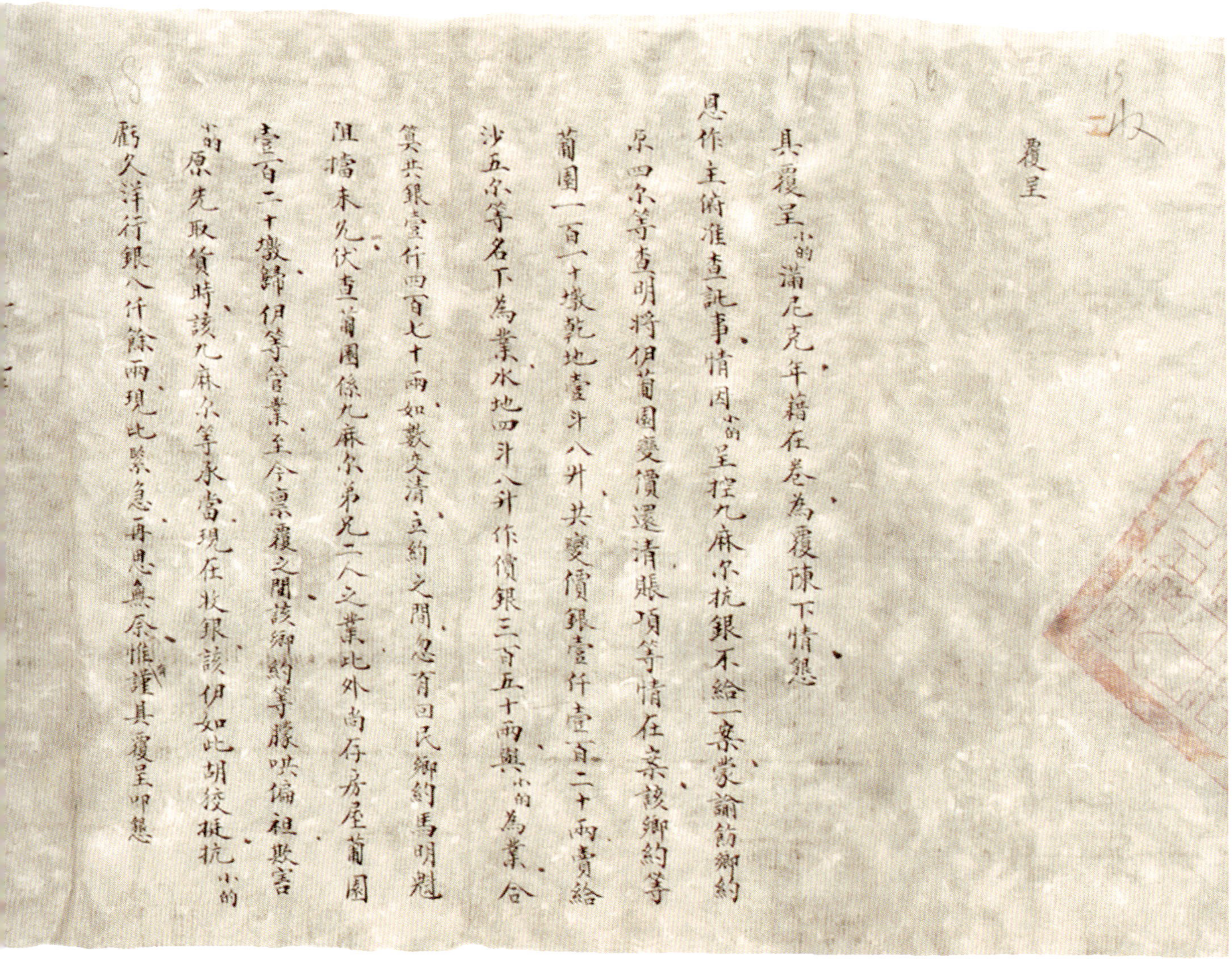

覆呈

具覆呈小的蒲尼克年籍在卷為覆陳下情懇
恩作主俯准查訊事情因小的呈控九麻尔抗銀不給一案蒙諭飭鄉約
原四尔等查明將伊葡園變價還清賬項等情在案該鄉約等
葡園一百一十墩乾地壹斗八升共變價銀壹仟壹百二十兩賣給
沙五尔等名下為業水地四斗八升作價銀三百五十兩與小的為業合
算共銀壹仟四百七十兩如數交清立約之間忽有回民鄉約馬明魁
阻擋未允伏查葡園係九麻尔弟兄二人之業此外尚存房屋葡園
壹百二十墩歸伊等管業至今稟覆之間該鄉約等朦哄偏袒欺害
小的原先取貨時該九麻尔等承當現在收銀該伊如此胡狡挺抗小的
虧欠洋行銀八仟餘兩現比緊急再思無奈惟謹具覆呈叩懇

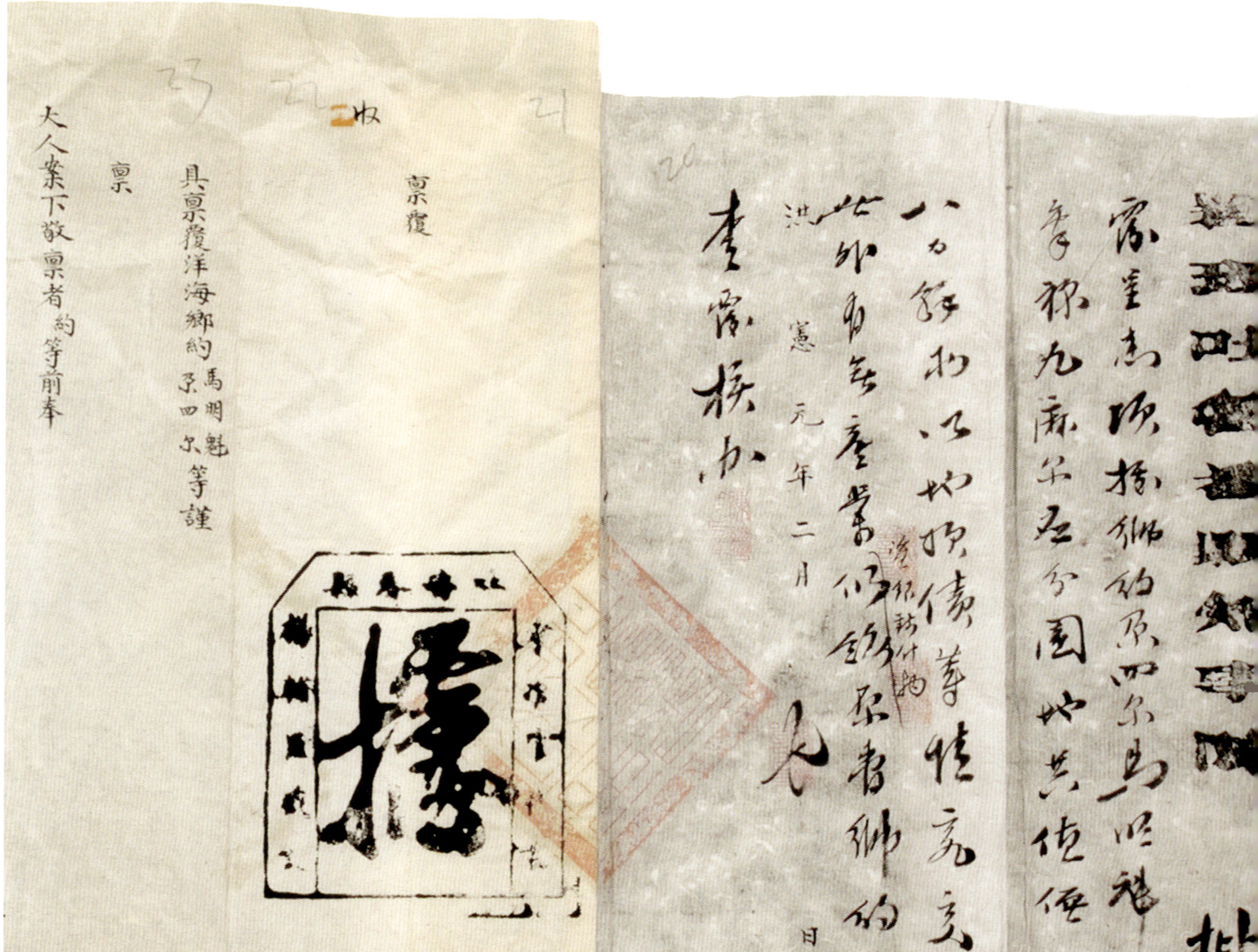
洪憲元年二月　日

稟覆

具稟覆洋海鄉約馬明魁 徐四爾等謹

稟

大人案下敬稟者約等前奉

09ZJ0108 ＋ 09ZJ0107(4-3)

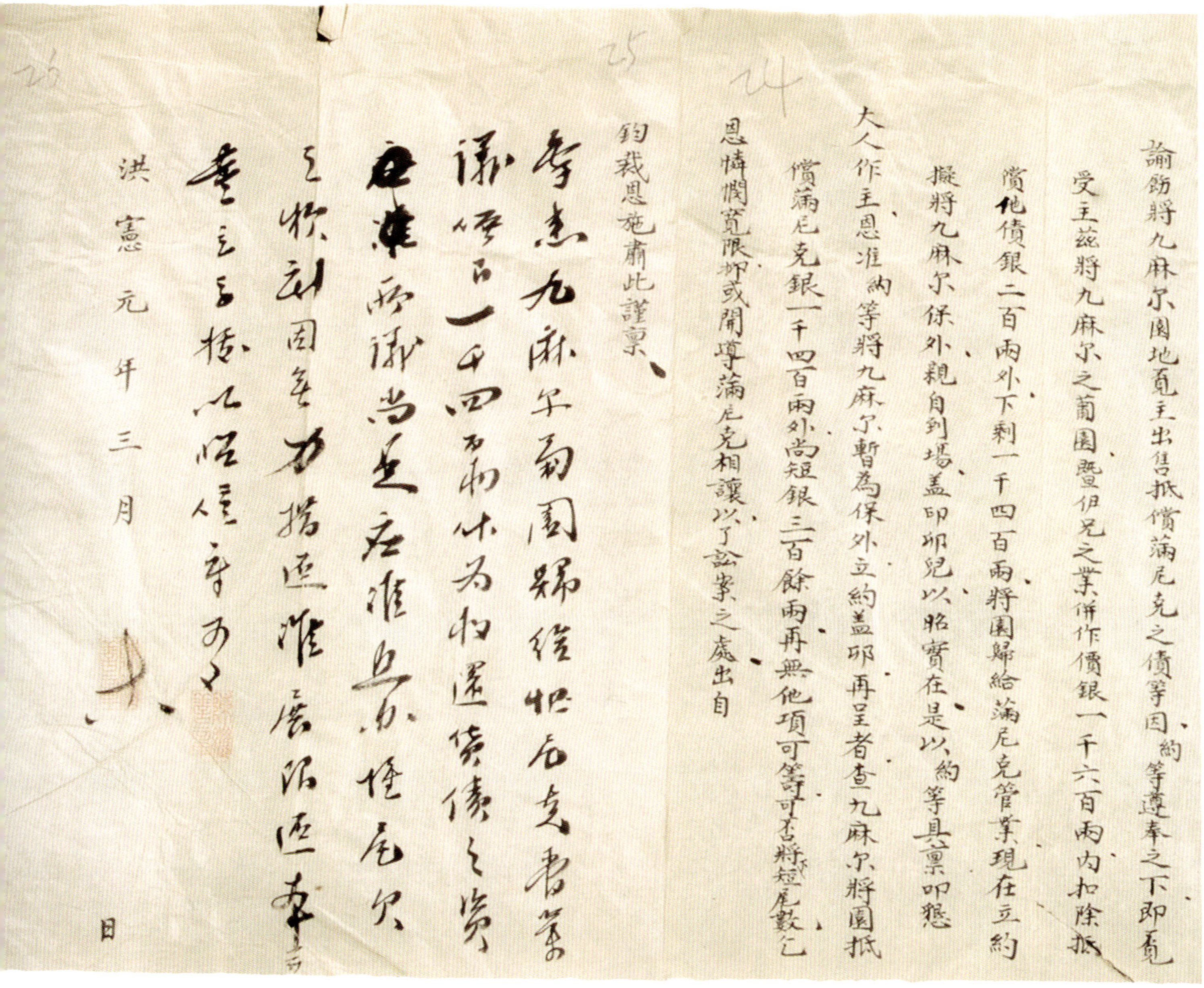
諭飭將九麻尔園地覓主出售抵償蒲尼克之債等因，約等遵奉之下即覓
受主茲將九麻尔之葡園暨伊兄之業併作價銀一千六百兩內扣除抵
償他債銀二百兩外下剩一千四百兩將園歸給蒲尼克管業現在立約
擬將九麻尔保外親自到場蓋印卯兒以昭實在是以約等具稟叩懇
大人作主恩准約等將九麻尔暫為保外立約蓋卯再呈者查九麻尔將園抵
償蒲尼克銀一千四百兩外尚短銀三百餘兩再無他項可籌可否將短尾數乞
恩情寬限抑或開導蒲尼克相讓以了訟案之處出自
鈞裁恩施肅此謹稟
查九麻尔葡園歸給蒲尼克者等
議價銀一千四百兩作為抵還債欠之資
應准所議尚是公允准照亦候尾欠
之欸飭回各力措速准展限速奉
並立字據以恃信守可也
洪憲元年三月　日

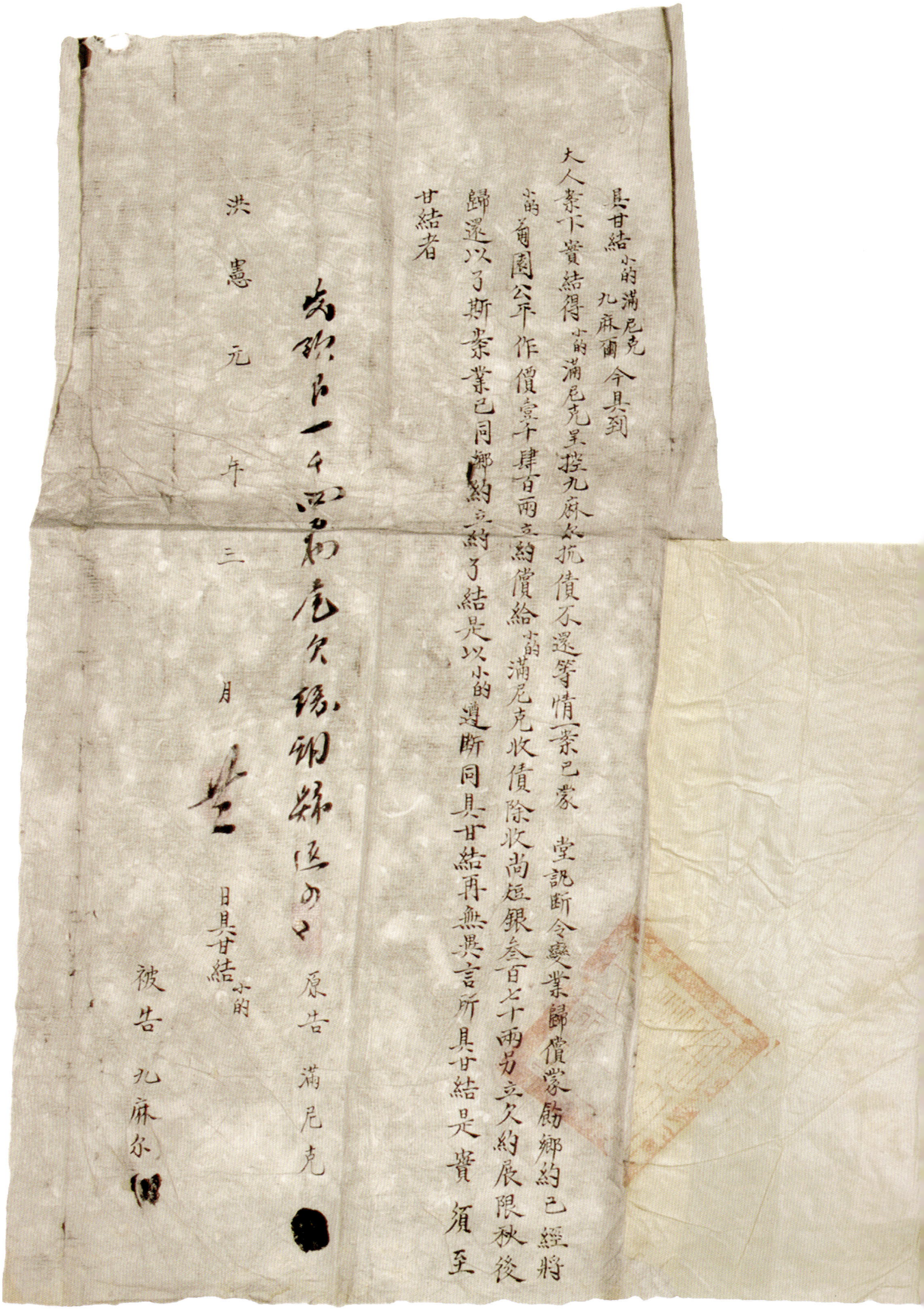

具甘結小的滿尼克、九麻爾今具到
大人案下實結得小的滿尼克呈控九麻尔抗債不還等情一案已蒙
堂訊斷令變業歸償蒙飭鄉約已經將
小的葡園公平作價壹千肆百兩立約償給小的滿尼克收債除收尚短銀叁百七十兩另立欠約展限秋後
歸還以了斯案業已同鄉約立約了結是以小的遵斷同具甘結再無異言所具甘結是實須至
甘結者

[illegible]尚一千四百兩尾欠銀兩歸還可也

洪憲元年三月廿日具甘結小的 原告 滿尼克
被告 九麻尔

09ZJ0108 + 09ZJ0107(4-4)

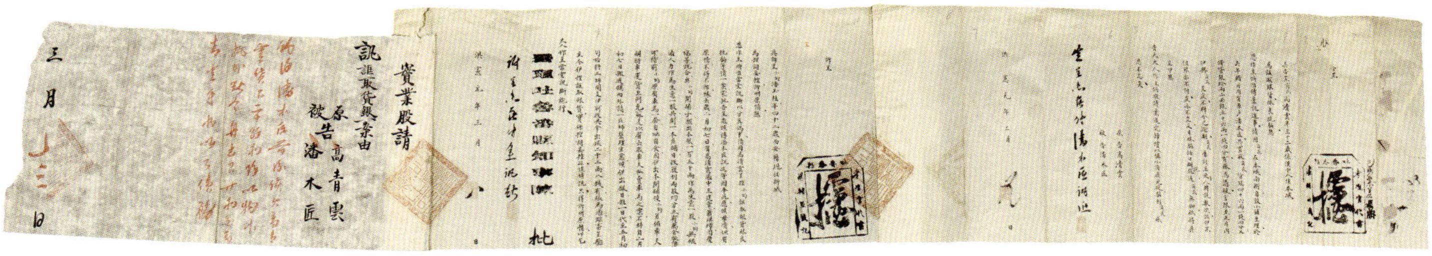
賞業服請
訊 誆取貨興凉由
原告高青雲
被告潘木匠

09ZJ0109

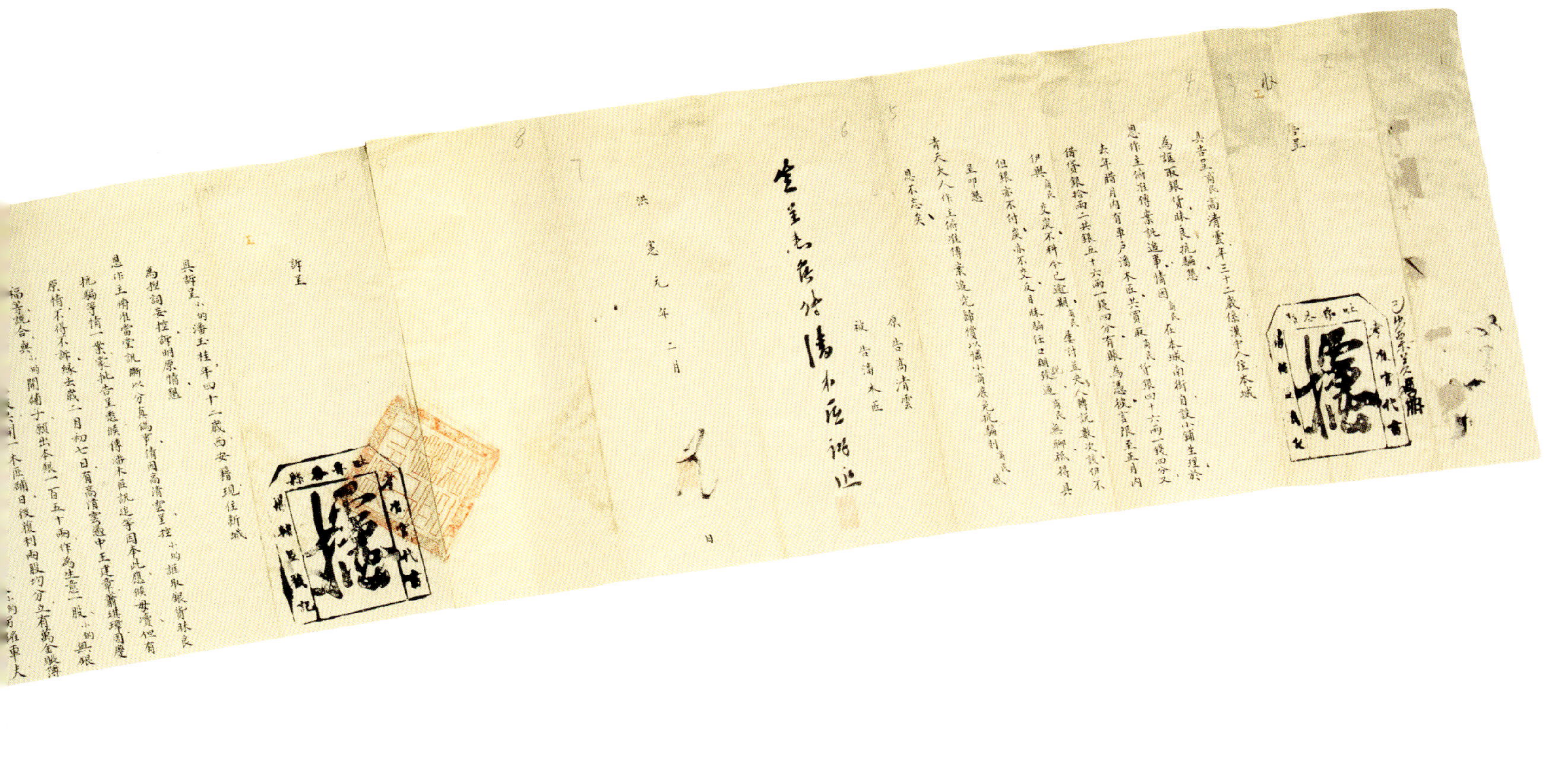
告呈
具告呈商民高清雲，年三十二歲，係漢中人，住本城
為誆取銀貨，昧良抗騙，懇
恩作主，俯准傳案訊追事。情因商民在本城南街自設小鋪生理，於
去年臘月內，有車戶潘木匠共買取商民貨銀四十六兩一錢四分，又
借貸銀拾兩，二共銀五十六兩一錢四分，有賬為憑。彼言限至正月內
伊與商民交償，不料今已逾期，商民屢討，並央人轉說，數次，該伊不
但銀畜不付，反亦不交，反自昧騙任口翻說，逼商民無聊，祇得具
呈叩懇
青天大人作主，俯准傳案追究，飭償以儲小商血本，抗騙判商民戚
恩不忘矣。
原告高清雲
被告潘木匠
堂呈志存傳潘木匠訊追
洪憲元年二月　日
訴呈
具訴呈小的潘玉桂，年四十二歲，西安籍，現住新城
為捏詞妄控，訴明原情，懇
恩作主，俯准當堂訊斷，以分真偽事。情因高清雲呈控小的誆取銀貨，昧良
抗騙等情一案，蒙批含呈悉候傳潘木匠訊追等因，奉此應候，毋瀆。但有
原情不得不訴。緣去歲二月初七日，有高清雲邀中王建章、蕭琪璋、周慶
福等說合，與小的開鋪子，願出本銀一百五十兩作為生意一股，小的與銀
木匠鋪日後獲利兩股均分，立有為全賬簿
小的另雇車大

一七　高清雲呈控潘木匠誆取貨銀卷

09ZJ0109、09ZJ0110 拼接示意圖　縱 23.2-45.5cm × 橫 264.5cm

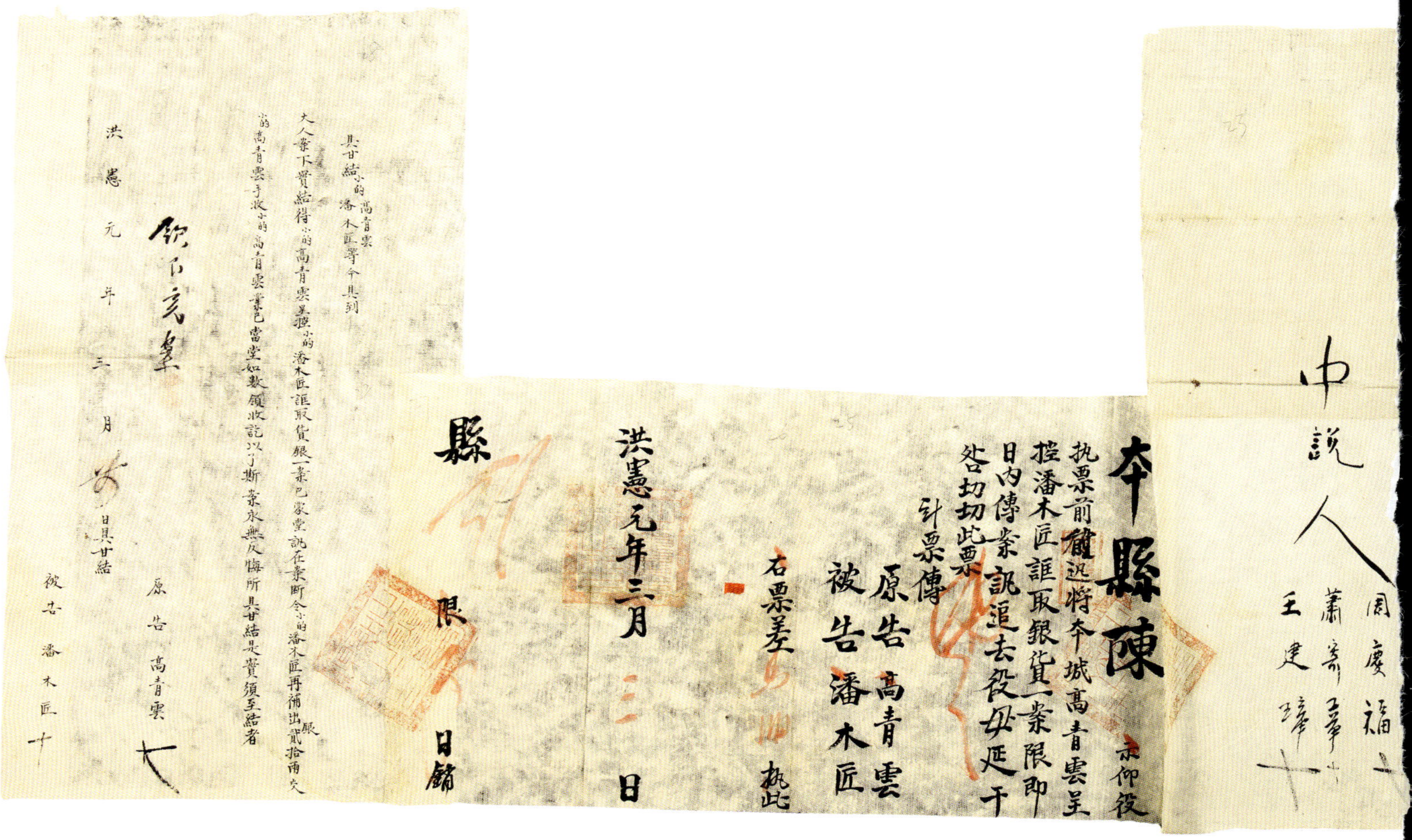
中說人
周慶福十
蕭齊華十
王建璋十

本縣陳　示仰役
執票前往迅將本城高青雲呈
控潘木匠誆取銀貨一案限即
日內傳案訊追去役毋延干
咎切切此票
計票傳
原告　高青雲
被告　潘木匠
右票差　　執此
洪憲元年三月　三　日
縣　限　日銷

具甘結小的高青雲
潘木匠等今具到
大人案下實結得小的高青雲呈控小的潘木匠誆取貨銀一案已蒙堂訊在案斷令小的潘木匠再備出銀拾兩交
小的高青雲手收小的高青雲業已當堂如數領收訖以了斯案永無反悔所具甘結是實須至結者
洪憲元年三月　日具甘結
原告　高青雲
被告　潘木匠十

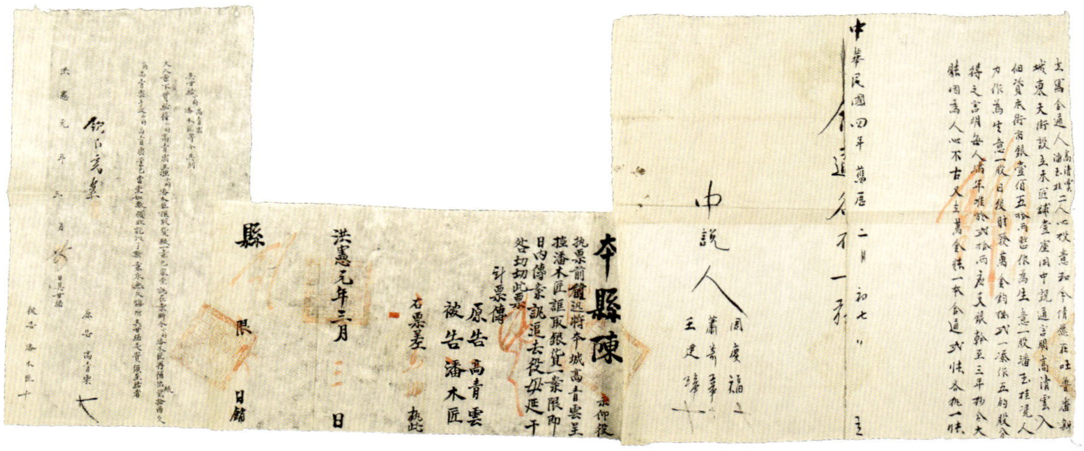

09ZJ0110

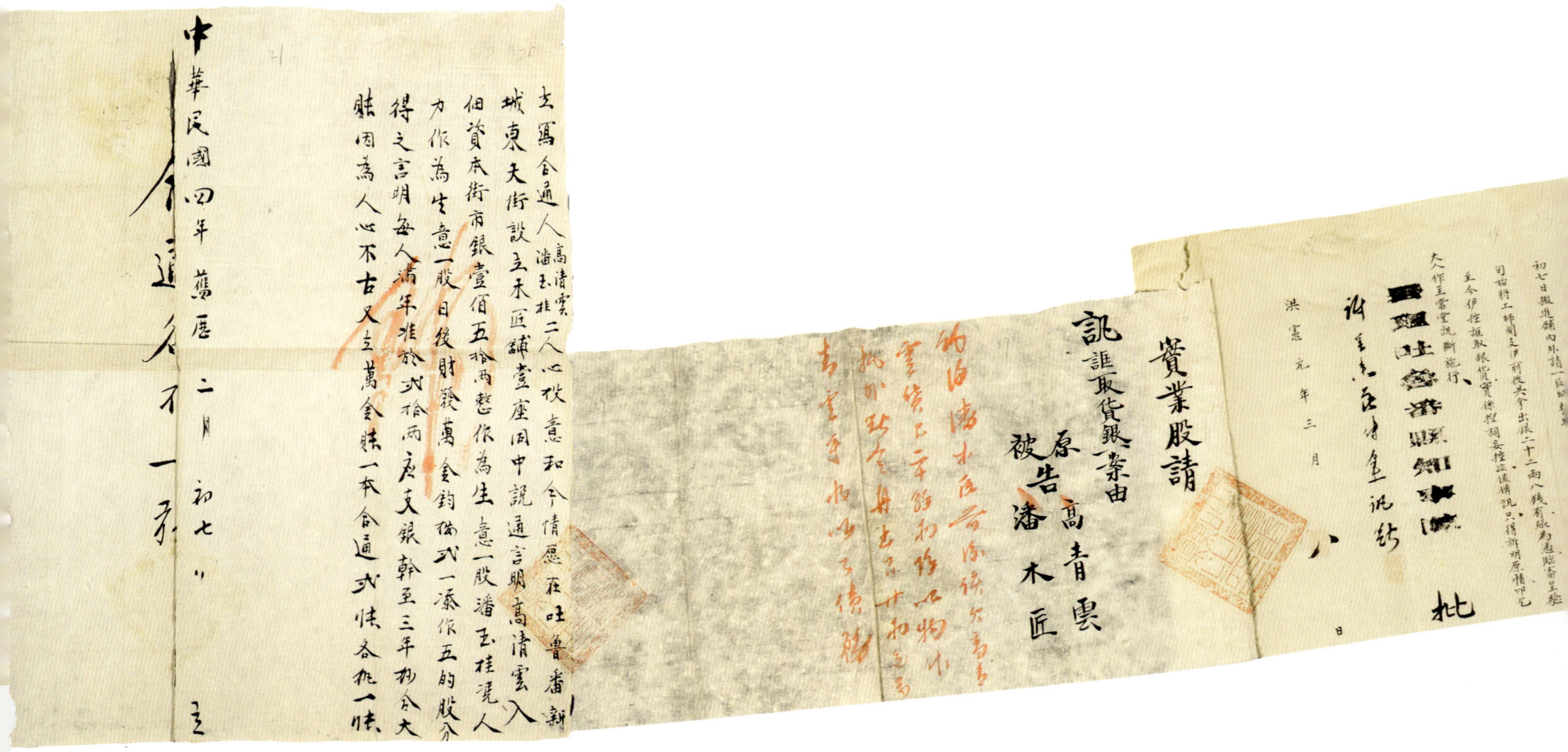

立寫合同人高清雲潘玉桂二人心投意和，今情愿在吐魯番新城東大街設立木匠鋪壹座，同中說通言明高清雲入伙資本街市銀壹佰五拾兩整作為生意一股，潘玉桂浼人力作為生意一股，日後財發萬金，鈞式一添作五的股分，得之言明每人滿年准於式拾兩支銀，幹至三年均分大賬，因為人心不古，又立萬金賬一本，合同式帳各執一帳

中華民國四年舊曆二月初七日　立

實業股請

訊詛取貨銀一案由

原告　高青雲

被告　潘木匠

洪憲元年三月　日

批

09ZJ0109 ＋ 09ZJ0110

0　5cm

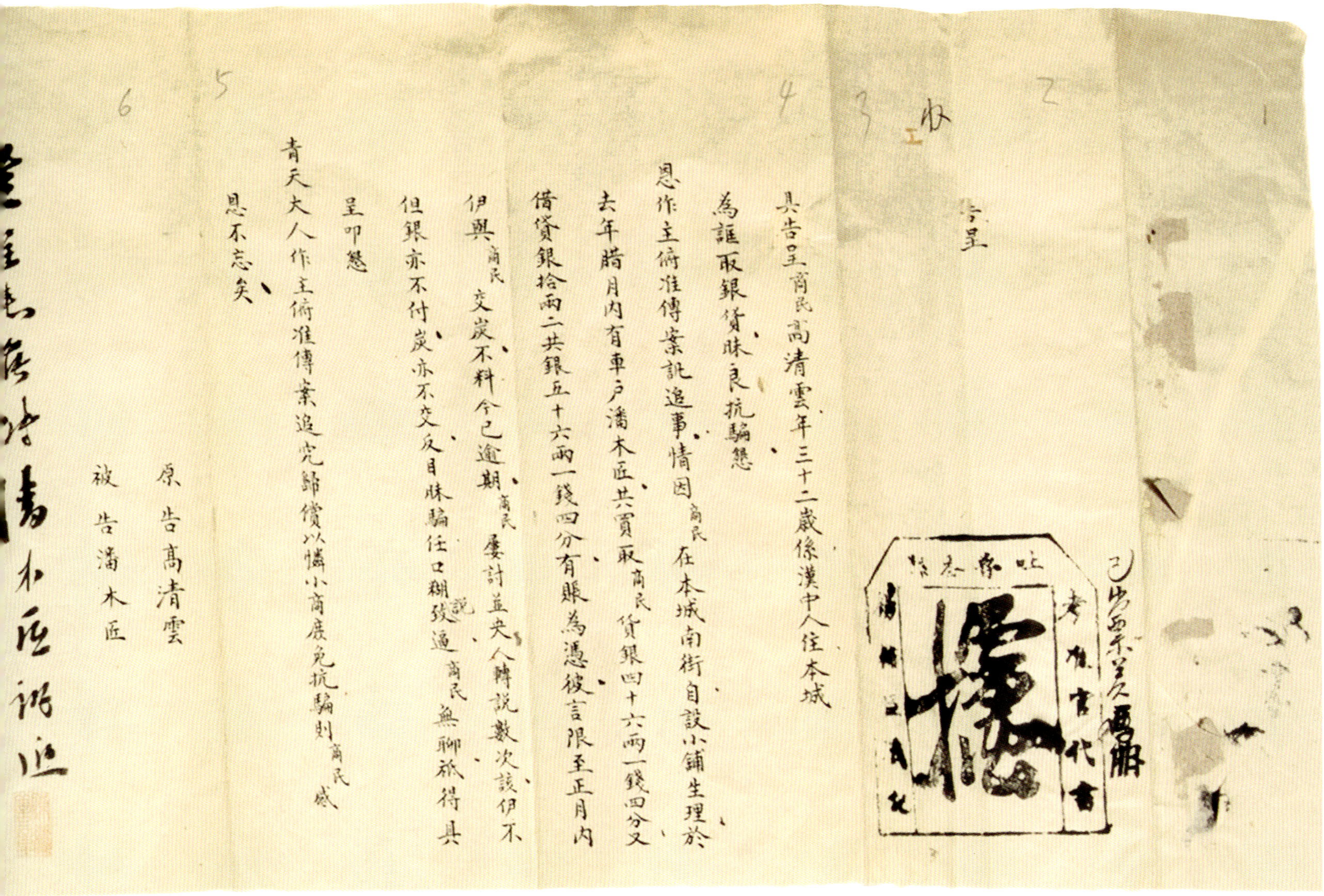

告呈

具告呈商民高清雲年三十二歲係漢中人住本城

為誆取銀貨昧良抗騙懇

恩作主俯准傳案訊追事。情因商民在本城南街自設小鋪生理於

去年臘月內有車戶潘木匠共買取商民貨銀四十六兩一錢四分又

借貸銀拾兩二共銀五十六兩一錢四分有賬為憑彼言限至正月內

伊與商民交炭不料今已逾期，商民屢討並央人轉說數次該伊不

但銀亦不付炭亦不交反目昧騙任口糊說逼商民無聊祇得具

呈叩懇

青天大人作主俯准傳案追究歸償以憐小商庶免抗騙則商民感

恩不忘矣

原告高清雲

被告潘木匠

0 5cm

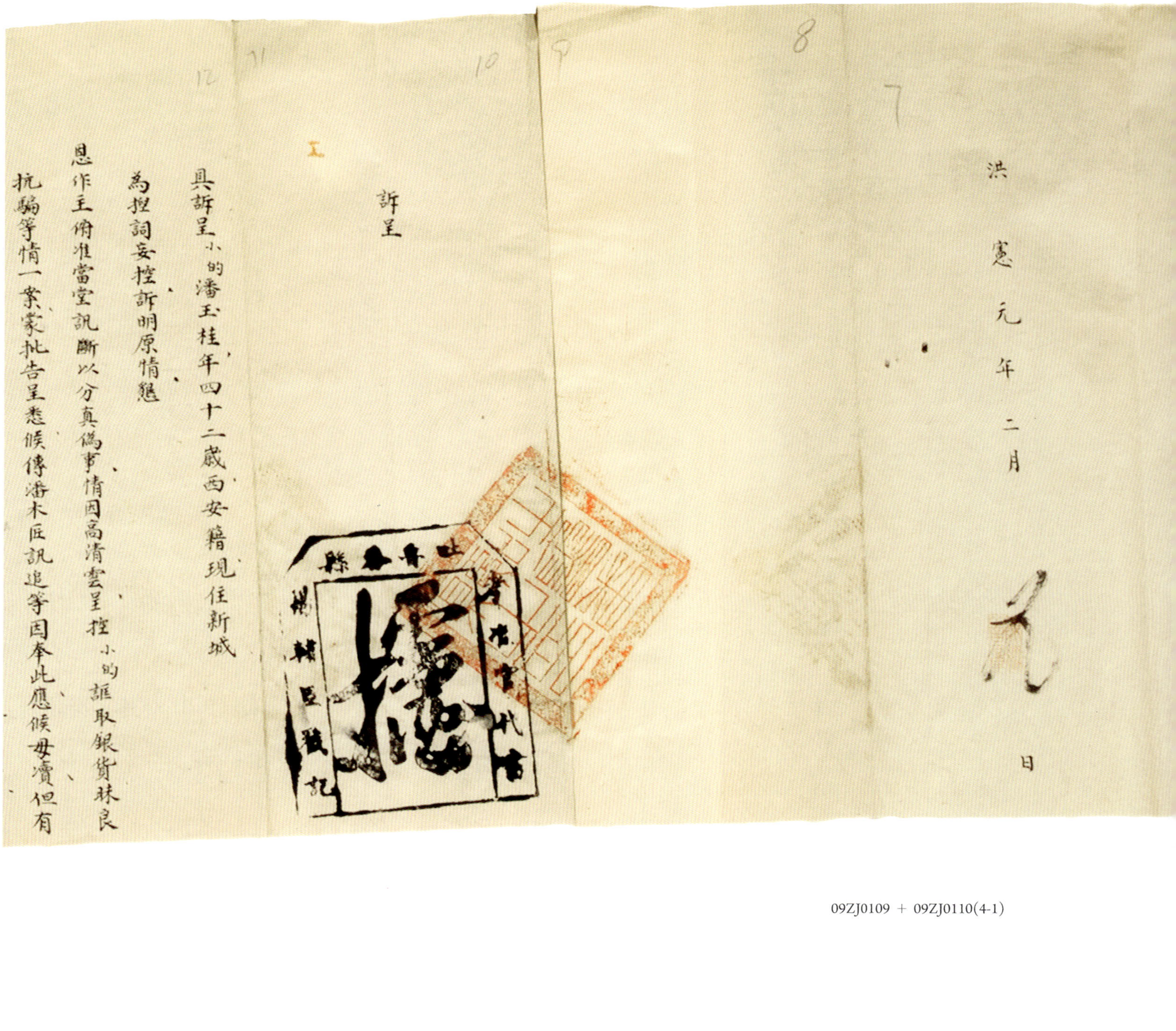

洪憲元年二月 [illegible] 日

訴呈

具訴呈小的潘玉桂年四十二歲西安籍現住新城
為捏詞妄控訴明原情懇
恩作主俯准當堂訊斷以分真偽事情因高清雲呈控小的誆取銀貨林良
抗騙等情一案蒙批吉呈悉候傳潘木匠訊追等因奉此應候毋瀆但有

09ZJ0109 + 09ZJ0110(4-1)

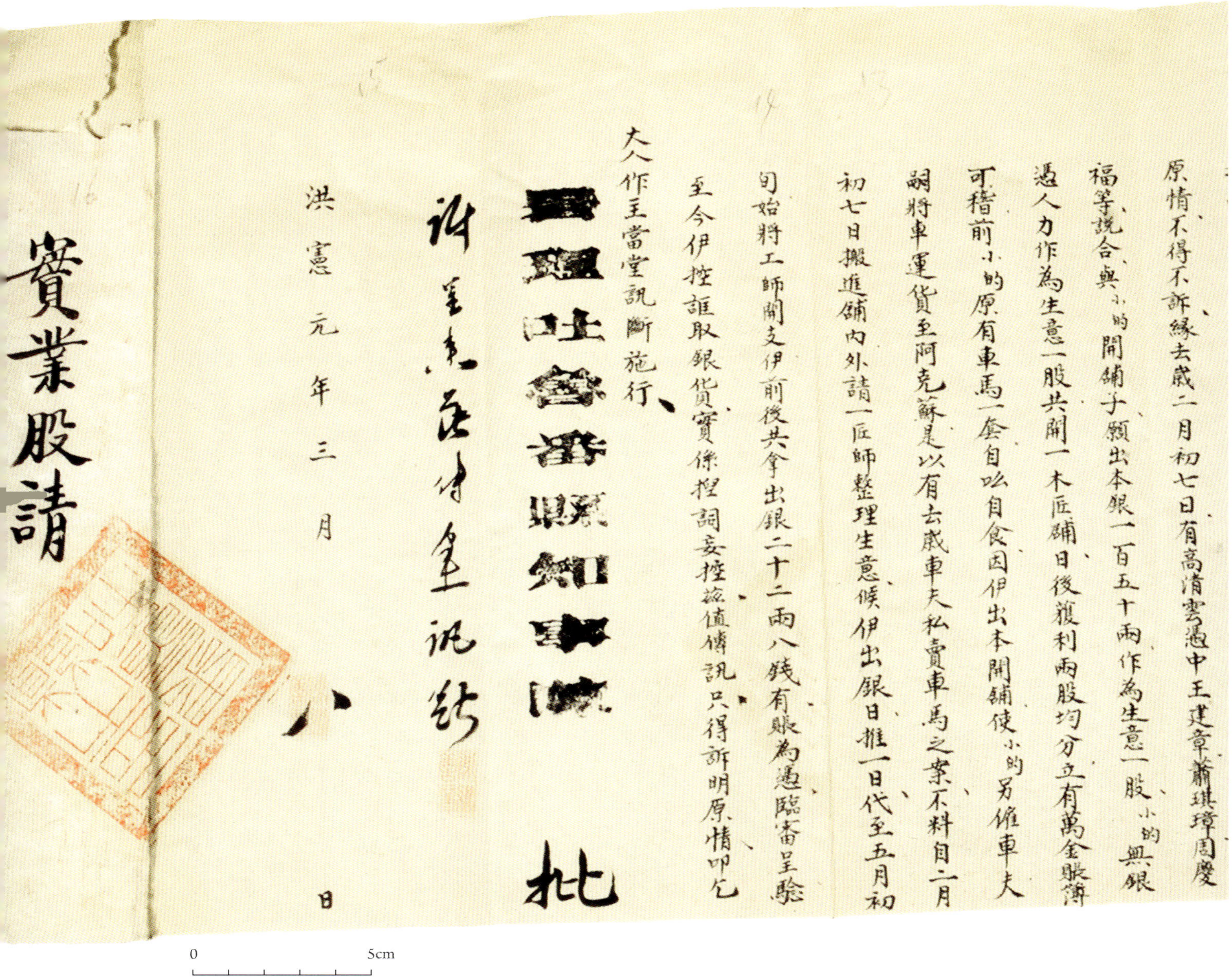

原情、不得不訴、緣去歲二月初七日、有高清雲、馮中王、建章、蕭琪璋、周慶
福等、說合、與小的開舖子、額出本銀一百五十兩、作為生意一股、小的無銀、
憑人力作為生意一股、共開一木匠舖、日後獲利兩股均分、立有萬金賬簿
可稽、前小的原有車馬一套、自吆自食、因伊出本開舖、使小的另僱車夫
嗣將車運貨至阿克蘇、是以有去歲車夫私賣車馬之案、不料自二月
初七日搬進舖內外、請一匠師整理生意、候伊出銀日推一日、代至五月初
旬、始將工師開支、伊前後共拿出銀二十二兩八錢、有賬為憑、臨審呈驗、
至今伊控詛取銀貨、實係捏詞妄控、懇恩傳訊、只得訴明原情、叩乞
大人作主、當堂訊斷施行、

新疆吐魯番縣知事　批
訴呈候傳案訊斷

洪憲元年三月　　日

賽業股請

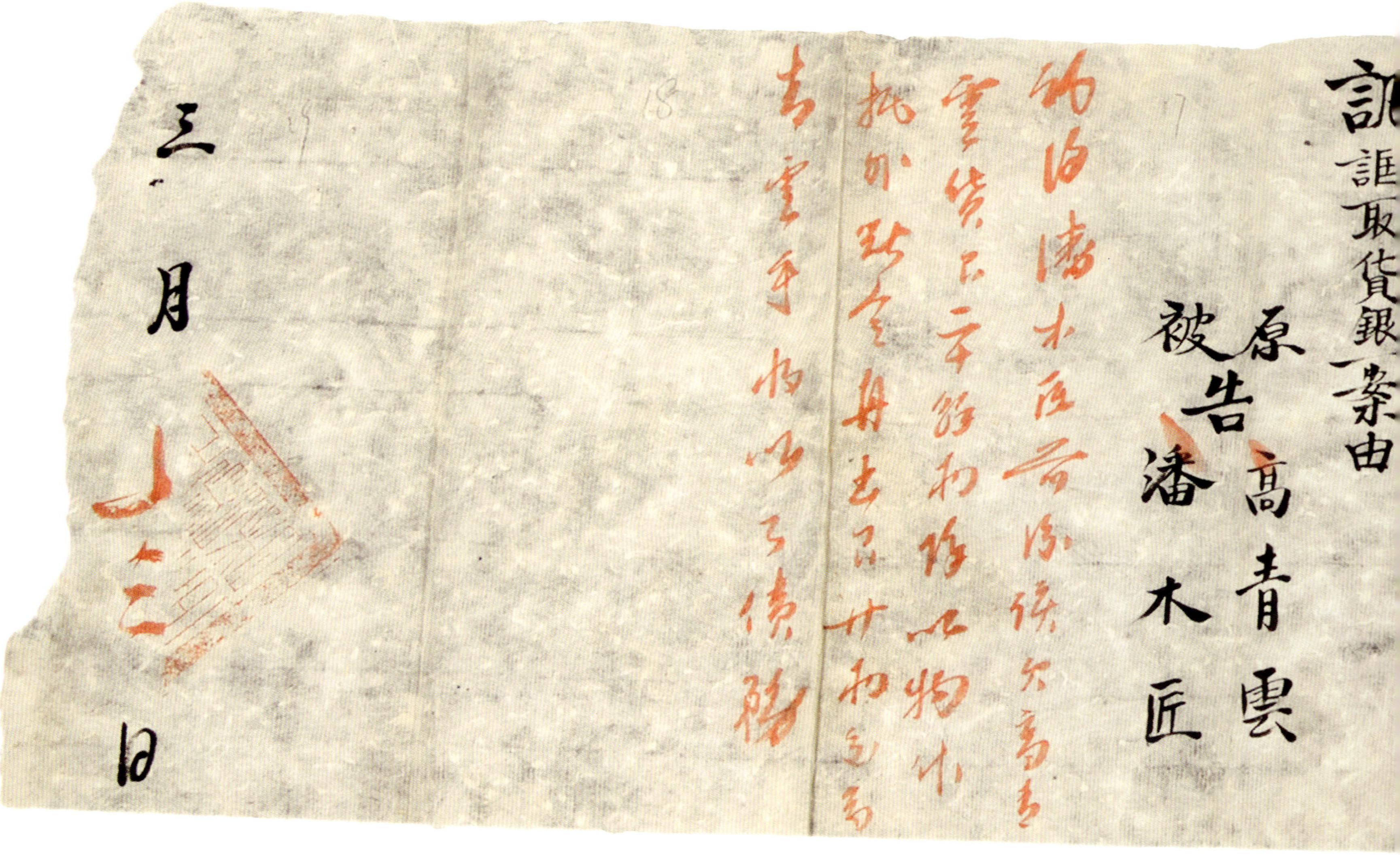

訊

詎取貨銀一案由

原告 高青雲

被告 潘木匠

訊得潘木匠今係欠高青
雲貨銀二千餘和除以物作
抵外現仍再去銀廿和包高
青雲手收以了債務

三月十二日

09ZJ0109 ＋ 09ZJ0110(4-2)

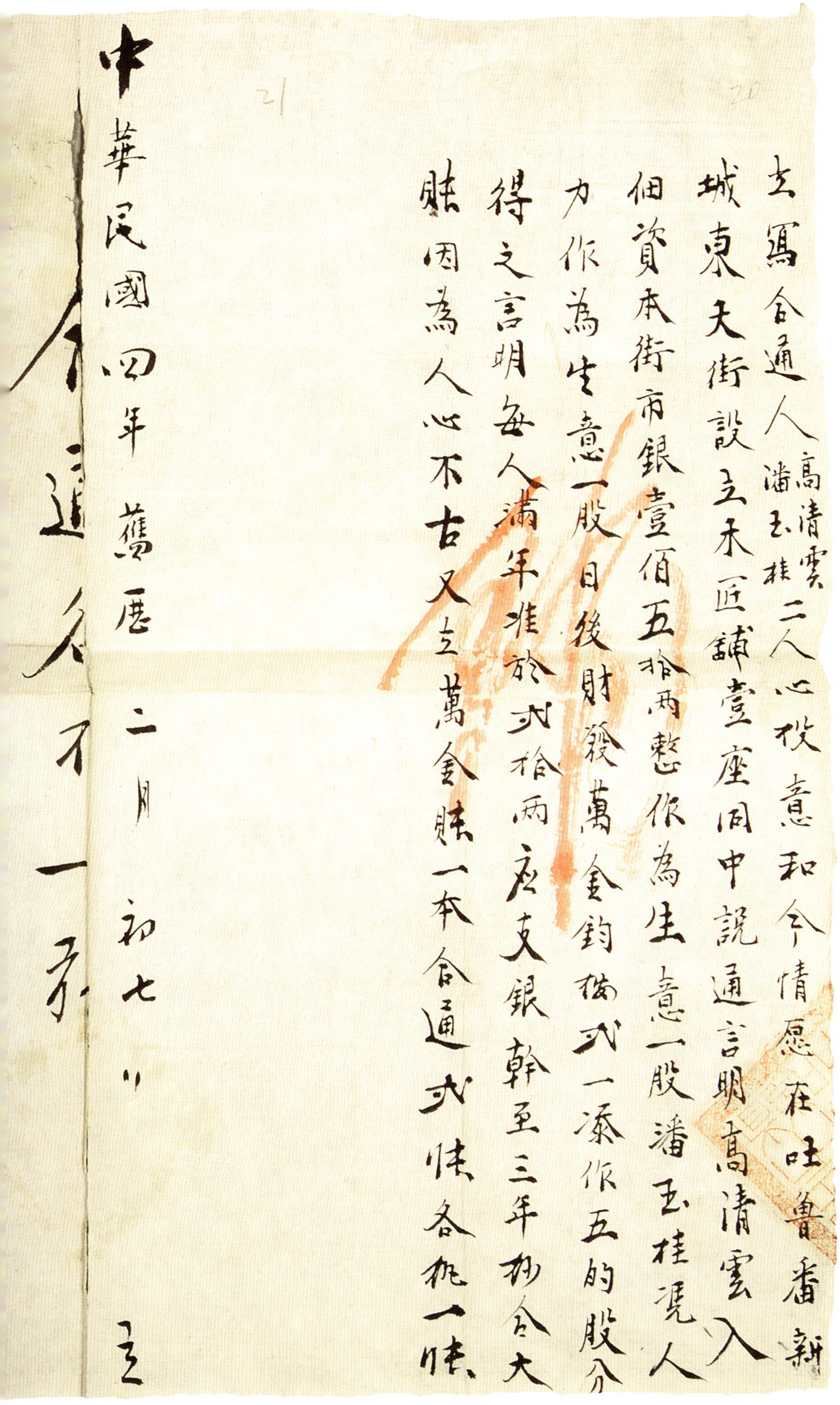
立寫合通人高清雲潘玉桂二人心投意和今情愿在吐魯番新
城東大街設立木匠鋪壹座同中説通言明高清雲入
佃資本街市銀壹佰五拾兩整作為生意一股潘玉桂憑人
力作為生意一股日後財發萬金均按弍一添作五的股分
得之言明每人滿年准於弍拾兩應支銀幹至三年扨合大
賬因為人心不古又立萬金賬一本合通弍帋各執一帋
中華民國四年舊歷二月初七日　立

0　5cm

23

中說人

周慶福十
蕭壽章十
王建璋十

09ZJ0109 + 09ZJ0110(4-3)

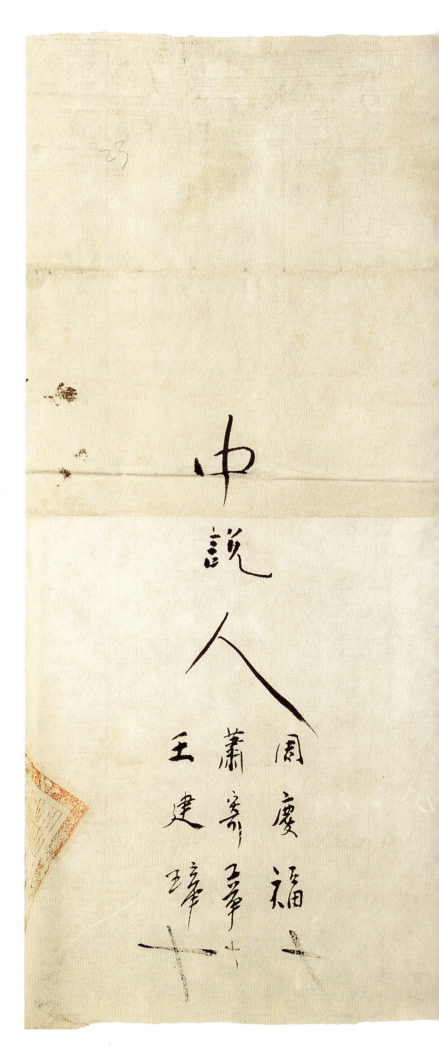

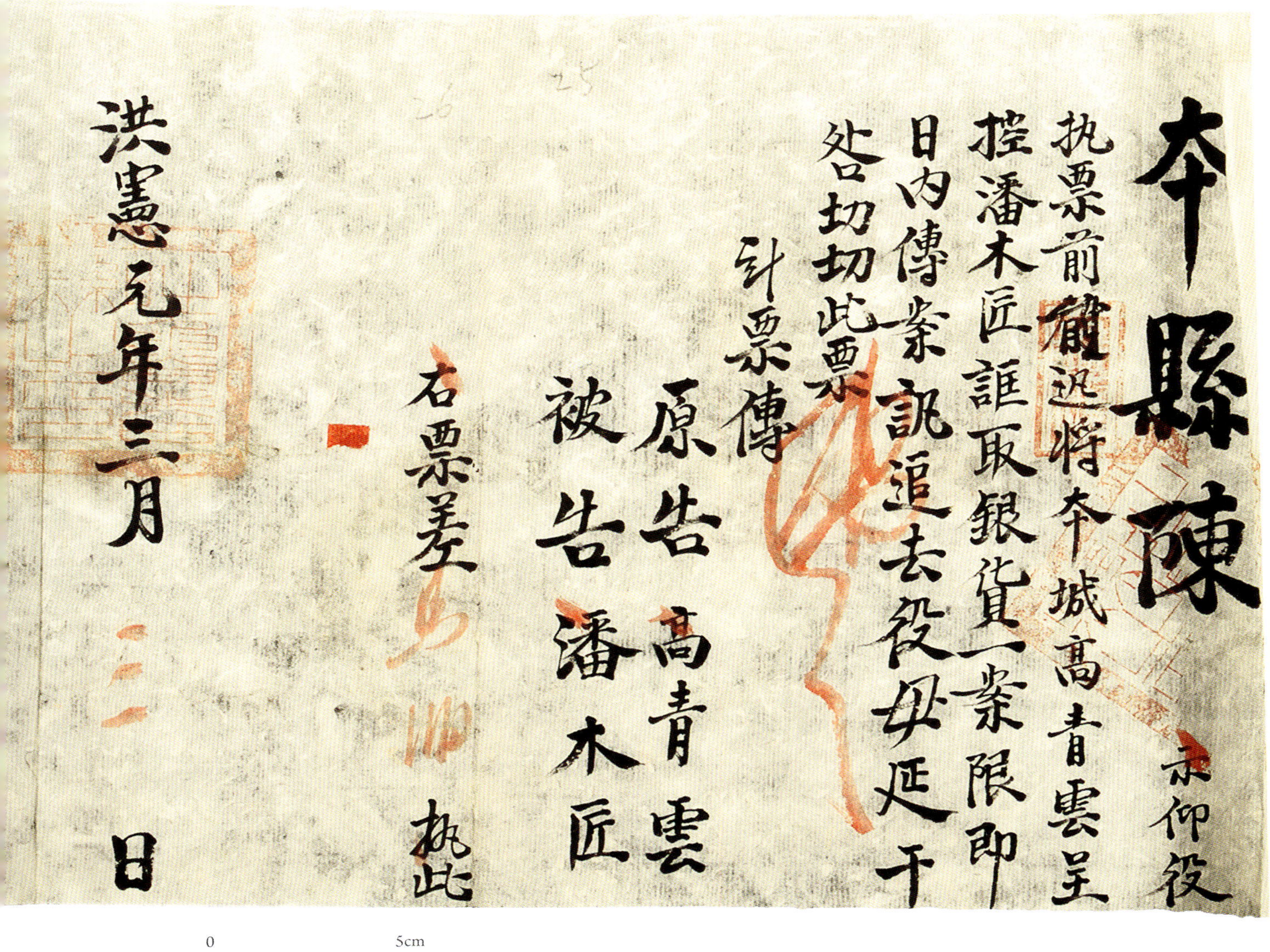
本縣陳 示仰役
執票前體迅將本城高青雲呈
控潘木匠詐取銀貨一案限即
日内傳案訊追去役毋延干
咎切切此票
計票傳
原告 高青雲
被告 潘木匠
右票差 執此
洪憲元年三月 二 日

縣

限

日銷

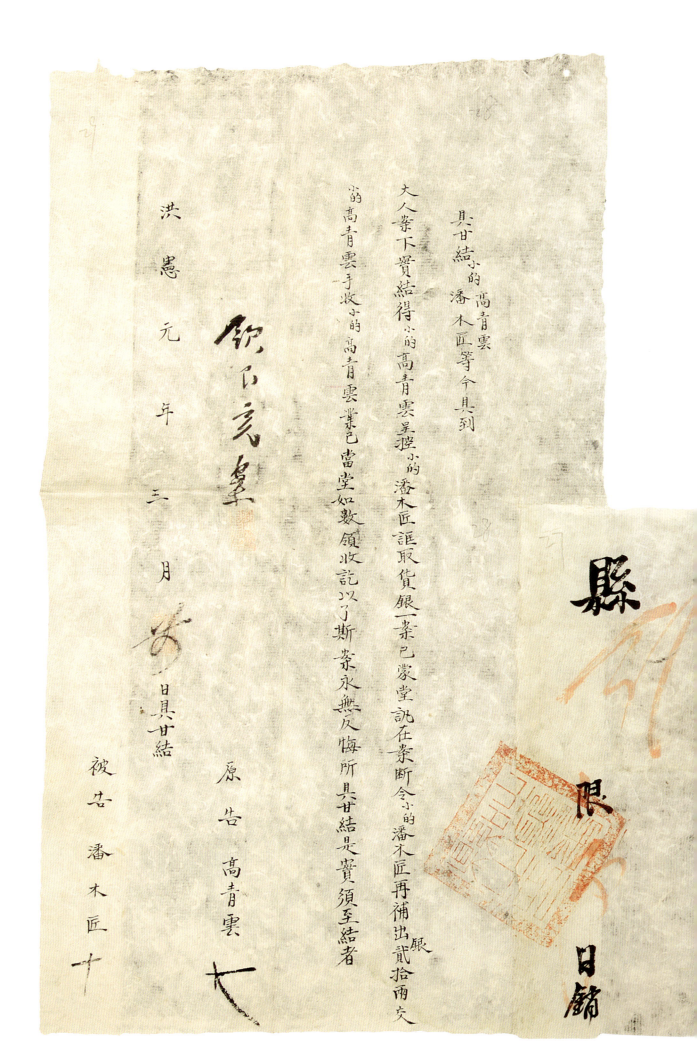

具甘結小的高青雲
潘木匠等今具到
大人案下實結得小的高青雲呈控小的潘木匠誆取貨銀一案已蒙堂訊在案斷令小的潘木匠再補出銀貳拾兩交
小的高青雲手收小的高青雲業已當堂如數領收訖以了斯案永無反悔所具甘結是實須至結者

飭即完案

原告　高青雲　七

洪憲元年三月　日具甘結

被告　潘木匠　十

一八　買賣鉄里呈控艾子八亥誆朦地畝苛派不休卷

縱 23.0-46.0cm × 横 123.0cm

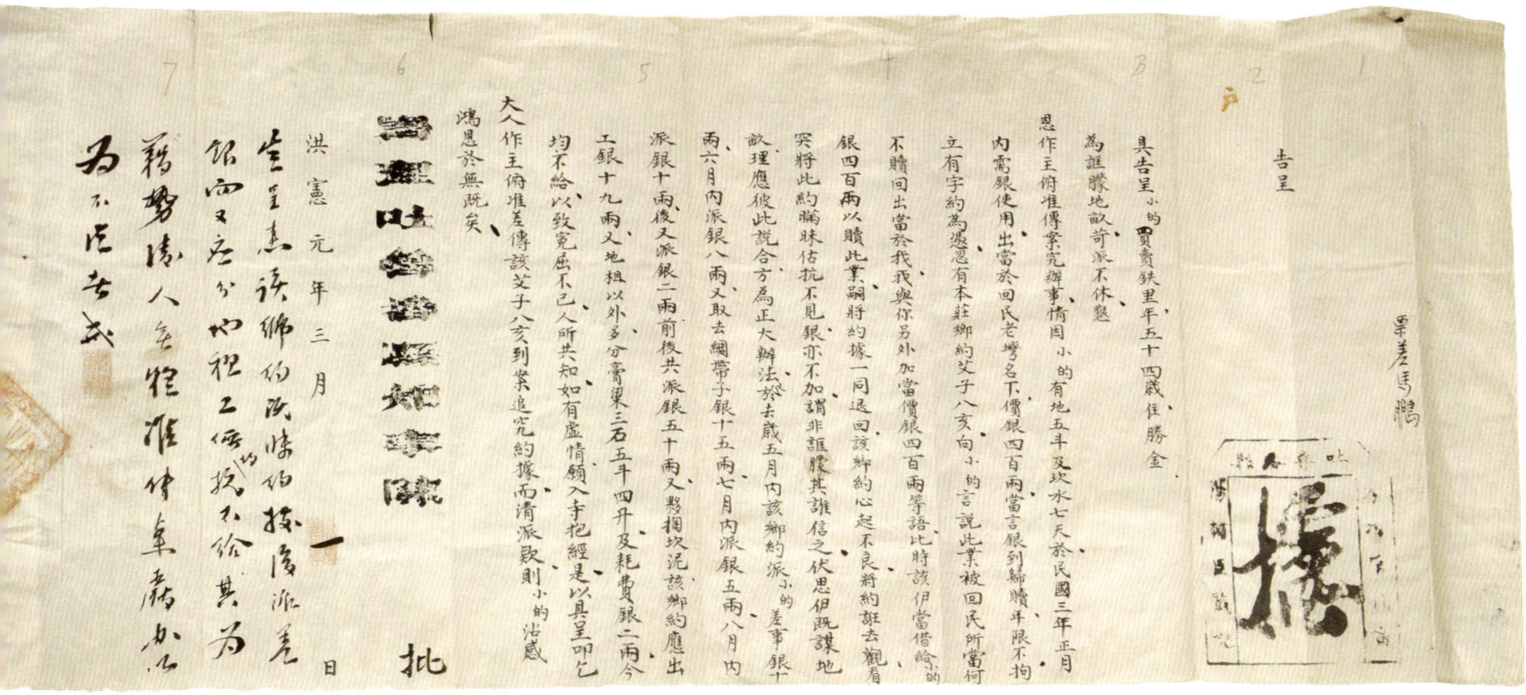

票差馬鵬

吉呈

具告呈小的買賣鉄里年五十四歲住勝金

為誆朦地畝苛派不休懇

恩作主俯准傳案究辦事情因小的有地五斗及坎水七天於民國三年正月內需銀使用出當於回民老媽名下價銀四百兩當言銀到歸贖年限不拘立有字約為憑忽有本莊鄉約艾子八亥向小的言説此業被回民所當何不贖回出當於我我與你另外加當價銀四百兩等語比時該伊當借給小的銀四百兩以贖此業嗣將約據一同退回該鄉約心起不良將約誆去觀看突將此約瞞昧佔抗不見銀亦不加謂非誆朦其誰信之伏思伊既謀地畝理應彼此説合方為正大辦法於去歲五月內該鄉約派小的差事銀十兩六月內派銀八兩又取去綑帶子銀十五兩七月內派銀五兩八月內派銀十兩後又派銀二兩前後共派銀五十兩又數掏坎泥該鄉約應出工銀十九兩又地租以外多分膏粱三石五斗四升及耗費銀二兩今均不給以致寃屈不已人所共知如有虛情願入寺抱經是以具呈叩乞

大人作主俯准差傳該艾子八亥到案追究約據而清派款則小的沾感

鴻恩於無既矣

批

洪憲元年三月　　日

0　5cm

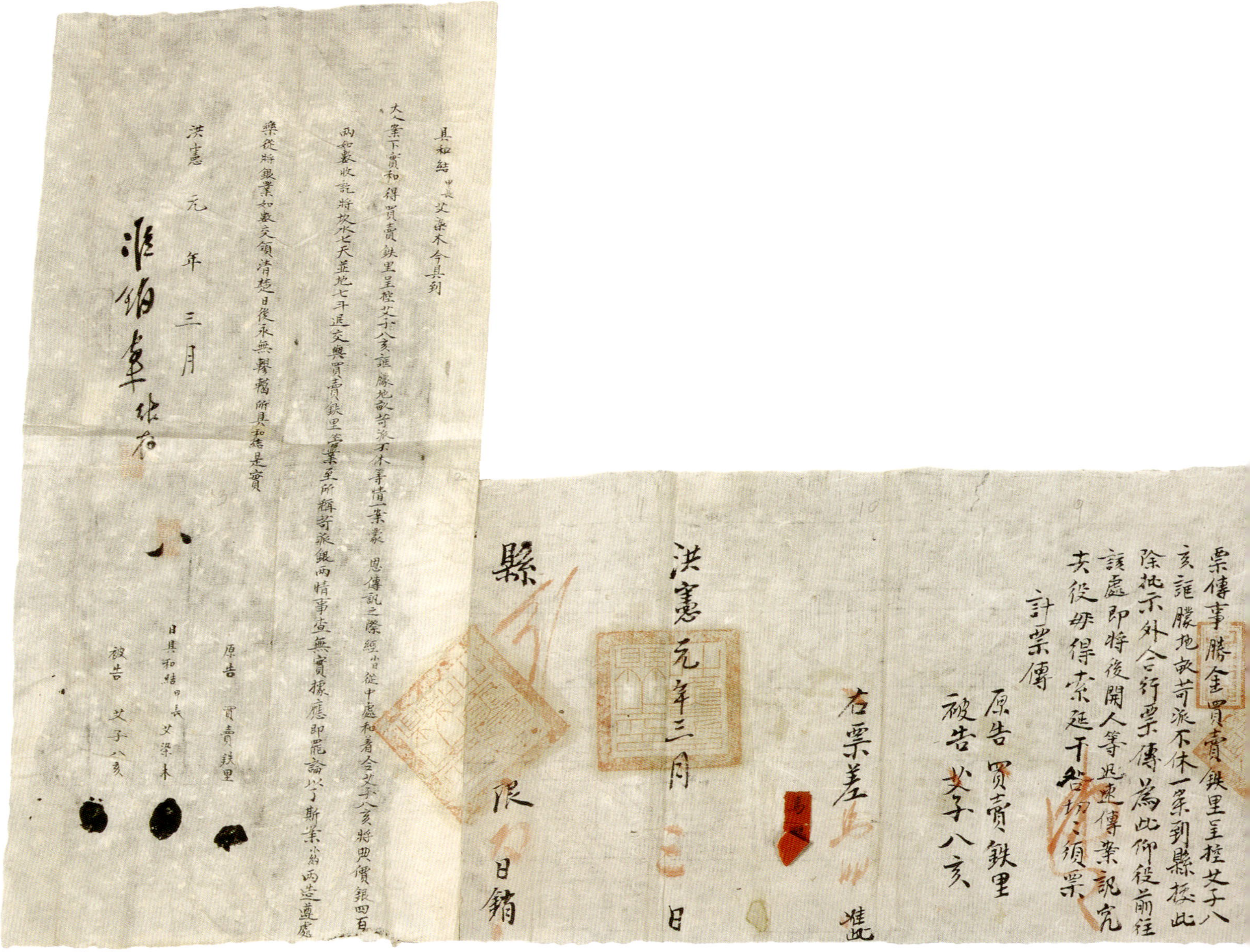

票傳事勝金買賣鉄里呈控艾子八
亥詎騰地敲苛派不休一案到縣據此
除批示外合行票傳為此仰役前往
該處即將後開人等迅速傳案訊究
去役毋得索延干咎切切須票
計票傳
原告 買賣鉄里
被告 艾子八亥
右票差 准此
洪憲元年三月 日
縣 限 日銷

具和結甲長艾梁木今具到
大人案下實和得買賣鉄里呈控艾子八亥詎騰地敲苛派不休等情一案蒙 恩傳訊之際經甲從中處和着令艾子八亥將典價銀四百
兩如數收訖將坎水七天並地七斗退交與買賣鉄里管業至所稱苛派銀兩情事查無實據應即罷論以了斯案甲約兩造遵處
樂從將銀業如數交領清楚日後永無饕轄所具和結是實
洪憲元年三月
准銷案 批存
原告 買賣鉄里
具和結甲長 艾梁木
被告 艾子八亥

09ZJ0101

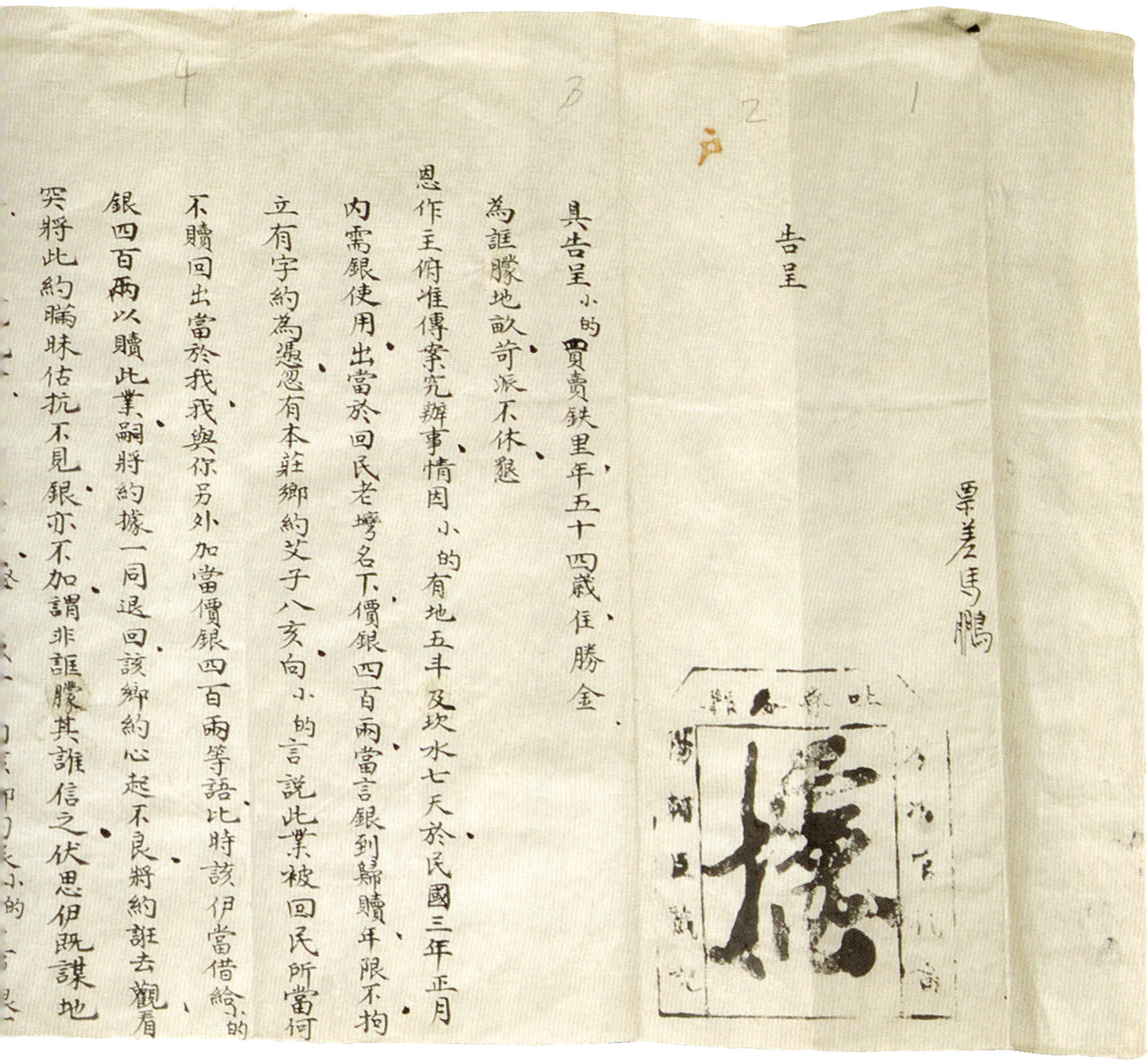
告呈

票差馬鵬

具告呈小的買賣鉄里年五十四歲住勝金

為誆朦地畝苛派不休懇

恩作主俯准傳案究辦事情因小的有地五斗及坎水七天於民國三年正月

內需銀使用出當於回民老彎名下價銀四百兩當言銀到歸贖年限不拘

立有字約為憑忽有本莊鄉約艾子八亥向小的言說此業被回民所當何

不贖回出當於我我與你另外加當價銀四百兩等語比時該伊當借給小的

銀四百兩以贖此業嗣將約據一同退回該鄉約心起不良將約誆去觀看

兴將此約瞞昧估抗不見銀亦不加謂非誆朦其誰信之伏思伊既謀地

派銀十兩、後又派銀二兩、前後共派銀五十兩、又夥捐坎泥、該鄉約應出
工銀十九兩、又地租以外多分膏粱三石五斗四升、及耗費銀二兩、今
均不給、以致冤屈不已、人所共知、如有虛情、願入寺抱經、是以具呈叩乞
大人作主、俯准差傳該艾子八亥到案追究約據、而清派欵、則小的沾感
鴻恩於無既矣

批

洪憲元年三月　日

呈悉該鄉約派情約按後派差銀兩又應分地租工價均抗不給其為藉勢凌人無疑准傳集審辦如不為不虛者戒

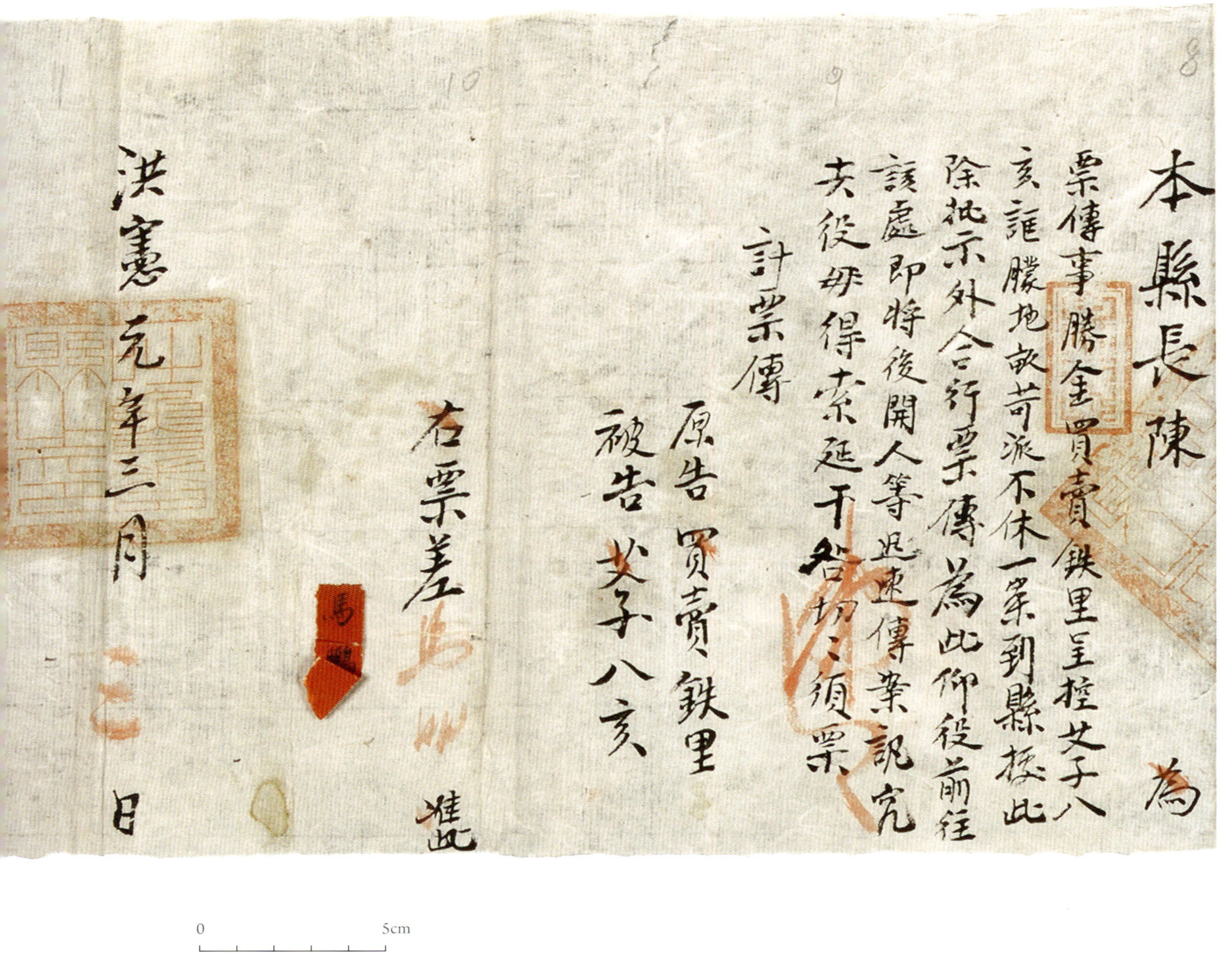
本縣長陳　為
票傳事。據金買賣鐵里呈控艾子八
亥誆騙地畝苛派不休一案到縣。據此，
除批示外，合行票傳。為此，仰役前往
該處，即將後開人等迅速傳案訊究。
去役毋得索延干咎，切切，須票。
計票傳
原告　買賣鐵里
被告　艾子八亥
右票差馬[illegible]　准此
洪憲元年三月　日

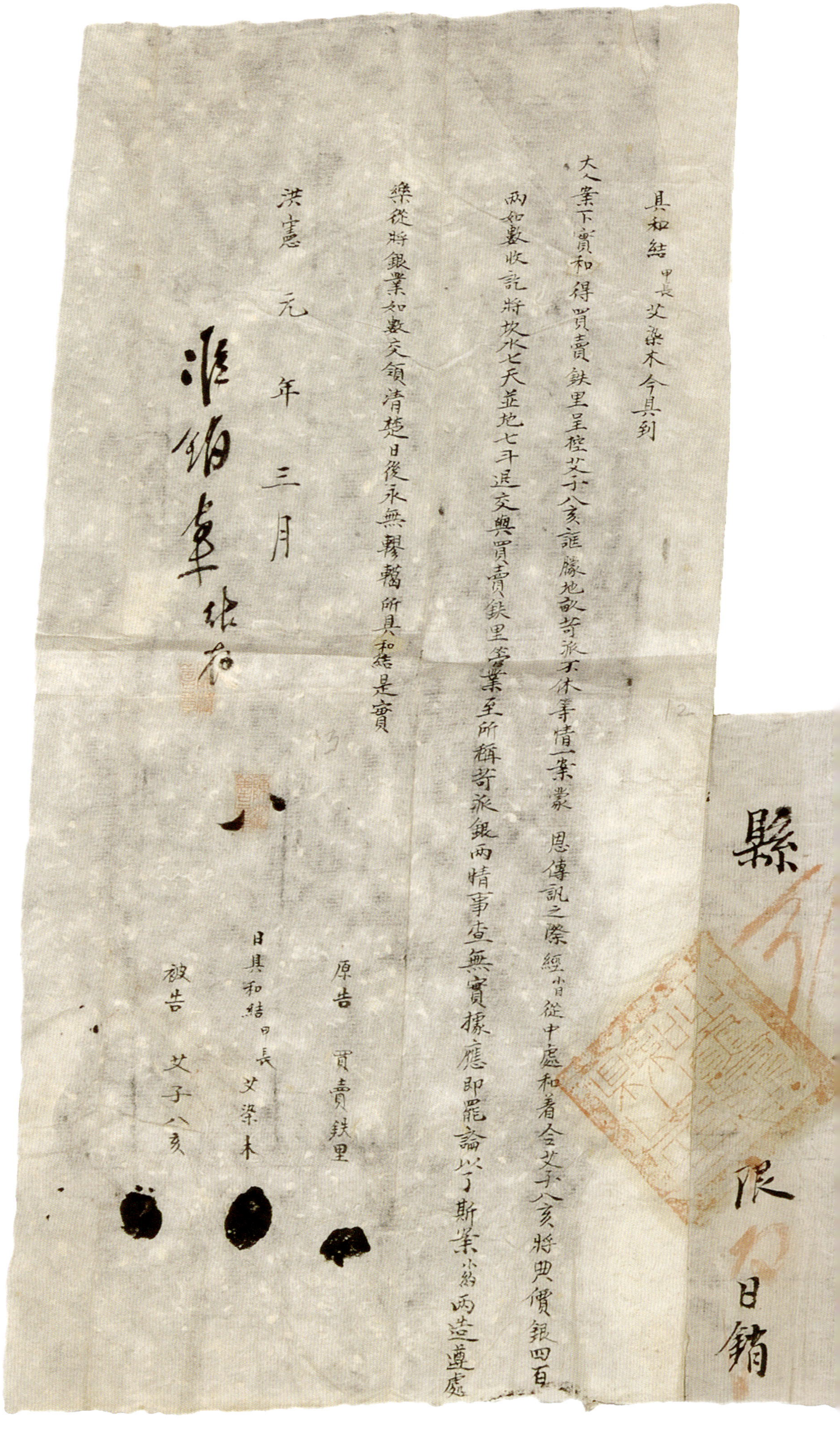

具和結甲長艾枀木今具到

大人案下實和得買賣鉄里呈控艾子八亥誆騰地畝苛派不休等情一案蒙恩傳訊之際經甲從中處和着令艾子八亥將典價銀四百

兩如數收訖將坎水七天並地七斗退交與買賣鉄里管業至所稱苛派銀兩情事查無實據應即罷論以了斯案小約兩造遵處

樂從將銀業如數交領清楚日後永無轇轕所具和結是實

洪憲元年三月

准銷案 存

日具和結甲長 艾枀木

原告 買賣鉄里

被告 艾子八亥

縣

限 日銷

09ZJ0101(2-2)

一九　吐而松稟爲賞發執照以憑管業事

縱25.5cm×橫60.0cm

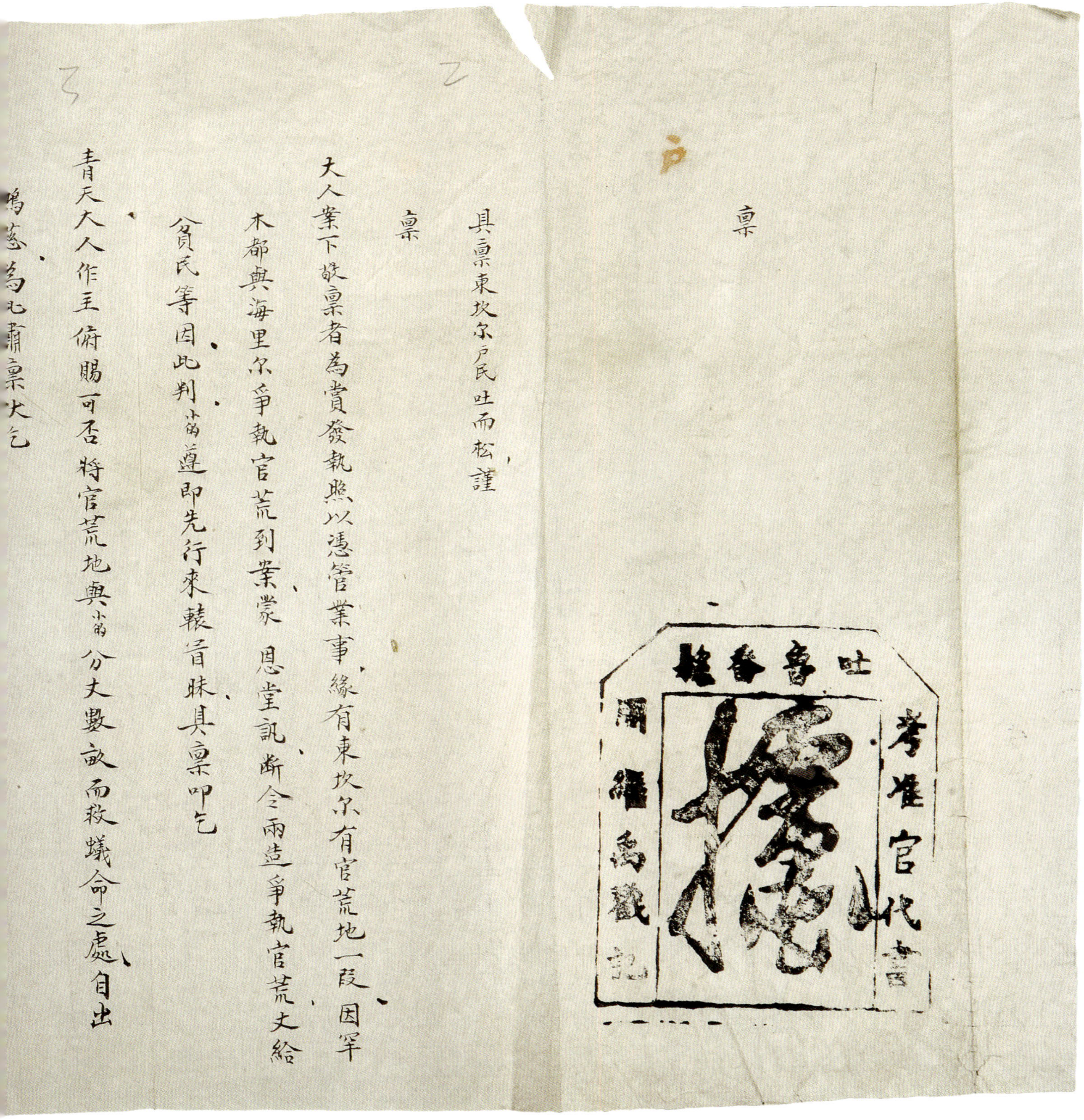
稟
吐魯番廳
考准官代書
開維爲戳記
具稟東坎尓戶民吐而松謹
稟
大人案下敬稟者爲賞發執照以憑管業事。緣有東坎尓有官荒地一段。因罕
木都與海里尓爭執官荒到案。蒙　恩堂訊斷令兩造爭執官荒丈給
貧民等因。此判小的遵即先行來轅肯昧具稟叩乞
青天大人作主俯賜可否將官荒地與小的分丈數畝而救蟻命之處。自出
鴻慈。爲此肅稟大乞

署理吐魯番縣知事陳　批

奉來東坎爾尚苑一起准大總統料

理以后告業可也

洪憲元年三月八日

09ZJ0088

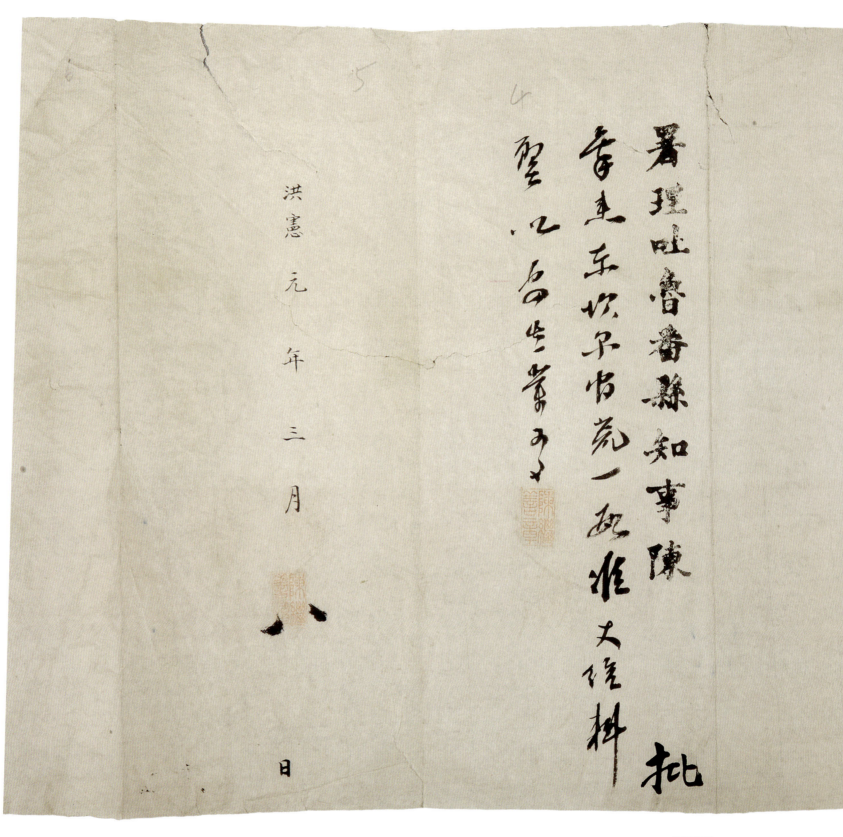

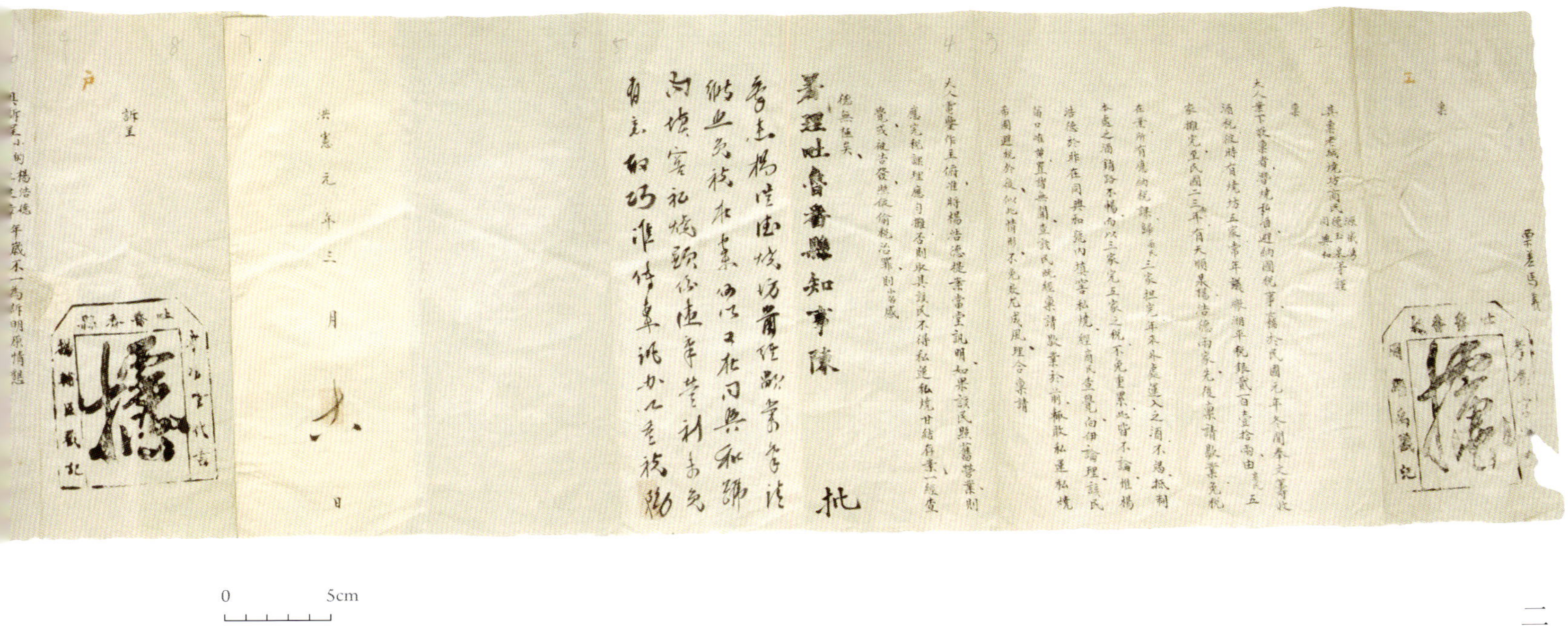

二〇　源盛湧等禀控楊浩德潛燒私酒避納國稅卷

縱 20.5-25.6cm × 橫 155.0cm

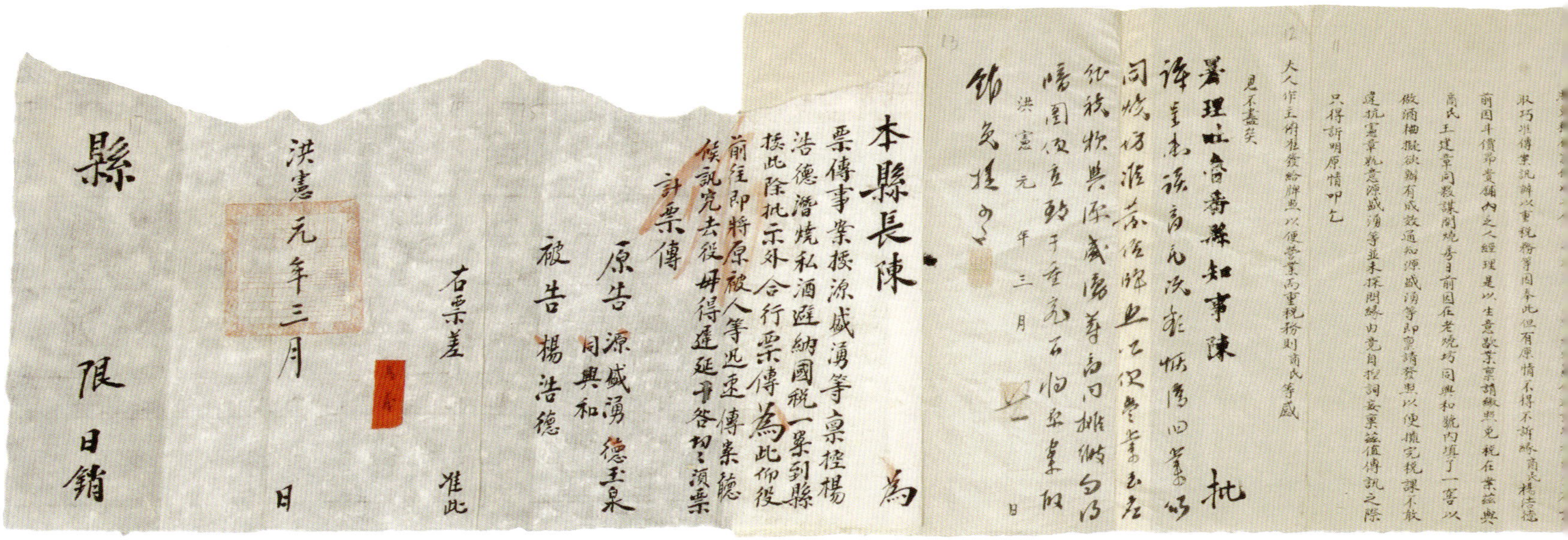

敢巧準傳案訊辦以重稅務等因奉此但有原情不得不訴明者商民楊浩德
前因斗價昂貴舖內乏人經理是以生意歇業稟請繳照免稅在案茲興
商民王建章同夥謀開燒房目前因在老燒坊同興和號內填了一窖以
做酒糟擬欲辦有成效通知源盛湧等即稟請發照以便攄完稅課不敢
違抗憲章執意源盛湧等並未探問緣由竟自捏詞妄稟茲值傳訊之際
只得訴明原情叩乞
大人作主俯准發給牌照以便營業而重稅務則商民等感
恩不盡矣

署理吐魯番縣知事陳　批
詳查來詞[illegible]
[illegible]
[illegible]
[illegible]
洪憲元年三月　　日
[illegible]

本縣長陳　　為
票傳事案據源盛湧等稟控楊
浩德潛燒私酒避納國稅一案到縣
據此除批示外合行票傳為此仰役
前往即將原被人等迅速傳案聽
候訊究去役毋得遲延干咎切切須票
計票傳
原告　源盛湧　德玉泉
　　　同興和
被告　楊浩德
右票差　　准此
洪憲元年三月　　日
縣　限　日銷

09ZJ0102

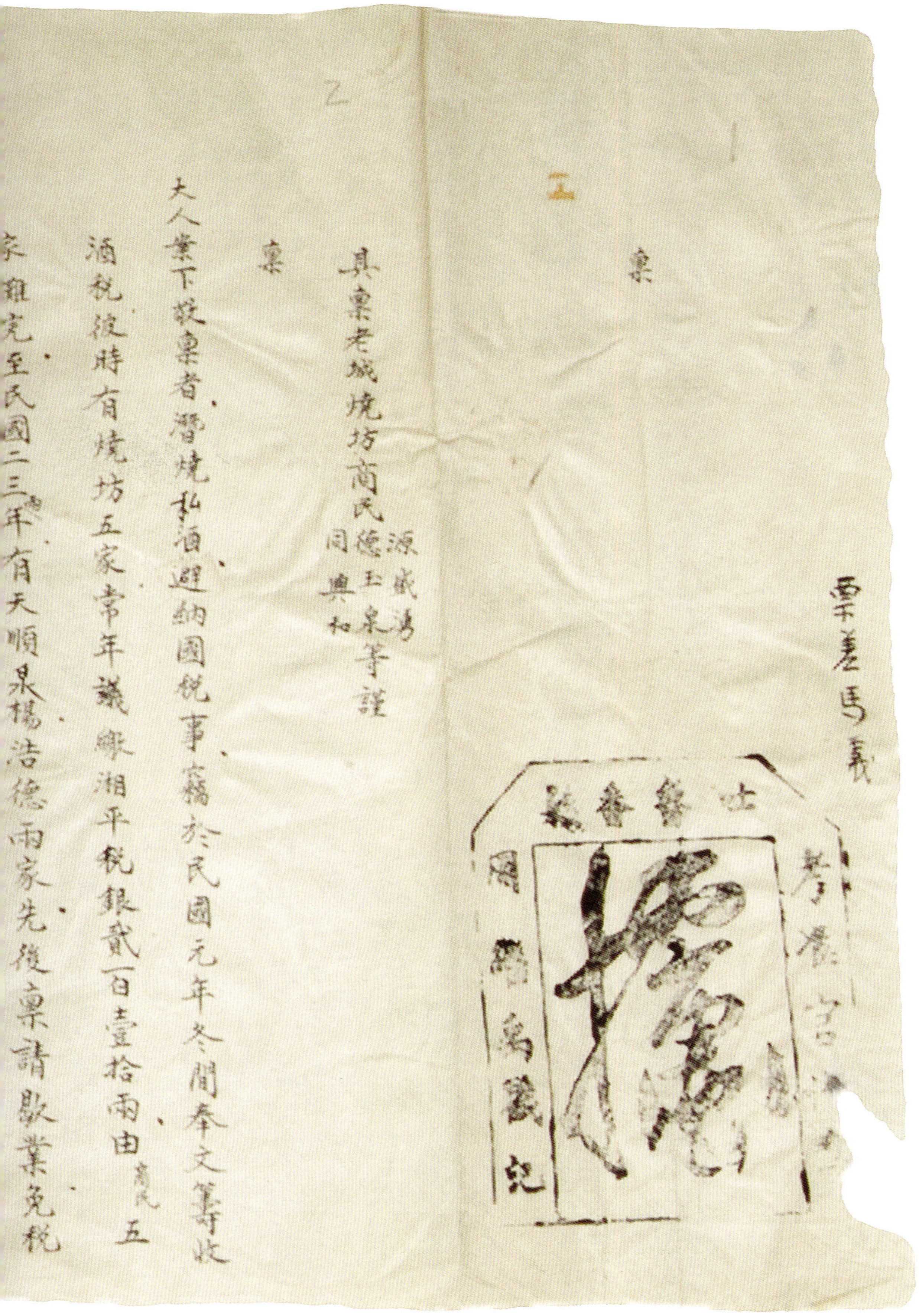
稟差馬義

稟

具稟老城燒坊商民源盛湧、德玉泉、同興和等謹

稟

大人案下，敬稟者，竊燒私酒避納國稅事，竊於民國元年冬間奉文籌收

酒稅，彼時有燒坊五家，常年議繳湘平稅銀貳百壹拾兩，由商民五

家祖先至民國二三年，有天順泉、楊浩德兩家先後稟請歇業免稅

43

在案所有應納稅課歸商民三家担完、年來外處運入之酒不遏抵制、
本處之酒銷路不暢、而以三家完五家之稅、不免重累、此皆不論、惟楊
浩德於昨在同興和號内填窖私燒、經商民查覺、向伊論理、該民
藉口唯黄、置諸無聞、查該民既經稟請歇業於前、輒敢私運私燒
希圖避稅於後、似此情形、不免效尤成風、理合稟請
大人電鑒作主、俯准將楊浩德提案當堂訊明、如果該民照舊營業、則
應完稅課理應自擔、否則取具該民不得私運私燒甘結存案、一經查
覺、或被告發、照依偷稅治罪、則小的感
德無極矣、

署理吐魯番縣知事陳　批

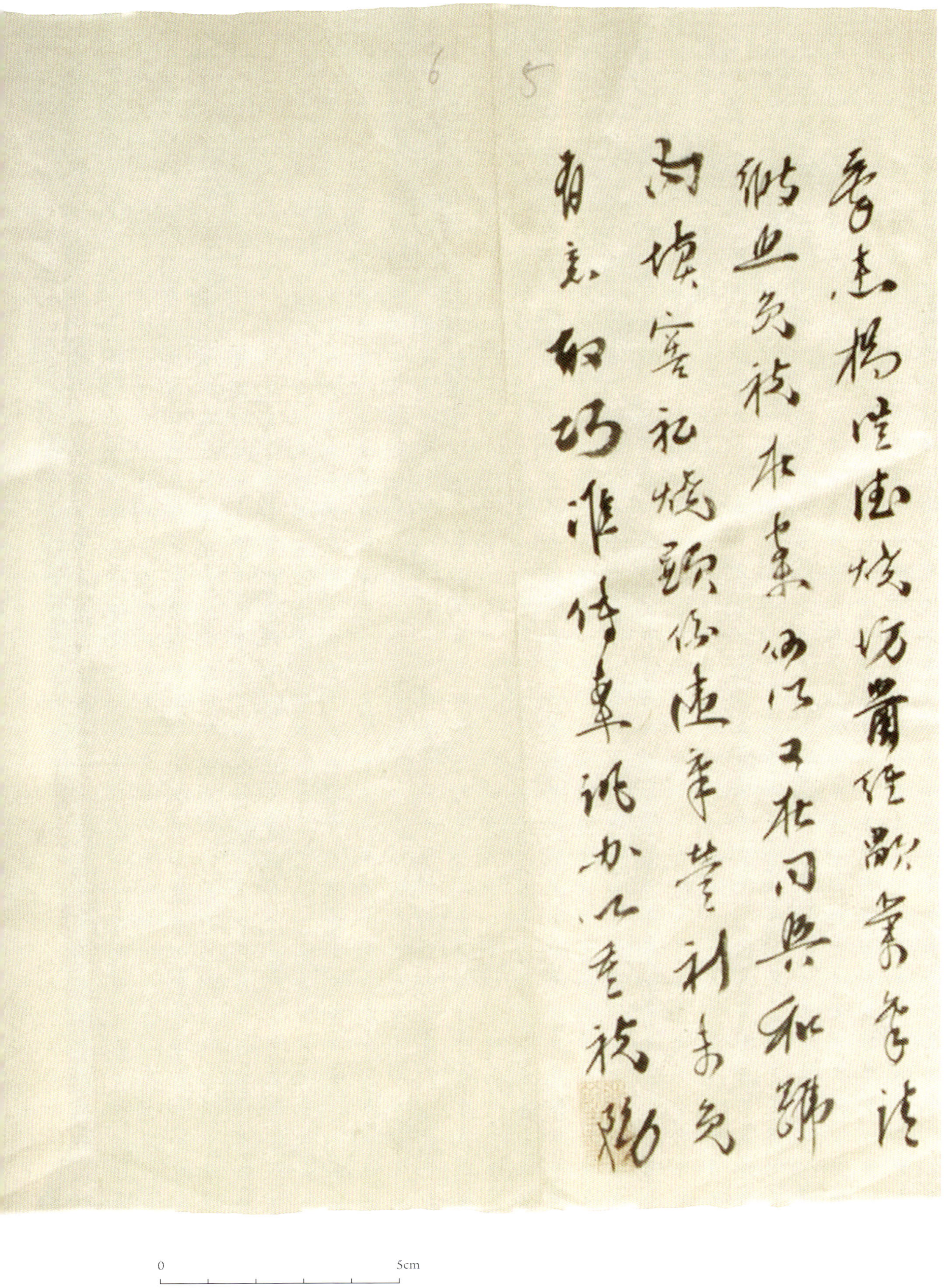
6 5
0
5cm

洪憲元年三月　日

訴呈

吐魯番縣
李永宣代書
據
楊輔臣戳記

具訴呈小的楊浩德王建章年歲不一為訴明原情懇
恩作主俯准發給牌照以便營業事情因源盛涌德玉泉同興和等稟控商民
潛燒私酒避納國税等情一案蒙　批稟悉楊浩德燒坊前經歇業稟請繳
照免税在案何以又在同興和號内填窖私燒顯係違章營利未免有意

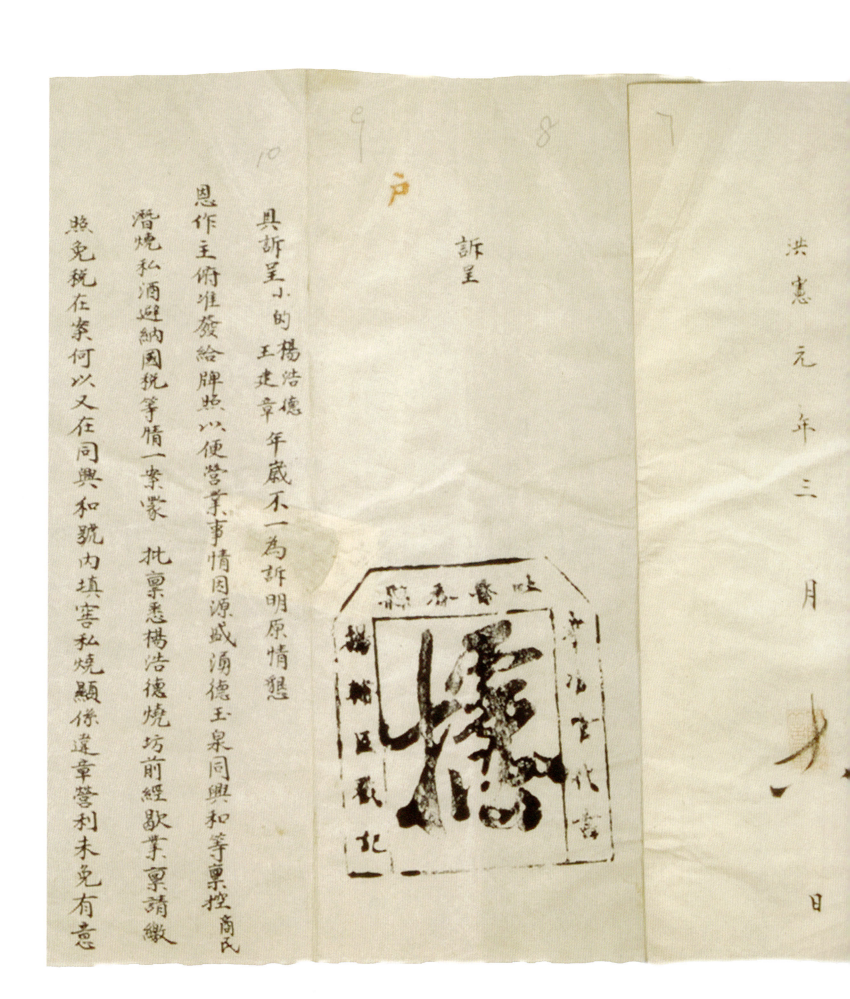

09ZJ0102(4-2)

取巧准傳業訊辦以重稅務等因奉此但有原情不得不訴緣商民楊浩德
前因斗價昂貴舖內之人經理是以生意歇業稟請繳照免稅在案茲與
商民王建章同夥謀開燒房日前因在老燒坊同興和號內填了一窖以
做酒麯擬欲辦有成效通知源盛湧等即稟請發照以便攤完稅課不敢
違抗憲章孰意源盛湧等並未採問緣由竟自揑詞妄稟茲值傳訊之際
只得訴明原情叩乞
大人作主俯准發給牌照以便營業而重稅務則商民等感

0 5cm

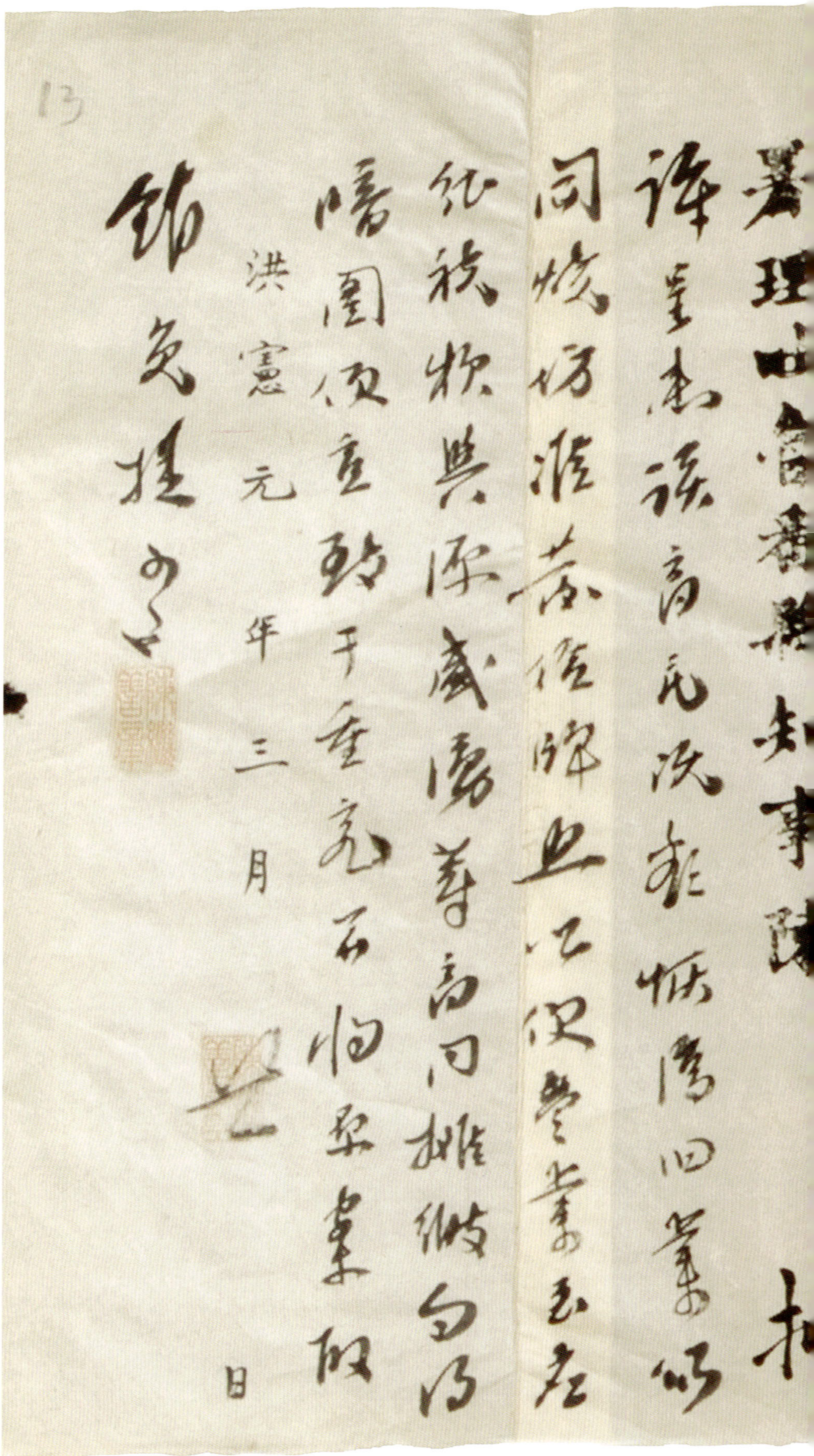
13

洪憲元年三月　日

09ZJ0102(4-3)

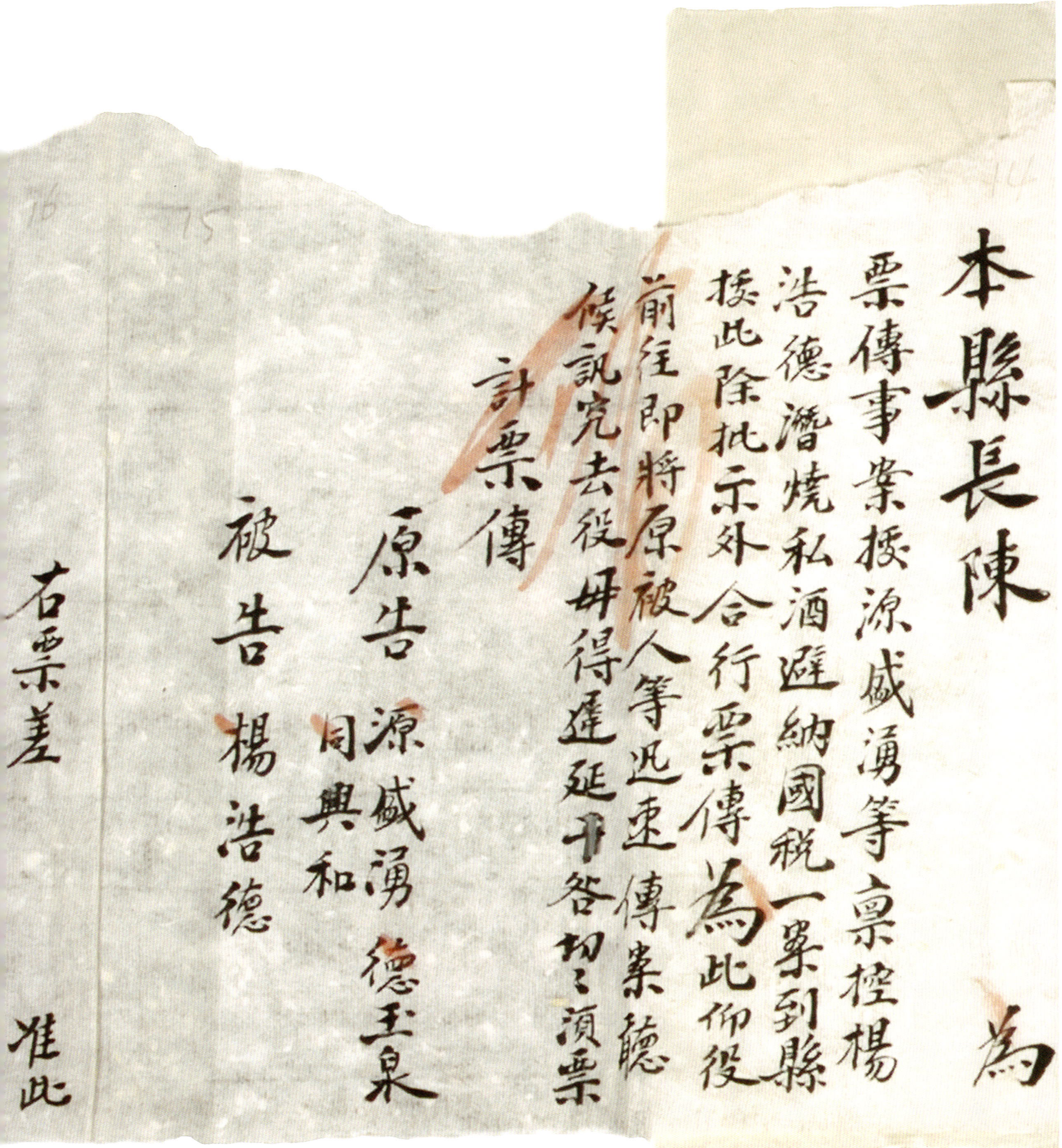
本縣長陳　為
票傳事案據源盛湧等稟控楊
浩德潛燒私酒避納國稅一案到縣
據此除批示外合行票傳為此仰役
前往即將原被人等迅速傳案聽
候訊究去役毋得遲延干咎切切須票
計票傳
原告　源盛湧　德玉泉
同興和
被告　楊浩德
右票差　准此

0　5cm

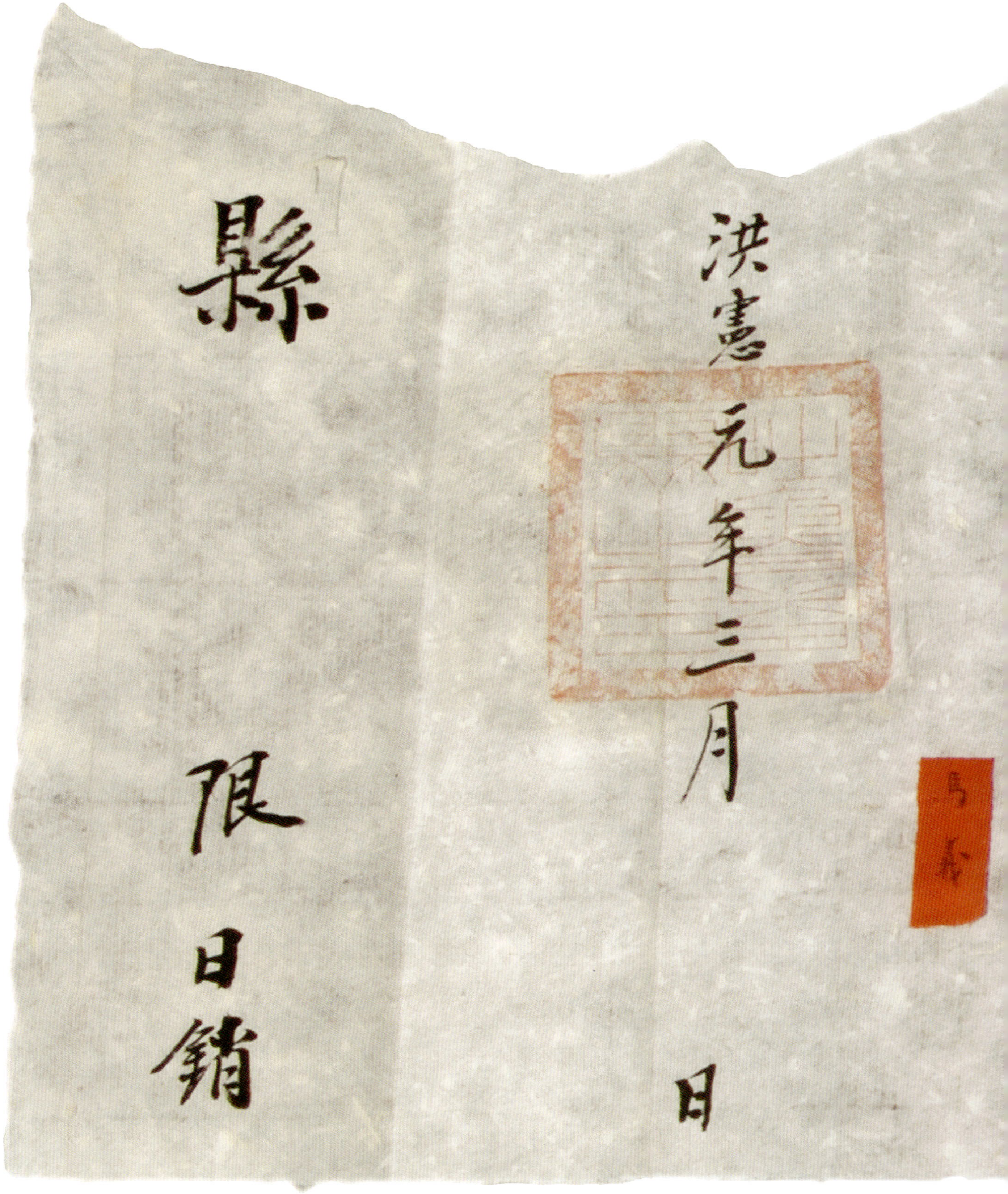
洪憲元年三月　日

縣　限日銷

09ZJ0102(4-4)

二一　忙尼夏告呈爲恃勢欺民偷下籽種事

縱23.5cm×橫53.5cm

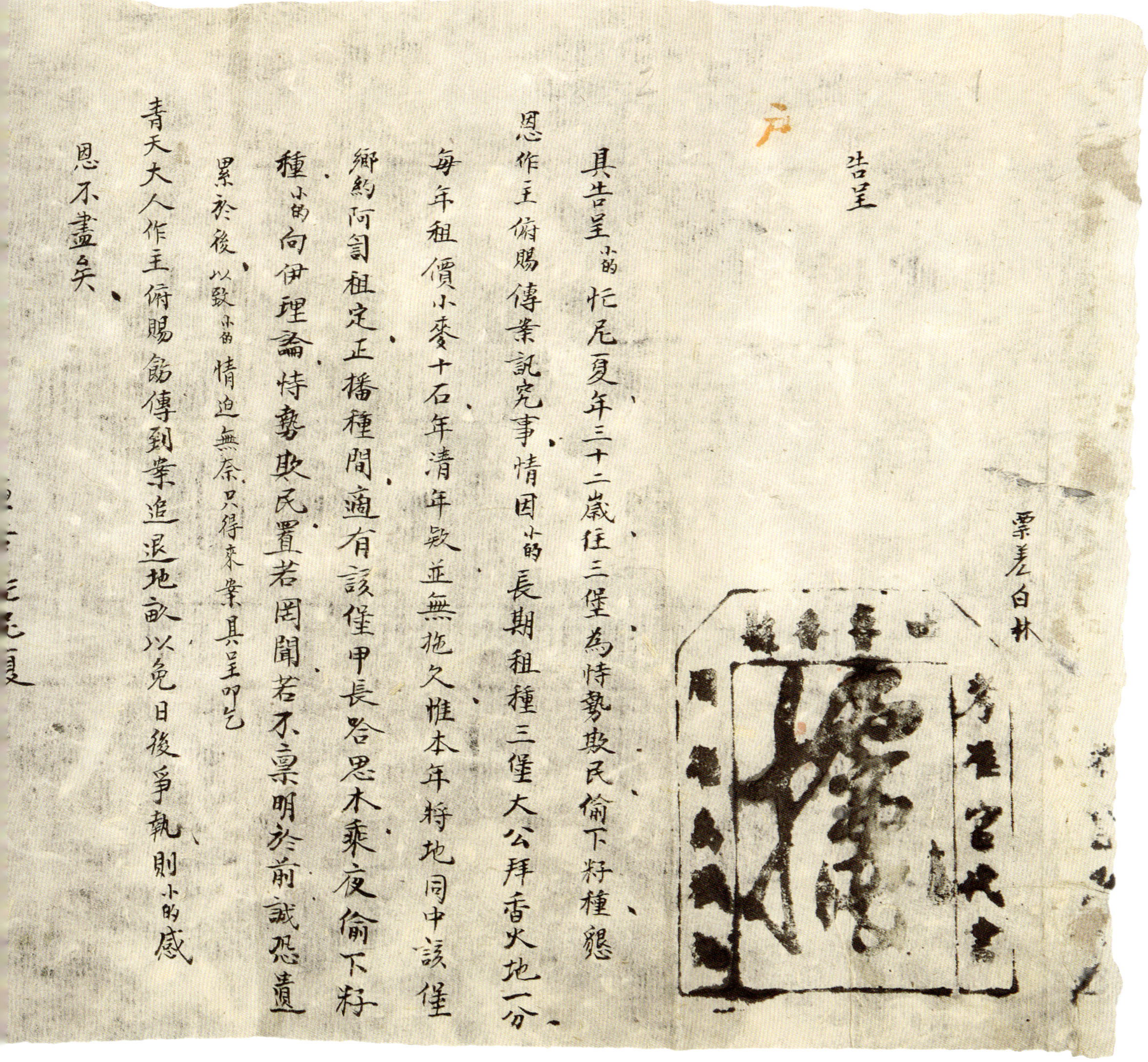
戶

告呈

票差白林

具告呈小的忙尼夏年三十二歲住三堡為恃勢欺民偷下籽種懇
恩作主俯賜傳案訊究事情因小的長期租種三堡大公拜香火地一分
每年租價小麥十石年清年款並無拖欠惟本年將地同中該堡
鄉約阿訇租定正播種間適有該堡甲長合思木乘夜偷下籽
種小的向伊理論恃勢欺民置若罔聞若不稟明於前誠恐遺
累於後以致小的情迫無奈只得來案具呈叩乞
青天大人作主俯賜飭傳到案追退地畝以免日後爭執則小的感
恩不盡矣

0　5cm

[illegible][illegible]吐[illegible][illegible]縣知事陳 批

呈呈悉大伯拜毛大山一分子孫

長朝祖種興汝自鄉均早有

成議該族早長山自恃勢霸種致

礙生業准持集族調處可也此批

光

洪憲元年三月 日

09ZJ0096

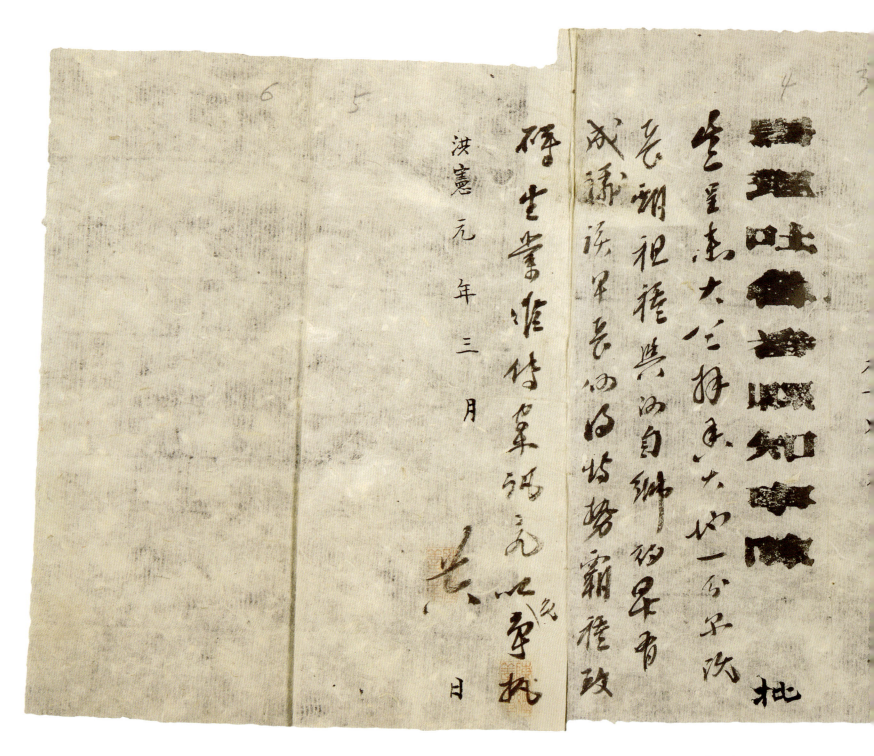

二三一　哎布都尔呈控色拜尔互相推諉卷

縱23.3cm×橫87.0cm

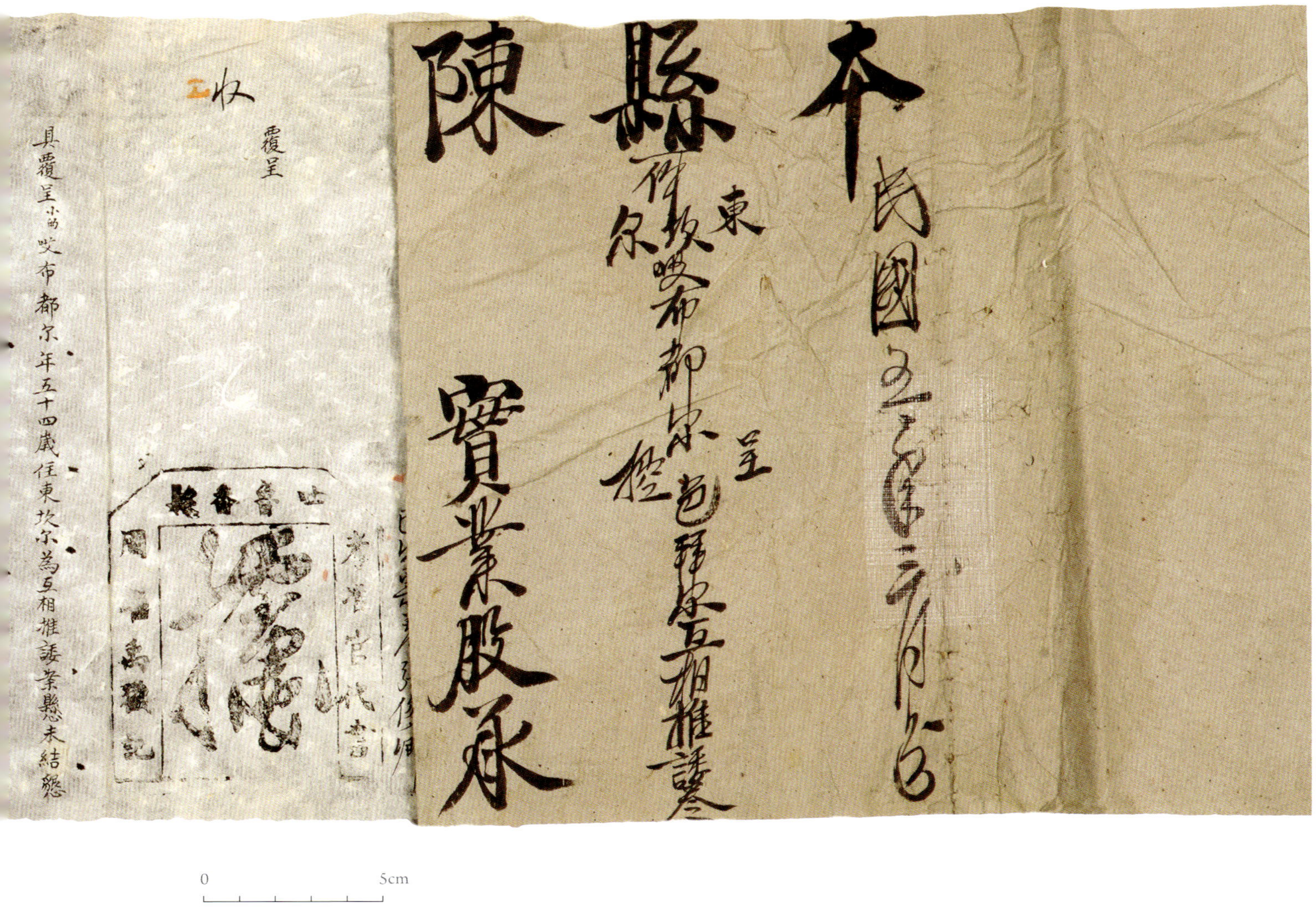

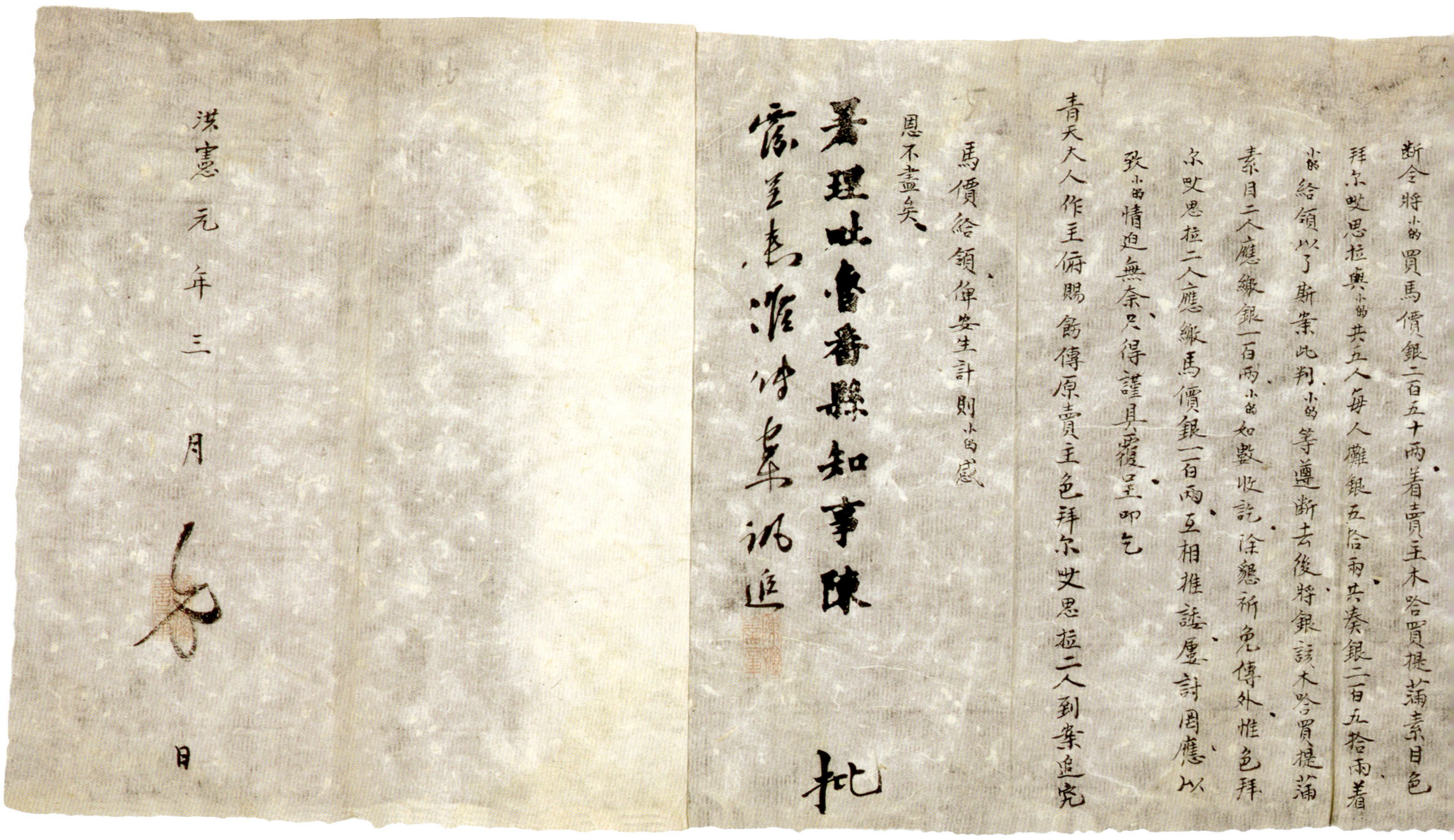
斷令將小的買馬價銀二百五十兩着賣主木咎買提蒲素目色
拜尔吐思拉與小的共五人每人攤銀五拾兩共奏銀二百五拾兩着
小的給領以了斷案此判小的等遵斷去後將銀該木咎買提蒲
素目二人應繳銀一百兩小的如數收訖除懇祈免傳外惟色拜
尔吐思拉二人應繳馬價銀一百兩互相推諉屢討罔應以
致小的情迫無奈只得謹具覆呈叩乞
青天大人作主俯賜飭傳原賣主色拜尔吐思拉二人到案追究
馬價給領俾安生計則小的感
恩不盡矣
署理吐魯番縣知事陳
批
處呈悉准傳集訊追
洪憲元年三月　日

09ZJ0106

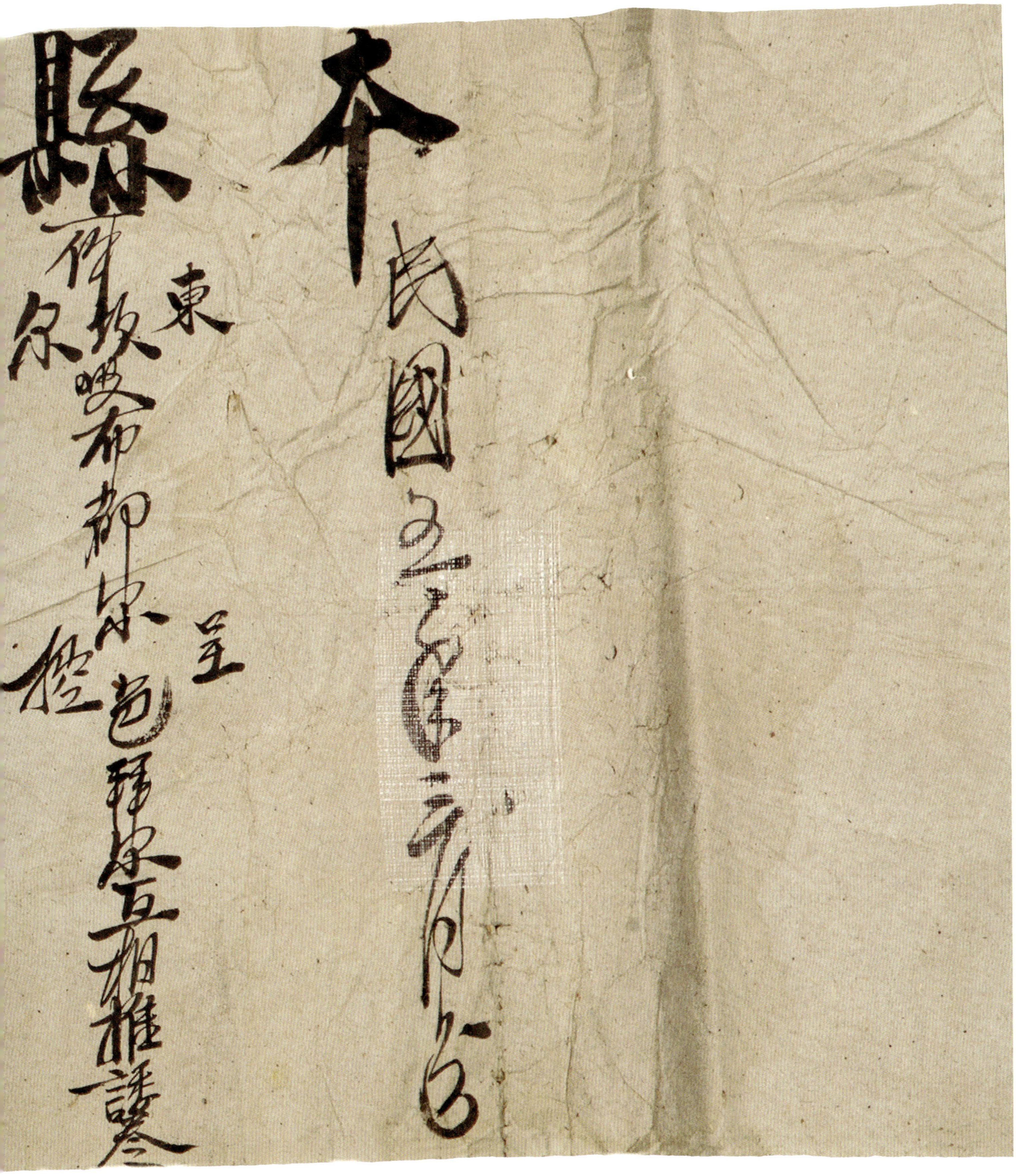
本
民國[illegible]年[illegible]月[illegible]日
縣
東
呈

0　5cm

陳寶業股承

吐魯番縣

考准官代書

收

覆呈

具覆呈小的吐布都尔年五十四歲住東坎尔為互相推諉案懸未結懇

恩作主俯賜傳案追究事情因去年九月二十三日蒙

迪化縣長唐　移請追究木答買提馬價給領一案蒙　恩傳訊

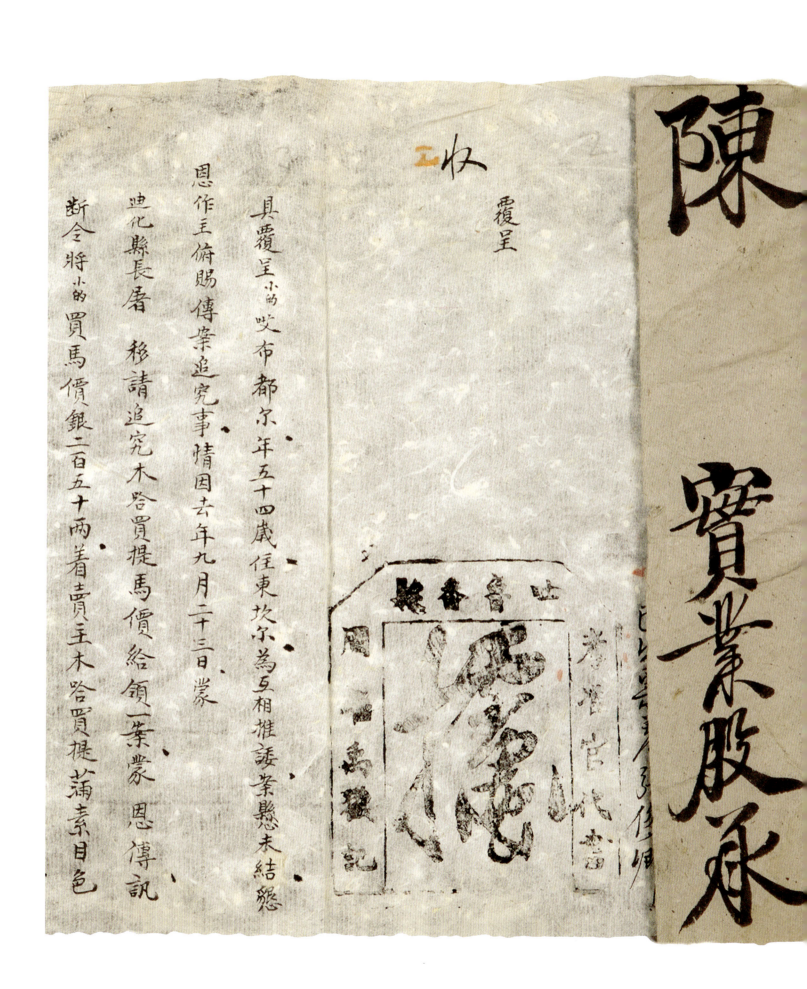

斷令將小的買馬價銀二百五十兩着賣主木答買提薩蒲素目色

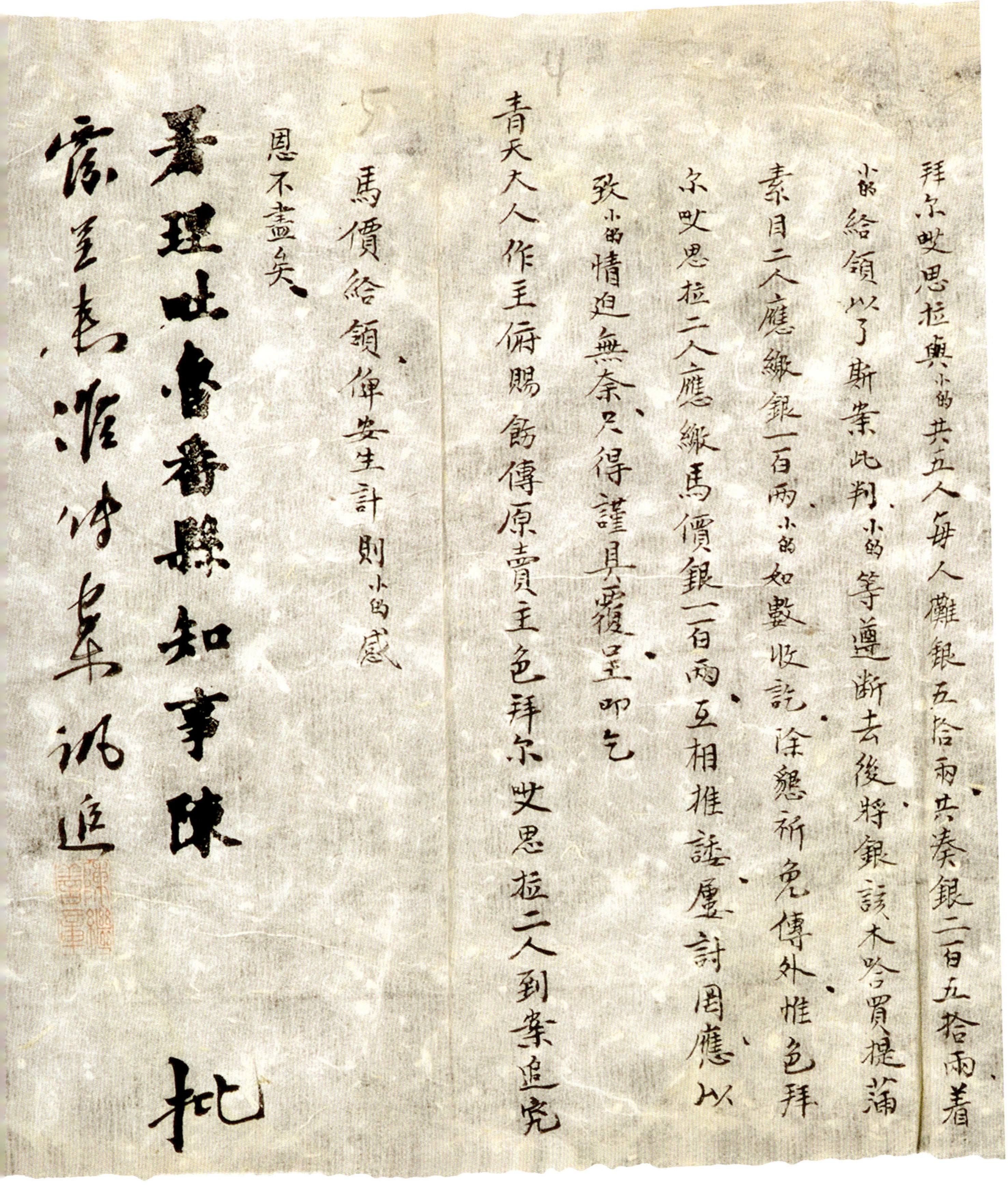
拜尔吐思拉與小的共五人每人攤銀五拾兩共湊銀二百五拾兩着
小的給領以了斷案此判小的等遵斷去後將銀該木哈買提蒲
素目二人應繳銀一百兩小的如數收訖除懇祈免傳外惟色拜
尔吐思拉二人應繳馬價銀一百兩互相推諉屢討罔應以
致小的情迫無奈只得謹具覆呈叩乞
青天大人作主俯賜飭傳原賣主色拜尔吐思拉二人到案追究
馬價給領俾安生計則小的感
恩不盡矣
署理吐魯番縣知事陳 批
案呈悉准傳集訊追

0 5cm

洪憲元年三月　　日

09ZJ0106(2-2)

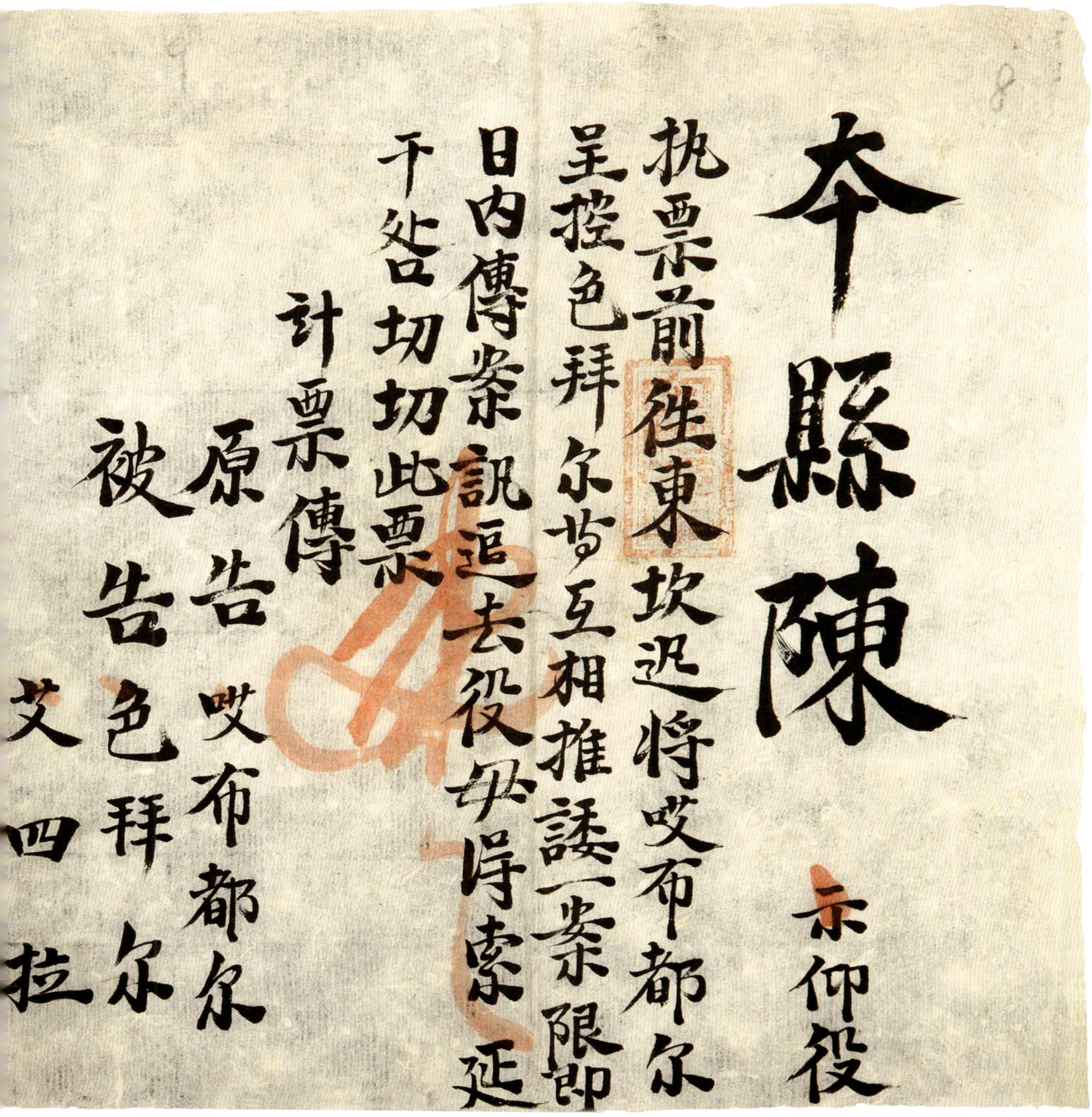
本縣陳　示仰役
執票前往東坎迅將哎布都尔
呈控色拜尔等互相推諉一案限即
日内傳案訊追去役毋得索延
干咎切切此票
計票傳
原告　哎布都尔
被告　色拜尔
艾四拉

0　5cm

二三　哎布都尔呈控色拜尔互相推諉案傳票

縱23.0cm×横45.0cm

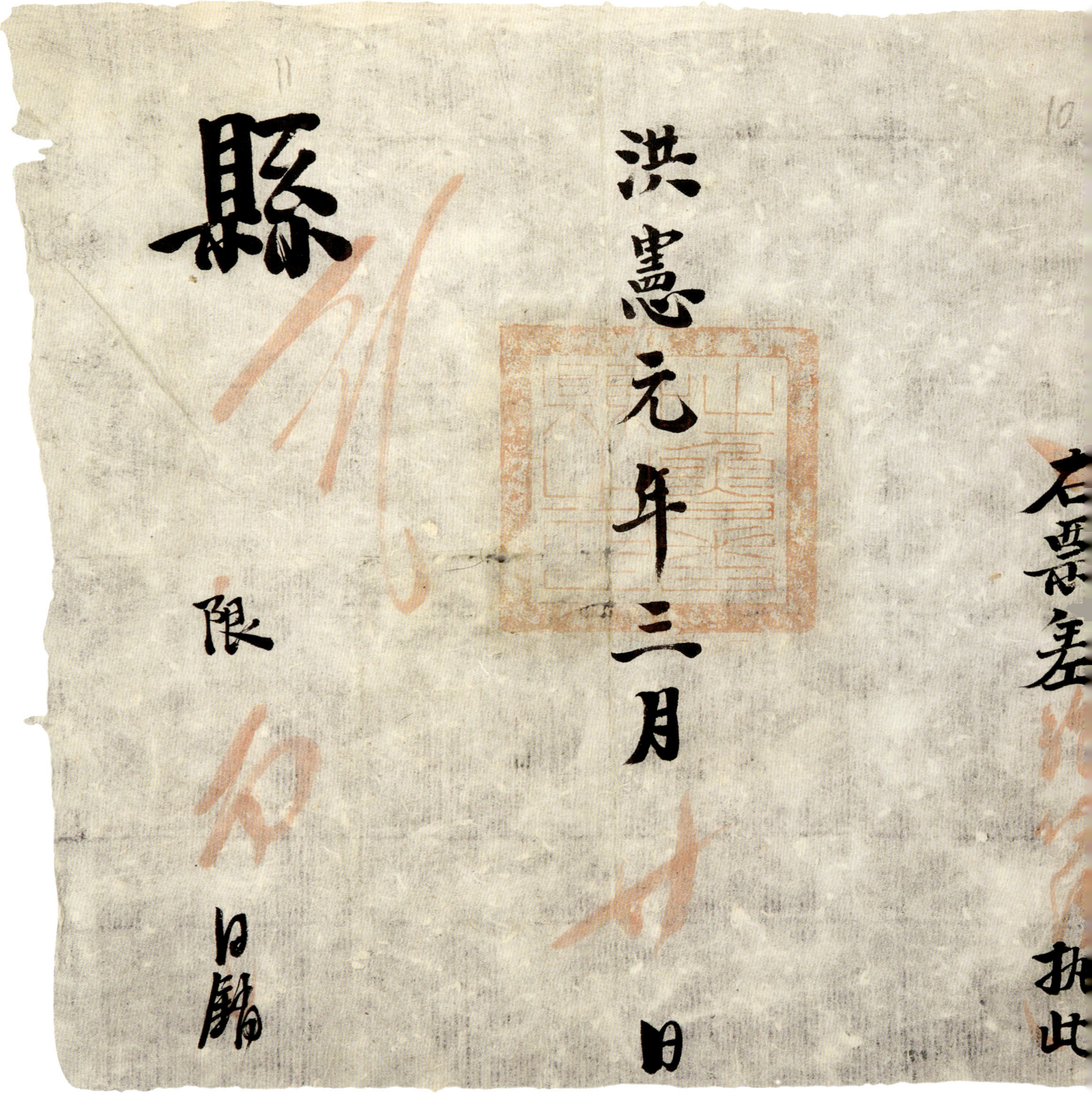
右票差
執此
洪憲元年三月廿日
限　日繳
縣

09ZJ0105

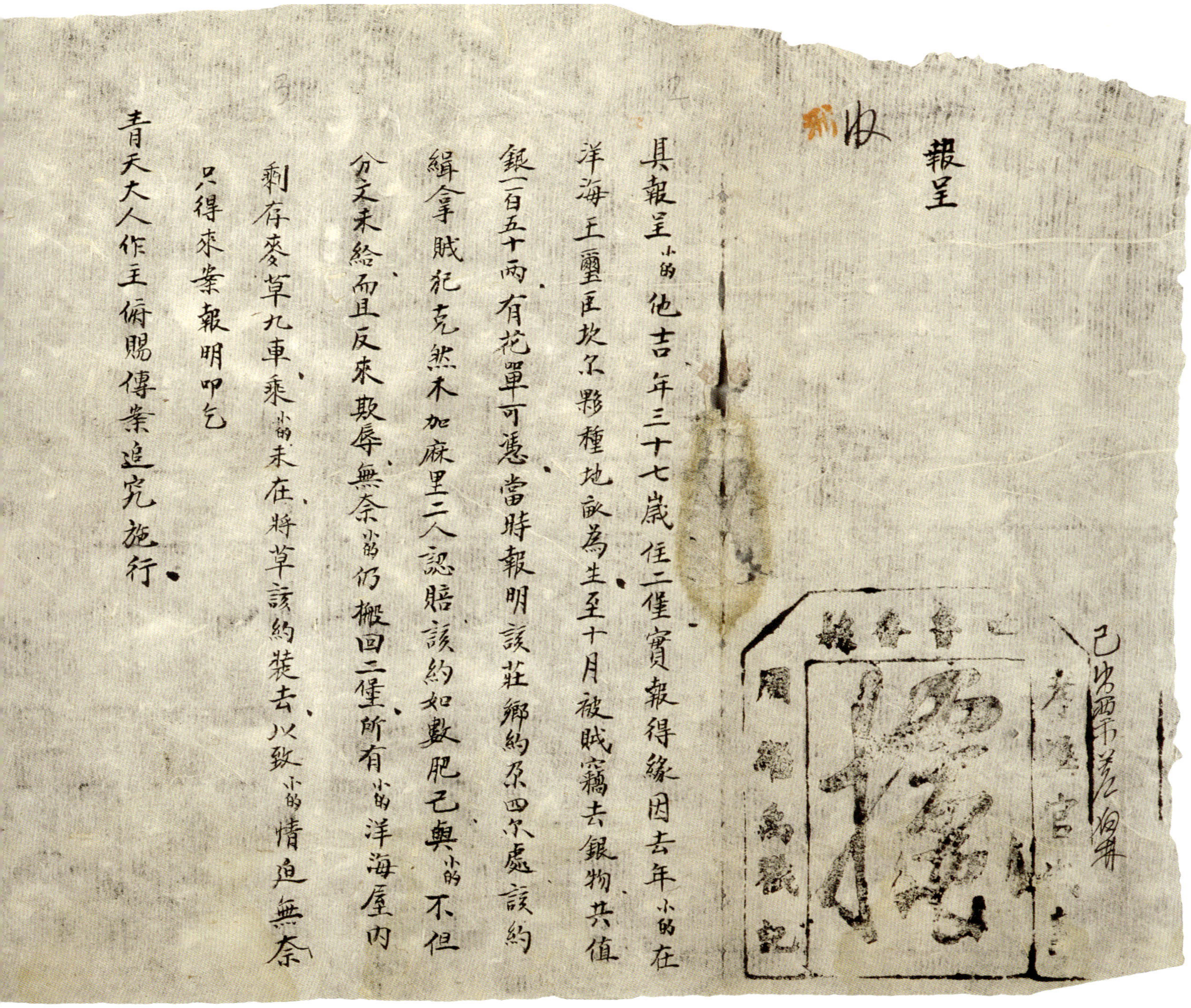

報呈

收

具報呈小的他吉年三十七歲住二堡實報得緣因去年小的在洋海王壐臣坎尔影種地畝為生至十月被賊竊去銀物共值銀一百五十兩有花單可憑當時報明該莊鄉約尕四尔處該約緝拿賊犯克然木加麻里三人認賠該約如數肥己與小的不但分文未給而且反來欺辱無奈小的仍搬回二堡所有小的洋海屋内剩存麥草九車乘小的未在將草該約裝去以致小的情迫無奈只得來案報明叩乞

青天大人作主俯賜傳案追究施行

0 5cm

二四 他吉報呈爲私吞贓物又拉麥草事

縱22.7cm×横54.0cm

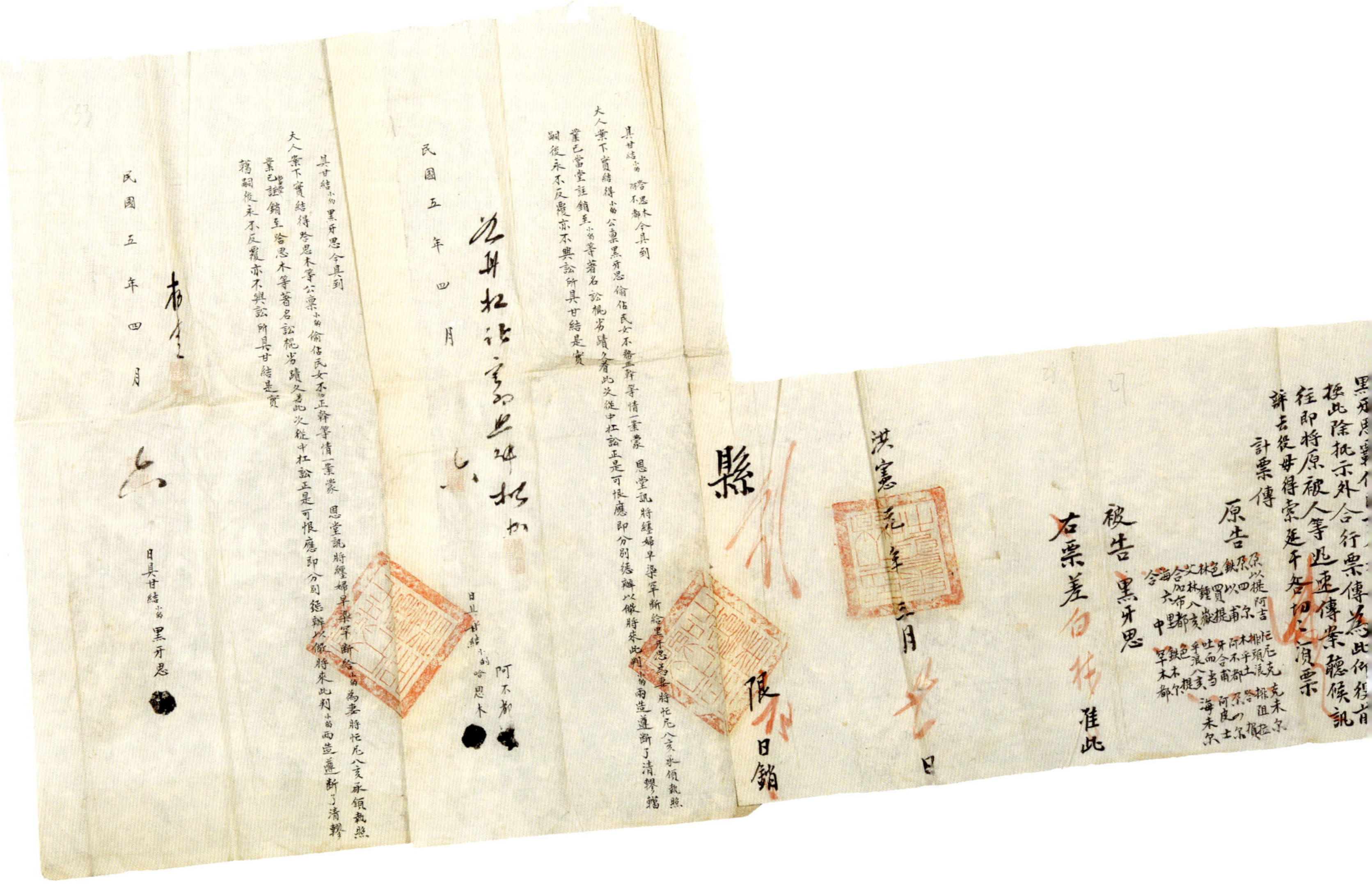

據此除批示外合行票傳爲此仰役□□
往即將原被人等迅速傳案聽候訊
詳去役毋得索延干咎切切須票

計票傳

原告

被告 黑牙思

右票差白楊 准此

洪憲元年三月 日

縣

限 日銷

具甘結小的阿不都、哈思木今具到
大人案下實結得小的公稟黑牙思偷佔民女不務正業等情一案蒙恩堂訊將纏婦早桑罕斷給黑牙思爲妻將托尼八亥承領執照
業已當堂註銷至小的等著名訟棍尚蹟久著此次從中扛訟正是可恨應即分別懲辦以儆將來此判小的兩造遵斷了清轇轕
嗣後永不反覆亦不興訟所具甘結是實

民國五年四月 日具甘結小的哈思木 阿不都

具甘結小的黑牙思今具到
大人案下實結得哈思木等公稟小的偷佔民女不務正業等情一案蒙恩堂訊將纏婦早桑罕斷給小的爲妻將托尼八亥承領執照
業已當堂註銷至哈思木等著名訟棍尚蹟久著此次從中扛訟正是可恨應即分別懲辦以儆將來此判小的兩造遵斷了清轇
轕嗣後永不反覆亦不興訟所具甘結是實

民國五年四月 日具甘結小的黑牙思

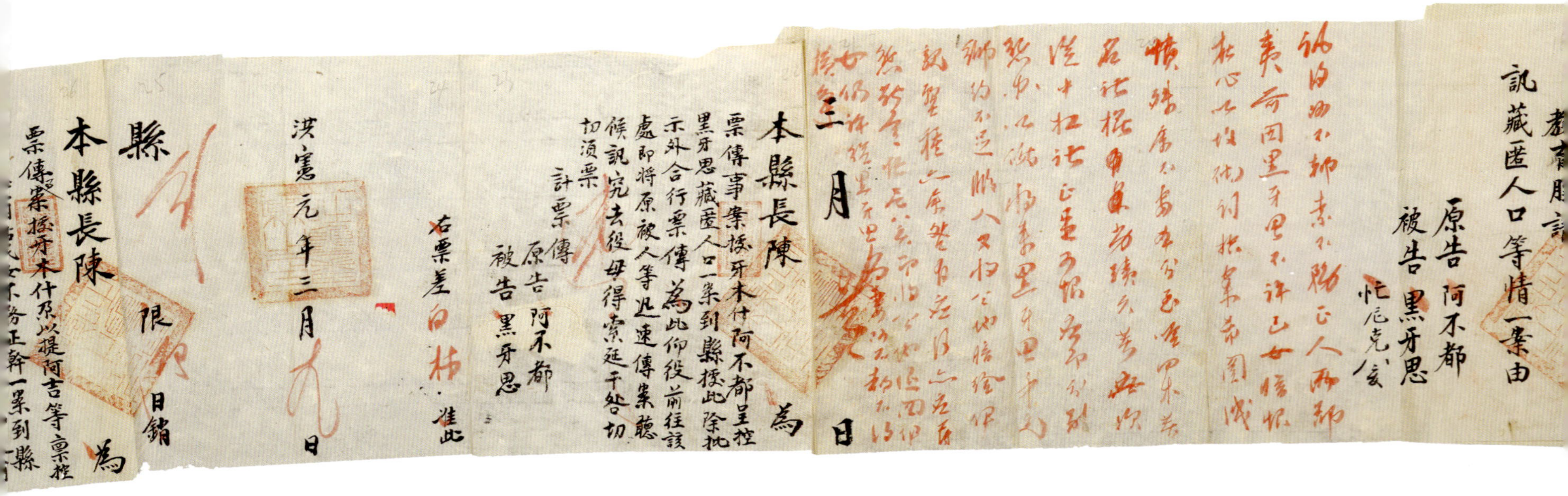
訊藏匿人口等情一案由
原告 阿不都
被告 黑牙思
忙尼克人亥
三月
日
本縣長陳 為
票傳事案據牙木什阿不都呈控
黑牙思藏匿人口一案到縣據此除批
示外合行票傳為此仰役前往該
處即將原被人等迅速傳案聽
候訊究去役毋得需延干咎切
切須票
計票傳
原告 阿不都
被告 黑牙思
右票差白柿 准此
洪憲元年三月 日
縣
限 日銷
本縣長陳 為
票傳案據牙木什原以提阿吉等稟控
一案到縣

09ZJ0111

0 5cm

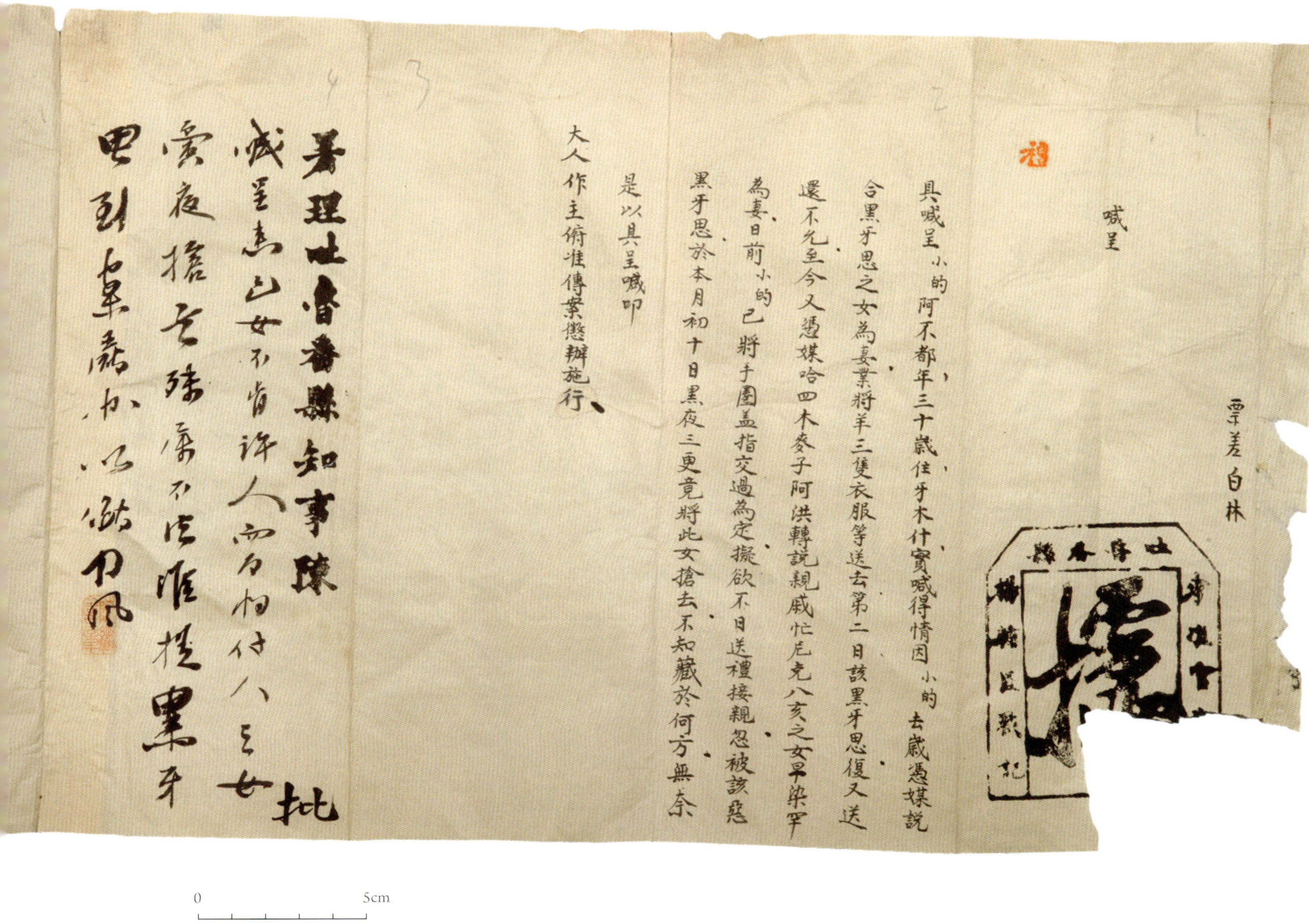

喊呈

票差 白林

具喊呈小的阿不都年三十歲住牙木什實喊得情因小的去歲憑媒說

合黑牙思之女為妻業將羊三隻衣服等送去第二日該黑牙思復又送

還不允至今又憑媒哈四木麥子阿洪轉說親戚忙尼克八亥之女早染罕

為妻日前小的已將手圈盖指交過為定擬欲不日送禮接親忽被該惡

黑牙思於本月初十日黑夜三更竟將此女搶去不知藏於何方無奈

是以具呈喊叩

大人作主俯准傳案懲辦施行

署理吐魯番縣知事陳　批

喊呈此女不肯許人而乃另付八亥之女

黑夜搶去殊屬不法准提黑牙

思到案訊辦以儆刁風

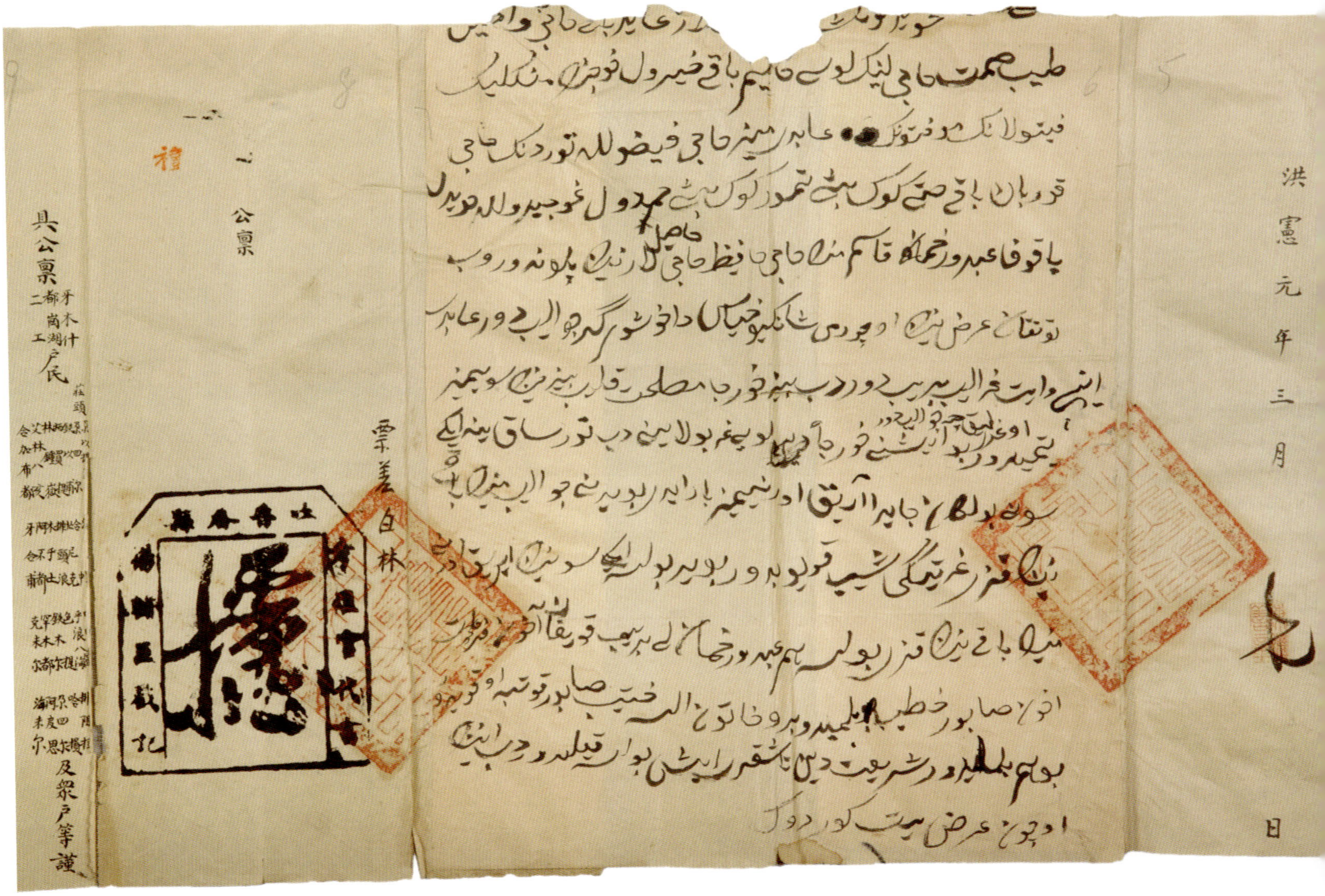
洪憲元年三月　日

公稟

稟差白林

具公稟

民

及衆戶等謹

09ZJ0111(4-1)

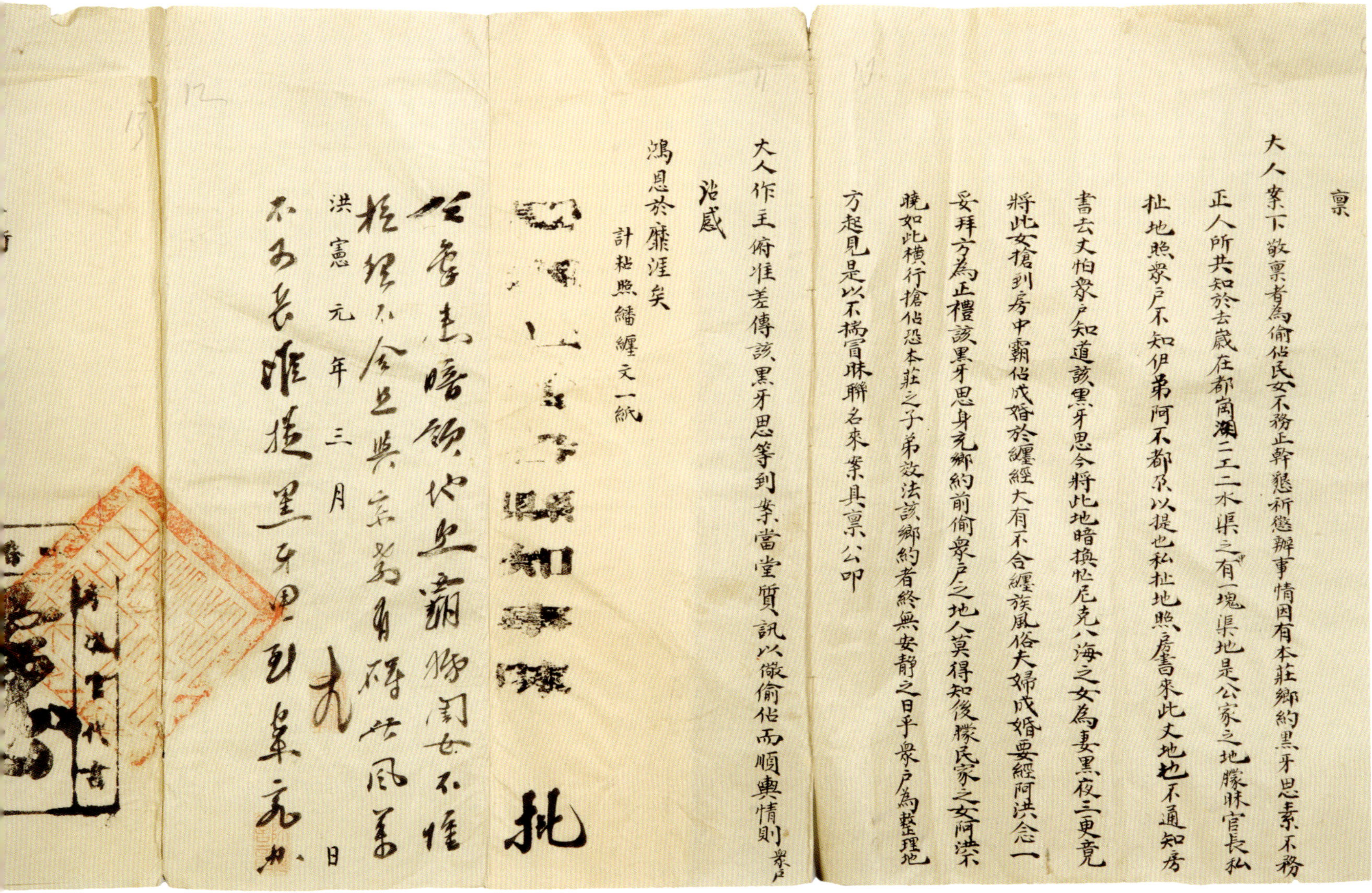

稟

大人案下敬稟者為偷佔民女不務正幹懇祈懲辦事情因有本莊鄉約黑牙思素不務
正人所共知於去歲在都尚湖二工二水渠之有一塊渠地是公家之地滕胩官長私
扯地照衆戶不知伊弟阿不都尕以提也私扯地照房書來此丈地也不通知房
書去丈怕衆戶知道該黑牙思今將此地暗換帖尼克八海之女為妻黑夜三更竟
將此女搶到房中霸佔成婚於纏經大有不合纏族風俗夫婦成婚要經阿洪念一
妥拜方為正禮該黑牙思身充鄉約前偷衆戶之地人莫得知後撈民家之女阿洪
曉知此横行搶佔恐本莊之子弟效法該鄉約者終無安靜之日乎衆戶為整理地
方起見是以不揣冒昧聯名來案具稟公叩
大人作主俯准差傳該黑牙思等到案當堂質訊以儆偷佔而順輿情則衆戶
沾感
鴻恩於靡涯矣
計粘照繙纏文一紙

[illegible]縣知事[illegible] 批

所稟素暗領似此霸佔閨女不惟
極理不合且與宗教有礙此風萬
不可長准提黑牙思到案究辦

洪憲元年三月 日

代書

0 5cm

具分晰小的忙尼克八海年六十歲住牙木什為分晰原情懇
恩作主俯准傳案剖斷事情因小的之女早染罕前許合加拜尔阿吉為妻今
合加拜尔已故遺妻艾于日食維艱小的是以甘願許與鄉約黑牙思為妻鄉
約與子將子許為宗祧並未得鄉約之地該哈不爺並未到過小的之門亦未
有媒証說過小的之女迄今捏詞妄稟不知是何緣由祇得據實分晰前在
大人案下今三月十日已曾領有地十畝執照為憑叩乞
大人作主俯准傳案查訊真偽施行

查此閱悉以女許配以子兼祧說合
據所又無中証據之情理殊難與俗
議多不合已據提黑牙思到案
立斷然以正風化示乃查婦倫和詞
去一面飭為黑牙思什說吾仰
其中有無劉約候傳集訊究

洪憲元年三月　　日

09ZJ0111(4-2)

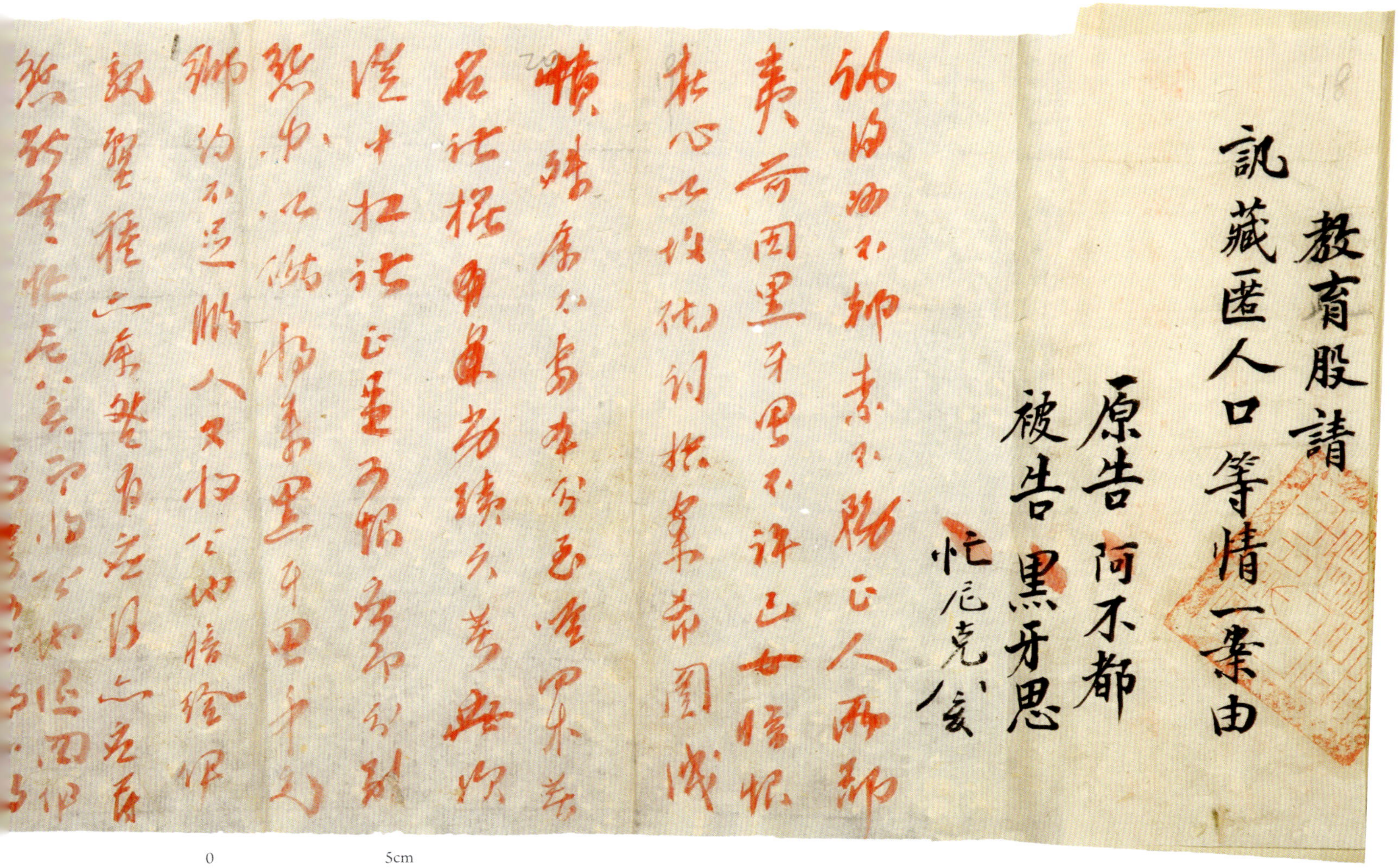
教育股請
訊藏匿人口等情一案由
原告 阿不都
被告 黑牙思
忙尼克 ……

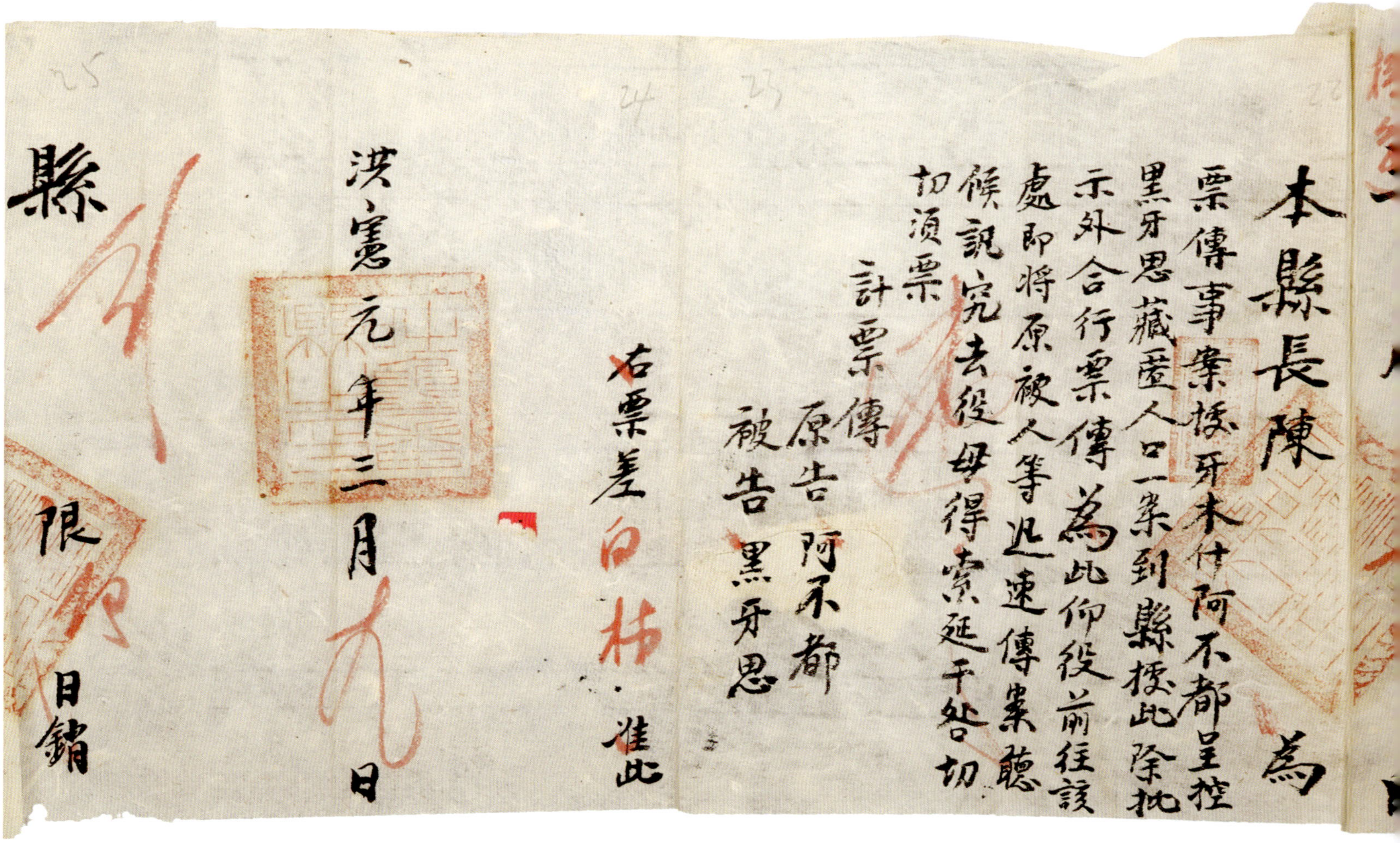

本縣長陳　為

票傳事案據牙木什阿不都呈控

黑牙思藏匿人口一案到縣據此除批

示外合行票傳為此仰役前往該

處即將原被人等迅速傳案聽

候訊究去役毋得索延干咎切

切須票

計票傳

原告　阿不都

被告　黑牙思

右票差白柿　准此

洪憲元年三月　九　日

縣

限　日銷

09ZJ0111(4-3)

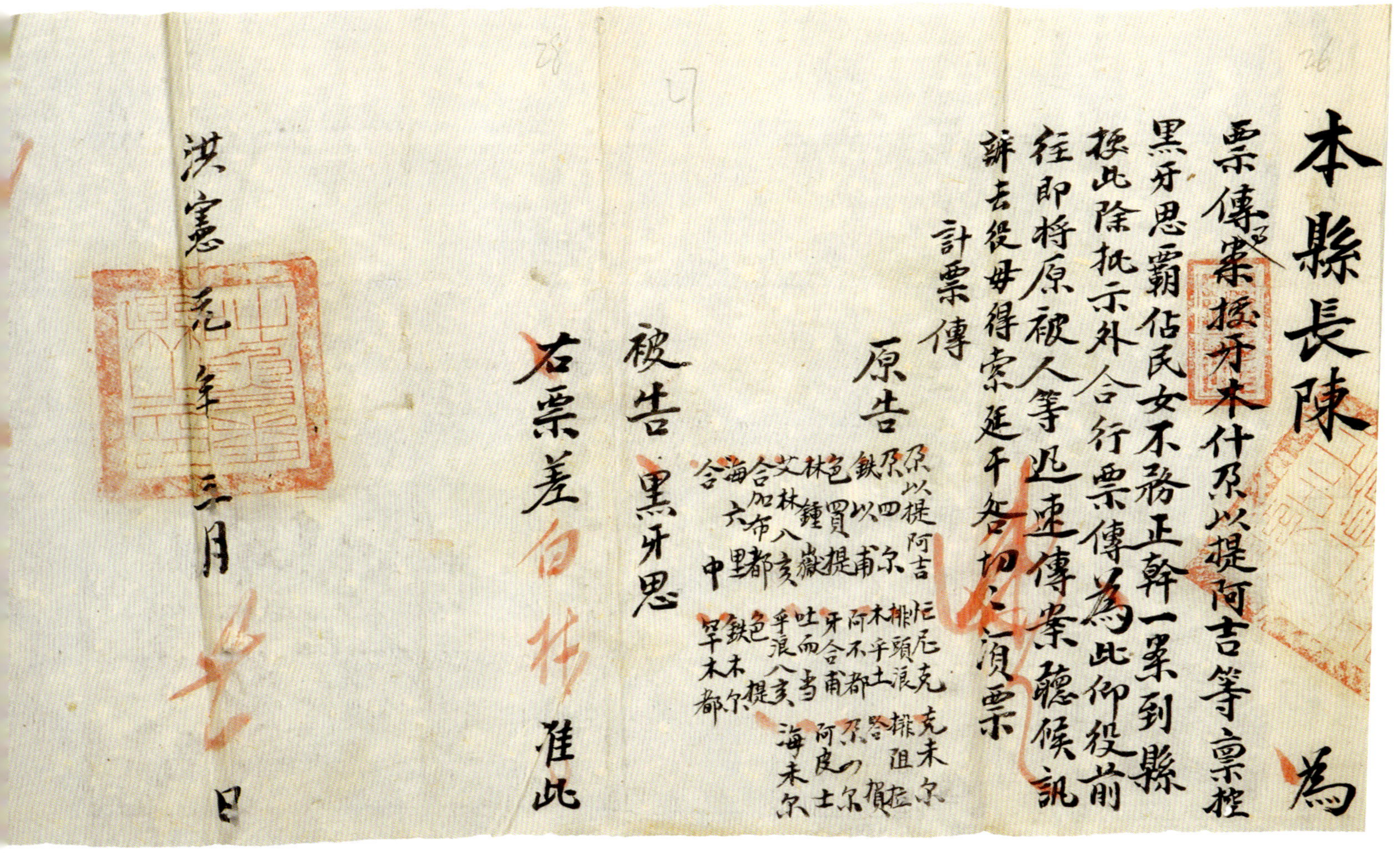
本縣長陳　為
票傳案據牙木什尕以提阿吉等稟控
黑牙思霸佔民女不務正幹一案到縣
據此除批示外合行票傳為此仰役前
往即將原被人等迅速傳案聽候訊
辦去役毋得索延干咎切切須票
計票傳
原告
尕以提阿吉
尕四尔
鐵以甫
色買提
林鍾巖
文林八亥
合加布都
海六里
合中
尼尼克
排頭浪
木辛土
阿不都
牙合甫
吐而肖
乎浪八亥
色提
鐵木尔
罕木都
克未尔
排阻
吾損
尕尔
阿良士
海未尔
被告　黑牙思
右票差白林　准此
洪憲元年三月　日
0　5cm

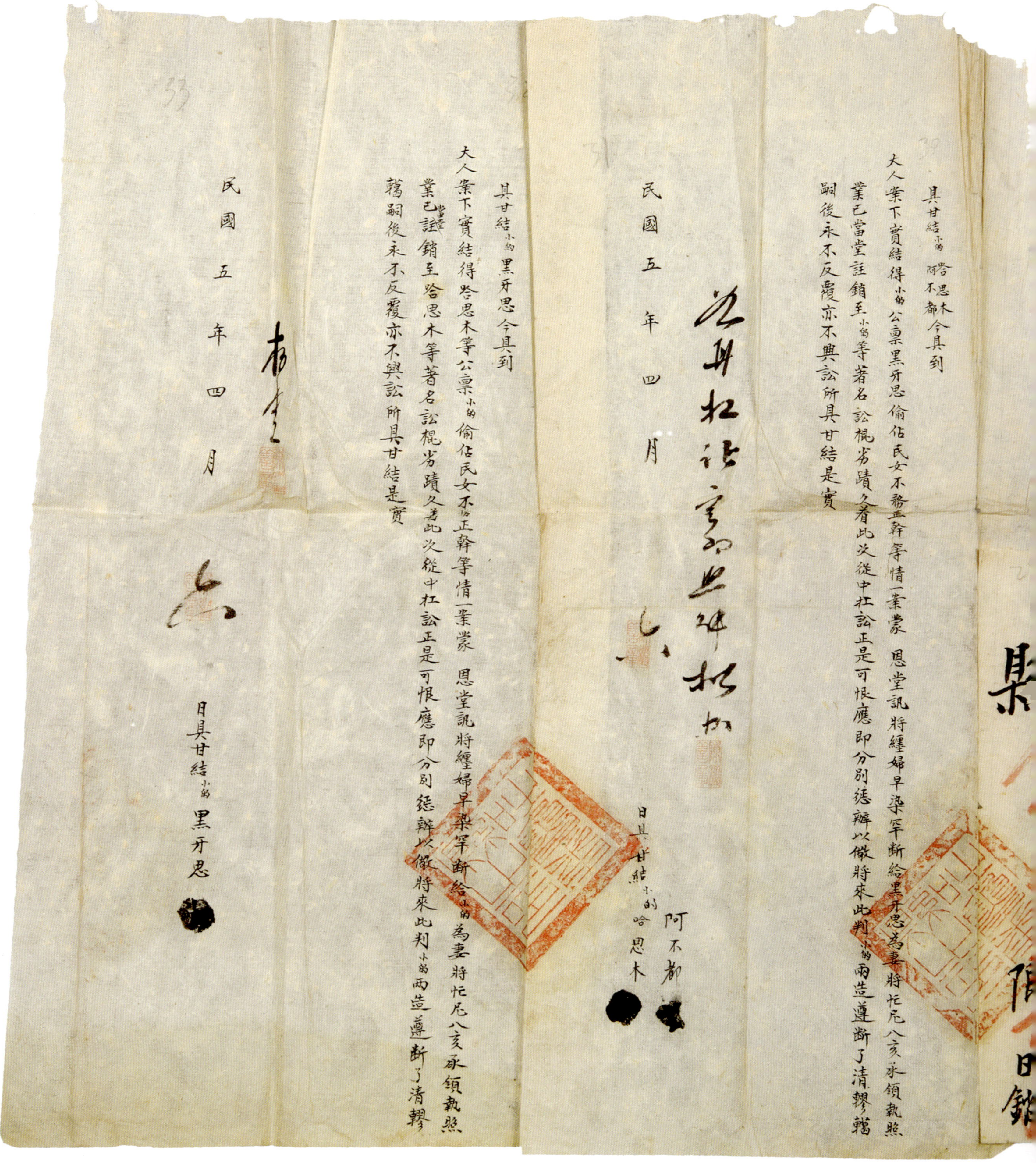

具甘結小的阿不都咎思木今具到
大人案下實結得小的公禀黑牙思偷佔民女不務正幹等情一案蒙　恩堂訊將纏婦早染罕斷給黑牙思為妻將忙尼八亥承領執照
業已當堂註銷至小的等著名訟棍劣蹟久着此次從中扛訟正是可恨應即分別懲辦以儆將來此判小的兩造遵斷了清轇轕
嗣後永不反覆亦不興訟所具甘結是實

民國五年四月　日具甘結小的哈思木　阿不都

具甘結小的黑牙思今具到
大人案下實結得咎思木等公禀小的偷佔民女不務正幹等情一案蒙　恩堂訊將纏婦早染罕斷給小的為妻將忙尼八亥承領執照
業已當堂註銷至咎思木等著名訟棍劣蹟久著此次從中扛訟正是可恨應即分別懲辦以儆將來此判小的兩造遵斷了清轇
轕嗣後永不反覆亦不興訟所具甘結是實

民國五年四月　日具甘結小的黑牙思

09ZJ0111(4-4)

二六　阿那以提呈控若則挺抗棉花案傳票

縱23.5cm×橫44.5cm

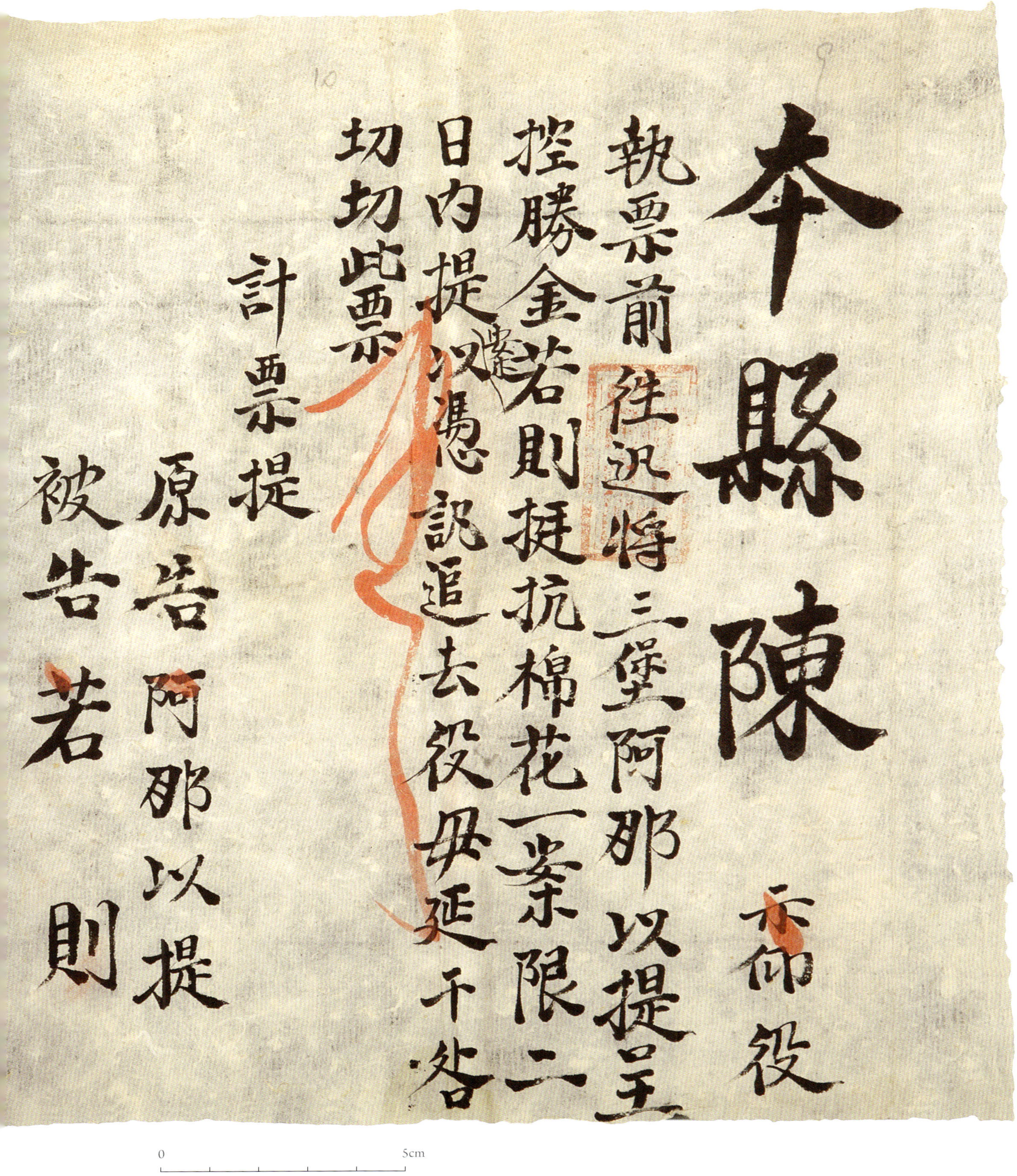
本縣陳　示仰役
執票前往迅將三堡阿那以提呈
控勝金若則挺抗棉花一案限二
日内提以憑訊追去役毋延干咎
切切此票
計票提
原告阿那以提
被告若則

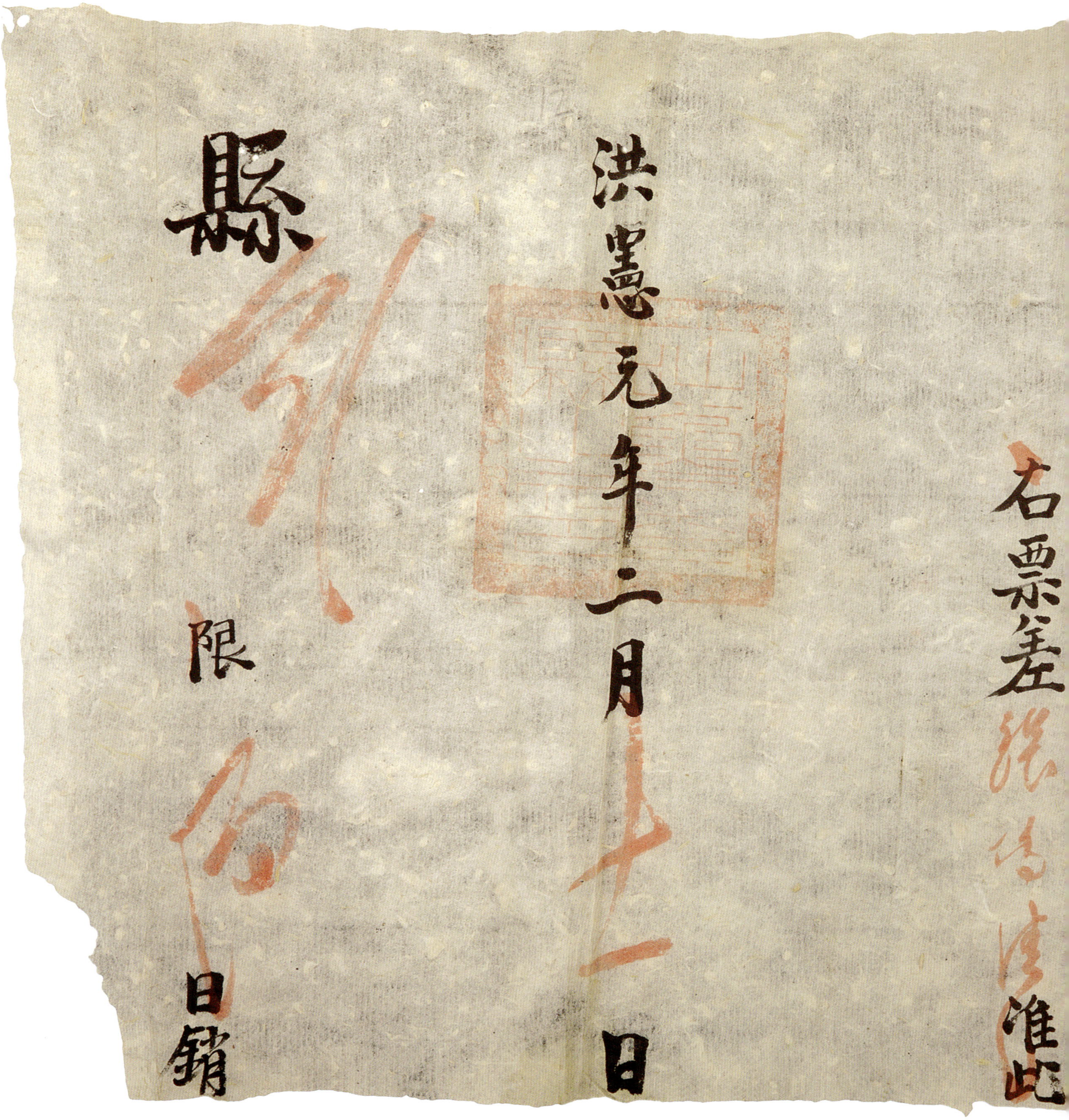
右票差張德清准此

洪憲元年二月十一日

縣

限　日銷

09ZJ0085

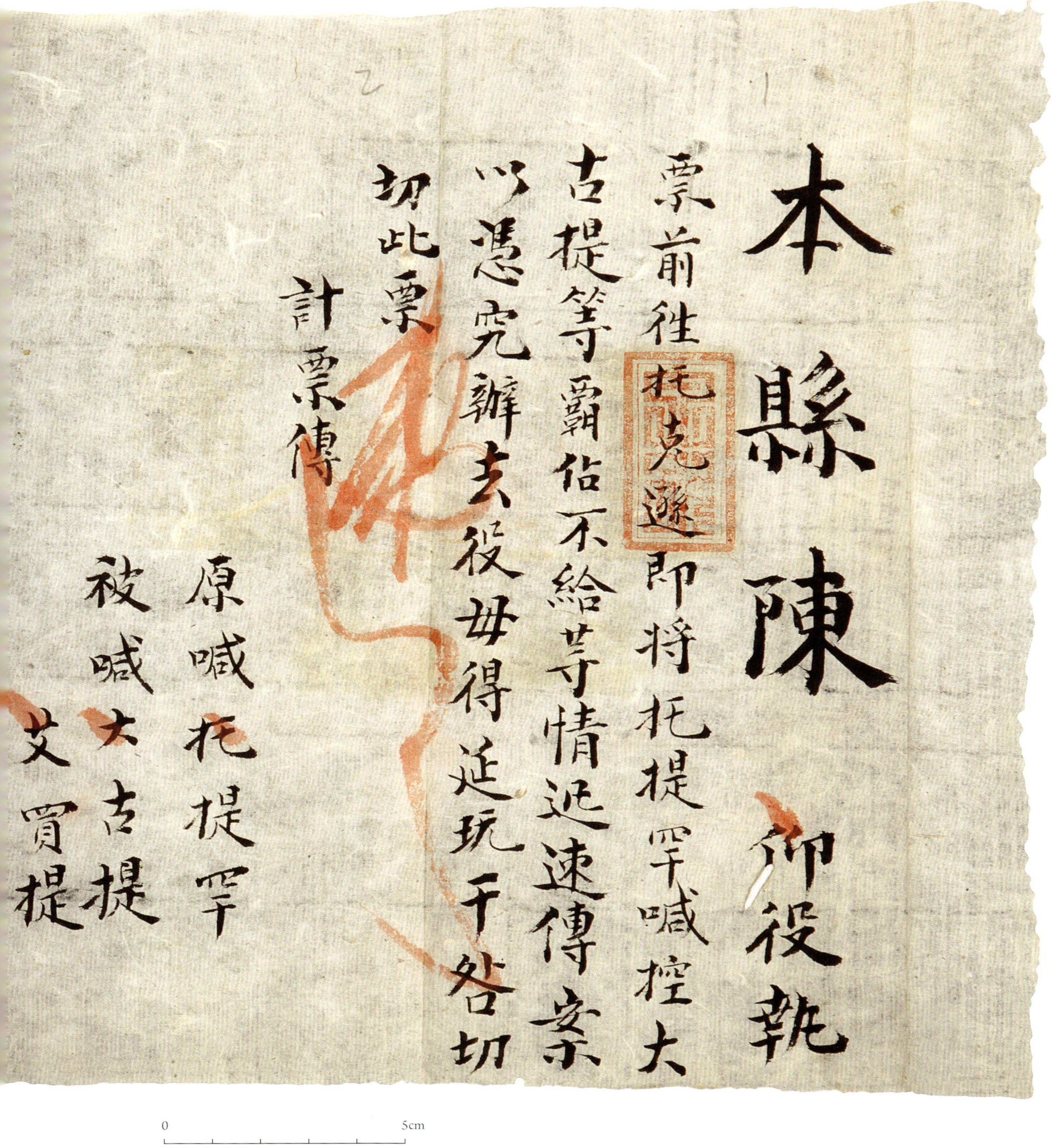

本縣陳　仰役執
票前往托克遜即將托提罕喊控大
古提等霸佔不給等情迅速傳案
以憑究辦去役毋得延玩干咎切
切此票
計票傳
原喊托提罕
被喊大古提
艾買提

二七　托提罕喊控大古提等霸佔不給等情傳票

縱23.5cm×橫43.5cm

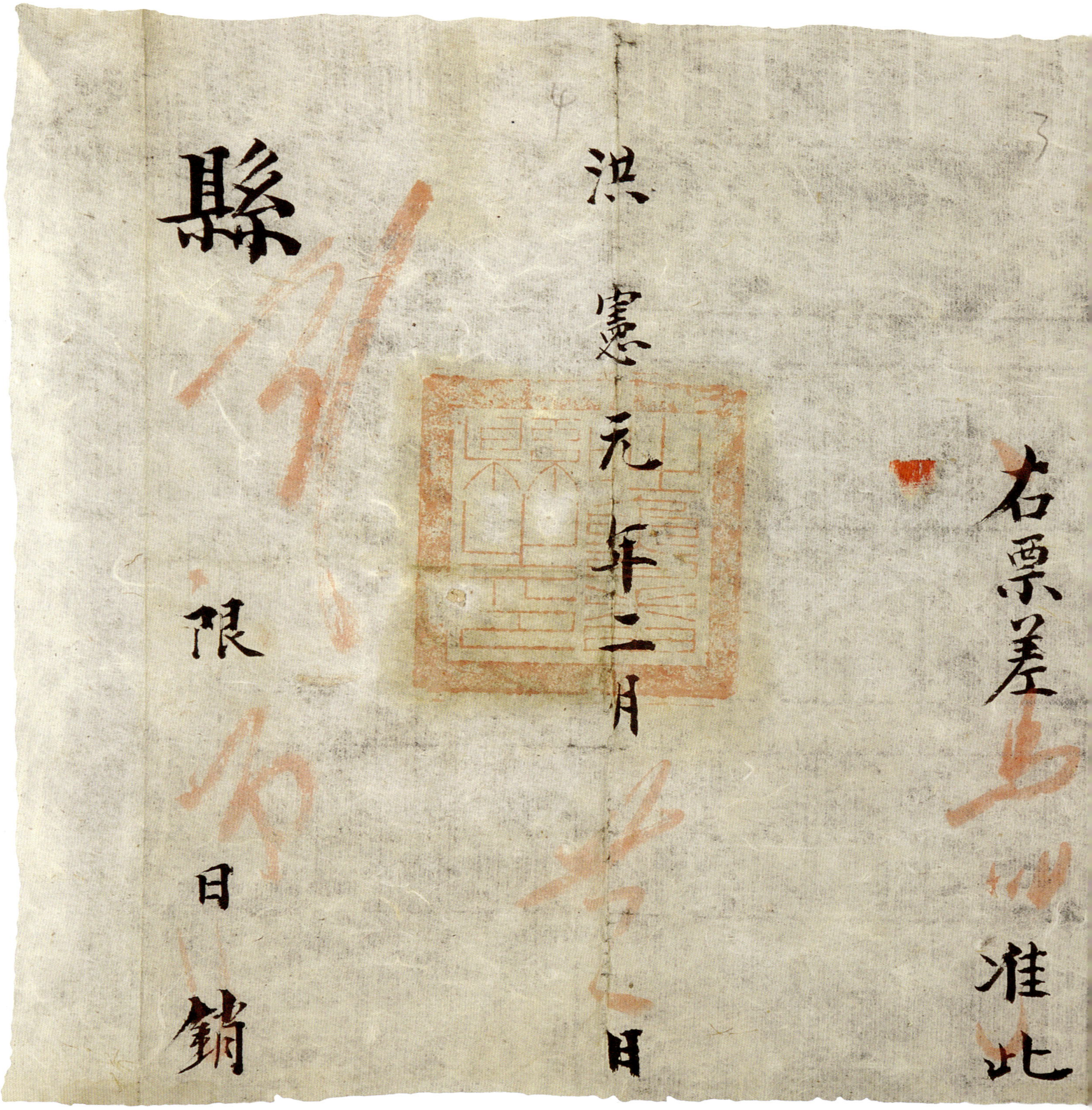

右票差　　准此

洪憲元年二月　日

縣

限　日銷

09ZJ0112

二八　鉄木尔等呈控馬占福偷截水源案傳票

縱 23.5cm × 橫 43.5cm

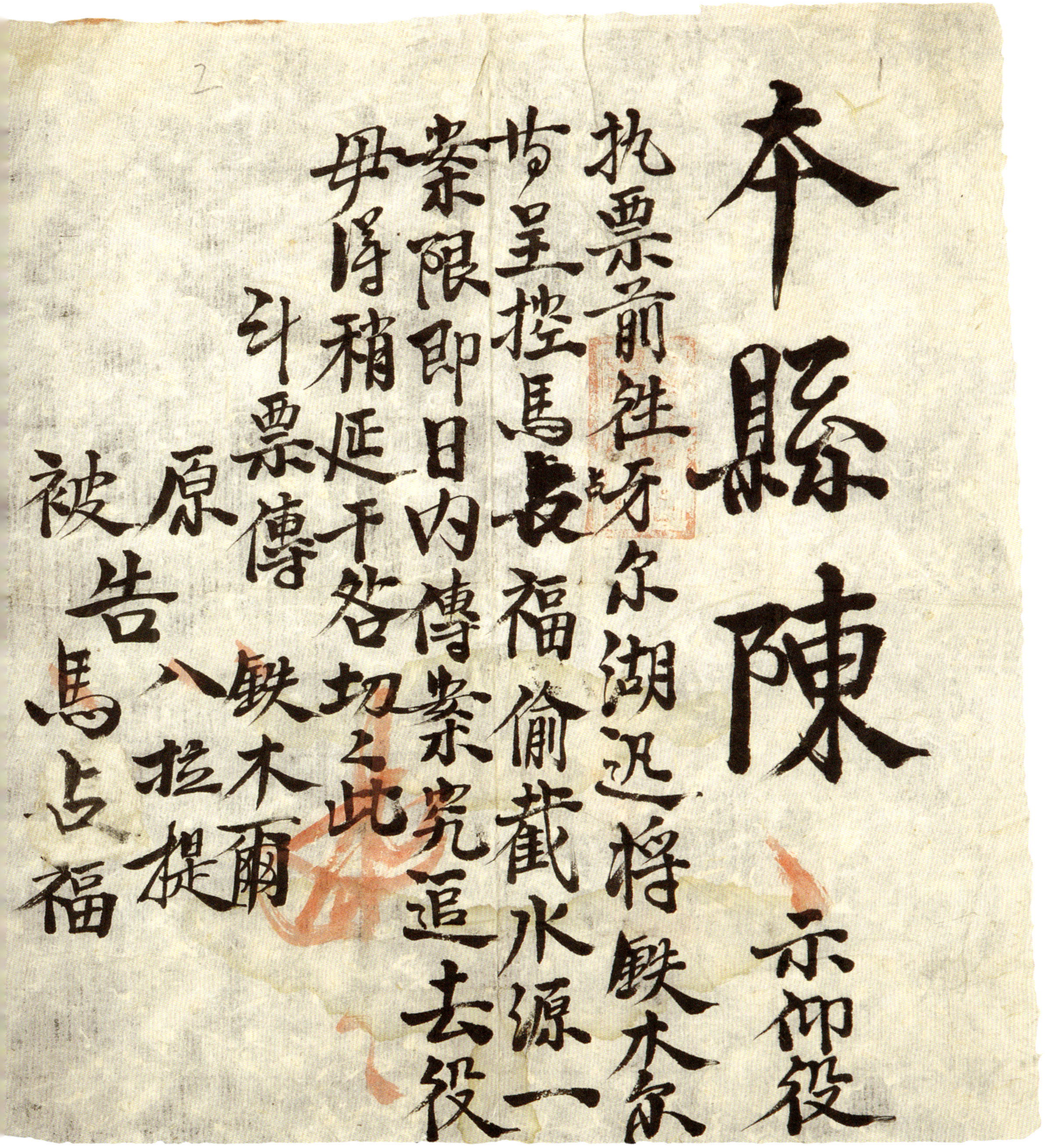

本縣陳

示仰役

執票前往牙尔湖迅將鉄木尔

告呈控馬長福偷截水源一

案限即日内傳案究追去役

毋得稍延干咎切切此

計票傳

原告　鉄木爾

　　　八拉提

被告馬占福

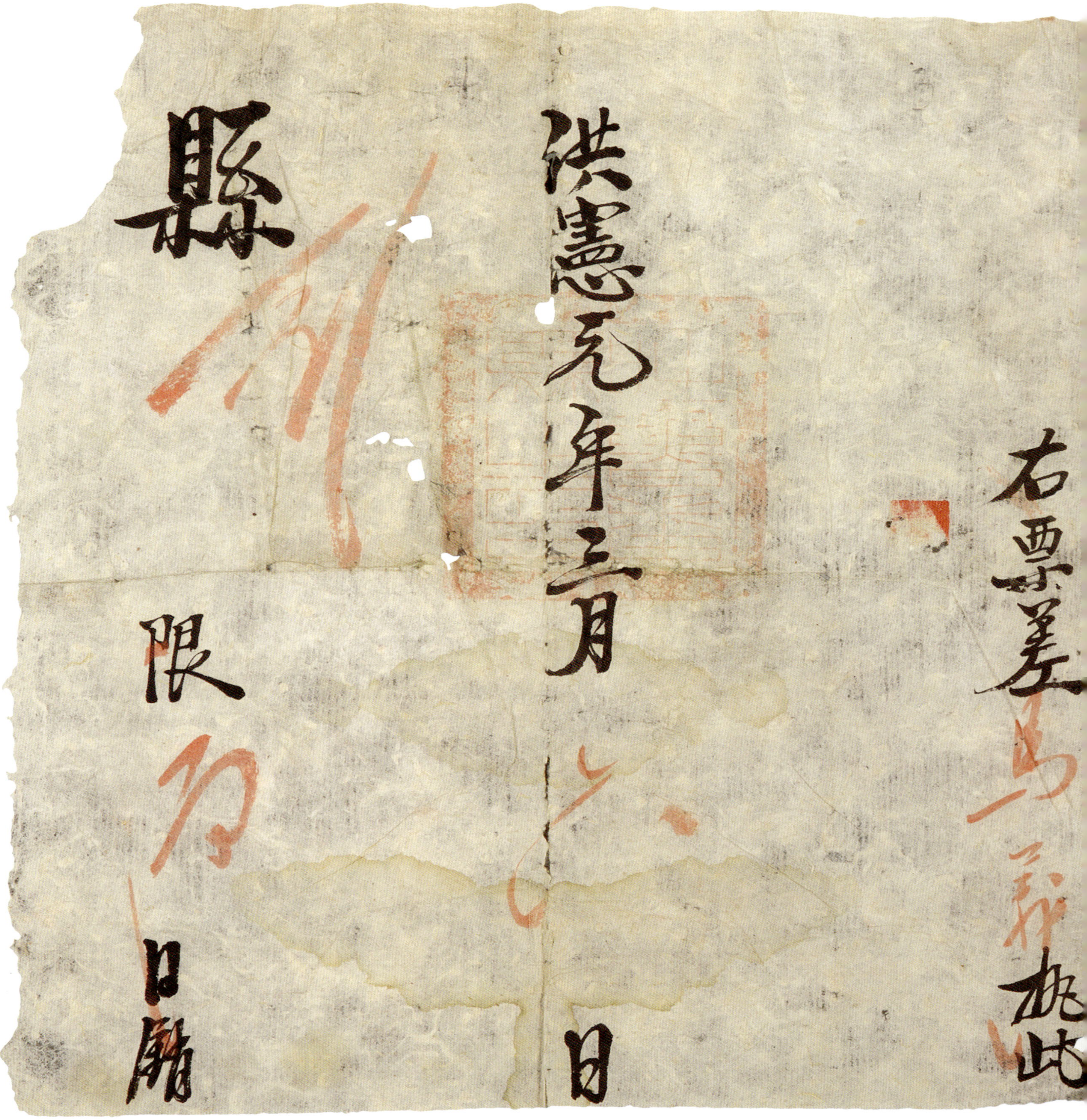

右票差 執此

洪憲元年三月 日

縣

限 日繳

09ZJ0086

二九　托乎買提呈控大古提等拖欠義糧估抗不交等情傳票

縱 23.5cm × 橫 45.0cm

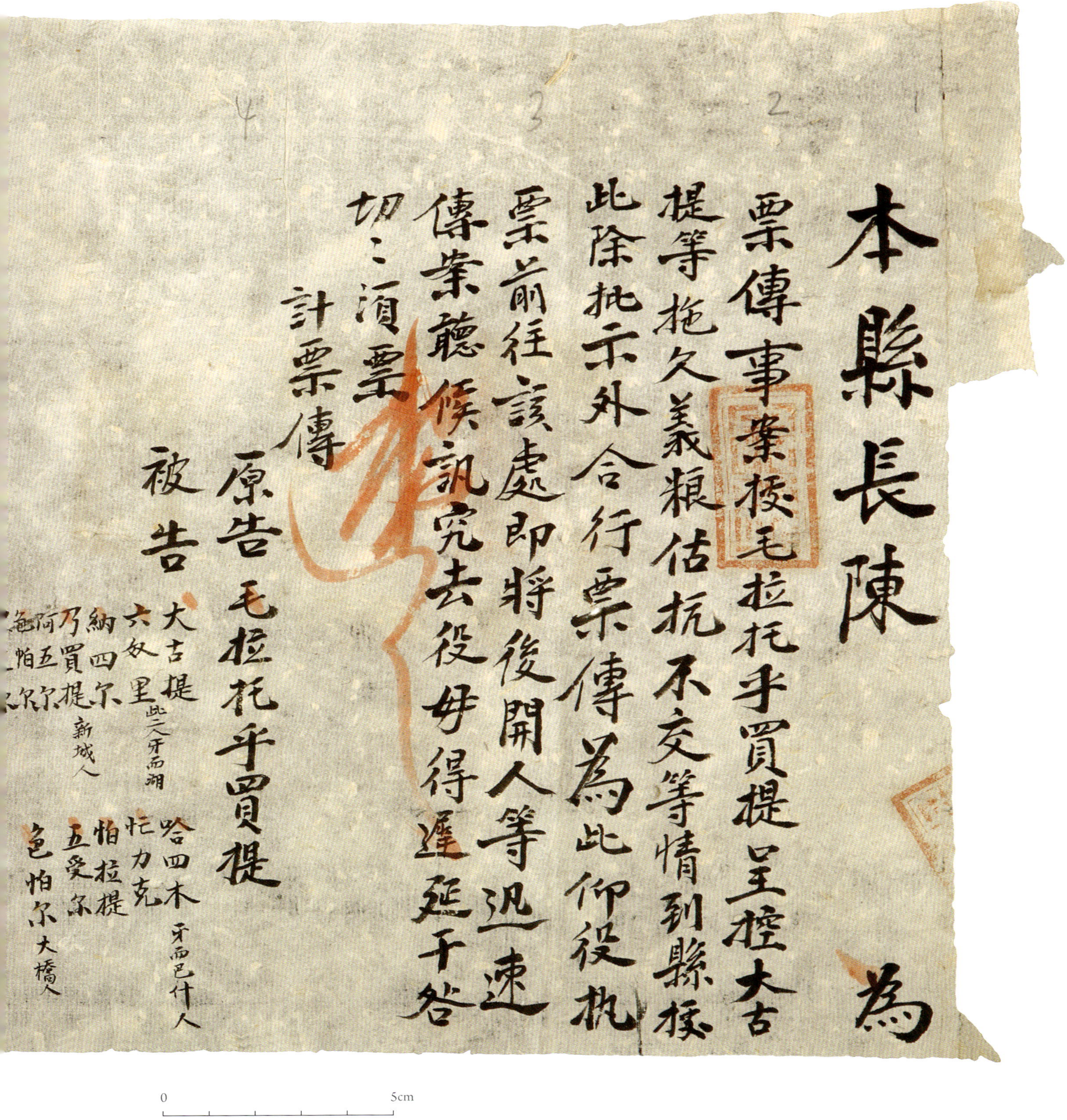
本縣長陳　為
票傳事案據毛拉托乎買提呈控大古
提等拖欠義粮估抗不交等情到縣據
此除批示外合行票傳為此仰役執
票前往該處即將後開人等迅速
傳案聽候訊究去役毋得遲延干咎
切切須票
計票傳
原告　毛拉托乎買提
被告　大吉提　六奴里 此二人牙而湖　納四尔　乃買提 新城人　阿五尔　色怕尔
哈四木 牙而巴什人　忙力克　怕拉提　五受尔　色怕尔 大橋人
1
2
3
4
0
5cm

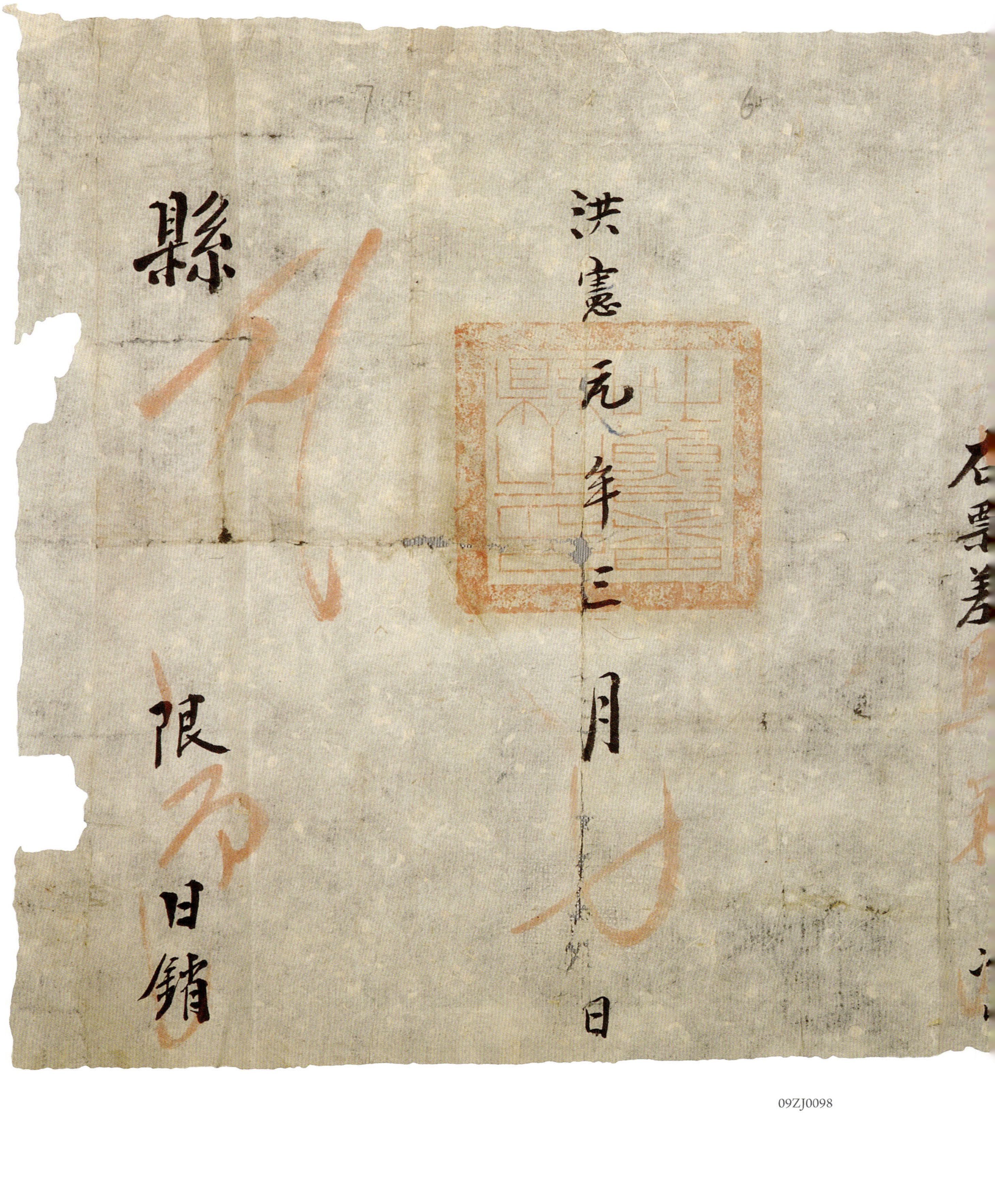

右票差

洪憲元年三月　日

縣

限　日銷

09ZJ0098

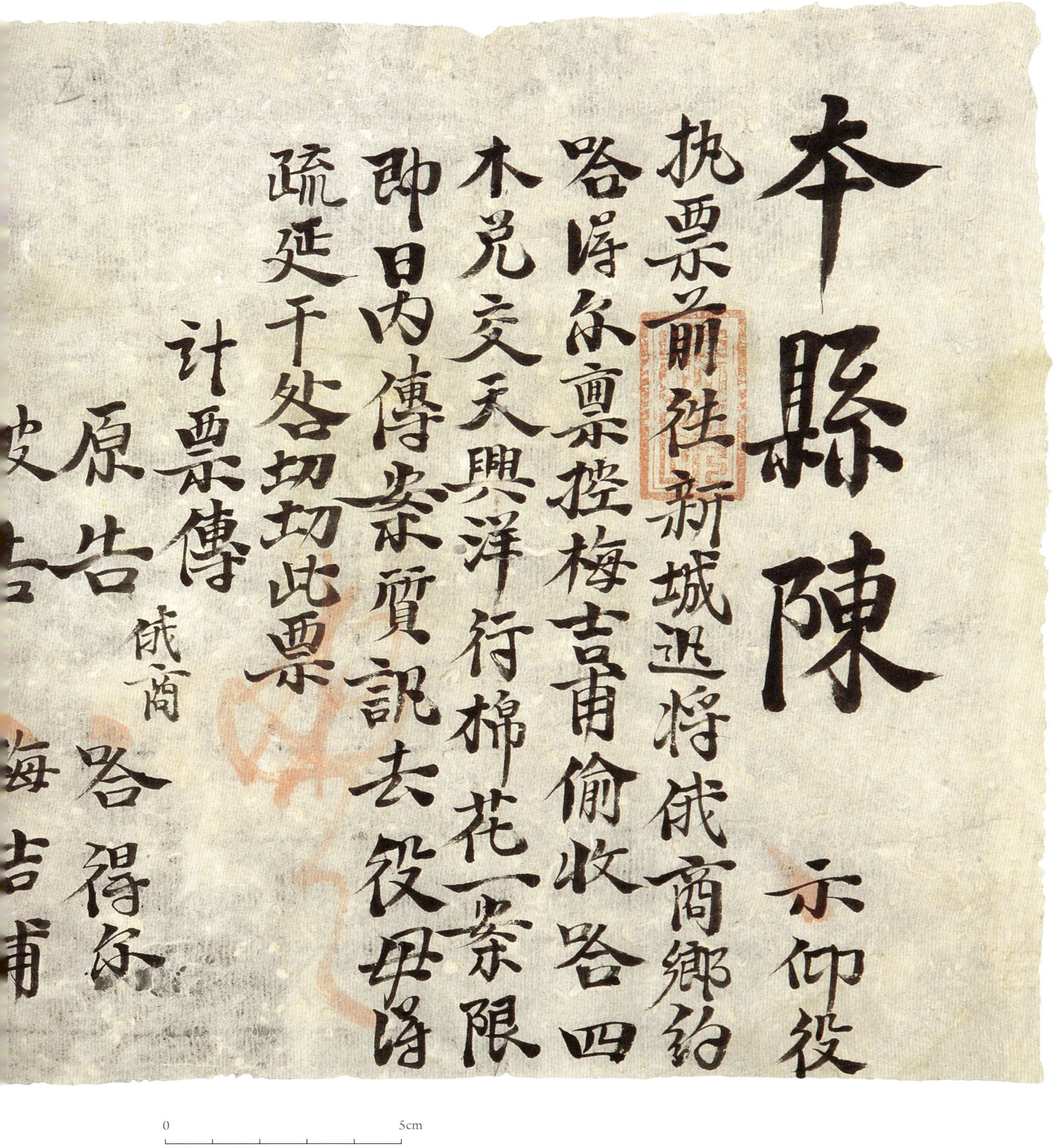
本縣陳　示仰役
執票前往新城迅將俄商鄉約
哈得尔禀控梅吉甫偷收哈四
木兑交天興洋行棉花一案限
即日内傳案質訊去役毋得
疏延干咎切切此票
計票傳
原告　俄商　哈得尔
被告　梅吉甫

三〇　哈得尔禀控梅吉甫偷收哈四木兑交天興洋行棉花案傳票

縱23.5cm×横45.0cm

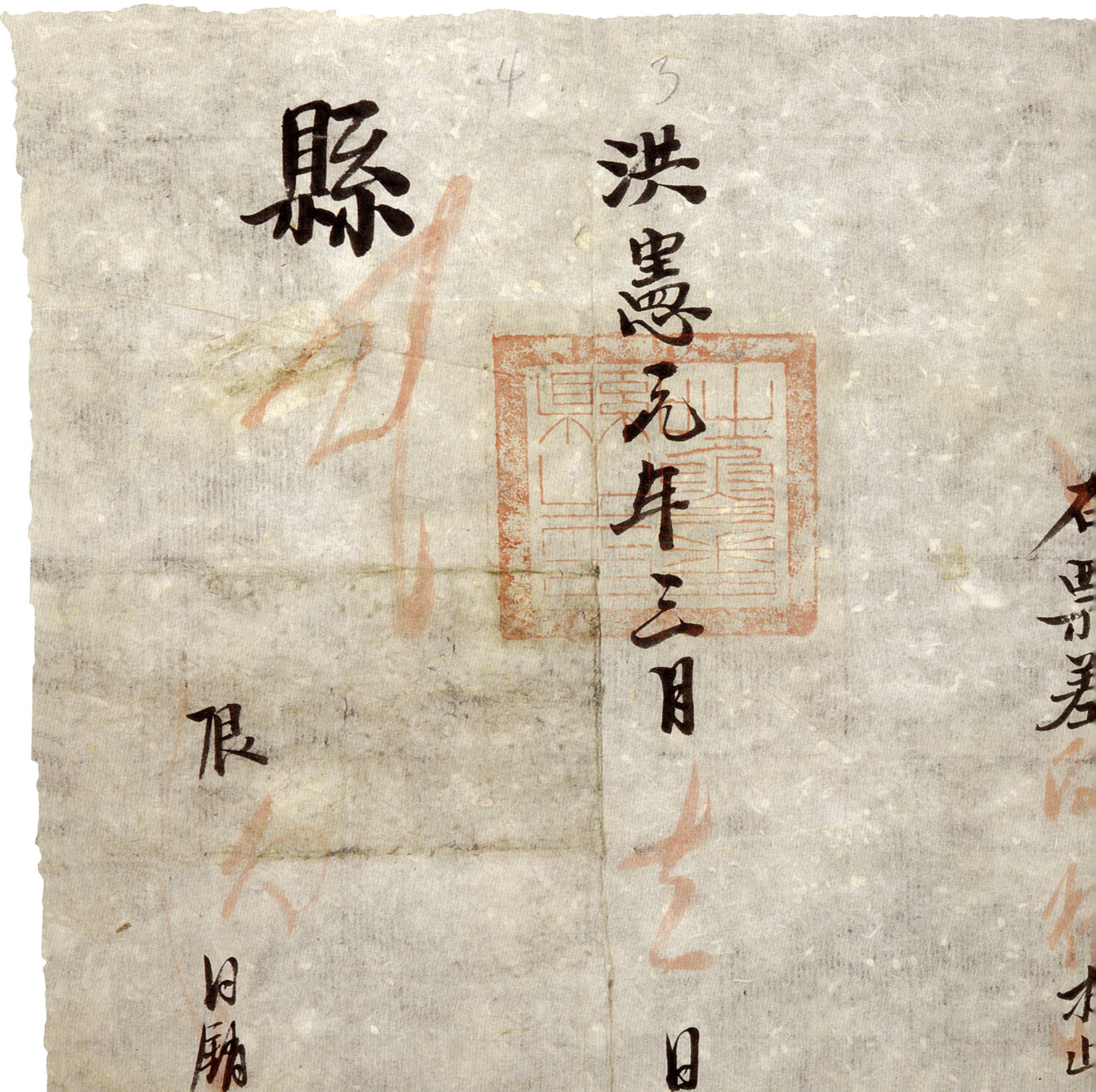
洪憲元年三月　日

縣

限　日繳

09ZJ0113

三一　艾沙買典田房契尾暨他石賣地房契　縱16.5-36.6cm×橫85.0cm

09ZJ0114

三二　買克素土賣地契

縱 34.0-38.5cm × 横 60.5cm

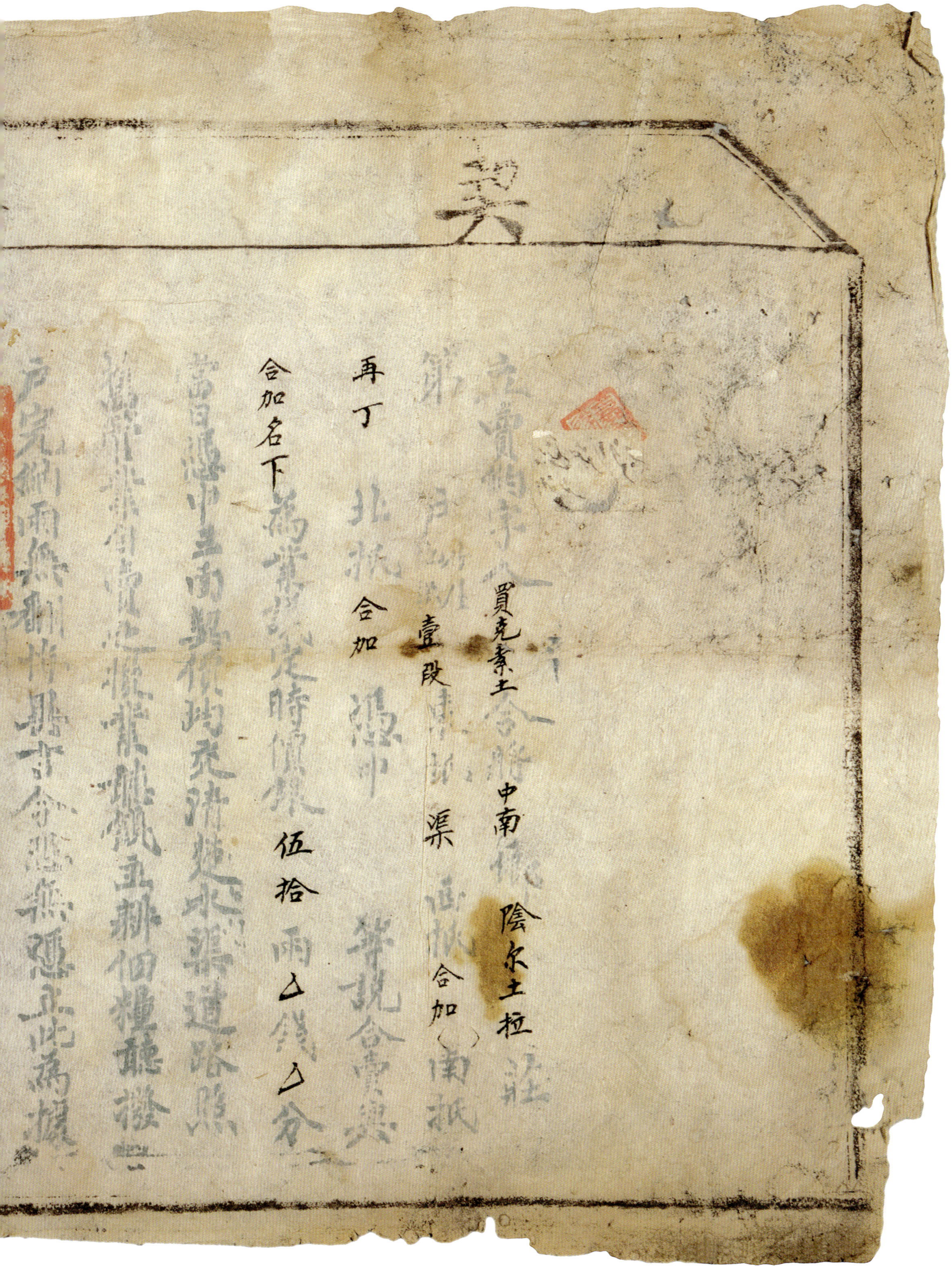
契
買克素土
中南
陰尔土拉
壹段
渠
合加
再丁
合加
合加名下
伍拾　兩△錢△分

0　5cm

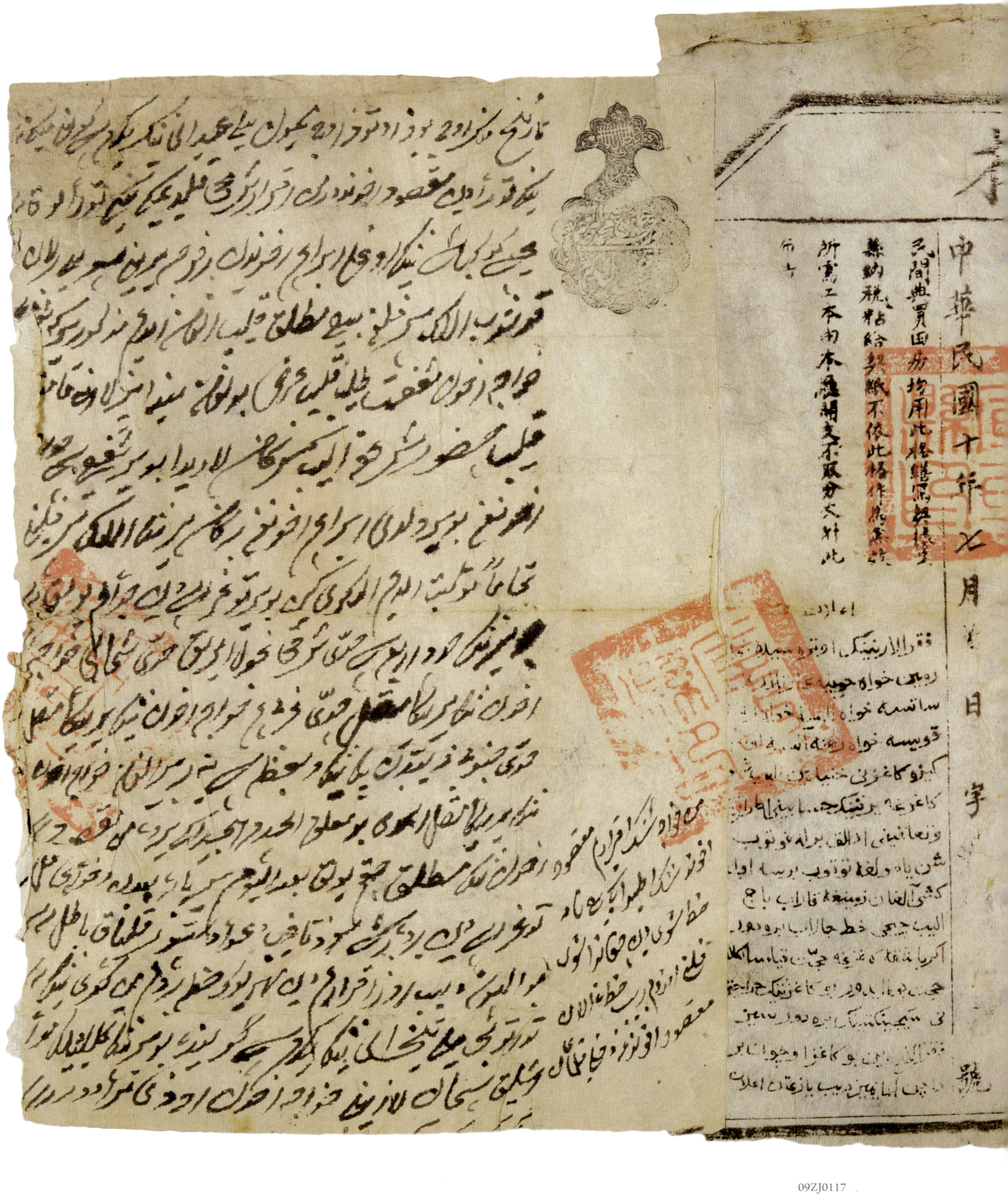
中華民國十年七月 日 字 號
凡間典買田房均用此格謄寫與契
粘納稅粘給契紙不依此格作為無效
所需工本由本縣開支不取分文特此
佈告

09ZJ0117

三三　典賣田房契紙暨尼沙比比賣地契

縱17.0-34.0cm×橫79.0cm

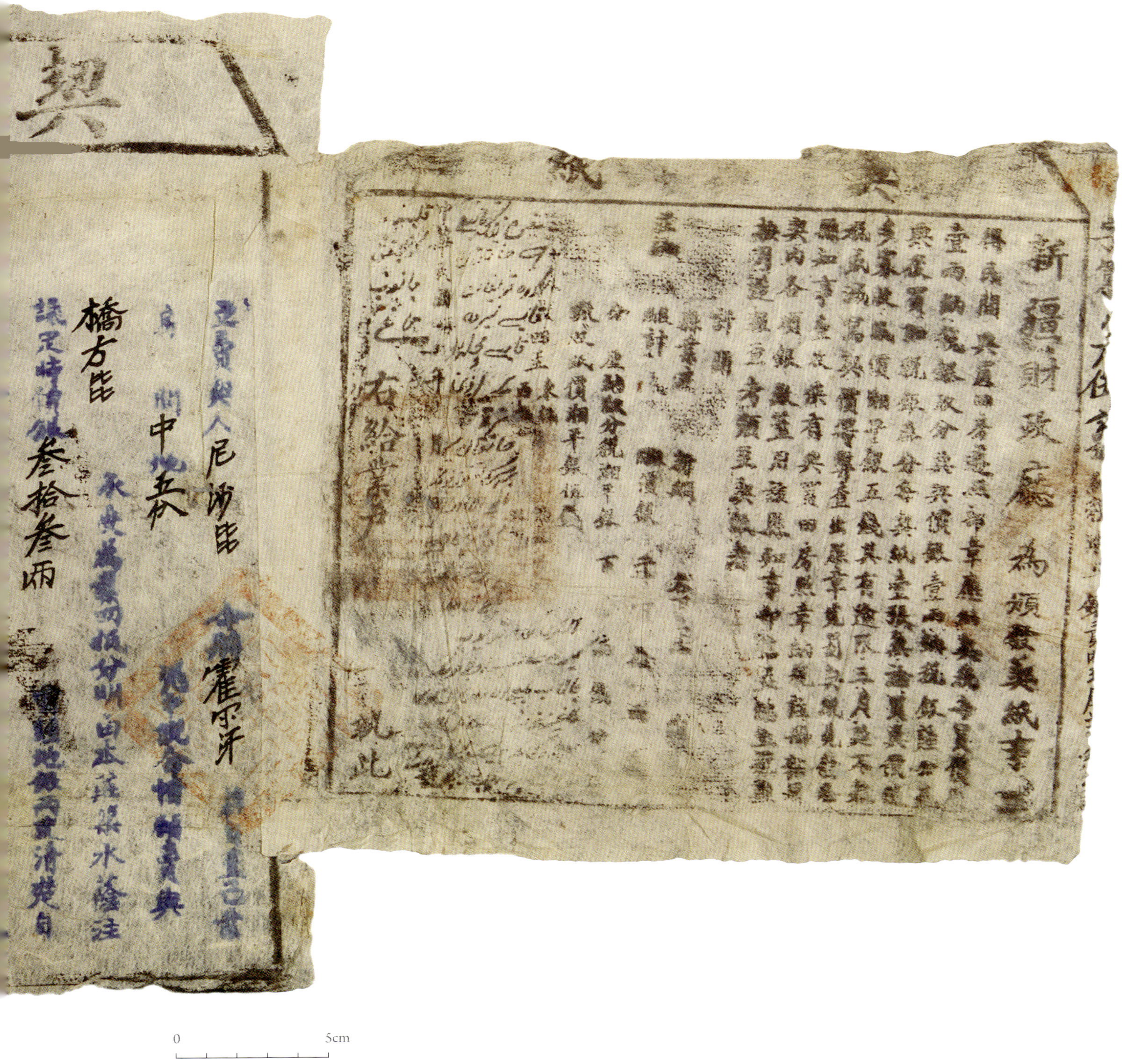

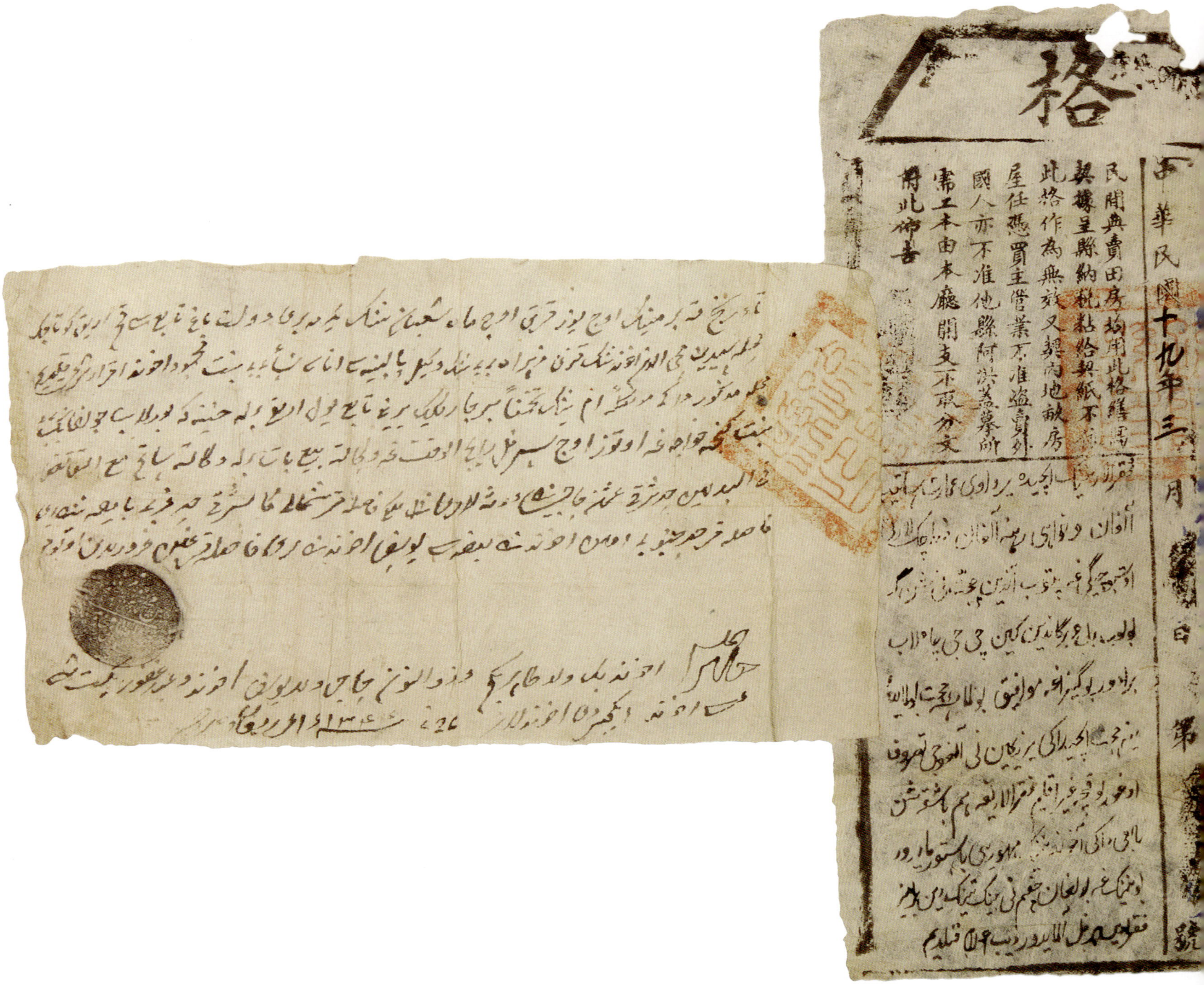
格
民間典賣田房均用此格繕寫
契據呈縣納稅粘給契紙不得
此格作為典契又契內地畝房
屋任憑買主管業不准盜賣外
國人亦不准他縣阿洪蓋摹所
需工本由本廳開支不取分文
特此佈告
中華民國十九年三月 日
第 號

09ZJ0116

三四　以明哈日買地契

縱 12.8-22.0cm × 橫 43.5cm

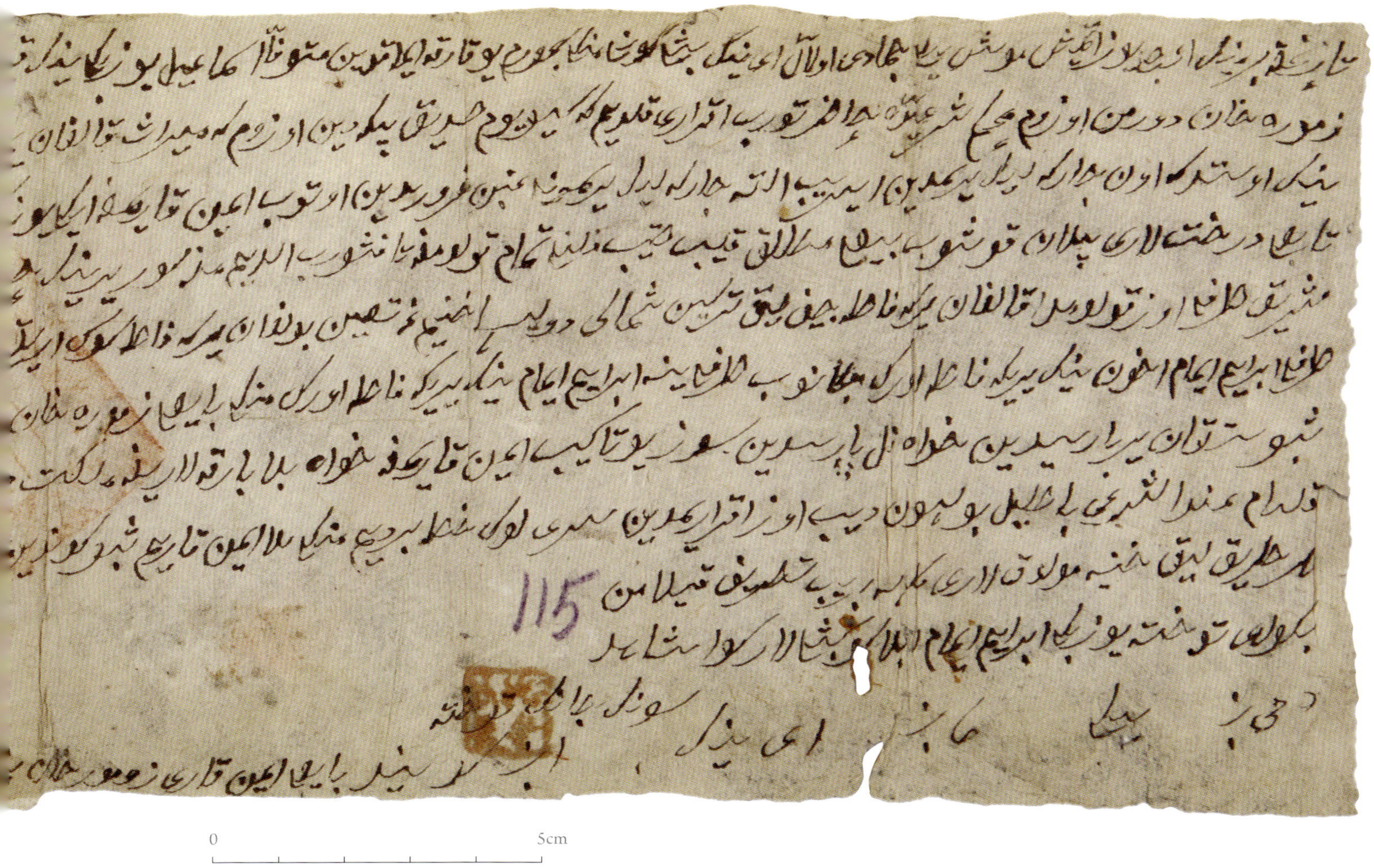

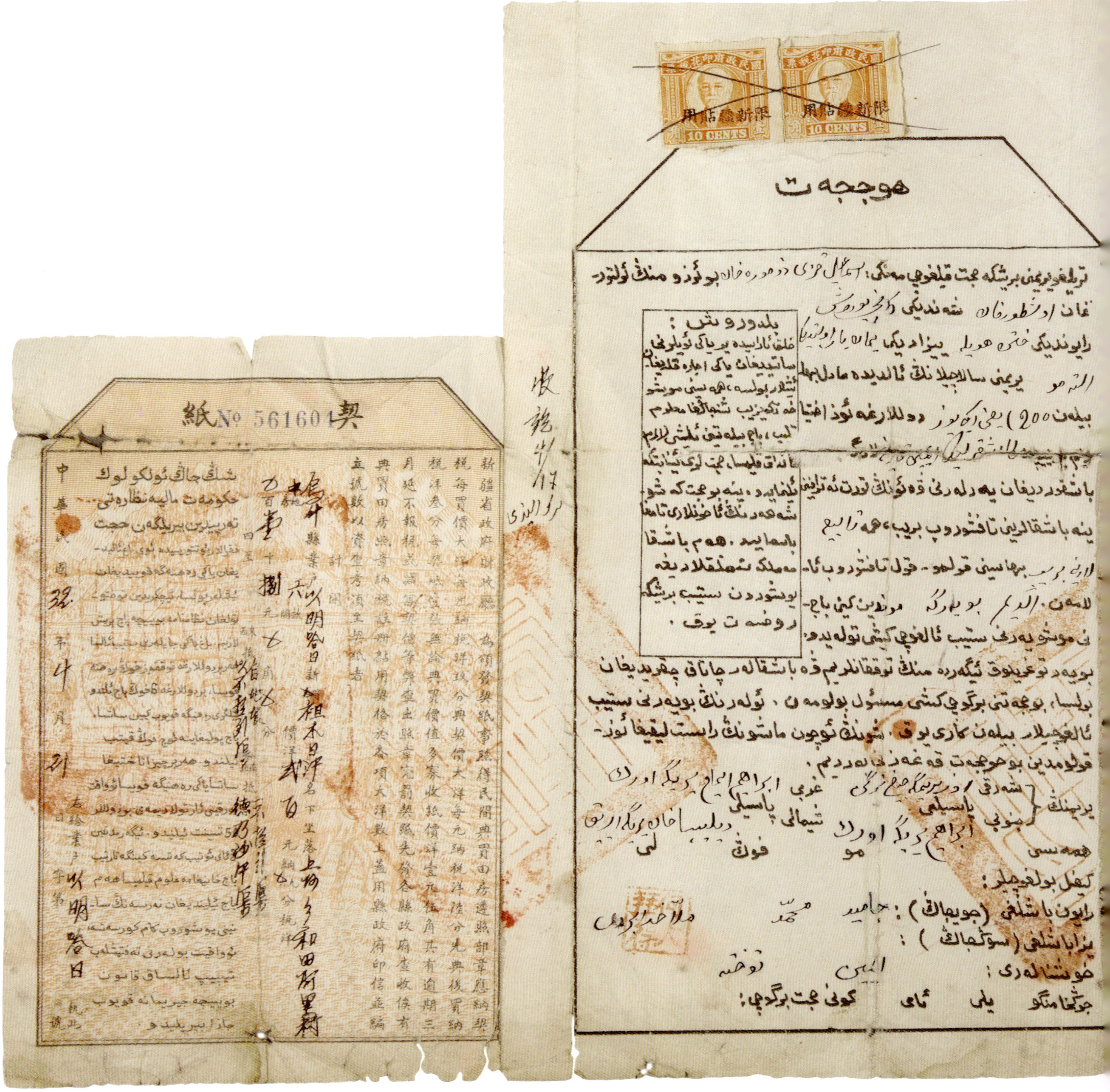

契紙 No 561604
新疆省政府財政廳
限新疆省貼用
10 CENTS
هوججەت

09ZJ0118(a)

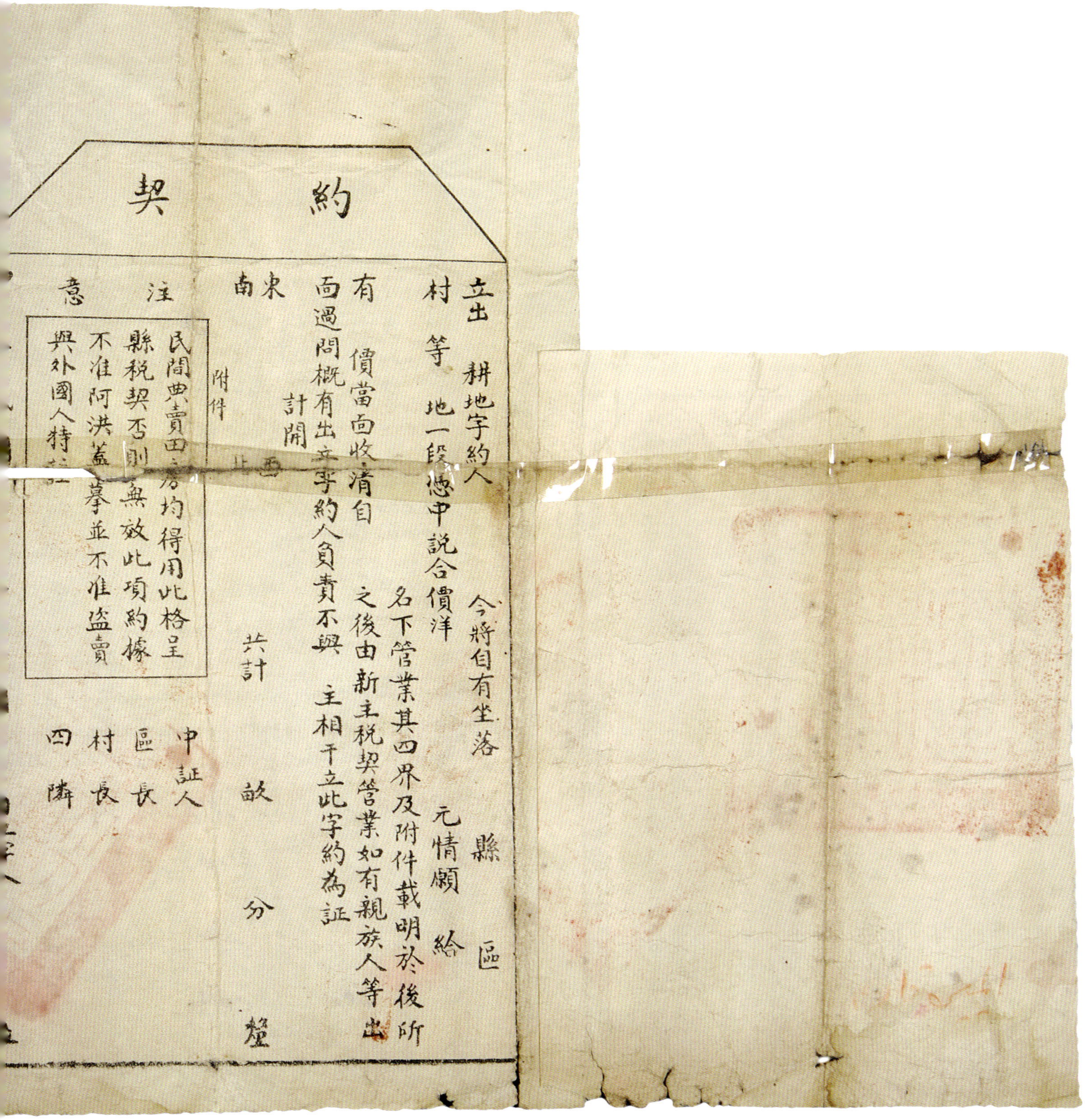
契約

立出耕地字約人 今將自有坐落 縣 區
村 等 地一段憑中說合價洋 元情願 給
名下管業其四界及附件載明於後所
有 價當面收清自 之後由新主稅契管業如有親族人等出
面過問概有出字約人負責不與 主相干立此字約為証
計開
東 西
南 北
附件
共計 畝 分 釐

注意
民間典賣田房均得用此格呈
縣稅契否則無效此項約據
不准阿洪蓋摹並不准盜賣
與外國人特註

中証人
區長
村長
四隣

0 5cm

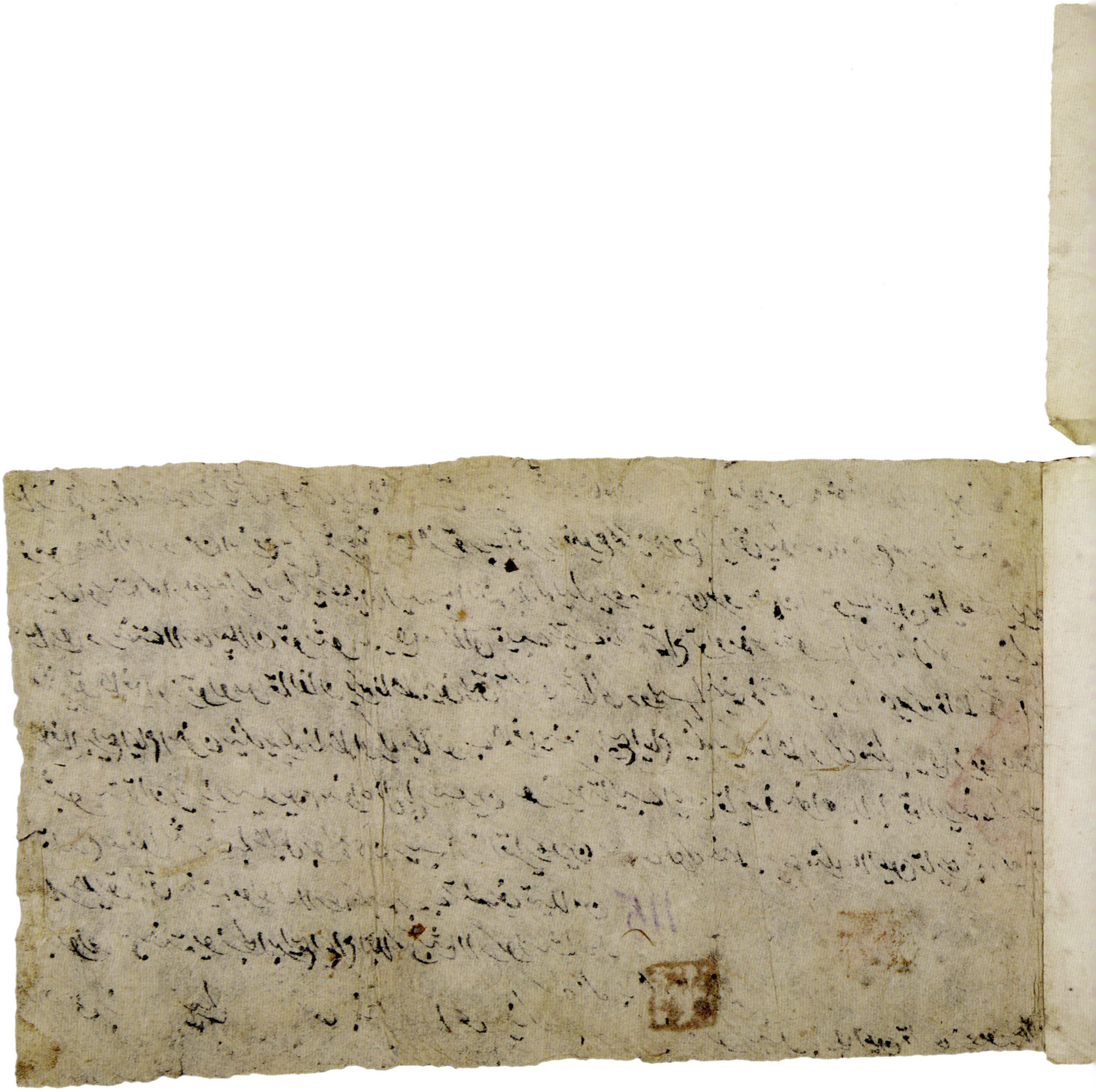

09ZJ0118(b)

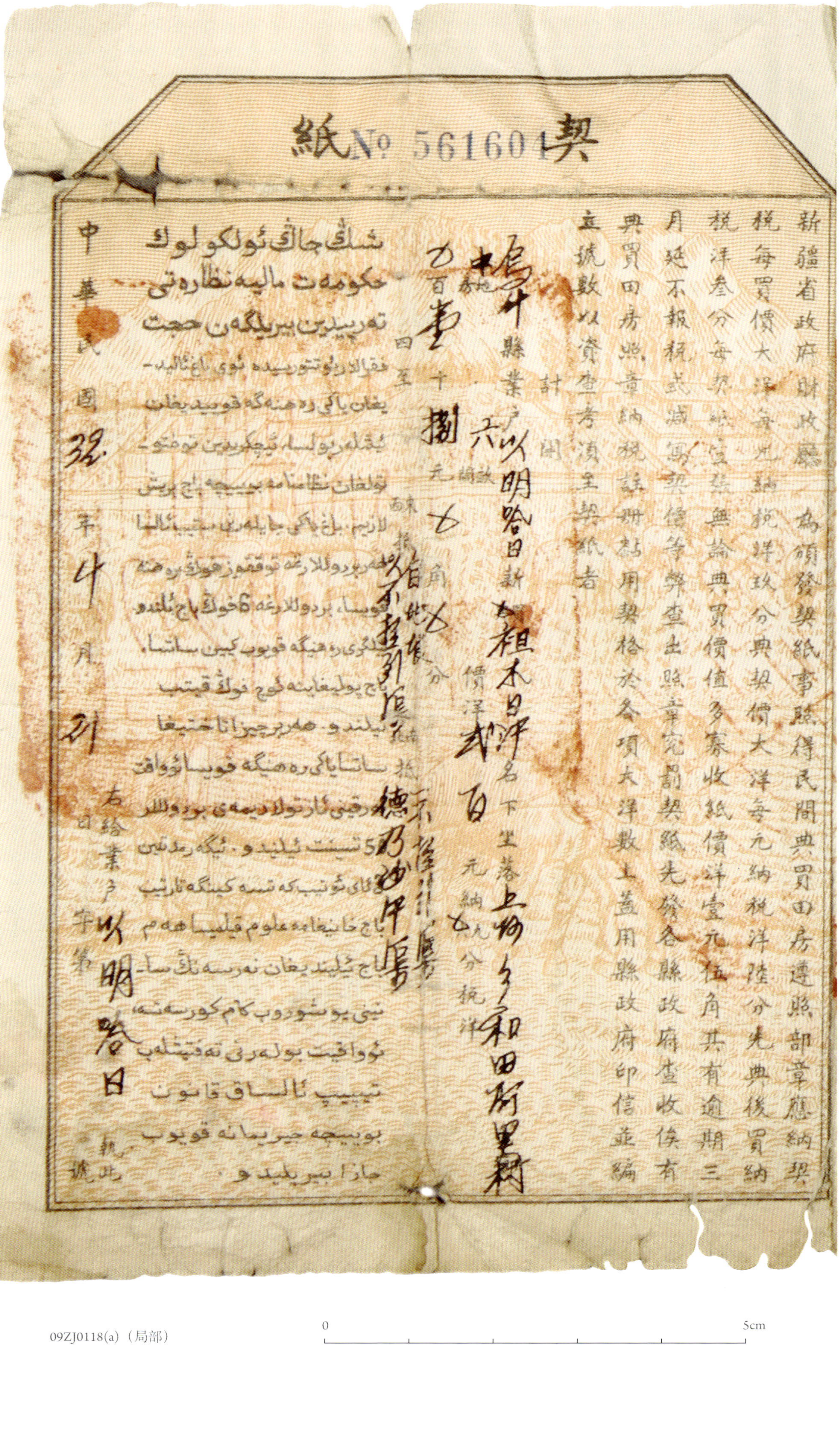
契紙 № 561604

新疆省政府財政廳 為頒發契紙事照得民間典買田房遵照部章應納契稅每買價大洋壹元納稅洋玖分典契價大洋每元納稅洋陸分先典後買納稅洋叁分每契紙壹張無論典買價值多寡收紙價洋壹元伍角共有逾期三月延不報稅或減寫契價等弊查出照章究罰契紙先發各縣政府查收俟有典買田房照章納稅註冊黏用契格於各項大洋數上蓋用縣政府印信並編立號數以資查考須至契紙者

計 開

شىنجاڭ ئۆلكۈلۈك
حكومەت مالىيە نظارەتى
تەرپىدىن بېرىلگەن حجت

右給業户 字第 號 執此

中華民國 年 月 日

09ZJ0118(a)（局部）

0 5cm

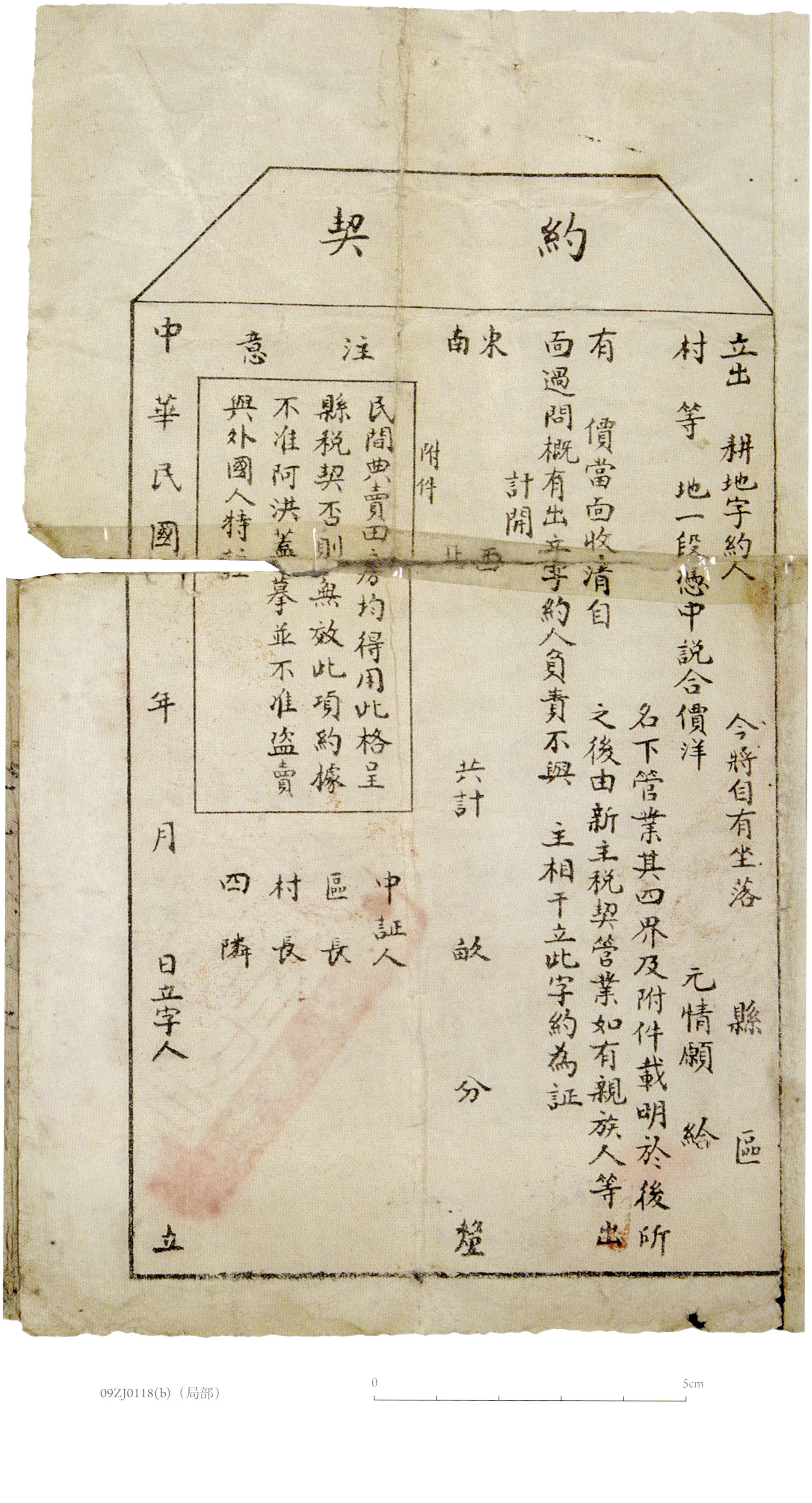

契約

立出耕地字約人　　今將自有坐落　　縣　　區
村　　等　地一段憑中說合價洋　　元情願　給
名下管業其四界及附件載明於後所
有　　價當面收清自　　之後由新主稅契管業如有親族人等出
面過問概有出立字約人負責不與　　主相干立此字約為証
計開　　共計　　畝　　分　　釐
東　　西
南　　北
附件

注意
民間典賣田房均得用此格呈
縣稅契否則無效此項約據
不准阿洪蓋摹並不准盜賣
與外國人特註

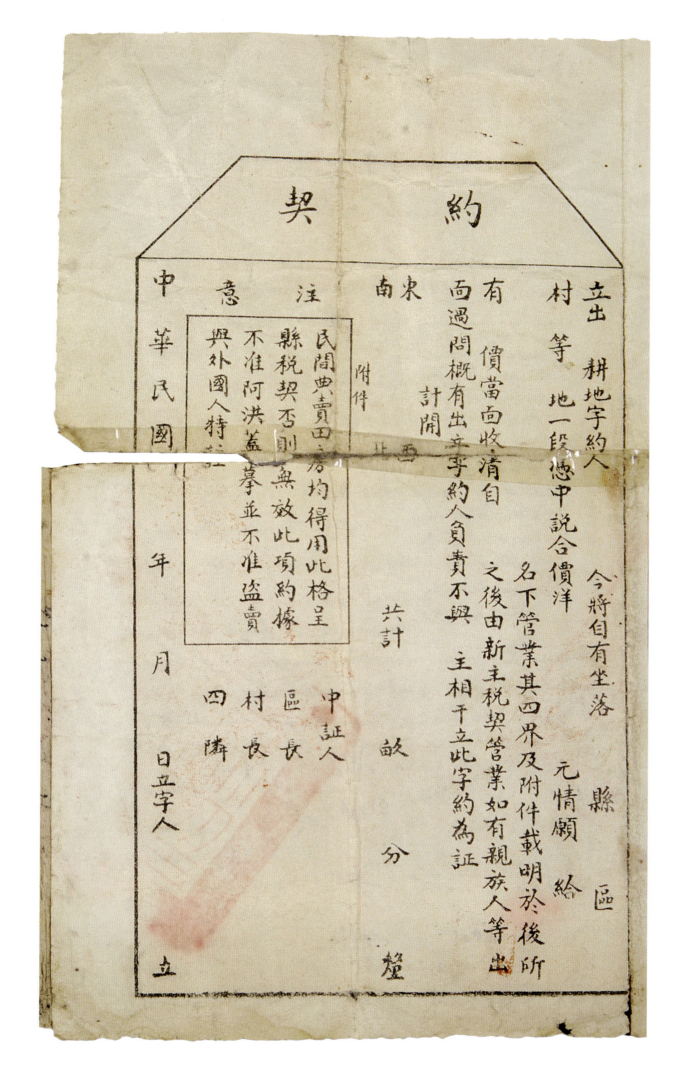

中証人
區長
村長
四隣

中華民國　　年　　月　　日立字人　　立

0
5cm

09ZJ0118(b)（局部）

三五　一、二月交小麥賬

縱22.0cm×橫46.0cm

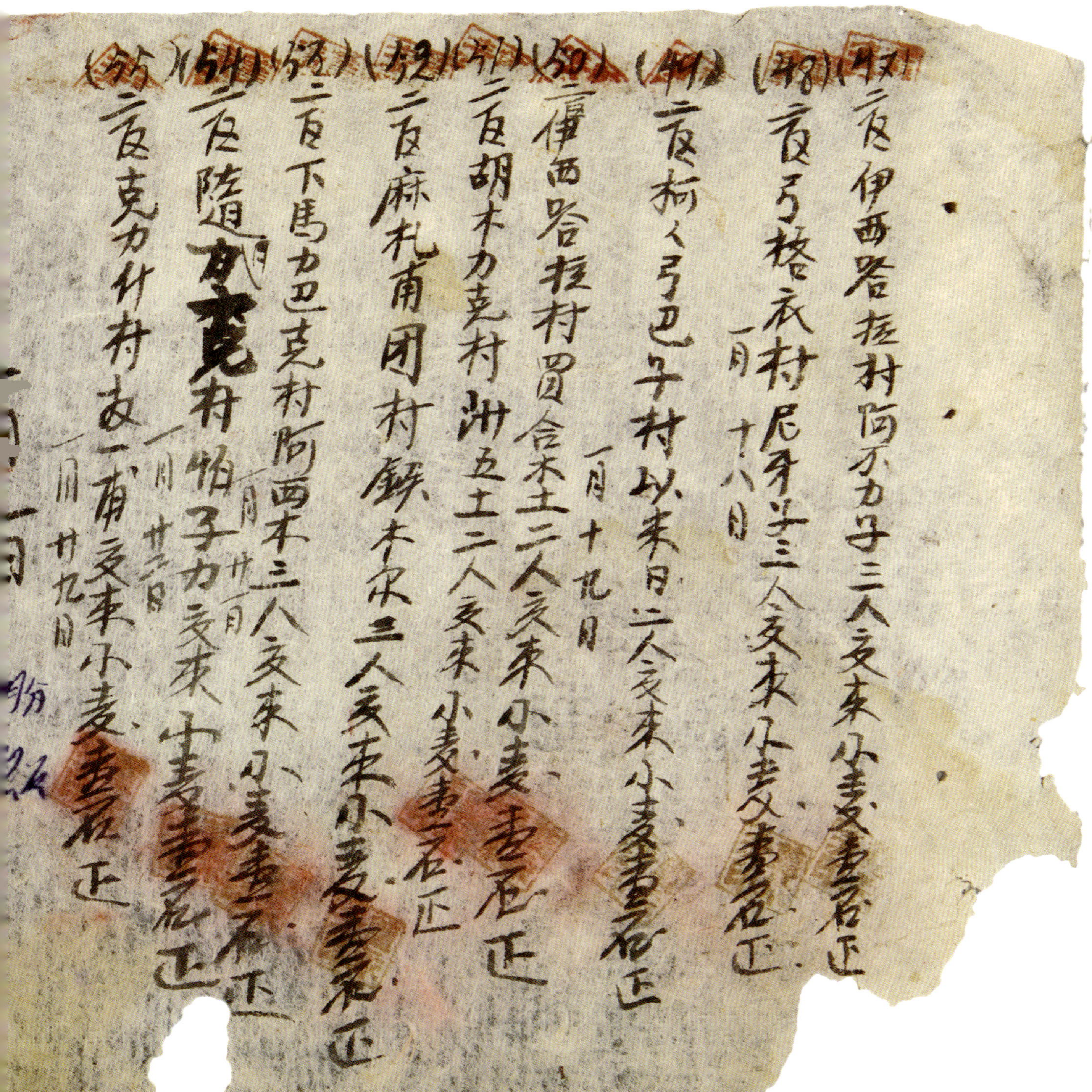

0　5cm

(5[illegible] [illegible]

(57) 二月 隨日魯克村略生木交來小麥壹石正

(58) 二月 克力什村巴士亥三人交來小麥壹石正 二月二日

(59) 二月 伊西略拉村大五土三人交來小麥壹石正 齊

(60) 二月 庫土六克村[illegible]三人交來小麥壹石正 二月三日

(61) 二月 柯柯亏巴子村大五土二人交來小麥壹石正

(62) 二月 柯柯亏巴子村阿不多拉二人交來小麥壹石正 二月四日

(63) 二月 庫土六克村艾[illegible]吾撒吉交來小麥壹石正 二月五日

(64) 二月 隨日六克村那以甫二人交來小麥壹石 二月六日

(65) 二月 銅廠村阿不略一木三人交來小麥壹石正 二月八日

(66) 二月 伊西略拉村略生木二人交來小麥壹石正

09ZJ0115

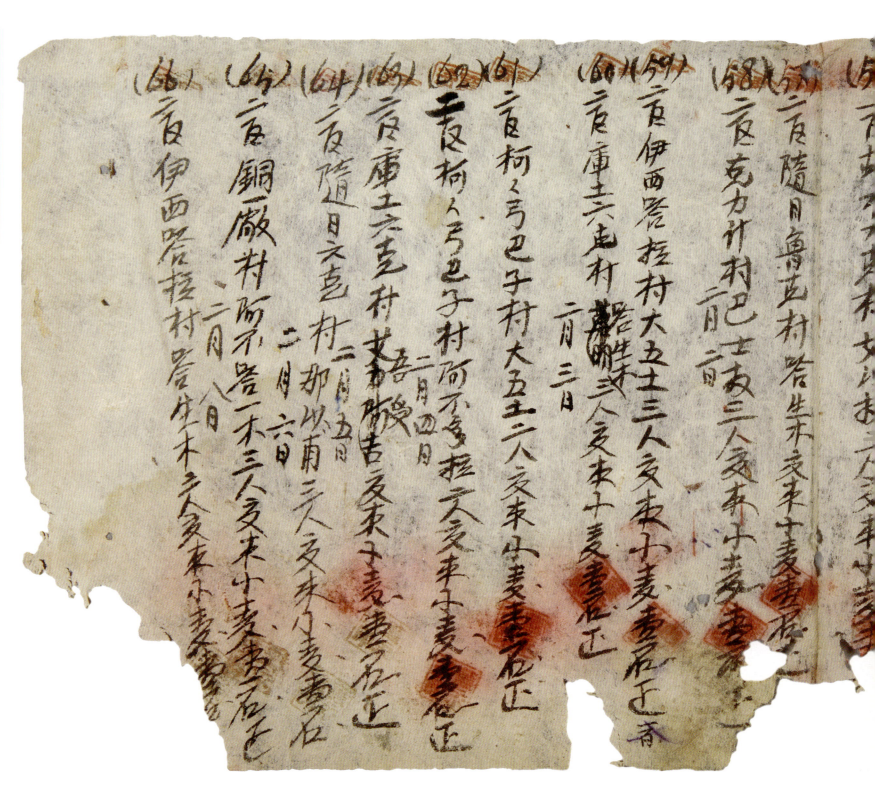

民國時期文書所用汉文印章和戳記（部分）

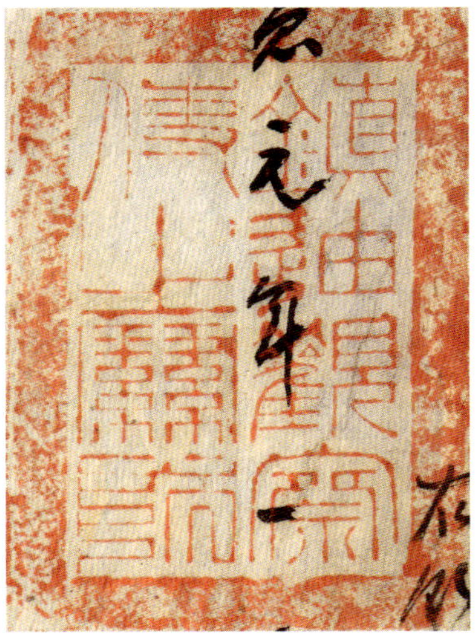
鎮迪觀察使之關防

疏附縣印

鎮迪道尹

元
年
三
吐魯番縣之印

何大拜得

元
年
二月
新疆巡按使印

庫車縣印

嘉□遂□

內號

陳繼善章

虛心實力

高昌國、唐代文書釋文

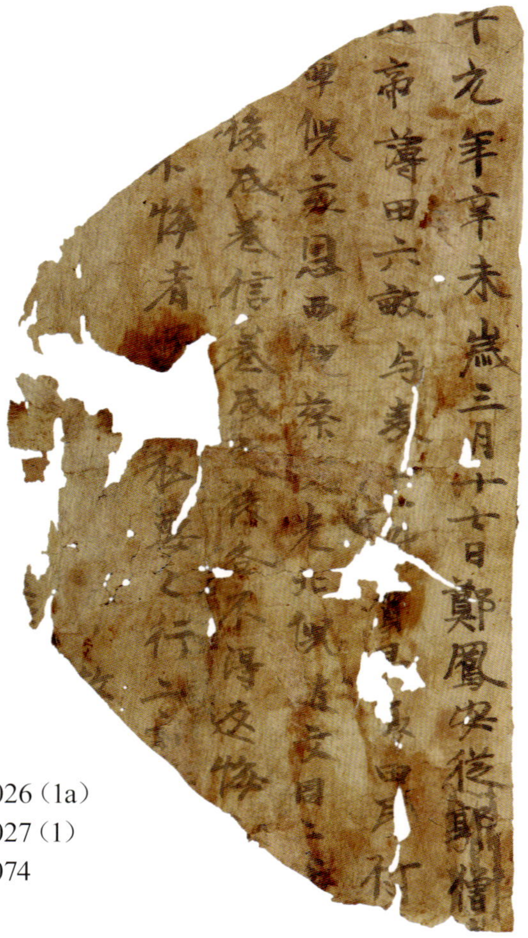

09ZJ0026（1a）
09ZJ0027（1）
09ZJ0074

一 高昌和平元年（五五一）三月鄭鳳安買薄田券

本件被剪成鞋樣，由三片拼接，年號「平」字上缺，據「辛未歲」當爲和平元年。從「價即取，田即付」及田地四至，知爲買田券。

1 □平元年辛未歲三月十七日，鄭鳳安從郭僧□□
2 □山帝薄田六畝，与麥十八㪷（斛）。價即取，田即付，□□
3 □□，南倪[一]亥恩，西倪蔡文光，北倪趙文周。二主□
4 □□□，後成卷（券）信，卷（券）成之後，各不得返悔□
5 □不悔者。民□私要，〻行二主，□
6 故□

（後缺）

[一] 倪：側鄰之謂。

09ZJ0025（a）
09ZJ0026（2a）
09ZJ0049（a）
09ZJ0063（1a）
09ZJ0067（a）
09ZJ0079（a）
09ZJ0083（a）

二　高昌和平二年（五五二）四月王文孝從鄭鳳安邊舉麥券

本件被剪成鞋樣，由七片拼接，從2行「舉麦」知爲舉麥券。鄭鳳安名，又見於和平元年三月鄭鳳安買薄田券。本件1、2行之間紅色鋼筆字爲民間收藏者所書。

1　和平二年壬申歲四月廿三日，王文孝從鄭鳳安

2　舉麦六㪶（斛）二斗半，要到七月内上麦十二㪶五斗使畢。

3　若過月不畢，一月麦一㪶（斛）上生麦四□□二主先相和

4　可，後爲卷（券）信，卷（券）成之後，各不得反□

5　々者罸麦十二㪶（斛）入不悔者。民有私要，□

6　行二主，各自署名爲信。故各半。

7　倩書　　索神受

8　時見　　閻連和

09ZJ0028（a）
09ZJ0029（a）
09ZJ0051（a）
09ZJ0063（2a）
09ZJ0063（3a）
09ZJ0063（4a）
09ZJ0064（1a）
09ZJ0071（a）

三　高昌和平三年（五五三）鄭鳳安買田券暨出租田券

本紙由八片拼接，實爲兩件文書。前件自1行至8行，缺紀年，僅存「酉歲」，買田人「鄭鳳」下缺，據高昌和平元年三月鄭鳳安買薄田券知爲鄭鳳安。與該券相距最近的酉歲爲和平三年癸酉歲，推測爲本券立券之年。從「價即畢，田即付」知爲鄭鳳安買田券。故名此件爲高昌和平三年（五五三）鄭鳳安買田券。

自9行至16行爲另一契券，缺紀年。從鄭鳳安一名多見于高昌和平元年至建昌四年諸券契中，可推測本券時間亦應與之相近。由11行「亭分」知爲夏田券，故名後件爲高昌□石得從鄭鳳安邊夏田券。兩件文書總題爲高昌和平三年（五五三）鄭鳳安買田券暨出租田券。

□酉歲□□八日鄭鳳□□
□田三畝，西共法和連限，□
□價即畢，田即付。二主先□□
□後，各不得返悔，々者□
□有私要，々行二主，各自署名爲□
□半。
□倩書　索　神受
□　韓　令奴
□五月十二日衛石得從鄭鳳安
邊夏山帝薄□粟拾伍㪷（斛），取
粟依官斗□亭分，二主先相和
可，後爲卷（券）信□得返悔，々者
罰粟貮（貳）拾斛入不悔者。民有私要，々行
二主，各自署名爲信。故各半。
倩書主簿　苻阿見
時見　樊虛（？）惠

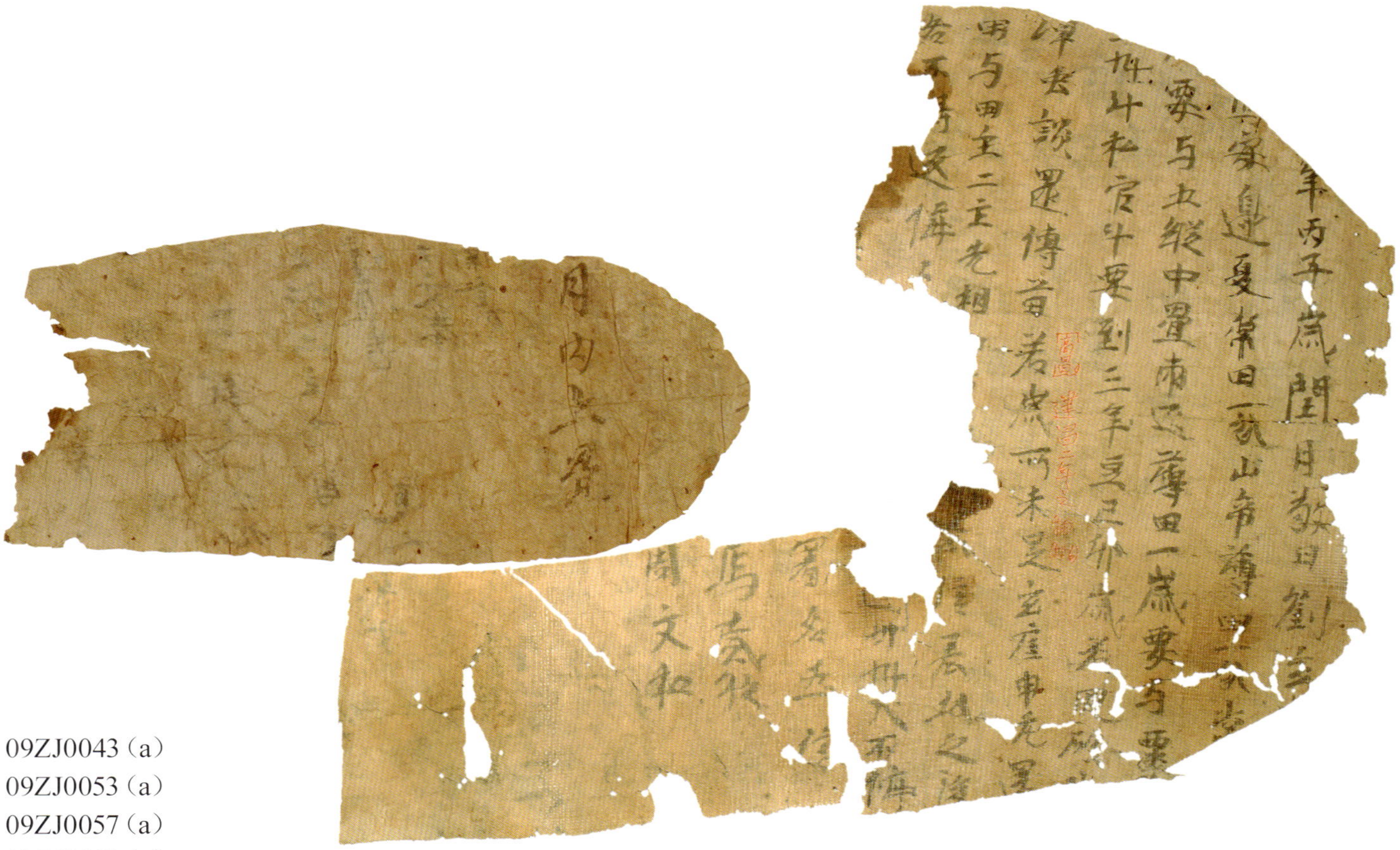

09ZJ0043（a）
09ZJ0053（a）
09ZJ0057（a）
09ZJ0059（a）

四 高昌建昌二年（五五六）閏八月劉玄庭從鄭鳳安邊夏田券

本件由四片拼接，缺紀年，但存「丙子歲閏月」，鄭鳳安又見於高昌和平元年三月鄭鳳安買薄田券，據此推測此丙子即其後不久的建昌二年丙子歲。據二十史朔閏表，此丙子歲閏八月。本件4、5行間紅色鋼筆字係民間收藏者所寫。

1 □□□年丙子歲閏月敬日，劉玄庭[　　]
2 □鳳安邊夏常田一分，山帝薄田一分。當□□
3 □要与五縱中疊兩匹，薄田一歲要与粟□
4 □九（斛），斗私官斗，要到三年豆（頭）己卯歲。若風破水
5 浮虫談（啖），還傳（全）苗；若歲所未足，玄庭申无，還
6 田与田主。二主先相和可，□□卷（券）信，卷（券）城（成）之後，
7 各不得返悔，ゝ[　　]□卌九（斛），入不悔
8 [　　]要[　　]署名爲信。
9 [　　]馬貳秋
10 [　　]周文和
11 [　　]月内上疊

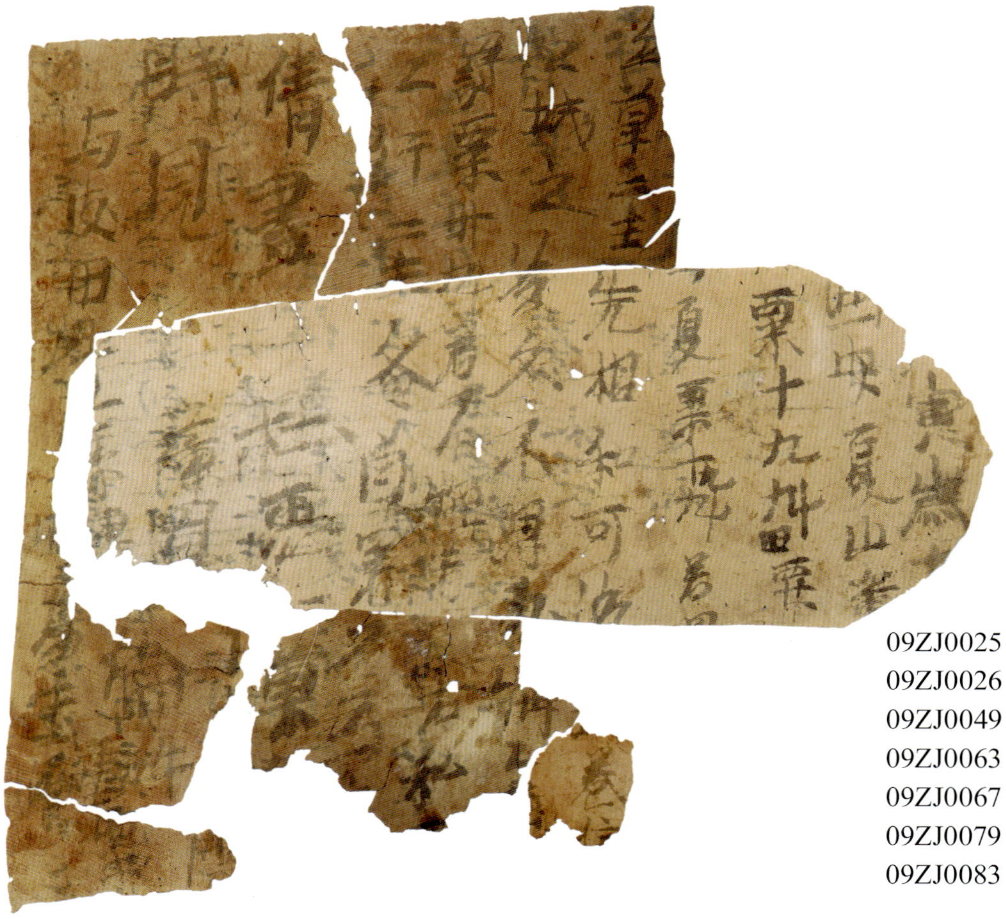

09ZJ0025（b）
09ZJ0026（2b）
09ZJ0049（b）
09ZJ0063（1b）
09ZJ0067（b）
09ZJ0079（b）
09ZJ0083（b）

五　高昌建昌四年（五五八）某人從鄭鳳安邊夏田券

本件由七片拼接，缺紀年，但存「寅歲」，鄭鳳安一名見於高昌和平元年三月鄭鳳安買薄田券，又見於和平三年鄭鳳安買田券、建昌二年閏八月劉玄庭從鄭鳳安邊夏田券，距此最近之「寅歲」爲建昌四年戊寅歲（五五八）。

1 □寅歲七□
2 □鳳安夏山帝□
3 □粟十九卝（斛），田要□
4 □与夏粟十九卝（斛），若田□
5 並草二主先相和可，後□卷（券）信。
6 〻[一]（卷）城（成）之後，各不得反悔，〻罸
7 罸粟卅卝（斛），若有悔者，民右（有）私要，
8 〻行二主，各自署名爲□。□
9 倩書　杜惠　仁菓□□
10 時見　净明□倫□粟（？）
11 □□索禆□
12 与後田日□□主□

[一] 此重文號實指「卷」字。

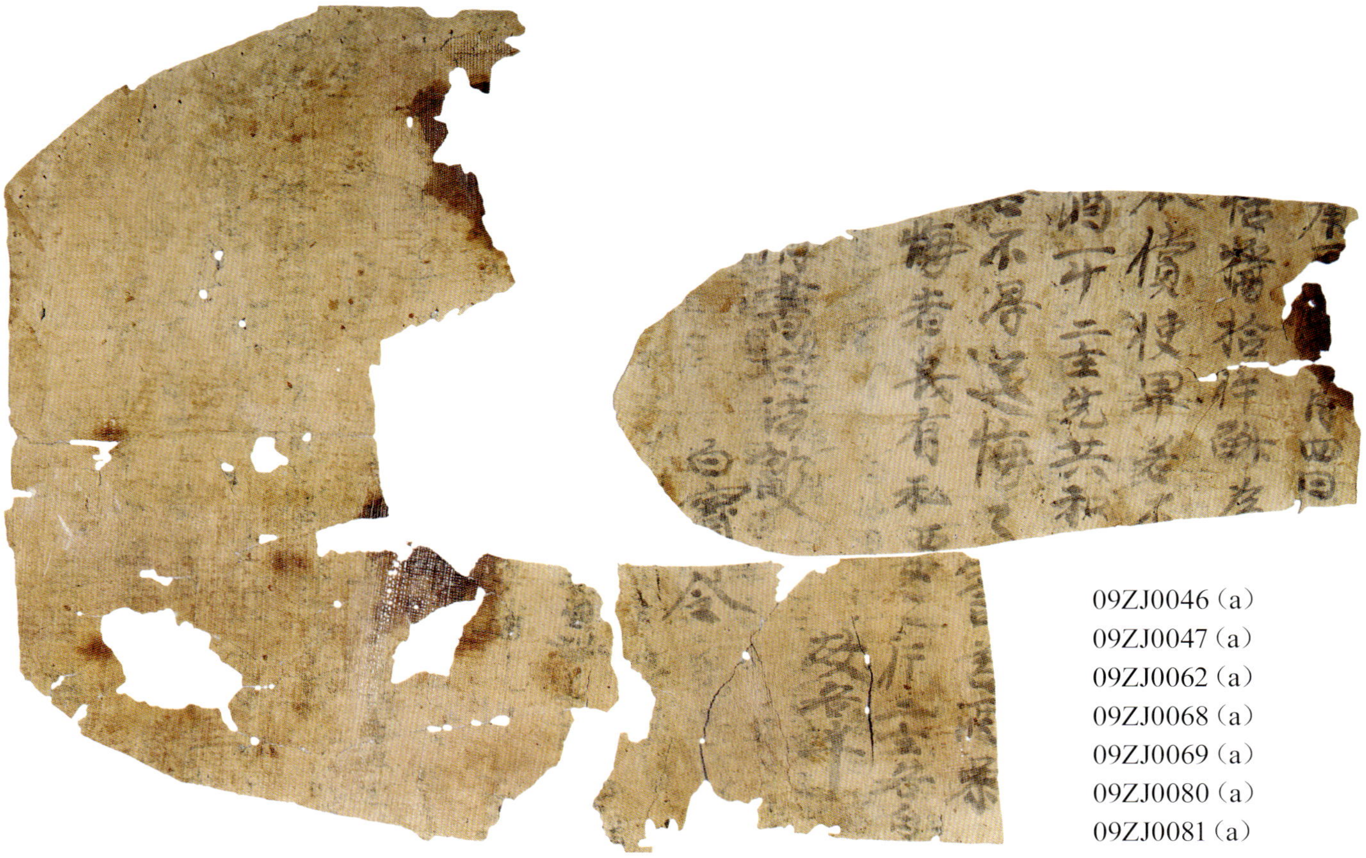

09ZJ0046（a）
09ZJ0047（a）
09ZJ0062（a）
09ZJ0068（a）
09ZJ0069（a）
09ZJ0080（a）
09ZJ0081（a）

六　高昌建昌六年（五六〇）十一月某人租葡萄園券

本件由七片拼接，書於高昌立課誦經兄弟社社約背面，紀年僅存「庚辰歲」。高昌國有三個庚辰歲，一爲馬儒執政的公元五〇〇年，本件另面行文中有「西詣始昌」，始昌城此時尚未出現，故本件非公元五〇〇年物。7行「故各半」一語，至公元六二〇年之庚辰歲早已不用此一契券慣用語，故本件庚辰歲定在高昌麴朝之建昌六年（五六〇）爲宜。本件租佃人名缺，從付「甜漿拾伍斛」及「若不［畢，醬一斗作苦］酒一斗」，「悔者罸苦酒叁［斛］」等，推斷爲租葡萄園券。

1 ［　］庚辰歲十一月四日［　］
2 ［　］恬（甜）醬（漿）拾仵（伍）斛（斛），爲［　］
3 ［　］本價使畢，若不［　］
4 ［　］酒一斗。二主先共和［　］
5 ［　］各不得返悔，〻［者］罸苦酒叅（叁）
6 ［　］悔者。民有私要，〻行二主，各自
7 ［　］故各半。
8 ［　］倩書白法護
9 ［　］白寶令

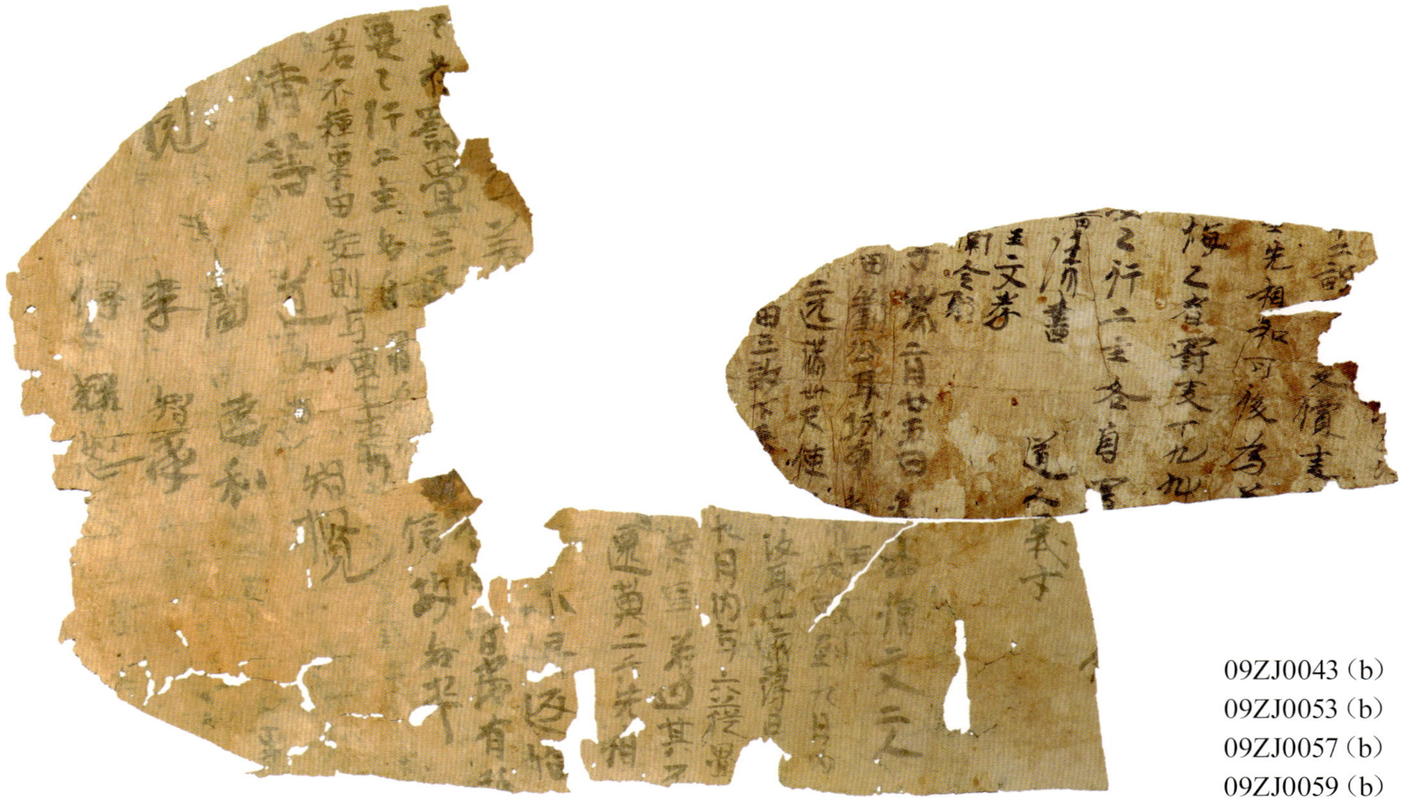

09ZJ0043（b）
09ZJ0053（b）
09ZJ0057（b）
09ZJ0059（b）

七　高昌劉公、僧文二人夏常、薄田券

本券由四片拼接，書於高昌建昌二年閏八月劉玄庭從鄭鳳安邊夏田券背面。實爲兩件文書：前8行爲夏田券，無年月、租佃人名；9行存有「子歲二月」，其上缺文疑爲「建昌二年丙子歲」。從10行「常田六畝到九月内」、11行「取山帝薄田」、12行「九月内与六縱疊」、18行「若不種粟……」知爲夏常、薄田券。

1 ［　］□□□［　］
2 ［　］□二畝，□□夏價麥□［　］
3 ［　］主先相和可，後爲卷（券）［　］
4 ［　］悔，〻者罰麥十九㪷（斛）［　］
5 ［　］要，〻行二主，各自署［　］
6 ［　］□倩書　道人義才
7 ［　］王文孝
8 ［　］南令躬
9 ［　］子歲二月廿五日，劉公、僧文二人
10 ［　］田，劉公取城南常田六畝，到九月内
11 ［　］二匹，滿卌尺使□汝（後），取山帝薄田□□
12 ［　］田三畝下□□九月内与六縱疊
13 ［　］使畢，若過其（期）不
14 ［　］□還莫。二主先相
15 □立卷（券），［　］不得返悔，
16 〻者罰疊三匹［　］入不悔者。民有私
17 要，〻行二主，各自署名□信。故各半。
18 若不種粟，田交則（？）与粟十五㪷（斛）。
19 倩書　道人　智攬
20 閻　蓮和
21 □見　李　智受
22 得　耀恕

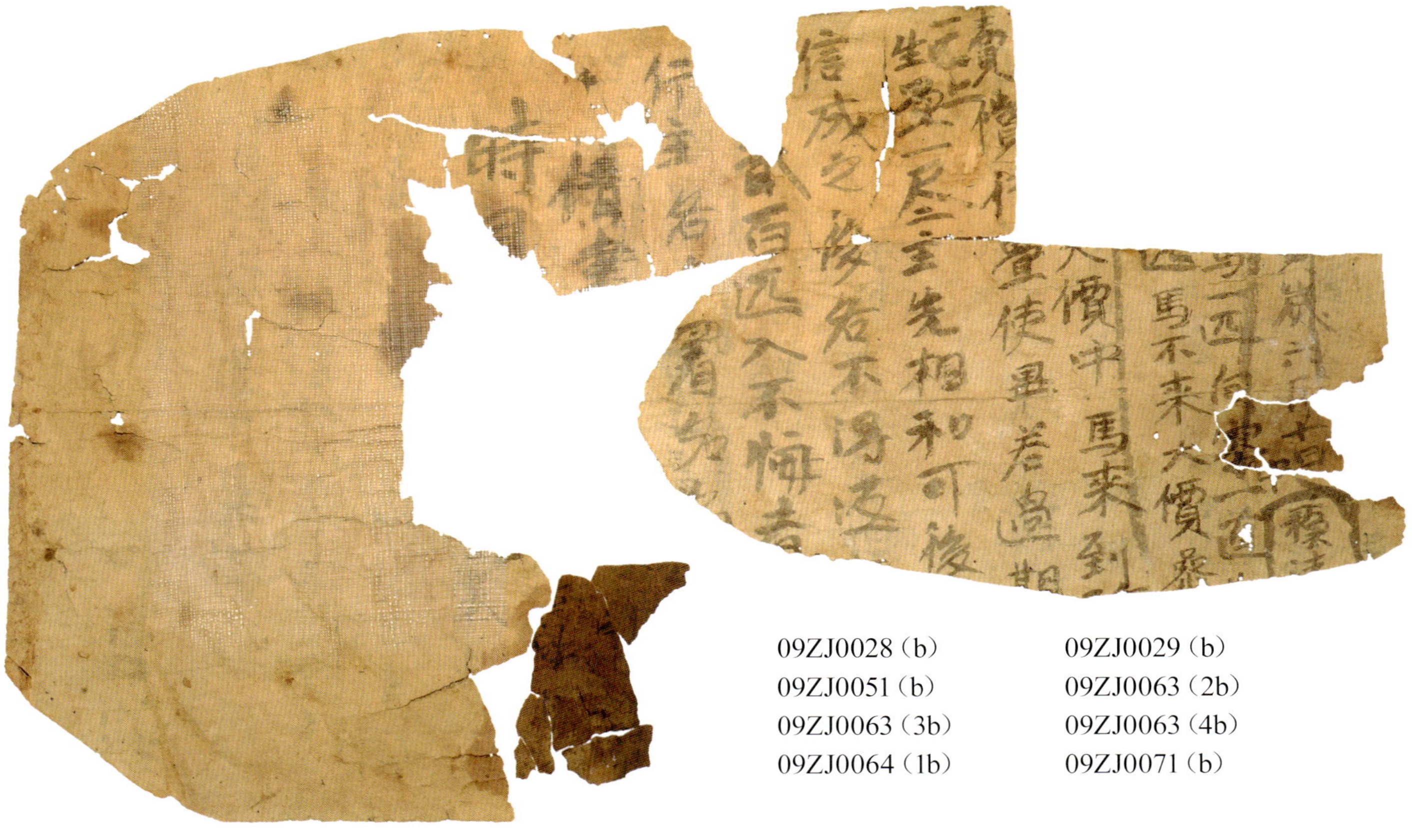

09ZJ0028（b） 09ZJ0029（b）
09ZJ0051（b） 09ZJ0063（2b）
09ZJ0063（3b） 09ZJ0063（4b）
09ZJ0064（1b） 09ZJ0071（b）

八 高昌□寅歲六月蘇法□買馬券

本件由八片拼接，缺紀年，僅存「寅歲」，書於高昌和平三年鄭鳳安買田券暨出租田券背面。從同出諸券推測，當爲相近之戊寅歲（五五八），從4至5行「馬來到……賣償行疊使畢」看，應爲買馬券。

1 □寅歲六月十日，蓹（蘇）法□

2 □馬一匹，向零中道□

3 □匹馬不来，大價槖（叁）□

4 □大價中。馬来到□

5 賣償行疊使畢。若過期□

6 一匹上 生疊一尺。二主先相和可，後□

7 信成之後，各不得返悔□

8 □貳百匹入不悔者。□

9 行主。各自署名爲□

10 □倩書□

11 時見□舍卷[一]

[一]「舍卷」二字筆迹較細。

09ZJ0027（2）
09ZJ0055
09ZJ0058
09ZJ0063（5）
09ZJ0063（6）
09ZJ0064（2）
09ZJ0065（1）
09ZJ0070

九　高昌鄭鳳安買田券

本件由八片拼接，缺紀年。1行「鄭」下缺字，從殘存「鳳」字筆痕推測爲鄭鳳安。從3行「三畝即交与疊」及5行「價即畢，田即付」知爲買田券。鄭鳳安名，多見於高昌和平元年（五五一）至建昌四年（五五八）諸券契中，本券時間亦應與之相當。

1　〔　　〕月廿三日鄭鳳〔　　〕
2　〔　　〕□六畝東□兄首義，南□
3　〔　　〕北詣渠。三畝即交与疊（？）
4　〔　　〕十二九（斛）□斗〔　　〕若後有仞（認）佲（名），仰
5　僧子了。賣（價）即畢，田即付。二主先相和
6　可，後成卷（券）信，卷（券）成之後，各不得反悔，
7　〔　　〕廿四九（斛）□□□□民有私要，〻行二
8　〔　　〕，各自署名爲信。
9　倩書□□〔　　〕

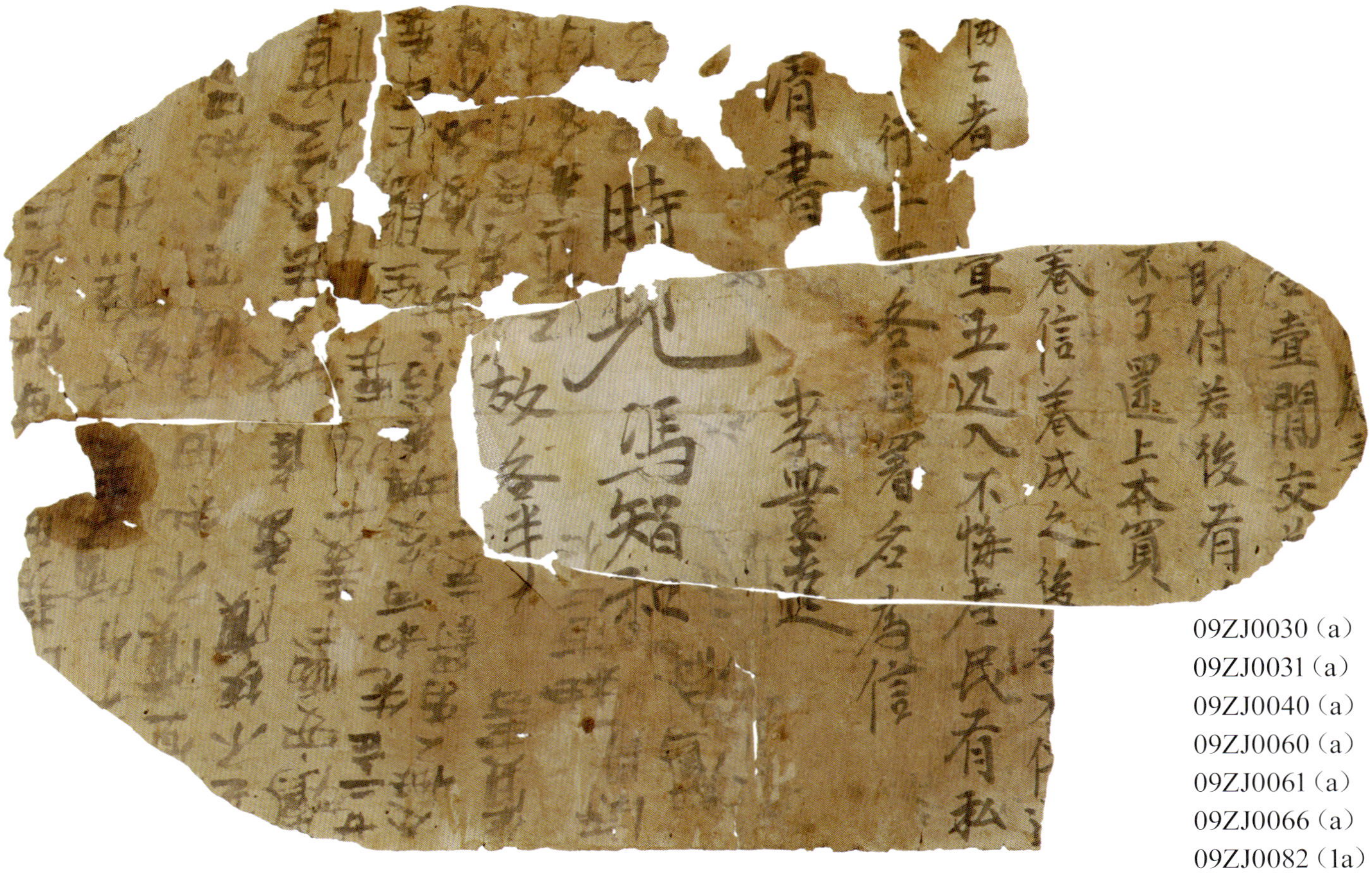

09ZJ0030（a）
09ZJ0031（a）
09ZJ0040（a）
09ZJ0060（a）
09ZJ0061（a）
09ZJ0066（a）
09ZJ0082（1a）

一〇　高昌某歲三月買舍券

本紙由七片拼接，雙面書寫，内含三件契券，本件爲正面右側正書部分，缺紀年。從3行「舍即付」知爲買舍券。從左側倒書張參從鄭鳳安邊舉麥券，可以認爲與鄭鳳安時代相近。

1 ［　］□歲三［　］
2 ［　］舍壹間，交□［　］
3 ［　］舍即付。若後有□［　］
4 ［　］不了，還上本買（價），［　］
5 ［　］卷（券）信，卷（券）成之後，各不得返
6 悔，〻者□疊五匹入不悔者。民有私
7 要，〻行二主，各自署名爲信。
8 倩書　　李豐遠
9 　時見　馮智和
10 故各半。

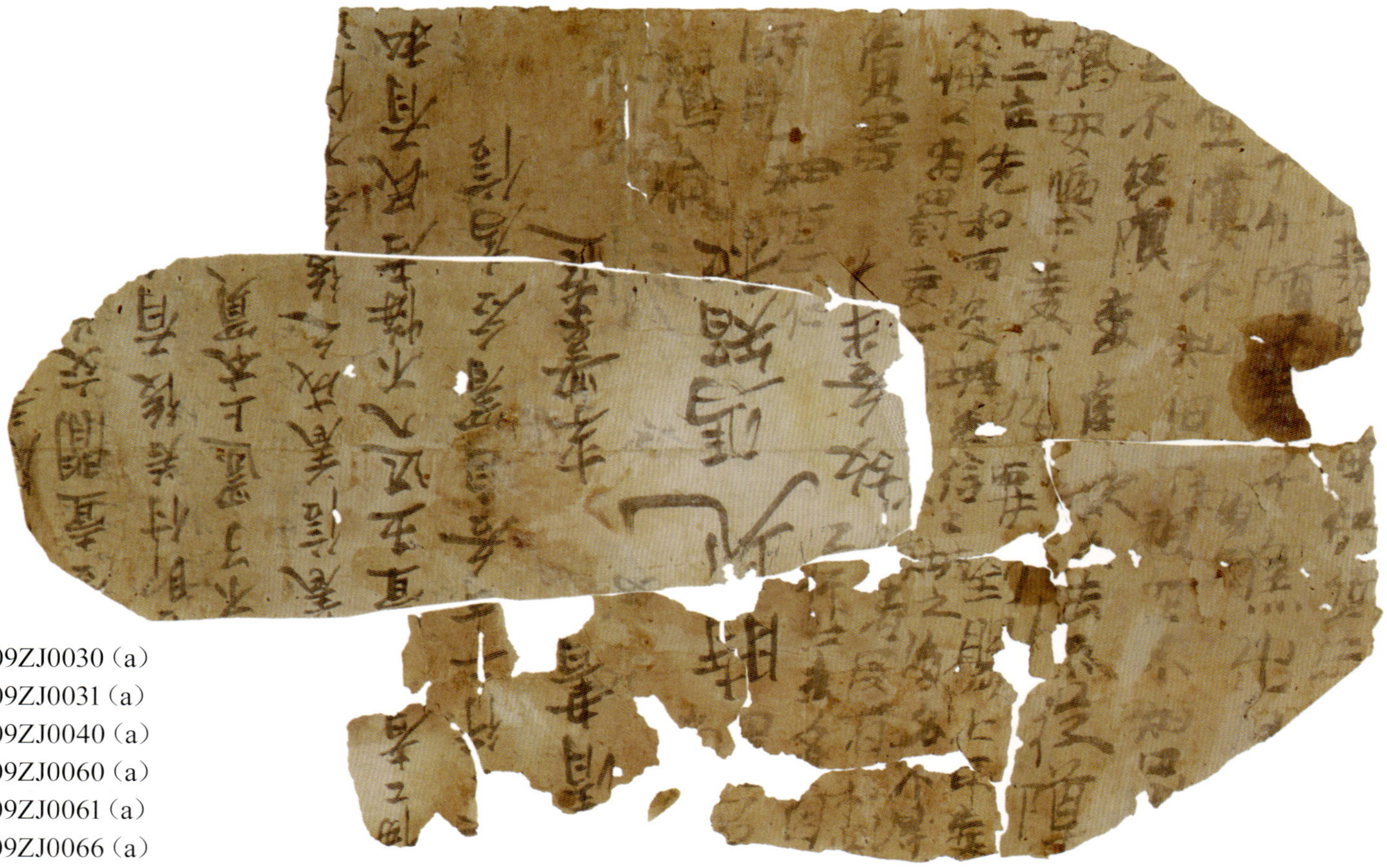

09ZJ0030（a）
09ZJ0031（a）
09ZJ0040（a）
09ZJ0060（a）
09ZJ0061（a）
09ZJ0066（a）
09ZJ0082（1a）

一一　高昌张参從鄭鳳安邊舉麥券

本件倒書於高昌某歲三月買舍券後，書法麤劣，不合券契體例，乃是學童利用原券尾空白處所作抄寫券契文的習書。9行「杜惠仁」又見於高昌建昌四年某人從鄭鳳安邊夏田券，書體不同。1至4行文不成句。從4行起知是對舉麥券的抄寫。

（前缺）

1　［　　］□麥田□畝供其（？）生［　　］
2　□□子仰（仰）隩（鄭），麥子焦出□［　　］
3　□□隩（鄭）不知田□租其不知□
4　□不使隩（鄭）交焦□□（朋）張参從隩（鄭）
5　鳳安舉麥十九（斛），要到腸（場）上取麥
6　廿九（斛）。二主先和可，後城（成）卷（券）信，〻［一］城（成）之後，各不得
7　反悔，〻者罸麥廿□□□悔者。民有私要，
8　倩書　〻行二主，各自
9　杜惠仁　署名
10　時見　爲□。
11　鳳倫

［一］此重文號實指「卷」字。

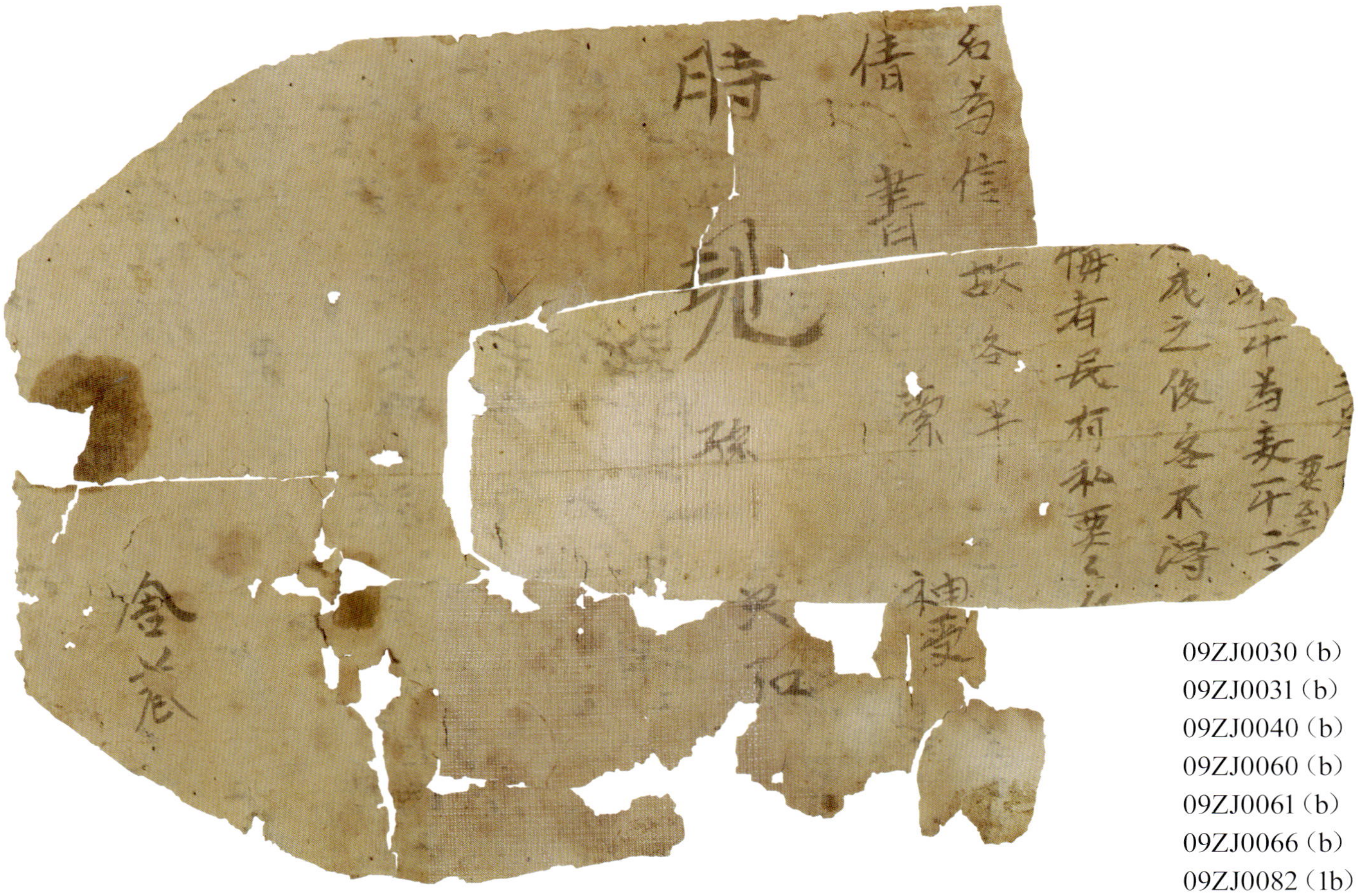

09ZJ0030（b）
09ZJ0031（b）
09ZJ0040（b）
09ZJ0060（b）
09ZJ0061（b）
09ZJ0066（b）
09ZJ0082（1b）

一二　高昌某歲三月舉糧券

本件由七片拼接，缺紀年，書於高昌某歲三月買舍券背面，其時間與鄭鳳安所在時代相當。從「床一斗要到□爲麥一斗」知爲生息舉糧券。

1 □□三月一日□
2 □床一斗爲麥一斗，要到二主□
3 □卷成之後，各不得返□
4 □悔者。民有私要，ㄡ行□
5 名爲信。　故各半。
6 倩書　索　神受
7 時見　孫　実弘
8 舍卷

一三　高昌賣田券殘片

本組殘片兩件，缺紀年。殘片（一）中「焦司馬」一稱多見於高昌時期文書，其書法亦近於高昌時期書體。此二殘片書體相近，但未能找到拼合關係，故并列。

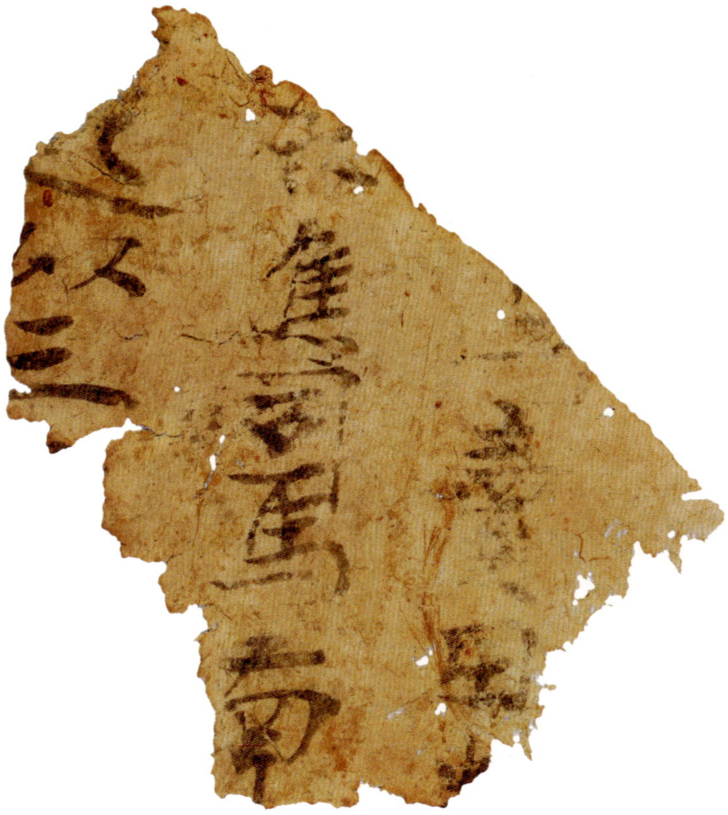

（一）09ZJ0072

（一）

1 [　]馬賣田□[　]

2 [　]東（？）焦司馬，南[　]

3 [　]匹（？）以三[　]

（二）09ZJ0082（2a）

（二）

1 [　]將[　]

2 付 [　]張[　]

3 [　]□[　]

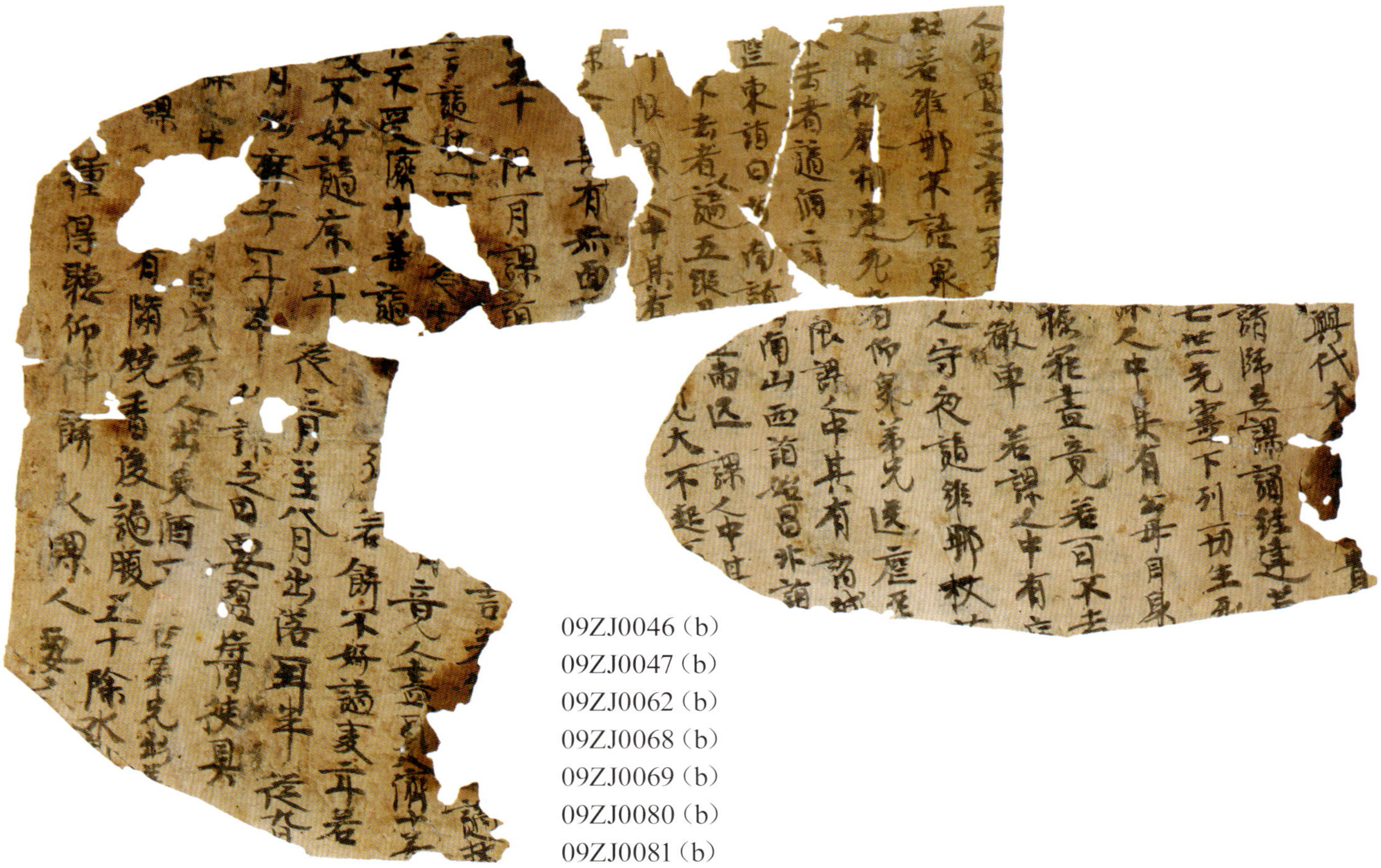

09ZJ0046（b）
09ZJ0047（b）
09ZJ0062（b）
09ZJ0068（b）
09ZJ0069（b）
09ZJ0080（b）
09ZJ0081（b）

一四　高昌立課誦經兄弟社社約

本件由七片拼接，另面爲高昌建昌六年十一月某人租葡萄園券，本件當書於建昌六年以前。據2行「請師立課誦經」，3行上爲「七世先靈，下列一切生死」人等祈福，8至9行「仰衆弟兄送喪，……不去者，謫酒二斗。限課人中」等，以及多處「若……謫罰……」判斷，本件當屬民間互助性結社之社約。

（前缺）

［　　］興代木［　　］貫［　　］
［　　］請師立課誦經，逢（？）□［　　］
［　　］七世先靈，下列一切生死［　　］
［　　］課人中其有公（父）母、自身［　　］
［　　］掘冢（塚）盡竟。若一日不去，［　　］
人出疊二丈，索一張，□嚴車。　若課人中有病［　　］
知，若維那不語衆人守夜，謫維那杖卅；［　　］
人中私（緦）麻相連死者，仰衆弟兄送喪至［　　］
不去者，謫酒二斗。限課人中其有詣（詣）城［　　］
喪。東詣（詣）白艻，南詣（詣）南山，西詣（詣）始昌，北詣（詣）［　　］
□不去者，人謫五縱疊兩匹，課人中其［　　］
□。限課人中其有□見大不起□［　　］
課人中其有赤面□［　　］
□五十。　限一月課詣（詣）［　　］言若□［　　］謫杖
□言謫杖一下。從冬［　　］月竟，人盡受濟（記）十善，
若不受濟（記）十善，謫餅六張。若餅不好，謫麦二斗；若
麦不好，謫床一斗。從三月至八月出落一斗半，從九月
□月出麻子一斗半。已課之日，要鹽醬使具。
□課人中□有（？）自成者，人出美酒一斗。若弟兄出美［　　］
［　　］課人［　　］有随（？）燒香後謫腹（？）五十除水□［　　］
［　　］種得聽仰佛餅以課人要□［　　］

（後缺）

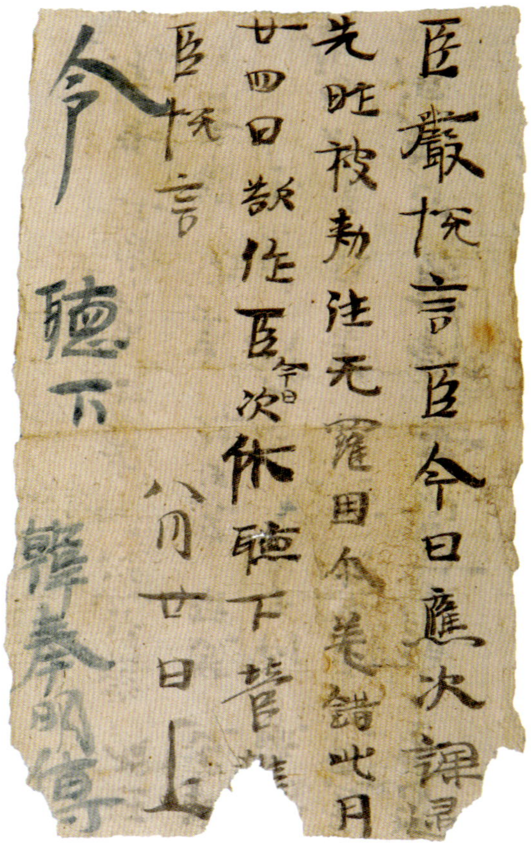

09ZJ0073（a）

一五　高昌國嚴悦上言爲應次課歸事

本件無紀年，5行「令」表明爲高昌國王令判文書，從書法推斷爲高昌國早期。第5行爲藍筆書寫。

1　臣嚴悦言：臣今日應次課逿（歸），
2　先昨被勑（敕）往无羅，因尔差錯，此月
3　廿四日欲作，臣［今日］次休，聽下管[辦]，
4　臣悦言。　　八月廿日　上
5　令　　聽下　　韓奉明傳

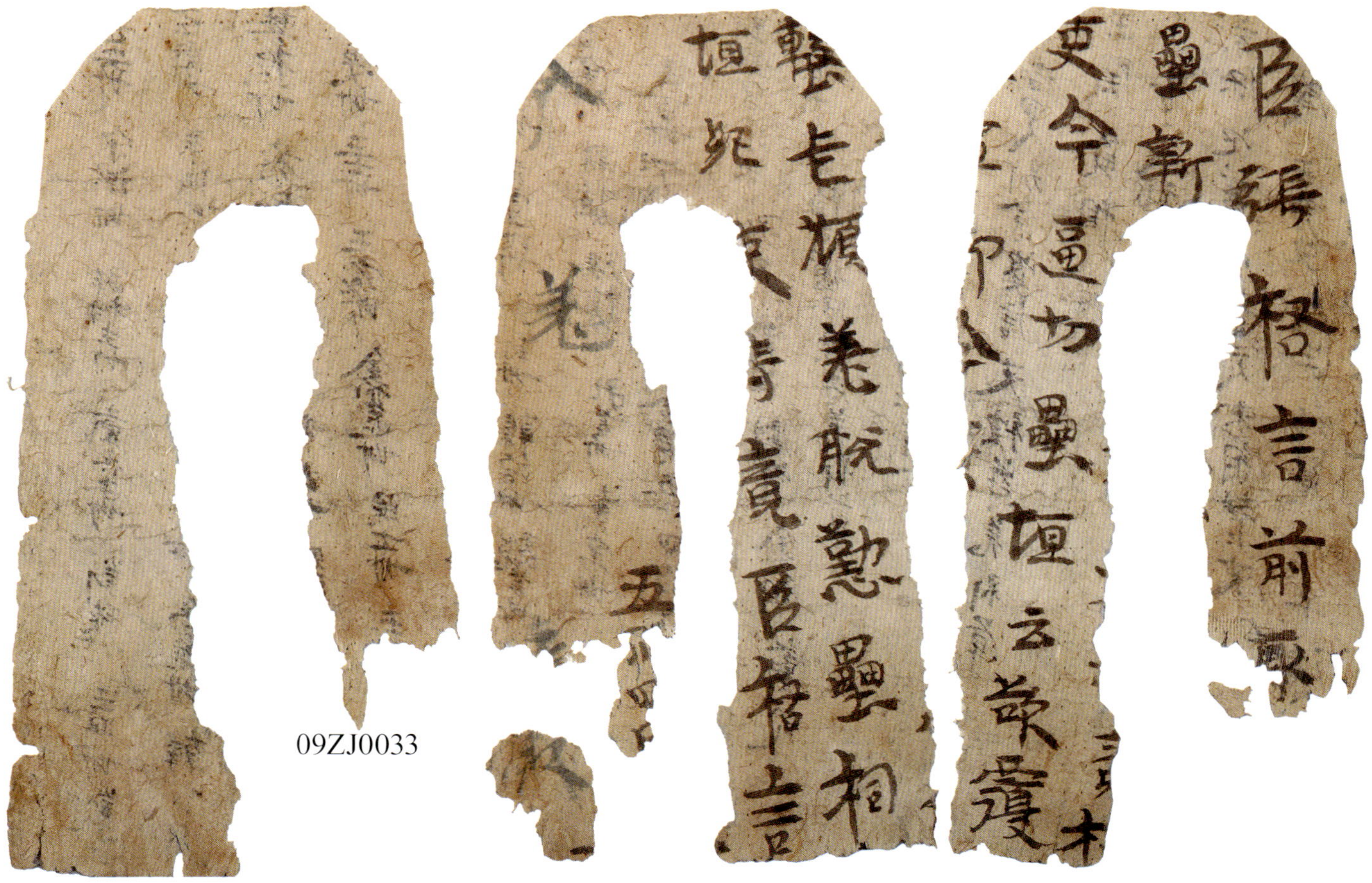

09ZJ0033

09ZJ0033（a）　09ZJ0035（a）　09ZJ0037（a）

一六　高昌國張祐上言爲差脱蔥壘祠垣事

本件由三片組成，從第8行「令」知爲高昌王國某年五月四日張祐所上言，從書法看，屬高昌國早期文書。

1　臣張祐言：前取□

2　壘新□□□

3　吏令逼切（砌）壘垣，云欲覆

4　□□仰令□

5　墼，乞（乞）傾（願）羌（差）脱蔥壘祠

6　垣，紀使待竟，臣祐言。

7　　　五月四日□

8　令　　羌（差）　　王□取

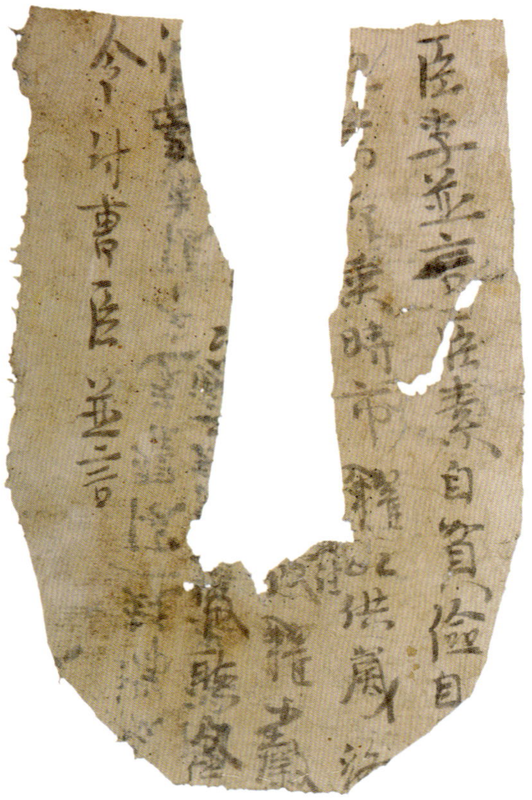

09ZJ0038（a）

一七　高昌國李並上言爲付曹市糴以供歲終事

本件無紀年，從書法判斷爲高昌國早期文書。

1 臣李並言：臣素自貧儉，自[　]

2 也。[端][仰]乘時市糴，以供歲[終]。

[　]西往

3 [　]城糴少穀

4 [　][穀]聽及伴

5 □，蒙

6 令付曹，臣並言。

7 [　]

（後缺）

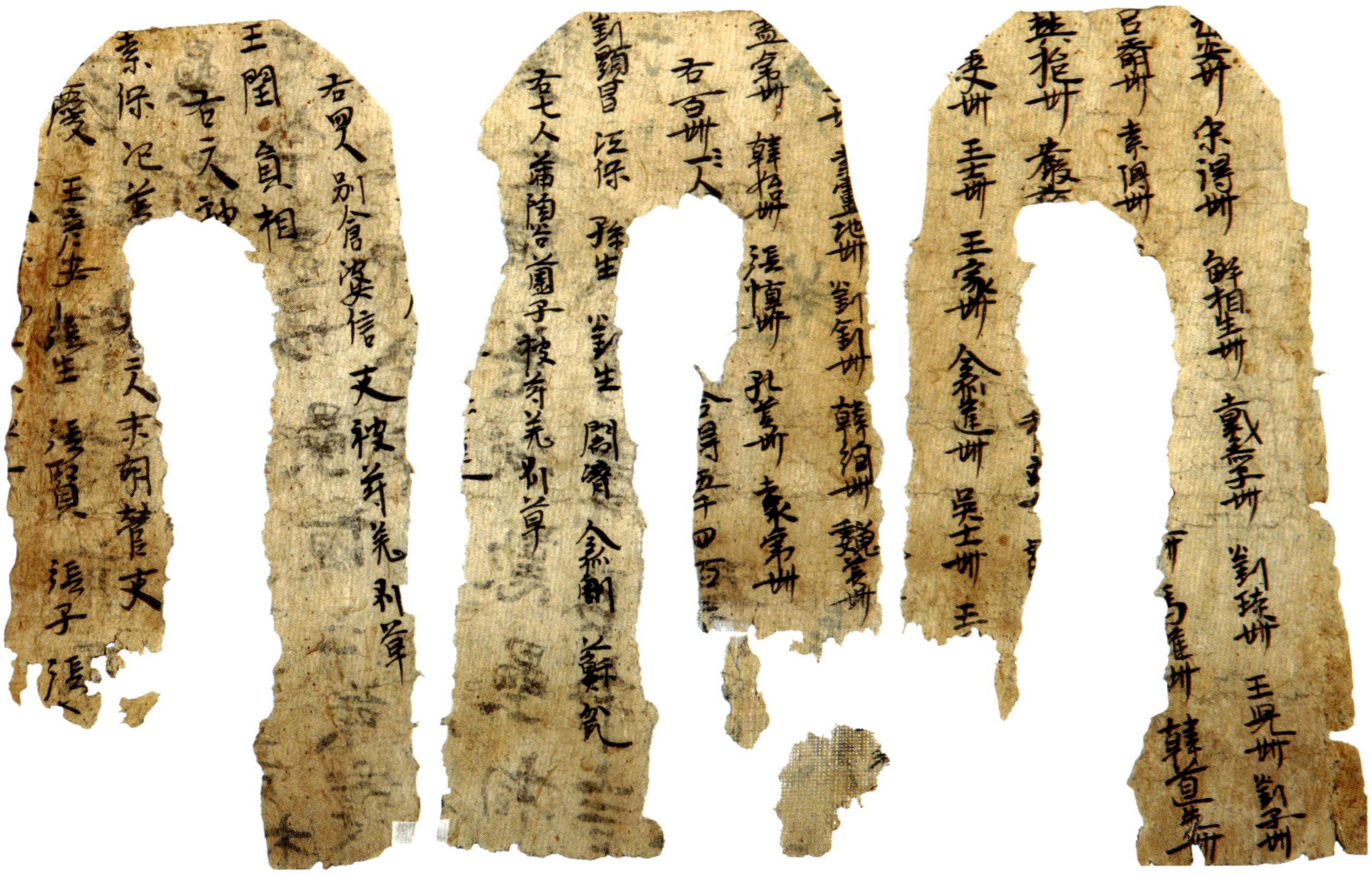

09ZJ0033（b）　　09ZJ0035（b）　　09ZJ0037（b）

一八　高昌被符諸色差役名籍

本件由三片組成，缺紀年，書於高昌國張祐上言爲差脱懃壘祠垣事背面。從9、11行所列「被符」知爲被符差役事。7、9、11、13、14行所列爲差役之諸色分類。7行「一」字右側三點爲廢讀符號。

（前缺）

1　趙安卅　宋得卅　解相生卅　戴赤子卅　劉琰卅　王兜卅　劉子卅

2　呂奣卅　索得卅　［　　］馬維卅　韓道先卅

3　樊挹卅　嚴□［　　］

4　□受卅　王士卅　王家卅　令狐進卅　吴士卅　王□［　　］

（中缺）

5　□□　索廬地卅　劉釗卅　韓絢卅　魏襄卅　□□［　　］

6　孟虎卅　韓始卅　張慎卅　孔襄卅　袁虎卅［　　］

7　右百卅一人［　　］合得五千四百三十［　　］

8　劉顯昌　江保　孫生　劉生　閻濟　令狐剾　蘇瓫

9　右七人蒲陶谷薗子被符羌（差）刈草

10　□□□□□

11　右四人別倉婆信吏被符羌（差）刈草

12　王閏　員相

13　右二人神［　　］

14　索保　氾襄　右二人末胡營吏

15　□慶　王彦安　張生　張賢　張子　張□［　　］

16　［　　］

（後缺）

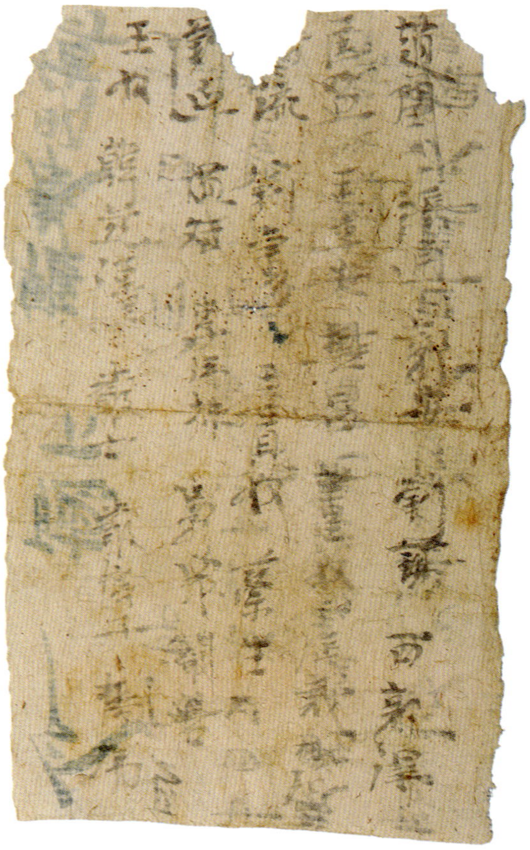

09ZJ0073（b）

一九　高昌名籍

本件無紀年，書寫於高昌國嚴悦上言爲應次課歸事背面。

1　趙閏　張通　郭安　劉諭（？）　西郭得

2　匡盟　王季安　樊昌　董奴　張載那

3　□流　劉争男　王盲奴　蔡生

4　劉延　趙斌　索神株　郭衆　闞善

5　王奴　韓慈䪨　嚴七　嚴得子　樊虎

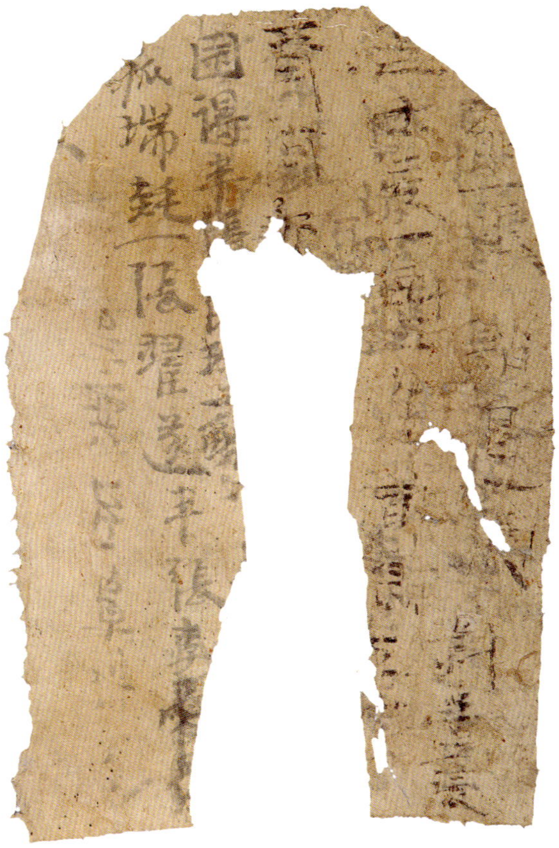

09ZJ0038（b）

二〇 高昌物品賬

本件無紀年，書寫於高昌國李並上言爲付曹市糴以供歲終事背面。

1 □奇一張 趙昌一張 尉善二張

2 □士受一九（斛）三斗 買兒（？）五□［ ］

3 齊阿那［ ］

4 困得半張 □弥二九（斛）［ ］

5 □狐瑞㲪（毯）一張 翟遂半張 李愛□

6 ［ ］

（b）　　（a）

09ZJ0135

二　唐開元廿四年（七三六）三月西州寄莊四品孫上柱國宋庭珎牒爲棄租户不澆溉事

本件文書爲一張紙，單面書寫，包在一鐵板的正、背面上，銹蝕難揭，官判文亦多缺損。

（前缺）

1 羅城□孔□東北角菜薗壹所（？）［　］

2 牒：庭珎上件薗，先租与高昌□［　］

3 其人去此月五日私走，往洿林城，逐亻［　］

4 薗並無有（？）澆溉，見惣（總）枯旱，今欲［　］

5 ［　］□來生於無賴，遮護請乞判命處

6 □，謹□。

7 開元廿四年三月　日寄莊四品孫上柱國宋庭珎牒。

8 ［　］身既私逃□□

9 ［　］彼今自澆溉［　］

10 ［　］□□自（？）此（？）范（？）

11 到［　］

（後缺）

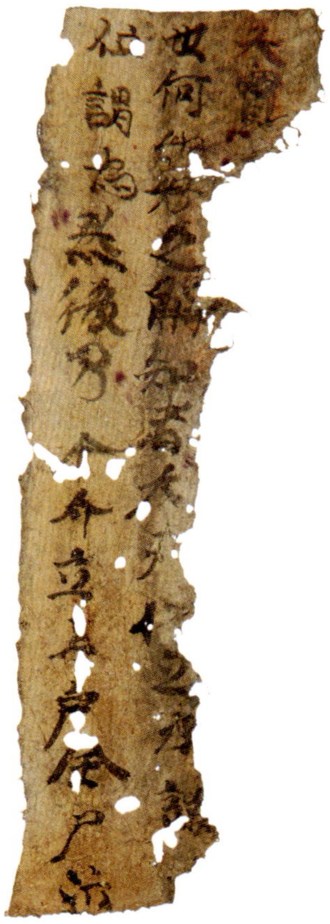

（一）
09ZJ0044（a）

（二）
09ZJ0045（a）

三一 唐天寶年間習書

本組爲二殘片，因其紙張質地、高度、顏色均相同，但未有拼接痕跡，故并列於此。二殘片背面均有多道朱筆劃痕，不可辨識。殘片（二）中正面存有左半墨書殘痕一行，未識讀。殘片（一）第1行存「天寶」年號。從2至3行文字看，似爲學童習書，或據某種典籍，無考。故暫定本件爲天寶年間習書。

（一）

（前缺）

1 天寶

2 世何如好之解知者大夫位立厚諒

3 位謂爲然後乃　今命立上户全户泣

（後缺）

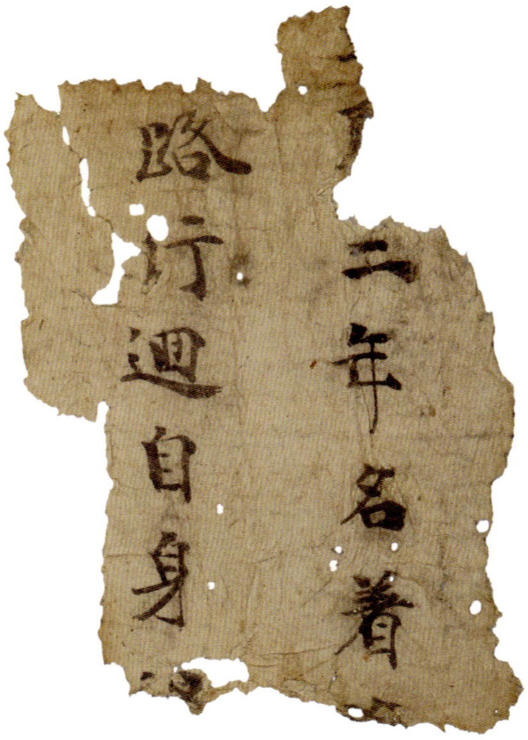

09ZJ0041

一三三　唐大曆（？）二年某人自書歷官狀

本件「二年」上年號殘字似「大曆」二字，僅存左側殘筆。其内容與吐魯番哈拉和卓一〇三號墓所出之唐自書歷官狀頗相似。故推斷爲官員某人自書歷官狀。

（前缺）

1　□大（？）曆（？）二年名著□□

2　□路行迴，自身□□

（後缺）

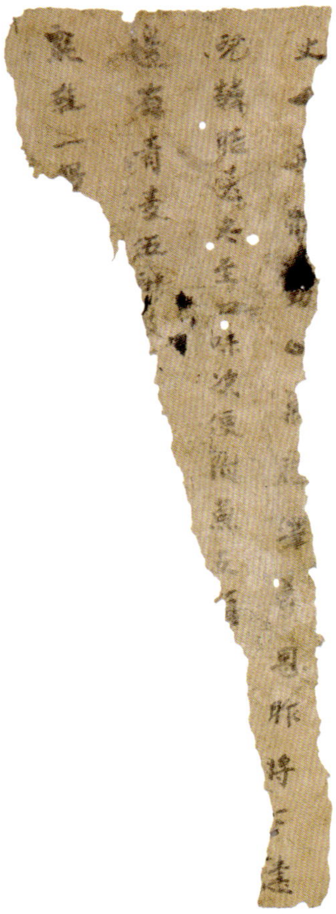

09ZJ0048

二四　唐某澤上丈母家書

本件無紀年，從「健兒」一詞知爲唐代文書。

1 丈母尊體動止萬福，澤蒙恩昨將下健

2 兒韓皓，送冬至口味，次便附魚五頭，□

3 邊有青麥伍㪷，豉叄□

4 麄鞋一量，□

〔後缺〕

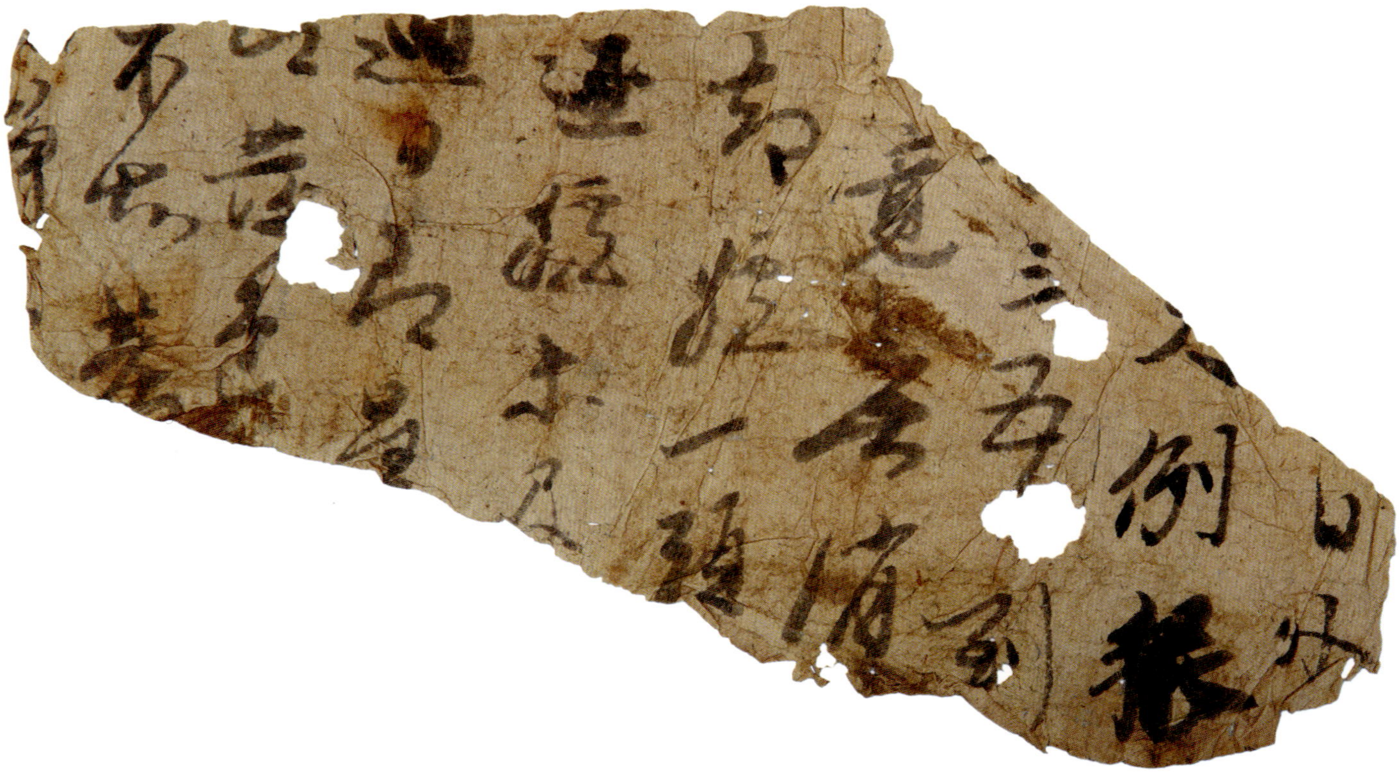

09ZJ0077

二五　唐却驢文書

本件無紀年，書法甚草，從所用桑皮紙推測，可能出自和田地區，疑爲唐于闐鎮文書。

（前缺）

1 ［　］□日外（？）［　］
2 ［　］大例報（？）［　］
3 ［　］三五□到［　］
4 ［　］竟無消［　］
5 ［　］却驢一頭，［　］
6 ［　］逐驢未及，［　］
7 ［　］迴日即呈［　］
8 ［　］即發速［　］
9 ［　］不知基（？）［　］
10 ［　］□□□［　］

（後缺）

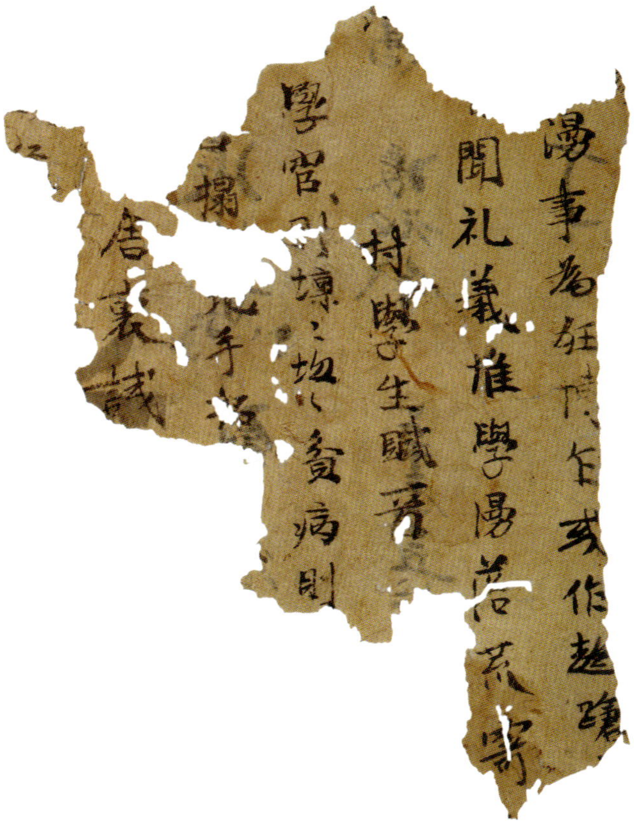

09ZJ0039（a）

二六　唐詩賦抄

本件另面爲唐殘名籍，可證其亦應爲唐詩賦抄。

（前缺）

1 □漫事爲狂博，乍或作趨蹌。□□

2 □聞礼義，惟學漫落荒。寄□

3 □村學生賦一首□

4 □學官（宦）則凛〻坎〻，貧病則□

5 □□搨□北手拓□

6 □舍裏試□

（後缺）

09ZJ0039（b）

二七 唐殘名籍

本件缺紀年，由3行「丁」字推測爲唐代涉丁名籍。

（前缺）

1 □□張□悳尉□□

2 □□昌　張知今　辛季彦

3 □□丁

（後缺）

09ZJ0050（1）
09ZJ0050（2）
09ZJ0050（3）
09ZJ0050（4）
09ZJ0050（5）

一八　唐于闐牒押牙楊晉卿文書

本件由五片殘紙組成，無紀年。「楊晉卿」一名多見於和田所出文書，如Hoernle・2號唐某年十二月二十三日傑謝鎮知鎮官將軍楊晉卿限納牛皮及鵰鳥翎帖、俄藏DX・18915號唐某年九月十七日傑謝鎮帖羊戶爲市羊毛事、SIP103・24號于闐語文書中，末尾寫有「將作監楊晉卿」，張廣達、榮新江在聖彼得堡藏和田出土漢文文書考釋中認爲「三件文書中的楊晉卿當是一人……當在七八二年前後」。本件楊晉卿爲押牙，應在爲將軍的大曆十七年（七八二）之前。2行上有朱色筆跡。

1 □牒押牙楊晉卿

2 □父河寿□石

3 □宣

4 □秦客

5 □羅攬延

（後缺）

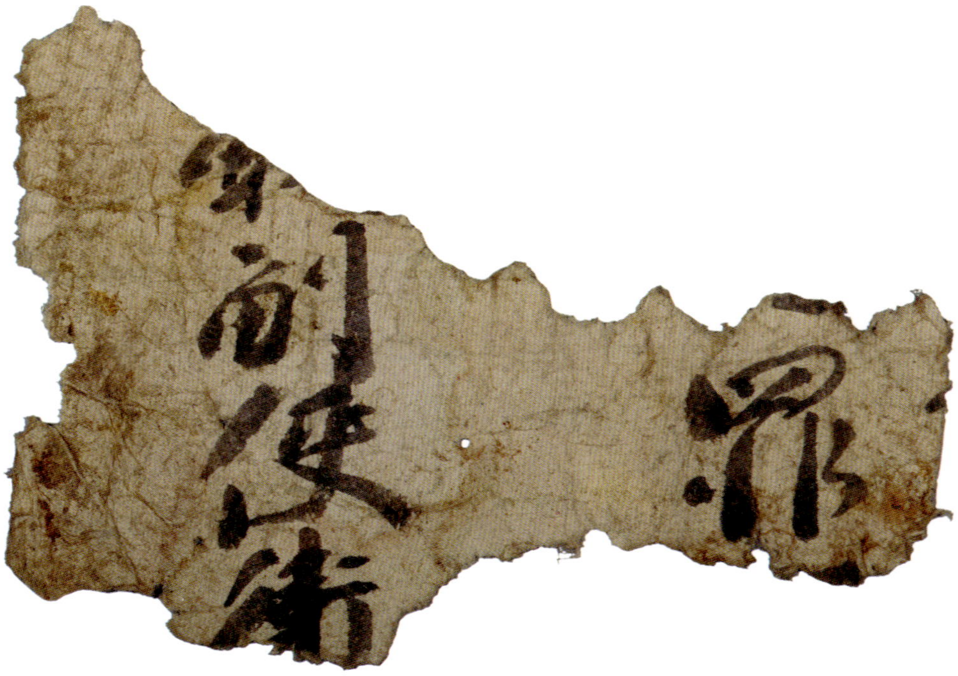

09ZJ0076

二九　唐副使衛□□文書

本件無紀年，殘存3行，第1行殘損嚴重，從其爲桑皮紙推測，可能出自和田地區。在和田所出漢文文書中，有官員姓衛氏者，如唐傑謝鎮帖爲羊户市毛事中，有「判官别將衛惟悌」，本件衛副使或與之有關。

（前缺）

1 □□
2 □罪□
3 □副使衛

（後缺）

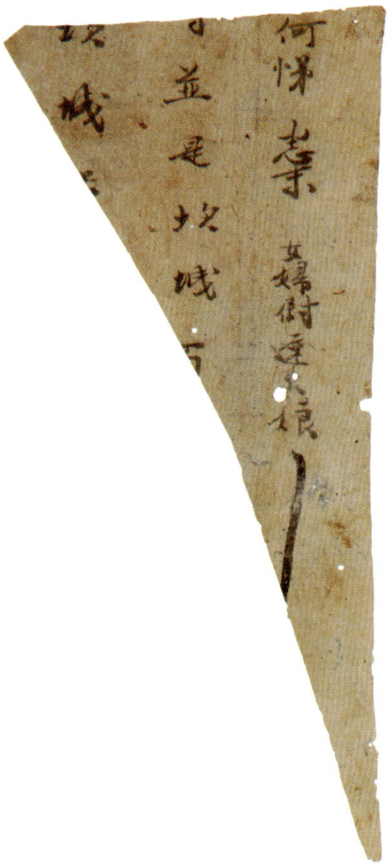

09ZJ0078

三〇　唐坎城百姓過所殘片

本件無紀年，殘存3行，從其爲桑皮紙推斷出自和田地區。坎城爲唐于闐質邏六城州下之一城，又名媲摩，可證本件出自和田。

1 □何悌　悉末　女婦尉遲大娘

2 □等並是坎城百□

3 □坎城□□

（後缺）

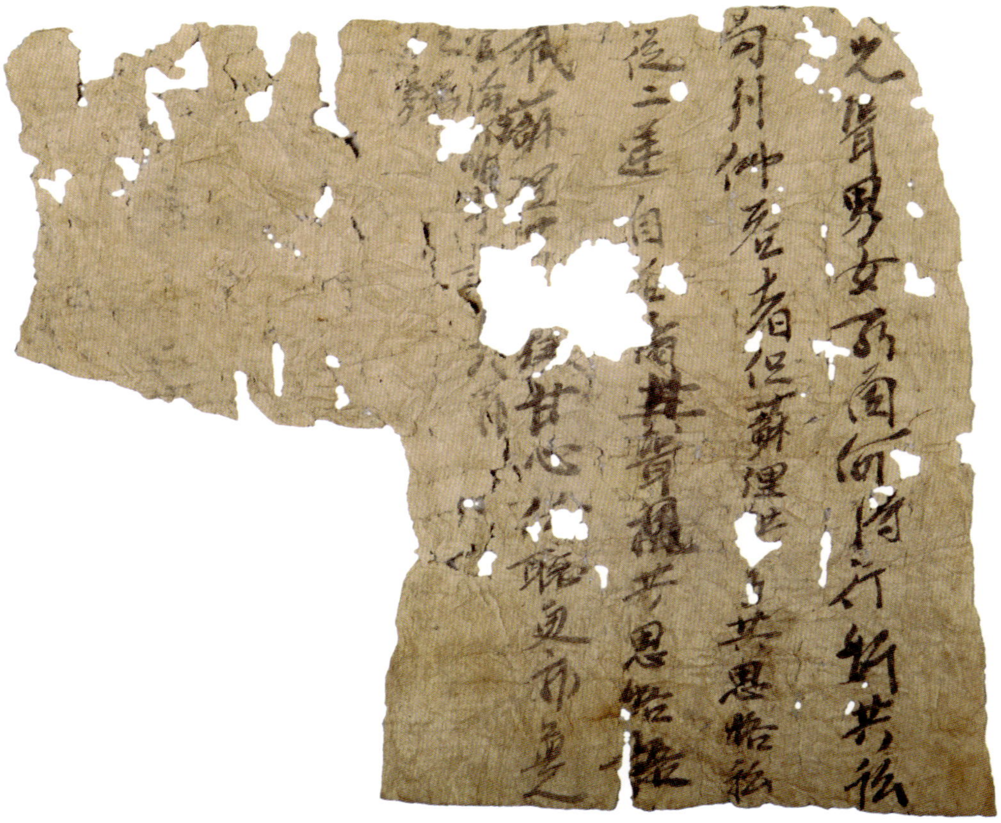

09ZJ0075（a）

三一　唐于闐問案案卷

本件缺紀年，從問案固定程式「仰答者：但」及尾文「謹辨」，知爲唐代訊案文書。從所用桑皮紙判斷，本件出自和田地區。「思略」一名，多見於和田丹丹烏里克所出唐文書，如唐大曆十六年傑謝百姓思略牒等，本件或與之同時。

1　□兒聟（婿）男女所箇，何得行姧，共私
2　勾引。仰答者：但蘇浬供多共思略私
3　從，二逆自合商，其聟（婿）見共思略語
4　截（？），蘇浬供多任甘心依聽，更亦無人
5　官論並不服等。□□死罪。
6　謹（？）辨。

09ZJ0075（b）

三二 唐于闐百姓欠糧賬

本件無紀年，書於唐于闐問案案卷背面。

（前缺）

1 ［　　］欠小五斟七升阿壤［　　］

2 ［　　］日布諸欠小一石［　　］

3 □朗　　　没泥

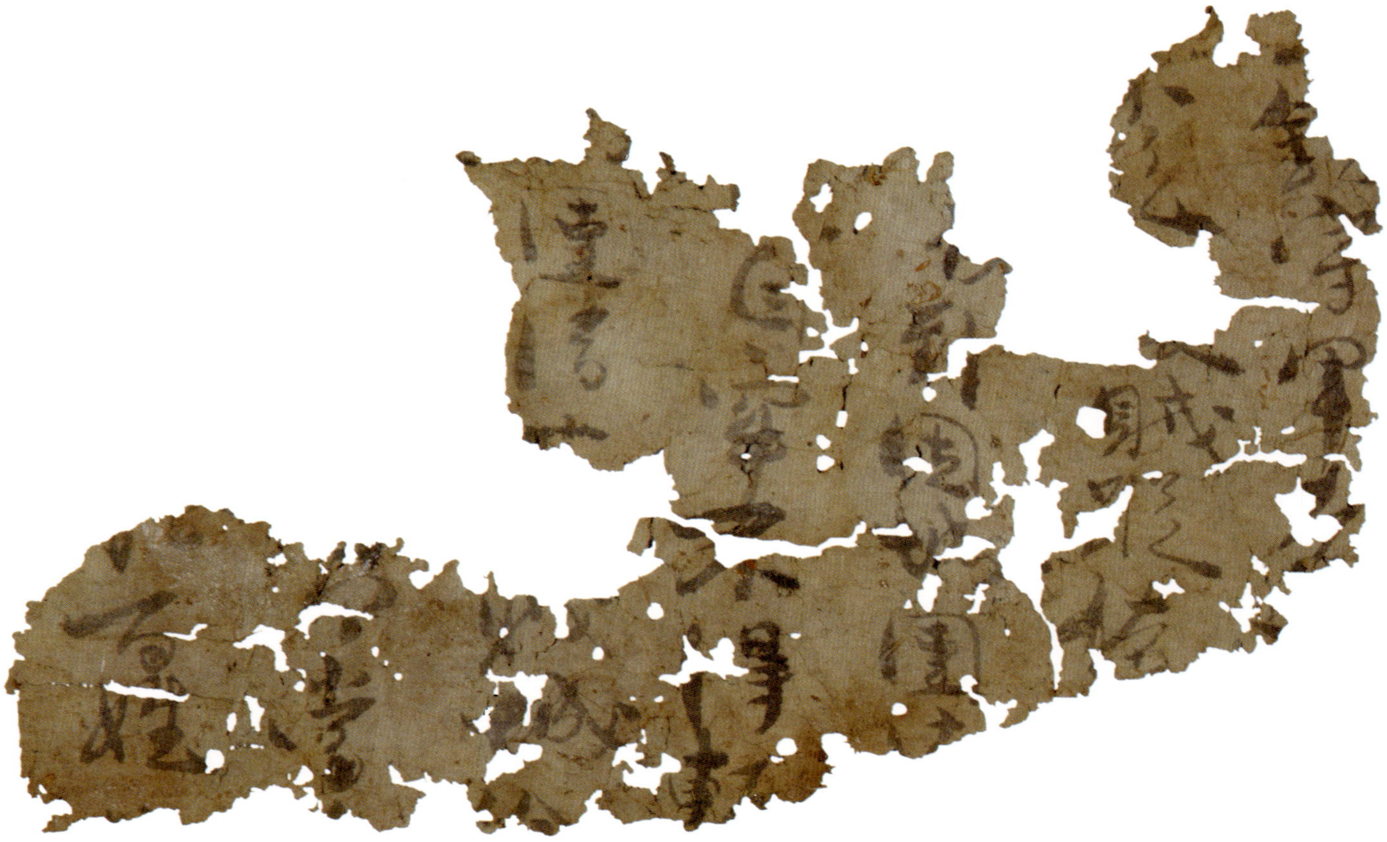

09ZJ0042

三三 唐軍部署擊賊文書

本件草書，從1行「鎮守軍」知爲唐代文書。所用爲桑皮紙，疑出自和田地區。

（前缺）

1 □鎮守軍□□

2 □不（？）從□賊蹤掩□

3 □□到，固城團結，□

4 □自窂（牢），不得輕□

5 □團結（？）□賊城給□

6 □得當□□

7 □□百姓□□

（後缺）

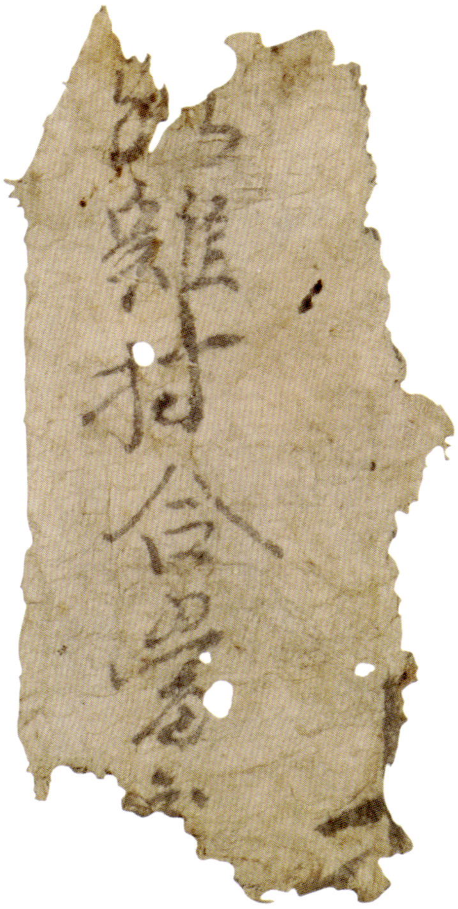

09ZJ0065（2）

三四　唐于闐□雞村文書

（前缺）

1 ［　　　　］□［　　　］

2 ［　　］□雞村合當交［　　］

（後缺）

（一）09ZJ0134（a）

（二）09ZJ0138（1）

（三）09ZJ0138（2）

三五　文書殘片三件

殘片（一）背面爲于闐文，見本書于闐文部分。

（一）

（前缺）

1 [ ]汝仁□□[ ]

2 [ ]俊先是閆[ ]

3 [ ]□□迹[ ]

（後缺）

（二）

（前缺）

1 [ ]廿　王阿[ ]

2 [ ]王二月卅[ ]

（後缺）

（三）

（前缺）

1 [ ]□捉[ ]

[ ]三日[ ]

（後缺）

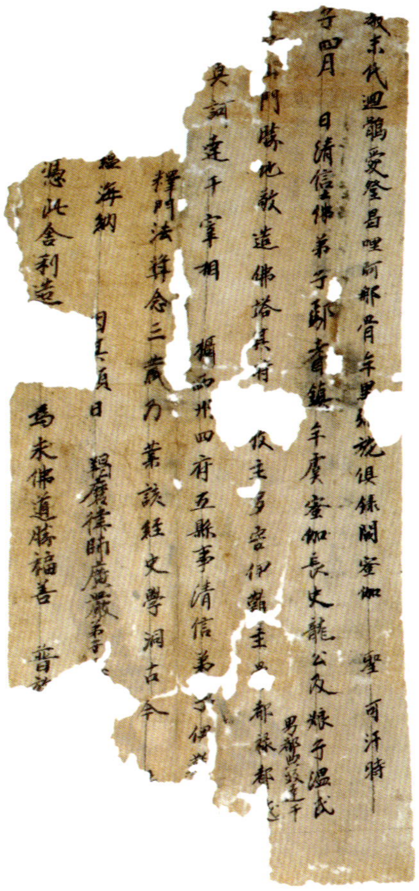

78S·T:1

三七　西州回鶻造舍利佛塔記

本件上世紀七十年代出土於吐魯番吐峪沟佛寺遺址，無紀年。1行「教」前缺字，疑爲「釋」字。佛教「末代」説甚多，十世紀以來的北方，以公元一〇五一年進入末法時代説爲盛。結合文記中西州回鶻可汗全名考察，本記當爲公元十一世紀中期所寫。從3行「敬造佛塔」，7行「憑此舍利造……」，知爲造舍利佛塔記。

1 □教末代迴鶻愛登曷哩阿那骨牟里彌施俱録闕蜜伽　聖　可汗時，

2 □子四月　日，清信士佛弟子鄢耆鎮牟虞蜜伽長史龍公及娘子温氏、

男都典效達干

3 □□寺山門勝地，敬造佛塔。其時□牧主多害，伊難主骨都禄都越，

4 ［　　］莫訶達干，宰相　攝西州四府五縣事、清信弟子伊難［　　］

5 ［　　］釋門法獎，念三藏，乃業該經史，學洞古今，□［　　］

6 ［　　］蘊海納　因其願日。羯磨律師廣嚴弟子□［　　］

7 ［　　］憑此舍利，造［　　］。爲求佛道勝福善，　普施［　　］

民國時期文書釋文

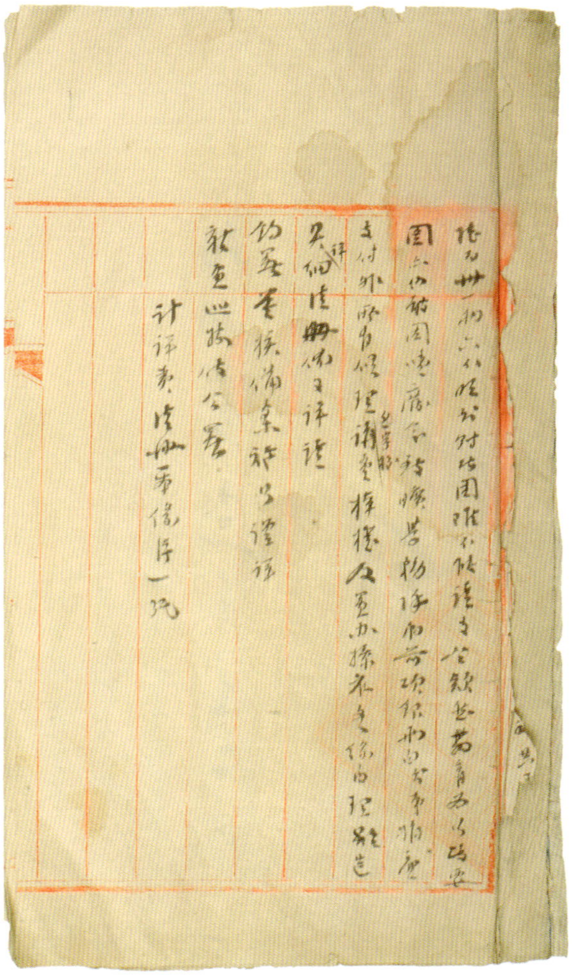

20107AZ01（第1頁）

一　吐魯番縣上報爲置辦學校應用什物開支事暨新疆巡按使公署批覆[一]

（前缺）

共（吐魯番縣之印）

陸百卌一兩六分，明知財政困難，不能徑支公款，然教育爲公政要
圖，亦何敢因噎廢食，致曠學務。除將前項銀兩由知事捐廉
支付外，所有修理各學校講堂、棹櫈及置辦操衣，各緣由理，造[二]
具細清册份[三]，詳[四]請
鈞署鑒核，備案施行。謹詳
新疆巡按使公署
計詳賫清册一本，像片一紙。

[一] 此件文書由多頁從右側粘連成書籍形式，自左向右翻頁。後粘有新疆巡按使公署批文，已殘。
[二] 「造」上一字係廢字，原用「×」抹去。
[三] 「份」上應脱數量詞「一」字。
[四] 「詳」上一字係廢字，原用「×」抹去。

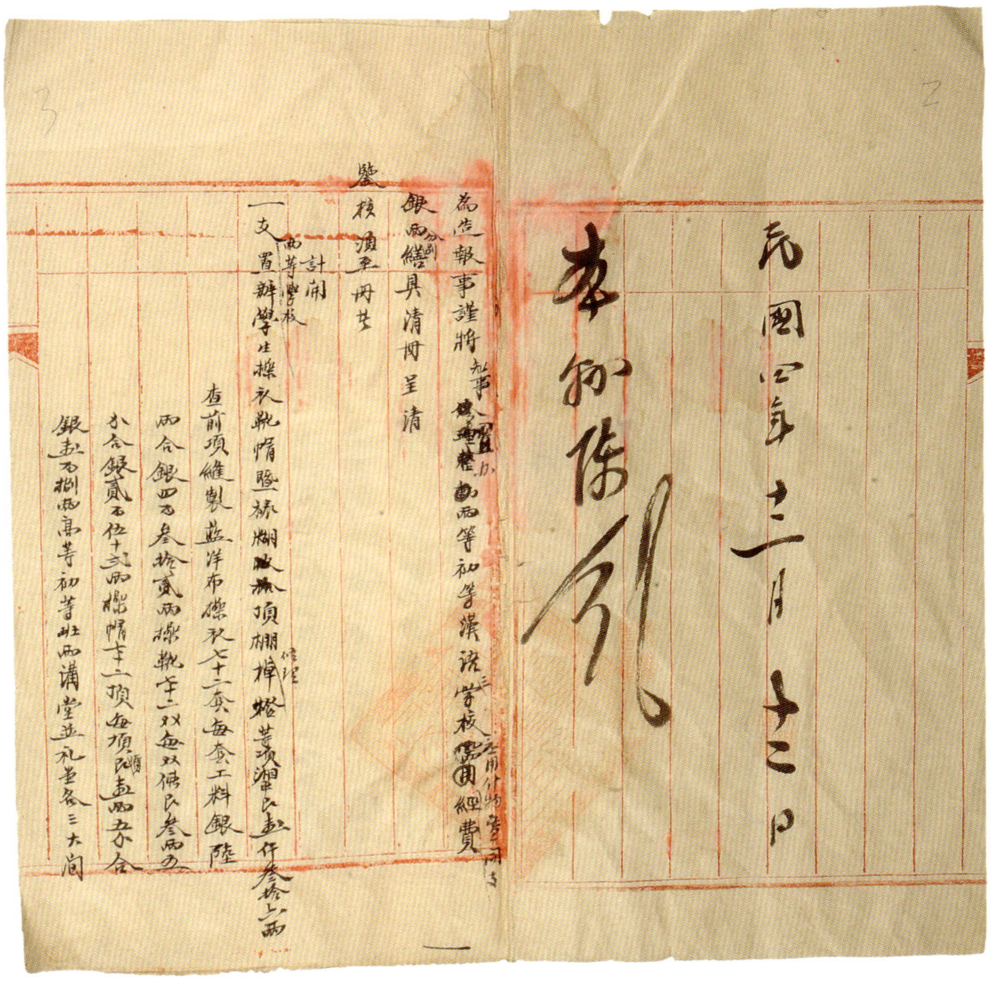

（第3頁）　　20107AZ01　　（第2頁）

民國四年十二月十一日（印：陳繼善章）

本县陳（印：陳繼善章）行

（印：吐魯番縣之印）

爲造報事，謹將知事置辦~~修理整頓~~兩等初等漢語學校三~~需用~~應用什物暨開支經費

銀兩分別繕具清册，呈請

鑒核。須至册者

計開：

一支兩等學校置辦學生操衣、靴、帽暨裱糊~~收拾~~頂棚、修理棹橙等項湘平艮壹仟叁拾六兩。

查前項縫製藍洋布操衣七十二套，每套工料銀陸

兩，合銀四百叁拾貳兩。操靴七十二双，每双價艮叁兩五

分，合銀貳百伍十弍兩。操帽七十二頂，每頂價艮壹兩五分，合

銀壹百捌兩。高等、初等班兩講堂並礼堂各三大間，

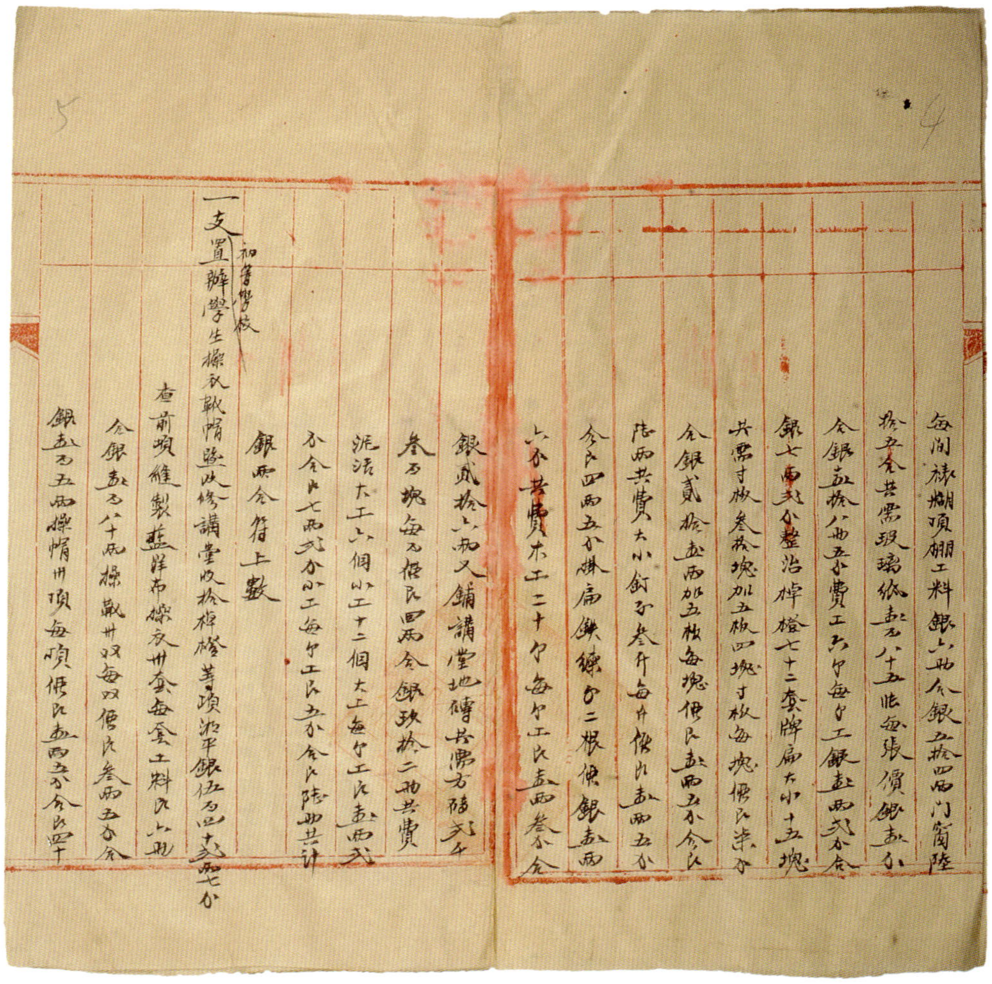

（第5頁）　20107AZ01　（第4頁）

每間裱糊頂棚工料銀六兩，合銀五拾四兩；門窗陆
拾五，合共需玻璃紙壹百八十五張，每张價銀壹分，
合銀壹拾八兩五分；費工六个，每个工銀壹兩弍分，合
銀七兩弍分。整治棹橙七十二套，牌扁大小十五塊，
共需寸板叁拾塊，加五板四塊。寸板每塊價艮柒分，
合銀貳拾壹兩；加五板每塊價艮壹兩五分，合艮
陆兩。共費大小釘子叁斤，每斤價艮壹兩五分，
合艮四兩五分。掛扁鉄練子二根，價銀壹兩
六分。共費木工二十个，每个工艮壹兩叁分，合

吐魯番縣之印

銀貳拾六兩。又鋪講堂地磚共需方磚弍千
叁百塊，每百價艮四兩，合銀玖拾二兩。共費
泥活大工六個，小工十二個，大工每个工艮壹兩弍
分，合艮七兩弍分；小工每个工艮五分，合艮陆兩。共计
銀兩合符上數。
一支初等學校置辦學生操衣、靴、帽暨改修講堂收拾棹橙等項湘平銀伍百四十弍兩七分。
查前項縫製蓝洋布操衣卅套，每套工料艮六兩，
合銀壹百八十兩。操靴卅双，每双價艮叁兩五分，合
銀壹百五兩。操帽卅頂，每頂價艮壹兩五分，合艮四十

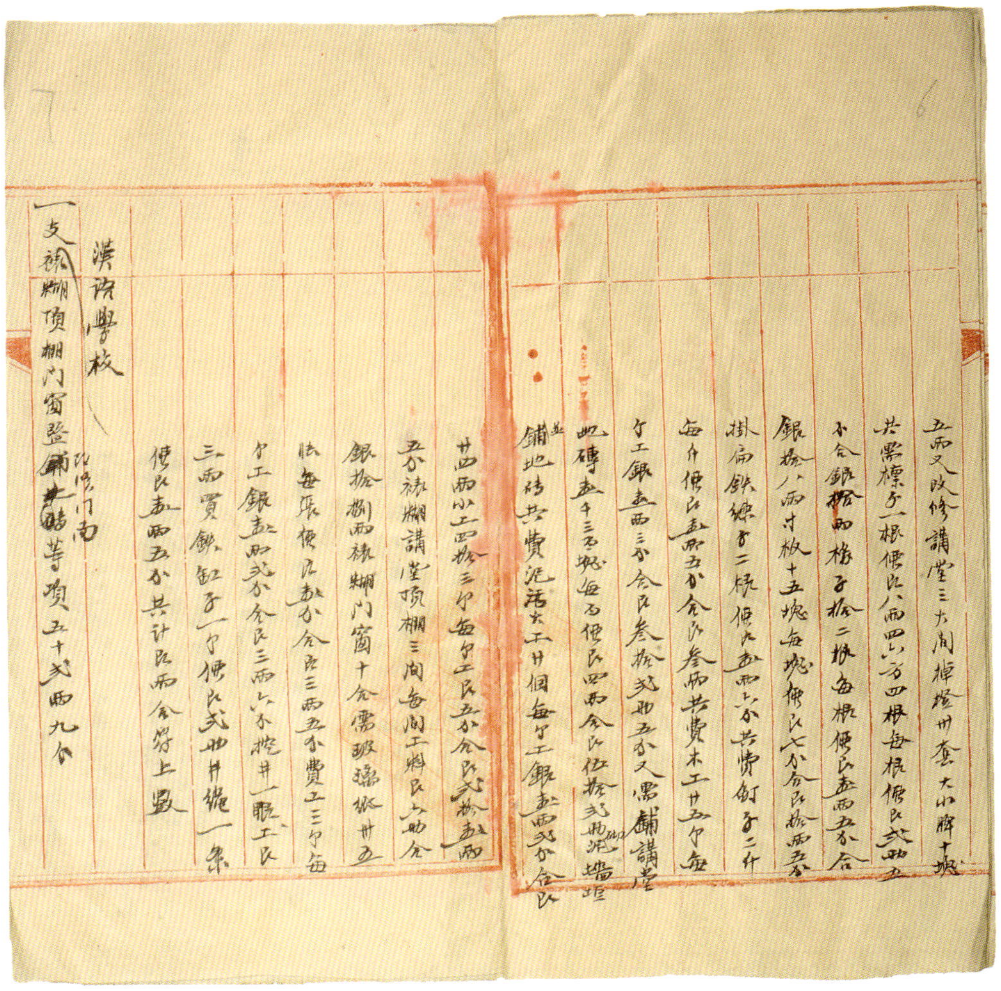

（第7頁）　20107AZ01　（第6頁）

1 五兩。又改修講堂三大間，棹櫈卅套，大小牌十塊。
2 共需檁子一根，價艮八兩；四六方四根，每根價艮弍兩五
3 分，合銀拾兩；椽子拾二根，每根價艮壹兩五分，合
4 銀拾八兩；寸板十五塊，每塊價艮七分，合艮拾兩五分；
5 掛扁鉄練子二根，價艮壹兩六分；共費釘子二斤，
6 每斤價艮壹兩五分，合艮叁兩；共費木工廿五個，每
7 个工銀壹兩三分，合艮叁拾弍兩五分。又需鋪講堂
8 地磚壹千三百塊，每百價艮四兩，合艮伍拾弍兩。（砌）泥墻垣
9 （並）鋪地磚共費泥活大工廿個，每个工銀壹兩弍分，合艮

1 廿四兩；小工四拾三个，每个工艮五分，合艮弍拾壹兩
2 五分。裱糊講堂頂棚三間，每間工料艮六兩，合
3 銀拾捌兩。裱糊門窗十合，需玻璃纸卅五
4 張，每張價艮壹分，合艮三兩五分；費工三个，每
5 个工銀壹兩弍分，合艮三兩六分。挖井一眼，工艮
6 三兩；買鉄缸子一个，價艮弍兩；井繩一條，
7 价艮壹兩五分。共計艮兩合符上數。
8 一支（漢語學校）裱糊頂棚、門窗暨~~鋪地磚~~（改修門面）等項五十弍兩九分
9

吐魯番縣之印

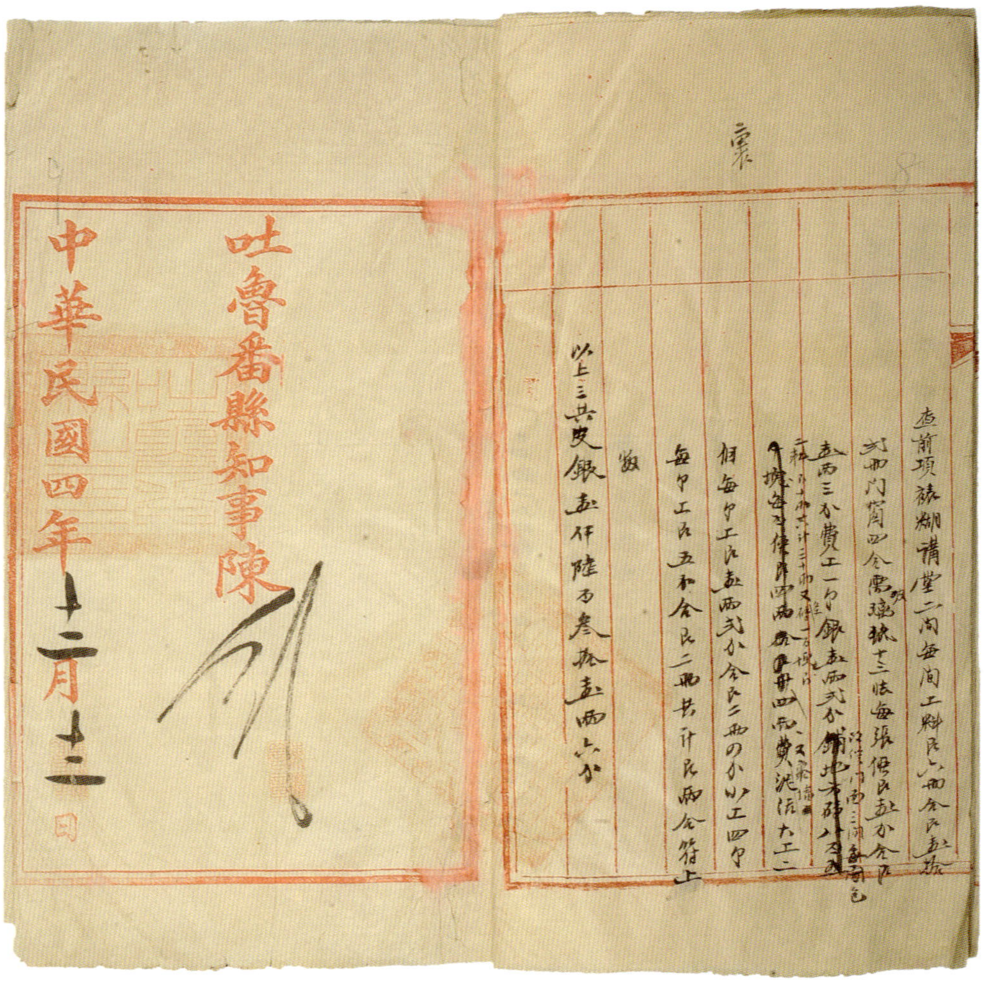

（第9頁）　　20107AZ01　　（第8頁）

裹

查前項裱糊講堂二間，每間工料艮六兩，合艮壹拾
弍兩。門窗四合，需（玻）璃紙十三張，每張價艮壹分，合艮
壹兩三分。費工一个，銀壹兩弍分；（改修門面三間，每間包）鋪地方磚八百五
十塊每百價艮四兩合艮卅四兩。（工料艮十兩，共計三十兩。又（條）磚一百塊艮）（又裹牆□）費泥活大工二
個，每个工艮壹兩弍分，合艮二兩四分；小工四个，
每个工艮五分，合艮二兩。共计艮兩合符上〔一〕
數。

以上三共支銀壹仟陸百叁拾壹兩六分。

吐魯番縣之印

吐魯番縣知事陳　行（陳繼善章）

中華民國四年十二月十二日（吐魯番縣之印）（陳繼善章）

〔一〕「上」字係貼條補寫。

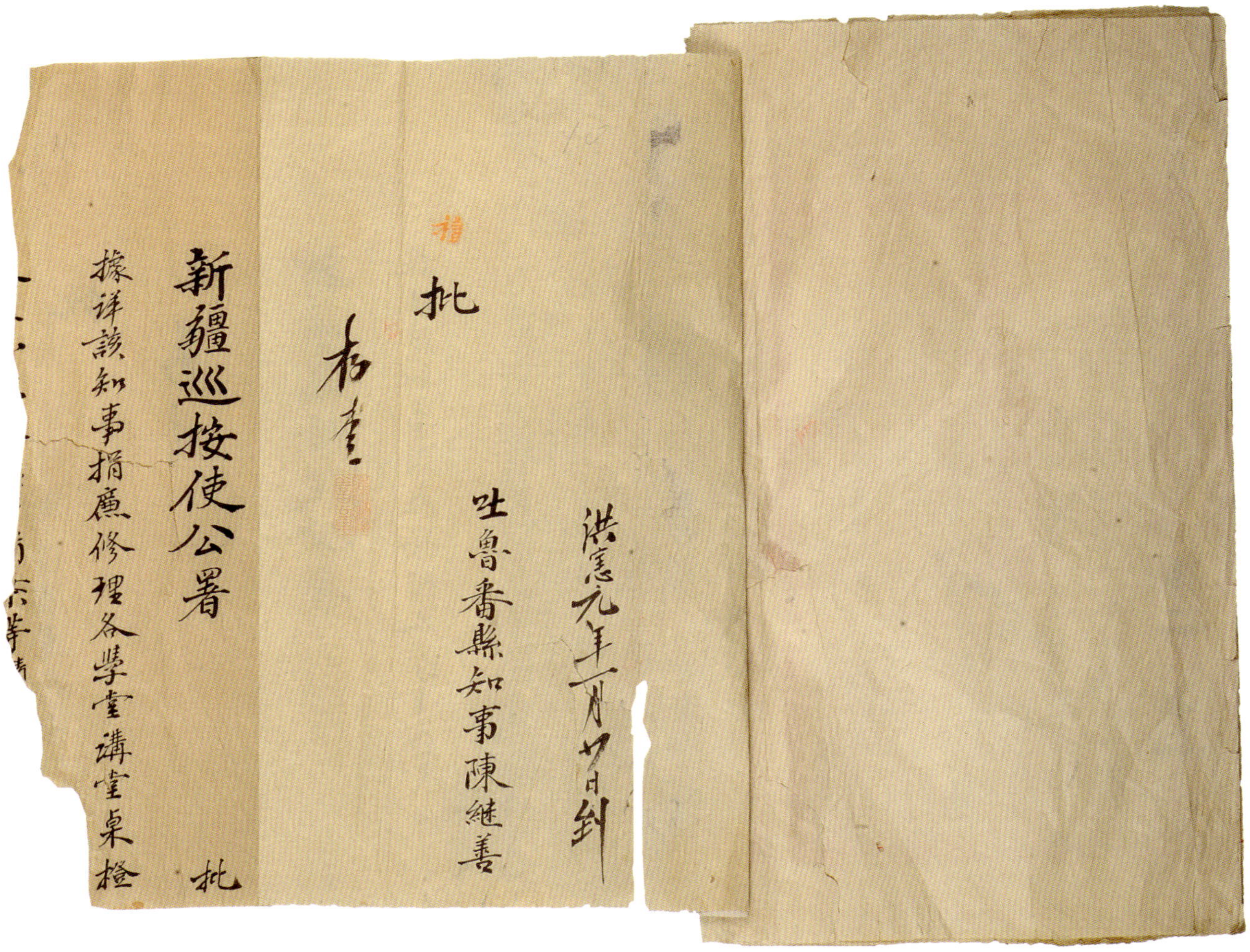

（第11頁）　　20107AZ01　　（第10頁）

1
2 洪憲元年一月廿日到
3 吐魯番縣知事陳繼善
4 禮
批：
存查。陳繼善章
5
6
7 新疆巡按使公署　批：
8 據詳該知事捐廉修理各學堂講堂桌橙
9 □□□□□□□□□□□□□□□□□案情等，□□□□□□
（後缺）

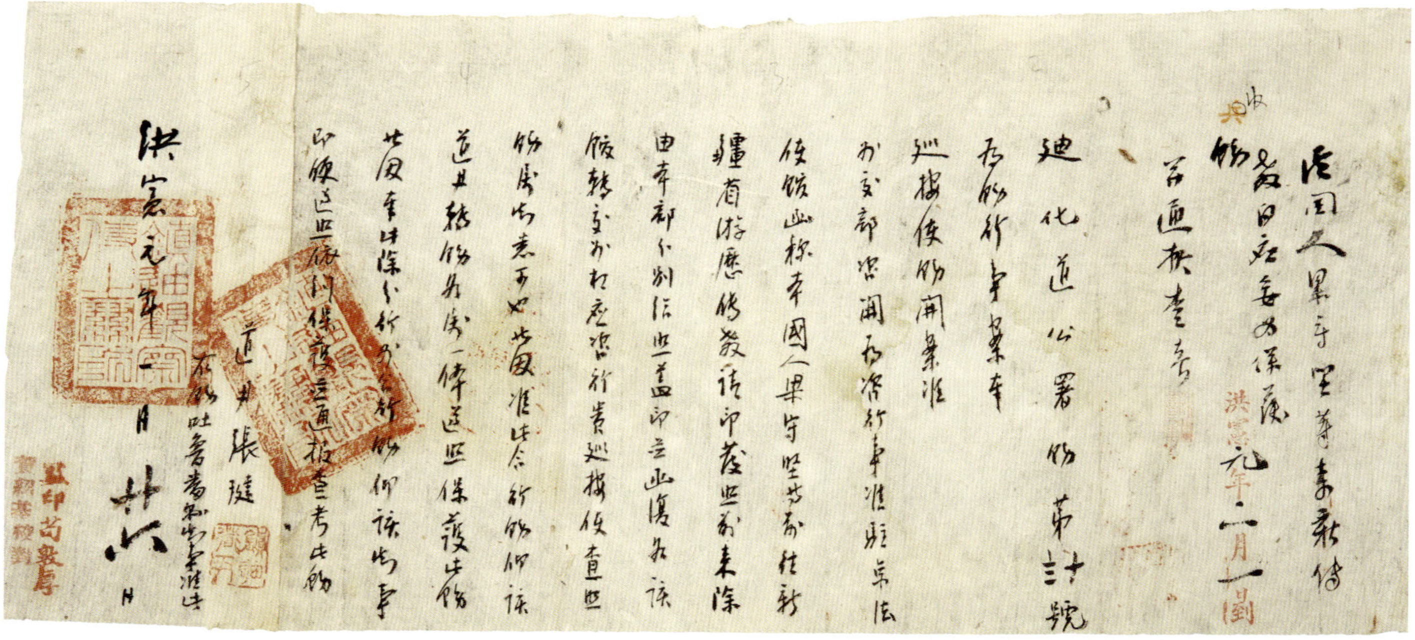

09ZJ0099

二 迪化道公署飭爲法國人梁守堅等來新傳教保護事

法國人梁守堅等来新傳
教，自應妥爲保護，
收○兵飭 洪憲元年二月一日到
并通報查考。 陳繼善章
迪化道 公 署 飭 第〨十[一]號
爲飭行事。案奉
巡按使飭開：案准
外交部咨開爲咨行事，准駐京法
使館函稱本國人梁守堅等，前往新
疆省游歷傳教，請印發照前来。除
由本部分别給照盖印，并函復各該
館轉交外，相應咨行。貴巡按使查照
飭屬「知悉可也」等因，准此合行，「飭仰該
道尹轉飭各屬，一体遵照保護。此飭。」
等因，奉此，除分行外合行，飭仰該知事
即便遵照，依飭保護，并通報查考。此飭。 鎮迪觀察使之關防
道尹張健 鎮迪道尹
右飭吐魯番縣知事准此。
洪憲 元年 一月 廿六日 鎮迪觀察使之關防
監印苟敦厚
賀紹基校對

[一]「〨十」爲「蘇州碼子」，即八十。

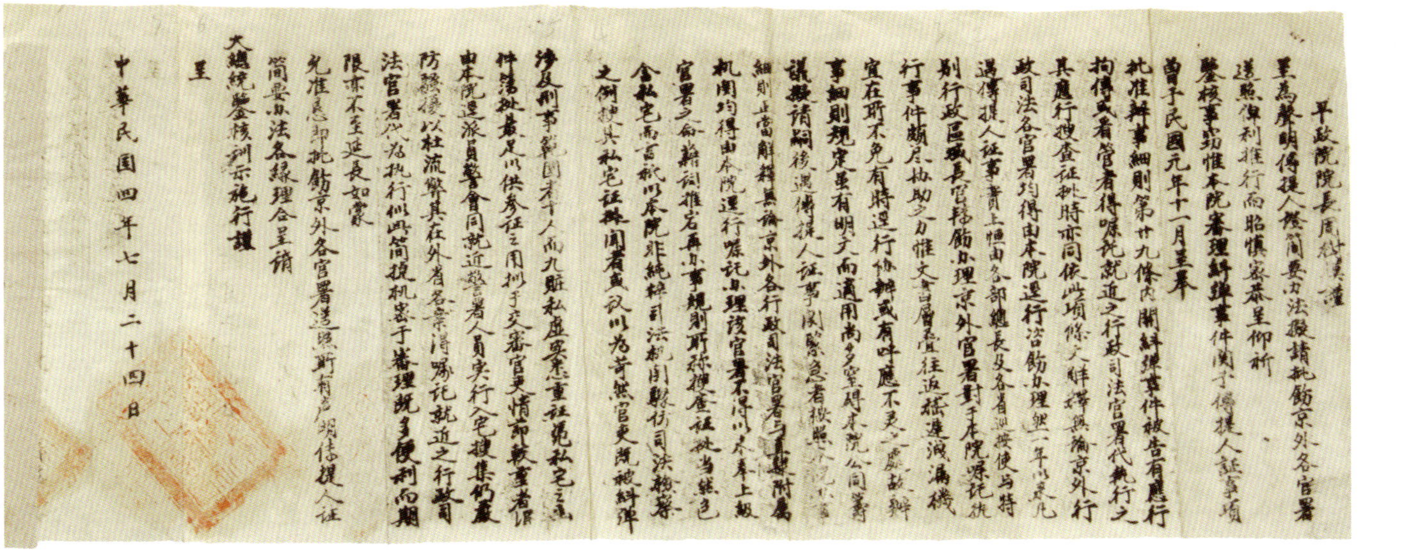

09ZJ0100（2-1）

三 迪化道公署飭爲推行平政院傳提人證簡要辦法事

平政院院長周樹模謹

呈，爲聲明傳提人證簡要辦法，擬請批飭京外各官署

遵照俾利推行，而昭慎密，恭呈仰祈

鑒核事。窃惟本院審理糾弹事件關于傳提人証事項，

曾于民國元年十一月呈，奉

批准辦事細則第廿九條内開糾弹事件，被告有應行拘傳或看管者，得囑託就近之行政司法官署代執行之，其應行搜查証據時亦同依此項條文解釋。無論京外行政司法各官署，均得由本院逕行咨飭辦理。然一年以來，凡遇傳提人証，事實上恒由各部總長及各省巡按使与特別行政區域長官轉飭辦理，京外官署對于本院囑託執行事件，頗盡協助之力，惟文書層疊，往返稽遲，洩漏機宜，在所不免，有時逕行协辦，或有呼應不灵之處，故辦事細則規定虽有明文，而適用尚多窒碍。本院公同籌議，擬請嗣後遇傳提人證事關緊急者，按照本院辦事細則正當解釋，無論京外各行政司法官署与直隸附屬机關，均得由本院逕行囑託辦理，該官署不得以未奉上級官署之命藉詞推宕。再辦事規則所稱搜查証據，當然包含私宅而言，衹以本院非純粹司法机關，驟仿司法檢察之例搜其私宅証據，聞者或議以爲苛。然官吏既被糾弹，涉及刑事範圍者，十人而九贓私，虚實悉重証憑，私宅之函件、簿據最足以供参証之用，拟于交審官吏情節較重者，得由本院逕派員警，會同就近警署人員實行入宅搜集，仍嚴防騷擾，以杜流弊。其在外省各案，得囑託就近之行政司法官署代爲執行，似此簡捷机密，于審理既多便利，而期限亦不至延長。如蒙

允准，懇即批飭京外各官署遵照，所有声明傳提人証簡要辦法，各緣理合，呈請

大總統鑒核訓示施行。謹

呈。

中華民國 四 年 七 月 二 十 四 日

鎮迪觀察使之關防

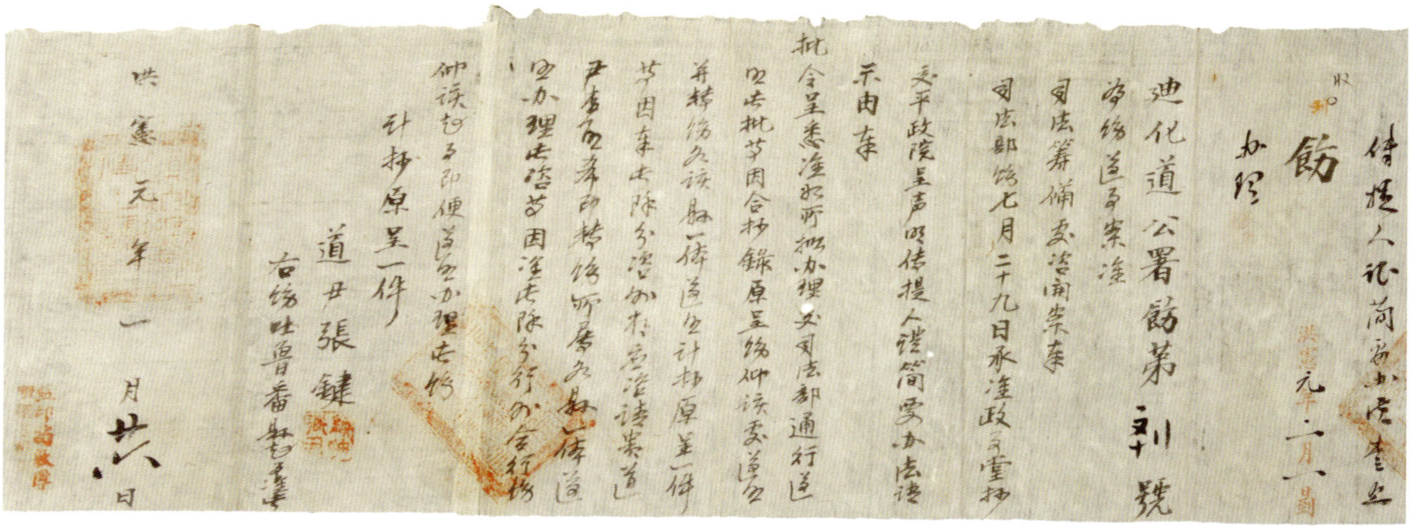

09ZJ0100（2-2）

傳提人証簡要辦法查照
收刑飭　洪憲元年二月一日到
辦理。陳繼善章
鎮迪觀察使之關防
迪化道公署飭第剥〔一〕號
爲飭遵事。案准
司法籌備處咨開：案奉
司法部飭，七月二十九日承准政事堂抄
交平政院呈声明傳提人證簡要辦法請
示，由奉
批「令呈悉。准如所拟辦理，交司法部通行遵
照。此批。」等因，「合抄録原呈，飭仰該處遵照，
並轉飭各該縣一体遵照。計抄原呈一件。」
等因，奉此，「除分咨外，相應咨請貴道
尹查照，希即轉飭所屬各縣一体遵
照辦理，此咨。」等因，准此除分行外合行，飭
仰該知事即便遵照辦理。此飭。鎮迪觀察使之關防
計抄原呈一件。
道尹張鍵　鎮迪道尹
右飭吐魯番縣知事准此。
洪憲元年一月廿六日　鎮迪觀察使之關防
監印苟敦厚
賀紹基校對

〔一〕「剥」，即蘇州碼子九十二。

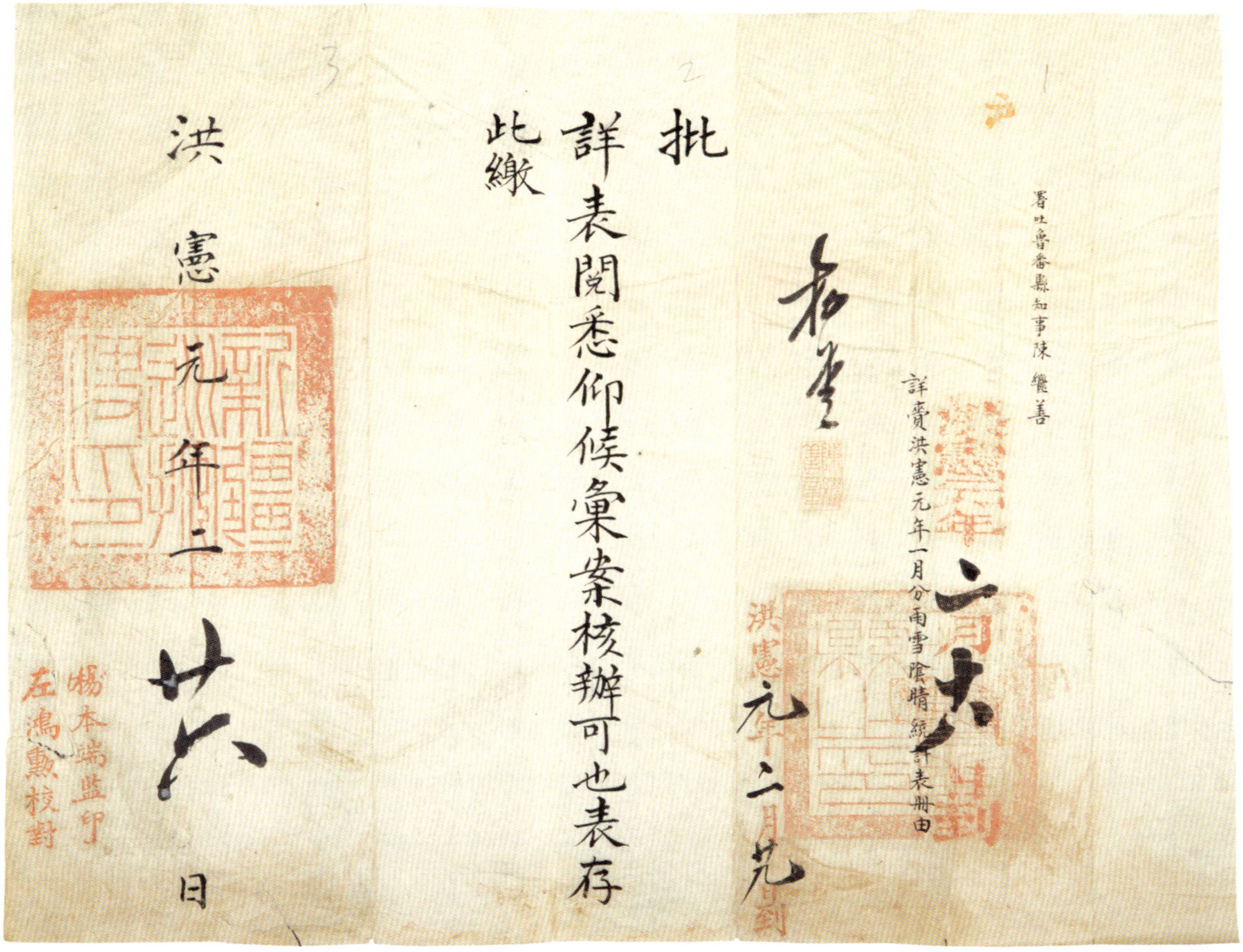

09ZJ0095

四　新疆巡按使回批爲吐魯番縣報雨雪陰晴統計表册事

1 署吐魯番縣知事陳繼善
2 户　洪憲元年二月十八日到（吐魯番縣之印）
3 詳賫洪憲元年一月分雨雪陰晴統計表册由
4 存查（陳繼善章）
6 洪憲元年二月廿九日到
7 批：
8 詳表閱悉。仰候彙案核辦可也，表存。
9 此繳。
10 洪憲（新疆巡按使印）年二廿六日

楊本端監印
左鴻勳校對

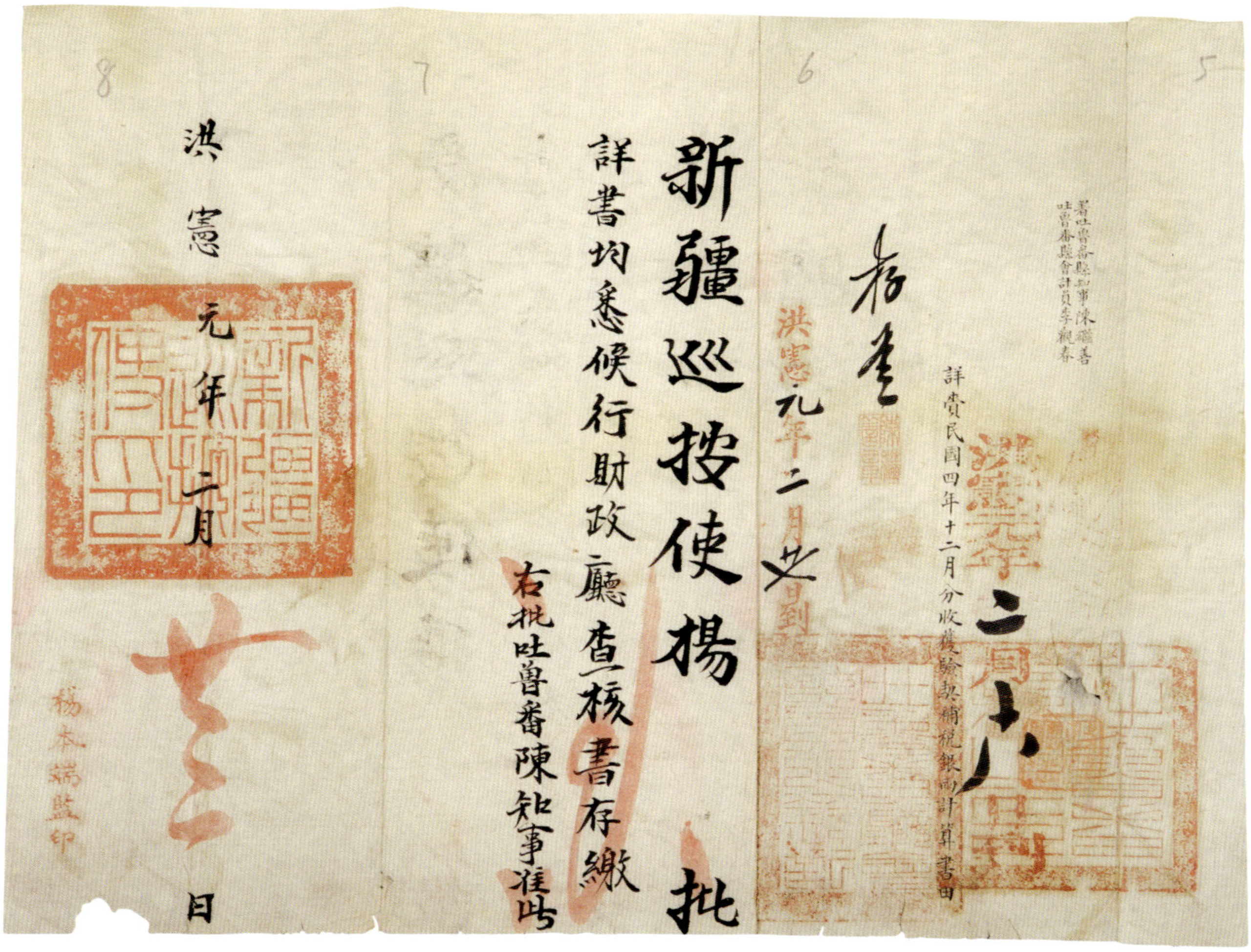

09ZJ0103

五 新疆巡按使回批爲吐魯番縣報收穫驗契補税銀兩計算書事

1 署吐魯番縣知事陳繼善
2 吐魯番縣會計員李觀春
3 洪憲元年二月十八日到 吐魯番縣之印
4 詳賫民國四年十二月分收穫驗契補税銀兩計算書由 吐魯番廳會計員之鈐記
5 存查。 陳繼善章
6 洪憲元年二月廿七日到
7 新疆巡按使楊 批：
8 詳書均悉。候行財政廳查核，書存繳。
9 右批吐魯番陳知事准此。
10 洪憲元年二月廿三日 新疆巡按使印

楊本端監印

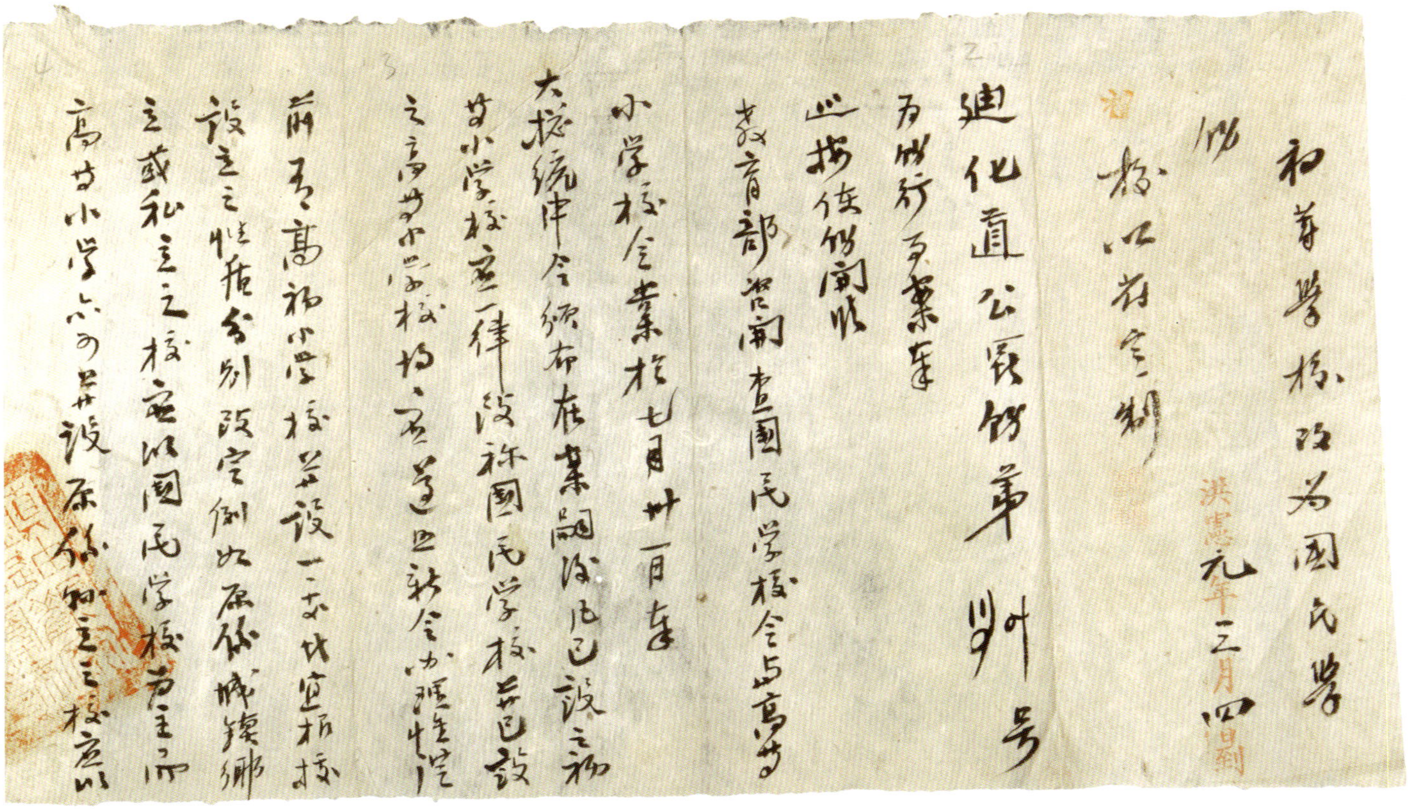

09ZJ0084（2-1）

六　迪化道公署飭爲初等學校改爲國民學校以府定制事

初等學校改爲國民學
飭　　　洪憲元年三月四日到
禮　校以府定制　陳繼善章
迪化道公署飭第〣〇十[一]号
爲飭行事。案奉
巡按使飭開：准
教育部咨開：「查國民學校令与高等
小學校令，業於七月卅一日奉
大總统申令頒布在案，嗣後凡已設之初
等小學校，應一律改稱國民學校，并已設
之高等小學校均應遵照新令辦理。惟從
前有高、初小學校并設一處，比宜根據
設立之性質分別改定。例如，原係城镇鄉
立或私立之校，應以國民學校爲主，而
高等小學亦可并設；原係縣立之校，應以

鎮迪觀察使之關防

[一]「〣〇十」，即蘇州碼子三百一十。

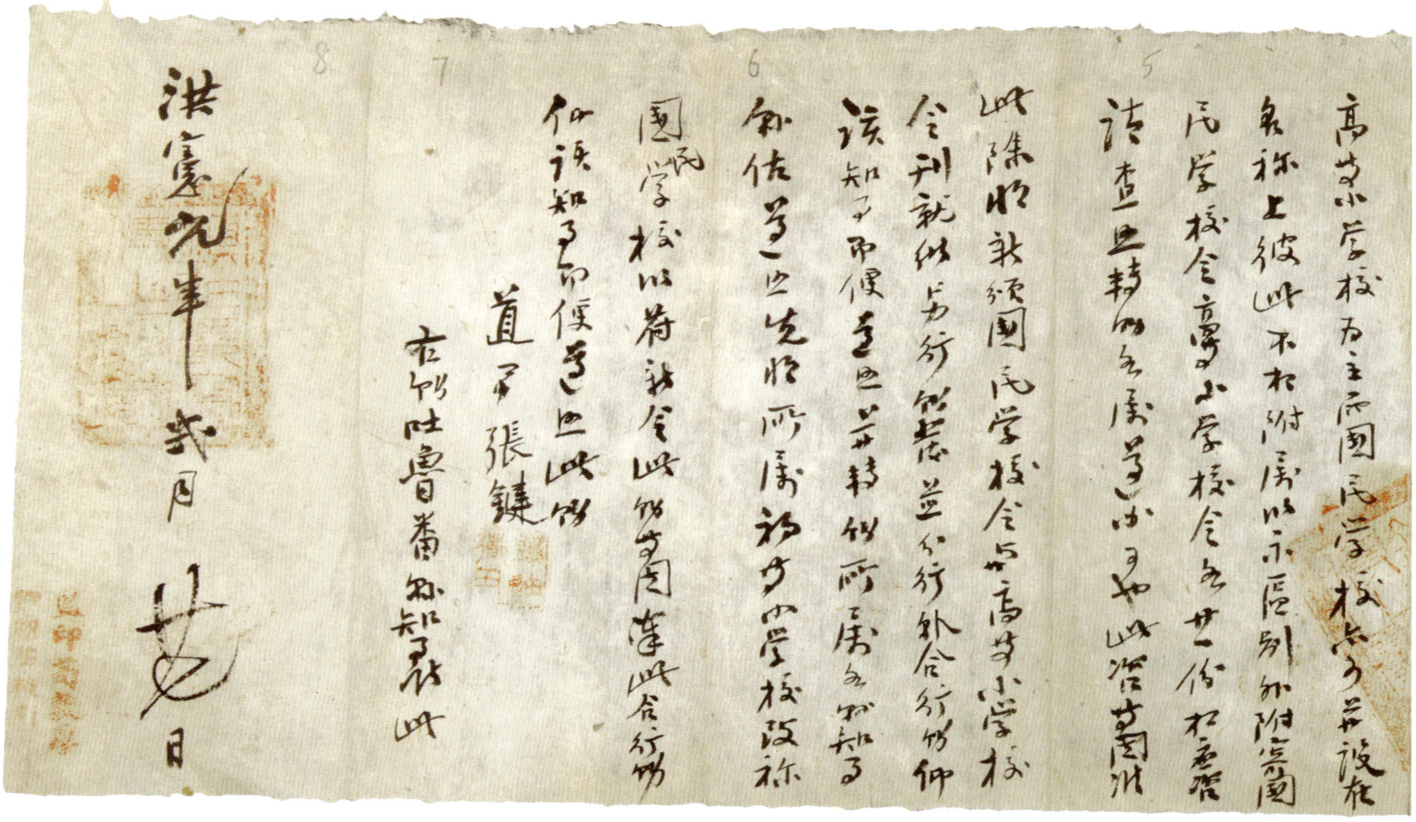

09ZJ0084（2-2）

16 高等小學校爲主，而國民學校亦可并設，在
17 名稱上彼此不相附屬，以示區別。外附寄國
18 民學校令、高等小學校令各廿一份，相應咨
19 請查照，轉飭各屬遵辦可也，此咨。」等因，准
20 此，「除將新頒国民學校令与高等小學校
21 令刊就绪，另行飭發，并分行外合行，飭仰
22 該知事即便遵照，并轉飭所屬各縣知事、
23 縣佐遵照，先將所屬初等小學校改稱
24 國民學校以符新令。此飭。」等因，奉此合行，飭
25 仰該知事即便遵照。此飭。
26 道尹张键 鎮迪道尹
27 右飭吐魯番縣知事准此。
28 洪憲元年貳月廿七日 鎮迪觀察使之關防

监印苟敦厚
賀紹基校對

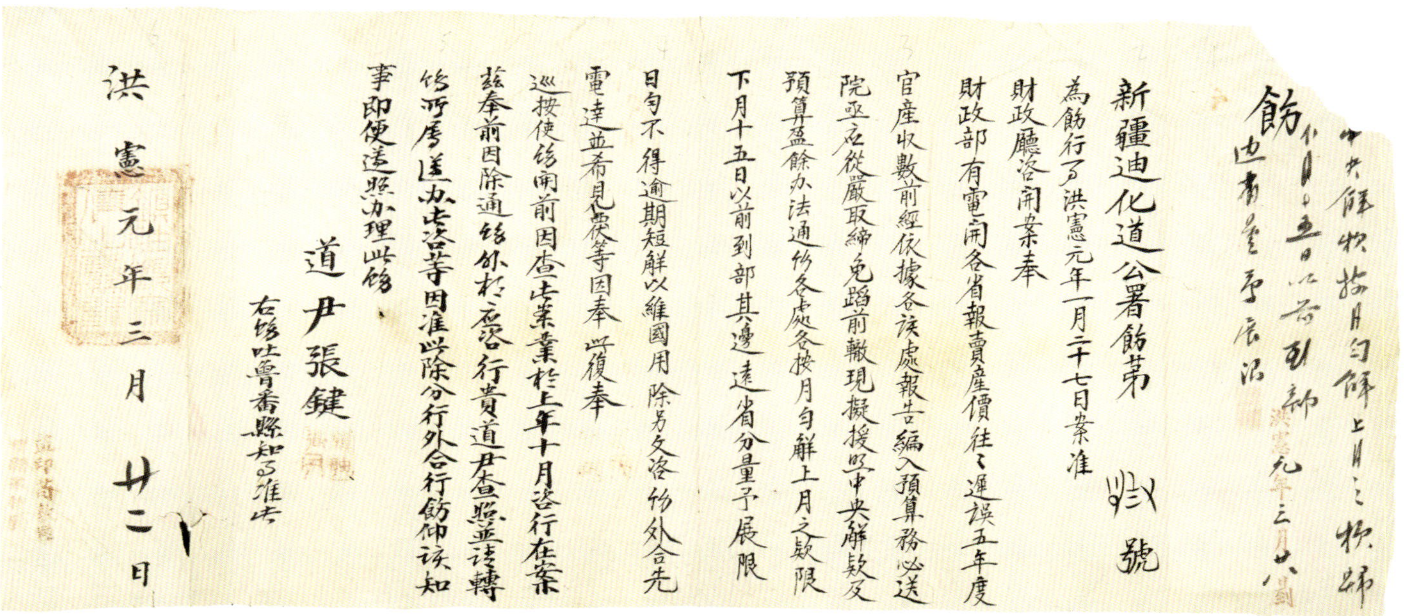

09ZJ0097

七 迪化道公署飭爲遵辦中央解款時限事

中央解款按月匀解，上月之款歸
下月，十五日以前到部，
飭
边省量予展限。【陳繼善章】（印）
户
洪憲元年三月廿八日到
新疆迪化道公署飭第〣〨〤[一]號
爲飭行事。洪憲元年一月二十七日，案准
財政廳咨開：案奉
財政部有電開：「各省報賣産價，往々遲誤。五年度
官産收數，前經依據各該處報告，編入預算，務必送
院，亟應從嚴取締，免蹈前轍。現擬援照中央解款及
預算盈餘辦法通飭各處，各按月匀解。上月之款，限
下月十五日以前到部，其邊遠省分，量予展限，
日勾，不得逾期、短解，以維國用。除另文咨飭外，合先
電達並希見覆」等因，奉此。復奉
巡按使飭開：「前因查此案，業於上年十月咨行在案。
茲奉前因，除通飭外，相應咨行貴道尹查照，並請轉
飭所屬遵辦。此咨。」等因，准此，除分行外合行，飭仰該知
事即便遵照辦理。此飭。
道尹張鍵【鎮迪道尹】（印）
右飭吐魯番縣知事准此。
洪憲元年三月廿二日【鎮迪觀察使之關防】（印）
監印苟敦厚
賀紹基校對

[一]「〣〨〤」即蘇州碼子三百八十四。

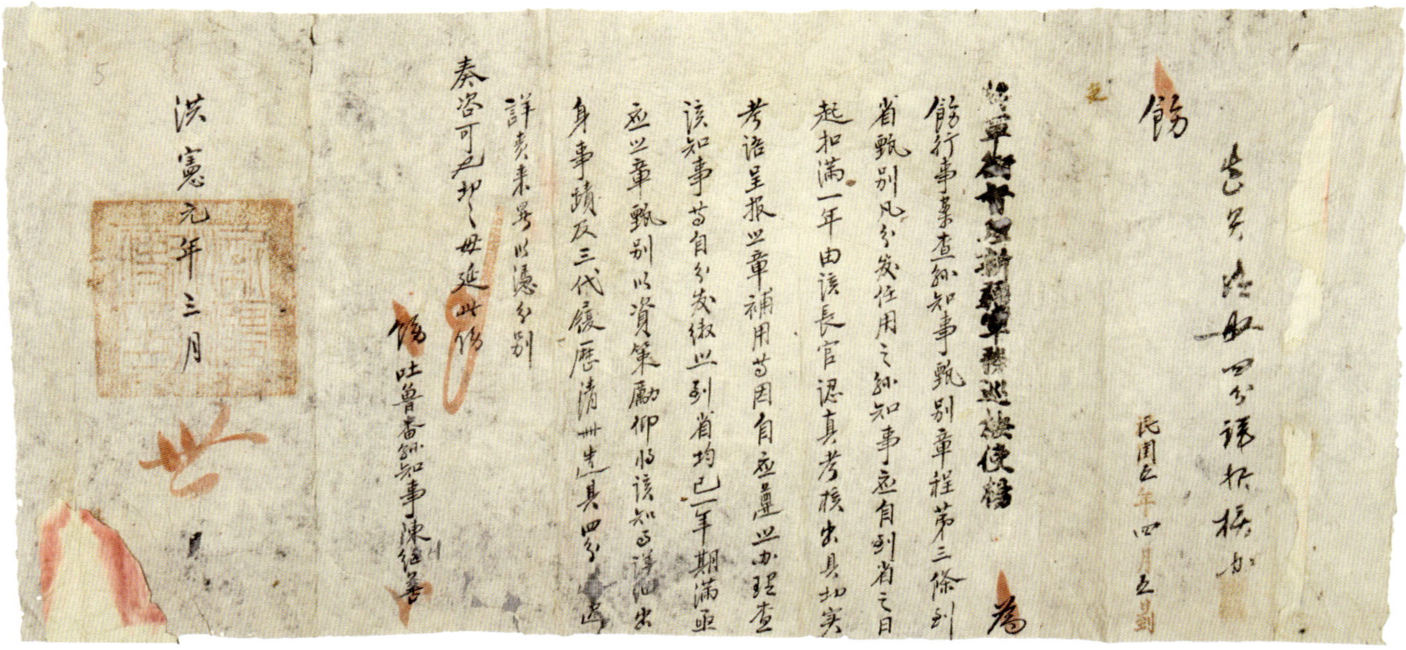

09ZJ0089

八 新疆巡按使飭爲造具甄別清册詳報核辦事

1 造具清册四分詳報核辦。陳繼善章

2 飭　民國五年四月五日到

3 吏

3 將軍銜督理新疆軍務巡按使楊　爲

4 飭行事。案查縣知事甄別章程第三條到

5 省，甄別凡分發任用之縣知事「應自到省之日

6 起扣滿一年，由該長官認真考核，出具切實

7 考語呈報，照章補用」等因，自應遵照辦理。查

8 該知事等自分發繳照到省，均已一年期滿，亟

9 應照章甄別，以資策勵。仰將該知事詳細出

10 身、事蹟及三代履歷清册，造其四分□□

11 詳賫来署，以憑分別，

12 奏咨可也。切々毋延。此飭。

13 飭吐魯番縣知事陳繼善

14 洪憲元年三月卅一日　新疆巡按使印

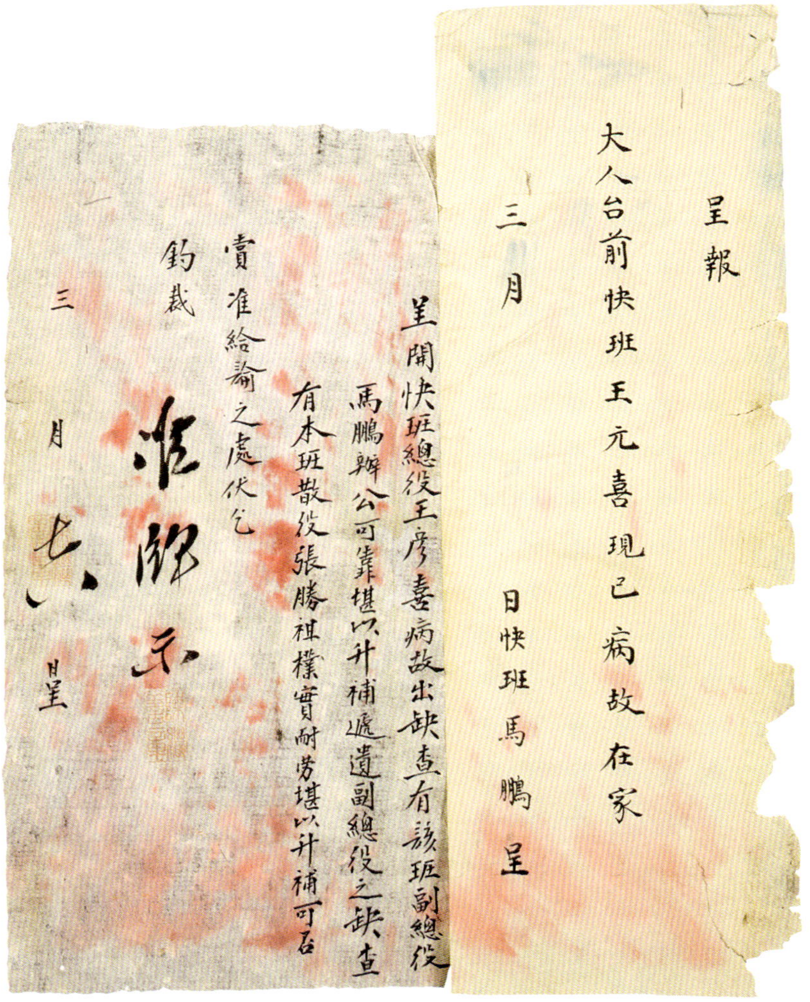

09ZJ0092

九　呈報快班王元喜病故及遞遺事

1 呈報

2 大人台前快班王元喜現已病故在家

3 三　月　　日快班馬鵬呈

---

4 呈開：快班總役王彦喜病故出缺。查有該班副總役

5 馬鵬辦公可靠，堪以升補遞遺。副總役之缺，查

6 有本班散役張勝祖樸實耐勞，堪以升補。可否

7 賞准給諭之處，伏乞

8 鈞裁。　准牌示。（陳繼善章）

9 三　月　十六　日呈（陳繼善章）

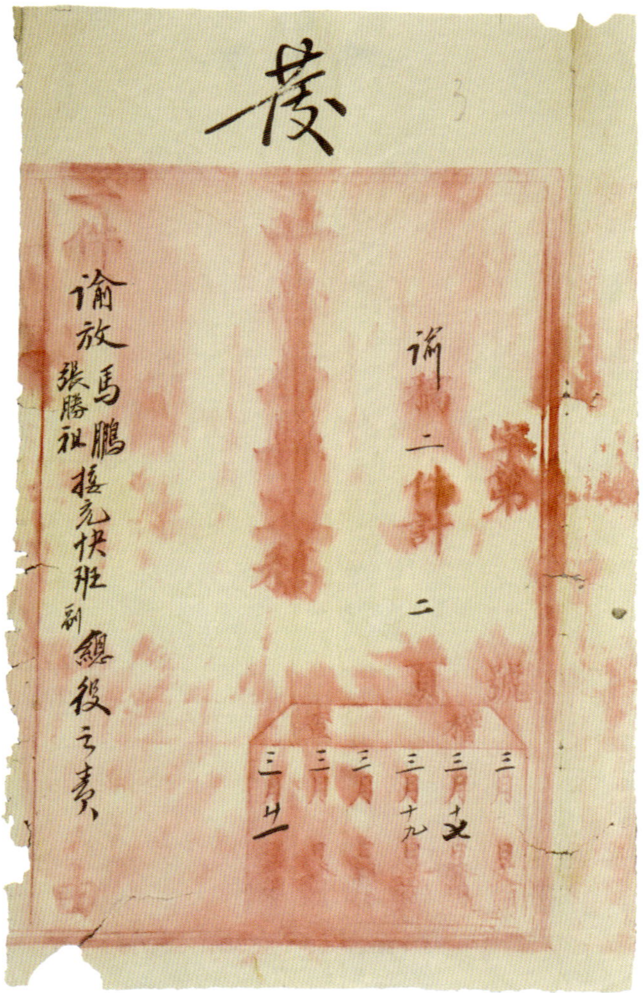

09ZJ0090

一〇 放馬鵬張勝祖接充快班總役副總役諭封

1 字第　號

2 諭稿二件計二頁

3 發
吐魯番縣文稿

稽查
三月　日文到
三月十七日發□
三月十九日送稿
三月　日判行
三月　日發繕
三月廿一日發签

4 一件諭放馬鵬、張勝祖接充快班副總役之責由

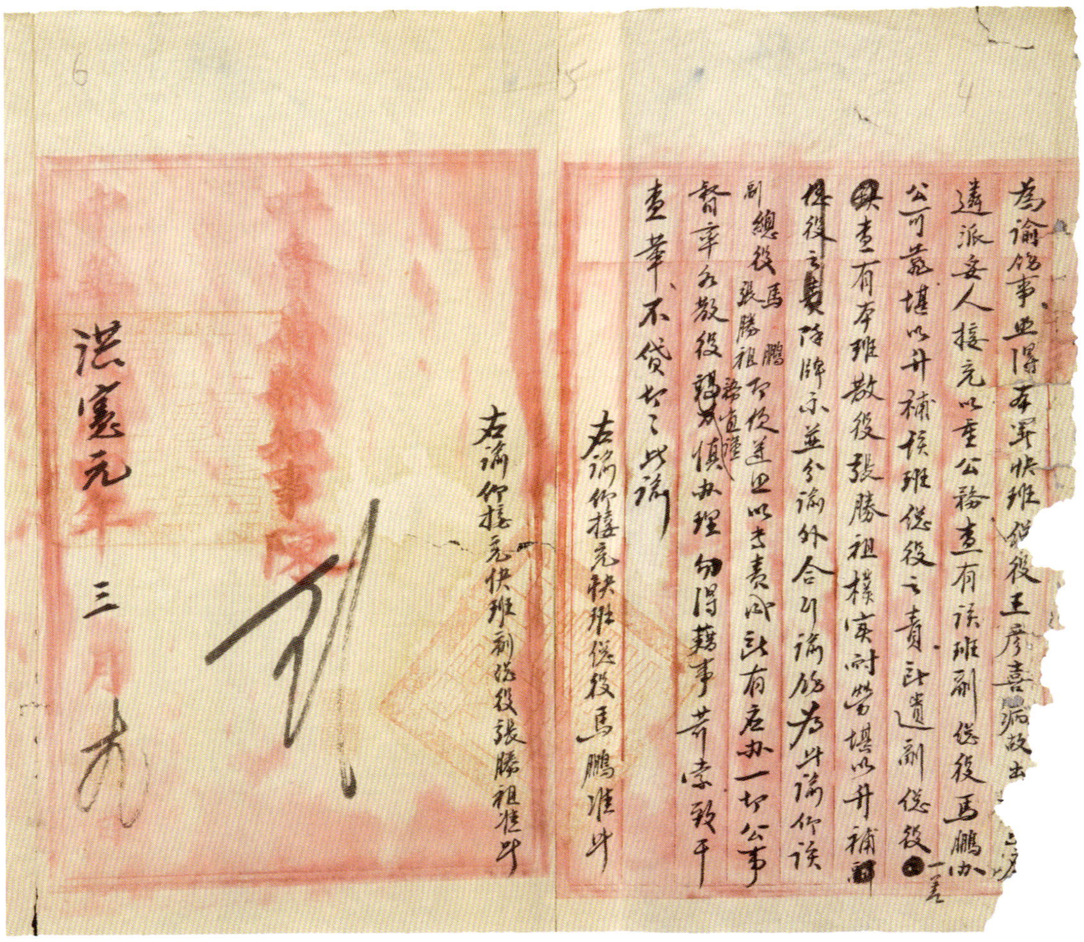

09ZJ0091

一一　放馬鵬張勝祖接充快班總役副總役諭文

[前缺]

爲諭飭事。照得本署快班總役王彥喜病故出缺，□□應
遴派妥人接充，以重公務。查有該班副總役馬鵬，辦
公可靠，堪以升補該班總役之責。所遺副總役之（差）、
缺查有本班散役張勝祖樸實耐勞，堪以升補。副
總役之責除牌示並分諭外，合行諭飭爲此諭。仰該
副總役馬鵬張勝祖即便遵照，以專責成所有應辦一切公事，
督率各散役。竭力（務宜謹）慎辦理，勿得藉事苛索，致于
查革不貸。切〻。此諭。
右諭仰接充快班總役馬鵬准此。
右諭仰接充快班副總役張勝祖准此。
吐魯番縣知事陳　行　陳繼善章
吐魯番縣之印　中華民國洪憲元年三月十九日　陳繼善章

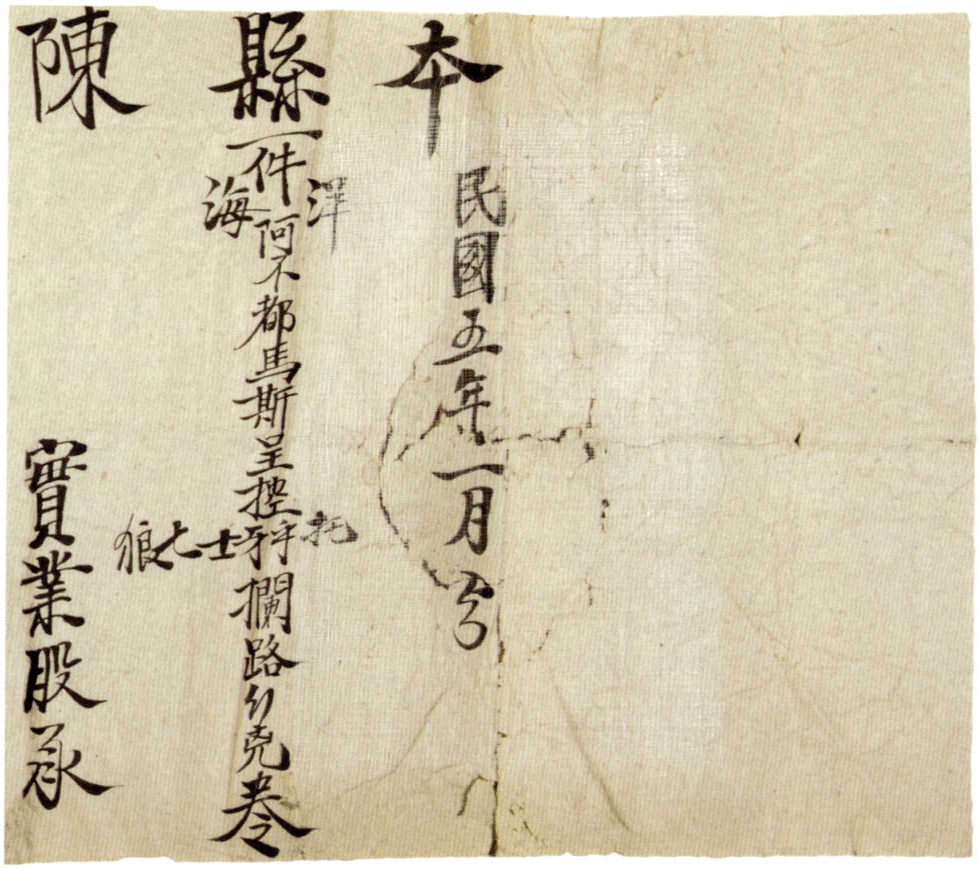

09ZJ0093（2-1）

一二　阿不都馬斯呈控托乎牙士七狼攔路行兇卷

1 本　民國五年一月分[一]

2 縣　一件　洋海　阿不都馬斯呈控托乎牙士七狼攔路行兇卷

3 陳　實業股承

[一] 此應爲洪憲元年一月份。

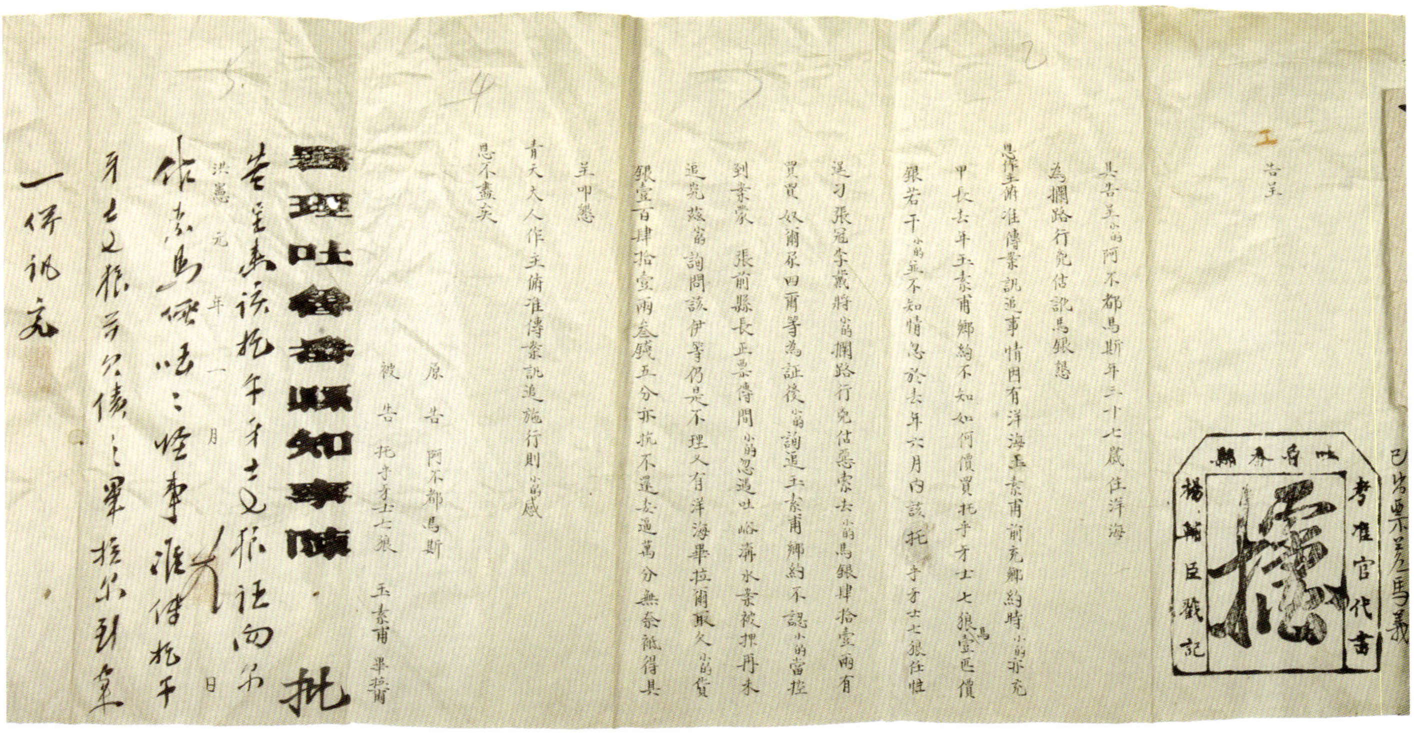

09ZJ0093（2-2）

已出票差馬義

吐魯番縣
考准官代書
據当法
楊輔臣戳記

4 工 告呈

5 具告呈：小的阿不都馬斯年三十七歲，住洋海，

6 爲攔路行兇估詐馬銀，懇

7 恩作主，俯准傳案訊追事。情因有洋海玉素甫前充鄉約時，小的亦充

8 甲長。去年玉素甫鄉約不知如何價買托乎牙士七狼馬壹匹，價

9 銀若干，小的並不知情。忽於去年六月內，該托乎牙士七狼任性

10 逞刁，張冠李戴，將小的攔路行兇，估惡索去小的馬銀肆拾壹兩，有

11 買買奴爾、尕四爾等爲証。後小的詢追，玉素甫鄉約不認。小的當控

12 到案。蒙　張前縣長正票傳問，小的忽遇吐峪溝水案被押，再未

13 追究。茲小的詢問該伊等，仍是不理。又有洋海畢拉爾取欠小的貨

14 銀壹百肆拾壹兩叁錢五分，亦抗不還。委逼萬分無奈，祇得具

15 呈。叩懇

16 青天大人做主，俯准傳案訊追施行，則小的感

17 恩不盡矣。

18 原告　阿不都馬斯

19 被告　托乎牙士七狼　玉素甫　畢拉爾

21 署理吐魯番縣知事陳　批：

22 告呈悉。該托乎牙士七狼诬向尔

23 洪憲元年一月　廿九　日

24 估索馬價，咄々怪事。准傳托乎

25 牙士七狼并欠債之畢拉尔到案，

26 一併訊究。陳繼善章

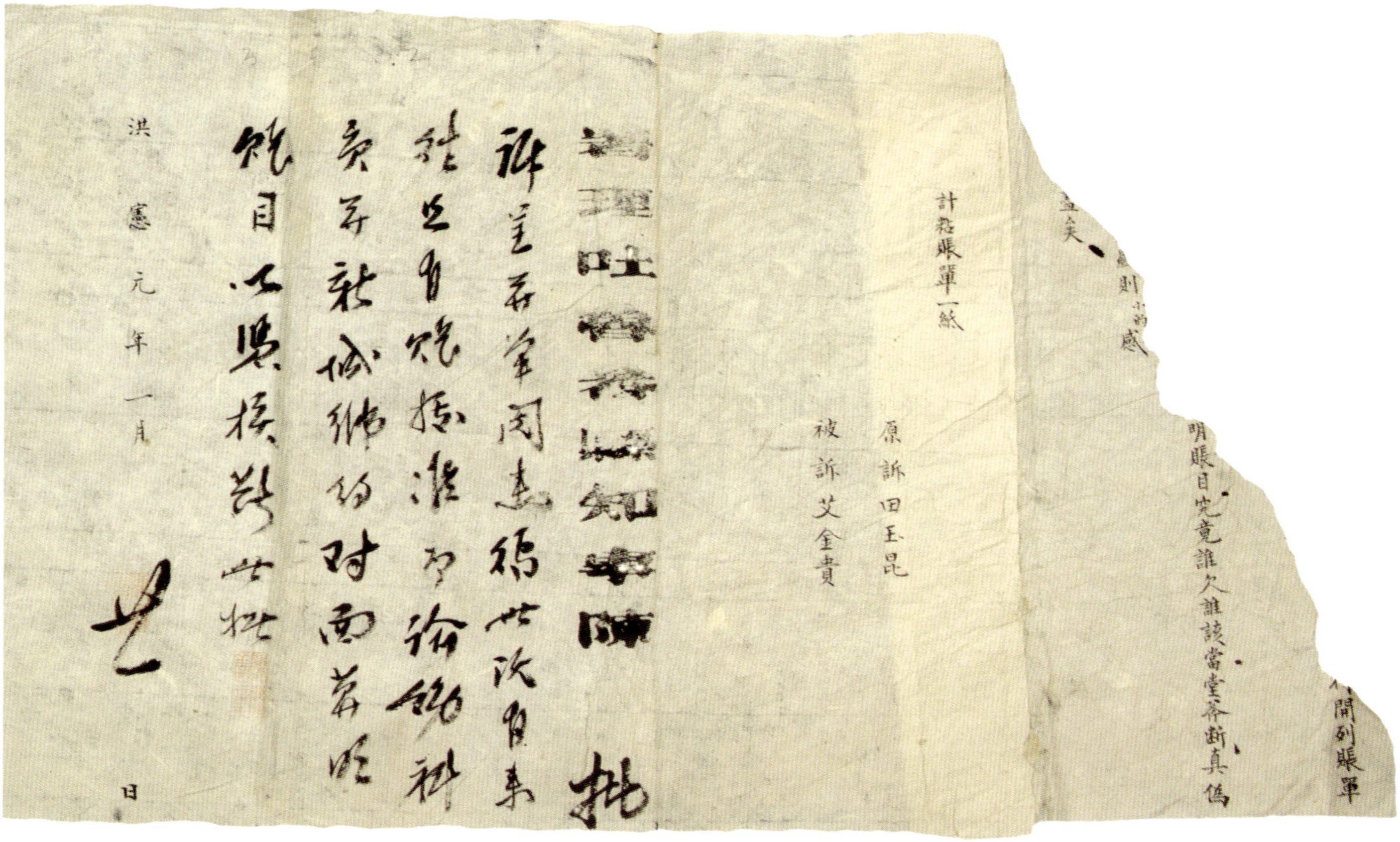

09ZJ0094（2-1）

一三　艾金貴呈控田玉昆抗債不償卷

〔前缺〕

1 □得開列賬單

2 □明賬目，究竟誰欠誰，該當堂斧斷真僞

3 □顯，則小的感

4 □盡矣。

5 計粘賬單一紙。

6 原訴　田玉昆

7 被訴　艾金貴

8 署理吐魯番縣知事陳　批：

9 訴呈並单閱悉。艾世既有來

10 往，且有賬據，准即諭飭科

11 員并新城鄉約，對面算明

12 賬目，以憑核斷。此批。陳繼善章

13 洪憲元年一月陳繼善章日

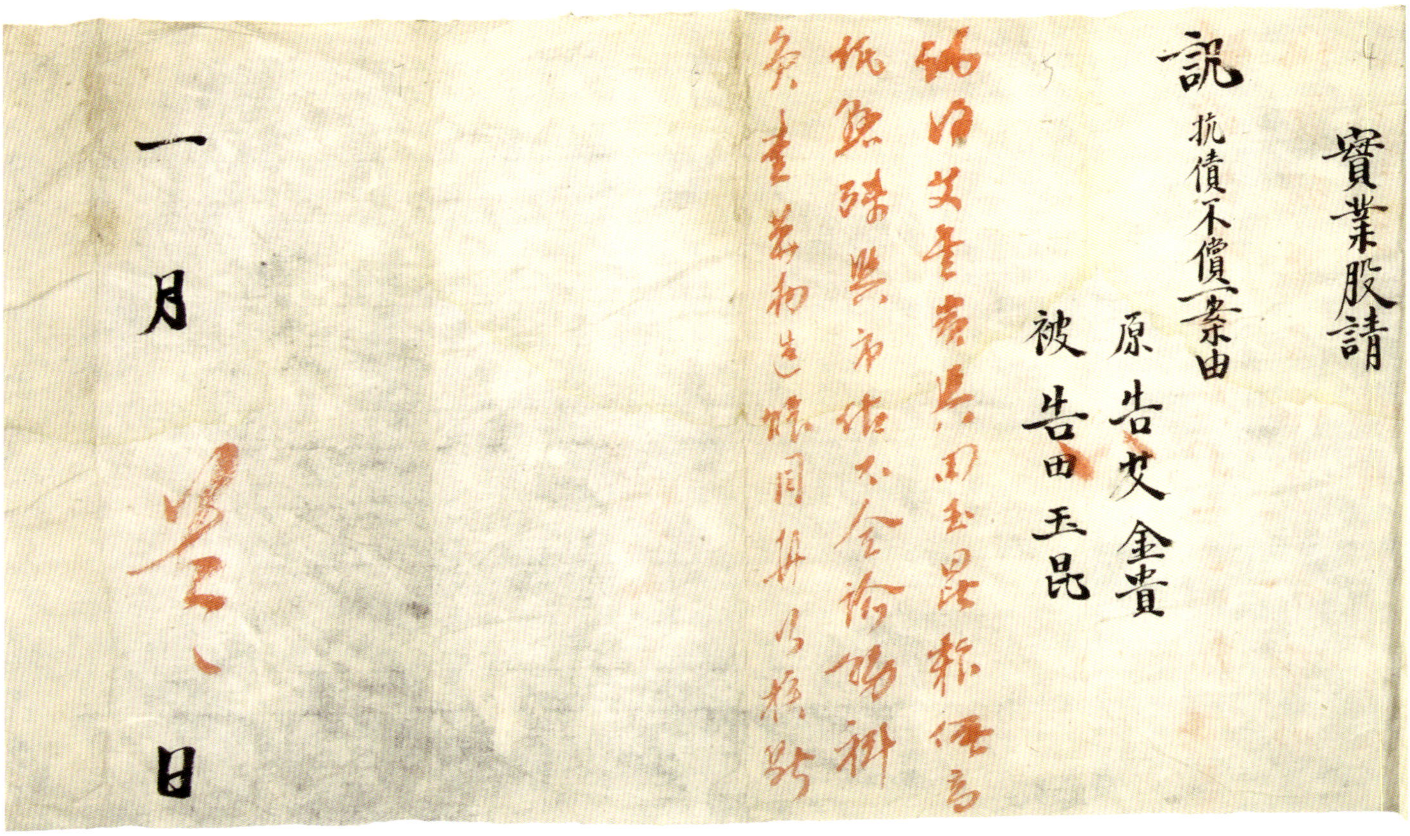

09ZJ0094（2-2）

14 實業股請

15 訊抗債不償一案由

16 原告 艾金貴

17 被告 田玉昆

18 訊得艾金貴與田玉昆粮價高

19 低懸殊，與市估不合，諭飭科

20 員查算初造賬目，再行核斷。

21 一 月 廿三 日

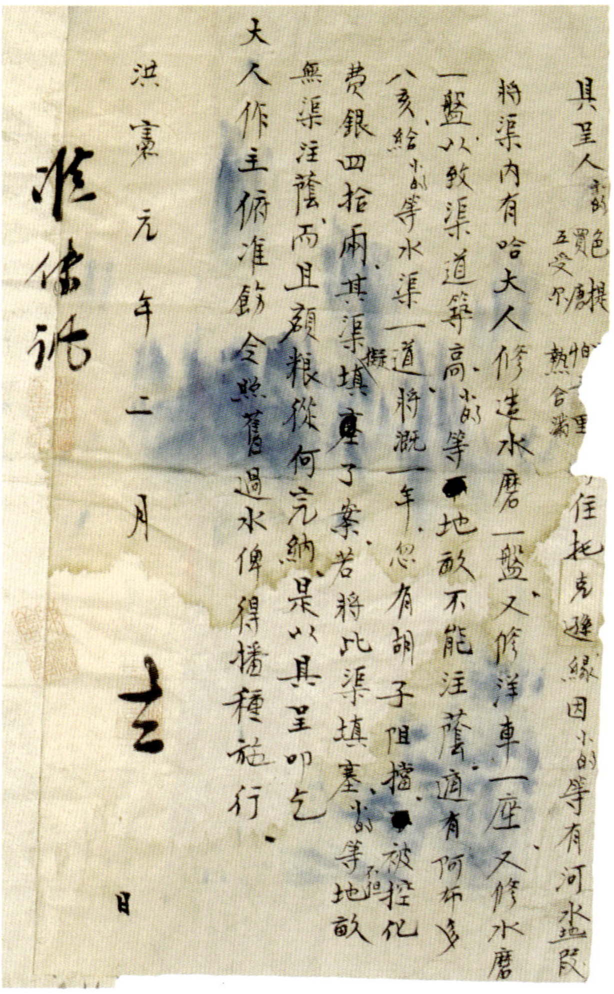

09ZJ0104（2-1）

一四　色提等呈訴爲水渠阻塞事

1 具呈人小的色提、買唐、帕子里、五受尔、熱合滿住托克遜[一]。緣因小的等有河水地一段，

2 將渠内有哈大人修造水磨一盤，又修洋車一座，又修水磨

3 一盤，以致渠道築高，小的等㊥地畝不能注蔭。適有阿布多

4 八亥給小的等水渠一道，將溉一年忽有胡子阻擋，㊥被控化

5 費銀四拾兩，其渠擬填㊥了案。若將此渠填塞，不但小的等地畝

6 無渠注蔭，而且額粮從何完納？是以具呈。叩乞

7 大人作主，俯准飭令照舊過水，俾得播種施行。

8 洪憲元年二月十二日　陳繼善章

9 准傳訊。[二]　陳繼善章　陳繼善章

[一]「克遜」二字係貼紙改寫。

[二]本件文書9行後粘有維吾爾文訴狀，内容與前漢語訴狀基本一致。參見本書維吾爾語文書色提等呈訴爲水渠阻塞事。

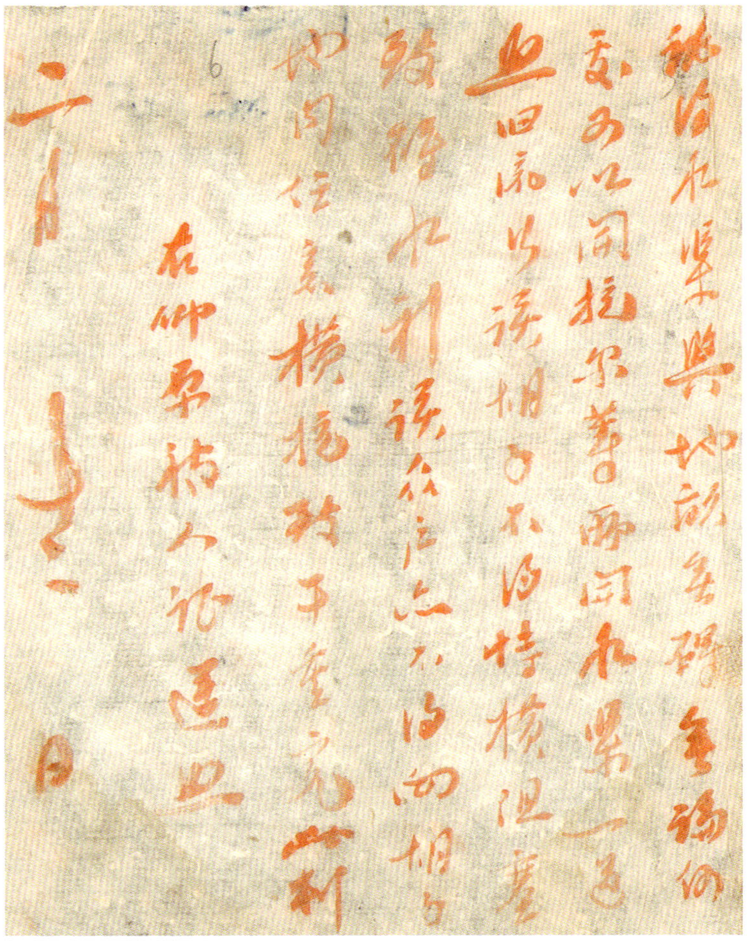

09ZJ0104（2-2）

10 訊得水渠與地畝無碍，無論何　陳繼善章

11 處可以開挖，尔等所開水渠一道

12 照舊流行。該胡子不得恃横阻塞，

13 致碍水利，該衆户亦不得向胡子

14 地内任意横挖，致于重究。此判。

15 右仰原、被、人証遵照。

16 二月　十二　日

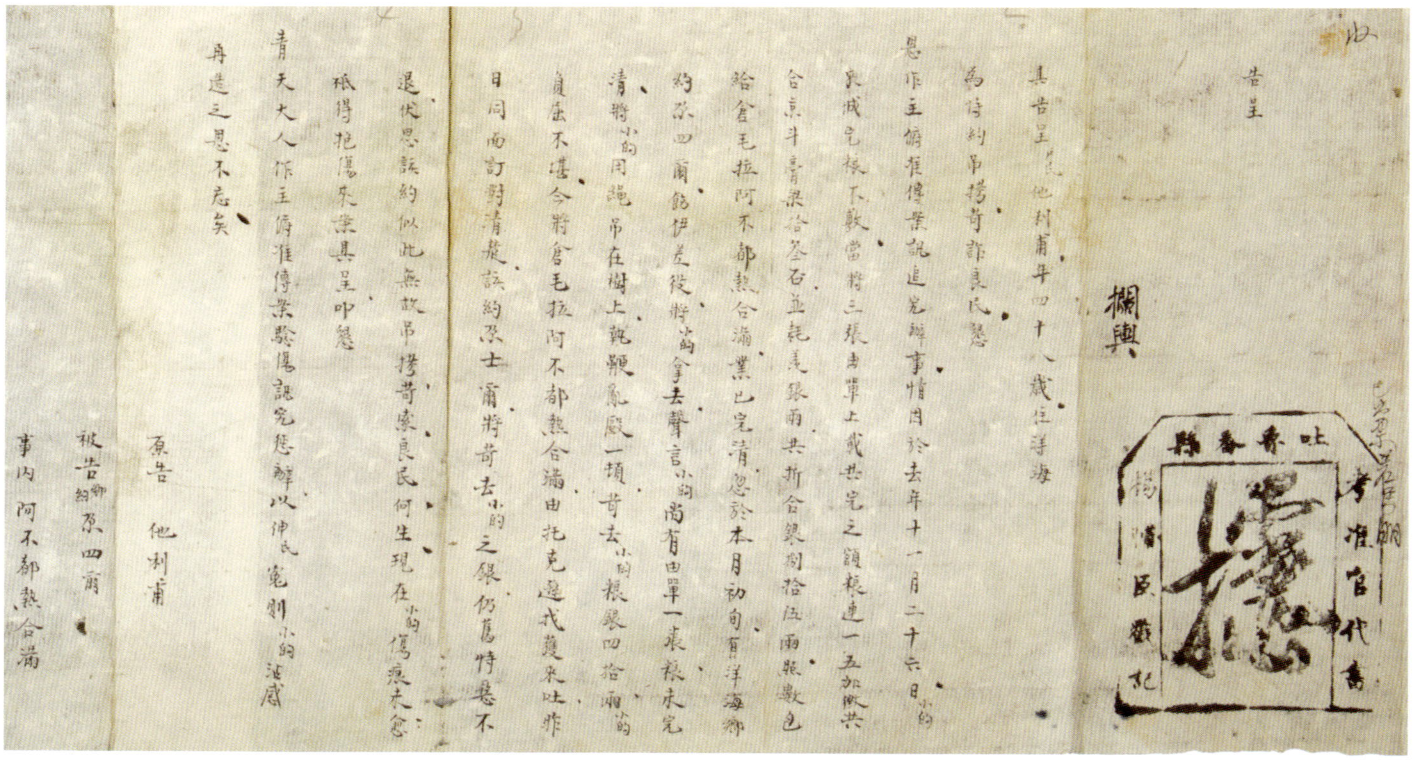

09ZJ0087（2-1）

一五　他利甫告呈爲恃約吊拷苛詐良民事

已出票差馬朋

吐魯番縣　考准官代書　據当法　楊輔臣戳記

收刑

告呈

攔輿

具告呈：户民他利甫，年四十八歲，住洋海，

爲恃約吊拷，苛詐良民，懇

恩作主，俯准傳案訊追究辦事。情因於去年十一月二十六日，小的

來城完粮不敷，當將三張由單上載共完之額粮連一五加徵共

合京斗膏粱拾叁石，並耗羡銀兩，共折合銀捌拾伍兩，照數包

給倉毛拉阿不都熱合滿，業已完清。忽於本月初旬，有洋海鄉

約尕四爾，飭伊差役，將小的拿去，聲言小的尚有由單一張，粮未完

清。將小的用繩吊在樹上，執鞭亂毆一頓，苛去小的粮銀四拾兩，小的

負屈不堪，今將倉毛拉阿不都熱合滿，由托克遜找獲來吐，昨

日同面訂對清楚，該約尕士爾、將苛去小的之銀，仍舊恃惡不

退。伏思該約似此無故吊拷苛索，良民何生？現在小的傷痕未愈，

祇得抱傷來案具呈。叩懇

青天大人作主，俯准傳案驗傷，訊究懲辦，以伸民冤，則小的沾感

再造之恩不忘矣。

原告　他利甫

被告鄉約尕四爾

事內　阿不都熱合滿

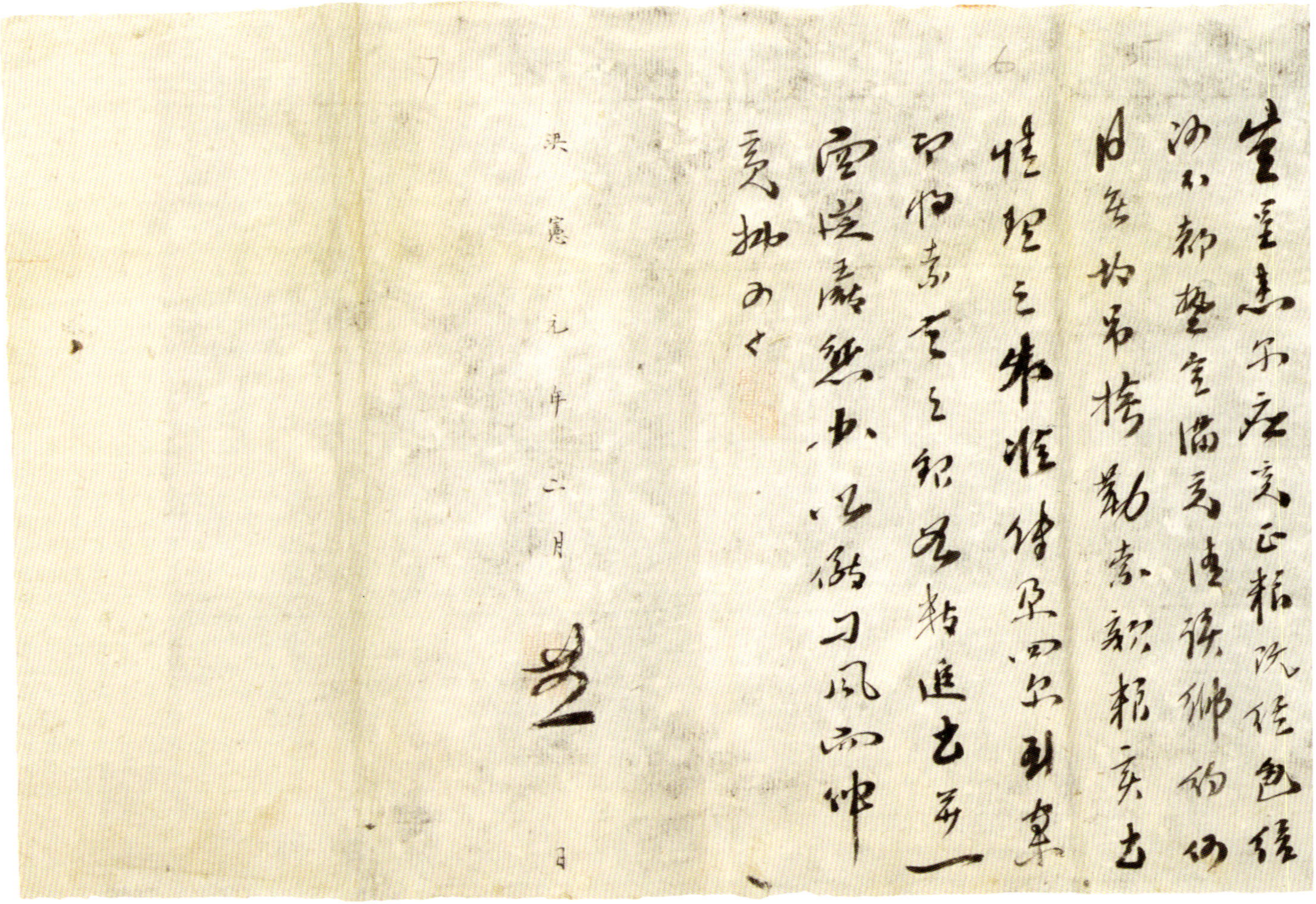

09ZJ0087（2-2）

22 告呈悉。尔應完正粮，既經包給
23 阿不都熱合滿完清，該鄉約何
24 得無故吊拷、勒索額粮？實出
25 情理之外，准傳尕四尔到案，
26 即將索去之銀各數追出，並一
27 定從嚴懲辦，以儆刁風，而伸
28 竟抑可也。陳繼善章
29 洪憲元年二月廿五陳繼善章日

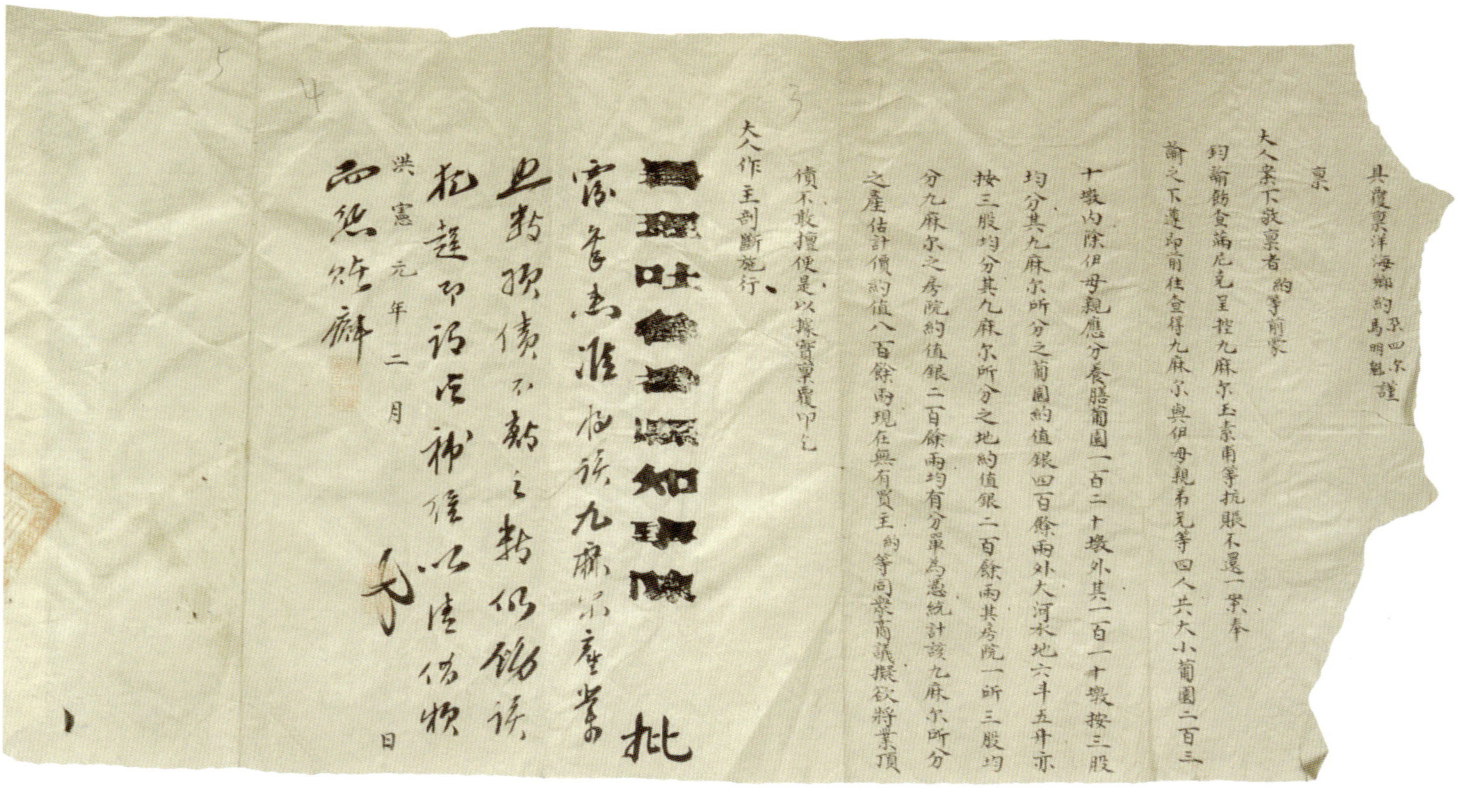

09ZJ0108+09ZJ0107（5-1）

一六 滿尼克呈控九麻尔抗債不還等情卷[一]

（前缺）

具覆禀：洋海鄉約尕四尔 馬明魁謹
禀
大人案下，敬禀者：約等前蒙
鈞諭，飭查滿尼克呈控九麻尔、玉素甫等抗賬不還一案，奉
諭之下遵即前往。查得九麻尔與伊母親弟兄等四人，共大小葡園二百三
十墩，內除伊母親應分養膳[二]葡園一百二十墩外，其一百一十墩按三股
均分，其九麻尔所分之葡園約值銀四百餘兩；外大河水地六斗五升，亦
按三股均分，其九麻尔所分之地約值銀二百餘兩；其房院一所，三股均
分，九麻尔之房院約值銀二百餘兩，均有分單爲憑。統計該九麻尔所分
之産估計價約值八百餘兩，現在無有買主。約等同衆商議，擬欲將業頂
債，不敢擅便，是以據實禀覆。叩乞
大人作主，剖斷施行。

署理吐魯番縣知事陳　批：
覆禀悉。准將該九麻尔産業
照數頂債，不敵之數仍飭該
犯趕即設法補給，以清借款，
洪憲元年二月　十七（陳繼善章）日
而懲賭癖。（陳繼善章）

（吐魯番縣之印）

[一] 本件由09ZJ0108和09ZJ0107兩件文書拼接而成，接縫在40與41行之間。原粘連爲一件，後撕裂。
[二] 「養膳」二字係貼紙改寫。

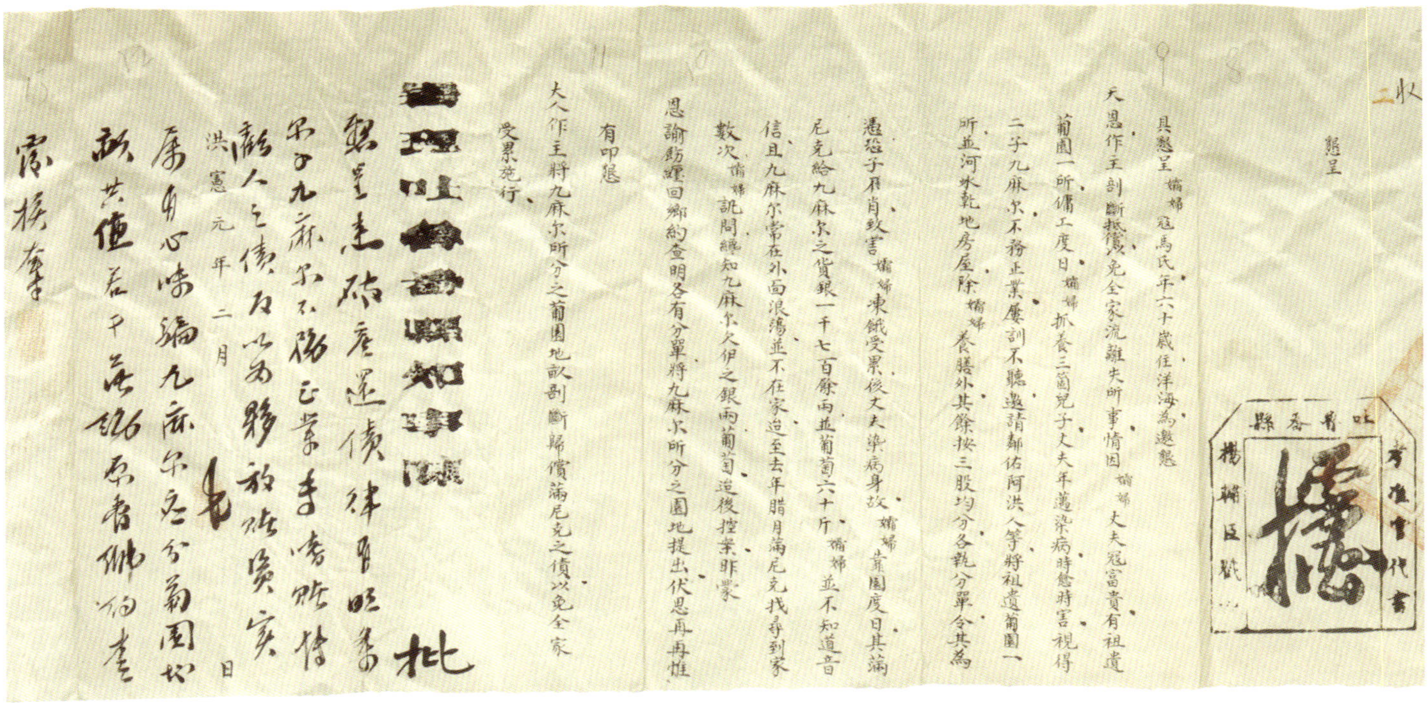

09ZJ0108+09ZJ0107（5-2）

收工

懇呈

具懇呈：孀婦寇馬氏，年六十歲，住洋海。爲邀懇

天恩作主，剖斷抵償[一]，以免全家流離失所事。情因孀婦丈夫寇富貴，有祖遺

葡園一所，傭工度日，孀婦抓養三箇兒子，丈夫年邁染病，時愈時害，視得

二子九麻尔不務正業，屢訓不聽，邀請鄰佑阿洪人等，將祖遺葡園一

所，並河水、乾地、房屋，除孀婦養膳外[二]，其餘按三股均分，各執分單，今其爲

憑，恐子不肖，致害孀婦凍餓受累。後丈夫染病身故，孀婦靠園度日，其滿

尼克給九麻尔之貨銀一千七百餘兩，並葡萄六十斤，孀婦並不知道音

信，且九麻尔常在外面浪蕩，並不在家，迨至去年臘月滿尼克找尋到家

數次，孀婦訊問，纔知九麻尔欠伊之銀兩、葡萄，迨後控案。昨蒙

恩諭飭纏回鄉約查明各有分單，將九麻尔所分之園地提出。伏思再再，惟

有叩懇

大人作主，將九麻尔所分之葡園地畝剖斷，歸償滿尼克之債，以免全家

受累施行。

吐魯番縣
考准官代書
據当法
楊輔臣戳記

署理吐魯番縣知事陳　批：

懇呈悉。破產還債，律有明條，

尔子九麻尔不務正業，專嗜賭博，

虧人之債，反以爲夥放賭資，實

洪憲元年二月　十七（陳繼善章）日

屬有心昧騙。九麻尔應分葡園地

畝共值若干，候飭原管鄉約查

覆核奪。（陳繼善章）

[一]「抵償」二字係貼紙改寫。

[二]「膳」字係貼紙改寫。

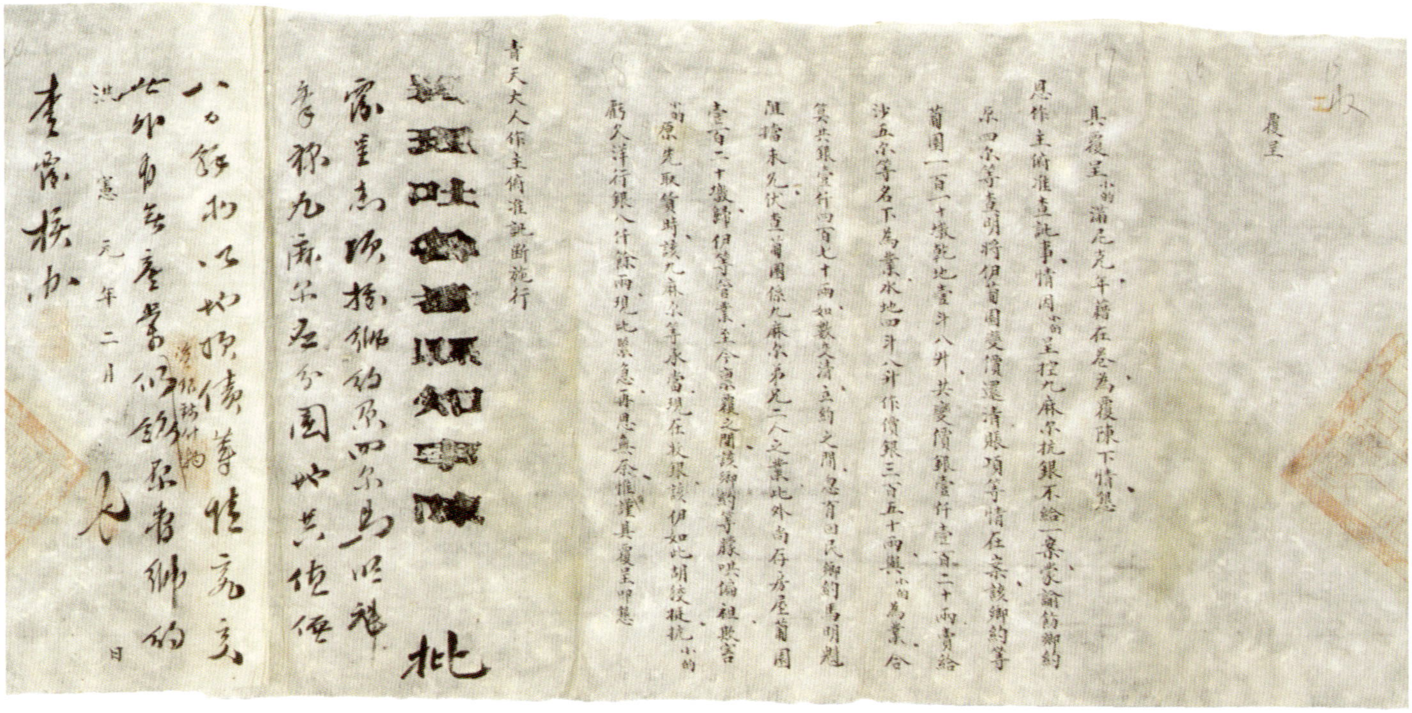

09ZJ0108+09ZJ0107（5-3）

工收

覆呈

吐魯番縣之印

具覆呈：小的滿尼克，年籍在卷，爲覆陳下情，懇
恩作主，俯准查訊事。情因小的呈控九麻尔抗銀不給一案，蒙諭飭鄉約
尕四尔等查明，將伊葡園變價還清賬項等情在案，該鄉約等
葡園一百一十墩，乾地壹斗八升，共變價銀壹仟壹百二十兩，賣給
沙五尔等名下爲業；水地四斗八升作價銀三百五十兩，與小的爲業，合
算共銀壹仟四百七十兩，如數交清。立約之間[一]，忽有回民鄉約馬明魁
阻擋未允。伏查葡園係九麻尔弟兄二人之業，此外尚存房屋、葡園
壹百二十墩，歸伊等管業。至今稟覆之間，該鄉約等朦哄偏袒，欺害
小的，原先取貨時，該九麻尔等承當，現在收銀，有該伊如此胡狡挺抗。小的
虧欠洋行銀八仟餘兩，現比緊急，再思無奈，惟謹具覆呈。叩懇
青天大人作主，俯准訊斷施行。
署理吐魯番縣知事陳　批：
覆呈悉。根據鄉約尕四尔、馬明魁
稟稱，九麻尔應分園地共值價
八百餘兩。以地頂債等情，究竟
此外有無產業貲銀錢什物，仍飭原管鄉約
洪憲元年二月十七日
查覆核辦

陳繼善章

[一]「之間」二字係貼紙改寫。

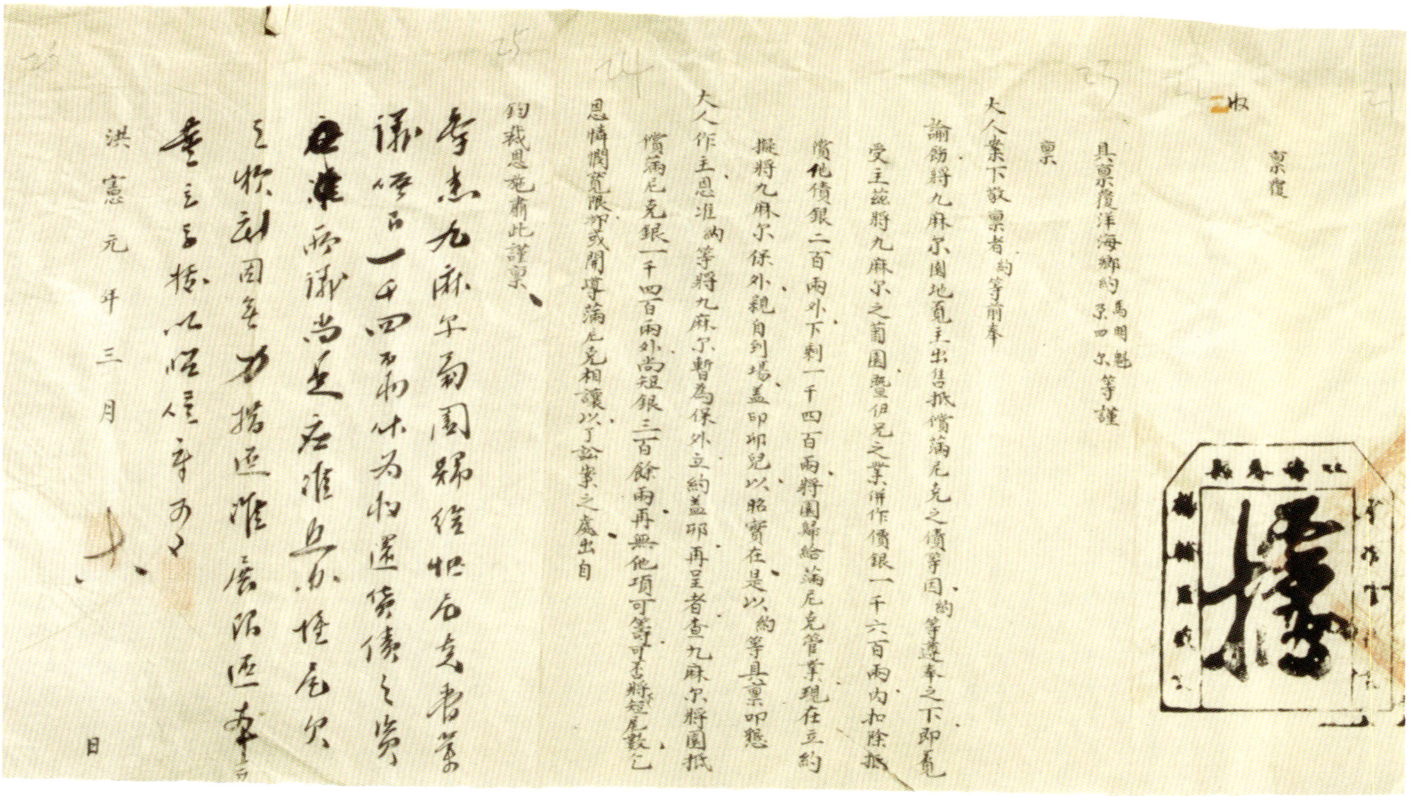

09ZJ0108+09ZJ0107（5-4）

60 稟覆

61 工收

62 具稟覆：洋海鄉約馬明魁、尕四尔等謹

63 稟

64 大人案下，敬稟者：約等前奉

65 諭飭、將九麻尔園地覓主出售，抵償滿尼克之債等因、約等遵奉之下、即覓

66 受主，茲將九麻尔之葡園、暨伊兄之業併作價銀一千六百兩，內扣除抵

67 償他債銀二百兩外、下剩一千四百兩、將園歸給滿尼克管業，現在立約，

68 擬將九麻尔保外、親自到場，蓋印卯兒、以昭實在。是以約等具稟，叩懇

69 大人作主，恩准約等將九麻尔暫爲保外、立約蓋卯。再呈者：查九麻尔將園抵

70 償滿尼克銀一千四百兩外、尚短銀三百餘兩，再無他項可籌，可否將（下）短尾數，乞

71 恩憐憫寬限、抑或開導滿尼克相讓、以了訟案之處，出自

72 鈞裁恩施，肅此謹稟。

73 稟悉。九麻尔葡園歸給滿尼克管業，

74 議價艮一千四百兩，作爲將還貨債之資，

75 應准所議當是，應准照辦。惟尾欠

76 之款，刻因無力措返，准展限返本，

77 重立字據，以昭信守可也。陳繼善章

78 洪憲元年三月十八日 陳繼善章

吐魯番縣之印

吐魯番縣 考准官代書 據当法 楊輔臣戳記

吐魯番縣之印

79 具甘結：小的滿尼克 九麻爾 今具到

80 大人案下，實結得：小的滿尼克呈控九麻尔抗債不還等情一案，已蒙 堂訊斷，令變業歸償。蒙飭鄉約已經將

81 小的葡園公平作價壹千肆百兩，立約償給小的滿尼克收債，除收尚短銀叁百七十兩，另立欠約，展限秋後

82 歸還，以了斯案。業已同鄉約立約了結，是以小的遵斷同具甘結，再無異言。所具甘結是實須至

83 甘結者。

84 先領艮一千四百兩，尾欠緩期歸返可也 陳繼善章

85 洪 憲 元 年 三 月 廿二 陳繼善章 日 具甘結小的 原告 滿尼克（指印）

86 被告 九麻尔（指印）

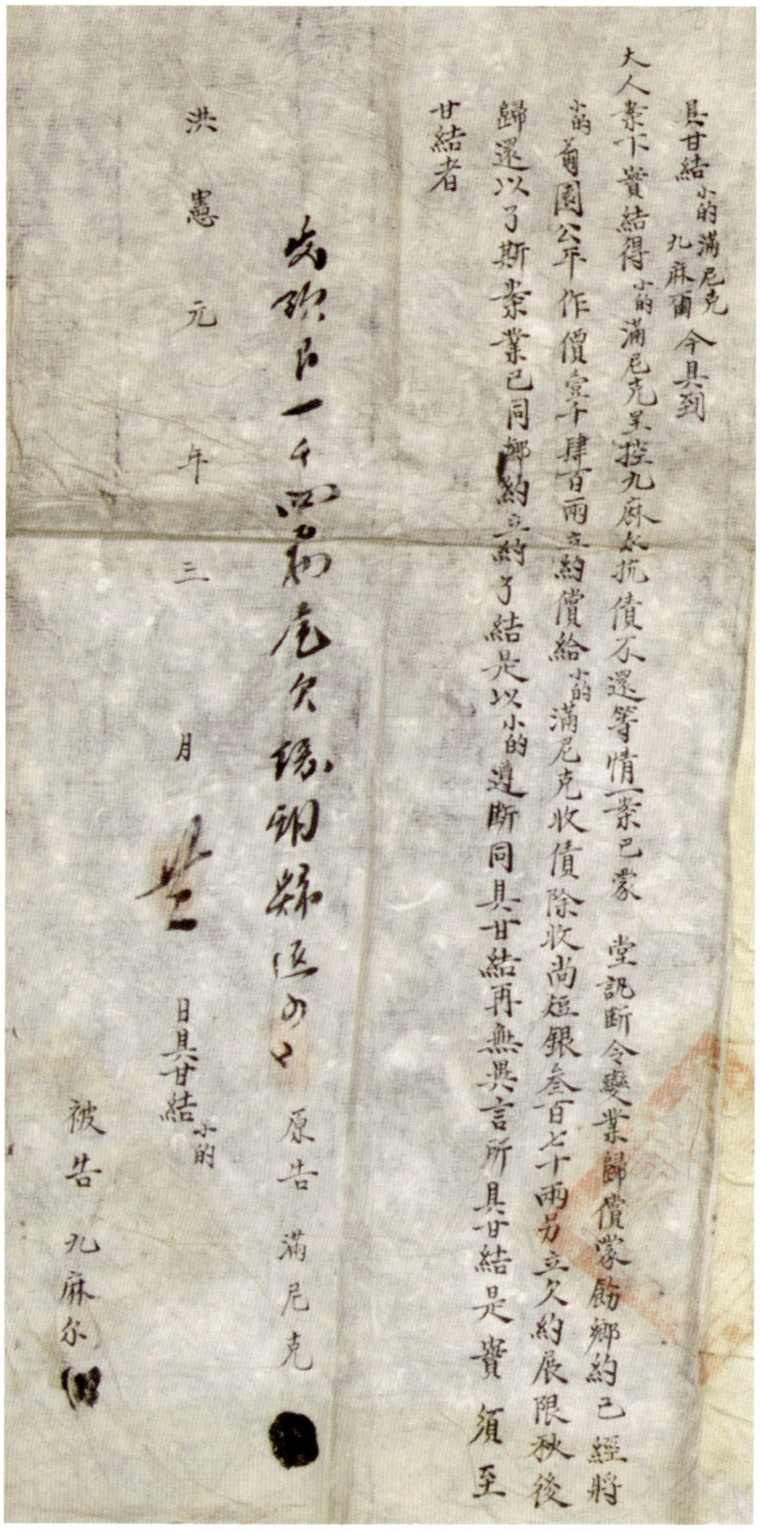

09ZJ0108+09ZJ0107（5-5）

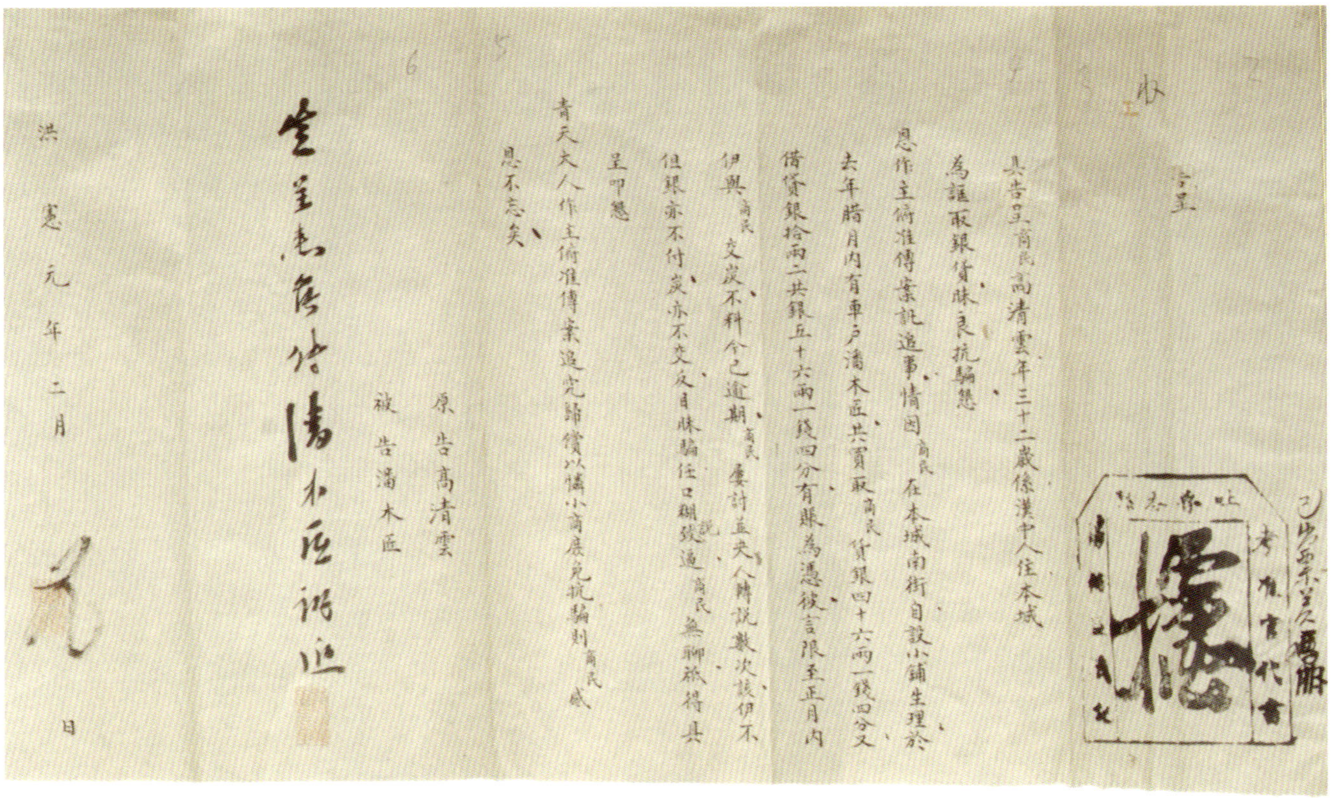

09ZJ0109+09ZJ0110（6-1）

一七　高清雲呈控潘木匠誆取貨銀卷[一]

已出票差馬朋

吐魯番縣　考准官代書　據当法　楊輔臣戳記

告[二]呈

收工

具告[三]呈：商民高清雲、，年三十二歲、，係漢中人，住本城，

爲誆取銀貨、，昧良抗騙，懇、

恩作主，俯准傳案訊追事。、情因商民在本城南街，、自設小鋪生理、，於

去年腊月内有車户潘木匠、，共買取商民貨銀四十六兩一錢四分，、又

借貸銀拾兩二，共銀五十六兩一錢四分、，有賬爲憑。、彼言限至正月内

伊與商民交炭、，不料今已逾期、，商民屢討並央人轉説數次、，該伊不

但銀亦不付、，炭亦不交、，反目昧騙，任口糊説、，致逼商民無聊，祇、得具

呈。叩懇

青天大人作主，俯准傳案追究歸償，以憐小商庶免抗騙，則商民感

恩不忘矣。、

原告　高清雲

被告　潘木匠

告呈悉。候傳潘木匠訊追。（陳繼善章）

洪　憲　元　年　二　月　廿九（陳繼善章）　日

[一] 本件由09ZJ0109和09ZJ0110兩件文書組成，原并未粘連，僅在43與44行處加蓋騎縫印章。

[二] 「告」字原寫爲「報」，貼紙改寫爲「告」。

[三] 「告」字原寫爲「報」，貼紙改寫爲「告」。

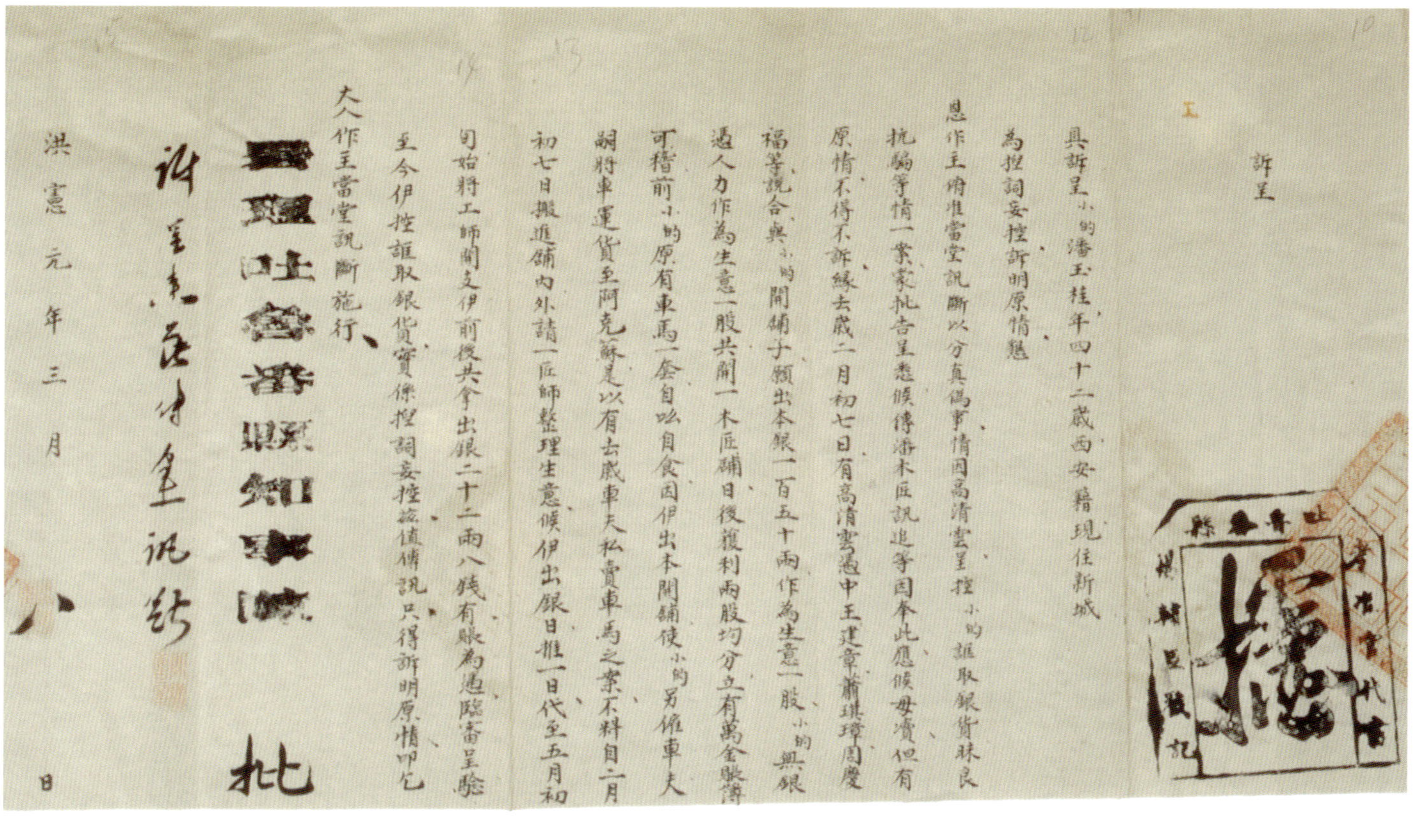

09ZJ0109+09ZJ0110（6-2）

訴呈

工

具訴呈：小的潘玉桂，年四十二歲，西安籍，現住新城。

（吐魯番縣之印）

（吐魯番縣 考准官代書 據当法 楊輔臣戳記）

爲捏詞妄控，訴明原情，懇

恩作主，俯准當堂訊斷，以分真僞事。情因高清雲呈控小的誆取銀貨，昧良抗騙等情一案，蒙批：「告呈悉。候傳潘木匠訊追。」等因，奉此應候毋瀆，但有原情，不得不訴。緣去歲二月初七日，有高清雲憑中王建章、蕭琪璋、周慶福等説合，與小的開鋪子，願出本銀一百五十兩，作爲生意一股，小的無銀，憑人力作爲生意一股，共開一木匠鋪，日後獲利，兩股均分，立有萬金賬簿可稽。前小的原有車馬一套，自吆自食，因伊出本開鋪，使小的另僱車夫，嗣將車運貨至阿克蘇，是以有去歲車夫私賣車馬之案。不料自二月初七日，搬進鋪內，外請一匠師整理生意，候伊出銀，日推一日，代至五月初旬，始將工師開支。伊前後共拿出銀二十二兩八錢，有賬爲憑，臨審呈驗。至今伊控誆取銀貨，實係捏詞妄控。茲值傳訊，只得訴明原情。叩乞

大人作主，當堂訊斷施行。

署理吐魯番縣知事陳　批：

訴呈悉。候傳案訊斷。（陳繼善章）

洪　憲　元　年　三　月　八（陳繼善章）　日

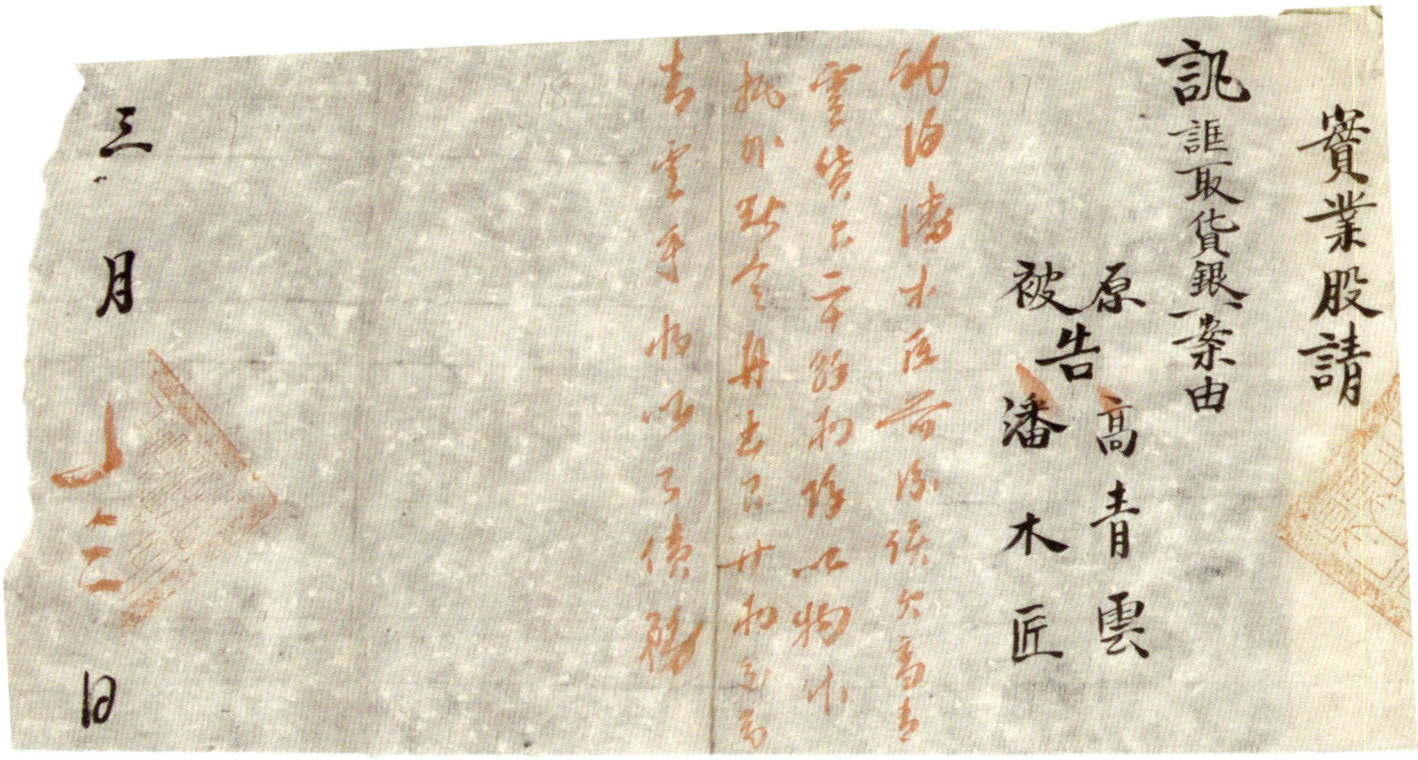

09ZJ0109+09ZJ0110（6-3）

35 實業股請

吐魯番縣之印

36 訊
詎取貨銀一案由

37 原告 高青雲

38 被告 潘木匠

39 訊得潘木匠，前後該欠高青

40 雲貨艮二十餘兩，除以物作

41 抵外，斷令再出艮廿兩交高

42 青雲手收，以了債務。

43 三月十三日[一]

[一] 本行與44行處蓋有騎縫印章，表示可粘爲一紙。但若粘連，恐遮蓋本行文字，故原件并未粘連。

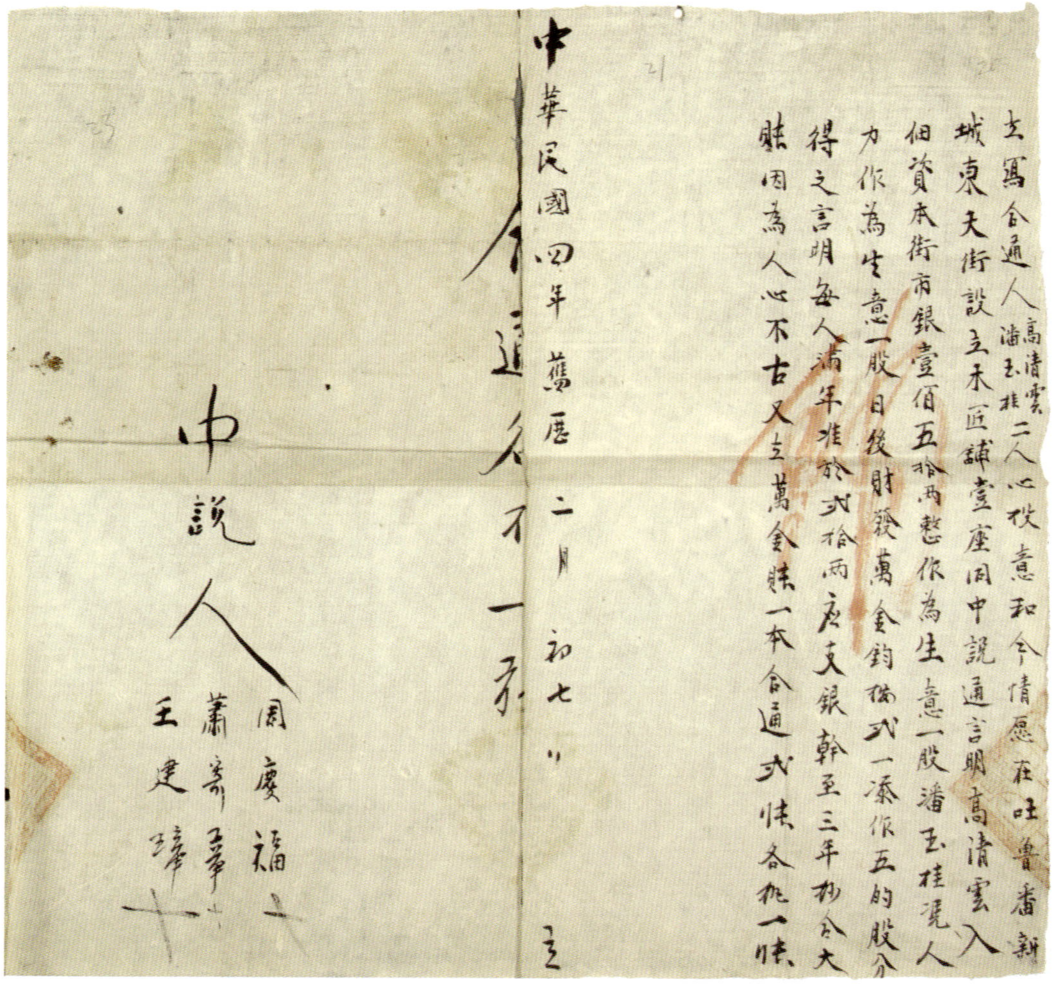

09ZJ0109+09ZJ0110（6-4）

立寫合通人高清雲/潘玉桂，二人心投意和，今情願在吐魯番新
城東天街設立木匠鋪壹座，同中説通，言明高清雲入
佃資本街市銀壹佰五拾兩整作爲生意一股，潘玉桂憑人
力作爲生意一股，日後財發萬金，鈞按弍一添作五的股分
得之。言明每人滿年准於弍拾兩應支銀，幹至三年鈞合大
賬。因爲人心不古，又立萬金賬一本，合通弍張，各執一張。
中華民國四年舊曆二月初七日　立
合通各執一張[一]
中説人　周慶福十　蕭寄章十　王建璋十

吐魯番縣之印

[一] 此六字爲騎縫書寫，僅存左半部。另文本上有朱筆書寫「銷」字。

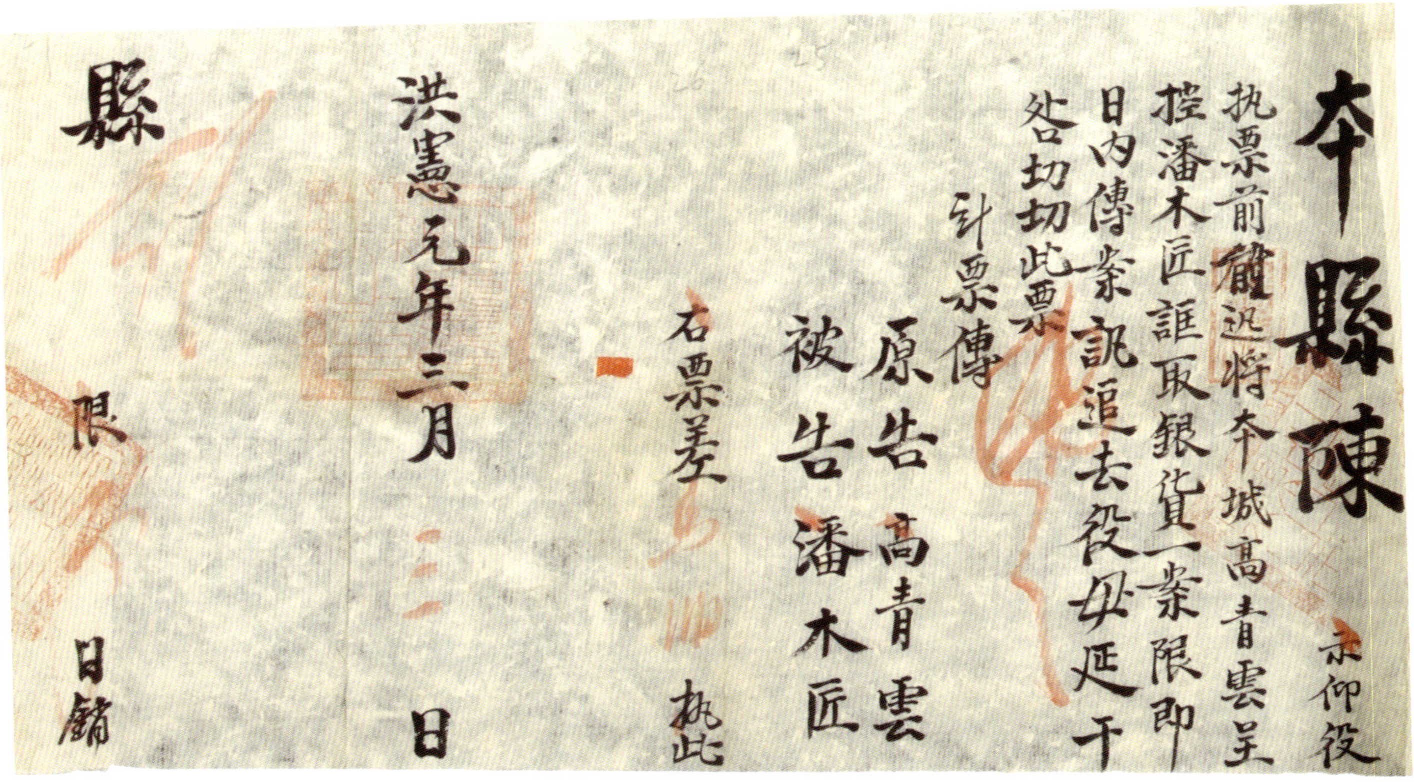

09ZJ0109+09ZJ0110（6-5）

53 本縣陳　吐魯番縣之印　示仰役

54 執票前往[一]內號迅將本城高青雲呈

55 控潘木匠誆取銀貨一案，限即

56 日內傳案訊追，去役毋延干

57 咎，切切。此票。速速

58 計票傳：

59 原告　高青雲

60 被告　潘木匠

61 右票差　馬朋　執此。[二]

62 洪憲　元　年　吐魯番縣之印　三　月　三　日

63 縣　行　限　即　日销

[一]「往」字係改寫。

[二]「馬朋」左側有貼紅紙條殘迹。

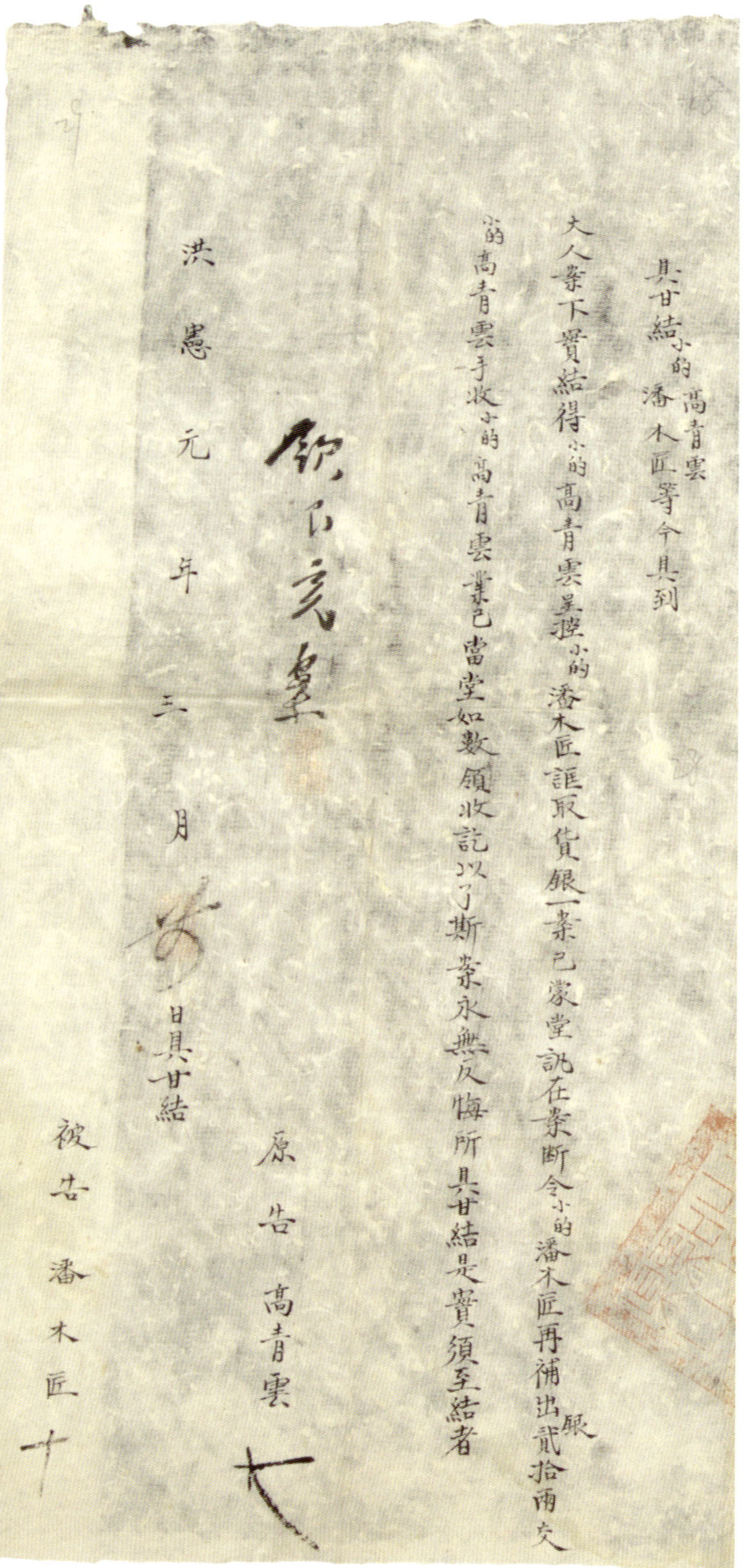

09ZJ0109+09ZJ0110（6-6）

64 具甘結：小的高青雲、潘木匠等今具到

65 大人案下，實結得：小的高青雲呈控小的潘木匠詐取貨銀一案，已蒙堂訊在案，斷令小的潘木匠再補出銀貳拾兩交

66 小的高青雲手收，小的高青雲業已當堂如數領收訖，以了斯案，永無反悔。所具甘結是實，須至結者。

67 領艮完案。陳繼善章

68 洪憲元年三月廿四陳繼善章日[一]

具甘結

原告 高青雲 十

被告 潘木匠 十

吐魯番縣之印

[一] 此時已恢復民國紀年。

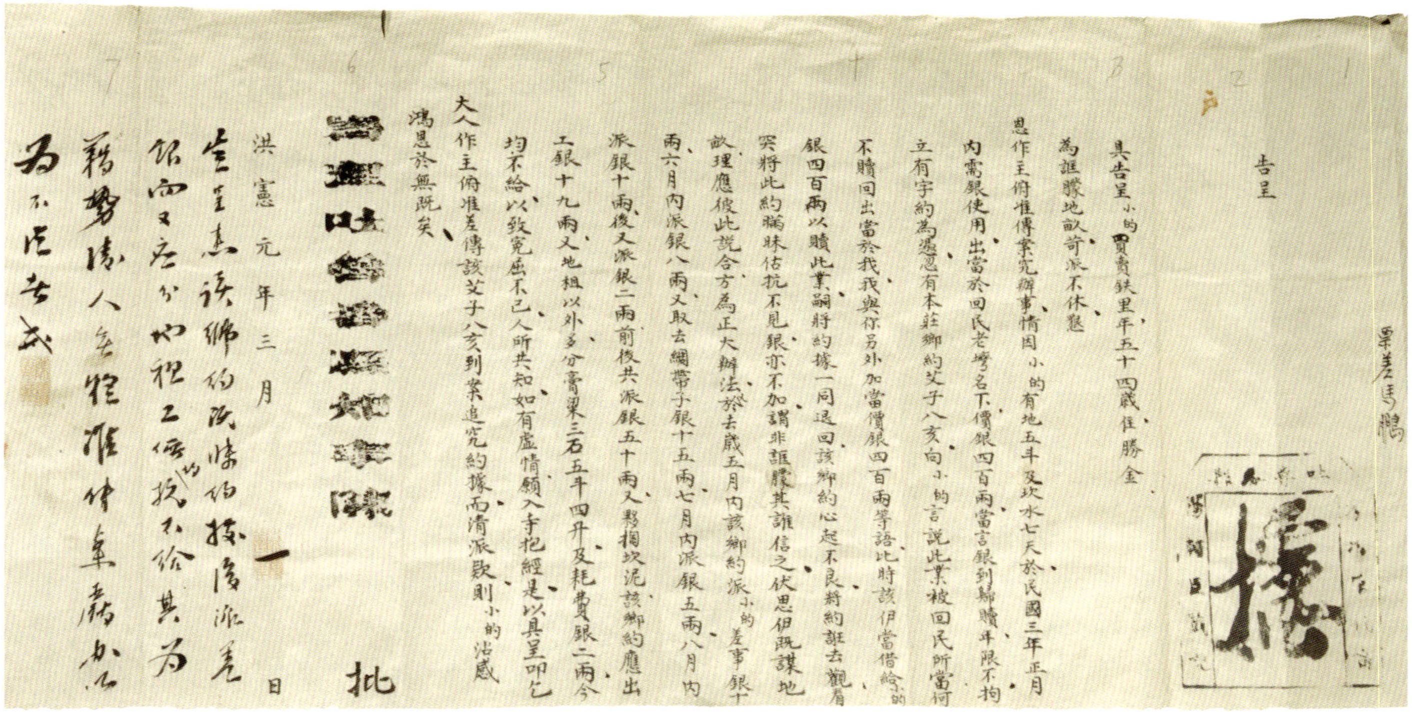

09ZJ0101（3-1）

一八 買賣鉄里呈控艾子八亥誆朦地畝苛派不休卷

告呈

户

票差馬鵬

吐魯番縣 考准官代書 據当法 楊輔臣戳記

具告呈：小的買賣鉄里，年五十四歲，住勝金。爲誆朦地畝，苛派不休，懇恩作主，俯准傳案究辦事。情因小的有地五斗及坎水七天，於民國三年正月內需銀使用，出當於回民老壪名下，價銀四百兩，當言銀到歸贖，年限不拘，立有字約爲憑。忽有本莊鄉約艾子八亥，向小的言説此業被回民所當，何不贖回出當於我，我與你另外加當價銀四百兩等語，比時該伊當借給小的銀四百兩以贖此業，嗣將約據一同退回。該鄉約心起不良，將約誆去觀看，突將此約瞞昧估抗不見，銀亦不加，謂非誆朦，其誰信之？伏思伊既謀地畝，理應彼此説合，方爲正大辦法。又於去歲五月內該鄉約派小的差事銀十兩，六月內派銀八兩，又取去綢帶子銀十五兩，七月內派銀五兩，八月內派銀十兩，後又派銀二兩，前後共派銀五十兩；又夥掏坎泥，該鄉約應出工銀十九兩；又地租以外，多分膏粱三石五斗四升，及耗費銀二兩。今均不給，以致冤屈不已，人所共知。如有虛情，願入寺抱經，是以具呈。叩乞大人作主，俯准差傳該艾子八亥到案，追究約據，而清派款，則小的沾感鴻恩於無既矣。

署理吐魯番縣知事陳 批：

洪憲 元 年 三 月 一 陳繼善章 日

告呈悉。該鄉約既昧約據，後派差銀，而又應分地租、工價均抗不給，其爲藉勢淩人無疑。准傳案嚴辦，以爲不法者戒。陳繼善章

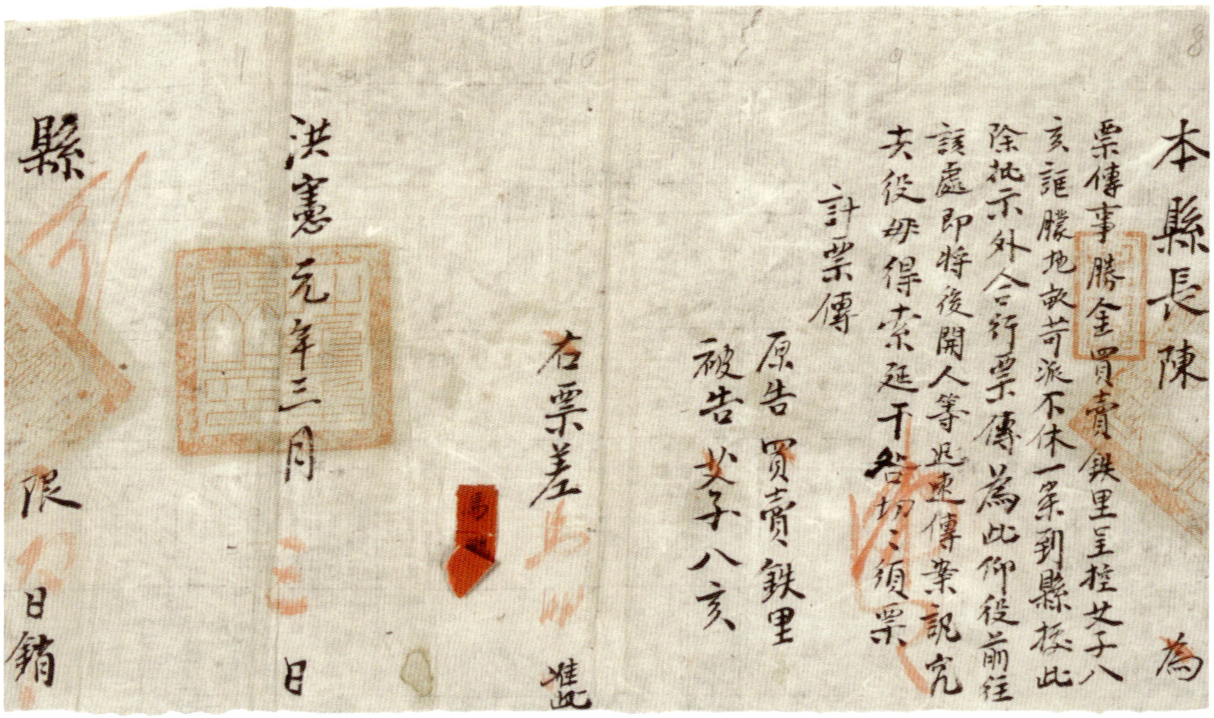

09ZJ0101（3-2）

本縣長陳　爲

吐魯番縣之印

票傳事，內號勝金買賣鉄里呈控艾子八

亥詎朦地畝，苛派不休一案到縣。據此

除批示外，合行票傳。爲此，仰役前往

該處，即將後開人等迅速傳案訊究。

去役毋得索延干咎，切〻。須票。速〻。

計票傳：

原告　買賣鉄里

被告　艾子八亥

右票差　馬朋　准此。

馬朋[一]

洪憲元年（吐魯番縣之印）三月三日

縣　行　限即日銷

[一] 此二字以紅紙書寫貼於此處。

37 具和結：甲長艾染木今具到

38 大人案下，實和得：買賣鉄里呈控艾子八亥誆朦地畝，苛派不休等情一案，蒙　恩傳訊之際，經小目（的）從中處和，着今艾子八亥將典價銀四百

吐魯番縣之印

39 兩如數收訖，將坎水七天並地七斗退交與買賣鉄里管業。至所稱苛派銀兩情事，查無實據，應即罷論，以了斯案。小約兩造遵處

40 樂從，將銀業如數交領清楚，日後永無轇轕。所具和結是實。

41 原告　買賣鉄里（指印）

42 洪憲元年（陳繼善章）月八日　具和結甲長艾染木（指印）

43 准銷案結存。（陳繼善章）　被告　艾子八亥（指印）

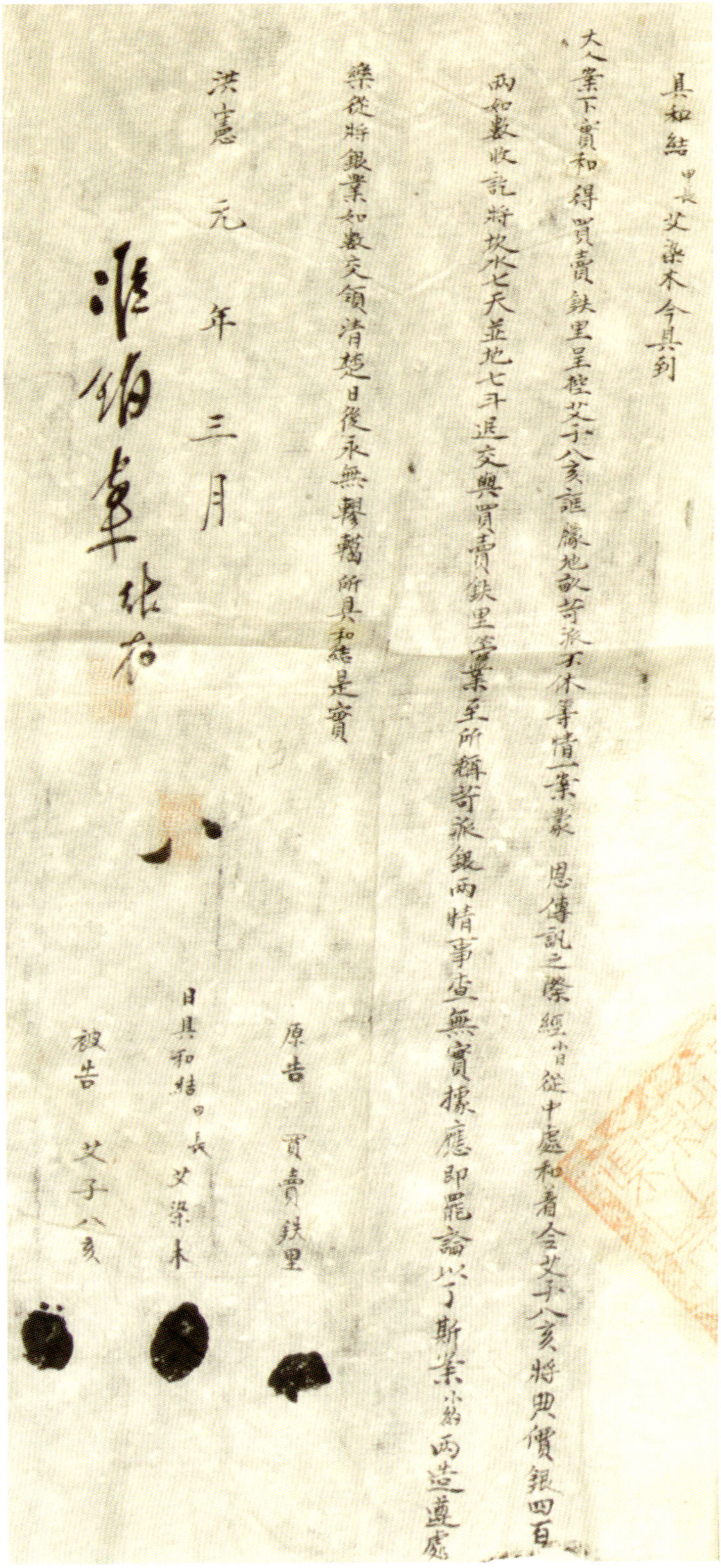

09ZJ0101（3-3）

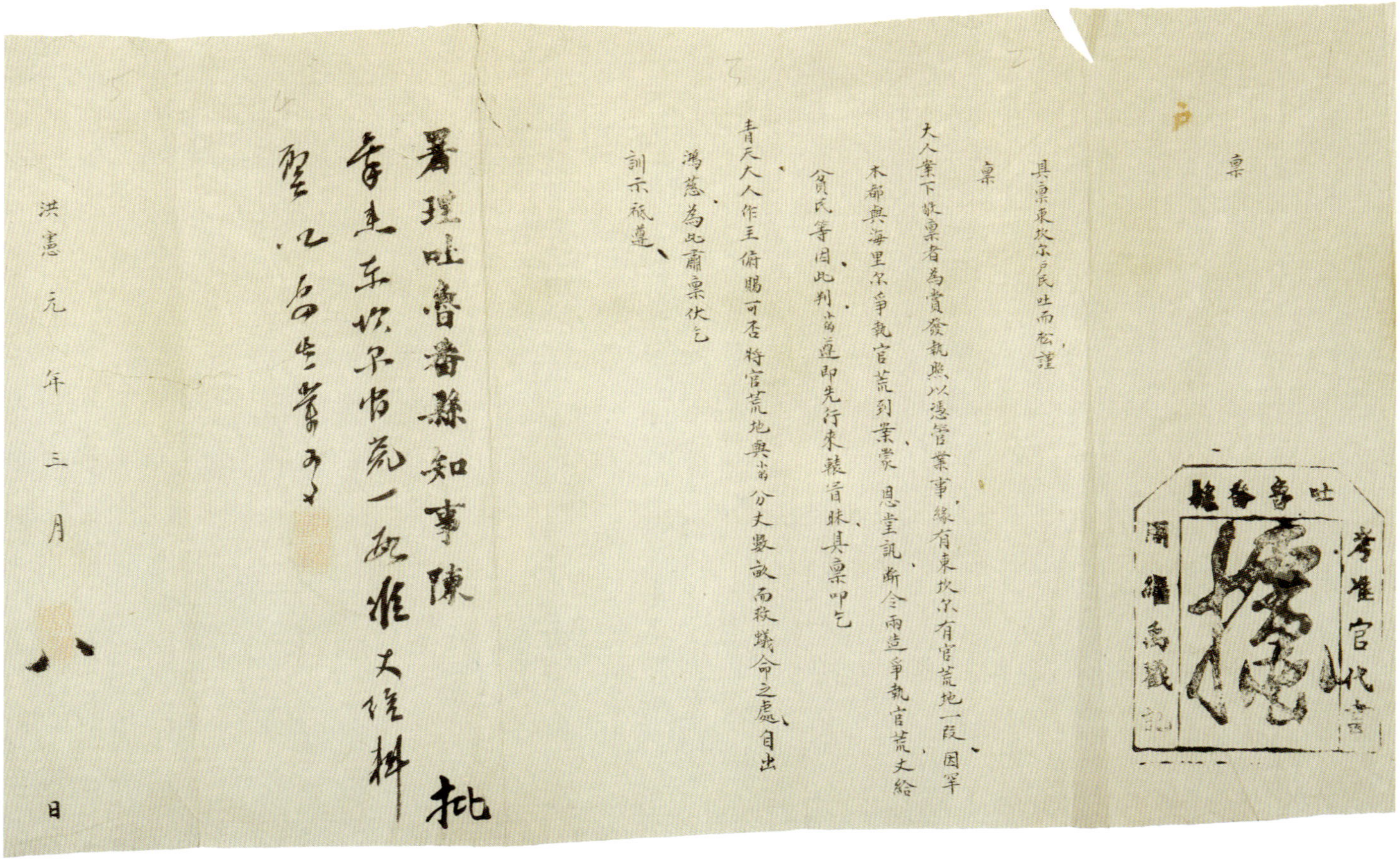

09ZJ0088

一九 吐而松稟爲賞發執照以憑管業事

1 稟

（吐魯番縣 考准官代書 據当法 周繼禹戳記）

户

2 具稟：東坎尔户民吐而松。謹

3 稟

4 大人案下，敬稟者：爲賞發執照以憑管業事。緣有東坎尔有官荒地一段，因罕

5 木都與海里尔爭執官荒到案，蒙　恩堂訊，斷令兩造爭執官荒，丈給

6 貧民等因，此判。小的遵即先行來轅，冒昧具稟。叩乞

7 青天大人作主俯賜，可否將官荒地與小的分丈數畝，而救蟻命之處，自出

8 鴻慈，爲此肅稟。伏乞

9 訓示祇遵。

10 署理吐魯番縣知事陳　批：

11 稟悉。東坎尔官荒一段，准丈給耕

12 墾，以安其業可也。（陳繼善章）

13 洪憲　元　年　三　月　八（陳繼善章）　日

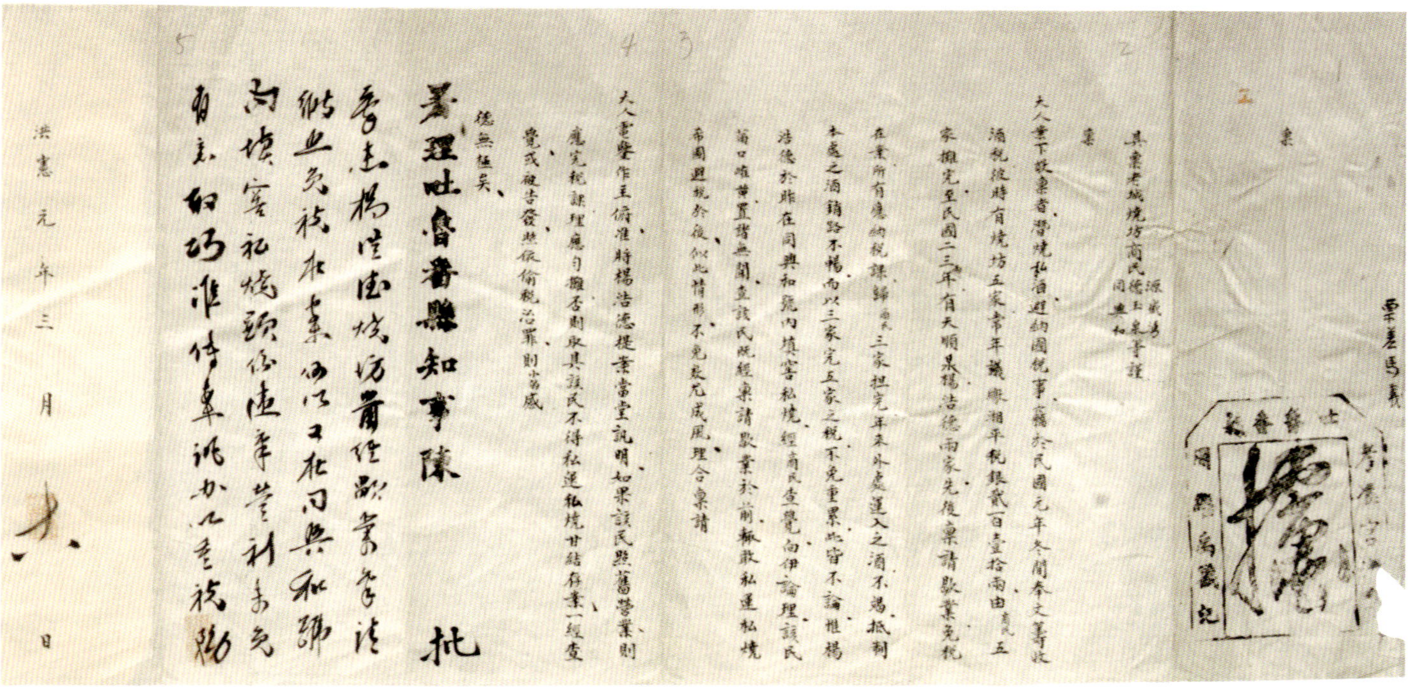

09ZJ0102（3-1）

二〇　源盛湧等禀控楊浩德潛燒私酒避納國稅卷

票差馬義　（印：吐魯番縣 考准官代書 據当法 周繼禹戳記）
禀
工
具禀：老城燒坊商民 源盛湧 德玉泉 同興和 等謹
禀
大人案下，敬禀者：潛燒私酒、避納國稅事。竊於民國元年冬間，奉文籌收
酒稅，彼時有燒坊五家，常年議繳湘平稅銀貳百壹拾兩，由商民五
家攤完。至民國二、三年，有天順泉、楊浩德兩家，先後禀請歇業，免稅
在案，所有應納稅課，歸商民三家担完。年來外處運入之酒不竭，抵制
本處之酒銷路不暢，而以三家完五家之稅，不免重累。此皆不論。惟楊
浩德於昨在同興和號内填窖私燒，經商民查覺，向伊論理，該民
滿口雌黄，置諸無聞。查該民既經禀請歇業於前，輒敢私運私燒，
希圖避稅於後，似此情形，不免效尤成風。理合禀請
大人電鑒作主，俯准將楊浩德提案，當堂訊明。如果該民照舊營業，則
應完稅課，理應匀攤。否則，取具該民不得私運、私燒，甘結存案，一經查
覺，或被告發，照依偷稅治罪，則小的感
德無極矣。
署理吐魯番縣知事陳　批：
禀悉。楊浩德燒坊前經歇業，禀請
繳照，免稅在案，何以又在同興和號
内填窖私燒？顯係違章營利，未免
有意取巧。准傳案訊辦，以重稅務。（印：陳繼善章）
洪憲元年三月十八（印：陳繼善章）日

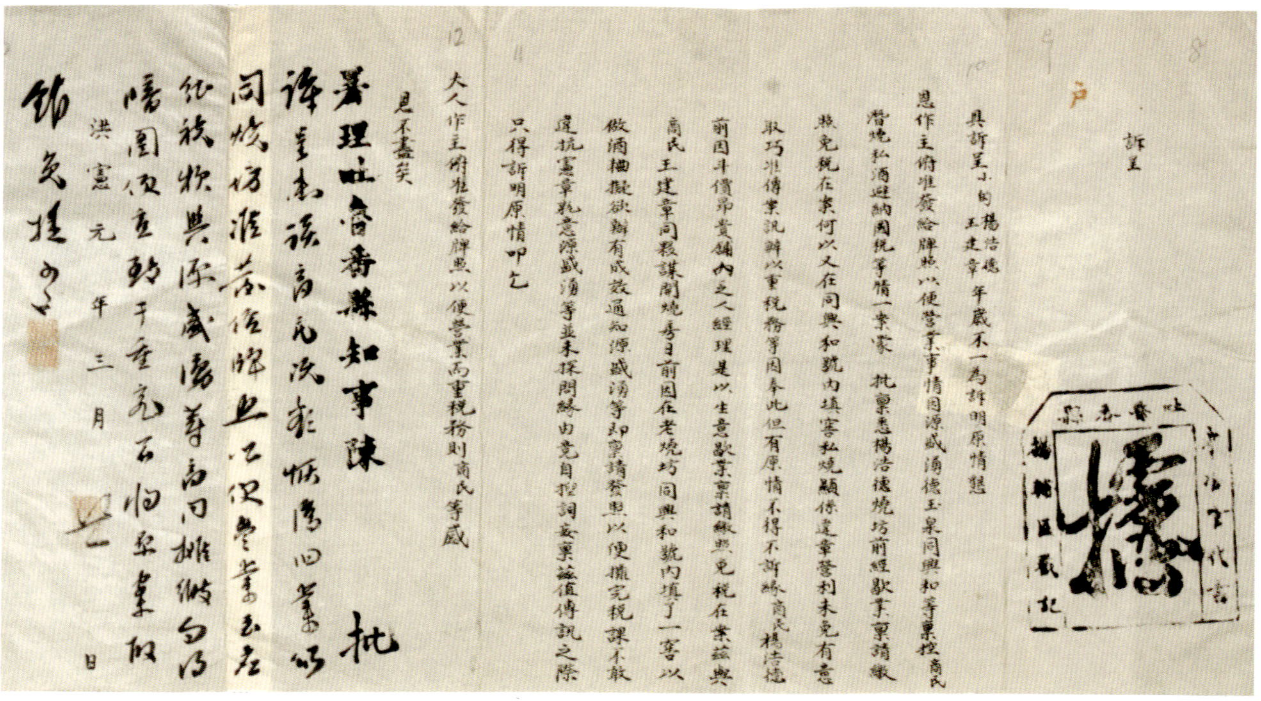

09ZJ0102（3-2）

23 訴呈

户

24 具訴呈：小的楊浩德 王建章 年歲不一，爲訴明原情，懇

25 恩作主，俯准發給牌照以便營業事。情因源盛湧、德玉泉、同興和等稟控商民

26 潛燒私酒，避納國税等情一案，蒙 批「稟悉。楊浩德燒坊前經歇業，稟請繳

27 照，免税在案，何以又在同興和號内填窖私燒？顯係違章營利，未免有意

28 取巧。准傳案訊辦，以重税務。」等因，奉此。但有原情不得不訴，緣商民楊浩德

29 前因斗價昂貴，鋪内乏人經理，是以生意歇業，稟請繳照免税在案。茲與

30 商民王建章同夥謀開燒房，日前因在老燒房同興和號内填了一窖，以

31 做酒釉，擬欲辦有成效，通知源盛湧等，即稟請發照，以便攤完税課，不敢

32 違抗憲章。孰意源盛湧等並未探問緣由，竟自捏詞妄稟。茲值傳訊之際，

33 只得訴明原情，叩乞

34 大人作主，俯准發給牌照，以便營業而重税務，則商民等感

35 恩不盡矣。

（吐魯番縣 考准官代書 據当法 楊輔臣戳記）

36 署理吐魯番縣知事陳 批：

37 訴呈悉。該商民既欲恢復舊業以

38 開燒坊，准發給牌照以便營業。至應

39 征税款與源盛湧等商同攤繳，勿得

40 暗圖便宜，致于重究。並將原案取

41 洪憲 元 年 三 月 廿 一（陳繼善章） 日

42 銷，免提可也。（陳繼善章）

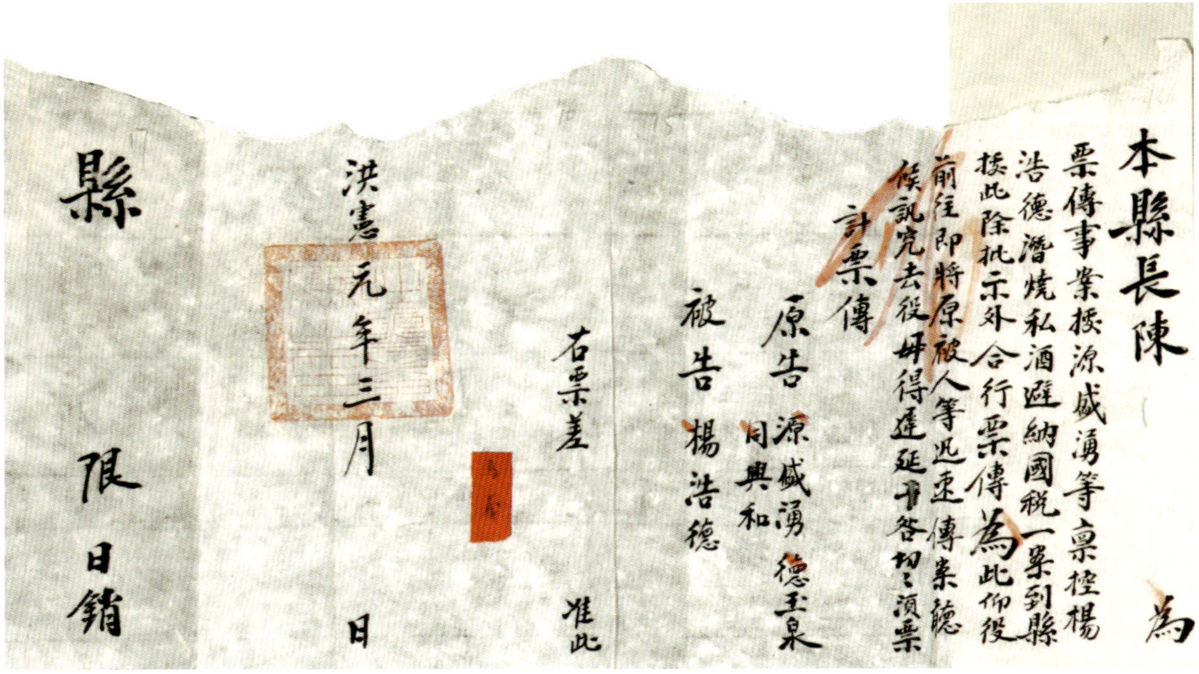

09ZJ0102（3-3）

43 本縣長陳　　爲
44 票傳事。案據源盛湧等稟控楊
45 浩德潛燒私酒，避納國稅一案到縣。
46 據此除批示外，合行票傳。爲此，仰役
47 前往，即將原、被人等迅速傳案，聽
48 侯訊究。去役毋得遲延干咎，切〻。須票[一]。
49 計票傳：
50 原告　源盛湧　德玉泉
51 同興和
52 被告　楊浩德
53 右票差　　准此。
54 馬義[二]
55 洪憲元年三月　　日　吐魯番縣之印
56 縣　　限　　日銷

[一] 文本上有朱筆書寫的「銷」字。
[二] 此二字以紅紙書寫貼於此處。

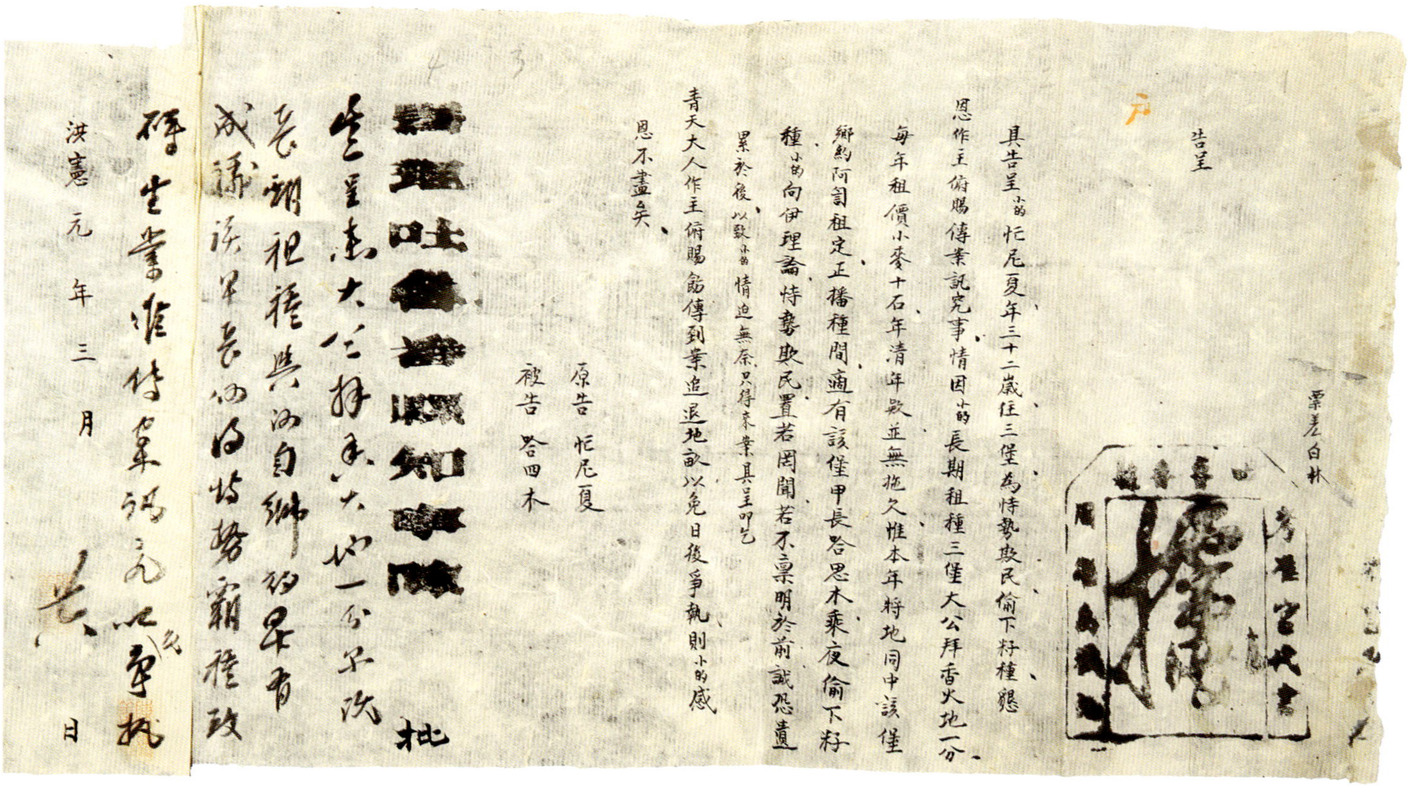

09ZJ0096

二一　忙尼夏告呈爲恃勢欺民偷下籽種事

票差白林

吐魯番縣　考准官代書　據当法　周繼禹戳記

户

告呈

具告呈：小的忙尼夏，年三十二歲，住三堡，爲恃勢欺民，偷下籽種，懇
恩作主，俯賜傳案訊究事。情因小的長期租種三堡大公拜香火地一分，
每年租價小麥十石，年清年款，並無拖欠。惟本年將地同中該堡
鄉約阿訇租定，正播種間，適有該堡甲長哈思木，乘夜偷下籽
種，小的向伊理論，恃勢欺民，置若罔聞。若不稟明於前，誠恐遺
累於後，以致小的情迫無奈，只得來案具呈。叩乞
青天大人作主，俯賜飭傳到案，追退地畝，以免日後爭執，則小的感
恩不盡矣。

原告　忙尼夏
被告　哈四木

署理吐魯番縣知事陳　批：
告呈悉。大公拜香火地一分，尔既
長期租種，與阿訇鄉約早有
成議，該甲長何得恃勢霸種，致
碍生業？准傳案訊究，以免争執。陳繼善章
洪憲元年陳繼善章月廿六日[一]

[一] 此時已恢復民國紀年。

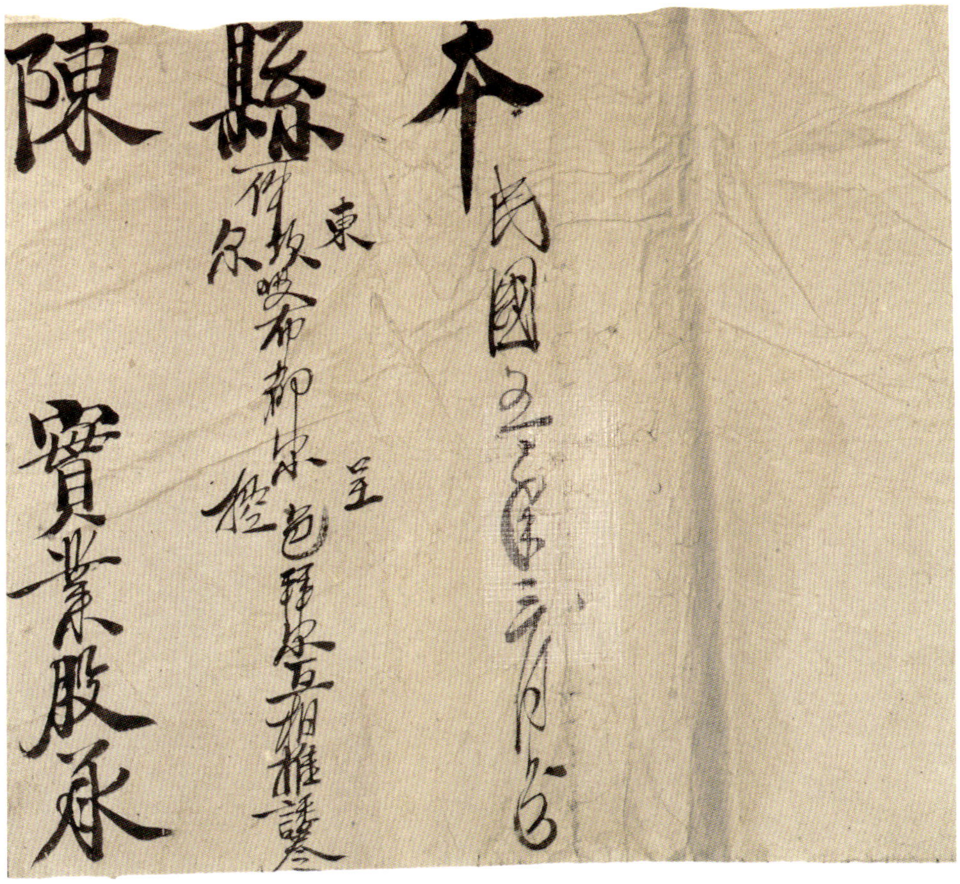

09ZJ0106（2-1）

二三一 哎布都尔呈控色拜尔互相推諉卷

1 本 民國五年三月分[一]

2 縣 一件東坎尔哎布都尔呈控色拜尔互相推諉卷

3 陳 實業股承

[一] 此當爲洪憲元年三月。

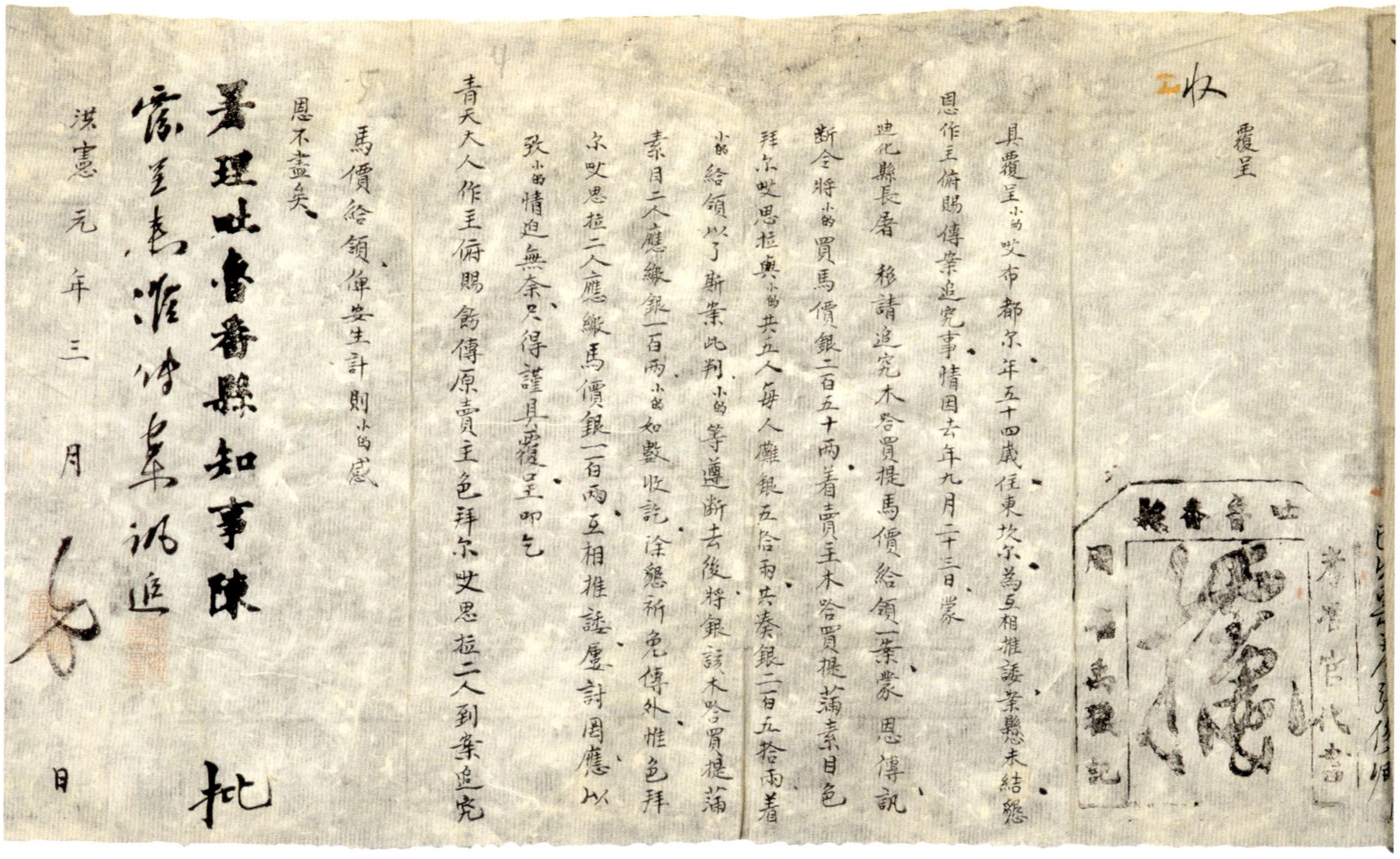

09ZJ0106（2-2）

已出票差張俊卿

吐魯番縣 考准官代書 據当法 周繼禹戳記

覆呈

收 工

具覆呈：小的哎布都尔，年五十四歲，住東坎尔，爲互相推諉，案懸未結，懇

恩作主，俯賜傳案追究事。情因去年九月二十三日，蒙

迪化縣長層 移請追究木哈買提馬價給領一案，蒙 恩傳訊，

斷令將小的買馬價銀二百五十兩，着賣主木哈買提、蒲素目、色

拜尔、哎思拉與小的共五人，每人攤銀五拾兩，共湊銀二百五拾兩，着

小的給領，以了斯案，此判。小的等遵斷去後，將銀該木哈買提、蒲

素目二人應繳銀一百兩，小的如數收訖。除懇祈免傳外，惟色拜

尔、哎思拉二人應繳馬價銀一百兩，互相推諉，屢討罔應，以

致小的情迫無奈，只得謹具覆呈。叩乞

青天大人作主，俯賜飭傳原賣主色拜尔、哎思拉二人到案，追究

馬價給領，俾安生計，則小的感

恩不盡矣。

署理吐魯番縣知事陳　批：

覆呈悉。准傳案訊追。陳繼善章

洪憲元年三月十七陳繼善章日

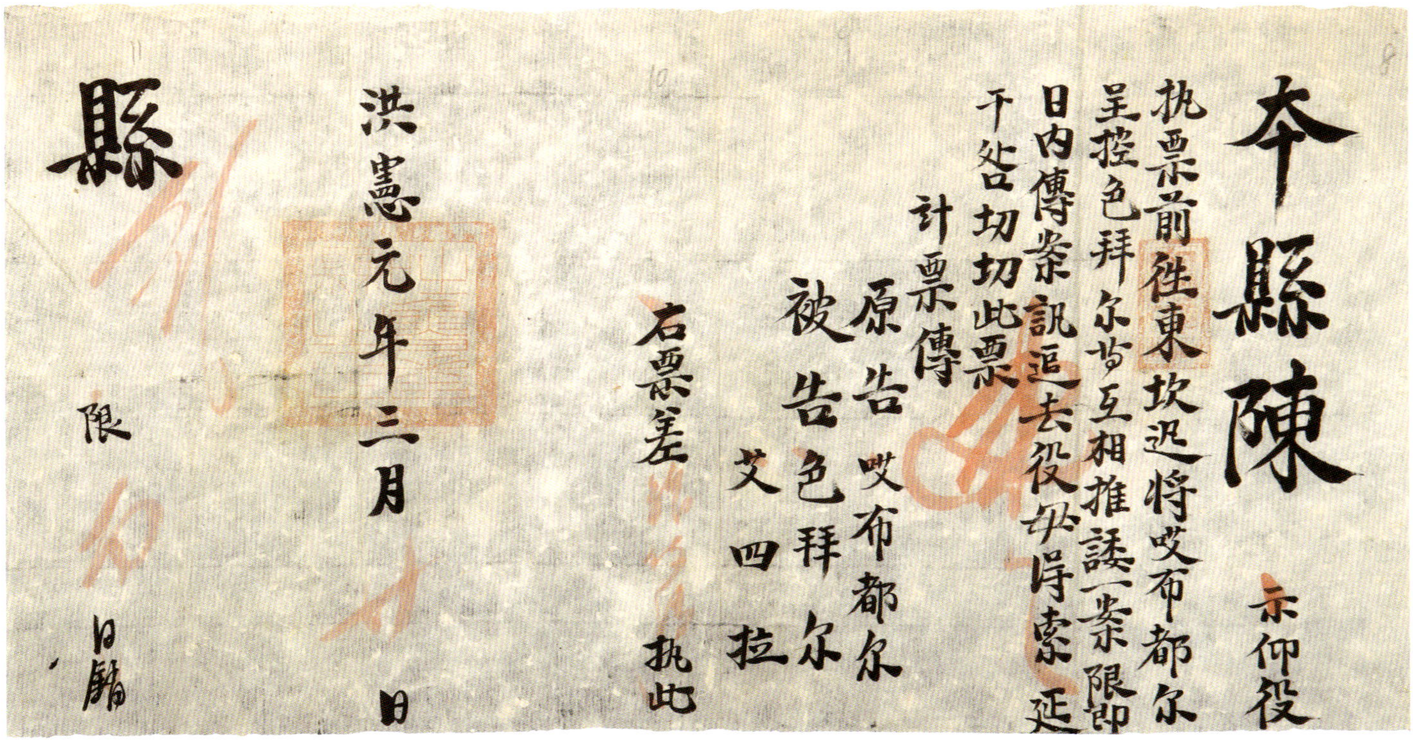

09ZJ0105

一三　哎布都尔呈控色拜尔互相推諉案傳票[一]

1 本縣陳　示仰役
2 執票前往東坎，迅將哎布都尔
3 呈控色拜尔等互相推諉一案，限即
4 日内傳案迅追。去役毋得索延
5 干咎。切切。此票。　速々
6 計票傳：
7 原告　哎布都尔
8 被告　色拜尔
9 艾四拉
10 右票差　張傳清　執此
11 洪憲元年三月　廿　日　（吐魯番縣之印）
12 縣　行　限　即　日销

[一] 本件爲哎布都尔呈控色拜尔互相推諉卷傳票。

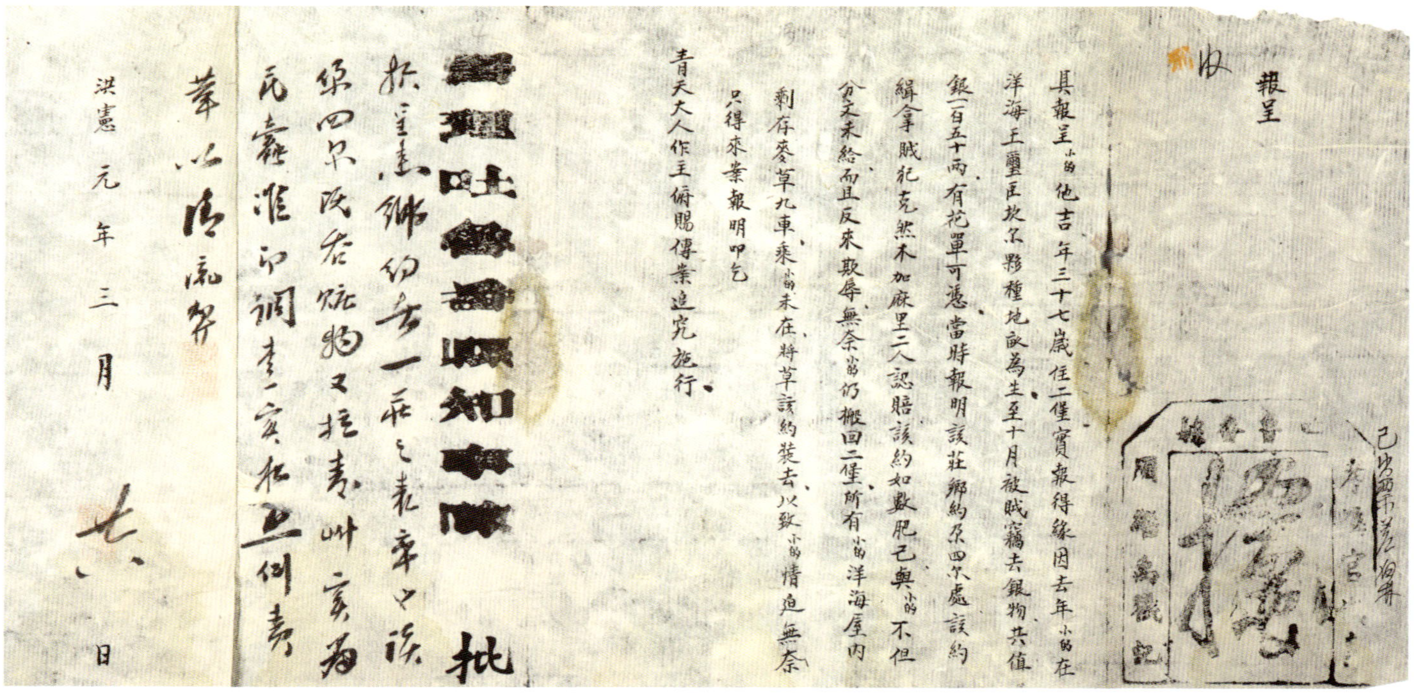

09ZJ0119

二四　他吉報呈爲私呑贓物又拉麥草事

1 已出票差白林

2 報呈

（印：吐魯番縣　考准官代書　據当法　周繼禹戳記）

刑收

3 具報呈：小的他吉，年三十七歲，住二堡。實報得：緣因去年小的在

4 洋海王璽臣坎尔夥種地畝爲生，至十月被賊竊去銀物，共值

5 銀一百五十兩，有花單可憑。當時報明該莊鄉約尕四尔處，該約

6 緝拿賊犯克然木、加麻里二人認賠，該約如數肥己，與小的不但

7 分文未給，而且反來欺辱。無奈小的仍搬回二堡，所有小的洋海屋内

8 剩存麥草九車，乘小的未在，將草該約裝去，以致小的情迫無奈，

9 只得來案報明。叩乞

10 青天大人作主，俯賜傳案追究施行。

11 **署理吐魯番縣知事陳**　批：

12 報呈悉。鄉约者，一莊之表率也。該

13 尕四尔既呑贓物，又拉麥草，實爲

14 民蠹。准即調查實在，照例責

15 革，以清流弊。（印：陳繼善章）

16 洪憲　元　年　三　月　廿八（印：陳繼善章）日[一]

[一] 此時已恢復民國紀年。

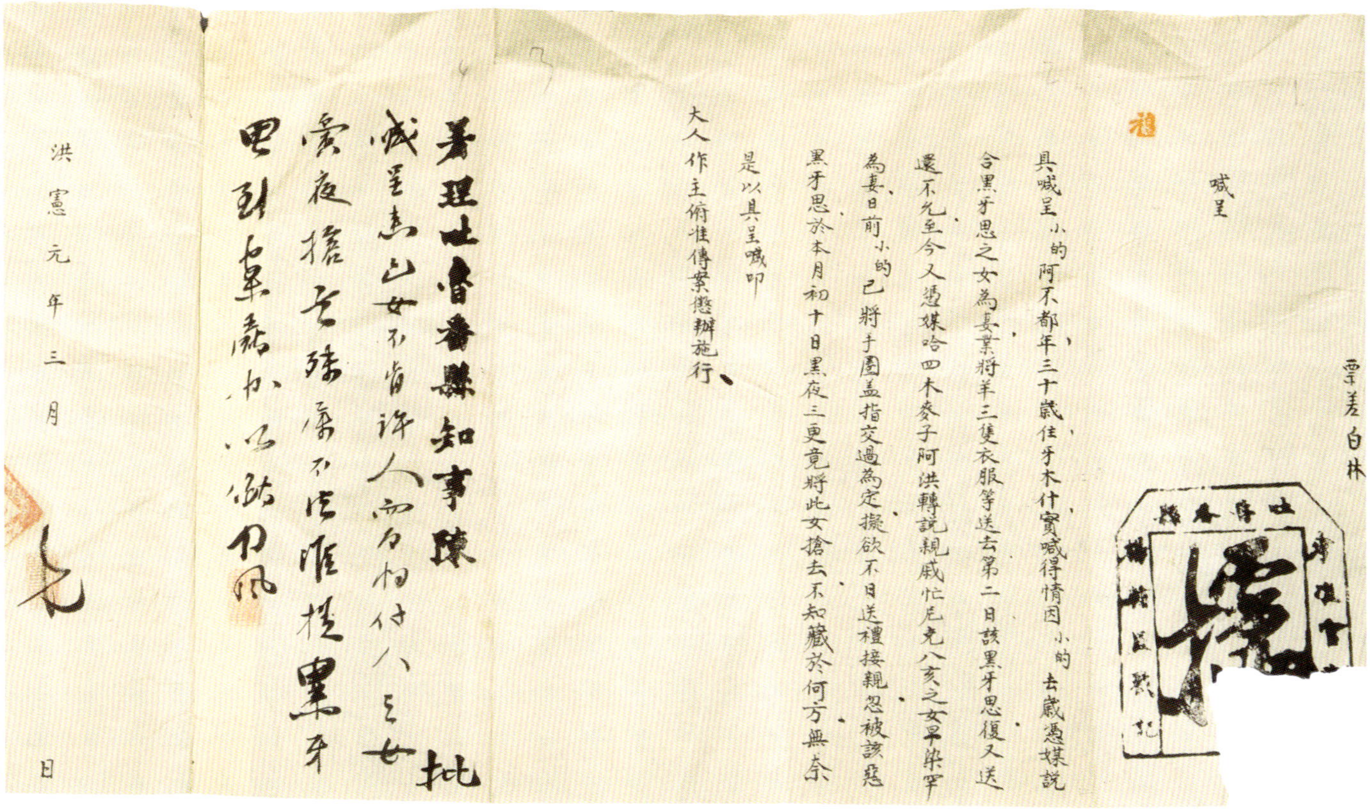

09ZJ0111（8-1）

二五　阿不都等呈控黑牙思偷佔民女不務正幹等情卷

1 票差白林

（印：吐魯番縣 考准官代書 據当法 楊輔臣戳記）

2 喊呈

3 禮 具喊呈：小的阿不都、年三十歲、住牙木什。實喊得：情因小的去歲憑媒説

4 合黑牙思之女爲妻，業將羊三隻、衣服等送去，第二日，該黑牙思復又送

5 還不允。至今又憑媒哈四木麥子阿洪轉説親戚忙尼克八亥之女早染罕

6 爲妻，日前小的已將手圈盖指交過爲定，擬欲不日送禮接親。忽被該惡

7 黑牙思於本月初十日黑夜三更，竟將此女搶去，不知藏於何方。無奈，

8 是以具呈，喊叩

9 大人作主，俯准傳案，懲辦施行。

10 署理吐魯番縣知事陳　批：

11 喊呈悉。已女不肯許人，而反將他人之女

12 寅夜搶去，殊屬不法。准提黑牙

13 思到案嚴辦，以儆刁风。（印：陳繼善章）

14 洪憲　元　年　三　月　十七（印：陳繼善章）日[一]

（印：吐魯番縣之印）

[一] 此行後粘有維吾爾語訴狀，内容與後段漢語「公禀」訴狀基本一致。參見本書維吾爾語文書海未爾等呈控爲黑牙思偷佔公田民女事。

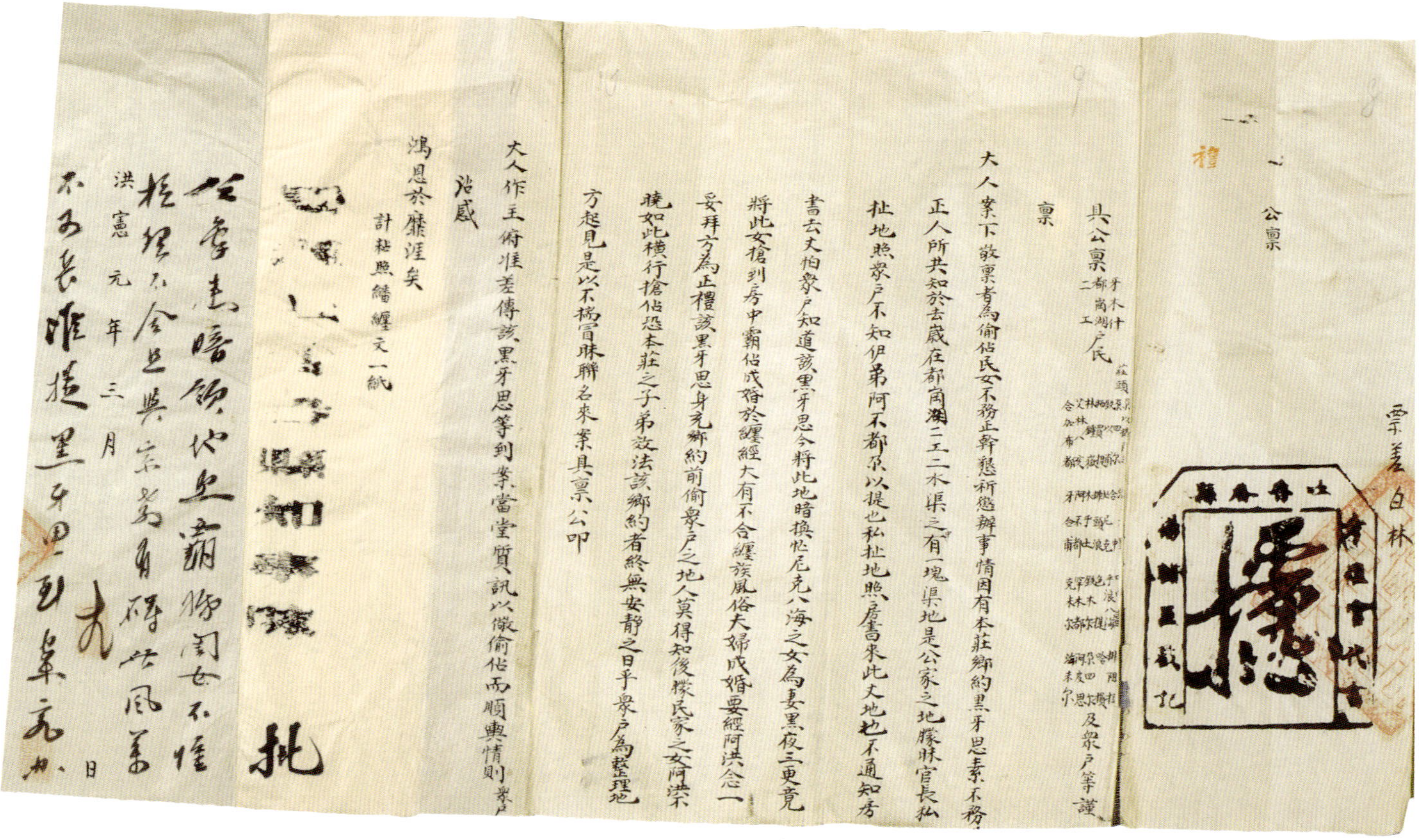

09ZJ0111（8-2）

票差白林
（印：吐魯番縣之印）

公稟
（戳記：考准官代書 吐魯番縣 據当法 楊輔臣戳記）

禮

具公稟：牙木什 都崗湖 二工 户民 莊頭 尕以提阿吉 海六里 吐而當 排阻拉
尕四尓 合中 乎浪八海 哈損
鉄以甫 忙尼克 色提
晒買提 排頭浪 鉄木尓 尕四尓
林鍾嶽 木乎土 罕木都 阿皮思
艾林八亥 阿不都
合加布都 牙合甫 克未尓 海未尓 及衆户等謹

稟

大人案下，敬稟者：爲偷佔民女，不務正幹，懇祈懲辦事。情因有本莊鄉約黑牙思素不務
正，人所共知。於去歲在都崗湖、二工二水渠之中有一塊渠地，是公家之地，朦昧官長，私
扯地照，衆户不知。伊弟阿不都尕以提也私扯地照、房書來此丈地，也不通知房
書去丈。怕衆户知道，該黑牙思今將此地暗換忙尼克八海之女爲妻，黑夜三更竟
將此女搶到房中霸佔成婚，于纏經大有不合。纏族風俗，夫婦成婚要經阿洪念一
妥拜方爲正禮。該黑牙思身充鄉約，前偷衆户之地，人莫得知，後朦民家之女，阿洪不
曉，如此横行搶佔，恐本莊之子弟效法該鄉約者，終無安靜之日乎。衆户爲整理地
方起見，是以不揣冒昧，聯名來案具稟。公叩
大人作主，俯准差傳該黑牙思等到案當堂質訊，以儆偷占而順輿情，則衆户
沾感
鴻恩於靡涯矣。

計粘照繙纏文一紙。

署理吐魯番縣知事陳 批：
公稟悉。暗領地照，霸婚害女，不惟
於理不合，且與宗教有碍，此風萬
洪憲 元 年 三 月 十九 日（印：陳繼善章）
不可長。准提黑牙思到案究辦。（印：陳繼善章）

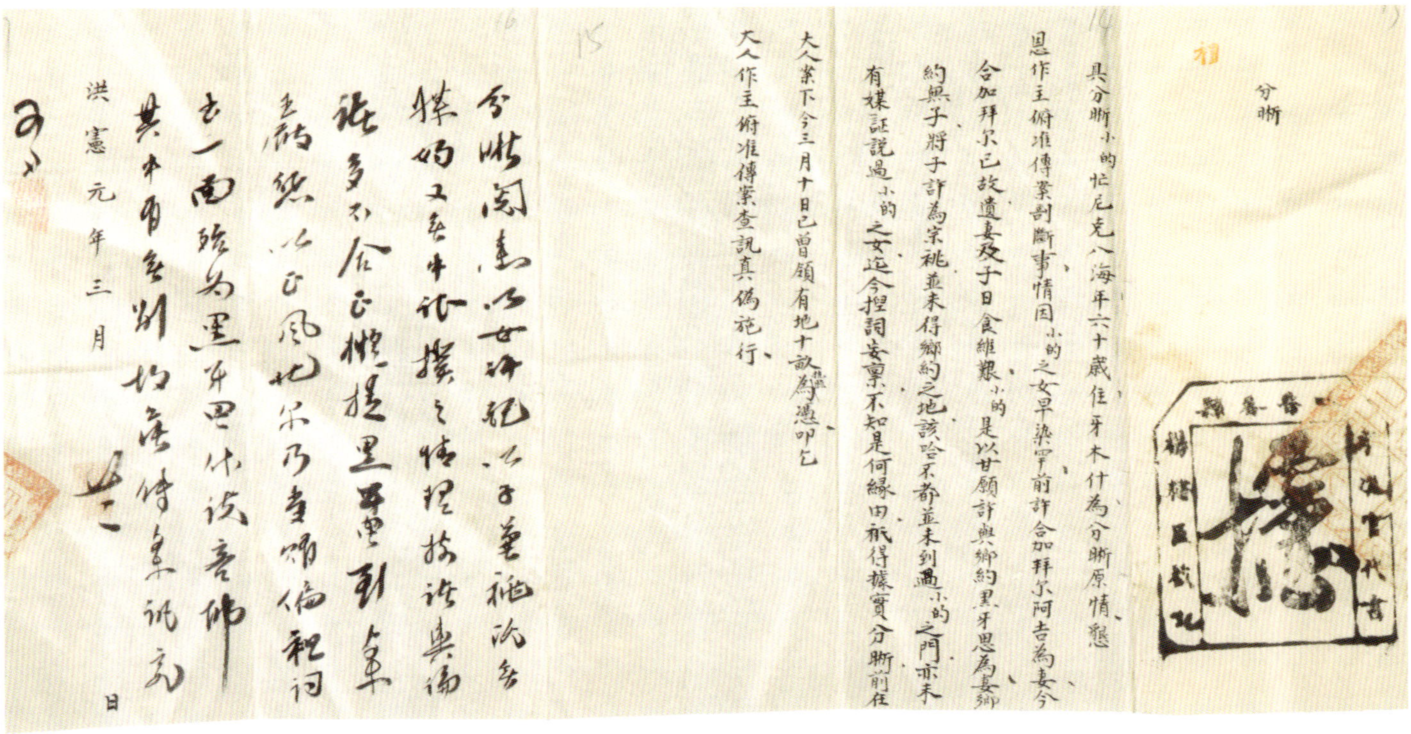

09ZJ0111（8-3）

分晰

禮

具分晰：小的忙尼克八海，年六十歲，住牙木什。爲分晰原情，懇恩作主，俯准傳案剖斷事。情因小的之女早染罕，前許合加拜尔阿吉爲妻，今合加拜尔已故，遺妻及子，日食維艱。小的是以甘願許與鄉約黑牙思爲妻，鄉約無子，將子許爲宗祧，並未得鄉約之地。該哈不都並未到過小的之門，亦未有媒証説過小的之女。迄今揑詞妄禀，不知是何緣由，祇得據實分晰。前在大人案下，今三月十日已曾領有地十畝執照爲憑。叩乞大人作主，俯准傳案，查訊真偽施行。

吐魯番縣之印

吐魯番縣 考准官代書 據当法 楊輔臣戳記

分晰閱悉。以女許配，以子兼祧，既無媒妁，又無中証，揆之情理，按諸輿論，諸多不合。正擬提黑牙思到案嚴懲，以正風化，爾乃受賄偏袒，詞書一面，殆爲黑牙思作説客耶？其中有無别故，候傳案訊究可也。陳繼善章

洪憲 元 年 三 月 廿二 陳繼善章 日

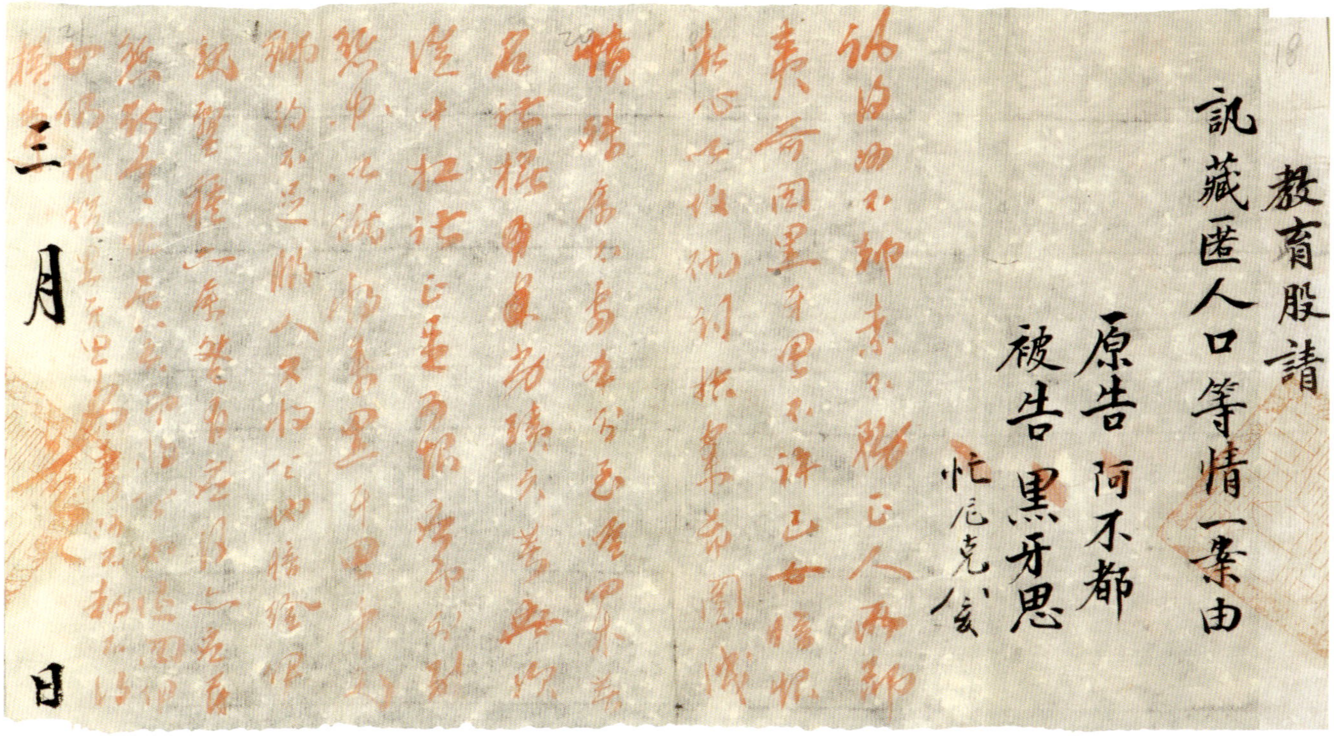

09ZJ0111（8-4）

吐魯番縣之印

教育[一]股請

訊藏匿人口等情一案由

原告 阿不都

被告 黑牙思

忙尼克八亥

訊得阿不都素不務正，人所鄙夷。前因黑牙思不許己女，暗恨在心，以故砌詞報案，希圖洩憤，殊屬不安本分。至哈四木，著名訟棍，劣蹟久著。此次從中扛訟，正是可恨，應即分别懲辦，以儆將来。黑牙思身充鄉約，不足服人，又將公地暗給伊親墾種，亦屬咎有應得，亦應薄懲。斷令忙尼八亥即將公地退回，伊女仍許給黑牙思爲妻，阿不都不得横争。

三月 廿三 日

吐魯番縣之印

[一]「教育」二字，原寫爲「財政」，後貼紙改寫爲「教育」。

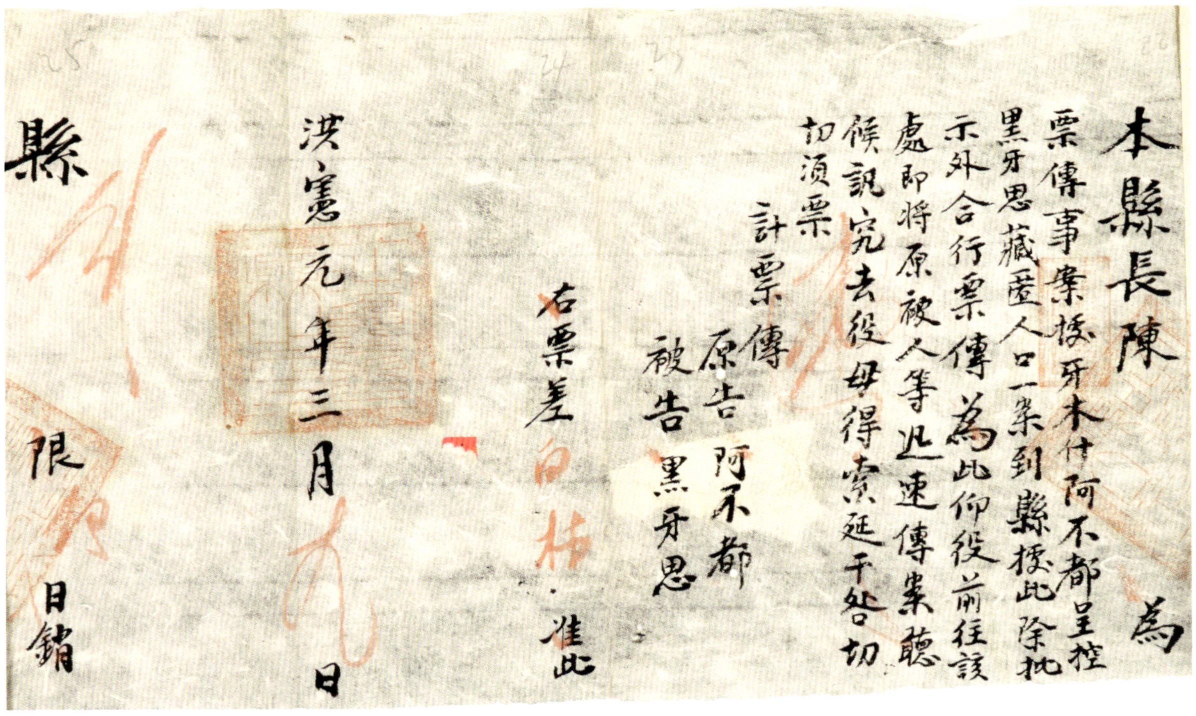

09ZJ0111（8-5）

69 本縣長陳　爲

70 票傳事。案據牙木什　阿不都呈控

71 黑牙思藏匿人口一案到縣，據此除批

72 示外，合行票傳，爲此，仰役前往該

73 處，即將原、被人等迅速傳案，聽

74 候訊究。去役毋得索延干咎，切

75 切。須票。　速々

76 計票傳：

77 原告　阿不都

78 被告　黑牙思

79 右票差　白林[一]　准此。

80 洪憲　元年　三月　十九　日　（吐魯番縣之印）

81 縣　行　限　即　日　銷

[一]「白林」二字左側有貼紅色紙條殘迹。

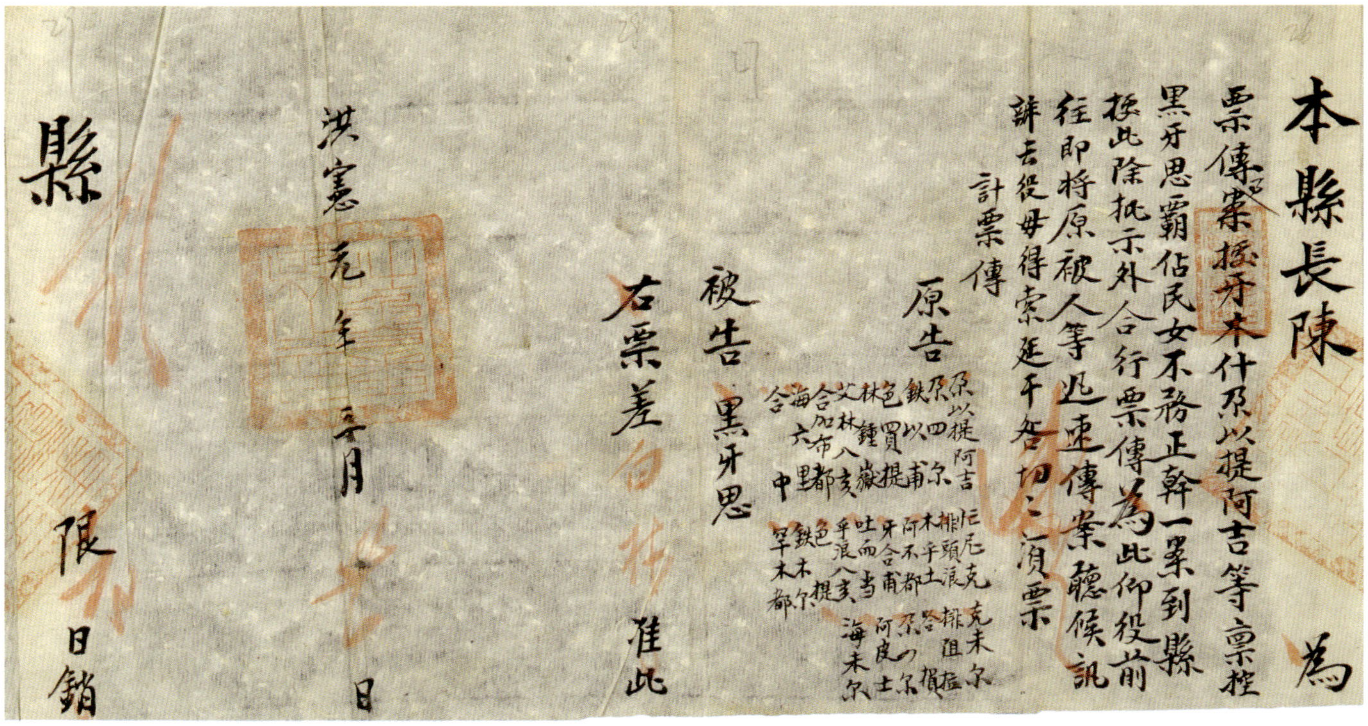

09ZJ0111（8-6）

82 （吐魯番縣之印）
83 本縣長陳　　爲
84 票傳事。案據（內號）木什尕以提阿吉等稟控
85 黑牙思霸佔民女，不務正幹一案到縣，
86 據此除批示外，合行票傳，爲此，仰役前
87 往，即將原、被人等迅速傳案，聽候訊
88 辦。去役毋得索延干咎，切ミ。須票。速ミ
89 計票傳：
90 原告
尕以提阿吉　尕四尔　鉄以甫　色買提　林鍾嶽　艾林八亥　合加布都　海六里　合中
忙尼克　排頭浪　木乎土　阿不都　牙合甫　吐而当　乎浪八亥　色提　鉄木尔　罕木都
克未尔　排阻拉　哈損　尕四尔　阿皮士　海未尔
91 被告　黑牙思
92 右票差　白林　准此。
93 洪憲元年（吐魯番縣之印）三月廿一日
94 縣　行　限　即　日　銷

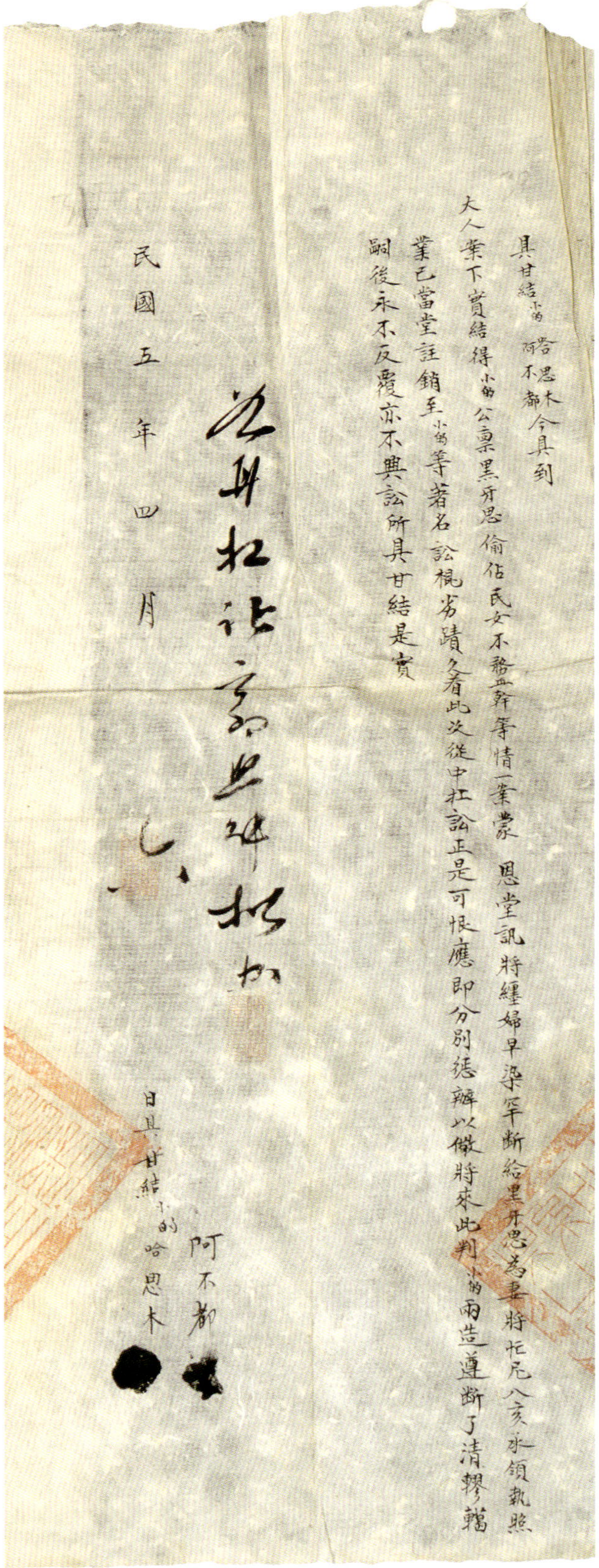

09ZJ0111（8-7）

95 具甘結：小的哈思木 阿不都 今具到

96 大人案下，實結得：小的公稟黑牙思偷佔民女、不務正幹等情一案，蒙 恩堂訊，將纏婦早染罕斷給黑牙思爲妻，將忙尼八亥承領執照

97 業已當堂註銷，至小的等「著名訟棍，劣蹟久著，此次從中扛訟，正是可恨，應即分別懲辦，以儆將來」，此判。小的兩造遵斷，了清轇轕，

98 嗣後永不反覆，亦不興訟。所具甘結是實。

吐魯番縣之印

99 如再扛訟，定即照律拟辦。陳繼善章

100 民國五年四月陳繼善章 日 具甘結小的阿不都（指印） 哈思木（指印）

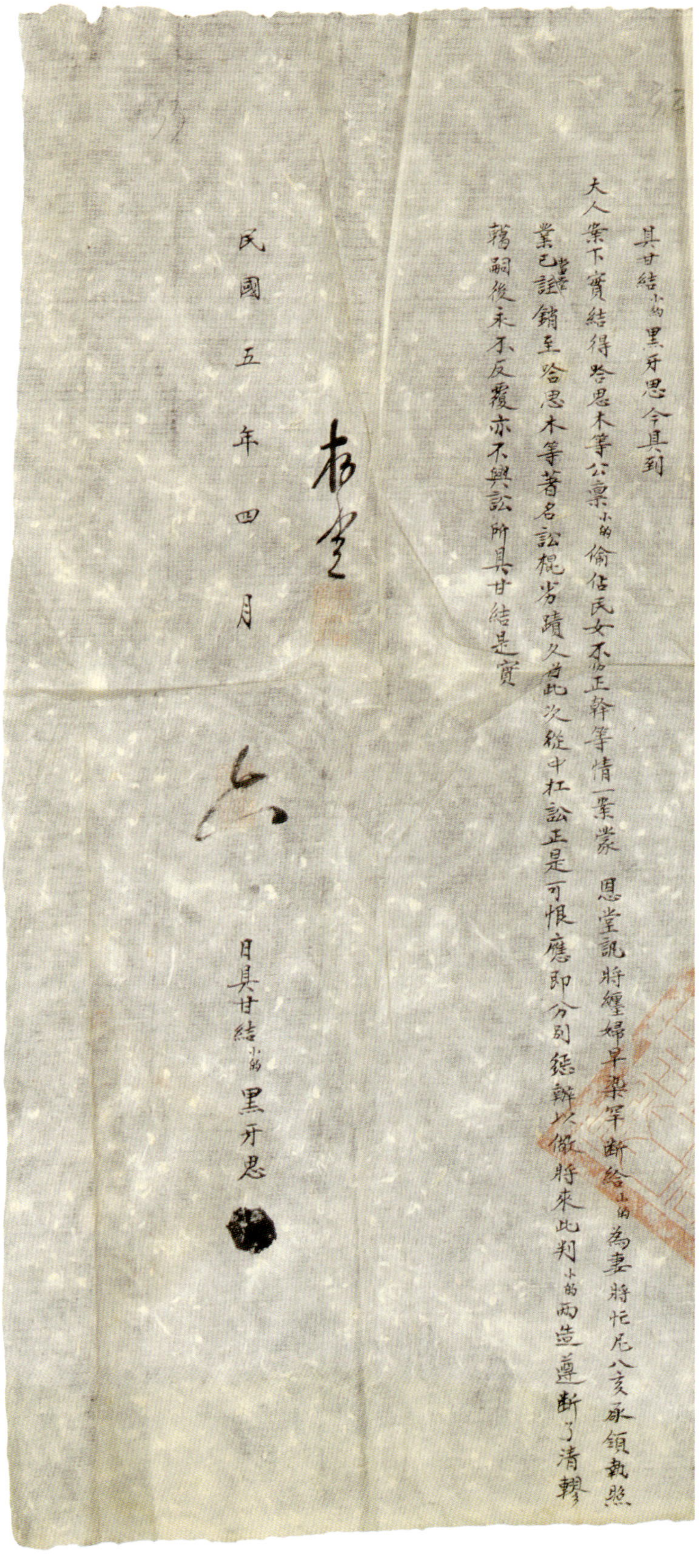

09ZJ0111（8-8）

101 具甘結：小的黑牙思今具到

102 大人案下，實結得：哈思木等公稟小的偷佔民女、不務正幹等情一案，蒙 恩堂訊，將纏婦早染罕斷給小的爲妻，將忙尼八亥承領執照

103 業已當堂註銷，至哈思木等「著名訟棍，劣蹟久著，此次從中扛訟，正是可恨，應即分別懲辦，以儆將來」，此判。小的兩造遵斷，了清轇

104 轕，嗣後永不反覆，亦不興訟。所具甘結是實。

吐魯番縣之印

105 存查。陳繼善章

106 民國 五 年 四 月 六陳繼善章 日 具甘結小的黑牙思（指印）

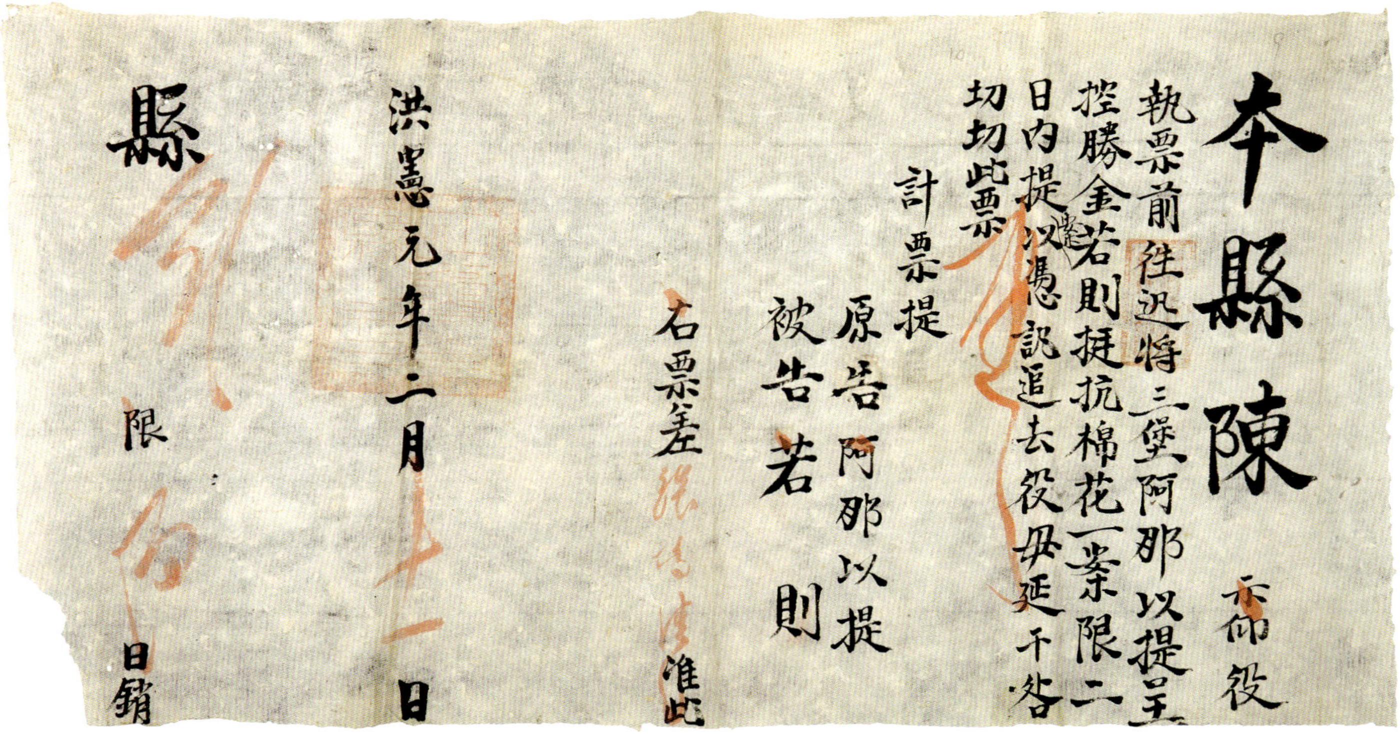

09ZJ0085

二六　阿那以提呈控若則挺抗棉花案傳票

1 本縣陳　　　示仰役
2 執票前往（内號）迅將三堡阿那以提呈
3 控胜金若則挺抗棉花一案，限二
4 日内提案，以憑訊追，去役毋延干咎，
5 切切。此票。　速〻
6 計票提：
7 原告　阿那以提
8 被告　若　則
9 右票差　張傳清　准此。
10 洪憲元年二月十一日（吐魯番縣之印）
11 縣　行　限　即　日　銷

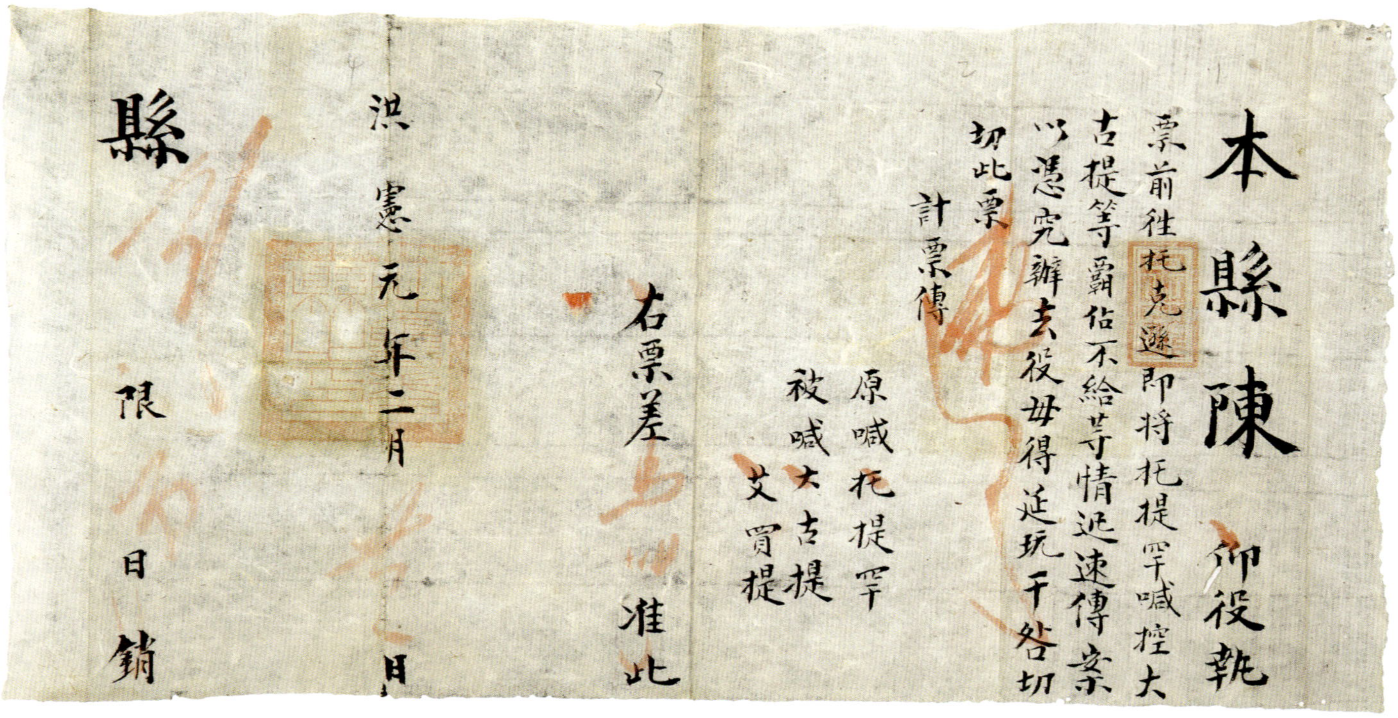

09ZJ0112

二七　托提罕喊控大古提等霸佔不給等情傳票

1 本縣陳　　仰役執

2 票前往托克遜，即將托提罕喊控大

3 古提等霸佔不給等情，迅速傳案，

4 以憑究辦。去役毋得延玩干咎，切

5 切。此票。　速々

6 計票傳：

7 原喊　托提罕

8 被喊　大古提

9 艾買提

10 右票差　馬朋[一]　准此。

12 洪憲元年二月廿二日（吐魯番縣之印）

13 縣　行　限　即　日銷

[一]「馬朋」左側有貼紅色紙條殘迹。

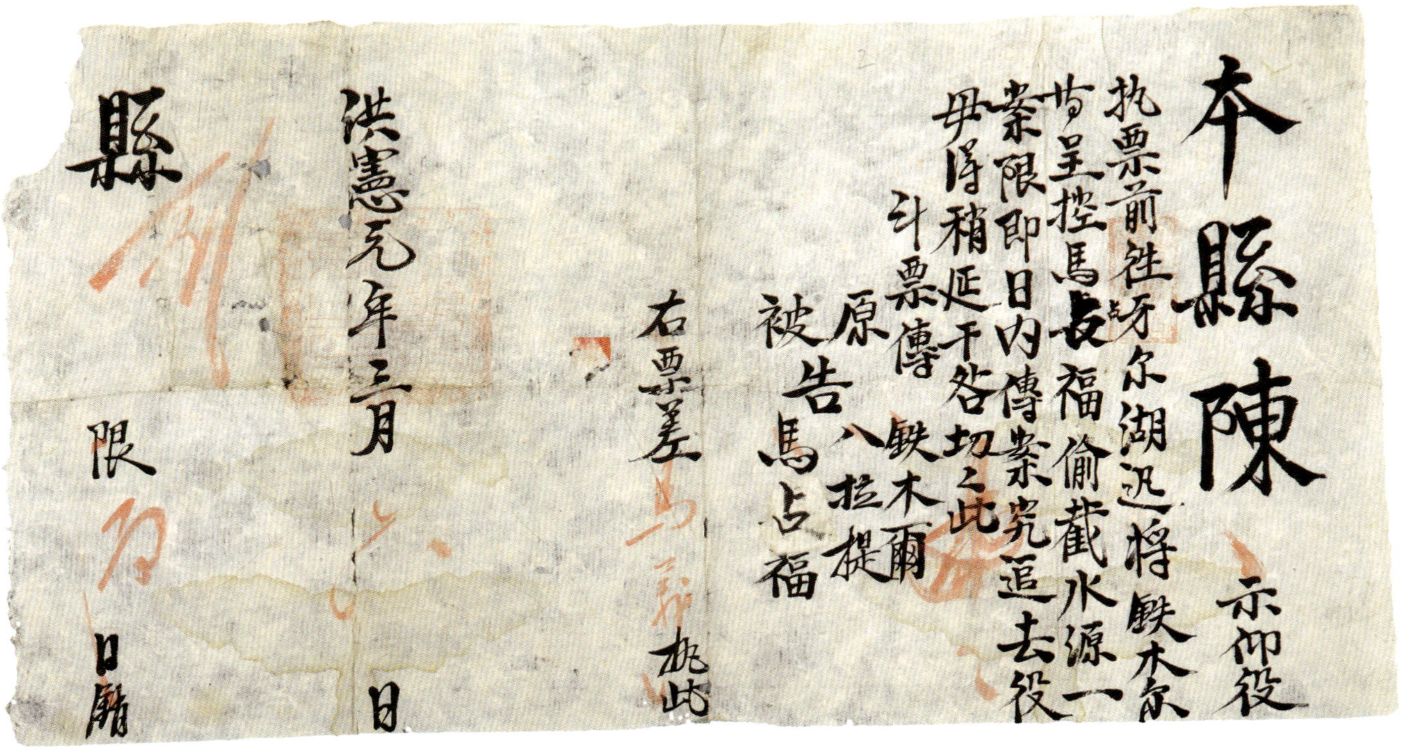

09ZJ0086

二八 鉄木尔等呈控馬占福偷截水源案傳票

1 本縣陳 示仰役
2 執票前往牙尔湖，迅將鉄木尔
3 等呈控馬占[一]福偷截水源一
4 案限即日内傳案究追，去役
5 毋得稍延干咎。切々。此 速々。
6 計票傳：鉄木爾
7 原 八拉提
8 被告 馬占福
9 右票差 馬義[二] 執此。
10 洪憲 元 年 三 月 六 日
11 縣 限 即 日 銷

[一] 此字原寫爲「長」，後改爲「占」。又在字旁用小字補寫「占」。
[二] 「馬義」左側有貼紅色紙條殘迹。

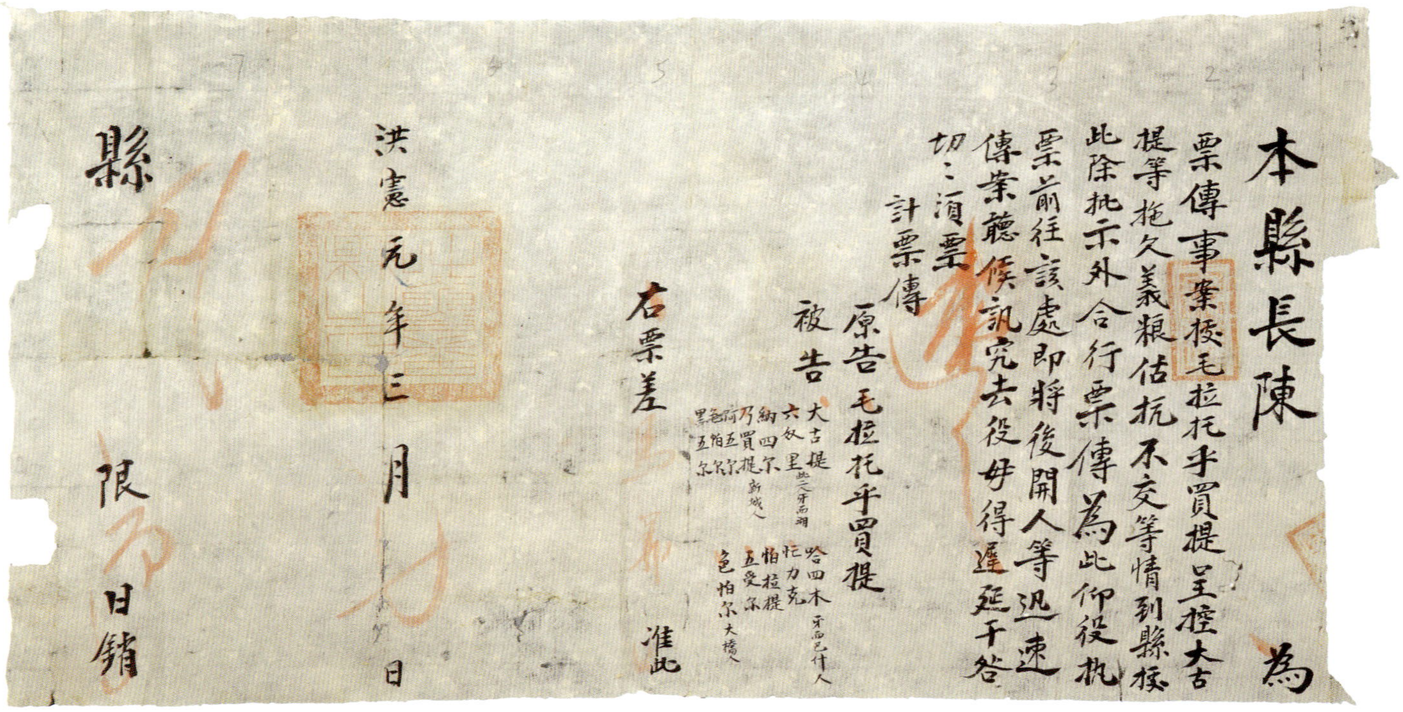

09ZJ0098

二九　托乎買提呈控大古提等拖欠義糧估抗不交等情傳票

本縣長陳　爲

票傳事。案據毛拉托乎買提呈控大古

提等拖欠義粮、估抗不交等情到縣。據

此除批示外，合行票傳。爲此，仰役執

票前往該處，即將後開人等迅速

傳案，聽候訊究。去役毋得遲延干咎，

切ㄟ。須票。　速ㄟ

計票傳

原告　毛拉托乎買提

被告　大古提、六奴里（此二人牙而湖）　哈四木（牙而巴什人）
納四尔　忙力克
乃買提（新城人）　怕拉提
何五尔　五受尔
色帕尔　色帕尔（大橋人）
黑五尔

右票差　馬義　准此。

洪憲元年三月廿日　吐魯番縣之印

縣　行　限　即　日　銷

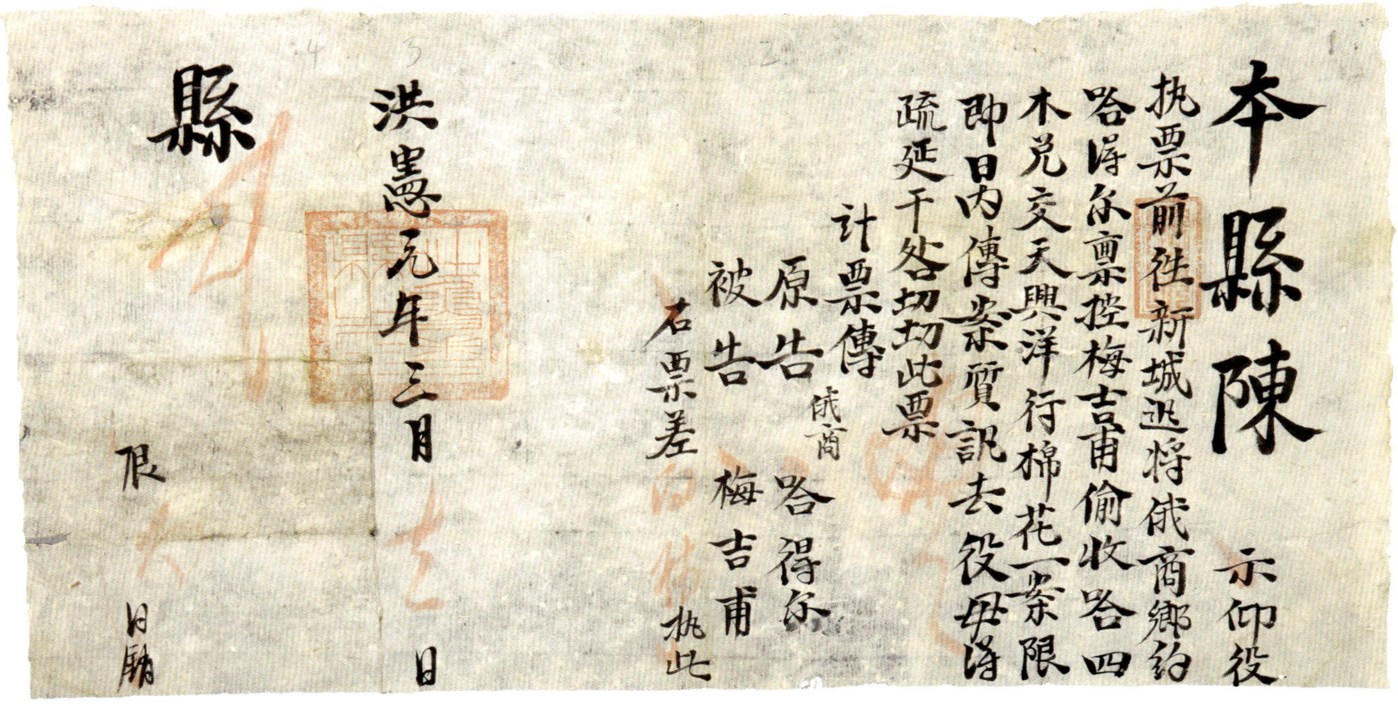

09ZJ0113

三〇　哈得尔稟控梅吉甫偷收哈四木兑交天興洋行棉花案傳票

1 本縣陳　　示仰役
2 執票前往新城，迅將俄商鄉約
3 哈得尔稟控梅吉甫偷收哈四
4 木兑交天興洋行棉花一案，限
5 即日内傳案質訊。去役毋得
6 疏延干咎，切切。此票。速々
7 計票傳：
8 原告 俄商 哈得尔
9 被告 梅吉甫
10 右票差 白林 執此。
11 洪憲元年（吐魯番縣之印）三月十二日
12 縣 行 限 即 日 銷

09ZJ0114（2-1）

三一　艾沙買典田房契尾暨他石賣地房契[一]

契　附　尾

8文十式 9[二]　慮心實力

甘肅、新疆等處承宣布政使司
□例給發契尾事。照得
□支部奏定章程，民間買典田房，每買契壹兩，收税銀玖分，典
契壹兩，收税銀陸分，先典後買者，加收銀三分，均係庫平足色，契
尾壹張，無論買典價值多寡，收庫平銀伍錢。從前買、典田房
□税契者，不再重收，惟須粘連契尾以憑，派員查驗。爲此，將
契尾先發各廳、州縣，縣丞收執，飭令各業户遵照。見有買典
田房文契呈諸納税，將契尾粘連文契後幅，編立號數，契另
造報，須至契尾者。

計開

業户　買　田　畝
　　　房　全□　間
□價銀　千　百拾　兩　錢　分　納訖
銀拾　兩　錢　分　釐
□給　業户　艾沙　准□

疏附縣補粘

三　八　卅

伍　百　玖　拾　貳

吐魯番縣之印

[一] 本件後粘有維吾爾語文書，參見本書維吾爾語文書他石賣地房契。
[二] 此蘇州碼寫爲伍百玖拾貳。

09ZJ0114（2-2）

立賣契人　他石　二人今　願將［甘肅新疆布政使司之印］本城　莊屬

北街　村　地　房三間，係本莊渠水注陰，東

抵　買主，西抵　路，南抵　路，北抵　買主。憑中

人依麻客子孜巴什鄉約　說合，賣與　哎沙　承受爲業，當面議

拟

定，時值價銀　伍拾伍兩［疏附縣印］，如數領訖。此地實係

己業，與别房伯叔兄弟無干。自賣之後，任買主管

業，所有應納錢糧草米，均歸管業人承繳，不與

賣人相干。恐口無憑，立此爲據。

本管四同

在場鄉約（此處原有維吾爾文，略。）

代筆毛拉

宣統　三　年　八　月　日立

［疏附縣印］

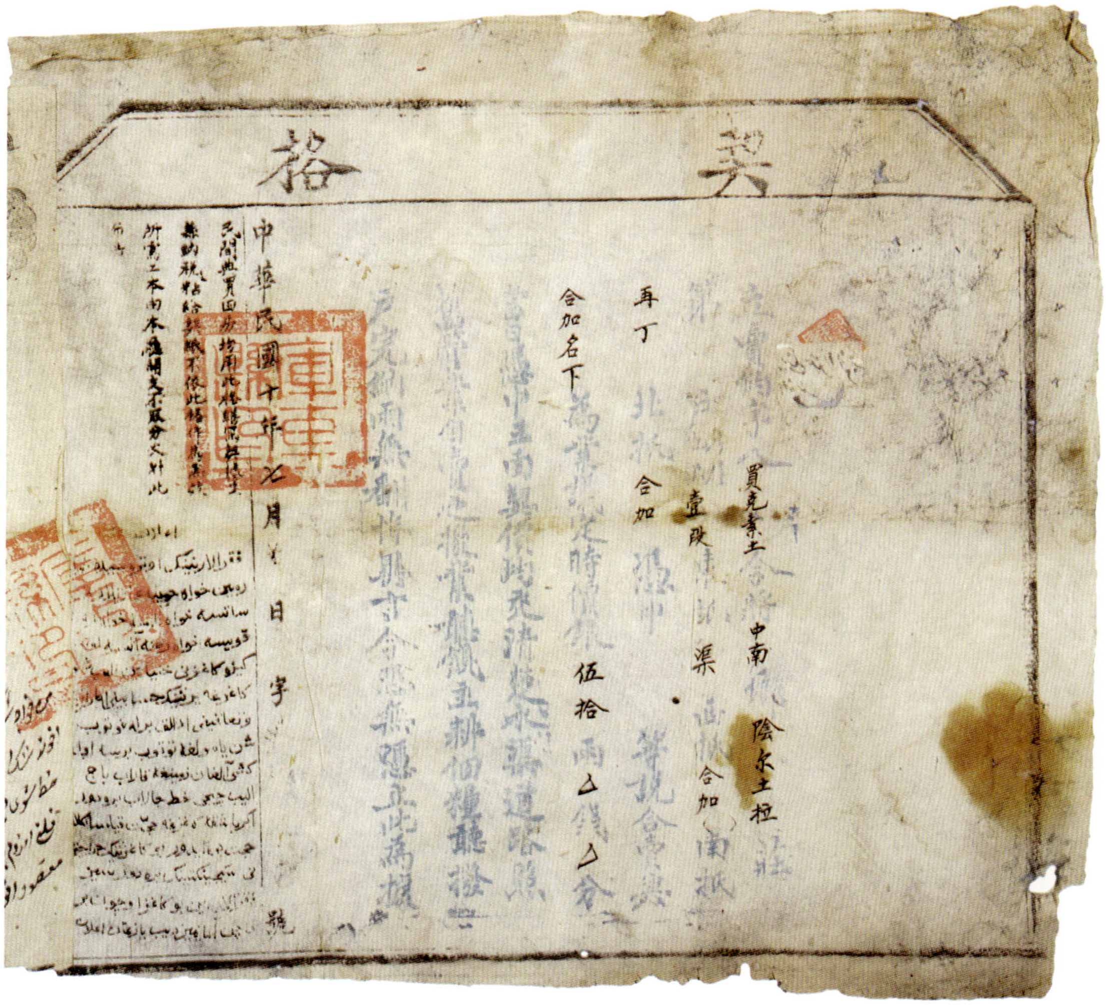

09ZJ0117

三一 買克素土賣地契[一]

契格

立賣約字人　買克素土，合將　中南鄉　陰尔土拉莊

嘉遂□□（印）

第　户　房産地□　壹段，東抵　渠，西抵　合加，南抵

再丁，北抵　合加。　憑中　等説合，賣與

合加名下　爲業。議定時價銀　伍拾　兩△錢△分，

當日憑中三面，契價均交清楚。水渠、道路照

舊管業。自賣之後，業聽覿（管）主耕佃，糧聽撥

户完納。兩無翻悔異言，今恐無憑，立此爲據。

中華民國　庫車縣印　年　七　月　廿　日字　　號

民間典賣田房，均用此格。繕寫。契據呈縣納税，粘給契紙，不依此格作爲無效。所需工本，由本廳開支，不取分文，附此佈告。

（此處原有維吾爾文，略。）

庫車縣印

[一] 本件後粘有維吾爾語文書，參見本書維吾爾語文書買克素土轉讓田地契約。

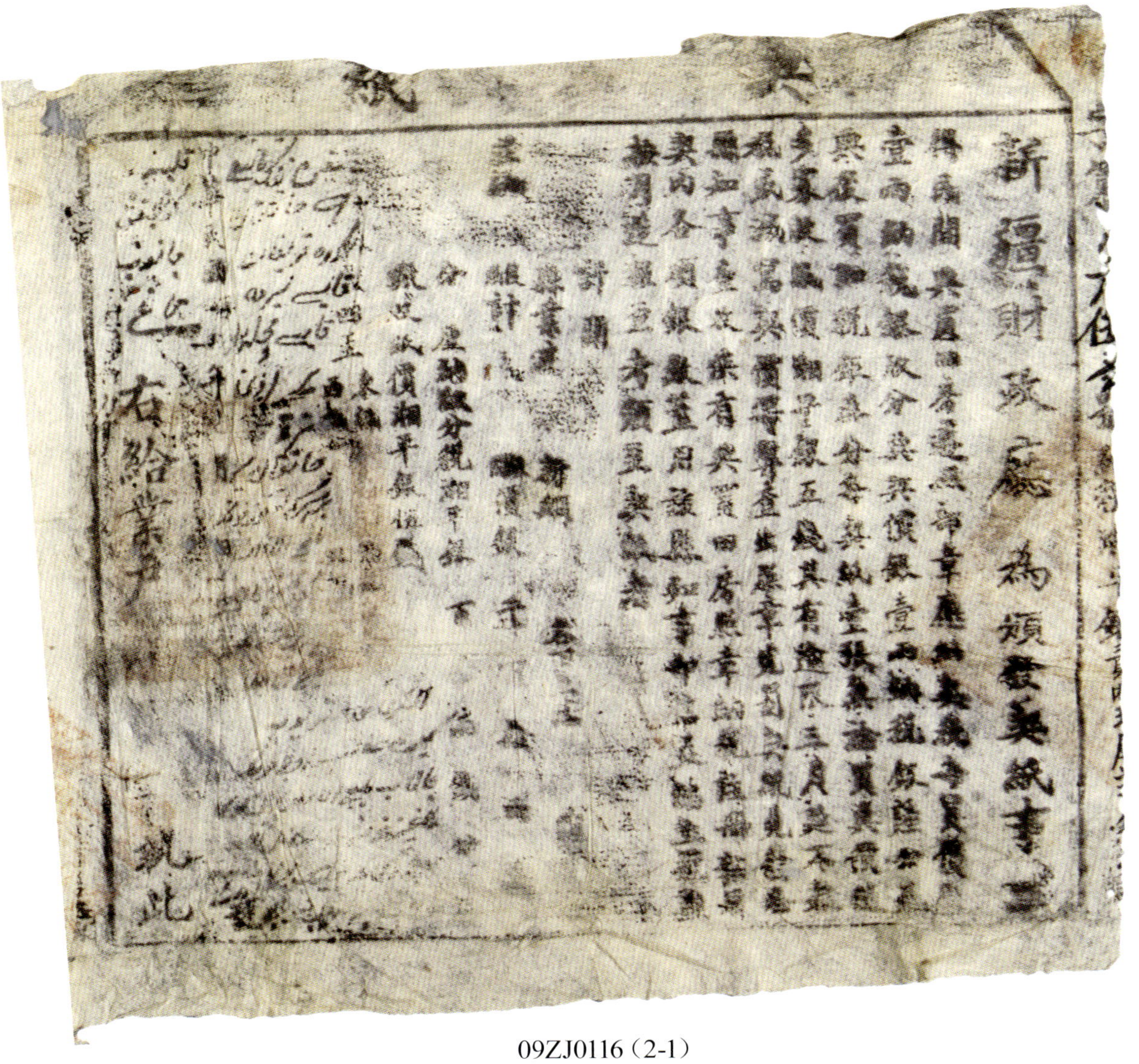

09ZJ0116（2-1）

三三一　典賣田房契紙暨尼沙比比賣地契[一]

字第

契　紙

新疆　財政　廳　爲　頒發契紙事。照
得民間典賣田房，遵照部章，應納契稅：每買價值
壹兩，納稅銀玖分，典契價銀壹兩，納稅銀陸分；先
典後買，加稅銀三分；每契紙壹張，無論買典價值
多寡，收紙價湘平銀五錢。其有逾限三月延不報
稅，或減寫契價等弊，查出照章究罰。契紙先發各
縣知事查收，俟有典買田房，照章納稅，註册黏用。
契内各項銀數蓋用該縣知事印信，並編立號數，
按月造報查考，須至契紙者。

疏附縣印

計開：
縣業户　新　名下坐落□□
□□銀計　□價銀　千　百　拾　兩
分　歷納畝分稅湘平銀伍錢
繳双紙價湘平銀伍錢
四至　東抵　南抵
西抵　北抵

（此處原有維吾爾文，略。）

中華民國　年　月　日　字第　號

疏附縣印

右給業户　執此

[一] 本件粘有維吾爾語文書，參見本書維吾爾語文書尼沙比比賣地契。

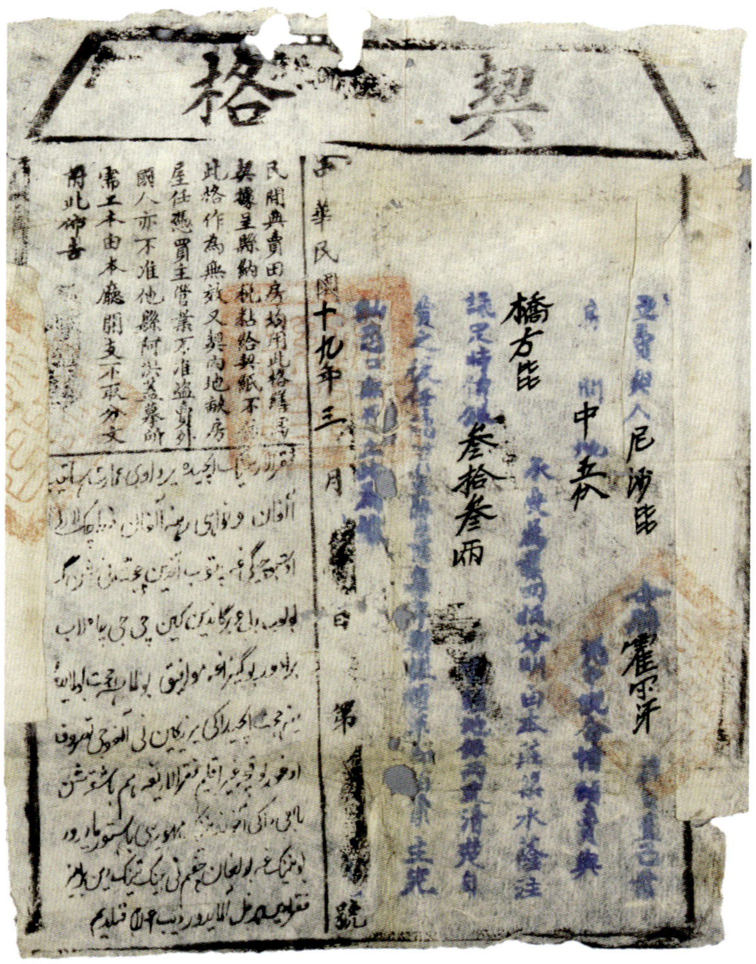

09ZJ0116（2-2）

契格

立賣契人 尼沙比比 今將 霍尔汗 轉自置己業

房 間，中地 五分，憑中説合，情願賣與

橋方比比 承受爲業，四抵分明，由本莊渠水蔭注，

議定時價銀 叁拾叁兩 地銀兩交清楚，自

賣之後，任聽買主□□□□□□□□□即由業主完

納。恐口無憑，立此爲據。

中華民國 十九年 三 月□日 第□□號

疏附縣印

民間典賣田房，均用此格繕寫，契據呈縣納稅，粘給契紙，不依此格作爲無效。又契内地畝房屋，任憑買主管業，不准盜賣外國人，亦不准他縣阿洪蓋摹。所需工本，由本廳開支，不取分文。附此佈告。

（此處原有維吾爾文，略。）

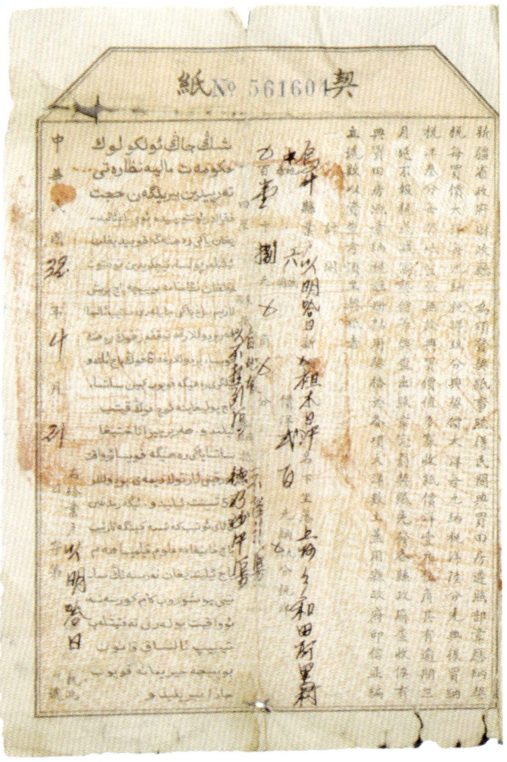

09ZJ0118（a）漢語部分

三四　以明哈日買地契[一]

紙　N0.561604　契

新疆省政府財政廳　爲發給契紙事。照得民間典買田房，遵照部章，應納契税：每買價大洋每元納税洋玖分，典契價大洋每元納税洋陸分，先典後買納税洋叁分。每契紙壹張，無論典買價值多寡，收紙價洋壹元伍角。其有逾期三月延不報税，或減寫契價等弊，查出照章究罰。契紙先發各縣政府查收。俟有典買田房，照章納税註册，黏用契格，於各項大洋數上，蓋用縣政府印信。並編立號數，以資查考。須至契紙者。

計　開：

烏什縣業户以明哈日新買　祖木日汗名。下坐落上阿鄉　和田阿里村[二]

中地　六畝，

房　間　價洋弍百元，納△[三]九分，税洋

△百　壹十捌　元　△角　△分。

四至　抵

東　自地埂　南　一不啦引渠

西　以不拉引渠　北　抵　德乃沙汗渠

右給業户以明哈日　執此

（烏什縣政府印）

（此處原有維吾爾文，略。）

中華民國　32年　4　月　21　日　字　第　號

[一] 本件爲雙面雙語文書，可與維吾爾語文書祖木日汗賣地契相參看。

[二]「村」字下印有「鄉」字，被覆蓋。

[三]「六」字上「△」表示廢除此字。

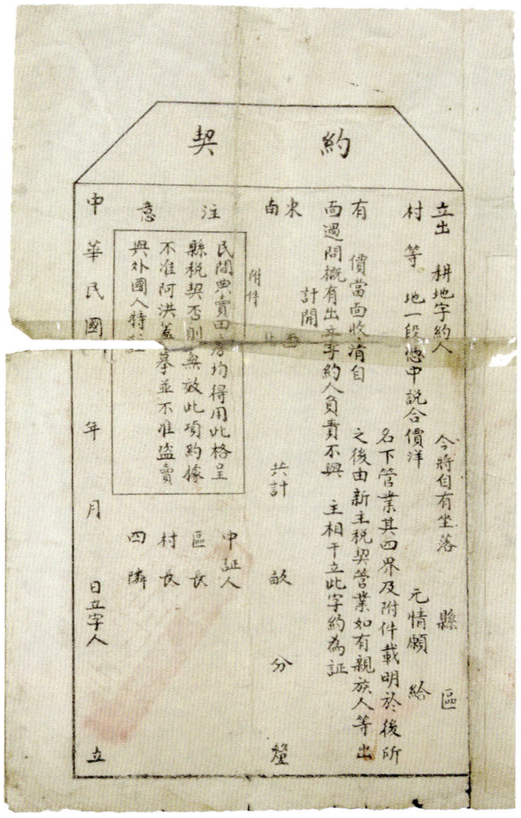

09ZJ0118（b）漢語部分

契約

立出　耕地字約人　　，今將自有坐落　　縣　　區
村　　等　地一段，憑中説合，價洋　　元，情願　給
名下管業。其四界及附件載明於後，所
有　價當面收清。自　之後，由新主税契管業，如有親族人等出
面過問，概有出立字約人負責，不與　主相干，立此字約爲証。

計開：

東　　西

南　　北　　共計　　畝　　分　　釐

附件

中証人

區長

村長

四隣

注意：

民間典賣田房，均得用此格呈縣税契，否則無效。此項約據不准阿洪蓋摹，並不准盜賣與外國人。特注。

中華民國　　年　　月　　日　　立字人　　　　立

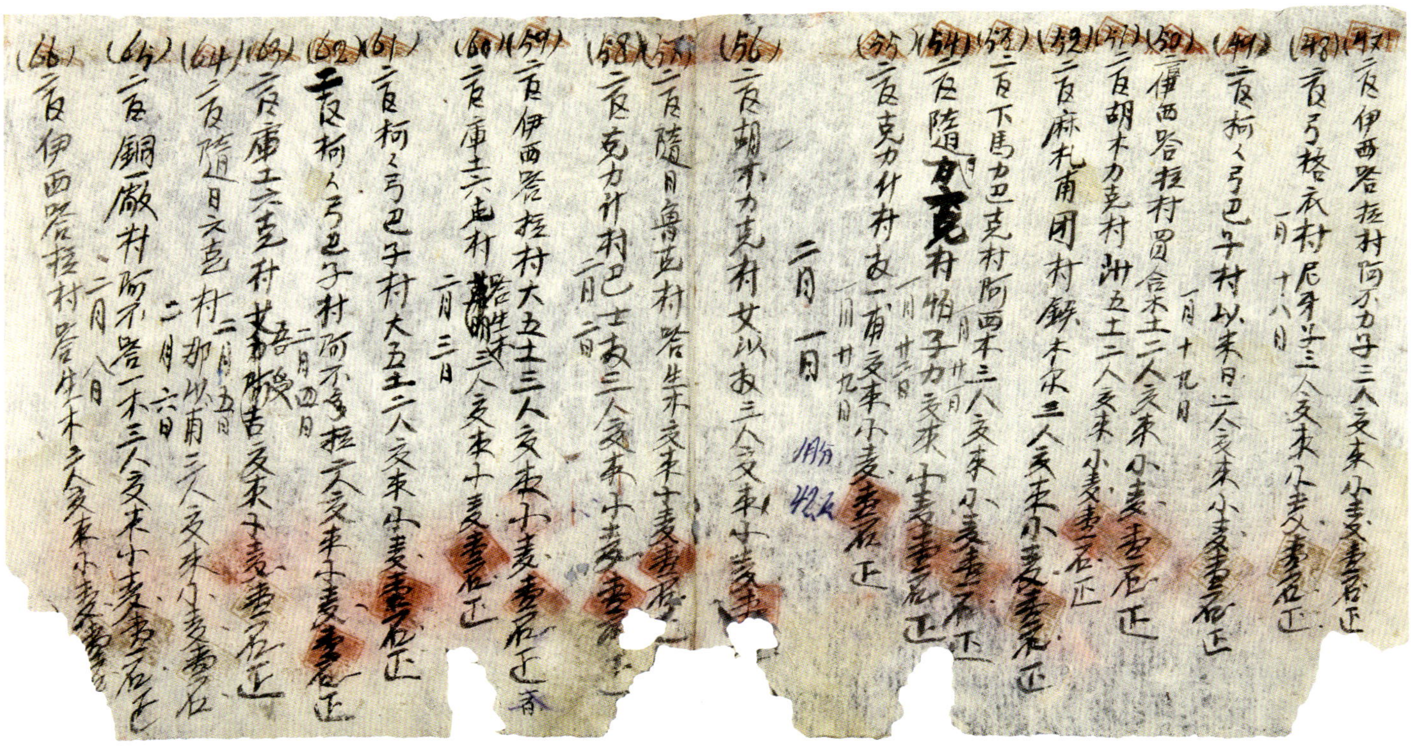

09ZJ0115

三五　一、二月交小麦賬

47 二区伊西哈拉村阿不力子三人交来小麦壹石正
48 二区弓格衣村尼牙子三人交来小麦壹石正
一月十八日
49 二区柯〻弓巴子村以来日二人交来小麦壹石正
一月十九日
50 二区伊西哈拉村買合木土二人交来小麦壹石正
51 二区胡木力克村沙五土二人交来小麦壹石正
52 二区麻札甫团村鉄木尔三人交来小麦壹石正
53 二区下馬力巴克村阿西木三人交来小麦壹石正
一月廿一日
54 二区随月力克村怕子力交来小麦壹石正
一月廿二日
55 二区克力什村孜夏一甫交来小麦壹石正
一月廿九日
二月一日
56 二区胡木力克村艾以夏三人交来小麦壹石正
57 二区随月鲁克村哈生木交来小麦壹石正
58 二区克力什村巴士夏三人交来小麦壹石正
二月二日
59 二区伊西哈拉村大五土三人交来小麦壹石正一百
哈生木
60 二区庫士六克村艾吗三人交来小麦壹石正
二月三日
61 二区柯〻弓巴子村大五土二人交来小麦壹石正
62 二区柯〻弓巴子村阿不多拉二人交来小麦壹石正
二月四日
吾受
63 二区庫士六克村艾力阿吉交来小麦壹石正
二月五日
64 二区随日六克村那以甫三人交来小麦壹石
二月六日
65 二区铜厰村阿不哈一木三人交来小麦壹石正
二月八日
66 二区伊西哈拉村哈生木三人交来小麦壹石□

漢語文書研究

對新出一批高昌券契的認識

陳國燦

在新集的一批高昌文書中，有數十片屬於券契内容的殘片，均被剪裁成鞋底、鞋幫樣，經過清理和反復的拼接，綴合成十四件券契。從具體内容觀察，諸多券契屬於不同性質的類别，如由三片綴合成的高昌和平元年三月（五五一）鄭鳳安買薄田券（本册文書一）；由七片綴合成的高昌和平二年（五五二）四月王文孝從鄭鳳安邊舉麥券（本册文書二）；由八片綴合成的高昌和平三年（五五三）鄭鳳安買田券暨出租田券（本册文書三）；由四片綴合成的高昌建昌二年（五五六）閏八月劉玄庭從鄭鳳安邊夏田券（本册文書四）；由七片綴合成的高昌建昌四年（五五八）某人從鄭鳳安邊夏田券（本册文書五）；由七片綴合成的高昌建昌六年（五六〇）十一月某人租葡萄園券（本册文書六）。

除了以上六件具有明確紀年的券契外，還有無明確紀年或缺紀年的券契八件。在這總共十四件券契中，至少有九件券文中提到了「鄭鳳安」，而且此人在券契中多處於主導地位，如買薄田券中的買主；夏田券中的田主；舉麥券中的麥主等。聯繫到此衆多券契剪裁成鞋底、鞋幫樣的情況，我們懷疑這批文券，有可能出自鄭鳳安的墓葬。券契用的是高昌王國的「和平」（公元五五一至五五四）年號和高昌王麴寶茂的「建昌」（公元五五五至五六〇）年號，可以確定鄭鳳安爲高昌王國中期人氏。

在高昌建昌六年（五六〇）十一月某人租葡萄園券的另面，是一件高昌立課誦經兄弟社社約，其第10行上，寫有「東詣白芀，南詣南山，西詣始昌，北詣□」。白芀，又名白棘城，魏書高昌傳載：「（馬）儒復遣顧禮將其世子義舒迎安保，至白棘城，去高昌百六十里。」[一]此城到了唐代又改置爲蒲昌縣，唐元和郡縣圖志載：「蒲昌縣，中下，西南至州一百八十里。」[二]其地即今吐魯番盆地東部鄯善縣城所在地。始昌，高昌王國章和年間（五三一至五四八）已爲縣名[三]，唐平高昌國後，建立西州，其下設置五縣，以其「始昌城爲天山縣」[四]。日本學者嶋崎昌在研究高昌國諸城邑時，認爲黄文弼氏考

[一] 魏書卷一〇一高昌傳，中華書局，一九七六年，第二二四四頁。

[二] 元和郡縣圖志卷四〇西州蒲昌縣條，中華書局，一九八三年，第一〇三二頁。

[三] 吐魯番出土文書（釋文本）第二册二九頁有高昌章和十一年（五四一）都官下柳婆、無半、鹽城、始昌四縣司馬主者符爲檢校失奴事，文物出版社，一九八一年，第二九頁。

[四] 通典卷一九一邊防典第七車師傳。

查中所云托克遜縣東北二十餘里之窩額梯木廢城址［一］，即爲始昌城之所在［二］。元和郡縣圖志稱天山縣東距州治一百五十里。至此可以明白，社約中所言的「東詣白艻」，乃是至王國東面最遠的一城——白艻城；「西詣始昌」也是王國西面最遠之城——始昌城，表明社約的製作者適居其中，此居中之地，非高昌王城莫屬。由此可證社約及其另面的高昌建昌六年（五六〇）十一月某人租葡萄園券書寫於高昌王城。本件被剪成鞋底、鞋幫，與衆多剪成鞋底、鞋幫的鄭鳳安券契具有明顯的一體性，也應出自鄭鳳安墓。由此透露出，鄭鳳安乃高昌國王城中的居民。

經綴合後的券契，儘管文字仍有殘缺，但主要內容還是清楚的。現在所知屬於鄭鳳安買田的券契有三件，即本書所列「高昌國時期文書」中的一、三、九號。在此以前，吐魯番出土的文書中，屬於高昌國中期以前的買田券，僅見於高昌章和十一年（五四一）某人從左佛得邊買田券［三］，其書寫格式與內容要點，與此處新見的三券基本相似，這給我們研究高昌國早期的田地買賣券契，增添了新標本。

高昌國的買田券，到高昌國晚期也發生了一些變化。爲便於比較，現將日本大谷文書中經五片拼接而成的高昌延壽十五年（六三八）五月買田券，轉録於下：

1　延壽十五年戊戌歲五月廿八日，史□□從司空文揚
2　邊買石宕常田壹分，承伍畝半肆拾步役，即交與買［價
3　銀參］伯究拾文。錢即畢，田即付，田中役使，即［隨田行。田］
4　東詣渠，南詣道，西共郭慶懷田分畔，北詣渠。田肆在之內，長［不］
5　還，短不促。車行水道依舊通。若後有人阿盜認佲者，仰本［主］
6　了。田中車行道，從大道中，即入自田中。貳主和同立券，券成之後
7　各不得返悔，悔者壹罰貳入不［悔者。民］有私要，要行貳主，
8　各自署名爲信。
9　倩書　　　阿［闍梨］

［一］黄文弼高昌疆域都城考，載同氏西北史地論叢，上海人民出版社，一九八一年，第一五八頁。
［二］嶋崎昌隋唐時代の東トルキスタン研究第四高昌國の城邑について，日本東京大學出版會，一九七七年，第一三一頁。
［三］吐魯番出土文書（釋文本）第三册，文物出版社，一九八一年，第七一頁。

本書中新獲的高昌和平元年（五五一）鄭鳳安買薄田券，比之於上券要早一百三十多年，爲便於比較，現將此券文轉録於下：

10 時見　　　　佑
11 臨坐　　　　匡[一]

1 □平元年辛未歲三月十七日，鄭鳳安從郭僧□□
2 □山帝薄田六畝，与麦十八斛，價即取，田即付，□□
3 □□，南倪亥恩，西倪蔡文光，北倪趙文周。二主□
4 □□□，後成卷（券）信，卷（券）成之後，各不得返悔
5 □□□□不悔者。民□私要，〻行二主，
6 故

兩相比較，可以看出買田券到延壽年間已經發生了許多變化：

第一、延壽券增加了一項新内容：「承伍畝半肆拾步役」，此役乃指官府據田畝徵收的徭役。據阿斯塔那九九號墓所出高昌侍郎焦朗等傳尼顯法等計田承役文書[二]，常田一畝須承一畝官役，「薄田二畝，承厚田一畝役」，厚田即是常田。這是延壽年間的計田承役規定，所以延壽券中還特别提到「田中役使，即隨田行」。即田的所有權轉移到誰手中，誰就承擔此田的役使義務。高昌國的這種「計田承役」制度，在高昌章和十一年（五四一）某人從左佛得邊買田券中没有表現，在新出的三件和平、建昌年間買田券中也未見，表明在和平、建昌年間尚未施行此制。

第二、延壽券增加了車行水道的内容，如「車行水道依舊通」；「田中車行道，從大道中，即入自田中」。這裏表示所賣田地中，包含着車道、水道在内。此外，還多了一些預防性的内容，如「田肆在之内，長不還，短不促」；再如「若後有人阿盗認佲者，仰本主了」等。這些都是和平券所没有的内容，反映出和平券具有的中國早期買田券簡單、單純的特點。

第三、和平券中第六行尚存一「故」字，其下有缺文。與其他券契相比對，知是「故各半」三字，實爲「沽各半」之俗寫。在兩漢以來的買賣券簡中，券尾常有此語。這是指券成後須沽酒以酬謝在旁的證人，不論沽酒數量多少，買賣雙方各承擔一半，故在早期的券契尾，通常要寫上「沽各半」或「沽酒各

[一] 小田義久大谷文書の研究，日本法藏館，一九九六年，第一二三頁。
[二] 吐魯番出土文書（釋文本）第四冊，文物出版社，一九八三年，補遺第六四至六五頁。

半」的字樣。對此，王國維先生早已有過研究論證[一]。早期買地券的這一特徵，在延壽券中消失了，而在署名的證人中，除了「倩書」、「時見」以外，還增加了「臨坐」。以上三點都反映出高昌王國買田券從前期到後期的一些變化。

通過鄭鳳安的三件買田券得知，鄭鳳安至少擁有十二畝田産，其中有六畝「山帝薄田」。山帝一詞，此前未見，是指某地的地名，還是普通山地一詞的別寫？不明。在此姑且以地名來作理解。鄭鳳安對擁有的田地，主要用來出租，在所出的五件夏田券中，可以明確爲鄭鳳安出租田地券的有三件，即本書所列「高昌國時期文書」中的三、四、五號。餘下的二件夏田券，雖然田主姓名缺失，應該也還是屬於鄭鳳安名下出租田地的券契，如第七件高昌劉公、僧文等二人夏常、薄田券，就書寫在高昌建昌二年閏八月劉玄庭從鄭鳳安邊夏田券的背面；其第11行中「取山帝薄田」，應該就是鄭鳳安買進的那六畝山帝薄田。可以肯定劉公、僧文二人也是向鄭鳳安夏常、薄田。第六件高昌建昌六年十一月某人租葡萄園券，園主姓名雖然缺失，但從所剪裁的鞋幫、鞋底樣看，與高昌和平三年鄭鳳安買田券暨出租田券所剪裁的鞋幫、鞋底樣基本重合，仍然顯現出此件出自鄭鳳安家。

夏田券的租價，由於券文殘缺，多不完整明確。文書（四）高昌建昌二年閏八月劉玄庭從鄭鳳安邊夏田券是較爲完整的一件，現將其中缺文補齊後，録於下：

1 [建昌二]年丙子歲閏月敬日，劉玄庭[從
2 [鄭]鳳安邊夏常田一分，山帝薄田一分。常[田一]
3 [歲]要与五縱中疊兩匹，薄田一歲要与粟□
4 □斛，斗私官斗，要到三年豆（頭）己卯歲。若風破水
5 旱蟲談（啖），還傳（全）苗，若歲所未足，玄庭申无，還
6 田与田主，二主先相和可，[後成]券信，券城（成）之後，
7 各不得返悔，〻□卅斛入不悔
8 [者，民有私]要，[〻行二主，各自署名]爲信。
9 □馬貳秋

[一] 王國維、羅振玉《流沙墜簡釋二屯戍叢殘考釋雜事類》，中華書局，一九九三年，第四七至四八頁。

10 ▢周文和
11 ▢月内上疊
（後缺）

本件「丙子歲閏月」，據陳垣二十史朔閏表，高昌丙子歲的閏月爲閏八月，此年即是高昌建昌二年（五五六）。「敬日」，無考，疑爲「盡日」之別寫，即此月的最後一日。本券對田出租後的收成頗爲關注，「風破水旱蟲談」，均指天災，即風災、水旱災，「蟲談」，應作蟲啖，即蟲災，如發生這類情況，按能保全下來的實際苗收穫數來計租。「若歲所未足」，如果一歲所收都不足食，劉玄庭申明無法交租時，就將田還給田主。這大概就是後來高昌租田券中常説的「風蟲賊破，隨大匕例」[一]的具體内容。另一方面，本券對於租佃雙方人事上的責任，如租田券契中常有的「租輸百役，仰田主了；渠破水讁，仰耕田人了」等約定，却没有在券文中提及。不僅本券没有提及，其他幾件租田券裹，也全未提及。這也反映出中國租田券契早期簡單、單純的特點。

本券中出租的常田一分，不知是多少畝？其一年的租價是五縱中疊兩匹。疊是指疊花布，即棉布，織造時由於用稯的多少，決定布的粗細厚薄，高昌國時期的疊有五稯、六稯、八稯之分[二]。疊布在高昌國早期，常用作一種價值尺度或交换手段。「五縱」即五稯織成的布，應是粗薄的一種，「中疊」，乃指不長不短，剛好四丈一匹的疊花布，因爲疊一匹雖然法定爲四丈[三]，實際生活中却有長、短之分。山帝薄田一分，應該就是鄭鳳安於和平元年（五五一）買入的那「山帝薄田六畝」，一年的租價是粟▢▢斛，具體數缺，但知是两位數，即至少是十斛以上。文書（五）是建昌四年（五五八）某人從鄭鳳安邊夏田券，其中有「夏山帝……粟十九斛，田要……与夏粟十九斛」，由此看，粟十九斛應該就是租山帝薄田六畝一年的租價。此六畝山帝薄田原本是鄭鳳安用十八斛麥買入的，轉而出租，居然一年就可凈入粟十九斛，足見其剥削利潤之豐厚。

薄田六畝一年租價粟十九斛，平均每畝粟三斛一斗六升，這個租價如放在高昌國時期的社會租佃價中，也可作一衡量。夏部田（即薄田），有「畝与夏價床伍斛」者[四]；有部麥田每畝「交与大麥三斛捌斗半」[五]者；也有夏床田「畝与夏價三斛」[六]者；還有「夏鎮家細中部麥田」者，「畝与夏價麥貳

[一] 高昌義和三年（六一六）汜馬兒夏田券，吐魯番出土文書（釋文本）第四册，文物出版社，一九八三年，第一七七頁。
[二] 許慎撰、段玉裁注説文解字注第七篇上：「稯，布之八十縷爲稯。」五稯應爲四百縷織成的布。成都古籍書店影印本，一九九〇年，第三四七頁。
[三] 許慎撰、段玉裁注説文解字注第十二篇下：「匹，布帛四丈也。」成都古籍書店影印本，一九九〇年，第六七二頁。
[四] 高昌義和三年（六一六）汜馬兒夏田券，吐魯番出土文書（釋文本）第四册，文物出版社，一九八三年，第一七七頁。
[五] 高昌重光四年（六二三）某人夏部麥田券，吐魯番出土文書（釋文本）第五册，文物出版社，一九八三年，第五五頁。
[六] 高昌道人真明夏床田券，吐魯番出土文書（釋文本）第三册，文物出版社，一九八一年，第一〇八頁。

斛柒斗」[一]。儘管粟與麥、床、大麥的比值不同，如與諸部田相比，總的看，薄田一畝收粟三斛一斗六升的租價並不高，屬於中等持平的一種租價。

文書（三）中的9至16行，實爲一件「衛石得從鄭鳳安邊夏田券」，其9至11行殘存文字如下：

9 □□五月十二日衛石得從鄭鳳安

10 邊夏山帝薄□粟拾伍斛，取

11 粟依官斗□亭分。二主先相和

從上存文字看，似乎是佃人衛石得先向鄭鳳安交粟拾伍斛，然後取得山帝薄田耕種，所得收穫物再與鄭鳳安亭分。「亭，平也，均也。」[二]所云亭分，即平分之意。如果收穫物總有粟四十斛，平分下來須交給鄭鳳安二十斛，扣除原已交的「粟拾伍斛」外，還應補交粟五斛，租價雖然還是50%，實際算來則大於50%，因爲衛石得提前三個多月就交出了粟拾伍斛。

鄭鳳安剝削所得的糧食主要用於放貸，如文書（二）高昌和平二年（五五二）四月王文孝從鄭鳳安邊舉麥券中，四月「王文孝從鄭鳳安舉麦六斛二斗半」，到麥收時須還「麥十二斛五斗使畢」，利息是一倍。文書（一一）高昌張參從鄭鳳安邊舉麥券，雖是學童習書，也是按真實券文照抄而成，其中有「張參從鄭鳳安舉麦十斛，要到場上取麦廿斛」。到場上取，意即秋收打場時取，其利息也是一倍。

文書（一二）高昌某歲三月舉糧券書寫於（一〇）高昌某歲三月買舍券的另面，而在買舍券後的空白處，就是學童習書抄寫的高昌張參從鄭鳳安邊舉麥券，由此可證三月舉糧券和買舍券均出自鄭鳳安家。三月舉糧券也是在向鄭鳳安舉糧。該券較爲特殊，券文中存「要到……，床一斗爲麦一斗」。當地小麥收割通常在五、六月，由此推測三月一日借床一斗，至五、六月麥收時還麥一斗。小麥與床之間是存在一定差價的，這種差價就是鄭鳳安獲取的利息。

在諸多的券契中，有兩件事涉鄭鳳安的買賣券，一件是前文提到的由七片綴合的（一〇）高昌某歲三月買舍券，另一件是由八片綴合的（八）高昌□寅歲六月蘇法□買馬券，此券書寫於（三）高昌和平三年（五五三）鄭鳳安買田券暨出租田券的背面，可證此買馬券也與鄭鳳安直接有關。

關於買舍券，紀年、買賣雙方姓名、舍價均缺，第3至4行「舍即付，若後有□……不了，還上本價」，此段據其他出土高昌買舍券，似可補齊爲：「舍即付，若後有人阿盜認佲，仰本主了，若不了，還上本價」。第6行中有「悔者，（罰）疊五匹入不悔者」，依據券契「悔者，一罰二入不悔者」的慣例，似乎此舍價只在疊二匹半左右，表明這是面積不大、價格不高的房舍交易。其買主可能還是鄭鳳安。

[一] 延昌廿八年（五八八）王幼謙夏鎮家麥田券，吐魯番出土文書（釋文本）第二册，文物出版社，一九八一年，第六五九頁。

[二] 史記卷一二二酷吏傳「亭擬法」裴駰集解引李奇語，中華書局，一九八二年第二版，第三一四〇頁。

關於買馬券，由於書寫在高昌和平三年（五五三）癸酉歲鄭鳳安買田券暨出租田券的另面，故本券的「□寅歲」，當是戊寅歲，實爲建昌四年（五五八）。從「……寅歲六月十日蘇法□……馬一匹，向零中一道」，知蘇法□原是向零中一道辦事，找鄭鳳安賃租馬一匹。「零中」地名，此前的吐魯番出土文書中未見，有否可能是嶺中的别寫？因爲高昌北邊面臨高山，有許多以嶺爲名的地名，如交河北面的「金沙嶺」[一]；蒲昌西北面的「小嶺」[二]；東北面的「乏驢嶺」[三]等。第3至4行「匹馬不來，大價叁……大價中」，「叁」後的缺文補全後應是「叁拾匹疊」。因後文有「償行疊使畢」語，馬一匹絶不止值疊三匹，應補爲「叁拾匹」爲妥。既有「大價」，必有小價，小價可能指馬的賃租價，而大價應是指馬值價。這是説如此馬不返回，大價叁拾匹疊就入大價中了。如果馬回來了，也讓蘇法□將馬出賣「償行疊使畢」。第5至6行缺文可補爲「若過期不償，行疊一匹上生疊一尺」。據此，將本券訂名爲高昌□寅歲六月蘇法□買馬券爲妥。

通過上面的考察和分析，不論是買田券、租田券，還是買賣券，都與鄭鳳安有關。鄭鳳安既是買田者，又是田地出租者，同時還是糧食出貸者，他既買舍，又賣馬，處處都在謀利，顯然是一名善於經營的富有地主。每一件券契，都是他剥削謀利、多方經營過程的記録。它給我們生動展示出一千五百年前，一個民間地主靠剥削起家的發家史。

如此多的高昌和平年間至建昌年間券契的集中出現，並全部被剪成鞋面和鞋底，使人有理由認定它都出自於鄭鳳安的墓葬。也就是説，這一大批高昌時期的文書，來源於高昌故城附近的古墓葬區。

各類券契内容簡要，没有後來各類券契出現的一些附加條款和規定，呈現出中國古代券契發育過程中早期券約的特徵，爲研究各類券契發展的階段性特點，提供了一批不可多得的、生動的實物標本，其學術價值是顯而易見的。這也是本文考察這批券契的目的和意義之所在。

[一] 新唐書卷四〇地理志，中華書局，一九七五年版，一〇四七頁。
[二] 吐魯番出土文書（釋文本）第八册，文物出版社，一九八七年，第一二八頁。
[三] 新唐書卷四〇地理志，中華書局，一九七五年版，一〇四六頁。

吐魯番出土高昌立課誦經兄弟社社約初探

鄧文寬

在新疆維吾爾自治區博物館最新徵集到的漢文文書中，有七個號碼字跡相同，內容相通，撕裂的茬口亦相銜接，故爾將其拼合成一件。其原始編號爲：46(b)、47(b)、62(b)、68(b)、69(b)、80(b)和81(b)，爲行文方便，所有編號均使用簡稱，如09ZJ0046(b)簡稱爲46(b)，其中(a)、(b)分別代表正背面。內中47(b)和62(b)兩片稍大，其餘五片均很小。拼合後的文書釋文如下：

（前缺）

1　［　　］興代木［　］貫［　　］

2　［　　］請師立課誦經。逢（？）□［　　］

3　［　　］七世先靈，下列一切生死［　　］

4　［　　］課人中其有公（父）母、自身［　　］

5　［　　］掘冢（塚）盡竟。若一日不去，［　　］

6　人出疊二丈，索一張，□嚴車。若課人中有病［　　］

7　知，若維那不語衆人守夜，謫維那杖卌；［　　］

8　人中私（緦）麻相連死者，仰衆弟兄送喪至［　　］

9　不去者，謫酒二斗。限課人中其有諂（詣）城［　　］

10　喪。東諂（詣）白艻，南諂（詣）南山，西諂（詣）始昌，北諂（詣）［　　］

11　□不去者，人謫五縱疊兩匹。課人中其［　　］

12　□。限課人中其有□見大不起□［　　］

13　課人中其有赤面□［　　］

14 □五十。限一月詣（詣）[　　　]言[若]□[　　　]謫杖
15 □言謫杖一[下]。[從]冬[　　]月竟，人盡受濟（記）十[善]，
16 [若]不受濟（記）十善，謫[餅][六][張]。若餅不好，謫麦二斗；若
17 [麦]不好，謫床一斗。從三月至八月出落一斗半，從九[月]
18 □月出麻子一斗半。已課之日，要鹽醬使具。
19 □[課]人中□[有]（？）自成者，人出美酒一斗。若弟兄出[美][　　　]
20 [　　][課][人][　　]有随（？）燒香後謫腹（？）五十除水□[　　　]
21 [　　　]種得聽仰佛餅[以]課人要□[　　　]

（後缺）

現在，對上述釋文的相關問題，再做一些補充説明。

原件前、後均有缺失，這是顯而易見的。但上、下是否也全有缺失呢？恐怕未必。綴合後，原件上部由46(b)、68(b)、69(b)、80(b)、81(b)五個殘片組成。各殘片上部邊沿已被裁成了鞋幫。由於均被當作廢物利用過，經過裁剪，似乎上部各行均有缺失。但我們注意到，第15行末句爲「人盡受濟（記）十善」，第16行上部爲「[若]不受濟（記）十善」云云，文字銜接，僅上部「若」字被剪掉半截；第16行下部爲「若餅不好，謫麦二斗；若」，而第17行上部爲「[麦]不好，謫床一斗」，文字也相銜接，僅17行首字「麦」被剪掉了上半截。上述事實表明，原件的下部僅到15行的「善」字和16行的「若」字，上部僅到16行的「若」字和17行的「麦」字，這便是它的基本高度。而且15、16兩行下部紙沿十分齊平，似乎此處未被剪過。以15、16兩行上、下爲參照，我們便可以判斷各行上、下殘失的大致情況。結果發現，除1至5行上下均有殘失外，6至15行上部缺字很少，而下部殘失較多；15行上部没有殘失，「言」字乃其頂端。再者，現存第17行較完整，共二一字，從而估計原件每行字數在二十個上下，殘文共二十一行，如果殘存各行完整的話，當有字四百個上下；現存文字二百六十來個，約占62%，即約五分之三。

原件第4行下部有「公母自身」，「公」字明顯有誤。第3行有「七世先靈」云云，即父母和此前的六代祖宗，此後所言，當即父母和自身，才符合情理，故爾校「公」爲「父」。

第6行「索一張」。「張」字右半殘破。阿斯塔那一五五號墓所出高昌國文書有高昌諸臣條列得破被氈、破褐囊、絶便索、絶胡麻索頭數二，内有「胡

麻索六十一張」、「絶便索十張」[一]，可知，高昌時代「索」可以用「張」來計量。據此，將本件這一殘字隸定爲「張」。

第8行原有「私麻相連死者」一句，「私」乃「緦」字之誤。「緦麻」是古代喪服名，指五服中最輕的一等，孝服用細麻布製成，服孝期爲三個月。本宗族指高祖父母、曾伯叔祖父母、族叔伯父母、族兄弟及未嫁宗族姊妹；外姓中爲表兄弟、岳父母等，均爲緦麻親。故結合上下文意，校「私」爲「緦」。

第11行有「讁五縱疊兩匹」一句，「疊」字已殘。然此批文書中編號爲59者有「六縱疊」之謂，據此，可知殘字爲「疊」；疊的品種又有「五縱」、「六縱」之別。此外，在吐魯番地區還有過「中行疊」[二]、「緤疊」[三]等名目，可知「疊」的種類很多，「五縱」僅其名目之一。

第15、16行有「受濟十善」云云，「濟」當作「記」。這是一個佛教術語，指佛祖記識弟子來生因果及將來能否成佛之事，接受記別，叫作「受記」。老殘遊記續集遺稿第六回：「佛經上常説『受記成佛』。你能受記，就能成佛；你不受記，就不能成佛。」故爾校「濟」爲「記」。

在上述文字釋讀的基礎上，我們對其内容和時代做一些初步探索。

從前述釋文即可看出，由於原件前後上下均有缺失，幾乎没有幾行文字可以連讀。因此，要想全面、完整地把握其内涵，難度確實不小。但是，殘存部分還是留下了一些有價值的資訊，可以據之對原件進行部分解讀。

我們注意到，第10行有「東詣白艻，南詣南山，西詣始昌，北詣」，下接第11行，但第11行上部殘缺，因而「北詣」下文不明。而白艻、南山、始昌，尤其是白艻和始昌，更是吐魯番地區特定時代的特有地名。吐魯番地區的歷史，自東晉至隋　唐，大致可分爲三個主要階段：高昌郡時期（三二七至四六〇）、高昌國時期（四六〇至六四〇）、唐西州時期（六四〇至七九一）。唐朝從貞觀十四年（六四〇）平高昌，立即在那裏全面推行唐朝的政治、經濟、軍事制度，地名也多有改變。因此，白艻、始昌這兩個地名不在唐西州範圍，我們僅在高昌郡和高昌國的範圍内加以考慮。

先説白艻。王素先生認爲：「白艻、東鎮城：沮渠氏北涼時期已經置縣。此後，其名屢見於史籍，或作白力、白刃、白棘，均爲白艻之訛。麴氏王朝後期，因在國境東綫，作爲横截『鎮東府』的前沿，獲得東鎮城之名。唐滅高昌，置蒲昌縣。」[四]「白艻、東鎮無疑爲今鄯善縣治。」[五]至於其距高昌城的

[一] 吐魯番出土文書（釋文本）第三册，文物出版社，一九八一年，第二八九頁。
[二] 同上書第二册，第一九七頁。
[三] 同上書第二册，第三四七頁。
[四] 王素 高昌史稿 交通篇，文物出版社，二〇〇〇年，第六六頁。
[五] 同上書，第六七頁。

里程，唐人李吉甫元和郡縣圖志卷四〇「隴右道下西州蒲昌縣」條云：「西南至州一百八十里。」[一]這就是說，在唐人看來，白芳在高昌城東偏北方向，相距一百八十唐里。

次說始昌。王素先生認爲：「始昌：麴氏王國前期已經置縣。唐滅高昌，置天山縣。」[二]其現地則在托克遜縣東邊十公里左右的大敦子北古城[三]。至於其距高昌城的里程，元和郡縣圖志卷四〇「隴右道下西州天山縣」條云：「東至州一百五十里。」[四]就是說，始昌在高昌城之西，相距一百五十唐里。

就白芳、始昌二地而言，梁書諸夷高昌傳亦曾指出：「其國蓋車師之故地也。……置四十六鎮，交河、田地……始昌、篤進、白芳等，皆其鎮名。」[五]

再說南山。南山不像白芳和始昌那樣顯豁，情況要複雜一些。後漢書西域傳云：「自鄯善踰葱領出西諸國，有兩道。傍南山北，陂河西行至莎車，爲南道。南道西踰葱領，則出大月氏、安息之國也。自車師前王庭隨北山，陂河西行至疏勒，爲北道。北道西踰葱領，出大宛、康居、奄蔡焉。」[六]我認爲，引文中的「南山」與本文書所涉及的「南山」當是同一座山。揆度高昌時代的南部邊界，此「南山」或相當於吐魯番之南、羅布泊之北的庫魯克塔格山脈[七]。

我們還注意到，在表述四至時，用東、西、南、北「詣」（即「到」）這樣的方式，同見於著名的寧朔將軍麴斌造寺碑，其碑陰銘文曰：「西詣□，北詣孫寺，東詣城壁，南詣辛衆佑舍。」[八]這也可以作爲我們研究本件文書的一個參考。

從以上考察可知，白芳即後來唐代的蒲昌縣，在高昌城東偏北一百八十唐里；始昌即後來唐代的天山縣，位於今之托克遜附近，在高昌城西一百五十唐

[一] 元和郡縣圖志，中華書局，一九八三年，第一〇三二頁。
[二] 同上書，第八二頁。
[三] 同上書，第八四頁。
[四] 同上。
[五] 中華書局標點本梁書，一九七三年版，第八一一頁。
[六] 中華書局標點本後漢書，一九六五年版，第二九一四頁。
[七] 此點蒙宋曉梅教授見告，謹致謝忱。
[八] 轉引自宋曉梅高昌國——公元五至七世紀絲綢之路上的一個移民小社會，中國社會科學出版社，二〇〇三年，第二六二頁。

里；南山即今之庫魯克塔格山脈。而本件文書説「東詣白艻，南詣南山，西詣始昌」，只有以高昌城爲中心，才能分別用「東」、「南」、「西」指稱這三個地名，此外無從解釋。雖然由於上下文有殘缺，不能完全連讀，尚難把握原文的確切含義，但它是站在高昌城的地位指稱四至，則是可以確定的。從而有理由認爲，該文書是在高昌城形成的，當無疑義。

在此基礎上，進一步的探索表明，此件文書産生於高昌的某個民間社團。原件第2行有「請師立課誦經」一句，與傳播佛教知識有關。所謂「師」，淵自梵語upādhyāya，即以道教人者之總稱，律中又分得戒師和受業師兩種。釋氏要覽上曰：「師有二種：一親教師，即是依之出家；二依止師，即是依之稟受三學。」[一]所謂「立課」，摩訶阿彌陀經衷論：「凡出家者，悉登上果，意深悦之。及已出家，屢求修持之法。無知者，久之。始聞淨土之學于焦山僧，輒自立課程，專志持名不輟。」[二]淨土隨學又云：「心猿意馬莫能停，念佛應須立課程。」[三]宗範更云：「自百丈建叢林來，倡設禪堂，定香立課，積代相承，功程加密。」[四]由是可知，「立課」即設立課程，講授佛教知識，後世又叫功課。元代宗寶本六祖壇經機緣品云：「汝若但勞勞執念以爲功課者，何異犛牛愛尾！」[五]簡言之，「立課誦經」就是設立功課，每日按時進行誦經、念佛等佛事活動，佛教又稱「課誦」。

與本件内容關係密切的另一語詞是「課人」，出現的頻率極高。但手邊幾種工具書均未設這個辭條。查大方廣菩薩藏文殊師利根本儀規經，有如下語句：「彼持課人迅當遠離彼樹」；「彼持課人當依儀軌專注受持」；「彼持課人若欲所作成就者，當須持誦，勿令間斷」[六]等等。看來，「課人」可能就是「持課人」的簡稱，亦即參加「立課誦經」，堅持做功課的人。本件文書中這一詞語當用指所有參加「立課誦經」的信徒。

與本件關係更爲密切的是「維那」這一名稱。原件第7行有云：「若維那不語衆人守夜，讁維那杖廿。」一般來説，「維那」是中古時代寺院的「三綱」（寺主、上座、都維那）之一，其名稱亦來自梵語karmadāna，管理寺内事務之人。僧史略（上）説：「西域知事僧，總曰羯磨陀那，譯爲知事，亦謂悦衆，謂知其事，悦其衆也。」但在本件中，「維那」却非寺院的「三綱」之一，而是中古時代民間社團的負責人之一。

清人王昶在金石萃編卷二十七至卷三十九中，收録了數十件北朝的佛教造像石刻題記，幾乎每件造像題記後均列有參加本次造像的人員名單。其中一些

［一］丁福保佛學大辭典，文物出版社，一九八四年，第九二四頁，上欄。
［二］卍新纂續藏經第二二册，經號〇四〇一。
［三］同上書第六二册，經號一一八七。
［四］同上書第六五册，經號一二八三。
［五］敦煌本六祖壇經無此一句。
［六］大正藏經第二〇册，經號一一九一。

冠有「維那」的人名是僧人，但也有一些人名是世俗之人。如北魏太和七年（四八三）孫秋生等造像記後所列的十五組人名，每組前均冠有「維那」二字，第一組爲「維那程道起、孫龍保」等，第十五組爲「維那朱祖香、解廷俊、董伯初」[一]。顯然，這些「維那」均爲世俗之人，而非寺院的「維那」。更有甚者，一些維那還是當時在任的官員，如北周天和六年（五七一）費氏造像記，所列參与其事者有「維那横野將軍費遠」[二]，就更不可能是寺院「三綱」之一的「維那」了。

據郝春文先生研究，魏晉南北朝時代，佛教在我國得到空前的發展，作爲寺院週邊組織的「邑」、「邑義」或「義邑」，從事了大量與佛教有關的活動，如造像、誦經、設齋、建塔、造寺、造石室，以及修建義井、植樹造林等活動。而民間社團首領的名稱，不少也由寺院首領的名稱移植過來，僅「維那」便有維那、都維那、維那主、大維那、行維那、直維那、大都維那、大維那主、副維那、南面維那、左廂維那、右廂維那、都邑維那、邑維那、營副都維那、長兼都維那、都維那大像碑主、都維那像主、都維那齋主等不同稱號[三]。就其職掌而言，「維那一稱，在多數情況下是作爲邑主或像主的助手，是邑義的副首領。」[四]就本文研究的這件文書中的「維那」而言，其地位大概也是副職或管事一類，否則，不能被規定「若維那不語衆人守夜，謫維那杖廿」。

除了上面這些與文書內容密切相關的重要語詞外，我們再仔細閱讀文書的內容，便不難發現，其多數語句的表達方式都是「若……謫……」，亦即「如果……罰……」。這樣的語言形式，在敦煌出土的社邑文書中十分多見。比如：大中九年（八五五）九月廿九日社長王武等再立條件（伯三五四四）有：「其物違時，罰酒一角」；「其齋社違月，罰麥壹碩，決杖卅……」[五]；大中年間（八四七至八六〇）儒風坊西巷社社條（斯二〇四一）有：「若右贈孝家，各助麻壹两，如有故違者，罰油壹勝。」[六]。例子極多，不詳舉。由此可見，本件的主體內容是對有關違失行爲的罰則。

綜合以上討論，可以看出，此件文書的產生，是由於高昌某個民間社邑擬「請師立課誦經」，爲保障其順利進行，才制定了相關的規定和罰則（這是殘存內容的主體部分），包括對管理者之一維那的處罰，當然更多的是對「課人」違失行爲的處罰。我們還注意到，文書第8行有「仰衆弟兄送喪至」，第19行有「若弟兄出□」云云。而在龍門石窟造像題記中，亦多見「法義兄弟」和「法義兄弟姊妹」的用語，其實均是指參加社邑的成員。所以，我們爲之擬題

[一] 金石萃編卷二十七，中國書店影印，一九七五年，第五至六頁。
[二] 同上書卷三十七，第七頁。
[三] 郝春文中古時期社邑研究，臺北新文豐出版公司，二〇〇六年，第一三六頁。
[四] 同上書，第一三五頁。
[五] 寧可、郝春文敦煌社邑文書輯校，江蘇古籍出版社，一九九七年，第一至二頁。
[六] 同上書，第五頁。

曰高昌立課誦經兄弟社社約。

前已述及，「高昌」作爲一個歷史概念，包括高昌郡（三二七至四六〇）和高昌國（四六〇至六四〇）兩個階段，共有三一三年的時間。那麼，本件文書形成於什麼年代呢？

本件文書兩面書寫。此面内容作廢後，另一面被利用來書寫租葡萄園券。該券第一行原文爲「庚辰歲□月四日」。據陳國燦先生研究，此「庚辰歲」乃建昌六年（五六〇）[一]。毫無疑義，這應該是本文所討論「社約」發生年代的下限。至於其形成的年代上限，既然是作廢後又被利用，則距離建昌六年不應太遠，這從下面的考察亦可得到證實。

文書第15至16行有：「人盡受濟（記）十善，若不受濟（記）十善，讁餠六張。」説明進行「請師立課誦經」的這個社，結合信衆聽講佛法，大力推行着佛教的「十善」，即不殺生、不偷盜、不邪淫、不妄語、不兩舌（説離間語、破語）、不惡口（惡語、惡罵）、不綺語（雜穢語、非應語、散語、無義語）、不貪欲（貪愛、貪取、慳貪）、不瞋恚、不邪見（愚癡）。這樣的教化活動，勢必在社會生活的其他方面有所體現。我們注意到，推行「十善」在吐魯番出土的「隨葬衣物疏」這一特殊種類的文書中，曾經有過充分的表達。阿斯塔那一七〇號墓出有高昌章和十三年（五四三）孝姿隨葬衣物疏，在詳列隨葬衣物後，接着説：「章和十三年水（癸）亥歲正月任（壬）戌朔，十三日甲戌，比丘果願敬移五道大神。佛弟子孝姿持佛五戒，專修十善，以此月六日物故」[二]云云。「十善」已如前文所述；而「五戒」者，即不殺生、不偷盜、不邪淫、不妄語、不飲酒，爲在家人所持守，男子即優婆塞，女子即優婆夷。這樣，「佛弟子孝姿」恐怕應是在家的佛法信徒了。更爲重要的是，基本上以此件爲分界，在已經出土的吐魯番文書中，公元五四三年後的隨葬衣物疏，其表述的基本格式都是「佛弟子某某持佛五戒，專修十善，以某月某日物故」云云[三]。直到阿斯塔那一一六號墓所出高昌重光二年（六二一）張頭子隨葬衣物疏[四]，其表達所用套語如出一轍。而公元五四三年之前已出土的隨葬衣物疏，却没有這樣的表達形式，如阿斯塔那三〇五號墓缺名隨葬衣物疏（一）（二）[五]（内有前秦建元二十年［三八四］文書），阿斯塔那一號墓所出西涼建初十四年（四一八）韓渠妻隨葬衣物疏[六]，哈拉和卓九十六號墓所出北

[一] 陳國燦對新出一批高昌券契的認識。
[二] 吐魯番出土文書（釋文本）第二册，第六一頁。
[三] 見姚崇新試論高昌國的佛教與佛教教團，載敦煌吐魯番研究第四卷，北京大學出版社，一九九九年，第三九至八〇頁。
[四] 吐魯番出土文書（釋文本）第三册，文物出版社，一九八一年，第一五一頁。
[五] 吐魯番出土文書（釋文本）第一册，文物出版社，一九八一年，第九至一〇頁。
[六] 同上書，第一四至一五頁。

涼真興七年（四二五）宋泮妻隗儀容隨葬衣物疏[一]，阿斯塔那六十二號墓所出北涼緣禾五年（四三六）隨葬衣物疏[二]，阿斯塔那二號墓所出北涼緣禾六年（四三七）翟萬隨葬衣物疏[三]，阿斯塔那四〇八號墓所出高昌郡時期令狐阿婢隨葬衣物疏[四]等等，都未見「佛弟子某某持佛五戒，專修十善」的表達方式。這表明，衣物疏中這種格式化的表達方式，是佛法在高昌地區大力推廣後的產物[五]。而本文研究的這件文書，恰恰是民間社團積極參与在高昌地區推廣佛法的記録，其中「受記十善」便是推廣的內容之一。因此，本件文書產生年代的上限，或者與「佛弟子某某持佛五戒，專修十善」的出現爲同時，或者比之略早或略晚，但都不會與建昌六年（五六〇）相差太遠。

有學者認爲，「六世紀中葉，佛教在高昌廣爲流傳」，與麴氏高昌國第三代國王麴堅（五三一至五四八年在位）的大力提倡相關聯[六]，這與我們推測本件文書產生於六世紀中葉大致相當。

下面，對本件文書的學術價值再做一些說明。

由於原件本身殘缺過甚，所以，真正能夠連讀並明確其準確含義的句子不多。儘管如此，我們還是能夠從中獲得一些有價值的認識。

我們注意到，原件第3至10行雖然殘缺較多，但其大致意思還能明白。這裏是講，在家裏長輩去世時，課人中凡有緦麻以上親戚關係者，都要去參加掘墓和送葬等喪事活動；如果有人患病，也要給予關照並及時報知管事者維那；如果維那不安排人員守夜，進行照顧，則將受二十杖的處罰。這些內容所體現的正是中國古代傳統民間組織「社」的互助性質。敦煌文獻中有一件社條（文樣）（斯五五二〇），內云：「結義之後，但有社內人身遷故，贈送營辦葬義（儀）車轝，仰社人助成，不德（得）臨事疏遺，勿合怪歎，仍須社衆該□送至墓所。」[七]可以說，雖然上引文樣與本件文書相距數百年之久，但其互助的性質却是一脈相承的。

[一] 吐魯番出土文書（釋文本）第一册，文物出版社，一九八一年，第五九至六〇頁。

[二] 同上書，第九八頁。

[三] 同上書，第一七六至一七七頁。

[四] 新獲吐魯番出土文獻（上），中華書局，二〇〇八年，第二一頁。

[五] 本文認爲在既出吐魯番文書中，公元五四三年後的隨葬衣物疏多用「佛弟子某某持佛五戒，專修十善」這一格式化的表達方式，是就其總體趨勢而言的，不排除此後個別衣物疏中也不用這種格式化的語言，如吐魯番出土文書（釋文本）第二册第三一四至三一五頁所載阿斯塔那三三五號墓出土的高昌延昌三十二年（五九二）缺名隨葬衣物疏，新獲吐魯番出土文獻（上）第一〇一頁所載巴達木二四五號墓出土的麴氏高昌延壽九年（六三二）六月十日康在德隨葬衣物疏，以及其他。也就是説，不可將這個問題過分簡單化。

[六] 前揭宋曉梅高昌國第二五六頁、二六二頁。

[七] 寧可、郝春文敦煌社邑文書輯校，第四七頁。

不過，本件文書的內容畢竟是以傳播佛教爲主的。如同在中原地區一樣，佛教在高昌的傳播過程中，民間社團同樣起過十分重要的作用。如果說過去我們僅僅知道外來文化佛教在中土的傳播曾經借助於民間組織，那末，本件文書即告知我們，同樣的情況在時稱「西域」的高昌地區也出現過。至於它們之間是否存在互相影響的問題，還需做進一步的研究。

在既往出土的吐魯番文書中，社邑文書非常少見。迄今僅見二件：一件出自阿斯塔那第七四號墓葬，題爲衆阿婆等社條，其形成時間大約在唐顯慶三年前後[一]；一件是丁丑年九月七日石作衛芬倍社再立條章，因出土過程不明，其確切年代尚無法確定[二]。但這兩件的內容仍以社衆互助爲主，因此還不能與本件文書進行直接比較。本件是迄今爲止吐魯番文書中惟一以傳播佛教爲主要內容的社邑文書，其珍貴價值不言而喻。

最後，我們從本件文書還看到，高昌民間社團爲了配合統治者普及佛法，曾經采取過一些嚴厲的處罰措施：不僅對於「課人」（即信徒）是如此，而且對於負責具體組織工作的「維那」也有嚴厲的處罰——只要他不安排課人在夜間守護病人，就要被打二十杖，相當殘酷。如果說既往的研究使我們看到了高昌佛教、佛寺十分興盛，那麼，本件文書則部分地告知了其興盛原因之所在。就此而論，它的價值也是別的文書所無法替代的。

附記：本文寫作過程中，陳國燦先生曾提出寶貴意見，謹致謝忱。

[一] 寧可、郝春文敦煌社邑文書輯校，第六〇至六二頁。

[二] 同上書，第六三至六四頁。

關於西州回鶻漢文造舍利佛塔記

陳國燦　伊斯拉菲爾·玉蘇甫

一九七八年，吐魯番鄯善縣吐峪溝的農民在一座寺廟遺址裏，發現並上繳了一件殘紙片，不久轉入新疆維吾爾自治區博物館收藏。殘紙片上殘存有七行墨筆楷書的漢文文字。現將其内容轉録於下：

1 □教末代迴鶻 愛登曷哩阿那骨牟里彌施俱録闕蜜伽 聖 可汗時，

2 □子四月 日，清信士佛弟子鄢耆鎮牟虞蜜伽長史龍公及娘子温氏、

男都典效達干

3 □□寺山門勝地，敬造佛塔。其時□牧主多害，伊難主胥都禄都越

4 □……莫訶達干，宰相 攝西州四府五縣事、清信弟子伊難□……

5 □……釋門法奬，念三藏；乃業該經史，學洞古今，□□……

6 □……蘊 海納 因其 願 日。 羯磨律師廣嚴，弟子□□……

7 □……憑此舍利，造□……。爲求佛道勝福善，普施□……

此紙前後均爲齊邊，文字爲預先在紙上打好烏絲條欄七條後，書寫於欄條上的楷書。從第3行「山門勝地，敬造佛塔」和第7行「憑此舍利，造□……爲求佛道勝福善」等語判斷，這應是一件造舍利佛塔記。

此造佛塔記缺紀年，從文中一連串的回鶻官員姓名及職務看，屬於西州回鶻王國時期的文書無疑。然而究竟具體書寫於何時？則是須首先弄清楚的問題。

一　關於佛教「末代」問題

本件第一行開頭寫有「□教末代」，「教」字前所缺，推測爲「釋」字。將佛教稱爲「釋教」，是因爲回鶻社會有多種宗教流行，對某一教均以其創始

人名相稱，如「摩尼教」、「釋教」等。釋教乃是指釋迦牟尼所創之教。

「末代」，乃是佛教系統一種專有的概念，即指末法時代。本件造佛塔記寫於釋教末代，即是説是寫於僧界認定的末法時代。這爲本件的斷代提供了一個重要線索。然而在中世紀的中國，特別是在我國北方或西北地方對於佛教的「末代」，是如何認定的？這是解決本問題的關鍵之所在。

據雜阿含經、賢劫經等佛典所云：在釋迦牟尼佛涅槃後，由「教法住世」，教法會經歷着正、像、末三個時期的變遷，依教法修行，即能證果，稱之爲正法；雖有修行，多不能證果，稱之爲像法，即相似之意；雖有禀教，而不能修行證果，稱之爲末法。對三個時期的劃分，諸經論説法不一，大體可分爲四類：（一）按賢劫經卷三、大乘三聚懺悔經的説法是正法五百年，而後是像法五百年。（二）按中觀論疏及釋浄土的群疑論卷三的説法是正法一千年，像法一千年。（三）按大方等大集經卷五六、摩訶摩耶經卷下的説法是正法五百年，而後是像法一千年。（四）按悲華經卷七、大乘悲分陀利經卷五的説法是正法一千年，像法只有五百年。以上四種説法對於佛法進入末代的時間，實可分爲三種，即釋迦涅槃之後一千年説，一千五百年説，兩千年説。大體都認爲，像法轉入末法後的末法期有一萬年。

在古代中國的北方，大體流行後兩説，即在中原地區早期流行的是一千五百年説，在民族地區流行的是兩千年説。

在北京房山雷音洞洞門左壁上，有唐貞觀二年（六二八）静琬的一道題刻，轉録如下：

> 釋迦如來正法、像法凡千五百餘歲，至今貞觀二年，已浸末法七十五載。佛日既没，冥夜方深，瞽目群生，從茲失導。静琬爲護正法，率己門徒知識及好施檀越，就此山頂刊華嚴經等一十二部，冀於曠劫，濟渡蒼生，一切道俗，同登正覺。〔一〕

這是按正法、像法經一千五百年後轉入末法的準則，依據釋迦牟尼於中國周朝昭王、穆王間在世説推算出來的。

從現存的一些敦煌寫經題記中，也能證實民間流行的末代觀與静琬石刻説的一致性。如西魏「大統十七年（五五一）歲次辛丑五月六日抄」的司馬豐祖寫十方佛名題記中即云：

> ……是以白衣弟子祀馬部司馬豐祖，自維宿釁，生遭末運，若不歸依三尊，憑援聖典，則長迷二諦，沉淪四流。故割減資，敬寫十方佛名一卷。……〔二〕

所謂「生遭末運」，是説生逢佛法的末代。司馬豐祖寫經的大統十七年（五五一），正是静琬所云進入末法的這一年。在此前幾年，已有許多寫經也提到「末代」問題，如西魏大統十一年（五四五），比丘惠襲寫法華經文外義一卷的題記是：

〔一〕北京圖書館金石組、中國佛教圖書文物館石經組編：房山石經題記匯編，書目文獻出版社，一九八七年，第一頁。

〔二〕池田温中國古代寫本識語集録，日本大藏出版株式會社，一九九〇年，第一二五頁。

大統十一年歲次乙丑九月廿一日，比丘惠襲於法海寺寫訖，流通末代不絕也。[一]

比丘惠襲寫法華經文外義，目的是爲了使此經在進入末代以後流通不絕。此外，北魏永熙二年（五三三）比丘惠愷寫寶梁經題記中所云「自惟福薄，生罹運末」[二]；北魏建明二年（五三一）前後東陽王元榮多部寫經題記中的「既居末劫」、「生在末劫」[三]等，都是説的面臨末法時代。由此看，古代中國北方，包括西北地方，一度流行的是公元五五一年轉入末法時代説。

然而，如按正法一千年，像法一千年再轉入末法的標準來考慮，則進入「末代」的時間，就應該是公元一〇五一年。我們發現，在十一世紀的北中國，確有如此認識並付諸行爲的實踐者。一九八八年在遼寧朝陽北塔修繕中，考古工作者清理了這座遼代佛塔中的天宮和地宮，在天宮中發現的金、銀四層套裝的經塔上，第三層金套上除刻有一佛八菩薩外，還刻有題記：

重熙十二年四月八日午時葬，像法只八年。提點上京僧録宣演大師賜紫沙門蘊珪記。[四]

在天宮石函門板外側，立有「石匣物帳與題名志石」，在物帳末尾又刻有：

大契丹重熙十二年四月八日午時再葬，像法更有八年入末法，故置斯記。[五]

在地宮清理中，發現有石雕經幢，在第四節幢身的幢文最後刻記有：

司ゝ軒轅亨勘梵書，東班小底張日新書。大契丹國重熙十三年歲次甲申四月壬辰朔八日己亥午時再葬訖，像法更有七年入末法。石匠作頭劉繼克鐫、孟承裔鐫[六]。

遼代重熙十二年，爲公元一〇四三年。按當時建塔者的觀念，再過八年即進入末法，即是説到公元一〇五一年，就進入末法時代了。

對十一世紀中進入末法時代的認定，在當時恐怕已經遍及整個北中國的僧俗各界，在敦煌文書斯五五二〇號敦煌社條（文樣）中記有：

[一] 池田温中國古代寫本識語集録，日本大藏出版株式會社，一九九〇年，第一二三頁。
[二] 池田温中國古代寫本識語集録，日本大藏出版株式會社，一九九〇年，第一一八頁。
[三] 池田温中國古代寫本識語集録，日本大藏出版株式會社，一九九〇年，第一一八頁。
[四] 朝陽北塔考古勘察隊遼寧朝陽北塔天宮地宮清理簡報，文物一九九二年第七期，第六頁。
[五] 朝陽北塔考古勘察隊遼寧朝陽北塔天宮地宮清理簡報，文物一九九二年第七期，第一七頁。
[六] 朝陽北塔考古勘察隊遼寧朝陽北塔天宮地宮清理簡報，文物一九九二年第七期，第一二頁。

今乃時登末代，值遇危難，准章程須更改易，佛法議誡，誓無有虧，世上人情，隨心機變[一]。

又伯四六五一號張願興王祐通投社狀中也稱：「右願興、祐通等，生居末代，長值貧門。」[二]敦煌文書中所云的末代，雖均無紀年，然從須改易社條章程看，應屬歸義軍晚期敦煌地區的觀念。因爲在公元十世紀以來的一些敦煌文書裏，已見有「末代」之説。斯〇五二九號是後唐同光二年（九二四）「定州開元寺參學比丘歸文」往西天取經途中致沙州的一組牒啟狀文，在五月廿九日的狀上文中即言：「歸文自恨生末代，謬廁玄風。」[三]可見十世紀接近末代的新説，由河北定州到敦煌的佛教界都是相通的，且具有一致性。

十至十一世紀的契丹遼政權，與回鶻的關係十分特殊，因爲帝后多出自回鶻述律氏，在后族的推崇影響下，契丹貴族才更深地敬奉佛教。遼太祖時與皇后述律氏於弘福寺共施觀音畫像，遼太宗又在此寺爲皇后回鶻蕭氏飯僧[四]，這些都説明回鶻對遼國宗教信仰的影響。在這種特殊歷史背景下，西州回鶻與遼國的關係自然也很密切，成爲遼國「外十部」之一，「附庸於遼，時叛時服，各有職貢，猶唐之有羈縻州也。」[五]有時以和州回鶻名義，或阿爾斯蘭回鶻，或高昌國、或師子國名義，貢使於遼國。不僅在政治上爲遼之附屬國，而且在經濟上、佛教信仰上，交往也很密切。宋人洪皓在松漠紀聞中記載説：

回鶻……多爲商賈於燕。……奉釋氏最盛，共爲一堂，塑佛像其中，每齋必刲羊或酒酣以指染血塗佛口，或捧其足而吮之，謂爲親敬。誦經則衣袈裟，作西竺語，燕人或俾之，祈禱多驗。……其在燕者皆久居業成，能以金相瑟瑟爲首飾。[六]

宋人所稱的「燕」，即是遼國的南京。從所記看，在遼國的南京，居住着不少回鶻商人，他們信仰釋教，而且影響到當地居民。遼聖宗統和十九年（一〇〇一），「春正月甲申，回鶻進梵僧名醫」[七]。咸雍三年（一〇六七），「十一月壬辰，夏國遣使進回鶻僧、金佛、梵覺經」[八]，表明到了十一世紀，回鶻的佛教對西夏、對遼政權都在進行着交流並相互影響着。在旅順博物館藏的大批來自吐魯番出土的佛經殘片中，有不少木刻經文殘片，其中「不乏

[一] 寧可、郝春文敦煌社邑文書輯校，江蘇古籍出版社，一九九七年，第四七頁。
[二] 寧可、郝春文敦煌社邑文書輯校，第七〇三頁。
[三] 唐耕耦、陸宏基敦煌社會經濟文獻真迹釋録第五輯，全國圖書館文獻縮微複制中心，一九九〇年，第九頁。
[四] 遼史卷三太宗紀，中華書局，一九七四年，第三七頁。參見楊富學回鶻之佛教第一章第六節「回鶻佛教對北方諸族的影響」，新疆人民出版社，一九九八年，第六七頁。
[五] 遼史卷三三部族下，第三九三頁。
[六] 宋洪皓松漠紀聞卷一。
[七] 遼史卷一四聖宗紀，第一五六頁。
[八] 遼史卷二二道宗紀，第二六七頁。

遼代刻本」，屬遼代雕版刻印的契丹藏[一]。契丹藏在吐魯番的寺廟遺址中的出土，不僅印證了西州回鶻與遼國佛事交往的密切，而且表明教義信仰的一體性。由此不難看出，西州回鶻造佛塔記中所云的「釋教末代」，應是與遼國末代説具有一脈相承的關聯。在教義義理的見解上也應是一致的。

遼國的佛教僧團既然認定重熙二十年（一〇五一）進入了末法時代，那麽，西州回鶻造佛塔記中所云的「釋教末代」，也應是指公元一〇五一年起始的末代。而回鶻愛登曷哩阿那骨牟里彌施俱録闕蜜伽聖可汗在位的時間，亦應在一〇五一年的前後。

二　造塔記中的回鶻職事官及機構建制

造塔記第1行提到的「回鶻愛登曷哩阿那骨牟里彌施俱録闕蜜伽聖可汗」[二]，是史籍及出土文獻中從未見過的汗王名，但却出現過相近似的名字，據學者們研究，被認爲是漠北回紇汗國（七四四至八四〇）的第十一位可汗「愛登里囉汨没密施合句録毗伽可汗」（ay tängridä qut bulmïš alp külüg qaγan），即爲公元八二一至八三九年出現在漠北高原上的彰信可汗胡特勤」[三]。顯然，此合句録毗伽可汗不是西州回鶻的蜜伽聖可汗。

從造塔記中確定的「釋教末代」看，闕蜜伽聖可汗應屬於公元十一世紀中期前後的一位西州回鶻國的國王。在遼史卷二二道宗紀中，記載了道宗在平定一場政變後，發佈嘉獎加封者的名單中，有「回鶻海蘭紐斡哩……並加上將軍」，時間爲遼道宗清寧九年（一〇六三）。「海」，相當於「愛」；「蘭紐斡哩」亦與「登曷哩」音近，「海蘭紐斡哩」，有可能是回鶻語ay tängri之契丹語讀音的音譯。不知遼史所記被加上將軍號者，是否就是這裏的蜜伽聖可汗？如果是的話，則可確定此可汗公元一〇六三年仍在汗位上。

[一] 李際寧關於旅順博物館藏吐魯番出土木刻本佛經殘片的考察，旅順博物館、龍谷大學共編旅順博物館藏新疆漢文佛經研究論文集，京都，二〇〇六年，第二三六頁。

[二] 這位回鶻可汗的稱號中，除「聖」字表示意譯外，其餘均爲回鶻-ay語音譯，還原成回鶻語應是：回鶻-uyγur，愛-ay，登曷哩阿那-tängridä，骨-qut，牟里彌施-bulmïš，俱録-külüg，闕-köl，蜜伽-bilg，聖-ïduq（在回鶻可汗尊號中，該詞用tängri一詞代替），可汗-qaγan；即uyγur -ay tängrid qut bulmïš külüg köl bilgä tängri qaγan（可意譯爲：從月天得到福位的著名智海聖可汗）。還須指出，此可汗稱號中的「登曷哩阿那」（回鶻語tängridä之音譯）在蒙古國哈喇巴巴勒哈遜出土的九姓回鶻愛登里啰汨没密施合毗伽可汗聖文神武碑並序（見羅振玉和林金石録）中出現的幾位可汗稱號裏和新唐書回鶻傳所提及的回紇可汗稱號中，均以「登里啰」形式出現。在回鶻可汗稱號中，一般在「愛登里啰」與「汨没密施」之間不會出現alp（音譯爲合，意爲英武）一詞，在「愛登里」與「汨没密施」間更不會有之；一般音譯爲「愛登里啰汨没密施」之回鶻語，在造塔記中音譯成「愛登曷哩阿那骨牟里彌施」，可見「登里啰」和「登曷哩阿那」均爲回鶻語tängridä之音譯。「登曷哩阿那」等五個字分別爲（tän登）+g（曷）+r（哩）+i（阿）+dä（那）［或täng（登曷）+ri（哩阿）+d（那）］等的音譯。這裏，「阿那」（ē nuó）不該是alp的音譯。

[三] 森安孝夫ウイグルニマニ教史の研究，日本大阪大學學刊，一九九一年，第一八二—一八三頁。

程溯洛先生曾作高昌回鶻亦都護譜系考，將其王室譜系分爲兩個階段，即唐末至西遼爲第一階段；元代爲第二階段。他僅依靠漢文史料列舉了屬第一階段的五位汗王，其中，這一階段真正屬於西州回鶻王者，僅有龐特勤、僕固俊、畢勒哥三人[一]。此處的蜜伽聖可汗，應該屬於僕固俊以後、畢勒哥以前的一代汗王，至於究竟屬於西州回鶻王室的第幾代，則恐怕是難以查考了。不過，我們還是想對此提出自己的初步認識。

衆所周知，目前就高昌回鶻王室譜系而言，其第二階段較清楚，因爲學者們業已從已研究整理好的漢文、回鶻文亦都護高昌世勳碑、史籍以及波斯史料等爲依據解決了不少問題[二]。但是第一階段尚不太清楚。學者們爲了弄清這一問題，亦付出了努力。特別需要指出的是，日本學者森安孝夫根據回鶻文文獻的汗王稱號，已整理出十世紀五十年代左右至十一世紀六十年代左右間的高昌回鶻汗王順序[三]（以下簡稱「汗王順序」）。顯然，這對高昌回鶻王室屬第一階段汗王譜系的建立，具有較高的參考價值。

1.在本文的第一部分中，我們已論述了造塔記所云的「釋教末代」應指的是公元一〇五一年開始的年代。而回鶻愛登曷哩阿那骨牟里彌施俱録闕蜜伽聖可汗在位的時間，亦應該在一〇五一年前後這個時段來作出考察。

2.造塔記中的回鶻可汗稱號與「汗王順序」中排列在？—一〇一七？—一〇一九—一〇二〇—一〇三一？—？年間在位的可汗稱號，即「kün ay tängridä qut bulmïš uluγ qut ornanmïš alpïn ärdamin il tutmïš alp arslan qutluγ köl bilgä tängri xan」（意譯爲：從日、月、天得到福位，置身於福位上，以勇敢與品德治國的勇猛獅子—有福的智海天（可）汗）有相似之處。譬如：前者爲「從月天得到福位……智海聖可汗」，後者則是「從日、月、天得到福位的……智海天可汗」。可見兩者中有一定的聯繫。

3.回鶻文哈密本彌勒會見記的抄成時間是「qoyn yïl üčünč ay iki otuzqa（羊年閏三月二十二日）」，即「tängri bögü il bilgä arslan tängri uyγur tärkän」（回鶻天聖國智獅子天王）在位期間[四]。有學者曾論述過這裏的羊年應指公元一〇六七（丁未）年的理由，並認爲「tängri bögü il bilgä arslan tängri uyγur tärkän」的在位時間在？—一〇六七—？年間[五]。

新疆維吾爾自治區博物館與德國法蘭克福大學、日本京都大學共同合作，對館藏的吐火羅文A彌勒會見記和回鶻文哈密本彌勒會見記無文字之碎片進

[一] 程溯洛高昌回鶻亦都護譜系考，西北史地一九八三年第四期，第一三至一七頁。
[二] 程溯洛高昌回鶻亦都護譜系考，西北史地一九八三年第四期，第一三至一七頁。
[三] 森安孝夫ウイグル＝マニ教史の研究，日本大阪大學學刊，一九九一年，第一八二至一八三頁。
[四] 伊斯拉菲爾·玉蘇甫等回鶻文彌勒會見記，新疆人民出版社，一九八七年，第一一四頁。
[五] 森安孝夫トルコ佛教の源流と古トルコ語佛典の出現，史學雜誌，一九八九年，第一至三五頁。

行了碳素年代測定。結果回鶻文哈密本彌勒會見記之碳素年代在公元九八〇至一〇三五年間（可能性爲95.4%）[一]。我們依據二十史朔閏表[二]的查找結果看，在公元九八〇—一〇三五年間只有己亥（九九九年）閏三月，而癸未（九八三年）、乙未（九九五年）、丁未（一〇〇七年）、辛未（一〇三一年）中均無閏三月。自「二十世紀九十年代以來，儘管常規碳十四測年技術有了改進，又發明了加速器質譜記數法（AMS），采用了系列樣品高精度曲線擬合法，但其測定資料有誤差的弊端，並未從根本上改變」[三]。故以上的碳素測年資料只可作爲參考。至於一〇六七（丁未）年，此年就有閏三月。總而言之，「回鶻天聖國智獅子天王」在位於？—一〇六七—？年間的理由可成立。因此，我們根據以上三點，認爲造塔記所提及的「闕蜜伽聖可汗」，應該是在「從日、月、天得到福位的……智海天可汗」之後，而在「回鶻天聖國智獅子天王」之前的西州回鶻可汗。

本造塔記第2至3行有「清信士、佛弟子鄢耆鎮牟虞蜜伽長史龍公及娘子温氏，男都典效達干。……山門勝地，敬造佛塔。」表明造塔主是鄢耆鎮長史龍公及娘子温氏，牟虞蜜伽（爲回鶻語美稱bögü bilgä之音譯，是賢明之意）是給龍公的回鶻語官封號。鄢耆，即焉耆，始置鎮於唐貞觀末年。舊唐書龜兹傳載：「先是，太宗既破龜兹，移置安西都護府於其國城，以郭孝恪爲都護，兼統于闐、疏勒、碎葉，謂之四鎮。」此條未列焉耆而列碎葉，岑仲勉先生考訂説：「碎葉列四鎮，是高宗時事；此處當作焉耆，唐是時勢力未達碎葉也。」[四]焉耆鎮自建立後，一直存在到公元九世紀回鶻人的到來。新唐書突騎施傳載：「有特龐勒居焉耆城，稱葉護，餘部保金娑嶺，衆至二十萬。」特龐勒，即龐特勤，這是指的「公元八四〇年，龐特勤率領十五部西奔阿爾泰山、西至中亞楚河流域葛邏録人的住地十多年，在八五六至八五七年之間，他本人大概想在西域開闢疆土，於是又東返天山南麓安西四鎮中的焉耆定居下來，自己當上回鶻的可汗，人數有二十萬。」[五]由此可見，焉耆鎮在回鶻人到來後，一度成爲王國經營發展的基地，當然也是西州回鶻王國統治下的一個部分。

「長史龍公」，是指焉耆鎮的長史。據舊唐書職官志，唐鎮設有鎮將、鎮副，而無長史。然而，此焉耆鎮屬唐安西四鎮之一的鎮，具有都督府一級的規格，則有都督一員，長史一員。從長史一稱看，西州回鶻王國實際上仍保持着唐焉耆都督府的建置。舊唐書焉耆傳稱：「焉耆國……其王姓龍氏。」由此知長史龍公，應是原焉耆國的王族龍姓人。透過這一點不難看出，西州回鶻王國繼承了唐的民族自治政策，很注意用本族人統治本族地區。北宋太平興國六年（九八一）以後，王延德出使西州回鶻，親見「所統有南突厥、北突厥、大衆熨、小衆熨、樣磨、割録、黠戛司、末蠻、格哆族、預龍族

[一] TITU Sproject. On the Radiocarbon -Dating of the Samples Related to Tochaea Characters（3），報告者：河野益近（京都大學），二〇〇五年九月。

[二] 陳垣二十史朔閏表（附西曆回曆），中華書局，一九六二年。

[三] 張國碩考古學年代與碳十四年代的碰撞，中國文物報，二〇〇五年四月八日，第七版。

[四] 岑仲勉西突厥史料補闕考證，中華書局，一九五八年，上海版第二九頁。

[五] 程溯洛高昌回鶻亦都護譜系考，西北史地，一九八三年，第四期，第一五頁。

之名甚衆。」[一]對於這衆多的民族，想必也采用了同樣的統治方式，惟其如此，才能保持西州回鶻王國東起伊州、西抵安西廣大地域内的穩定統治。

在「龍公及娘子温氏」文字的左側，有一行小字：「男都典效達干」。從都典一詞觀察，其職務類似於唐之州録事參軍；據其古音「效」不像回鶻語人名的音譯；都典效達干，當是龍公之子，故在其名前冠一「男」字。達干係回鶻的一種官號，張廣達先生説：「從實際例證來看，它是專統兵馬的武職官稱，回鶻文的原文作Tarqan。」[二]從效達干的職事爲都典看，西州回鶻時期的達干，亦存在當人名使用的現象，但不排除成爲一種勳號的可能性。再説，統兵馬的武職官員稱號之Tarqan，如果在這裏表示人名或勳號的話，那麽都典或許與「都監」（宋代兵馬都監的簡稱）有所關聯。

隨同焉耆長史龍公造塔的有「牧主多害，伊難主骨都録都越」牧，應是指的州牧，唐制：「京兆、河南、太原等府，三府牧各一員。」[三]此乃沿袭古制，如舊唐書職官志所載：「牧，古官，舜置十二牧是也。秦以京城守爲内史，漢武改爲尹。後魏、北齊、周、隋又以京守爲牧。武德初，因隋置牧，以親王爲之」[四]。據此得知，唐京都的最高長官稱爲牧，且以宗室親王爲之。西州乃西州回鶻王國國都之所在，故西州的最高州官，也仿效唐制，稱爲牧或「牧主」或「牧首」。唐大中五年（八五一）西州回鶻首領安寧等至長安朝貢，爲此唐宣宗下西州回鶻授驍衛大將軍制，制文云：

西州牧首頡干迦思俱宇合逾越密施莫賀都督宰相安寧等，忠勇奇志，魁健雄姿，懷西戎之腹心，作中夏之保障，相其君長，頗有智謀。今者交臂來朝，稽顙請命。文組寸印，高位重爵，舉以授爾，用震殊鄰。無忘敬恭，宜念終始，可雲麾將軍守左驍衛大將軍，外置同正員，餘如故[五]。

這道制文將回鶻在西州的最高長官稱爲「西州牧首」，這應是「牧主」稱號的一個具體來源。本記中的西州牧主名多害[六]，其下的「伊難主骨都録都越」[七]，應該是多害的副手。

本造塔記第4行有「宰相攝西州四府五縣事、清信弟子伊𪉏[主]」，此伊𪉏[主]是西州回鶻王國的宰相，同時又兼管着西州四府五縣的事務。西州回

[一] 王延德西州使程記，楊建新主編古西行記選注，寧夏人民出版社，一九八七年，第一六〇頁。

[二] 張廣達、榮新江有關西州回鶻的一篇敦煌漢文文獻—S.6551講經文的歷史學研究，張廣達西域史地叢稿初編，上海古籍出版社中華學術叢書，一九九五年，第二二九頁。

[三] 舊唐書卷四四職官志州縣官員，中華書局，一九七五年，第一九一五頁。

[四] 舊唐書卷四四職官志州縣官員，中華書局，一九七五年，第一九一五至一九一六頁。

[五] 杜牧樊川文集卷二〇，全唐文卷七五〇，中華書局，一九八三年，第七七七〇頁。

[六] 多害　「多」之古音爲ta，「害」之古音則是yai或yät（見郭錫良漢字古音手册，北京大學出版社，一九八五年，第三三和一二三頁）。多害的古音tayai相合於回鶻語tayay。tayay本義爲「舅、伯叔，有時亦當人名使用」，如：「ikinti oylum tayay ygän」（「我次子塔兪依依甘」；參見伊斯拉菲爾·玉蘇甫回鶻文彌勒會見記一，新疆人民出版社，一九八七年，第一一四頁）。

[七] 伊難主骨都録都越　「伊難主」（亦作伊難珠。參閲耿世民古代突厥文碑銘研究，中央民族大學出版社，二〇〇五年第一三五—一三六頁）爲回鶻語ïnancu或ïnanc的音譯，指大臣或宰相官號；「骨都録」（史籍中作「骨咄禄」）爲回鶻語qutluγ之音譯，是人名；「都越」，由於與之相連貫的第4行開頭的幾字缺失，故不好解釋，是否爲近似於唐宋時期的勛官「都尉」的一種勛號呢？

鶻王國統治的地域，如前所論，遠比唐西州的境域要大得多。然而，西州四府五縣却是王國的核心地區，故其事務也須王國的宰相兼攝過問，前揭唐宣宗時西州牧首宰相安寧即是先例。「西州四府五縣」是指唐初建西州以後，在吐魯番盆地建立的高昌、交河、柳中、蒲昌、天山等五個縣，和相繼建立的前庭、岸頭、蒲昌、天山等四個府兵折沖都尉府。唐代的這一建制，基本上維持到公元八世紀末唐政權退出西州。此後的情況，由於史籍缺載而不清楚。通過本記才得知，回鶻人來到西州建立王國時，對西州的地方建制，仍保持着唐制而未改，直到十一世紀中葉，還存在着「西州四府五縣」的名稱和事務。

我們也注意到，成書於十一世紀七十年代的突厥語大辭典裏，沒有西州「四府五縣」的記載，只提及高昌回鶻的唆里迷（即焉耆）、高昌、彰八里、別失八里、仰吉八里等五座城市[一]，至於四府五縣中每個縣的具體建制是否還存在，由於資料的缺乏，目前尚無法作出判斷。不過，從今天的現實生活中，仍能找到唐縣名的影子，如高昌，經回鶻語發音逐漸轉寫爲「火州」；柳中，經回鶻語發音逐漸轉寫爲「魯克沁」；蒲昌，經回鶻語發音轉寫而爲「辟展」等[二]，這些仍能反映出回鶻人對唐代建制名稱的繼承。

三　西州回鶻對唐文化的承襲

從本造塔記中看到，一批西州回鶻的官員和焉耆地方的官員，於十一世紀中，來到本記的出土地——吐峪溝，敬造舍利佛塔。造舍利佛塔的目的在本記的第7行已有表述：「爲求佛道勝福善。普施□□。」表明了這批回鶻官員們對佛教的虔誠信仰。回鶻原本信仰摩尼教，來到西州後，遇到了此地十分興旺的佛教信仰和較發達的唐文化，對此，回鶻統治者們不但沒有排斥，反而由尊重、敬仰，進而接受、信奉。敦煌文書斯六五五一號講經文，經張廣達先生研究，確定爲公元九三〇年前後、來自西州回鶻的一篇漢文文獻。他指出：「這篇講經文說明，九三〇年前後，佛教在西州回鶻已經具有相當大的勢力，以致這位外來的僧人敢於否定包括回鶻曾立爲國教的摩尼教而極力頌揚佛教。」[三]在講經文中有一段話，頗值得注意：「天王乃名傳四海，德布乾坤，卅餘年國泰民安，早受諸佛之記。」[四]這是將國泰民安歸於受諸佛授記的結果，由此看，在公元十世紀初，以西州回鶻天王爲首的統治者及貴族，已經接受了

[一] 麻赫默德·喀什噶里突厥語大詞典（漢文譯本），民族出版社，二〇〇二年，第一卷第一二一至一二二頁。
[二] 于維誠新疆建置沿革與地名研究，新疆人民出版社，一九八六年，第二八頁、三二至三三頁。
[三] 張廣達、榮新江有關西州回鶻的一篇敦煌漢文文獻——S.6551講經文的歷史學研究，張廣達西域史地叢稿初編，上海古籍出版社中華學術叢書，一九九五年，第二三五頁。
[四] 同上書，第二一八頁。

佛教信仰。

上世紀初在高昌故城遺址寺院廢墟中出土的回鶻文木杵銘文，經研究判定爲公元九四八年回鶻「公主殿下」和「沙州將軍」二人的造寺祈福文[一]。文有二十行，其中説道：

我們心中懷着一種決不離開，也不放棄「三寶」的純潔意念……。當我們聽説了如此高尚的壯舉之後，我們二人就恭々敬々地爲修建一座寺廟而夯入了一根木杵以爲基礎。但願這一功德善業所産生的力量能使我們以後與崇高的彌勒佛相會；但願我們能從彌勒佛那裏得到崇高的成佛的祝福；但願我們借助這一祝福所産生的力量，在永劫間和三無量限中將六條解脱之路走完。但願以後（重新）誕生在一個佛國世界中！[二]

從這段祈福文中，可以看到回鶻貴族們對彌勒佛信仰的無限虔誠。同時參與祈福者，列有公主和可敦者十五人，都督、將軍、達干等官員者約二十五人，「他們當爲該寺院的施主，可見政府官員對佛廟興建活動的支持」[三]。

也是在上世紀初，在吐魯番勝金口寺廟遺址中，出土了一根類似的漢文木杵文書，寫於「歲次癸未之載五月廿五日辛巳」，經研究判斷爲公元九八三年回鶻「天特銀、天公主」在「新興谷内高勝岩嵦福德之處」施建伽藍所寫的功德記，目的也是「引將彌勒下生之時」，能與彌勒相會，能「安至天上遠權菩提，一時成佛」[四]。這一方面反映出到十世紀末，佛教信仰在西州回鶻地區的方興未艾；另一方面也表明漢語言文字和唐文化，伴隨着佛教的流行，仍在這裏使用着、流傳着。

就在上述漢文木杵文書書寫的同時，適逢宋朝的使臣王延德來到西州，他所見到的情形是：「用開元七年曆，以三月九日爲寒食，餘二社、冬至亦然。……佛寺五十餘區，皆唐朝所賜額，寺中有大藏經、唐韻、玉篇、經音等。……有敕書樓，藏唐太宗、明皇御劄詔敕，緘鎖甚謹。」[五]五十多座佛寺「皆唐朝所賜額」，寺中藏的佛典及其他漢籍自然也是唐朝留下來的，反映出西州回鶻王國不僅完好無損地保存了唐代留下的佛教文化遺産，而且還讓其在

[一] 楊富學吐魯番出土回鶻文木杵銘文初釋，西域敦煌宗教論稿，甘肅文化出版社，一九九八年，第二五七至二七六頁。

[二] 楊富學吐魯番出土回鶻文木杵銘文初釋，西域敦煌宗教論稿，第二六〇至二六一頁。

[三] 楊富學吐魯番出土回鶻文木杵銘文初釋，西域敦煌宗教論稿，第二七二頁。

[四] 關於此漢文木杵文書，勒柯克（A.von Le Coq）、繆勒（F.W.K.Müller）、伯希和（P.Pelliot）、葛瑪麗（A.von Gabain）、哈密頓（J.R.Hamilton）、安部健夫、森安孝夫和岑仲勉等均有過考釋與研究，此處所録據岑仲勉吐魯番木柱刻文略釋，原刊歷史語言研究所集刊，一九四七年第一二本，又載同氏金石論叢，上海古籍出版社，一九八一年，第四五三至四五六頁。

[五] 王延德西州使程記，楊建新主編古西行記選注，寧夏人民出版社，一九八七年，第一五八至一六一頁。按，王延德於北宋太平興國六年（九八一）五月出使，於七年（九八二）四月至高昌，八年（九八三）春始别高昌東返，可見九八三年初，他還在西州回鶻王國活動。

繼續發揮着作用。

以上屬於西州回鶻對唐佛教文化方面的繼承。而在政治方面，回鶻與唐至宋的中央王朝關係一直很好，長期保持着貢使關係，自唐乾元、至德以降，經幾代公主和親後，「誼爲舅甥，歲有通和，情無詭計」[一]，五代以後，回鶻「世以中國爲舅，朝廷每賜書詔，亦常以『甥』呼之」[二]。西州回鶻國的可汗們，正是以唐王朝統治的繼承者、代唐執政的唐外甥心態來統治西州的，所以對唐太宗、唐明皇以來的歷代詔敕、御劄等，都當作法權上的聖物，而加以特別珍惜寶藏。由此才好理解回鶻來到西州後，全盤承襲唐朝政治制度的背景。不僅如此，對於西州流行已久的佛教，也是當作唐文化而全盤加以接受的。

從王延德的記載中還可看到，回鶻人來到西州後，用的是唐開元七年的曆法，也開始過起了寒食節。所謂「餘二社、冬至亦然」，是説春、秋祭社的聚會和冬至節，也和寒食過節一樣。這些本是漢、唐以來漢民族的民間節令風俗，到十世紀也都被西州回鶻的廣大群衆所接受，這恐怕與受到西州原住漢民生活習俗的感染有關。

在了解到十世紀以來的西州回鶻社會狀況後，再來看本造塔記中對法獎和尚的讚揚，就更好理解了。本造塔記第5行云：「釋門法獎，念三藏；乃業該經史，學洞古今。」法獎，屬於釋門的法名，此人對經、史的學問兼備，且對古今世事都能洞悉了解，由此看，他是出自漢族的一位學問僧。聯繫到第7行「憑此舍利，造……」，推測此舍利有可能是法獎圓寂後的火化之物，憑此舍利而造佛塔。在十一世紀的西州回鶻王國，仍有這樣「業該經史，學洞古今」人物的存在，並且受到地方官員們的崇敬，説明唐文化在這裏不但沒有泯滅，而且伴同着佛教一起在繼續傳揚着。

本造塔記第6行列有「羯磨律師廣嚴，弟子……」，律師，乃是釋門中指通曉律藏之人，亦可稱之爲持律師。在中國佛教史上，著名的律師不少，見於諸高僧傳中的「明律篇」，如唐代的道宣、懷素等[三]。羯磨一詞，原出梵語karman，意譯稱之爲「業」，乃指辦事、作法、行爲之意；亦可指受戒、懺悔等有關戒律行事之場合[四]。羯磨律師，是指負責戒壇指導受戒者明律、作禮、乞戒的僧人。造舍利佛塔時，羯磨律師及其弟子均到場，表示此事的隆重莊嚴，這也是對唐佛事傳統的因襲。

釋門僧界有一套僧官系統，它始於魏晉，發展完善於唐朝。西州回鶻也建立了一套僧官系統，敦煌文書伯三六七二號是一件西州回鶻賞紫金印檢校廿二

[一] 唐宣宗遣使册回鶻可汗詔中之詔文，全唐文卷八〇，中華書局，一九八三年，第八四二頁。

[二] 舊五代史卷一三八，中華書局，一九七五年，第一八四一頁。

[三] 釋贊寧宋高僧傳卷一四，中華書局，一九八七年，第三一七至三三〇頁；三三四至三三五頁。

[四] 慈怡主編佛光大辭典，臺灣佛光出版社，第七册第六一三七至六一三八頁。

城胡漢僧尼事内供奉骨都録還密施嗚瓦伊支都統大德致沙州宋僧政等狀，狀文云：「昨近十月五日，聖　天恩判：補充都統大德，兼賜金印，統壓千僧。爲緣發書慰問。」[一] 作爲僧官的「大德」，起於何時？據續高僧傳釋吉藏傳載：「武德之初，僧過繁結，置十大德，綱維法務，宛從物議，居其一焉。」[二] 由此可知，設置大德這一僧官來統領僧尼，始於唐武德初年。然而，自唐中宗以後，大德一稱「已是對德劭位尊者的榮寵之稱」了[三]。關鍵在於「都統」一稱上，都統，可以看作是都僧統的簡稱，僧統始置於北魏，唐代沿襲此稱，沙州歸義軍時期置「河西都僧統」以統全境僧尼。西州回鶻的都統大德實際上是對境域内廿二城胡漢僧尼事進行管理的僧官，由回鶻聖天可汗所任命，看來這套系統也是從敦煌引進過來的。本件狀文無紀年，從所涉人名推測，或許屬十世紀後半葉至十一世紀初的文獻[四]，它反映出在西州的廿二城有着大量的胡漢僧尼。漢籍僧尼的存在，也反映了漢族百姓的存在。這正是西州回鶻時期仍有漢文文獻産生的基礎。

另外需要説明的一點是，由於有些回紇或回鶻語詞在九姓回鶻愛登里囉汨没密施合毗伽可汗聖文神武碑並序、各類史籍（下面簡稱「前者」）與造塔記中的音譯用詞不同。如：tängridä、qut、bulmïš、bilgä、bögü、qutluγ等在「前者」作登里囉、汨、没密施、毗伽、牟羽、骨咄録，而在造塔記裏作登曷哩阿那、骨、牟里彌施、密伽、牟虞、骨都禄。因此我們不能排除造塔記出自懂漢文的回鶻人之手的可能性。因爲十一世紀的著名維吾爾學者麻赫默德·喀什噶里曾明確指出：「回鶻人的語言是純粹的突厥語，但他們彼此交談時還使用一種方言。回鶻人使用本書開頭部分談到的二十四個字母的突厥文（指回鶻文）。書籍、信件均用這種文字書寫。回鶻人還有和秦人文字相似的另一種文字，官方文牘都使用這種文字（應指漢字）。除了非穆斯林的回鶻人和秦人外，其他人是不認識這種文字的。」[五]

四　結　語

西州回鶻時期的這件漢文造舍利佛塔記，是一件十分珍貴的地下出土歷史文獻。通過對它的考察和研究，我們可以獲得以下幾個方面的認識：

[一] 唐耕耦、陸宏基敦煌社會經濟文獻真迹釋録第五輯，第三五至三六頁。
[二] 釋道宣續高僧傳卷一一釋吉藏傳。
[三] 張弓漢唐佛寺文化史卷上，中國社會科學出版社，一九九七年，第三五九頁。
[四] 森安孝夫在敦煌與西回鶻王國——寄自吐魯番的書信及禮物（陳俊謀譯本，載西北史地一九八七年，第三期）一文中認爲：「可以斷定此書簡乃是十世紀後半期前後數十年間的東西。」
[五] 麻赫默德·喀什噶里突厥語大詞典（漢譯本第一卷），民族出版社，二〇〇二年，第三二頁。

一、關於造佛塔記的寫作年代，記中所寫釋教「末代」，提供了一個大的時限。佛教末世，即末代說，在古代中國的北方，有兩種，一種是稍爲早期流行於中原地區的佛滅後一千五百年、即公元五五一年轉入末世説；一種是稍晚多流行於北方民族地區的佛滅後兩千年、即公元一〇五一年轉入末世説。有充分證據證明契丹建立的遼國及歸義軍政權下的敦煌都是信奉的佛滅後兩千年轉入末世説，而與遼國和敦煌有着密切佛事往來的西州回鶻，也受其影響，奉行佛滅後兩千年即公元一〇五一年轉入末世説。由此可以判定，造佛塔記寫於公元十一世紀中期之前後。而造佛塔記中寫的「回鶻愛登曷哩阿那骨牟里彌施俱録闕蜜伽聖可汗」在位的時間，亦應在十一世紀中期之前後。

二、造塔記所提及的「蜜伽聖可汗」，應該是在一〇三一年還在位的「從日、月、天得到福位的……智海天可汗」之後，而在一〇六七年在位的「回鶻天聖國智獅子天王」之前的西州回鶻可汗。從造佛塔記中所列官人職稱看到，西州回鶻汗國不僅繼承了唐統治機構，還延續着唐的一套政策。「長史龍公」，是指焉耆鎮的長史，從長史一稱看，西州回鶻王國仍保持着唐焉耆都督府的建置。長史龍公，應是原焉耆國的王族龍姓人，由此看，西州回鶻王國繼承了唐的民族自治政策，很注意用本族人統治本族地區。西州乃西州回鶻王國國都之所在，故西州的最高州官，也仿效唐制，稱爲牧或「牧主」、「牧首」。本記中的西州牧主名多害就是一例。記中所列「宰相攝西州四府五縣事、清信弟子伊難〔主〕」，反映出回鶻人來到西州建立王國後，對西州的地方建制，仍然保持唐制而未改，直到十一世紀中葉，仍然存在着「西州四府五縣」的名稱。由於四府五縣屬王國核心地區，故由宰相兼管。

三、造塔記中記載的一批西州回鶻的官員和焉耆地方的官員，參與造佛塔活動的虔誠，表明到十一世紀中，西州回鶻的汗王以及貴族、官員，已將宗教信仰完全轉向了佛教。從吐魯番出土的幾件回、漢文佛事文獻看，早在十世紀中期，就有一些回鶻貴族成了虔誠的佛教徒。西州回鶻對佛教文化的迅速接受，與西州原有住民對佛教傳統信仰的影響不無關係，宋朝的使臣王延德來到西州，見到五十多座「唐朝所賜額」的佛寺及所藏佛典、漢籍保存完好，反映出西州回鶻王國不僅完好無損地保存了唐代留下來的佛教文化遺産，而且還讓其在繼續發揮着作用。西州回鶻國的可汗們，常以唐外甥自稱，他們到西州是以唐王朝統治的繼承者、代唐執政的唐外甥心態來統治西州的，所以對唐太宗、唐明皇以來的歷代詔敕、御劄等，都當作法權上的聖物，而加以特別珍惜寶藏。由此才好理解回鶻來到西州後、全盤承襲唐朝政治制度的背景；進而才能認識到西州回鶻接受佛教文化，是將其作爲唐文化來接受的。隨着對佛教的崇拜，而附着在佛教上的禮儀制度、僧官制度及漢文化傳統的東西，也一起被西州回鶻統治者們所全盤繼承。這從對一位有學問的漢族僧人修舍利佛塔的禮儀中，已得到了充分的體現。

吐魯番洪憲法律文書檔案簡介

楊小亮

新疆博物館徵集的編號從09ZJ0084到09ZJ00119號文書，以及一件編號爲20107AZ01的文書，基本爲民國時期文書，共計三十七件。最早的一件爲宣統三年（編號爲09ZJ0114，簡稱爲114，以下類同）即一九一一年，最晚者爲中華民國三十二年（118號）即一九四三年，其中明確屬於洪憲時期的有三十二件，佔民國文書的絕大部分。洪憲文書大致可分爲兩類：一爲行政文書檔案，有十一件，主要爲新疆吐魯番縣呈報、接收和處理事務的公文；二爲法律文書檔案，共有二十一個編號。現就其中的法律文書檔案做簡要介紹。

一　檔案完整程度調查

洪憲法律文書檔案的編號分別爲：85、86、87、88、93、94、96、98、101、102、104、105、106、107、108、109、110、111、112、113、119。其中108和107可粘連爲一件，109和110可粘連爲一件，106和105雖未找到粘連痕跡，但從內容可確定爲一事，故二十一個編號實際涉及的案件只有十八宗。

這些文書均爲官府留存的訴訟檔案。從整體情況考察，完整的訴訟檔案卷宗應當包括卷宗名稱、初詞、批詞、覆詞、傳票、判詞、甘結以及附件等組成要素。各要素當時散行，作爲檔案留存時，則粘連在一起，形成卷宗。所謂卷宗名稱，包括案件時間及地點。如93號和106號原有題名的文書：93號題爲阿不都馬斯呈控托乎牙士七狼攔路行兇卷，並標明案件地點「洋海」、時間「民國五年一月分」及承辦單位「實業股承」；106號文書原題爲哎布都尔呈控色拜尔互相推諉卷，亦標明地點、時間以及承辦單位。初詞指原告的訟詞。原告呈上訴狀後，縣衙要給出審理意見，就是批詞。傳票是官府用於傳提原、被告及人證的憑證。原、被告雙方進行的申辯，就是覆詞，表明是在初詞之後所進行的程式。判詞就是斷語，即案件的最終審判意見。案件審理結束後，原、被告雙方需要締結一個「合約」，表示雙方甘心服從判決或調解，情願承擔某種義務或責任。甘結也叫和結，往往是案件最終完結的證明。

下面就這幾個要素對上述文書的完整程度進行列表調查，「√」表示該文書中存有相應部分的內容。

編號	名稱	初詞	批詞	覆詞	傳票	判詞	甘結	附件
85					√			
86					√			
87		√	√					
88			√	√				
93	√	√	√					
94			√	√		√		
96		√	√					
98					√			
101		√	√		√		√	
102		√	√	√	√			
104		√	√			√		
105					√			
106	√	√	√					
107			√	√			√	
108			√	√				
109		√	√	√		√		
110			√		√		√	√
111		√	√	√	√	√	√	
112					√			
113					√			
119		√	√					

如表所示，上述文書檔案雖有殘缺，但基本都保留了呈詞（初詞或覆詞）、批詞（或判詞）或「傳票」，這對於我們瞭解案件的性質和緣由大有幫助。

以上各要素除了在法律程式和效力上有所區别外，其載體形式也截然不同。總體説來，該批文書不同要素所用紙張大小均有差異，粘連在一起形成「經折裝」卷宗時，顯得參差不齊。但相同要素的用紙却相對統一，似有專門規制，如甘結用紙最寬，呈詞次之，傳票最窄。呈詞、傳票、甘結所用紙張較薄，而卷首題名用紙最厚。這些特徵也爲我們有效甄别各要素提供了依據。另外，批詞和判詞在書寫形式上至少也有兩個明顯區别：一、批詞用墨筆書寫，判詞用朱筆書寫；二、批詞可以有多個，如在初詞和覆詞後分别批示，而判詞只有一個。但實際上，二者的區别有時並不嚴格，因爲我們發現，在一些案件中，也有墨筆書寫的「批詞」實際是作爲「判詞」使用的情況存在。

二　文書檔案的定名

洪憲法律文書是作爲卷宗檔案留存的，理論上的題名格式應當都像93、106號文書一樣，爲「原告＋呈（稟）控＋被告＋案由＋卷」。但如前所述，這批文書大多殘缺，這就給定名帶來一些問題。綜合考慮，我們將洪憲法律文書分爲三類，分别命名：

第一類：以「卷」命名。以卷命名分兩種情況：其一，對原本有題名的文書，雖然各組成部分或有缺失，依其舊。如93、106號文書，仍採用其以「卷」命名的舊題；其二，對原本没有題名，各組成要素留存較多的文書，亦以「卷」命名。如94號：該文書前部殘缺較多，從前部殘存文字無從判斷殘缺部分爲初詞或覆詞，但從後邊「實業股請」縣衙用朱筆做判詞，以及原、被告（訴）身份互換來看（前殘缺部分原訴爲田玉昆，被訴爲艾金貴；判詞部分原告爲艾金貴，被告爲田玉昆），殘缺部分應爲覆詞，在殘缺的覆詞之前，應該還有原告田玉昆的初詞，所以我們結合文書中原有對案由描述的「術語」，把該文書命名爲艾金貴呈控田玉昆抗債不償卷。108+107、109+110、101、102、111依次名爲：滿尼克呈控九麻尔抗債不還等情卷、高清雲呈控潘木匠誆取貨銀卷、買賣鉄里呈控艾子八亥誆矇地畝苛派不休卷、源盛湧等稟控楊浩德潛燒私酒避納國税卷、阿不都等呈控黑牙思偷佔民女不務正幹等情卷。卷名中「等情」表示，原告所控並非一事。

第二類：以「事」命名。對於各組成要素留存較少，案情較爲簡單的文書，以「事」名之爲「原告＋呈爲＋案由＋事」。如87號名爲他利甫告呈爲恃約吊拷苛詐良民事，88爲吐而松稟爲賞發執照以憑管業事，96爲忙尼夏告呈爲恃勢欺民偷下籽種事，104爲色提等呈訴爲水渠阻塞事，119爲他吉報呈爲私吞贓物又拉麥草事。

第三類：傳票。該文書僅爲一紙傳票，名之爲「原告＋呈控＋被告＋案由＋案傳票」，如85名爲阿那以提呈控若則挺抗棉花案傳票，86爲鉄木尔等呈控馬占

福偷截水源案傳票，98爲托乎買提呈控大古提等托欠義糧估抗不交等情傳票，105爲哎布都尔呈控色拜尔（等）互相推諉案傳票，112爲托提罕喊控大古提等霸佔不給等情傳票，113爲哈得尔禀控梅吉甫偷收哈四木兑交天興洋行棉花案傳票。其中105號爲106號文書的傳票，但未能找到粘連痕迹，故依其編號，分别命名。

三 訴訟案件的内容

洪憲時期的十八宗案件，均發生在吐魯番縣境内，從具體案由來看，皆爲「細故」，大多屬民事案件，不過是錢債、田宅、户婚等民事糾紛，或由此引發的鬥毆、勒索等輕微刑事案件。

（一）錢債案件八宗

93號「阿不都馬斯呈控托乎牙士七狼攔路行兇案」。阿不都馬斯狀告（前）洋海鄉約玉素甫，張冠李戴攔路行兇，估惡索去馬銀四十一兩。又告畢拉尔欠貨銀一百四十一兩三錢五分。實爲二事合併訴訟，批詞：「咄咄怪事」。此案件殘缺，無從得知最後審判結果。

94號「艾金貴呈控田玉昆抗債不償案」。文書殘缺，不可知其詳細内容。根據批詞及判詞推測，原告艾金貴曾給被告田玉昆糧食，因其價格與市價相差懸殊，由此引發債務糾紛，導致二人互訴。

106+105號「哎布都尔呈控色拜尔互相推諉案」，此案民國四年曾判決。106爲原告繼續追討餘款之「覆呈」，105爲本案傳提原、被告之傳票。

108+107號「滿尼克呈控九麻尔抗債不還等情案」。本件缺原告滿尼克初詞。從後文可知，滿尼克狀告九麻尔之後，縣衙曾批示鄉約等人清查九麻尔之全部産業，九麻尔之母怕牽連自身，遂呈文懇請將被告「所分之葡園地畝剖斷，歸償滿尼克之債，以免全家受累」。原告再次上訴，認爲鄉約等人「朦哄偏袒」，要求本案「訊斷施行」；鄉約等據縣衙批示，擬將被告之園地抵債，交由原告「管業」，並請求將被告保釋，以便原、被告雙方簽訂字據。縣衙批詞，實際就是本案判詞：「所議當是，應准照辦」。卷宗最後粘有「甘結」一份，表示案件已經完結。

109+110號「高清雲呈控潘木匠誆取貨銀案」。本案是由原、被告二人共同做生意引發的債務糾紛，與94號文書一樣，出現了原告、被告互訴的情況。最後由「實業股」請縣衙朱筆判決。卷中粘有附件——合同一紙。

119號「他吉報呈爲私吞賍物又拉麥草案」。原告遭竊，鄉約將竊賊認賠錢款「如數肥己」，又進而侵佔原告財物。

85號「阿那以提呈控若則挺抗棉花案」。本案僅存傳票。

113號「哈得尔禀控梅吉甫偷收哈四木兑交天興洋行棉花案」。本案僅存傳票。原告哈得尔爲「俄商鄉約」的身份頗爲特殊，擬略作討論。

首先，鄉約制度是清代至民國時期在西北穆斯林聚居區基層社會實行的一種行政管理制度。具體規定是：凡穆斯林聚居各鄉里，均設鄉約分段管理地方行政事務[一]。與內地鄉約「主管教化」不同，新疆鄉約參與地方大小事務的「綜合管理職能」明顯得到加强，擁有較高的社會地位。新疆地方官對鄉約的依賴性較强，政府亦希圖多方加强對鄉約的管理和控制，以達到控制地方的目的[二]。鄉約地位如此重要，所以一般均由新疆各地頭人擔任。

但「庚子事變」後，沙俄在新疆取得了一系列特權，後又發展僑民、蠱惑或强迫新疆住民加入俄籍。俄領事在新疆基層社會的一個重要舉措，就是深入到各地鄉村，私自委派鄉約。沙俄利用俄籍中亞商人，或收買俄僑，在「各處加設阿克薩哈尔，如中國鄉約之制」，作爲其利益的代表。「阿克薩哈尔」，意譯爲「商頭」、「商約」，或「外國鄉約」。當時「全疆四十縣中，無一縣無外國之商民，無一縣無外國之鄉約，尤爲他省所罕見之事」[三]。俄國鄉約在領事館的支持庇護下，自成體系，肆意干涉地方事務，與新疆地方官分庭抗禮，而當地政府亦往往閉眼姑息。著名的「策勒村事件」就是由「俄商鄉約」色依提·阿吉引起的。色依提原爲新疆和田人，後加入俄籍，約在一九〇七年受沙俄委派到于闐縣充任鄉約[四]。本傳票中「俄商鄉約」哈得尔，推測可能也是后加入俄籍的新疆人。

另外，「俄商鄉約」在本案中成爲合乎主體資格的具呈人，這應與十九世紀末沙俄在新疆設立領事館、取得領事裁判權有關。沙俄在新疆取得領事裁判權，始於一八五一年中俄伊利塔尔巴哈台通商章程。該章程規定，伊利、塔尔巴哈台两地通商後，两邊商人遇有爭鬥小事，即着两邊管貿易官員究辦，儻遇人命重案，即照恰克圖現辦之例辦理」，這一規定使俄商在新疆不受中國法律制裁[五]。一八八一年，沙俄又利用中俄伊犁條約，取得在吐魯番等地設置領事的特權。「吐魯番民人與俄僑商有糾紛時，縣政府與駐吐的領事代理進行交涉，協調解決。」一八九五年，沙俄將領事館從吐魯番「移植」到新疆的省會烏魯木齊[六]。

[一] 參見錢木爾·達瓦買提主編中國少數民族文化大辭典西北地區卷，民族出版社，一九九九年，第四〇〇頁。

[二] 參見段自成清末民初新疆鄉約的特點，載清史研究，二〇〇四年，第四期。何榮試論楊增新時期新疆鄉約的特點，載新疆大學學報（哲學人文社會科學版），二〇〇八年第三期。

[三] 參見楊增新補過齋文牘甲集下呈報設立政治研究所文，第一七二頁。

[四] 參見楊豔喜民國時期新疆鄉約制度研究，新疆大學碩士研究生學位論文，二〇一一年五月。導師奇曼。

[五] 參見周偉州、何玉疇沙俄駐我國西部領事館的罪惡活動，西北大學學報（哲學社會科學版），一九七七年第四期。

[六] 參見曹尚亭、查向軍吐魯番直隸廳運作史鉤略，新疆大學學報（哲學人文社會科學版），二〇〇五年第五期。

（二）田宅案件六宗

88號「吐而松禀爲賞發執照以憑管業案」。本件爲依判決申領官荒地照文書。批詞（即判詞）：「准丈給耕墾，以安其業可以。」

96號「忙尼夏告呈爲恃勢欺民偷下籽種案」。本件爲甲長侵佔租地案。

101號「買賣鐵里呈控艾孑八亥誆朦地畝苛派不休案」。本案爲二事並控，一爲控告「誆朦」田地典當契約，二爲控告錢債糾紛，被告皆是鄉約。根據批詞（即是判詞），第一事原告勝訴，第二事則「查無實據，應即罷論」。本件原告在呈詞中爲表明自己「冤屈不已」，不惜立誓「如有虚情，願入寺抱經」；另卷尾粘有和結一份，有甲長艾染木作爲見證人到場，均頗值得注意。

86號「鉄木尔等呈控馬占福偷截水源案」。本案僅存傳票，爲水利案件。

104號「色提等呈訴爲水渠阻塞案」。本案前缺，爲水利案件。卷中粘有維吾爾語訴狀，上鈐宗教法庭印章；卷後有朱筆判詞。

112號「托提罕喊控大古提等霸佔不給等情案」。本案僅存傳票，以「霸佔」一詞推斷，可能是田宅等什物。

（三）税務案件三宗

87號「他利甫告呈爲恃約吊拷苛詐良民案」。本件是由「應完額糧」引起的毆打、勒索案件。

98號「托乎買提呈控大古提等托欠義糧估抗不交等情案」。本件僅存傳票。所謂「義糧」，即是爲「義倉」徵收的糧食。積穀備荒是中國傳統的災荒救濟辦法，民初沿用清末義倉制度，每年可能仍徵收一定的義糧，故有「托欠義糧估抗不交」之説。87號文書中有「毛拉阿不都熱合滿」之稱謂，「毛拉」一詞源於阿拉伯語Mawla，用來稱呼伊斯蘭教的教士。穆斯林也將清真寺的阿訇、教長稱作「毛拉」，其德高望重者稱「大毛拉」，以示尊敬。「倉毛拉阿不都熱合滿」，可能表明阿不都熱合滿是「倉」的管理者。聯繫到本件文書原告前也冠以「毛拉」尊稱，並且被告達十二人之多，案情不似私人債務，則很有可能本件文書的原告托乎買提也是「倉」即「義倉」的管理者。

102號「源盛湧等禀控楊浩德潛燒私酒避納國税卷」。源盛湧等三家禀告合夥人楊浩德無照經營，潛燒私酒，希圖避納所攤之税。批文：准傳案訊辦，以重税務。楊浩德隨即申訴「擬欲辦有成效……即禀請發照，以便攤完税課」。批詞（即判詞）：准發給牌照以便營業。至應徵税款與源盛湧等同攤……。

（四）户婚案件一宗

二號「阿不都等呈控黑牙思偷佔民女不務正幹等情案」。本卷是所有文書中最長的一件，卷中粘有維吾爾語訴狀，上鈐宗教法庭印章，説明也曾接受過宗教法庭的審理。

本案屬較爲複雜的户婚案件：阿不都狀告鄉約黑牙思爲女悔婚，反將他人之女夤夜搶去，以致引起衆怒，鄉里聯名「公禀」，除告黑牙思霸婚害女外，又告他幫親戚忙尼克八亥暗領地照。忙尼克八亥又爲自己和黑牙思辯護。審判結果爲「阿不都素不務正，人所鄙夷。前因黑牙思不許己女，暗恨在心，以故砌詞報案，希圖洩憤，殊屬不安本分。至哈四木，著名訟棍，劣跡久著，此次從中扛訟，正是可恨，應即分别懲辦，以儆將來。黑牙思身充鄉約，不足服人，又將公地暗給伊親壻種，亦屬咎有應得，亦應薄懲。斷令忙尼克八亥即將公地退回，伊女仍許給黑牙思爲妻，阿不都不得横争。」卷尾有兩份甘結：哈四木、阿不都一份，黑牙思一份，表示案件已完結。

鄉約成爲被告在洪憲法律文書中並不罕見，除了本件提到的「牙木什鄉約黑牙思」（被告）外，尚有93號「前洋海鄉約玉素甫」（涉案）、87號「洋海鄉約尕四尔」（被告）、108+107號「洋海鄉約尕四尔」（涉案）、101號「勝金鄉約艾子八亥」（被告）、119號「洋海鄉約尕四尔」（被告）。這從側面也給學界公認的「鄉約害民」的論點，補充了鮮活的證據，尤以涉案率最高的洋海鄉約尕四尔爲例，其人肯定也是屬於「身充鄉約，不足服人」，「著名訟棍，劣跡久著」之流。

四　法律文書的狀式特點

（一）官代書

洪憲法律文書在狀式上最明顯的一個特徵，就是「官代書」。代書是在清代中國普遍存在的一種與訴訟相關的重要職業。經官方考試録取，由衙門頒發印章，故稱官代書。官代書主要以爲人撰寫狀子營利。經代書書寫的狀紙，一般都蓋有官方頒發的官代書戳記。這種戳記有固定格式，大體如一個梯形。中間最大的一個「花體字」叫「官押」，通常是衙門長官親筆手書的幾個大字，字體多草書和行書，筆劃則極具個性，難以辨識。官押內容多種多樣，如「公生明」、「執法如山」、「願民息訟」、「自遠安民」、「依口直書」、「勿違呈式」等等，分别表示不同的執法理念。多數「官押」寫成常人難以辨認的連體字並非偶然，而是官府故意爲之，使其具有一種「防僞」的功能。代書人執有這種「官押」，即表明擁有官方確認的合法資格。官押上面的小梯形框中

通常會寫作「正堂某」，如黃巖訴訟檔案中寫作「正堂鄭」、「正堂歐陽」；官押右側書「本縣給代書」，左側書「某某戳記」等[一]。但洪憲法律文書中代書戳記最上面的小框中沒有寫縣衙正堂的姓氏如「正堂某」，而是直書「吐魯番縣」，右側則書「考准官代書」，左側相同。其正中「花押」，經我們辨識，自上而下可能是「據當法」，讀作「法當據」。

這批文書計有十六件呈詞蓋有代書戳記，分別爲「吐魯番縣考准官代書楊輔臣戳記」十一件和「吐魯番縣考准官代書周繼禹戳記」五件。另有兩件紙張殘缺（94、108+107覆稟），看不出是否用戳；一件紙張完整但缺戳記（108+107覆呈）；一件非代書所寫（104），亦無戳記。在黃巖檔案中，凡没有代書戳記的訴狀，縣衙一般批爲「無戳特斥」，或乾脆批「無戳不閱」。官代書熟習法律條規，善於舞文弄墨，深諳訴訟之道，在爲民訴求中發揮了一定的作用。同時，一些官代書與「訟棍」惡意串通，沆瀣一氣，包攬詞訟，也成爲清代以及民初司法腐敗的根源之一[二]。

（二）狀式條例

以前發現的清代訴訟檔案，訴狀之後一般附有「狀式條例」，即狀書的格式及要求，包括具呈人資格、案件的訴訟時效、訴訟要求、狀式書寫格式、字數、用語等等。如清乾隆二十年徽州歙縣汪淳告江六女徒弟糾紛一案，其狀式條例有十餘條。清末同治、光緒朝黃巖訴訟檔案中的「狀式規則」則多達二十多條，已顯得較爲繁瑣。洪憲文書雖無「狀式條例」，但我們在新疆維吾尔自治區檔案館找到了與之時代較近的中華民國元年四月應用的狀式條例[三]：

詞内不注明年歲、籍貫、住址者，不准；

年七十以上、十五以下及婦女告訴詞訟無抱告者，不准；

官負詞訟不遣宗人代告者，不准；

貢監生員及在籍官紳干預地方公事者，不准；

詞内不將起釁年月、事由詳細敘明，含糊指控者，不准；

告户婚、田土、錢債、鬥毆、賭博等細事，詞内牽連老、幼、婦女及罵族人爲證者，不准；

[一] 參見田濤、許傳璽、王宏治主編黃巖訴訟檔案及調查報告（上），法律出版社，二〇〇四年，第七五頁以後圖版部分。

[二] 參考胡劍中國檔案報，總第一七五五期第一版。

[三] 附有該狀式條例的文書編號爲M16・29・20。

事不干己，出名控告者，不准；

告人姦盜等情，無據真賍者，不准；

户婚、田土、錢債、鬥毆、賭博等細事不於犯地方告理者，不准；

農忙停訟期間告理户婚、田土等細事者，不准；

覆呈内添敘中證、牽連案之人以及告舉他者，不准；

覆核不將原呈内批詞及斷語敘入者，不准；

聯名扛訟者，不准。

通過對比發現，從乾隆到光緒再到中華民國元年四月，狀式條例經歷了由簡到繁再入簡的變化。尤以民國期間爲寬鬆。如對字數的限制，黄巖訴狀印刷成一個個小格子，其狀式條例規定，「一格寫兩字，不准」，「呈詞過三百字者，不准」，而洪憲訴訟文書，則没有字數限制，最長的一件訟詞，可能超過四百字。又如對署名的規定，相比於其他「狀式條例」，如狀内「原、被人有某人即某人，名號互異者，代書務確查注明，不得任其參差不符。呈内如只有混名，無確切姓名者，定提代書究處」，洪憲文書就顯得更爲寬鬆，譯名用字隨意更替，如尕四尔、尕士尔並用；行文中也有用諢名者，如「潘木匠」、「鬍子」等等。

（三）文書類型

法律文書的用語措辭，一般都極爲考究。明清兩代寫狀子事由時流行「四字珠語」，並有「訟師秘本」參閱。如折獄明珠、霹靂手筆、蕭曹遺筆、法林金鑒録等書籍中，均按吏、户、禮、兵、刑、工分門別類收有各種珠語。四字珠語具有一定的概括性，已經成爲地方官府受理訴訟時官方認定案由撮要的專用表達[一]。洪憲檔案亦不例外，如「攔路行兇，估詐馬銀」、「恃約掉拷，苛詐良民」、「賞發執照，以憑管業」、「私吞賍物，又拉麥草」、「偷佔民女，不務正幹」等等。四字一句的珠語往往能較明白地揭示案件的性質和類别。除此以外，訴狀前端的「告」、「稟」、「覆」等用語，最能點明訴訟的性質，亦表現出文書的類型。

洪憲法律文書中有「告呈」、「覆稟」、「懇呈」、「覆呈」、「稟覆」、「訴呈」、「稟」、「報呈」、「喊呈」、「公稟」、「分晰」、「呈

[一] 參見田濤、許傳璽、王宏治主編黄巖訴訟檔案及調查報告（上），法律出版社，二〇〇四年，第一九頁。

控」、「喊控」、「稟控」等類型。其中「告呈」、「喊呈」、「報呈」、「稟」屬初詞，「覆稟」、「覆呈」、「稟覆」、「訴呈」、「分晰」屬於覆詞。106號文書雖將「覆詞」粘連在卷宗之首，但細看案由，其覆詞部分仍然是「去年」案件的繼續，故不能算作初詞。「懇呈」和「公稟」則介於初詞和覆詞之間。至於「呈控」、「喊控」、「稟控」等詞僅出現在傳票及卷宗名稱中，對應的訴狀類型應當是「告呈」、「喊呈」和「稟」。

喊呈，在111號和112號各出現一次，111號爲「阿不都等呈控黑牙思倫佔民女不務正幹等情案」，112號爲「托提罕喊控大古提等霸佔不給等情案」傳票，其後原告、被告也相應變爲「原喊」和「被喊」。王宏治先生根據黄巖檔案第31號加批「喊」，第32號加批「喊呈」，内容都是婦女喊冤之事，認爲喊呈可能是以「攔路喊冤」方式遞交的訴狀[一]。徽州地區休寧縣發現的明隆慶六年休寧縣訴狀附有的「狀式條例」明言「攔路喊告者，不准」[二]。但洪憲文書包括「喊告」在内的所有用詞，均爲代書直接書寫，而並非像黄巖檔案由縣衙加批，是否也爲「攔路喊告」，不得而知。但據87號文書訴狀卷首大字墨書「攔輿」二字表示「攔路喊冤」的情況推斷，洪憲文書中的「喊告」可能並非是以「攔路喊冤」方式遞交訴狀。結合洪憲檔案分析，所謂「告呈」、「喊呈」，可能是依據案情的輕重緩急或冤屈程度所使用的不同措辭，經「喊呈」的案情，要比普通的「告呈」更爲嚴重或曲折。

嚴格地説，除「告呈」、「喊呈」和「訴呈」外，其餘類型均非真正意義的訴狀，因爲没有强調「告」的成分。這一方面與案件的性質有關，不同性質選擇不同的文書類型；另一方面，也可能與官方「願民息訟」的理念有關，因而「官代書」在行文時，會盡量選擇一些「平和」的文書類型，非重要案情，絶不能「告」。之所以將「訴呈」也歸入真正訴狀之列，是因爲「訴」有「申訴」之意，雖然爲「覆詞」，但在文書中如94號，有「被告變原告」之功效。

（四）訴訟程式

較爲完整的洪憲文書，包括其粘連的要素、各要素間的次序，也反映出當時的法律訴訟程式。

訴狀的書寫 凡訴訟須有訴狀，訴狀須由官代書書寫，非經官代書書寫狀紙，地方官不但不予受理，原告還有可能遭到處罰。洪憲文書中代書戳記爲墨色，而非常見的紅色。代書戳記既「是代書人加蓋的表明其身份的工作戳，同時也表示訴訟費已收迄的收費憑證」[三]。

訴狀的遞交及收發 按正常程式，訴狀寫畢之後，應遞交到縣衙設有的專門收發文機構。仍以黄巖檔案爲例，從第三十號文書開始，在狀首的官代書戳

[一] 參見田濤、許傳璽、王宏治主編黄巖訴訟檔案及調查報告（上），法律出版社，二〇〇四年，第六四頁。
[二] 同上書，第一七頁。
[三] 同上書，第六六頁。

記旁邊，多加了一枚「承發房×××掛號訖」或「承發房×××戳記」。承發房設於清代晚期，又稱承發科，是衙門的收發機構，掌管文書的收發與保管。清末在初級及地方審判庭內設承發吏，掌管發送文書、傳票、承命執行判決及没收物件[一]。洪憲文書中不見有類似承發房戳記，但從90號文書來看，當時吐魯番縣也有類似的收發文機構。録文如下：

字第　　號　　三月　　日文到
　　　　稽三月十七日發□
諭稿二件計　　二頁　　三月十九日送稿
發　吐魯番縣文稿　　三月　　日判行
　　　　查三月　　日發繕
　　　　三月廿一日發簽

訴狀加蓋　黄巖地區發現的清代訴訟檔案，一般在天頭部分都有加批或加蓋，加批爲縣衙在受理案件對訴狀附加的批文；加蓋爲縣衙在受理過程中加蓋的各種紅色印章和戳記。加蓋與加批表示清代縣衙受理案件的程式細節[二]。

洪憲訴訟文書僅有在天頭加蓋的情況。即每紙訴狀依案情性質和類别，蓋有相應「六房」紅色戳記，並在戳記上畫圈，旁邊墨書「收」字，表示接受或立案。六房執掌分别爲：吏房，管官制和官規；禮房，管學務、禮俗和祭祀；户房，管財務、田糧、賦税；兵房，管緝捕、馬政、郵傳和遞解；刑房，管刑獄案件；工房，管河道、水利、城工和橋樑。

傳票　初詞（或覆詞）經過審理之後，若要提傳原、被告一干人等當堂審理或傳達、執行審判意見，就需要傳票。傳票需寫明執法地點、事由、執法人（差役）、被傳人等明細。有時傳票單行，有時則需與縣衙批詞或斷語合行。執法人由「三班」之主掌拘捕緝拿、維護治安的「快班」充當。傳票派出後，要在傳票上預備書寫差役姓名的留白左側貼上寫有擬派差役姓名的紅紙條，並在原訴狀卷首寫明「已出票差某某」，表示傳票正在進行之中。執法完成，在傳票上留白處填寫差役姓名，並將傳票即日注銷。注銷的辦法是用朱筆在傳票上寫上「銷」字，並在票尾「銷」字上點上朱點。

批詞和判詞　批詞表示案件已進入審理程式。隨着案件的深入，雙方申辯的展開，複雜的案件會有多個批詞。如二二號阿不都等呈控黑牙思偷佔民女不務正幹卷，包括有喊呈之批詞、公禀之批詞、分晰之批詞等多個批詞。判詞在卷宗的最後，甘結之前，是案件的最終審理意見。如每件呈詞，包括初詞和覆

[一] 參見清朝續文獻通考職官十一。
[二] 參見田濤、許傳璽、王宏治主編黄巖訴訟檔案及調查報告（上），法律出版社，二〇〇四年，第六二頁。

詞之後，都有「署理吐魯番縣知事陳」的黑色大字戳記。戳記之後，爲承審員之批詞。批詞的內容一般爲傳提人證、深入調查等等，語氣也較爲緩和，常用「此批」、「可也」結尾，並鈐有縣知事陳繼善印章，表示對知事負責。最後才由縣知事判決。如94、109+110、111號文書之後，就有「實業股」、「教育股」等請縣知事做的最後判詞。這種判詞均爲朱筆寫就，其字體與前述批詞完全不同。有時批詞和判詞較難區分，需視實際情況而定。

甘結　具結是案件完結的憑證。最後需交予縣衙作爲憑證，以示原、被告雙方永不翻案。

從初詞和判詞或甘結書寫的時間來看，洪憲時期吐魯番縣衙審理案件的速度非常快，如87、104號，一天之内即審理完畢；108+107號，二月十七日至三月二十二日；101號，三月一日至三月八日；111號，三月十七日至四月六日；109+110號，二月二十九日至三月二十四日；109+110號，二月二十九日至三月二十四日，均顯示出驚人的辦案效率。

五、結語

清末民初的訴訟檔案在國内雖屢有發現，但民國初期尤其是「短命」的洪憲時期的法律文書却並不多見。從袁世凱復辟帝制，宣佈民國五年（一九一六）爲「洪憲元年」，至民國五年三月二十三日撤銷帝制，廢止「洪憲」年號，只有短短的八十三天。不同於以往的發現，這批洪憲法律文書雖然數量較少，但全部集中地發生在遙遠邊疆少數民族地區——新疆吐魯番縣治之内，想來，對於研究民初吐魯番乃至新疆地區的訴訟制度、訴訟習慣有較大意義，對於研究新疆地區縣衙審判和宗教法庭並行、交叉機制，對於研究鄉約制度，以及其他社會民俗等方面的問題應有所貢獻。另外，從清末新政以來中央到地方開始籌備「四級三審制」，到一九一四年北洋政府縣知事兼理司法事務暫行條例和縣知事審理訴訟暫行章程的公佈，清末民初的司法體系呈現出一種新舊交替的局面。「縣知事兼理司法制度」雖一直受到學界的關注，但「這段時期的縣知事審判原件尚不多見，資料的欠缺已經成爲這一領域的研究瓶頸」[一]。而洪憲法律文書檔案均为縣知事兼理司法的审判原件，因此，这批资料的公佈，不仅豐富了该项研究的第一手材料，對於推進「縣知事兼理司法」的内涵、價值、組織形式等方面的研究，亦應大有裨益。

[一] 參見李貴連、俞江清末民初的縣衙審判——以江蘇省句容縣爲例，華東政法學院學報，二〇〇七年，第二期。